Dictionnaire

DES
MOTS
CROISÉS

Les Éditions Goélette

À Micheline Reid,

en reconnaissance de sa contribution
à l'élaboration de ce dictionnaire, unique en son genre,
destiné aux cruciverbistes et autres amateurs
de jeux de lettres.

2002, Les Éditions Goélette inc.
© Tous droits réservés

Dépôt légal, 2e trimestre 2003
Bibliothèque nationale du Québec
Bibliothèque nationale du Canada

ISBN 2-922983-00-5

LES ÉDITIONS GOÉLETTE INC.
600, boul. Roland-Therrien
Longueuil (Québec)
J4H 3V9

Téléphone : (450) 646-0060
Télécopieur : (450) 646-2070

Données de catalogages avant publications (Canada)
Brouillard, Jacques, 1942-
Dictionnaire des mots croisés
Nouv. éd.
Publ. antérieurement sous le titre : Recueil de définitions.
ISBN 2-922983-00-5
1. Mots croisés - Glossaires, vocabulaires, etc. 2. Français (Langues) -
Glossaires, vocabulaires, etc. I. Brouillard, Robert. II. Brouillard, Francine.
III. Titre. IV. Titre : Rossignol, Jacques, 1939- . Recueil de définitions.
GV1507.C7R67 2002   793.73'2'03   C2002-940052-X

Ce *Dictionnaire des Mots croisés* est le fruit de plusieurs années de recherche. En plus de consulter des cruciverbistes avertis, les auteurs se sont intéressés aux mots croisés et autres jeux de lettres des Éditions Goélette, bien sûr, mais aussi d'un grand nombre d'autres publications.

C'est ainsi qu'ils ont conçu un ouvrage de référence qui saura combler tous les amateurs. Ce livre s'adresse aux champions comme à tous ceux et celles qui veulent s'initier aux mots croisés et réussir à en vaincre les difficultés.

Y a-t-il plus beaux loisirs que les mots croisés? Voilà une activité qui est source de satisfaction et de valorisation personnelle. Aux débutants, ce dictionnaire apporte le succès à coup sûr; aux cruciverbistes aguerris, la satisfaction d'une performance accrue.

Bonne détente!

Les Éditions Goélette

Direction
Alain Delorme • président

Conception
Micheline Reid
Paul Lacasse

Rédaction
Jacques Brouillard • verbicruciste

Coordination
Esther Tremblay

Infographie
Martine Champagne

**Graphisme
de la page couverture**
Martine Champagne

Mise à jour
Robert Brouillard

Relecture
Francine Brouillard

Informatique
Paul Lacasse

QUELQUES NOTES D'UTILISATION

LES ADJECTIFS ET LES NOMS

Les adjectifs sont généralement donnés au masculin singulier.

Exemple : La définition est Discrète.
Vous devez chercher Discret (p. 222).
Vous devrez choisir entre MUET • RETENU • RÉTICENT.
Votre réponse sera donc ou MUETTE ou RETENUE ou RÉTICENTE.

La même règle s'applique aux noms dont le féminin dérive du masculin.

Exemple : La définition est Gérante.
Vous cherchez Gérant (p. 338).
Votre réponse ne sera pas TENANCIER, mais TENANCIÈRE.

Il y a par contre quelques mots qui, en raison du contexte, sont donnés au pluriel.

Exemple : Habitants (p. 357) au sens de GENS.

LES VERBES

Les verbes sont toujours donnés à l'infinitif.

Exemple : La définition est Chantons de façon assourdissante.
Vous cherchez Chanter de façon assourdissante (p. 129).
Votre réponse ne sera pas BRAILLER, mais BRAILLONS.

LES MOTS AVEC UNE APOSTROPHE

Ces mots sont toujours placés au début de la lettre appropriée.

Exemples : D'abord (p. 185) est placé au début de la lettre D.
Ensemble d'opérations (p. 262) est placé avant Ensemble de disciplines artistiques.

A

... Angeles	LOS
... culpa	MEA
... Lupin	ARSÈNE
...-Herzégovine	BOSNIE
...-mélo	MÉLI
3,1416	PI
À aucun moment	JAMAIS
À cause de	BECAUSE
À côté de	AUPRÈS
À de nombreuses reprises	SOUVENT
À demi	SEMI
À deux places	BIPLACE
À deux voix	DUO
À foison	AMPLEMENT
À gogo	BEAUCOUP
À l'écart	RETIRÉ
À l'époque de	SOUS
À l'intérieur de	DANS
À l'occasion	PARFOIS
À la fin	FINALEMENT
À la fin d'une période	TARD
À la fin de la messe	ITE
À la mode	BRANCHÉ • IN
À la suite de	DERRIÈRE
À moi	MIEN
À mots couverts	ALLUSIF
À partir de	DEPUIS
À peu près	PRESQUE
À peu près semblable	SIMILAIRE
À présent	MAINTENANT
À profusion	BEAUCOUP
À quel degré	COMBIEN
À quel point	COMBIEN
À quel prix	COMBIEN
À raison (À bon ...)	ESCIENT
A rapport au nez	NASAL
À ras, tout près	RASIBUS
À souhait	BEAUCOUP

À toi	TIEN
À tort (À mauvais ...)	ESCIENT
À trois places	TRIPLACE
À un niveau supérieur	DESSUS
À-coup	SACCADE
À-propos	PERTINENCE
Abaissement progressif du son	FONDU
Abaisser	HUMILIER • PENCHER
Abaisser le niveau	DÉRASER
Abandon	ABDICATION • CAPITULATION
	DÉFECTION • DÉMISSION
	DÉSERTION • RECULADE • REJET
Abandon de la foi	APOSTASIE
Abandon, solitude	VIDUITÉ
Abandonné	DELAISSÉ • SEUL • VACANT • VIDE
Abandonner	ABJURER • CONFIER
	DÉLAISSER • DÉSERTER • ÉVACUER
	FLANCHER • LAISSER • LARGUER
	NÉGLIGER • OUBLIER • RENIER
	RENONCER • RÉPUDIER
Abandonner l'état ecclésiastique	DÉFROQUER
Abandonner une voie pour une autre	BIFURQUER
Abasourdi	AHURI • COI • ÉBAHI • HÉBÉTÉ
	SIDÉRÉ • STUPÉFAIT
Abasourdir	AHURIR • ÉBAHIR • SIDÉRER
Abattage	BOUCHERIE
Abattement	ACCABLEMENT • DÉCOURAGEMENT
	LANGUEUR • PROSTRATION
	TORPEUR
Abattre	AFFAIBLIR • ASSOMMER • ATTERRER
	DÉMORALISER • DÉPRIMER
	DESCENDRE • FAUCHER • TERRASSER
Abattu	CADUC • MORNE
Abbé	CURÉ • PRÊTRE
Abbé de Fleury	ABBON
Abc	ALPHABET
Abcès des gencives	PARULIE
Abdiquer	RENONCER
Abdominal	VENTRAL
Abécédaire	ALPHABET
Aber	RIA

Aberrant	ABSURDE • INSENSÉ
Aberration	ABSURDITÉ
Abêtir	ABRUTIR • BÊTIFIER • CRÉTINISER
Abhorrer	ABOMINER • DÉTESTER
	EXÉCRER • HAÏR
Abîme	ABYSSE • GOUFFRE • PRÉCIPICE
Abîmé	DÉLABRÉ
Abîmer	AMOCHER • BLESSER
	ENDOMMAGER
Abject	IGNOBLE • INFÂME • VIL
Abject, trouble	FANGEUX
Abjection	BASSESSE • FANGE
	INDIGNITÉ • INFAMIE
Abjurer	RENIER
Ablation	EXÉRÈSE
Ableret	ABLIER
Ablier	ABLERET
Ablution	BAIN • LAVEMENT • LOTION
Aboiement	ABOI
Abolir	ABROGER • INVALIDER • PROSCRIRE
Abolition	ABROGATION
Abominable	AFFREUSE • ATROCE • HORRIBLE
Abominer	ABHORRER • EXÉCRER
Abondamment	COPIEUSEMENT • GRASSEMENT
	LARGEMENT
Abondance	AMPLEUR • FOISON
Abondance de biens	OPULENCE • RICHESSE
Abondant	AMPLE • DENSE
	NOMBREUX • PLANTUREUX
Abondant en pluie	PLUVIEUX
Abondante	NOMBREUSE • PLANTUREUSE
Abonder	FOISONNER • REGORGER
Abonnement	FORFAIT
Abonner de nouveau	RÉABONNER
Abord	ACCÈS • ENTOUR
Abordable	ACCESSIBLE
Aborder	ACCOSTER • APPROCHER • ARRIVER
Aborder sur la Lune	ALUNIR
Abords	ALENTOURS • APPROCHES
Abouter	AJOINTER • ENTER
Abouti	RÉUSSI

Aboutissement	CONCLUSION • DÉNOUEMENT
	ISSUE
Aboyer	JAPPER
Abrasif	ÉMERI
Abrégé	RÉSUMÉ • SYNTHÈSE
Abréger	CONDENSER • ÉCOURTER
	RACCOURCIR • RESSERRER • RÉSUMER
Abreuvoir	AUGE
Abréviation d'adolescent (fam.)	ADO
Abréviation familière d'aspirant	ASPI
Abri	ASILE • COUVERT • HANGAR
	REFUGE • RETRAITE
Abri de glace	IGLOO • IGLOU
Abri de neige	IGLOO • IGLOU
Abri de paille	HUTTE
Abri de toile goudronnée	TAUD
Abri enterré d'un fort	CASEMATE
Abri militaire	CAGNA
Abri orientable blindé	TOURELLE
Abri portatif démontable	TENTE
Abri pour chien	NICHE
Abri pour essaim d'abeilles	RUCHE
Abri pour les chasseurs de gibier d'eau	GABION
Abri pour les navires	PORT
Abri pour porcs	SOUE
Abri pour une sentinelle	GUÉRITE
Abri protégé contre les obus	CASEMATE
Abri, maison	CAGNA
Abrité	HÉBERGÉ
Abriter	GARER • HÉBERGER
Abrogation	ABOLITION • ANNULATION
Abrupt	BRUTAL • ESCARPÉ • RAIDE
Abrutir	ABÊTIR • BÊTIFIER
	CRÉTINISER • ÉTOURDIR
Abrutissement	HÉBÉTUDE
Abscons	ABSTRAIT
Absence	ABSTENTION • OMISSION
Absence d'organisation naturelle	ANOMIE
Absence d'urine dans la vessie	ANURIE
Absence de ce qui serait nécessaire	DÉFAUT
Absence de communication verbale	MUTISME

Absence de culpabilité	INNOCENCE
Absence de générosité	PETITESSE
Absence de graisse	MAIGREUR
Absence de loi	ANOMIE
Absence de noblesse	ROTURE
Absence de punition	IMPUNITÉ
Absence de salive	ASIALIE
Absence de saveur	FADEUR
Absent	DISTRAIT • PARTI
Absolu	COMPLET • ENTIER • ESSENTIEL
	PUR • TOTAL
Absolu dans ses goûts	EXCLUSIF
Absolu, de parti pris	EXCLUSIF
Absolution	PARDON
Absorbé	PERDU
Absorber	ASPIRER • AVALER • BOIRE • ÉPONGER
	INGÉRER • PRENDRE • SUCER
Absorber par les voies respiratoires	INHALER
Absoudre	PARDONNER
Abstention	NEUTRALITÉ
Abstinence	JEÛNE • PRIVATION
Abstinence des plaisirs sexuels	CONTINENCE
Abstrait	IRRÉEL
Absurde	ABERRANT • INEPTE • INSANE
	INSENSÉ • RIDICULE • SAUGRENU
Absurdité	ILLOGISME • SOTTISE
Abuser	BLUFFER • DUPER • MÉSUSER
Abusif	INJUSTE
Acabit	CALIBRE
Académie	ÉCOLE • INSTITUT
Acadien	CAJUN
Acariâtre	AIGRE • ATRABILAIRE
	DÉSAGRÉABLE • REVÊCHE
Acarien, parasite extérieur des volailles	ARGAS
Accablant	LOURD
Accablé	ATTERRÉ • OPPRESSÉ
Accablement	PROSTRATION
Accabler	ABREUVER • ALOURDIR • ASSOMMER
	ATTERRER • COMBLER • ÉPUISER
Accabler de dettes	OBÉRER
Accabler de fatigue	VANNER

Accabler de reproches	INCENDIER
Accalmie	CALME
Accaparant, prenant	EXIGEANT
Accaparé	AFFAIRÉ
Accaparer	ABSORBER
Accélération d'un coureur	SPRINT
Accélérer	PRÉCIPITER
Accentué	PRONONCÉ • SOUTENU
Accentuer	SOULIGNER
Acceptable	ADMISSIBLE • PASSABLE • POTABLE RAISONNABLE • RECEVABLE
Acceptation	ASSENTIMENT
Accepter	ACCUEILLIR • APPROUVER
Accepter que quelque chose se fasse	CONSENTIR
Accepter un défi	TOPER
Accès	ABORD • APPROCHE
Accès d'ivresse	CUITE
Accès de toux	QUINTE
Accès passager	BOUFFÉE
Accessible	OUVERT
Accession	AVÈNEMENT
Accessoire	ANNEXE • SECONDAIRE
Accessoire d'usage domestique	USTENSILE
Accessoire de gymnastique	ESPALIER
Accident	CAS
Accident fâcheux	ESCLANDRE
Accidenté	BLESSÉ
Accidentel	CASUEL • FORTUIT • IMPRÉVU
Accidentelle	CASUELLE
Acclamation	OVATION
Acclamation en l'honneur de quelqu'un	VIVAT
Acclamation religieuse	HOSANNA
Acclamer	APPLAUDIR • OVATIONNER
Acclimatation	ADAPTATION
Accointance	COMPLICITÉ
Accommodant	CONCILIANT
Accommodé avec une sauce	CUISINÉ
Accommoder	APPRÊTER
Accompagné	SUIVI
Accompagné d'algidité	ALGIDE
Accompagné de persil haché	PERSILLÉ

Accompagnement	CONDUITE • GARNITURE
Accompagner	ASSISTER • CONDUIRE • ESCORTER MENER • SUIVRE
Accompagner, guider	CORNAQUER
Accompli	RÉVOLU
Accomplir	COMMETTRE • CONSOMMER EFFECTUER • EXÉCUTER • FINIR RÉALISER • RÉUSSIR
Accomplir le coït	COÏTER
Accomplir rapidement	EXPÉDIER
Accomplissement	COURONNEMENT • RÉALISATION
Accord	ACCEPTATION • ADHÉSION ASSENTIMENT • CONCERT CONCORDE • CONVENTION ENTENTE • MARCHÉ • PACTE TRAITÉ • UNISSON
Accord complet des suffrages	UNANIMITÉ
Accord de crédit réciproque	SWAP
Accord de tous	UNANIMITÉ
Accord exécuté sur un instrument	ARPÈGE
Accord musical	ARPÈGE
Accord signé en 1947 à Genève	GATT
Accorder	ALLOUER • CADENCER • CONCÉDER CONCILIER • DÉCERNER • DÉPARTIR DISPENSER • DONNER • EXAUCER
Accorder sa confiance (Se)	FIER
Accorder un titre de noblesse	ANOBLIR
Accorder, autoriser	CONSENTIR
Accoster	ABORDER • APPROCHER • ARRÊTER
Accoter	ÉTAYER
Accotoir	APPUI
Accouchement laborieux	DYSTOCIE
Accouchement normal	EUTOCIE
Accoucher avant terme	AVORTER
Accouplement	COÏT • CROISEMENT
Accoupler	ASSORTIR
Accourir	AFFLUER
Accoutré	AFFUBLÉ • DÉGUISÉ
Accoutrement	COSTUME • HARNAIS
Accoutrer	ATTIFER • DÉGUISER • FRINGUER HARNACHER • VÊTIR

Accoutumer	ACCLIMATER • HABITUER
Accréditer	AUTORISER
Accroc	ANICROCHE • CONTRETEMPS
Accrochage	ALGARADE • COLLISION
	ESCARMOUCHE • HEURT
Accroché	PENDU
Accroche-coeur	GUICHE
Accrocher	CROCHER • PENDRE
Accrocheur	RACOLEUR
Accrocheuse	RACOLEUSE
Accroissement	GRADATION
Accroître	AMPLIFIER • AGRANDIR
Accueil	RÉCEPTION
Accueillant	ACCESSIBLE • HOSPITALIER
Accueillir	CONTENIR
Accueillir avec ferveur	AGRÉER
Accueillir par des cris d'hostilité	HUER
Accumulateur	ACCU
Accumulation de débris entraînés, puis abandonnés par les glaciers	MORAINE
Accumulation de neige et de glace	GLACIER
Accumulation excessive d'urée dans le sang	URÉMIE
Accumuler	AMASSER • ENTASSER
Accusation	CHARGE
Accusé	PRÉVENU
Accuser	DÉNONCER • INCRIMINER
	INCULPER
Acerbe	ACARIÂTRE • ACÉRÉ
Acéré	INCISIF
Acérée	INCISIVE
Acétate de cuivre	VERDET
Acétone	CÉTONE
Acharnement	OBSTINATION
Achat	EMPLETTE
Acheminer	AMENER
Acheter	ACQUÉRIR
Acheteur	CLIENT • PRENEUR
Achevé	ACCOMPLI • RÉVOLU
Achèvement	COURONNEMENT • PERFECTION
Achèvement minutieux	FINITION

Achever	ACCOMPLIR • COMPLÉTER FINIR • TERMINER
Achopper	BUTER
Acide aminé	VALINE
Acide aminé naturel aliphatique	ALANINE
Acide désoxyribonucléique	ADN
Acide ribonucléique	ARN
Acide sulfurique	VITRIOL
Acide sulfurique fumant	OLÉUM
Acidité	AIGREUR
Acidulée	SURETTE
Acier au nickel, de dilatation très faible	INVAR
Acier inoxydable	INOX
Acier très fin	DAMAS
Acompte, somme à imputer sur une créance	AVALOIR
Aconit des montagnes	NAPEL
Acquéreur	ACHETEUR • CLIENT • PRENEUR
Acquérir	ACHETER • CONTRACTER
Acquérir des connaissances	APPRENDRE
Acquiescement	PERMISSION
Acquiescer	SOUSCRIRE
Acquisition	ACHAT • EMPLETTE
Acquittement	AMNISTIE • PAIEMENT
Acquitter	RÉGLER
Acquitter un compte	SOLDER
Acrimonie	ÂCRETÉ • AIGREUR • AMERTUME
Acrobate	BATELEUR • SAUTEUR
Acrobatie	CASCADE
Acronyme	SIGLE
Acte	ACTION • CITATION DIPLÔME • GESTE
Acte contraire à la justice	INJUSTICE
Acte d'intimidation	SEMONCE
Acte de générosité	BIENFAIT
Acte de pensée	NOÈSE
Acte de violence	VIOL
Acte de volonté	VOLITION
Acte déloyal	DÉLOYAUTÉ
Acte dressé par un huissier de justice	PROTÊT
Acte législatif émanant du roi	ÉDIT

Acte notarié	BREVET
Acte par lequel on pense	NOÈSE
Acte rituel	SACREMENT
Acteur	CABOTIN • COMÉDIEN
Acteur américain d'origine britannique	GRANT
Acteur américain mort en 1982	FONDA
Acteur américain né en 1901	GABLE
Acteur américain né en 1924	BRANDO
Acteur britannique mort en 1989	BURTON
Acteur comique	BOUFFON
Acteur et metteur en scène de théâtre français	VILAR
Acteur français d'origine suisse né en 1895	SIMON
Acteur français mort en 1946	RAIMU
Acteur français mort en 1976	GABIN
Acteur français mort en 1989	BLIER • VANEL
Acteur français né en 1880	BAUR
Acteur français né en 1925	PICCOLI
Acteur français né en 1935	DELON
Acteur français prénommé Philippe	NOIRET
Acteur italien mort en 1967	TOTO
Acteur jouant des farces grossières	HISTRION
Acteur qui interprète des tragédies	TRAGÉDIEN
Acteur qui joue spécialement les rôles tragiques	TRAGÉDIEN
Acteur sans talent	RINGARD
Actif	ALLANT • EFFICACE MILITANT • REMUANT
Actif, vif	ALLANT
Actinium	AC
Action	ANIMATION • ENTREPRISE • GESTE
Action bienfaisante	BIENFAIT
Action d'abattre	ABATTAGE
Action d'accompagner	ESCORTE
Action d'aérer	AÉRATION
Action d'agrafer	AGRAFAGE
Action d'ajouter	ADDITION
Action d'aléser	ALÉSAGE
Action d'allumer	ALLUMAGE
Action d'arrimer	ARRIMAGE

Action d'arriver à l'improviste	SURVENUE
Action d'arriver à un lieu	ABORD
Action d'aspirer un liquide dans la bouche	SUCCION
Action d'attirer des gens	RACOLAGE
Action d'éclat	PROUESSE
Action d'égrener	ÉGRENAGE
Action d'élever	ÉLEVAGE
Action d'émonder	ÉMONDAGE
Action d'enduire de laque	LAQUAGE
Action d'enflammer	ALLUMAGE
Action d'enlever les terres pour niveler	DÉBLAI
Action d'entendre	AUDITION
Action d'errer	ERRANCE
Action d'étendre du linge	ÉTENDAGE
Action d'étendre pour faire sécher	ÉTENDAGE
Action d'étêter	ÉTÊTAGE
Action d'évaluer une quantité	COMPTE
Action d'expédier à la hâte un travail	BÂCLAGE
Action d'introduire par la bouche	INGESTION
Action d'une pièce de théâtre	SCÉNARIO
Action d'usiner	USINAGE
Action d'usurper	USURPATION
Action de bâcher	BÂCHAGE
Action de baiser ce qui est sacré	BAISEMENT
Action de balayer	BALAYAGE
Action de barrer un chèque	BARREMENT
Action de battre la mesure	BATTUE
Action de biffer	RATURAGE
Action de blinder	BLINDAGE
Action de boiser	BOISEMENT
Action de boucaner	BOUCANAGE
Action de boucher	BOUCHAGE
Action de bricoler	BRICOLAGE
Action de bronzer, de brunir	BRONZAGE
Action de brosser	BROSSAGE
Action de camper	CAMPEMENT
Action de casser	CASSAGE
Action de céder	CESSION
Action de changer une chose contre une autre	CHANGE

Action de chiffrer	CHIFFRAGE
Action de ciller	CILLEMENT
Action de cirer	CIRAGE
Action de condamner	IMPROBATION
Action de conférer un grade universitaire	COLLATION
Action de contraindre	COERCITION
Action de couler	FLUX
Action de couvrir d'une bâche	BÂCHAGE
Action de créer des bruits	BRUITAGE
Action de cumuler	CUMUL
Action de curer	CURAGE
Action de débrayer	DÉBRAYAGE
Action de décoder	DÉCODAGE
Action de décoller	ENVOL
Action de dénier	DÉNI
Action de détruire par le feu	AUTODAFÉ
Action de dicter	DICTÉE
Action de diluer	DILUTION
Action de diviser	DIVISION
Action de dompter	DOMPTAGE
Action de donner	DATION
Action de draguer	DRAGAGE
Action de draper	DRAPEMENT
Action de faire paître le bétail	PACAGE
Action de faire sécher	SÉCHAGE
Action de faire sécher à la fumée	BOUCANAGE
Action de faire tomber	ABATAGE • ABATTAGE
Action de faire tremper	TREMPAGE
Action de faire un travail de façon peu soigneuse	BÂCLAGE
Action de ferrer un cheval	FERRURE
Action de fignoler	FIGNOLAGE
Action de flâner	FLÂNERIE
Action de froisser	FROISSEMENT
Action de frôler	FRÔLEMENT
Action de garnir d'arbres un terrain	BOISEMENT
Action de gerber	GERBAGE
Action de glacer	GLAÇAGE
Action de glaner	GLANAGE
Action de guider	CONDUITE

Action de lacer	LAÇAGE • LACEMENT
Action de lancer	JET
Action de lécher	LÈCHEMENT
Action de lessiver	LESSIVAGE
Action de lester	LESTAGE
Action de marquer le bétail au fer rouge	FERRADE
Action de ménager	ÉPARGNE
Action de mettre dans un sens opposé	INVERSION
Action de mettre un enjeu supérieur	RELANCE
Action de monter	ASCENSION
Action de monter la garde	VEILLE
Action de mordre	MORSURE
Action de moudre des grains	MOUTURE
Action de mouvoir	MOTION
Action de nier	NÉGATION
Action de nouer	NOUEMENT
Action de palper	PALPATION
Action de parquer	PARCAGE
Action de patiner	PATINAGE
Action de pendre	PENDAISON
Action de piller	RAFLE
Action de planer quelque chose	PLANAGE
Action de plier	PLIAGE
Action de pondre	PONTE
Action de poursuivre le gibier	CHASSE
Action de poursuivre les animaux pour les capturer ou les tuer	CHASSE
Action de prendre par violence	RAPINE
Action de progresser	AVANCEMENT
Action de quitter le sol	DÉCOLLAGE
Action de raboter	RABOTAGE
Action de racoler	RACOLAGE
Action de ramasser les épis de blé, après la moisson	GLANAGE
Action de ramer	NAGE
Action de ramper	RAMPEMENT • REPTATION
Action de râper	RÂPAGE
Action de ratisser	RATISSAGE
Action de raturer	RATURAGE
Action de rayer	RAYAGE

Action de réaliser un isolement	ISOLATION
Action de recouvrir de gomme	GOMMAGE
Action de récurer	RÉCURAGE
Action de remblayer	REMBLAI
Action de remettre à neuf	RÉFECTION
Action de remettre au feu	RECUIT
Action de renouveler l'air	AÉRATION
Action de réprimer	RÉPRESSION
Action de resquiller	RESQUILLE
Action de retirer	LEVÉE
Action de revêtir de gazon	GAZONNAGE
Action de rincer	RINÇAGE
Action de rogner	ROGNAGE
Action de s'affranchir	ÉMANCIPATION
Action de s'échapper	SORTIE
Action de s'élever de terre	BOND
Action de sabler	SABLAGE
Action de sasser	SASSEMENT
Action de satiner	SATINAGE
Action de se déprendre	DÉPRISE
Action de se donner la mort	SUICIDE
Action de se laver	ABLUTION
Action de se produire en public	PRESTATION
Action de se produire par intermittence	CLIGNOTEMENT
Action de se ressaisir	SURSAUT
Action de se retirer	RÉCESSION
Action de sécher	SÉCHAGE
Action de serrer	SERREMENT
Action de sucer	SUCCION
Action de surfiler	SURFIL
Action de tailler	COUPE
Action de tanner les peaux	TANNAGE
Action de téter	TÉTÉE
Action de tirer	TRACTION
Action de tirer du néant	CRÉATION
Action de tondre les draps	TONTURE
Action de tracer	TRACEMENT
Action de traire	MULSION
Action de transgresser une loi	INFRACTION • VIOL
Action de tremper	TREMPAGE

Action de tricoter	TRICOTAGE
Action de tuer un animal de boucherie	ABATAGE • ABATTAGE
Action de veiller un malade	VEILLÉE
Action de virer de bord	VIREMENT
Action de viser	MIRE
Action de voyager par plaisir	TOURISME
Action dramatique représentée en pantomime	MIMODRAME
Action mauvaise	MÉFAIT
Action pleine de ruse	ROUERIE
Action, manière de découper	DÉCOUPAGE
Actionner	INTENTER • MOUVOIR
Actionner un klaxon	KLAXONNER
Activer	ACCÉLÉRER • AVIVER • HÂTER
Activité	ANIMATION • OCCUPATION
	OEUVRE
Activité bancaire	FINANCE
Activité commerciale	NÉGOCE
Activité de l'écrivain	LITTÉRATURE
Activité de l'esprit	PENSÉE
Activité de styliste	STYLISME
Activité désordonnée	CIRQUE
Activité fructueuse	PROSPÉRITÉ
Activité physique	SPORT
Activité professionnelle	FONCTION • TRAVAIL
Activité temporaire dans une entreprise	STAGE
Actrice	COMÉDIENNE
Actrice américaine morte en 1962	MONROE
Actrice française née en 1898	ARLETTY
Actrice française née en 1934	BARDOT
Actrice italienne née en 1934	LOREN
Actuel	CONTEMPORAIN • EXISTANT
Actuellement	MAINTENANT
Acuminé	POINTU
Adage	DICTON • PROVERBE
Adaptation	TRADUCTION
Adapté	APPROPRIÉ • ASSORTI • CONFORME
Adapter	ACCOMMODER • APPLIQUER
	MODULER
Adapter parfaitement	AJUSTER
Additif	ADJUVANT

Addition	AJOUT • COMPLÉMENT
	FACTURE • NOTE
Additionné de carbonate	CARBONATÉ
Additionné de résine	RÉSINÉ
Additionner	AJOUTER • TOTALISER
Additionner d'alcool	VINER
Adepte	ADHÉRENT • INITIÉ • PARTISAN
Adepte d'un mouvement des années 1970	HIPPIE
Adepte d'une secte religieuse du Moyen Âge	CATHARE
Adepte du manichéisme	MANICHÉEN
Adepte du nihilisme	NIHILISTE
Adepte du sikhisme	SIKH
Adepte du taoïsme	TAOÏSTE
Adepte fanatique de Mahomet	SÉIDE
Adéquat	APPROPRIÉ • CONGRU
Adhérence	COHÉSION • CONTACT
Adhérent	AFFILIÉ • MEMBRE • PARTISAN
Adhérer	ENTRER • SOUSCRIRE
Adhésif	AGGLUTINANT • COLLANT
Adhésion	SUFFRAGE
Adieu	BONJOUR • BONSOIR
Adipeux	GRAISSEUX
Adjacent	ATTENANT • CONTIGU • VOISIN
Adjectif démonstratif	CE • CES • CET
Adjectif indéfini	TOUS • TOUT • TOUTES
Adjectif interrogatif	QUEL
Adjectif numéral	DIX • DOUZE • HUIT • QUATRE
	SIX • TRENTE • TROIS • UN • VINGT
Adjectif possessif	LEUR • MES • MIEN • MON • NOS
	NOTRE • SES • SIEN • SON • TA
	TES • TON • VOTRE
Adjoindre	ACCOLER
Adjoint	AIDE • ASSOCIÉ • SECOND
Adjuger	ACCORDER
Adjuration	PRIÈRE
Adjurer	CONJURER • IMPLORER • SUPPLIER
Admettre	APPROUVER • AVOUER
	CONFESSER • CROIRE
Admettre dans une association	AFFILIER

Administrateur	GÉRANT
Administrateur et résistant français né en 1899	MOULIN
Administration	GESTION • RÉGIE
Administration chargée de percevoir les impôts	FISC
Administrer	DIRIGER • GÉRER
Administrer en commun une entreprise	COGÉRER
Administrer le baptême à	BAPTISER
Admirateur de Wagner	WAGNÉRIEN
Admirateur enthousiaste	FAN
Admirer	CONTEMPLER
Admis	AGRÉÉ
Admis dans une association	AFFILIÉ
Admissible	LÉGITIME • PLAUSIBLE RECEVABLE • VALABLE
Admission	ADOPTION
Admonestation	GRONDERIE • RÉPRIMANDE
Admonester	TANCER
Ado	ADOLESCENT • TEENAGER
Adolescent	ÉPHÈBE • TEENAGER
Adonné à la luxure	LUXURIEUX
Adopter	ACCUEILLIR • ADHÉRER • OPTER
Adopter par préférence	CHOISIR
Adorateur	AMOUREUX
Adorer	RAFFOLER
Adoucir	APAISER • ATTÉNUER • LÉNIFIER MITIGER • RADOUCIR • SUCRER
Adoucir à l'aide d'un calmant	LÉNIFIER
Adoucir dans son expression	ÉDULCORER
Adoucir une douleur morale en consolant	PANSER
Adoucissant	PALLIATIF
Adoucissement	BAUME
Adresse	ALLOCUTION • APTITUDE ART • HABILETÉ
Adresse des doigts	DOIGTÉ
Adresse manuelle	DEXTÉRITÉ
Adresse, habileté	DEXTÉRITÉ
Adresser	DÉDIER
Adresser une semonce à un navire	SEMONCER

Adroit	HABILE
Adroit, habile	INGÉNIEUX
Adulateur	COURTISAN
Aduler	RAFFOLER
Advenir	ÉCHOIR • SURVENIR
Advenu	ÉCHU
Adverbe de lieu	EN • HORS • ICI • LÀ
Adverbe de temps	ALORS • ENCORE • ICI
Adverbe interrogatif	OÙ
Adverbe marquant la fin d'une attente	ENFIN
Adversaire	ANTAGONISTE • COMPÉTITEUR ENNEMI • OPPOSANT • RIVAL
Adverse	CONTRAIRE • HOSTILE
Adversité	ACCIDENT • INFORTUNE • MALHEUR
Aérer	VENTILER
Aérien	ÉTHÉRÉ
Aéronef	AVION • HÉLICOPTÈRE
Aéronef sans moteur	PLANEUR
Aéroport de Tokyo	NARITA
Aéroport du Japon	ITAMI
Aéroport important d'Europe	ORLY
Aéroport pour hélicoptères	HÉLIPORT
Aérosol	ATOMISEUR
Aethuse	ÉTHUSE
Affabilité	AMABILITÉ • AMÉNITÉ • DOUCEUR
Affable	AGRÉABLE • AIMABLE • AVENANT • CIVIL COURTOIS • LIANT • OBLIGEANT
Affaiblir	ALANGUIR • AMOINDRIR • AMOLLIR ANÉMIER • MINER • USER
Affaiblir énormément	ÉPUISER
Affaiblir, amollir	AVEULIR
Affaiblissement	ANÉMIE • LANGUEUR
Affaiblissement du sens de l'ouïe	SURDITÉ
Affaiblissement produit par la vieillesse	SÉNILITÉ
Affaire compliquée	DÉMÊLÉ
Affaire d'honneur	DUEL
Affaire malhonnête	SCANDALE
Affaissement	BAISSE • ÉBOULEMENT • ÉBOULIS
Affamé	CREVARD • FAMÉLIQUE
Affectation	APPRÊT • EMPHASE PRÉCIOSITÉ • SNOBISME

Affecté	APPRÊTÉ • ÉMU • POSEUR • PRÉCIEUX
Affecté, maniéré	AFFÉTÉ
Affectée	PRÉCIEUSE
Affecter	ASSIGNER • SIMULER
Affecter à un autre poste	MUTER
Affecter de parler latin	LATINISER
Affecter la bravoure	CRÂNER
Affectif	ÉMOTIF
Affection	AMITIÉ • AMOUR
	MALADIE • TENDRESSE
Affection articulaire	ARTHRITE
Affection causée par un virus du groupe des herpès	ZONA
Affection contagieuse de la peau	GALE • IMPÉTIGO
Affection cutanée	ECZÉMA • HERPÈS • ROSÉOLE
Affection d'origine virale	HERPÈS
Affection de la peau	DARTRE • LUPUS
Affection de la région lombaire	LUMBAGO
Affection du foie	HÉPATITE
Affection entre deux personnes	AMITIÉ
Affection intestinale chronique	SPRUE
Affectionner	AIMER • CHÉRIR
Affective	ÉMOTIVE
Affectueuse	FRATERNELLE
Affectueux	AIMANT • CÂLIN • FRATERNEL
Affectueux, gentil	AMITIEUX
Affermir	CONSOLIDER
Affiche	ANNONCE • ÉCRITEAU
	PANCARTE • PLACARD
Affiche décorative	POSTER
Afficher	ARBORER • PLACARDER • PROFESSER
Affiler	AFFÛTER • AIGUISER
Affiliation	ADHÉSION • ADMISSION
Affiner	CIVILISER • RAFFINER
Affinité	ANALOGIE • PARENTÉ
Affirmatif	CATÉGORIQUE
Affirmation	DÉCLARATION
Affirmation solennelle	SERMENT
Affirmé	ATTESTÉ
Affirmer	ATTESTER • CERTIFIER
	DÉCLARER • PRÉTENDRE

Affirmer avec vigueur	PARIER
Affirmer par serment	JURER
Affliction	CHAGRIN • DÉTRESSE • DEUIL
	DOULEUR • ÉPREUVE • MAL • TRISTESSE
Affligé	ABATTU • CONTRISTÉ
	DÉSOLÉ • TRISTE
Affligeant	DÉSOLANT • FÂCHANT
Affliger	ATTRISTER • CONSTERNER
	DÉSOLER • FÂCHER • PEINER
Affliger profondément	ASSOMMER
Affluent de l'Aisne	AIRE
Affluent de l'Eure	ITON
Affluent de l'Isère	ARLY
Affluent de la Dordogne	ISLE
Affluent de la Lena	ALDAN
Affluent de la Seine	AUBE • EPTE • ERDRE • EURE
	INDRE • LOING
Affluent du Danube	PROUT • PRUT
Affluent du Pô	ADDA
Affluent du Rhin	LAUTER
Affluent du Rhône	GARD
Affluent du Tibre	ALLIA
Affluent prenant sa source	
dans les Pyrénées	NIVE
Afflux	FLOT
Affolant	AGUICHANT
Affolé	ÉPERDU
Affolement	PEUR
Affoler	ALARMER
Affranchi	ESCLAVE • LIBRE
Affranchissement	LIBÉRATION
Affres	TOURMENT
Affréter	NOLISER
Affreuse	HIDEUSE
Affreux	ATROCE • HIDEUX • LAID
Affriander	APPÂTER
Affriolant	AGUICHANT
Affront	INJURE • INSULTE
	OFFENSE • OUTRAGE
Affrontement	LUTTE
Affronter	BRAVER

Affublement	ACCOUTREMENT
Affubler	ACCOUTRER
Affûter	AFFILER • AIGUISER
African National Congress	ANC
Afrique-Équatoriale française	AEF
Agaçant	ÉNERVANT • IRRITANT
Agacé	ÉNERVÉ • EXASPÉRÉ
Agacement	NERVOSITÉ
Agacer	ASTICOTER • BISQUER • CRISPER
	HORRIPILER • IRRITER
Agape	FESTIN
Agapes	BANQUET
Agar-agar	GÉLOSE
Agate	ONYX
Agate semi-transparente	ONYX
Agave d'Amérique	PITE
Agave du Mexique	SISAL
Âge	ÈRE
Âgé	VIEIL • VIEUX
Âge d'à peu près trente ans	TRENTAINE
Agence	SUCCURSALE
Agencé	ORGANISÉ
Agence centrale de renseignements	CIA
Agence de presse américaine	UPI
Agence de presse soviétique	TASS
Agencement	COMPOSITION • COORDINATION
	ORDRE
Agencement de plis souples	DRAPÉ
Agencer	ACCOMMODER • AMÉNAGER
	DISTRIBUER • ORDONNER
	ORGANISER
Agenda	ALMANACH • CAHIER
	CALEPIN • CARNET • MÉMENTO
Agenouillé	PROSTERNÉ
Agent	ASSUREUR • COURTIER • ÉMISSAIRE
Agent de la douane	DOUANIER
Agent de police	COGNE • FLIC
Agent de police, en Italie	SBIRE
Agent diplomatique du Saint-Siège	NONCE
Agent officiel d'un État	CONSUL
Agent secret	ESPION

Agent secret de Louis XV	ÉON
Agent subalterne	COMMIS
Agglomération centrale d'une commune	BOURG
Agglomération d'abris de fortune	BIDONVILLE
Agglomération rurale	VILLAGE
Agglomérer	ASSEMBLER
Agglutiner	COLLER
Aggraver	EMPIRER
Agile	ALLÈGRE • DISPOS • LÉGER LESTE • SOUPLE • VIF
Agile, rapide	VÉLOCE
Agilité	LÉGÈRETÉ • PRESTESSE • VIVACITÉ
Agir	OEUVRER
Agir avec lenteur	LAMBINER
Agir cérémonieusement	OFFICIER
Agir en cabotin	CABOTINER
Agir en faveur d'une cause	MILITER
Agir sans violence	MILITER
Agissante	ACTIVE
Agissements secrets et artificieux	MENÉES
Agitateur, révolté	INSURGÉ
Agitation	AFFOLEMENT • ANIMATION ÉMEUTE • ÉMOI
Agitation due au déferlement	RESSAC
Agitation légère de l'eau, produisant un petit bruit	CLAPOTAGE
Agité	ANIMÉ • ÉPERDU • NERVEUX ORAGEUX • TOURMENTÉ TURBULENT
Agité et rapide	TRÉPIDANT
Agitée	NERVEUSE • ORAGEUSE
Agiter	BALLOTTER • BRANDIR • CAHOTER ÉBRANLER • SECOUER • TOUILLER
Agiter d'un tremblement	TRÉMULER
Agiter doucement	BERCER
Agiter, osciller	BRIMBALER
Agneau	MOUTON
Agneau pascal	PÂQUE
Agnostique	INCROYANT
Agonisant	MORIBOND • MOURANT
Agrafe	CROCHET

Agrafe chirurgicale	CLIP
Agrafe destinée à tenir un sac fermé	FERMOIR
Agrandir	ACCROÎTRE • AUGMENTER
	DILATER • ÉLARGIR
Agréable	CHARMANT • GENTIL • PLAISANT
	RIANT • SOURIANT • SUAVE
Agréable à toucher	DOUCE
Agréable oisiveté	FARNIENTE
Agréable, avenant	AMÈNE
Agréer	ACCEPTER • DAIGNER
Agréger	ASSOCIER
Agrément	PLAISIR
Agrémenter	DÉCORER • ORNER • PARER
Agresser	ASSAILLIR
Agressif	INAMICAL • OFFENSIF
Agression	ATTENTAT
Agricole	RURAL
Agriculteur	FERMIER • PAYSAN
Agrume plus petit que l'orange	MANDARINE
Aguichant	AFFRIOLANT • PROVOCANT
Aguicher	ALLUMER
Ahuri	ABRUTI • EFFARÉ • HÉBÉTÉ
Ahurir	ÉTONNER
Aiche	ÈCHE • ESCHE
Aide	ADJOINT • ALLOCATION • APPRENTI
Aide financière	SUBSIDE
Aide mutuelle	ENTRAIDE
Aide-mémoire	MÉMENTO
Aider	ASSISTER • ÉPAULER
Aïe	OUILLE
Aïeul	ANCÊTRE
Aigle d'Australie	URAÈTE
Aigle de très grande envergure	URAÈTE
Aigle pêcheur	BALBUZARD
Aigre	ACIDE • GRINÇANT • SURI
Aigrelet	ACIDULÉ • SURET
Aigreur	ACRIMONIE • AMERTUME
	DÉPIT • RANCOEUR
Aigri	TOURNÉ
Aigrir	SURIR
Aigu	GRINÇANT • POINTU

Aiguille	ÉPINE
Aiguille d'un cadran	INDEX
Aiguille des secondes	TROTTEUSE
Aiguillonner	PIQUER
Aiguiser	AFFILER • AFFÛTER
Aile	FLANC
Ailloli	AÏOLI
Aimable	ADORABLE • AFFABLE • AGRÉABLE
	AMÈNE • COURTOIS
	ENJOUÉ • GENTIL
Aimable et gracieux	ACCORT
Aimé	CHER
Aimer	ADORER • CHÉRIR
Aimer passionnément	ADORER
Aimer tendrement	CHÉRIR
Ainsi	COMME • PARTANT • TEL
Ainsi soit-il	AMEN
Air	APPARENCE • ASPECT
	CHANSON • MINE
Air exhalé	SOUFFLE
Air qui se glisse par les ouvertures	COULIS
Air très vif à deux temps	RIGODON
Airelle	BLEUET
Aisance	AGILITÉ
Aisance de la parole	VOLUBILITÉ
Aise	CONFORT
Aisé	COULANT • FACILE
Aisé, bien installé	BOURGEOIS
Ajournement	ATERMOIEMENT • SURSIS
Ajourner	RETARDER
Ajout	ADDITION
Ajouté	JOINT
Ajouter	ACCOLER • ADDITIONNER
Ajouter du tanin	TANISER
Ajusté	COLLANT
Ajuster	ADAPTER • AGENCER • ÉGALISER
	EMBOÎTER • SERRER
Ajuster un vêtement à la taille	CINTRER
Alaise	ALÈSE
Alangui	INDOLENT • LANGUIDE
Alanguir	AMOLLIR

Alarmant	AFFOLANT
Alarme	ALERTE • ANTIVOL • ÉVEIL
Alarmer	ÉPEURER
Album	CAHIER • REGISTRE
Alcaloïde contenu dans le poivre noir	PIPERIN
Alcaloïde de l'opium	NARCÉINE
Alcaloïde de la feuille de thé	THÉINE
Alcaloïde de la fève de Calabar	ÉSÉRINE
Alcaloïde dérivé de la morphine	CODÉINE
Alcaloïde du poivrier	PIPERIN
Alcaloïde du tabac	NICOTINE
Alcaloïde extrait de l'écorce de yohimbehe	YOHIMBINE
Alcaloïde extrait de l'ipéca	ÉMÉTINE
Alcaloïde extrait de l'opium	CODÉINE
Alcaloïde extrait du coca	COCAÏNE
Alcaloïde extrait du peyotl	MESCALINE • MÉSON
Alcaloïde toxique	ÉSÉRINE
Alcaloïde toxique de certains champignons	MUSCARINE
Alcaloïde utilisé comme vomitif	ÉMÉTINE
Alchimie	MAGIE
Alcool	DRINK • GIN • GNIOLE • NIOLE
Alcool de canne à sucre	RHUM
Alcool de grains à base de maïs	BOURBON
Alcool de masse moléculaire élevée	STÉROL
Alcooliques Anonymes	AA
Alcoolisme	BOISSON
Alentour	AUTOUR • ENTOUR
Alentours	APPROCHES • ENVIRONS PARAGES
Alerte	ALARME • ALLÈGRE ÉVEIL • GAILLARD
Alerter	AMEUTER
Alèse	ALAISE
Aléser une seconde fois	RÉALÉSER
Alevin	NOURRAIN
Algue appelée laitue de mer	ULVE
Algue bleue microscopique	NOSTOC
Algue brune	FUCUS
Algue marine	GOÉMON

Algue rouge gélatineuse	NÉMALE
Algue verte marine	ULVE
Algues marines	VARECH
Aliénation	DÉMENCE
Aliéné	DÉMENT • FOL • FOU
Aliénée	FOLLE
Alignement	RANGÉE
Aligner	RANGER
Aliment	DENRÉE • NOURRITURE • VIVRE
Aliment de saveur douce	SUCRE
Aliment fait de farine	PAIN
Aliment frit	FRITURE
Aliment liquide	BROUET
Aliment mariné	MARINADE
Aliment naturel des jeunes mammifères	LAIT
Aliment qui contient du lait	LAITAGE
Aliment tiré du lait	LAITAGE
Alimentation	NUTRITION
Alimenté	NOURRI
Alimenter	NOURRIR • SUSTENTER
Alimenter de force	GAVER
Aliter	COUCHER
Alizé qui souffle sur le Sahara	HARMATTAN
Allaiter	NOURRIR
Alléchant	ATTIRANT • RAGOÛTANT • TENTANT
Allécher	APPÂTER • ATTIRER
Allée	AVENUE
Allée carrossable bordée d'arbres	DRÈVE
Allée d'arbres taillés	CHARMILLE
Allée, haie de charmes	CHARMILLE
Allégation	PRÉTEXTE
Allégé	ÉCRÉMÉ
Alléger	CALMER • DÉLESTER ÉLÉGIR • SOULAGER
Allègre	GAILLARD • VIF
Allégresse	JOIE • LIESSE
Allégresse, enjouement	ALACRITÉ
Alléguer	ARGUER
Allemand	BOCHE • FRITZ • TEUTON
Allemande	TEUTONNE

Aller	CHEMINER • MARCHER
	SEOIR • VENIR
Aller à toute vitesse	GAZER
Aller au hasard	VAGUER
Aller bien	BICHER
Aller d'un lieu à l'autre	PARCOURIR
Aller de travers	ZIGZAGUER
Aller en arrière	CULER
Aller en s'écartant	DIVERGER
Aller en skis	SKIER
Aller rapidement	TROTTER
Aller retrouver quelqu'un	REJOINDRE
Aller vite	FILOCHER
Allez, en latin	ITE
Alliage	AMALGAME • MÉLANGE
Alliage à base de cuivre	AIRAIN
Alliage à haute teneur en cobalt	STELLITE
Alliage d'aluminium et de silicium affiné	ALPAX
Alliage de cuivre et de nickel	MONEL
Alliage de cuivre et de zinc	LAITON • TOMBAC
Alliage de fer	INVAR
Alliage de fer et de carbone	ACIER • FONTE
Alliage de fer et de nickel	PLATINITE
Alliance	ACCORD • ANNEAU • BAGUE
	COALITION • LIGUE • MARIAGE
Allié	PARTENAIRE
Allié avec de l'iridium	IRIDIÉ
Allier	CONCILIER • LIGUER
Allocation	PENSION
Allocation versée aux demandeurs d'emploi	CHÔMAGE
Allocution	CAUSERIE • DISCOURS
	PENSION • SPEECH
Allonge	RALLONGE
Allongé	ÉTENDU • OBLONG
Allongement accidentel d'un muscle	ÉLONGATION
Allonger	EFFILER • ÉLONGER • ÉTIRER
	PROLONGER • TIRER
Allotissement	GROUPAGE
Allouer	DONNER

Allumer	AGUICHER • EMBRASER PROVOQUER
Allure	AIR • ASPECT • MINE • TOURNURE
Allure d'un quadrupède	AMBLE
Allure d'une personne	GUEULE
Allure de certains quadrupèdes	TROT
Allure défectueuse d'un cheval	AUBIN
Allure du cheval	GALOP • TROT
Allure élégante	CHIC
Allure, rythme	TEMPO
Allure, train	ERRE
Almanach	CALENDRIER
Almandin	GRENAT
Alors	LORS
Alouette des bois	LULU
Alouette vivant sur les hauts plateaux d'Afrique	SIRLI
Alpage	ALPE
Alpe	ALPAGE
Alphabet à l'usage des aveugles	BRAILLE
Alpin	ALPESTRE
Alpinisme	ESCALADE
Altération de la voix quand elle mue	MUANCE
Altercation	DISPUTE
Altéré	AFFAMÉ • TOURNÉ
Altérer	AIGRIR • DÉCOMPOSER • FALSIFIER FAUSSER • GÂTER
Altérer dans sa pureté	FRELATER
Altérer la couleur de	DÉCOLORER
Altérer la voix	ENROUER
Alternateur	DYNAMO
Alternative	CHOIX • OPTION
Altier	FIER
Altitude	HAUTEUR
Aluminium	AL
Amabilité	AFFABILITÉ • GALANTERIE
Amabilité pleine de charme	AMÉNITÉ
Amadouer	APAISER • APPRIVOISER • CÂLINER
Amaigri	DÉCHARNÉ • HÂVE
Amaigri par le manque de nourriture	FAMÉLIQUE
Amaigrir	AMINCIR • ÉMACIER

Amalgame d'étain	TAIN
Amalgame métallique	TAIN
Amalgamer	ASSIMILER • CONFONDRE INCORPORER • MÊLER
Amande de coco	COPRA
Amanite	ORONGE
Amant	AMOUREUX
Amant entretenu	GIGOLO
Amant, amoureux	JULES
Amarrage fait sur deux cordages	ÉTRIVE
Amarre	CORDAGE
Amas	MASSE • MONCEAU • RAMASSIS
Amas chaotique de glace	SÉRAC
Amas confus	FATRAS
Amas d'étoiles	NÉBULEUSE
Amas d'ossements	OSSUAIRE
Amas de cellulose	CAL
Amas de neige entassée par le vent	CONGÈRE
Amas de papiers	LIASSE
Amas de plusieurs furoncles	ANTHRAX
Amas de poils	BOURRE
Amas de pus	ABCÈS
Amas de sable et de gravier	JAR • JARD
Amas de sporanges sous la feuille d'une fougère	SORE
Amas de tripes	TRIPAILLE
Amas de vapeur d'eau condensée	NUAGE
Amas graisseux dans les tissus	CAPITON
Amas serré de bulles	MOUSSE
Amasser	ACCUMULER
Amateur	CONNAISSEUR
Amateur de musique	MÉLOMANE
Amatir	DÉPOLIR
Ambassadeur	ÉMISSAIRE
Ambassadeur du Saint-Siège	LÉGAT
Ambiance vaporeuse qui baigne les formes	SFUMATO
Ambiance, atmosphère	CLIMAT
Ambition	PRÉTENTION • VISÉE
Ambitionner	ASPIRER • BRIGUER • CONVOITER DÉSIRER • VISER

Ambon	JUBÉ
Ambré	DORÉ • JAUNE
Ambre jaune	SUCCIN
Âme	ESPRIT
Amélioration	RÉFORME
Améliorer	BONIFIER • FERTILISER
	PERFECTIONNER
Aménager	ARRANGER
Amender	ABONNIR • RÉVISER
Amender avec de la glaise	GLAISER
Amène	AFFABLE
Amener	APPORTER • ATTIRER • CONVERTIR
Amener à reconnaître la vérité	CONVAINCRE
Amener à sa fin	CONCLURE
Amener avec soi	ENTRAÎNER
Aménité	AMABILITÉ
Amer	AIGRI
Américain	RICAIN
Américain des États-Unis	AMERLO • AMERLOT • GRINGO
	RICAIN • YANKEE
Américium	AM
Amérindien	INDIEN
Amertume	ÂCRETÉ • ACRIMONIE • DÉPIT
	RESSENTIMENT • TRISTESSE
Amertume, méchanceté	FIEL
Âmes des morts,	
dans la religion romaine	MÂNES
Ameublement	MEUBLE
Ameuter de nouveau	RAMEUTER
Ami	ALLIÉ • COPAIN • MEC • POTE
Amiante	ASBESTE
Amical	FRATERNEL
Amicale	FRATERNELLE
Amidon contenu	
dans certaines racines	FÉCULE
Amidonné	EMPESÉ
Amidonner	EMPESER
Amie	COMPAGNE • MIE
Amincir	AMENUISER • DOLER
Amincir par l'usage	ÉLIMER
Aminoacide	AMINE

Amitié	INTIMITÉ
Amnistie	ABSOLUTION • PARDON
Amnistier	PARDONNER
Amoché	ABÎMÉ
Amocher	ABÎMER
Amoindrir	ATTÉNUER • DIMINUER
Amolli	MOLLI
Amollir	ATTENDRIR • AVACHIR
	MOLLIR • RAMOLLIR
Amoncellement	AMAS • MONCEAU • MONTAGNE
	PILE • TAS
Amoral	IMMORAL
Amorce	APPÂT
Amorcer	APPÂTER • ATTIRER
	COMMENCER • ÉCHER • ESCHER
Amorphe	ATONE • PASSIF
Amour	PASSION
Amour de la lutte	PUGNACITÉ
Amour excessif de soi	ÉGOÏSME
Amour immodéré des richesses	CUPIDITÉ
Amour pour les animaux	ZOOPHILIE
Amour pur	DILECTION
Amour tendre et naïf	IDYLLE
Amour tendre et spirituel	DILECTION
Amour très vif	ADORATION
Amour-propre	ORGUEIL
Amourette	IDYLLE • FLIRT
Amoureux	AMANT • ÉPRIS
	SOUPIRANT • TOURTEREAU
Amovible	MOBILE
Amphibien à peau verruqueuse	CRAPAUD
Amphibien à queue aplatie	TRITON
Amphithéâtre d'une université	AULA
Amphithéâtre sportif	ARÉNA
Ample	LARGE • SPACIEUSE
	SPACIEUX • VASTE
Ample cape	MANTE
Amplement	BEAUCOUP • LARGEMENT
Ampleur	VOLUME
Amplificateur (fam.)	AMPLI
Amplificateur de haute fréquence	TUNER

Amplificateur de micro-ondes	MASER
Amplificateur quantique de radiations lumineuses	LASER
Amplifier	ACCROÎTRE • AUGMENTER EXAGÉRER • GROSSIR OUTRER • RENCHÉRIR
Ampoule	LAMPE
Amputation	ABLATION
Amputé	MUTILÉ
Amputer	ENLEVER • MUTILER • RÉSÉQUER
Amulette	FÉTICHE • TALISMAN
Amulette d'Afrique	GRIGRI
Amusant	DRÔLE • PLAISANT • RIGOLO
Amusant, grotesque	BOUFFON
Amusante	SPIRITUELLE
Amusement	BADINAGE • JEU
Amuser	DIVERTIR • RÉCRÉER
An	ANNÉE
Anaconda	BOA • EUNECTE
Analogie	COMPARAISON • PARENTÉ
Analogue	HOMOLOGUE • SIMILAIRE
Analyse	ESSAI • ÉTUDE • EXAMEN • EXPOSÉ
Analyser	ÉTUDIER
Anarchique	SAUVAGE
Anarchiste	ANAR
Anatife	BERNACHE
Ancestral	PATRIARCAL
Ancêtre	AÏEUL • AÎNÉ
Ancêtre de la clarinette	CHALUMEAU
Ancêtre du violoncelle	GAMBE
Ancien	ANTIQUE • EX • OBSOLÈTE PÉRIMÉ • VIEUX
Ancien amphithéâtre romain	ARÈNE
Ancien bateau de guerre	GABARE
Ancien combattant	VÉTÉRAN
Ancien comté du Saint Empire, rattaché à la France	SALM
Ancien do	UT
Ancien émirat de l'Arabie	ASIR
Ancien État de l'Allemagne	BERG
Ancien État de l'Allemagne du Nord	PRUSSE

Ancien État situé dans le sud-ouest de l'Iran actuel	ÉLAM
Ancien fort situé sur la rivière San Antonio	ALAMO
Ancien instrument à vent	BOMBARDE
Ancien instrument de musique	LUTH
Ancien instrument de musique analogue au luth	MANDORE
Ancien juron familier	TUDIEU
Ancien mortier de marine	PIERRIER
Ancien navire de commerce	SENAU
Ancien nom d'une partie de l'Asie Mineure	IONIE
Ancien nom de l'Iran	PERSE
Ancien nom de l'oxyde d'uranium	URANE
Ancien nom de la Thaïlande	SIAM
Ancien nom de Tokyo	EDO
Ancien oui	OC • OÏL
Ancien poids de huit onces	MARC
Ancien port d'Éthiopie	ADULIS
Ancien Premier ministre de l'Ontario	RAE
Ancien président des États-Unis	NIXON
Ancien prêtre	DRUIDE
Ancien sabre de cavalerie	LATTE
Ancien serviteur	DIACRE
Ancien signe de notation musicale	NEUME
Ancien souverain égyptien	PHARAON
Ancien territoire espagnol, rétrocédé au Maroc en 1969	IFNI
Ancienne	VIEILLE
Ancienne arme à feu	ESCOPETTE
Ancienne arme de jet	DARD
Ancienne arme franque	ANGON
Ancienne bannière des rois de France	ORIFLAMME
Ancienne capitale d'Arménie	ANI
Ancienne capitale de l'Orléanais	ORLÉANS
Ancienne capitale de la Numidie	CIRTA
Ancienne capitale des ducs d'Auvergne	RIOM
Ancienne capitale du Maroc	FÈS
Ancienne capitale du Népal	PATAN

Ancienne capitale du Nigeria	LAGOS
Ancienne cité de la Méditerranée	OUGARIT • UGARIT
Ancienne cité grecque d'Arcadie	TÉGÉE
Ancienne coiffure	CORNETTE
Ancienne coiffure militaire rigide	SHAKO
Ancienne contrée de l'Asie Mineure	ÉOLIDE • ÉOLIE
Ancienne contrée du sud-est du Péloponnèse	LACONIE
Ancienne danse à rythme binaire	GAVOTTE
Ancienne danse à trois temps	MENUET
Ancienne danse espagnole	CHACONE
Ancienne danse italienne	FORLANE
Ancienne langue germanique	NORROIS
Ancienne mesure agraire	ACRE • ARPENT
Ancienne mesure de capacité	QUARTE • VELTE
Ancienne mesure de longueur	AUNE • EMPAN • MILLE POUCE • TOISE
Ancienne mesure itinéraire	LIEUE
Ancienne mesure valant huit pintes	SETIER
Ancienne monnaie	DENIER • ÉCU • ESTERLIN
Ancienne monnaie allemande d'argent	THALER
Ancienne monnaie anglaise	GUINÉE
Ancienne monnaie chinoise	TAEL
Ancienne monnaie d'argent espagnole	DOURO
Ancienne monnaie d'or arabe	DINAR
Ancienne monnaie d'or battue en Espagne	PISTOLE
Ancienne monnaie d'or de la Perse	TOMAN
Ancienne monnaie de compte	LIVRE
Ancienne monnaie espagnole	RÉAL
Ancienne monnaie française	LIARD • LOUIS • OBOLE
Ancienne monnaie napolitaine	CARLIN
Ancienne pièce de cinq francs	THUNE • TUNE
Ancienne province de France	AUNIS
Ancienne province de la Chine	REHE
Ancienne province du Portugal central	BEIRA
Ancienne région de la Nouvelle-France	ACADIE
Ancienne unité d'éclairement	PHOT
Ancienne unité de dose absorbée de rayonnements	RAD
Ancienne unité de mesure	CURIE • MUID

Ancienne unité de mesure d'accélération	GAL
Ancienne unité de mesure d'intensité lumineuse	BOUGIE
Ancienne unité de mesure de force du système C.G.S.	DYNE
Ancienne unité monétaire du Pérou	INTI
Ancienne ville d'Afrique du Nord	UTIQUE
Ancienne ville d'Asie Mineure	NICÉE
Ancienne ville de la Palestine	SILO
Ancienne ville de Palestine	PELLA
Ancienne voiture découverte à quatre roues	VICTORIA
Anciennement	AUTREFOIS
Ancre	GRAPPIN
Andouille	SAUCISSE
Âne	BAUDET • GRISON
Âne sauvage	ONAGRE
Anéantir	ABOLIR • ANNIHILER • BRISER DÉTRUIRE • NÉANTISER PULVÉRISER • RAVAGER
Anéantissement	DESTRUCTION
Anecdote	HISTOIRE
Anémier	ÉPUISER • ÉTIOLER
Anémone de mer	ACTINIE
Ânerie	BALOURDISE • SOTTISE
Anesthésier	ENDORMIR
Aneth	FENOUIL
Anfractuosité	CAVITÉ
Ange	SÉRAPHIN
Ange déchu qui habite l'enfer	DÉMON
Angine de poitrine	ANGOR
Angle	COUDE
Angle aigu que forme la jonction entre branche et rameau	AISSELLE
Angle d'une pièce	COIN
Angle géodésique	AZIMUT
Angle interne de l'oeil	LARMIER
Angle saillant d'un objet	COUDE
Angoissant	STRESSANT
Angoisse	ANXIÉTÉ • DÉSARROI • PEUR • TRAC

Angoissé	CRAINTIF • TOURMENTÉ
Angoissée	CRAINTIVE
Angoisser	STRESSER
Anguille de sable	LANÇON
Anicroche	ACCROC • COMPLICATION
Animal	BESTIAL • BÊTE • BRUTAL • SENSUEL
Animal aquatique à respiration branchiale	POISSON
Animal considéré comme ancêtre mythique	TOTEM
Animal crustacé	BALANE
Animal de l'espèce bovine	BOEUF
Animal de sexe femelle	FEMELLE
Animal des eaux douces ou salées	AMIBE
Animal des fonds marins	OURSIN
Animal des mers chaudes	CORAIL
Animal fabuleux	DRAGON
Animal fabuleux avec une corne au milieu du front	LICORNE
Animal fabuleux qui crache du feu	DRAGON
Animal fantastique	DAHU • MONSTRE
Animal mâle destiné à la reproduction	GÉNITEUR
Animal marin	ACTINIE • MÉDUSE
Animal marin couvert de piquants mobiles	OURSIN
Animal marin de belle couleur	ACTINIE
Animal marin de consistance gélatineuse	MÉDUSE
Animal minuscule	CIRON
Animal que l'on chasse	GIBIER
Animal qui se nourrit de proies	PRÉDATEUR
Animation	ACTIVITÉ • AGITATION • ENTRAIN
Animaux pris à la chasse	GIBIER
Animé	VIVANT
Animer	AVIVER • MOUVOIR
Animer d'un souffle	INSPIRER
Animosité	INIMITIÉ
Annales	MÉMOIRES
Annaliste	HISTORIEN
Anneau	BAGUE • BOUCLE • CERCLE
Anneau d'une chaîne	CHAÎNON • MAILLON

Anneau de cordage	ERSE
Anneau de papier autocollant	OEILLET
Anneau métallique dont on entoure une pièce	FRETTE
Anneau qui se porte au bras, au poignet	BRACELET
Année	AN
Annexe	SUCCURSALE
Annexer	ATTACHER • JOINDRE
Annihiler	ANÉANTIR • SUPPRIMER
Anniversaire	FÊTE
Annonce	AFFICHE • DÉCLARATION INFORMATION • MESSAGE PUBLICITÉ • SIGNAL
Annonce d'un événement futur	PROPHÉTIE
Annonce de mariage affichée à l'église	BANS
Annonce de mariage affichée à la mairie	BANS
Annoncer	CARILLONNER • DÉCLARER
Annoncer ce qui doit arriver	PRÉDIRE
Annoncer par des signes	PRÉSAGER
Annonciateur	PRÉCURSEUR
Annotation	COMMENTAIRE • NOTE • REMARQUE
Annoter	GLOSER
Annuaire	ALMANACH
Annuaire des téléphones	BOTTIN
Annuaire téléphonique	BOTTIN
Annulation	ABROGATION • DÉNONCIATION
Annuler	ABROGER • ANÉANTIR • ANNIHILER
Annuler, casser	RESCINDER
Anodin	BÉNIN
Anodine	BÉNIGNE
Anomalie	SINGULARITÉ
Anomalie caractérisée par la petitesse de la taille	NANISME
Anomalie chromosomique	TRISOMIE
Anomalie de fonctionnement	TROUBLE
Anomalie de la vision	PRESBYTIE
Anomalie de position d'un organe	ECTOPIE
Anomalie génétique	TRISOMIE
Anonymement	INCOGNITO
Anse	BAIE

Antagonisme	OPPOSITION
Antagoniste	ENNEMI • RIVAL
Antan	JADIS
Antarctique	AUSTRAL
Antérieur	ANTÉCÉDENT • PRÉCÉDENT
Antérieurement	AVANT
Antériorité dans le temps	PRIORITÉ
Anthropologue britannique	RIVERS
Anthropophage	CANNIBALE
Antibiotique	PÉNICILLINE
Anticipation	PRÉVISION
Anticipé	PRÉVU
Anticiper	PRÉVOIR
Antilope africaine	BUBALE
Antilope d'Afrique	GNOU
Antilope de la taille du daim	SAÏGA
Antilope du Sud	IMPALA
Antimoine	SB
Antipathie	ANIMOSITÉ • AVERSION
	HAINE • HOSTILITÉ • INIMITIÉ
Antipyrétique	FÉBRIFUGE
Antique	ANCIEN • PATRIARCAL
Antisocial	ASOCIAL
Antithèse	CONTRASTE
Antonyme de noblesse	PLÈBE
Antre	TANIÈRE
Anxiété	ANGOISSE
Anxieux	INQUIET
Aorte	ARTÈRE
Apaisant	CALMANT • REPOSANT
Apaisement	CALME
Apaiser	AMADOUER • ASSOUVIR • BERCER
	CALMER • CONSOLER • PACIFIER
	RASSÉRÉNER • SOULAGER
Apaiser en flattant	AMADOUER
Apaiser la soif de	DÉSALTÉRER
Apathie	ABOULIE • PARESSE • VEULERIE
Apercevoir	REMARQUER • REPÉRER
Aperçu	ESTIMATION • IDÉE
Apéritif	APÉRO • KIR
Apéritif anisé	PASTIS

Apeurant	ÉPEURANT
Apeurée	PEUREUSE
Apeurer	ÉPEURER
Apitoiement	COMPASSION
Aplanir	ÉPANNER • NIVELER
	RABOTER • RÉGALER
Aplanir avec la doloire	DOLER
Aplanir l'un des côtés	ÉPANNER
Aplati	ÉPATÉ • RAPLAPLA
Aplatir	RABATTRE
Aplatir, écraser	ÉCACHER
Aplomb	HARDIESSE • STABILITÉ
Apogée	ACMÉ • PINACLE • SUMMUM
Apophyse du cubitus	OLÉCRANE
Apostropher	APPELER
Apôtre, frère de saint Pierre	ANDRÉ
Apparaître	PARAÎTRE • POINDRE
	SURGIR • SURVENIR
Apparat	FASTE • MONTRE • SOLENNITÉ
Appareil	ENGIN • OUTIL
Appareil à jauger	JAUGEUR
Appareil à tamiser	TAMISEUSE
Appareil assurant la réception	RÉCEPTEUR
Appareil automatique de sûreté	SOUPAPE
Appareil capable de s'élever dans les airs	AÉRONEF
Appareil cinématographique	CAMÉRA
Appareil cylindrique	TUBE
Appareil d'acrobatie	TRAPÈZE
Appareil d'éclairage	LAMPADAIRE • LUMINAIRE
Appareil d'éclairage fixé au mur	APPLIQUE
Appareil d'éclairage suspendu	LUSTRE
Appareil d'optique	PROJECTEUR
Appareil de chauffage	CHEMINÉE • RADIATEUR
Appareil de cuisine destiné aux fritures	FRITEUSE
Appareil de cuisson portatif	RÉCHAUD
Appareil de détection sous-marine	ASDIC
Appareil de fermeture	SERRURE
Appareil de levage	BIGUE • CRIC • PALAN
	TREUIL • VÉRIN
Appareil de locomotion	AVION • CYCLE

Appareil de mesure de temps	HORLOGE
Appareil de navigation aérienne	HÉLICOPTÈRE
Appareil de photocomposition pour titres	TITREUSE
Appareil de prises de vues	CAMÉRA
Appareil de propulsion	HÉLICE
Appareil de propulsion à pales	HÉLICE
Appareil de prothèse dentaire	BRIDGE
Appareil de radiodiagnostic	SCANNER
Appareil de réfrigération	CONGÉLATEUR
Appareil de refroidissement	RADIATEUR
Appareil de serrage	ÉTAU
Appareil de télémétrie	TÉLÉMÈTRE
Appareil de traitement automatique de données	ORDINATEUR
Appareil destiné à alimenter une machine	CHARGEUSE
Appareil destiné à amortir les sons	SOURDINE
Appareil électrique	MIXEUR
Appareil électroménager	ASPIRATEUR • CONGÉLATEUR HOTTE
Appareil électroménager pour faire les sauces	SAUCIER
Appareil électroménager servant à mélanger	BATTEUR
Appareil ménager	ASPIRATEUR • CAFETIÈRE
Appareil mobile de cuisson à l'air libre	BARBECUE
Appareil orthopédique	MINERVE
Appareil permettant de communiquer à distance	TÉLÉGRAPHE
Appareil photographique	POLAROÏD
Appareil portatif intégrant une caméra vidéo et un magnétoscope	CAMÉSCOPE
Appareil portatif servant à écouter de la musique	BALADEUR
Appareil pour enlever le givre	DÉGIVREUR
Appareil pour fabriquer de l'eau de Seltz	GAZOGÈNE
Appareil pour faire les sauces	SAUCIER
Appareil pour indiquer la direction des vents	GIROUETTE

Appareil pour la respiration artificielle	RESPIRATEUR
Appareil pour le transport vertical	ASCENSEUR
Appareil pouvant produire du feu	BRIQUET
Appareil qui permet d'obtenir une température constante	THERMOSTAT
Appareil qui permet de détecter la présence de quelque chose	DÉTECTEUR
Appareil qui sert à monter	ASCENSEUR
Appareil qui sert à pulvériser le soufre	SOUFREUSE
Appareil qui transforme les vibrations sonores	MICRO
Appareil sanitaire	LAVABO
Appareil sanitaire bas	BIDET
Appareil servant à battre les sauces	FOUET
Appareil servant à broyer	MOULIN
Appareil servant à cuire les aliments	CUISINIÈRE
Appareil servant à déceler la présence d'un corps	DÉTECTEUR
Appareil servant à déterminer la profondeur de l'eau	SONDE
Appareil servant à évacuer un fluide	ÉJECTEUR
Appareil servant à l'aération	AÉRATEUR
Appareil servant à la coupe du gazon	TONDEUSE
Appareil servant à la signalisation des voies ferrées	SÉMAPHORE
Appareil servant à masser	MASSEUR
Appareil servant à mesurer l'éclairement	LUXMÈTRE
Appareil servant à mesurer la vitesse d'un navire	LOCH
Appareil servant à préparer des émulsions	ÉMULSEUR
Appareil servant à remplacer un membre	PROTHÈSE
Appareil transformant un combustible en gaz	GAZOGÈNE
Appareil utilisé pour la transmission de l'information	MODEM
Appareil utilisé pour transporter des matériaux	ÉLÉVATEUR
Appareil utilisé pour transporter verticalement	ÉLÉVATEUR

Appareil, chaudière	ÉTUVEUSE
Appareiller	ASSORTIR
Appareils utilisés en gymnastique	AGRÈS
Apparence	ASPECT • FORME
	PRÉSENTATION • SEMBLANT
Apparence d'une personne	PERSONNALITÉ
Apparence du corps	MINE
Apparence extérieure	FAÇADE
Apparence trompeuse	MIRAGE
Apparence trompeuse d'une personne	FAÇADE
Apparent	SUPERFICIEL
Apparenté	PARENT
Apparier	ACCOUPLER • APPAREILLER
Apparition	ÉCLOSION • REVENANT
Apparition de feuilles sur les arbres	FRONDAISON
Apparition de l'épi des céréales	ÉPIAGE
Apparition de lésions cutanées	ÉRUPTION
Apparition effrayante d'un mort	SPECTRE
Appartement	LOGEMENT
Appartement à deux niveaux	DUPLEX
Appartement des femmes, chez les peuples musulmans	HAREM
Appartement sur trois niveaux	TRIPLEX
Appartenir	INCOMBER
Appartient à la nature	NATUREL
Apparu	PARU • VENU
Appât	AICHE • AMORCE • ÈCHE
	ESCHE • LEURRE
Appât articulé ayant l'aspect d'un poisson	DEVON
Appât pour attirer le poisson	BOËTTE
Appâter	ALLÉCHER • AMORCER
	ÉCHER • ESCHER
Appel	POURVOI • VOIX
Appel de Dieu	VOCATION
Appel de trompettes et de tambours	CHAMADE
Appelé	DIT
Appeler	BAPTISER • NOMMER • SIFFLER
Appeler à l'aide d'un porte-voix	HÉLER
Appeler à se réunir	CONVOQUER
Appeler d'un prénom	PRÉNOMMER

Appeler de loin	HÉLER
Appeler en criant	HUCHER
Appeler en sifflant	HUCHER
Appellation	NOM
Appendice abdominal natatoire des crustacés	UROPODE
Appendice allongé et souple	TENTACULE
Appendice de certains invertébrés	CIRRE
Appendice essentiel à la déglutition	LUETTE
Appendice fin	CIRRE
Appendice mobile de certains animaux	TENTACULE
Appendice nasal	NEZ
Appendice nasal de l'éléphant	TROMPE
Appesantir	ALOURDIR
Appétissant	AFFRIOLANT • RAGOÛTANT
Appétit	FAIM
Applaudir	ACCLAMER • OVATIONNER
Applaudissement	BRAVO
Application	ADAPTATION • ASSIDUITÉ ATTENTION • UTILISATION
Application d'huile sainte	ONCTION
Appliqué	ASSIDU • STUDIEUX
Appliqué à un secteur	SECTORIEL
Appliqué, empressé	ATTENTIF
Appliquée	STUDIEUSE
Appliquer	APPOSER • ASSENER
Appliquer de l'émail	ÉMAILLER
Appliquer de petits baisers	BAISOTER
Appliquer fortement	PLAQUER
Appointements	GAGES
Appointer	AFFÛTER • ÉPOINTER • POINTER
Apport	CONTRIBUTION
Apporter	AMENER • PORTER
Apporter des retouches	RETOUCHER
Apposer	APPLIQUER
Apposer son parafe	PARAFER
Appréciation	CALCUL • ESTIMATION JUGEMENT • OPINION
Apprécier	AIMER • COTER • DÉGUSTER ESTIMER • ÉVALUER • JOUIR JUGER • MESURER • PESER

Apprécier en touchant	PALPER
Apprécier par un jugement de valeur	JAUGER
Apprécier quelqu'un	BLAIRER
Appréhendé par la perception	PERÇU
Appréhender	ALPAGUER • CRAINDRE
	ÉPINGLER • REDOUTER
Appréhension	CRAINTE
Appréhension extrêmement vive	TRANSE
Apprendre	ANNONCER • ENSEIGNER • SAVOIR
Apprenti	NOVICE
Apprenti boulanger	MITRON
Apprenti dans un atelier de peinture	RAPIN
Apprentissage	EXERCICE • INITIATION
Apprêt	CORROI
Apprêt qui rend les étoffes plus lustrées	CATI
Apprêter	PRÉPARER
Apprêter au gratin	GRATINER
Apprêter avec de l'empois	EMPESER
Appris de nouveau	RAPPRIS
Apprivoiser	DOMPTER
Approbation	ADOPTION • ASSENTIMENT
	CONCESSION
Approchant	PROCHE • SIMILAIRE
Approche	ACCÈS • IMMINENCE
Approcher	RAPPROCHER • VENIR
Approfondi dans le détail	FOUILLÉ
Approfondir	EXPLORER • MÛRIR
Appropriation	USURPATION
Approprié	ADÉQUAT • APTE • BON
	CONFORME • CONVENABLE
	DIGNE • IDOINE • PERTINENT
Approuver	ADHÉRER • CAUTIONNER
	PERMETTRE
Approvisionnement	FOURNITURE • PROVISION • STOCK
Approvisionner	FOURNIR
Approximatif	APPROCHÉ
Approximativement	ENVIRON • PRESQUE
Appui	ASSISTANCE • BASE
	SECOURS • SOUTIEN
Appuyé sur son séant	ASSIS

Appuyer	ASSEOIR • BASER • CORROBORER ÉTAYER • FROTTER • INSISTER PATRONNER • PRESSER
Appuyer d'un côté	ACCOTER
Appuyer en donnant sa caution	AVALISER
Appuyer en mettant le dos contre	ADOSSER
Après	PUIS
Après le moment habituel	TARD
Apte	CAPABLE
Apte à comprendre	PERSPICACE
Apte à vivre	VIABLE
Aptitude	DON • HABILETÉ • TALENT
Aptitude à percevoir des sensations	ESTHÉSIE
Aptitude à vivre d'un organisme	VIABILITÉ
Aptitude supérieure de l'esprit	GÉNIE
Aquanaute	OCÉANAUTE
Aquarelle	PEINTURE
Arabe nomade du désert	BÉDOUIN
Aracée	AROÏDÉE
Arachnide aptère minuscule	CIRON
Araignée	ORBITÈLE
Araignée à l'abdomen coloré	ÉPEIRE
Araignée du genre lycose	TARENTULE
Araignée très commune	ÉPEIRE
Arbitre	JUGE • MÉDIATEUR
Arbitrer	JUGER
Arborer	HISSER
Arbre	BOULEAU • ÉRABLE • GENÉVRIER IF • MARRONNIER • ORME PÊCHER • PIN • SAPIN
Arbre à bois clair	FRÊNE
Arbre à cire	CIRIER
Arbre à écorce blanche argentée	BOULEAU
Arbre à feuilles aiguës	HOUX
Arbre à feuilles persistantes	ACACIA • LAURIER
Arbre à fleurs blanches et à fruits acides	SUREAU
Arbre à fleurs odorantes	TILLEUL
Arbre à fleurs odorantes originaire d'Asie	MÉLIA
Arbre à fruits rouges	IF
Arbre à thé	THÉIER

Arbre commun dans nos forêts	FRÊNE
Arbre cultivé pour ses baies sucrées	GOYAVIER
Arbre cultivé pour ses feuilles	THÉIER
Arbre d'Afrique tropicale	BAOBAB
Arbre d'Afrique utilisé en médecine	NÉRÉ
Arbre d'Amérique à bois dur	ACAJOU
Arbre d'Amérique dont le latex est très vénéneux	MANCENILLIER
Arbre d'Europe	AULNE
Arbre d'ornement appelé aussi arbre de Judée	GAINIER
Arbre de futaie	TRONCHE
Arbre de grande taille	MAGNOLIA
Arbre de grande taille produisant du latex	HÉVÉA
Arbre de Judée	GAINIER
Arbre de l'Amérique centrale	GAÏAC
Arbre de l'Asie tropicale	TECK
Arbre de la famille des conifères	MÉLÈZE
Arbre de la famille des ébénacées	ÉBÉNIER
Arbre de Louisiane qui pousse dans l'eau	CIPRE
Arbre de Malaisie utilisé comme poison	UPAS
Arbre des forêts tempérées	HÊTRE
Arbre des pays tropicaux	FILAO
Arbre des régions équatoriales	ÉBÉNIER
Arbre des régions tempérées	TILLEUL
Arbre des régions tropicales	ACAJOU • BAOBAB
Arbre dont le fruit est comestible	OLIVIER
Arbre dont les fruits fournissent le kapok	FROMAGER
Arbre élevé au feuillage épais	PLATANE
Arbre équatorial	ANONE
Arbre étêté	TÊTEAU
Arbre exotique du Brésil	JABORANDI
Arbre forestier	HÊTRE
Arbre fruitier	CERISIER • POIRIER
Arbre ornemental	FUSAIN
Arbre producteur de gomme	GOMMIER
Arbre produisant des câpres	CÂPRIER
Arbre qui pousse au bord des rivières	SAULE

Arbre qui produit la myrrhe	BALSAMIER • BAUMIER
Arbre qui produit le kapok	KAPOKIER
Arbre qui produit les goyaves	GOYAVIER
Arbre qui produit les marrons	MARRONNIER
Arbre qui produit les poires	POIRIER
Arbre résineux	PIN • SAPIN
Arbre résineux toujours vert	CYPRÈS
Arbre très répandu en Europe	CHARME
Arbre tropical	DRACÉNA • PALMIER
Arbre voisin du bouleau	AUNE
Arbre voisin du sapin	ÉPICÉA
Arbrisseau	AIRELLE • ARBUSTE
Arbrisseau à fleurs blanches	GAROU
Arbrisseau à fleurs décoratives	OBIER
Arbrisseau à petits rameaux	FRAGON
Arbrisseau buissonnant	SERINGAT
Arbrisseau cultivé pour ses superbes fleurs	ROSIER
Arbrisseau d'Amérique du Sud	IPÉCA
Arbrisseau des régions méditerranéennes	CISTE
Arbrisseau des régions tropicales	MANIOC
Arbrisseau du genre viorne	OBIER
Arbrisseau épineux	ACACIA
Arbrisseau épineux des régions tempérées	GRENADIER
Arbrisseau grimpant	GNÈTE
Arbrisseau méditerranéen	HYSOPE
Arbrisseau muni de vrilles	VIGNE
Arbrisseau ornemental	HORTENSIA
Arbrisseau portant de belles fleurs	ROSIER
Arbrisseau porteur de baies	AIRELLE
Arbrisseau produisant de petites fleurs jaunes parfumées	MIMOSA
Arbrisseau qui produit le café	CAFÉIER
Arbrisseau qui produit le coton	COTONNIER
Arbrisseau rampant	LIERRE
Arbrisseau vivace épineux	FRAGON
Arbrisseau vivant près de l'eau	SAULE
Arbuste	GARDÉNIA • PHILODENDRON
Arbuste à feuilles épineuses	GENÉVRIER

Arbuste à feuilles persistantes	BUIS
Arbuste à fleurs odorantes	AUBÉPINE
Arbuste à fruits noirs	NERPRUN
Arbuste à huile toxique	CROTON
Arbuste aromatique des collines du Midi	ROMARIN
Arbuste aux feuilles coriaces	HOUX
Arbuste aux fleurs très odorantes	JASMIN
Arbuste aux fleurs très parfumées	LILAS
Arbuste cultivé pour ses fleurs	AZALÉE
Arbuste d'Arabie	QAT
Arbuste des régions chaudes qui produit une résine aromatique	BALSAMIER
Arbuste dont le bois a une odeur aromatique	SANTAL
Arbuste dont le bois distillé donne le camphre	CAMPHRIER
Arbuste dont le bois est utilisé en parfumerie	SANTAL
Arbuste dont le fruit contient des grains de café	CAFÉIER
Arbuste du Pérou	COCA
Arbuste épineux qui produit les câpres	CÂPRIER
Arbuste ornemental	LILAS
Arbuste souvent épineux	RONCE
Arbuste tropical	CROTON
Arc brisé gothique	OGIVE
Arc lumineux entourant la Lune	HALO
Arcade	ARC
Archaïque	ANTIQUE • DÉSUET • FÉODAL
Arche	ARCADE
Archipel d'Océanie	SAMOA
Archipel de Polynésie	TONGA
Archipel des Philippines	SULU
Archipel portugais de l'Atlantique	AÇORES
Architecte américain d'origine chinoise	PEI
Architecte américain né en 1901	KAHN
Architecte belge	HORTA
Architecte britannique né en 1685	KENT
Architecte espagnol prénommé Enrique	EGAS

Architecte et designer américain né en 1907	EAMES
Architecte et designer italien mort en 1979	PONTI
Architecte finlandais	AALTO
Architecte français né en 1515	LESCOT
Architecte suédois né en 1654	TESSIN
Archives	ANNALES
Ardent	FERVENT • IGNÉ • PASSIONNÉ PRESSANT • PROFOND
Ardeur	ALLANT • CHALEUR • ENTHOUSIASME ENTRAIN • FERVEUR • FOUGUE
Ardeur d'une personne qui va de l'avant	ALLANT
Ardeur, feu	FLAMME
Ardu	COTON • DIFFICILE PÉNIBLE • TRAPU
Arène d'un cirque	RING
Aréquier	AREC
Arête	ANGLE • ASPÉRITÉ
Argent	AG • AVOIR • BLÉ • FRIC • MÉTAL MONNAIE • OSEILLE • PÈZE POGNON • SOU
Argent disponible	FONDS
Argent dû	COMPTE
Argent en caisse	ENCAISSE
Argent liquide	CASH
Argent recouvert d'or	VERMEIL
Argent, fortune	GALETTE
Argenté	GRIS • RICHE
Argentée	GRISE
Argentier	TRÉSORIER
Argile	GLAISE
Argile ocreuse	SIL
Argile rouge ou jaune	SIL
Argon	AR
Argot	JARGON
Argot consistant à inverser les syllabes de certains mots	VERLAN
Argot espagnol	CALO
Argovie	AARGAU

Argumenter	ARGUER
Aride	DÉCHARNÉ • SEC
Armateur français né en 1480	ANGO
Armature	BÂTI • CARCASSE
Armature de la selle	ARÇON
Armature de plomb d'un vitrail	PLOMBURE
Arme	ARC • ÉPÉE • FUSIL
	MITRAILLETTE • SABRE
Arme à feu	COLT • REVOLVER
Arme à feu portative	ESCOPETTE
Arme blanche	HAST • SABRE
Arme d'hast	LANCE
Armé d'ongles longs et crochus	GRIFFU
Armé de griffes	GRIFFU
Arme de jet	FLÈCHE • FRONDE
Arme destinée à projeter des flèches	SARBACANE
Arme en forme de faux	FAUCHARD
Arme offensive	LANCE
Armée	MILICE • OST
Armée féodale	OST
Armer	ÉQUIPER
Armer chevalier par l'adoubement, au Moyen Âge	ADOUBER
Armer de nouveau	RÉARMER
Armoire	BAHUT
Armoise aromatique des Alpes	GÉNÉPI
Armor	ARVOR
Armure	CUIRASSE
Armure d'un homme d'armes	HARNAIS
Arnaqueur	ESCROC • TRICHEUR
Arobe	ARROBE
Aromatique	ODORANT
Aromatiser avec de l'anis	ANISER
Arôme	BOUQUET • ODEUR • PARFUM
Arpenter	MESURER
Arqué	AQUILIN • COURBÉ • VOÛTÉ
Arquer	CAMBRER • VOÛTER
Arrachement du cuir chevelu	SCALP
Arrachement ou rupture des tissus	DIVULSION
Arracher	DÉRACINER • DÉTERRER
	EXTIRPER • ROMPRE

Arracher la peau du crâne	SCALPER
Arracher les cheveux	ÉPILER
Arracher les poils	ÉPILER
Arrangement	DISPOSITION • MONTAGE
Arrangement des marchandises arrimées	ARRIMAGE
Arranger	ADAPTER • AGENCER • AMÉNAGER APPRÊTER • DISPOSER ORCHESTRER • PARER • RAFISTOLER REMANIER • REMÉDIER
Arranger à son avantage	TRUQUER
Arranger d'une manière sommaire, fragile	REPLÂTRER
Arranger grossièrement	RETAPER
Arranger tant bien que mal	PATENTER
Arranger, combiner	GOUPILLER
Arrêt	HALTE • PAUSE • STATION • STOP
Arrêt dans le développement d'une faculté	ATROPHIE
Arrêt de la pluie	ACCALMIE
Arrêt du vent	ACCALMIE
Arrêt marqué des battements du coeur	SYNCOPE
Arrêt momentané d'une maladie	RÉMISSION
Arrêté	DÉCRET
Arrêter	ALPAGUER • APPRÉHENDER ATTRAPER • CESSER EMPÊCHER • STOPPER
Arrêter un navire en mer et contrôler sa cargaison	ARRAISONNER
Arriéré	ATTARDÉ • DEMEURÉ
Arrière	DERRIÈRE
Arrière d'un bateau	POUPE
Arrière d'un navire	POUPE
Arrière-grand-parent	BISAÏEUL
Arrière-grand-père	BISAÏEUL
Arrière-train	POSTÉRIEUR
Arrimer	CHARGER
Ariser	ARISER
Arrivé	RENDU • VENU
Arrivé à destination	RENDU
Arrivé à échéance	ÉCHU

Arrivé à maturité	MATURE
Arrivée	ACCESSION • AFFLUENCE APPARITION • APPROCHE AVÈNEMENT • ENTRÉE • VENUE
Arriver	AFFLUER • ADVENIR RÉUSSIR • SURVENIR
Arriver à destination	PARVENIR
Arriver à échéance	ÉCHOIR
Arriver avant	PRÉCÉDER
Arriviste	INTRIGANT • PARVENU
Arrogance	DÉDAIN • HAUTEUR • MORGUE
Arrogant	FENDANT • HAUTAIN • ROGUE
Arrondi	BOMBÉ • ROND
Arrondir	COURBER
Arroser	ASPERGER • INONDER • MOUILLER
Arroser au moyen d'une douche	DOUCHER
Arroser en pluie fine	BASSINER
Arsenal	MUNITIONS • PANOPLIE
Arsenic	AS
Art	ADRESSE
Art d'apprêter les mets	CUISINE
Art de broder	BRODERIE
Art de combiner des sons	MUSIQUE
Art de coudre	COUTURE
Art de fabriquer des vases de terre	CÉRAMIQUE
Art de faire des statues	STATUAIRE
Art de gouverner un État	POLITIQUE
Art de la chasse à courre	VÉNERIE
Art de la guerre	MILICE
Art de lire	LECTURE
Art de monter les pierres précieuses	JOAILLERIE
Art du façonnage et de la cuisson des poteries	CÉRAMIQUE
Art du potier	CÉRAMIQUE
Art martial d'origine japonaise	KENDO
Art traditionnel du papier plié	ORIGAMI
Artère	AORTE • RUE • VAISSEAU • VOIE
Arthropode à cinq paires de pattes	CRABE
Article	LA • LE • LES
Article contracté	AU • DES • DU
Article de piètre qualité	CAMELOTE

Article espagnol	EL
Article indéfini	DES • UN • UNE
Article textile	ÉTOFFE
Articles en tôle	TÔLERIE
Articulation	JOINT • JOINTURE
Articuler	MODULER
Articuler distinctement les sons	PRONONCER
Artifice	FARD • RUSE
Artifice de sorcier	SORTILÈGE
Artificiel	FEINT
Artificiel, faux	POSTICHE
Artisan de métaux précieux	ORFÈVRE
Artisan qui répare des verrous	SERRURIER
Artisan qui taille les pierres précieuses	LAPIDAIRE
Artisan qui travaille l'ivoire	IVOIRIER
Artiste	COMÉDIEN
Artiste connu	VEDETTE
Artiste de variétés français né en 1922	DEVOS
Artiste dont l'oeuvre est figurative	FIGURATIF
Artiste dramatique français	GOT
Artiste extrêmement doué	VIRTUOSE
Artiste qui exécute un solo	SOLISTE
Artiste qui réalise des gravures	GRAVEUR
Artiste qui sculpte l'ivoire	IVOIRIER
Artiste sans talent	RINGARD
Arum	GOUET
Ascendance	ORIGINE • RACE
Ascendant	AUTORITÉ • EMPRISE
Ascension	MONTÉE • PROGRÈS
Ascensionner	GRAVIR
Ascète	ERMITE
Ascète hindou	FAKIR
Ascète musulman	FAKIR
Aseptiser	STÉRILISER
Asiatique	ASIATE
Asile	ABRI • CACHETTE
	REFUGE • RETRAITE
Aspect	ANGLE • APPARENCE • FORME
Aspect apparent	SURFACE
Aspect d'une personne	PÂLEUR
Aspect de l'expression littéraire	STYLE

Aspect du papier	ÉPAIR
Aspect du visage	FACIÈS
Aspect imposant	PRESTANCE
Aspect jaspé	JASPURE
Aspect veiné du bois	VEINURE
Aspect, qualité de la peau	CHAIR
Asperger	ARROSER
Aspérité	RUGOSITÉ
Aspersion d'eau sur une partie du corps	AFFUSION
Aspersoir	GOUPILLON
Asphyxiant	SUFFOCANT
Aspirant	ASPI • CANDIDAT • PRÉTENDANT
Aspiration	AMBITION
Aspirer	ABSORBER • INHALER
Aspirer à	AMBITIONNER
Aspirer par le nez pour sentir	HUMER
Asple	ASPE
Assaillir	AGRESSER • ATTAQUER
Assainir	PURIFIER
Assainissement	ÉPURATION
Assaisonnement	ÉPICE • SEL
Assassin	MEURTRIER • TUEUR
Assassin à gages	SPADASSIN
Assassin de profession	ESCARPE
Assassinat	MEURTRE
Assassiner	TUER
Assaut	ATTAQUE • OFFENSIVE
Asseau	ASSETTE
Asséché	TARI
Assécher	ASSAINIR • DRAINER
	ÉTANCHER • TARIR
Assemblage	ASSOCIATION • COMPOSITION
	ENSEMBLE • JONCTION
	MONTAGE • MONTURE
Assemblage à l'aide d'entailles	ADENT
Assemblage bizarre de couleurs	BARIOLAGE
Assemblage de barreaux	GRILLE
Assemblage de branchages	FAGOT
Assemblage de brins tordus	TORTIS
Assemblage de pièces formant la charpente d'un objet	ARMATURE

Assemblage de plusieurs gros fils	TORON
Assemblage disparate de couleurs	BARIOLAGE
Assemblage naturel de poils	TOUFFE
Assemblage serré de petits objets	GRAPPE
Assemblée	PARLEMENT • RÉUNION
Assemblée d'ecclésiastiques	SYNODE
Assemblée des évêques	CONCILE
Assemblée du peuple, dans l'Antiquité romaine	COMICES
Assemblée judiciaire du Moyen Âge	PLAID
Assemblée nombreuse	COHUE
Assemblée parlementaire	CHAMBRE
Assemblée politique dans certains pays d'Europe	DIÈTE
Assemblée représentative d'Espagne	CORTÈS
Assemblée russe	MIR
Assembler	COMBINER • EMBOÎTER • GROUPER JOINDRE • RALLIER • RELIER • UNIR
Assembler au moyen d'un fil	COUDRE
Assembler bout à bout	RABOUTER
Assembler deux à deux	COUPLER
Assembler deux bouts de câble	ÉPISSER
Assembler en entrelaçant les torons	ÉPISSER
Assembler par une enture	ENTER
Assertion	AFFIRMATION
Asservi	CAPTIF
Asservir	MAÎTRISER • OPPRIMER • SOUMETTRE
Asservissement	SERVITUDE
Assette	ASSEAU
Assez	PLUTÔT
Assez amusant	DRÔLET
Assez drôle	DRÔLET
Assiduité	PRÉSENCE
Assiette creuse sans rebord	ÉCUELLE
Assiettée	ASSIETTE
Assigné	CITÉ
Assigner	AFFECTER • DESTINER • SOMMER
Assigner à résidence fermée	INTERNER
Assigner devant un tribunal	ATTRAIRE
Assimilation des aliments dans l'organisme	NUTRITION

Assimiler	DIGÉRER • INTÉGRER
Assimiler à autre chose	IDENTIFIER
Assise	STRATE
Assise de pierre	MARGELLE
Assistance	APPUI • AUDIENCE • BIENFAISANCE PROTECTION • RENFORT • SECOURS
Assistant	ADJOINT • AIDANT • SECOND
Assister	AIDER • ÉPAULER • SECONDER
Association	CLAN • CLUB • COALITION CORPORATION • COTERIE LIAISON • UNION
Association de francs-maçons	LOGE
Association de groupements en vue d'une action commune	CARTEL
Association de malfaiteurs	GANG
Association de marchands, au Moyen Âge	HANSE
Association de plusieurs cristaux	MACLE
Association pour alcooliques	AA
Association privée à intérêt culturel	GUILDE
Association secrète servant des intérêts privés	MAFFIA • MAFIA
Association sportive	CLUB
Associé	ADJOINT • AGRÉGÉ MEMBRE • PARTENAIRE
Associer	ADJOINDRE • AGRÉGER • ASSORTIR JUMELER • MARIER • MÉLANGER
Assoiffé	AFFAMÉ • ALTÉRÉ
Assombrir	ENTÉNÉBRER • OBSCURCIR
Assommant	TUANT
Assommé	SONNÉ
Assommé par un choc violent	K-O
Assommer	ÉTOURDIR
Assommer, raser	BARBER
Assorti	APPROPRIÉ
Assortiment	LOT
Assortiment d'outils	OUTILLAGE
Assortiment de petites entrées variées	TAPAS
Assortir	APPAREILLER
Assoupi	SOMNOLENT
Assourdir	ÉTOUFFER

Assouvi	RASSASIÉ • REPU
Assouvir	SATISFAIRE
Assujetti	IMPOSÉ
Assujetti à	PASSIBLE
Assujettir	ASSERVIR • CONTRAINDRE
	MAINTENIR
Assujettissement	CONTRAINTE • SUJÉTION
Assumer	ENDOSSER
Assurance	APLOMB • CONFIANCE
	SÉCURITÉ • SÛRETÉ
Assuré	CERTAIN • CONFIANT • ÉVIDENT
	POURVU • RÉSOLU
Assurer	AFFERMIR • AFFIRMER
	GARANTIR • PROMETTRE
Astate	AT
Asthénie	DÉBILITÉ
Asticot	APPÂT • VER
Asticoter	EMBÊTER • HARCELER • TARABUSTER
Astiquer	FOURBIR
Astral	SIDÉRAL • STELLAIRE
Astre	COMÈTE • ÉTOILE • LUNE • SOLEIL
Astre qui gravite autour d'une planète	SATELLITE
Astreignant	PESANT • STRICT
Astreindre	CONTRAINDRE • OBLIGER • RÉDUIRE
Astrologue	MAGE
Astronef	SPATIONEF
Astronome américain	BAADE
Astronome et mathématicien portugais	NONIUS
Astronome néerlandais mort en 1992	OORT
Astuce	RUSE • TRUC
Astucieuse	MALIGNE
Astucieux	MALIN • RUSÉ
Ataca	ATOCA
Atelier	BOUTIQUE
Atelier de photographe d'art	STUDIO
Atelier où l'on fabrique des pierres précieuses	TAILLERIE
Atelier où l'on scie le bois	SCIERIE
Atelier où l'on travaille les métaux	FORGE
Atermoiement	RETARD
Athlète qui pratique la lutte	LUTTEUSE

Athlète spécialisé dans un lancer	LANCEUR
Athlète spécialiste du plongeon	PLONGEUR
Athlète spécialiste du saut à la perche	PERCHISTE
Atmosphère	AMBIANCE
Atmosphère morale, conditions de la vie	CLIMAT
Atmosphère, saison froide	FROIDURE
Atoca	ATACA
Atoll	ÎLE
Atome	ION • PARCELLE • PARTICULE
Atomiseur	AÉROSOL • SPRAY
Atonie	APATHIE
Atout	AVANTAGE
Atroce	ABOMINABLE • AFFREUX
Atrocité	HORREUR
Atrophié	ÉTIOLÉ
Attachant, captivant	FASCINANT
Attache	AMARRE • ÉPINGLE • JOINTURE • LIEN
Attaché	ADHÉRENT • JOINT
Attaché à ce qui est utile	UTILITAIRE
Attaché à un lieu	SÉDENTAIRE
Attaché au passé	PASSÉISTE
Attache du bras avec le thorax	ÉPAULE
Attache formée d'un crochet	AGRAFE
Attache pour les feuilles	TROMBONE
Attache pour tenir un collier fermé	FERMOIR
Attache profonde à un lieu	RACINE
Attache, agrafe	CLIP
Attachement	ADOPTION • AMOUR • TENDRESSE
Attachement à la monarchie	ROYALISME
Attachement aux valeurs juives	JUDAÏSME
Attachement excessif pour les animaux	ZOOPHILIE
Attacher	ADJOINDRE • AMARRER FICELER • FIXER • JOINDRE LACER • LIER • NOUER • RELIER
Attacher à une charrue	ATTELER
Attacher à une voiture	ATTELER
Attacher avec des cordages	AMARRER
Attacher deux à deux	COUPLER
Attacher solidement	LIGOTER • RIVER
Attacher solidement à un bateau	ARRIMER

Attaque	AGRESSION • ASSAUT CRISE • OFFENSIVE
Attaqué par l'ergot	ERGOTÉ
Attaquer	ABORDER • ACCUSER • AGRESSER ASSAILLIR • COMBATTRE DÉNIGRER • DIFFAMER • FONCER
Attaquer brusquement (Se)	RUER
Attaquer en justice	INTENTER
Attaquer en provoquant	FRONDER
Attaquer les bases	SAPER
Attaquer par la carie	CARIER
Attaquer sournoisement	TORPILLER
Attaquer, assaillir	INSULTER
Attardé	ARRIÉRÉ • DEMEURÉ
Attarder	RETARDER
Atteindre	ACCOSTER • ÉGALER • PARVENIR RATTRAPER • TOUCHER
Atteindre également	REJAILLIR
Atteindre le rivage	ABORDER
Atteindre sa valeur maximale	PLAFONNER
Atteindre un plafond	PLAFONNER
Atteindre une hauteur plus grande	CULMINER
Atteint d'albinisme	ALBINOS
Atteint d'aliénation mentale	ALIÉNÉ
Atteint d'amblyopie	AMBLYOPE
Atteint d'anémie	ANÉMIQUE
Atteint d'ergot	ERGOTÉ
Atteint de bégaiement	BÈGUE
Atteint de gâtisme	GÂTEUX
Atteint de la peste	PESTIFÉRÉ
Atteint de paludisme	IMPALUDÉ • PALUDÉEN
Atteint de rhume	ENRHUMÉ
Atteinte à l'intégrité des personnes	AGRESSION
Atteinte de la lèpre	LÉPREUSE
Atteinte morale	BLESSURE
Attenant	ADJACENT • CONTIGU
Attendre	ESPÉRER • POIREAUTER
Attendrir	APITOYER
Attendrir, émouvoir	APITOYER
Attendrissant	ÉMOUVANT • TOUCHANT
Attendrissement	COMPASSION • PITIÉ

Attentat	CRIME
Attentif	VIGILANT
Attention	PRÉVENANCE
Attention, soin	APPLICATION
Attentionné	AIMABLE • EMPRESSÉ • PRÉVENANT
Atténué	MITIGÉ
Atténuer	ADOUCIR • AFFAIBLIR • AMORTIR
	ASSOUPLIR • ESTOMPER • PALLIER
Atterrer	AFFLIGER
Atterrir	ABOUTIR
Atterrissage forcé	CRASH
Attestation	CONFIRMATION
Attesté	FACTUEL
Attestée	FACTUELLE
Attester	ASSURER • CERTIFIER
	SIGNER • TÉMOIGNER
Attiédir	TIÉDIR
Attifé	AFFUBLÉ
Attifement	ACCOUTREMENT
Attirail	BAGAGE • BARDA • ÉQUIPAGE
Attirance	GOÛT • TENTATION • VOCATION
Attirant	ENGAGEANT
Attirer	ALLÉCHER • FASCINER • RACOLER
Attirer par quelque espérance trompeuse	LEURRER
Attirer vers soi	TIRER
Attirer, prendre à la pipée	PIPER
Attiser	AVIVER • RANIMER
Attitude	ALLURE • MAINTIEN
Attitude cynique	CYNISME
Attitude d'une personne qui ne croit pas en Dieu	ATHÉISME
Attitude des droitiers en politique	DROITISME
Attitude des partisans de la droite	DROITISME
Attitude du corps	POSE • TENUE
Attitude ou doctrine de l'athée	ATHÉISME
Attitude religieuse traditionnelle, en Afrique	ANIMISME
Attouchement	CONTACT
Attouchement tendre	CARESSE
Attractif	ATTIRANT

Attraction	SPECTACLE
Attrait	AGRÉMENT • GOÛT • PRESTIGE
Attrait exercé sur quelqu'un	CHARME
Attraits	APPAS
Attraper	ACCROCHER • ATTEINDRE
	CONTRACTER • GOBER • HAPPER
	PIGER • SAISIR
Attraper lestement	GRIPPER
Attrayant	AGRÉABLE • PLAISANT
Attribué	DÉVOLU
Attribuer	ADJUGER • ALLOUER • APPLIQUER
	CONFÉRER • DÉCERNER • IMPUTER
Attribuer à quelqu'un	ASSIGNER
Attribuer une date	DATER
Attribut	ADJECTIF • PRÉROGATIVE • QUALITÉ
Attribution	OCTROI
Attristant	FÂCHANT • NAVRANT
Attristé	CONTRISTÉ • DÉSOLÉ • NAVRÉ
Attrister	AFFLIGER • DÉSOLER • ENDEUILLER
	NAVRER • PEINER
Attrister, peiner	CHAGRINER
Attroupement	GROUPE
Attrouper dans une intention de soulèvement	AMEUTER
Au bridge, la septième levée	TRIC
Au fond de soi-même (... intérieur)	FOR
Au football, un tir	SHOOT
Au golf	PAR
Au golf, coup joué sur le green	PUTT
Au goût très mauvais	IMBUVABLE
Au même endroit d'un texte	IBIDEM
Au moyen de	AVEC
Au plus haut point	FOLLEMENT
Au plus profond de ma conscience	FOR
Au revoir	ADIEU • CIAO • TCHAO
Au rugby, mêlée ouverte	MAUL
Au tennis, balle de service que l'adversaire ne peut toucher	ACE
Au tennis, coup violent	SMASH
Au-dessous de	DEÇA
Aubaine	OCCASION • PROFIT

Aube	AURORE • COMMENCEMENT
	DÉBUT • MATIN
Auberge	HÔTEL • TAVERNE
Auberge, en Espagne	POSADA
Aubergine	MÉLONGINE
Aubergiste	HÔTELIER
Aucun	NUL • SANS • ZÉRO
Aucunement	NULLEMENT
Audace	BRAVOURE • COURAGE
	CRAN • CULOT
Audace, effronterie	TOUPET
Audacieux	INTRÉPIDE • OSÉ • RISQUÉ
Audience	SÉANCE
Audit	AUDITEUR
Auditeur	AUDIT
Audition	OUÏE
Auditoire	ASSISTANCE • AUDIENCE • PUBLIC
Auge	AUGET • CRÈCHE • MANGEOIRE
Auge de pierre	MAYE
Augmentation	ACCROISSEMENT • HAUSSE
Augmentation du taux d'urée	URÉMIE
Augmenter	ACCENTUER • ACCROÎTRE
	AMPLIFIER • CROÎTRE • GROSSIR
	MAJORER • MONTER
Augmenter la durée	ALLONGER
Augmenter la valeur de	ENRICHIR
Augmenter le volume	
de quelque chose	DILATER
Augmenter par degrés	GRADUER
Augmenter sa vitesse	SPRINTER
Augmenter, agrandir	ARRONDIR
Augure	PRÉSAGE
Augurer	PRÉSAGER
Aujourd'hui	HUI
Aulne	AUNE • VERGNE
Aulnée	INULE
Aumône	OBOLE • OFFRANDE
Aura	HALO
Auréole	NIMBE
Auréoler	COURONNER
Aurochs	URE • URUS

Aurore	AUBE • MATIN
Ausculter	TÂTER
Aussi	ALORS • AUTANT • ITOU
Aussitôt	ILLICO • SITÔT
Austère	ÂPRE • RIGIDE • SÉVÈRE
Austérité	GRAVITÉ • SÉVÉRITÉ
Autant	AUSSI • TANT
Auteur	ÉCRIVAIN • INVENTEUR
Auteur d'ouvrages juridiques	JURISTE
Auteur d'une chose	ARTISAN
Auteur d'une parodie	PARODISTE
Auteur de biographies	BIOGRAPHE
Auteur de crime sexuel	SADIQUE
Auteur de gags	GAGMAN
Auteur de la théorie de la relativité	EINSTEIN
Auteur dramatique américain né en 1915	MILLER
Auteur dramatique britannique né en 1693	LILLO
Auteur dramatique britannique né en 1930	ARDEN
Auteur dramatique danois	ABELL
Auteur dramatique français mort en 1928	CUREL
Auteur du troisième Évangile	LUC
Auteur-compositeur du Québec mort en 1988	LECLERC
Auteur-compositeur et chanteur belge	BREL
Authentifier	CERTIFIER
Authentique	RÉEL • VÉRITABLE
Autistique	AUTISTE • DÉRÉEL
Auto-stoppeur	STOPPEUR
Autobiographie	MÉMOIRES
Autobus	BUS
Autocar	CAR
Autocar très confortable	PULLMAN
Autochtone	INDIGÈNE
Autoclave	ÉTUVE
Autocollant	ADHÉSIF
Automate à l'aspect humain	ROBOT

Automatique	MACHINAL
Automatiser	MÉCANISER
Automatisme	RÉFLEXE
Automobile	AUTO • BAGNOLE • VOITURE
Automobile à quatre portes et quatre places	BERLINE
Automobile à quatre roues motrices	JEEP
Automobile tout terrain	JEEP
Autonomiste	SÉPARATISTE
Autorisation	PERMISSION
Autorisation officielle	LICENCE
Autorisation spéciale	DISPENSE
Autorisé	OFFICIEL
Autorisée	OFFICIELLE
Autoriser	ADMETTRE • HABILITER
	PERMETTRE • TOLÉRER
Autoritaire	IMPÉRATIF • STRICT
Autorité	MAÎTRISE • POUVOIR
Autorité absolue	EMPIRE
Autour	ALENTOUR
Autour de	ENVIRON
Autre	DIFFÉRENT
Autre nom de Jacob dans la Bible	ISRAËL
Autre nom de la ciboule	CIVE
Autre nom du hurleur	ALOUATE
Autre nom pour ableret	ABLIER
Autre part	AILLEURS
Autrefois	ANCIENNEMENT • ANTAN
	JADIS • PASSÉ
Autrefois (D')	ANTAN
Autrement dit	ALIAS
Autrement nommé	ALIAS
Autrui	AUTRE
Aux cartes, couleur noire	TRÈFLE
Aux échecs, remettre en place une pièce déplacée par accident	ADOUBER
Aux environs	ALENTOUR
Aux environs de	AUTOUR
Auxiliaire	ADJOINT • AIDE
Avachi	FLASQUE • VEULE
Avaler	GOBER

Avaler de nouveau	RAVALER
Avaler un liquide en l'aspirant	HUMER
Avance	ACOMPTE • CRÉDIT • PRÊT
Avancé	PRÉCOCE • TARDIF
Avancée	TARDIVE
Avancement	CIVILISATION
Avancer	ALLÉGUER • ALLER • DÉCALER
	MARCHER • PRÊTER
Avancer lentement	RAMPER
Avancer sur l'eau	NAGER • VOGUER
Avances	PROPOSITION
Avanie	BRIMADE
Avant	AUPARAVANT
Avant d'un bateau	PROUE
Avant d'un navire	PROUE
Avant les autres	UNES
Avant placé entre un ailier et l'avant-centre	INTER
Avant terme	PRÉMATURÉ
Avant-coureur	PRÉCURSEUR
Avant-goût	ÉCHANTILLON
Avant-midi	AM
Avant-propos	PRÉAMBULE • PRÉFACE
Avant-toit	AUVENT
Avant-train d'une voiture à chevaux	ARMON
Avantage	ATOUT • BIEN • FRUIT
	INTÉRÊT • PLUS • PROFIT
Avantage dû à une fonction	PRÉROGATIVE
Avantage inespéré	AUBAINE
Avantager	DOTER • FAVORISER • GRATIFIER
Avare	CHICHE • LADRE • PINGRE
	RADIN • RAPIAT • SÉRAPHIN
Avare particulièrement mesquin	PINGRE
Avarice mesquine	RADINERIE
Avarice sordide	LADRERIE
Avarié	GÂTÉ
Avarier	GÂTER
Avec	PARMI
Avec aisance	AISÉMENT
Avec amertume	AMÈREMENT
Avec âpreté	ÂPREMENT

Avec assurance	FERMEMENT
Avec calme et tranquillité	SAGEMENT
Avec calme, de façon tranquille	CALMEMENT
Avec entrain	GAIEMENT
Avec fierté	FIÈREMENT
Avec gaieté	GAIEMENT
Avec lenteur	LENTO
Avec platitude	PLATEMENT
Avec qui on peut entrer en contact	JOIGNABLE
Avec raison	JUSTEMENT
Avec rudesse	RUDEMENT
Avec tristesse	AMÈREMENT
Avec un grand poids	PESAMMENT
Avec une énergie dure, cruelle	ÂPREMENT
Avec volonté	FERMEMENT
Aveline	NOISETTE
Aven	IGUE
Avenant	AIMABLE • ENGAGEANT
Avènement	ACCESSION • VENUE
Avenir	AVENTURE • DESTIN
	FUTUR • LENDEMAIN
Aventure	INTRIGUE • PASSADE
Aventure intérieure	TRIP
Aventurier	RUFFIAN • VAGABOND
Aventurier, pirate	CORSAIRE
Avenue	ALLÉE • DRÈVE • RUE
Avéré	ATTESTÉ
Avers	FACE
Averse	ONDÉE • PLUIE • SAUCÉE
Averse violente	ABAT
Aversion	ANTIPATHIE • DÉGOÛT
	HAINE • RÉPULSION
Averti	AVISÉ • SAGE
Avertir	ALERTER • AVISER • INFORMER
	KLAXONNER • RENSEIGNER
	SIGNALER
Avertissement	CONSEIL • LEÇON
Avertissement préalable	PRÉAVIS
Avertisseur	KLAXON • SIGNAL • TROMPE
Aveu d'une faute	CONFESSION
Aveuglement	ABERRATION • CÉCITÉ

Aveugler	ÉBLOUIR
Avide	AVARE • CUPIDE • CURIEUX
	FRIAND • INTÉRESSÉ • PASSIONNÉ
	RAPACE • RAPIAT
Avide d'argent	CUPIDE
Avide, insatiable	DÉVORANT
Avidité	CONVOITISE • CUPIDITÉ
	RAPACITÉ • SOIF
Avidité à manger	VORACITÉ
Avili	ABÂTARDI
Avilir	ABÂTARDIR • GALVAUDER
	PROFANER • PROSTITUER
Avilissant	BAS • HONTEUX
	INFAMANT • INFÂME
Avilissante	HONTEUSE
Aviné	IVRE
Avion à décollage	
et à atterrissage courts	STOL
Avion à trois moteurs	TRIMOTEUR
Avion d'un modèle ancien	COUCOU
Avion français	MIRAGE
Avion léger sans moteur	PLANEUR
Avion moyen-courrier européen	AIRBUS
Avion qui se pose sur l'eau	HYDRAVION
Avion rapide	JET
Aviron	GODILLE • PAGAIE • RAME
Avis	CONSEIL • CONSULTATION
	DÉNONCIATION • NOTE • OPINION
Avis donné à l'avance	PRÉAVIS
Avis donné par un vote	SUFFRAGE
Avisé	AVERTI • CIRCONSPECT • SAGACE
Aviser	AVERTIR • INFORMER • NOTIFIER
Avitailler	ÉQUIPER
Avivant	ACTIVANT
Aviver	ACTIVER • ATTISER
Avoine	CÉRÉALE
Avoir	DÉTENIR • OBTENIR
Avoir à la fois	CUMULER
Avoir à soi	POSSÉDER
Avoir chaud	SUER
Avoir comme pointure de gants	GANTER

Avoir des battements de cils	CILLER
Avoir des fantasmes	FANTASMER
Avoir des relations sexuelles	COPULER • FORNIQUER
Avoir des répercussions imprévues	REBONDIR
Avoir du succès	TRIOMPHER
Avoir en quantité	DÉBORDER
Avoir la bouche ouverte	BÉER
Avoir peur	APPRÉHENDER
Avoir pour conséquence	GÉNÉRER
Avoir pour prix	COÛTER
Avoir pour résultat	ABOUTIR
Avoir présent à l'esprit	SONGER
Avoir recours à	RECOURIR
Avoir tel prix	VALOIR
Avoir un même but	CONVERGER
Avoir un sens	SIGNIFIER
Avoir une ovulation	OVULER
Avoir une réalité	EXISTER
Avoisinant	ATTENANT
Avorter	ÉCHOUER
Avorton	NABOT • NAIN
Avouer	CONFESSER • RECONNAÎTRE
Axe	ESSIEU
Axe d'une plante	TIGE
Azotite	NITRITE

B.D.	BÉDÉ
Baba	ÉBAHI • ÉTONNÉ POSTÉRIEUR • STUPÉFAIT
Babillage	BABIL
Babillard	BAVARD • JASEUR
Babiller	BAVARDER
Babine	LÈVRE
Babiole	BAGATELLE • BIBELOT BROUTILLE • HOCHET
Bac	CAISSE • CUVE
Baccalauréat	DIPLÔME
Bacille	MICROBE
Bâcler	EXPÉDIER
Bactérie	BACILLE • GERME • MICROBE
Badaud	FLÂNEUR
Badiane	ANIS
Badigeonner	ENDUIRE
Badin	ENJOUÉ • FOLÂTRE • FOLICHON
Badiner	BLAGUER • FOLÂTRER PLAISANTER • RIGOLER • RIRE
Badinerie	BADINAGE • PLAISANTERIE
Baffe	BEIGNE • GIFLE
Bafouer	CONSPUER • MÉPRISER
Bafouiller	BALBUTIER • BREDOUILLER
Bagage	MALLE
Bagage de forme rectangulaire	VALISE
Bagarre	BASTON • BATAILLE • GRABUGE MÊLÉE • RIF • RIFFE • RIFIFI • RIXE
Bagatelle	AMUSETTE • RIEN • VÉTILLE
Bagnard	FORÇAT
Bagnole	VOITURE
Bagou	JACTANCE
Bagout	VOLUBILITÉ
Bague	ANNEAU • JONC
Bague de métal	VIROLE
Baguenaude	FLÂNERIE
Baguette	BARRE • BÂTON • STICK
Baguette de bois ou de métal	VERGE

Baguette de bois supportant une tablette	LITEAU
Baguette mince et flexible	BADINE
Baguette mince et légère	BADINE
Baguette mince et souple qu'on tient à la main	BADINE
Baguier	ÉCRIN
Baie bleue	BLEUET
Baie de la côte du Québec	UNGAVA
Baie des côtes de Honshû	ISE
Baie où se trouve Nagoya	ISE
Baie rouge	ATACA • ATOCA
Baie rouge de l'aubépine	CENELLE
Baie rouge orangé	SORBE
Baignade	BAIN
Baignade rapide	SAUCETTE
Baigner dans l'eau chaude	ÉTUVER
Bail	LOCATION • LOYER
Bailleresse	LOUEUSE
Bailleur	LOUEUR
Bâillonner	MUSELER
Bain	BAIGNADE
Bain de cendre et d'alun	MÉGIS
Bain de vapeur	ÉTUVE • SAUNA
Baiser	BISE • BISOU CÂLIN • EMBRASSER
Baiser rituel envers un objet sacré	BAISEMENT
Baiser, caresse	MIMI
Baisse	DÉCRUE • DISCRÉDIT
Baisse du niveau des eaux	DÉCRUE
Baisse périodique des eaux d'un cours d'eau	ÉTIAGE
Baisser	ABAISSER • CHUTER • DÉCROÎTRE FAIBLIR • PÉRICLITER
Bajoue	JOUE
Balade	RANDONNÉE
Balafre	COUPURE • TAILLADE
Balafrer	TAILLADER
Balai de branchages	HOUSSOIR
Balai de houx	HOUSSOIR
Balance	SOLDE

Balance à levier	PESON • ROMAINE
Balancement	ROULIS
Balancer	BALLOTTER • BRANLER
	COMPENSER • HÉSITER • JETER
	OSCILLER • TORTILLER • VACILLER
Balancer doucement	BERCER • DODELINER
Balancer son corps (Se)	DANDINER
Balancier	PENDULE
Balayer	EMPORTER
Balayette	BALAI
Balbutier	BREDOUILLER
Balcon	TERRASSE
Baldaquin	DAIS
Baleine	JUBARTE
Baleine blanche	BÉLOUGA
Baleine meurtrière	ORQUE
Balise	BOUÉE
Baliser	JALONNER
Balisier	CANNA
Baliveau qui a deux fois l'âge de la coupe	PÉROT
Baliverne	FACÉTIE • FARIBOLE • SORNETTE
Ballant	PENDANT
Balle	BALLON
Balle d'arme à feu	BASTOS
Balle de fusil	BASTOS • PRUNEAU
Balle dure	ÉTEUF
Ballet	DANSE
Ballon	DIRIGEABLE
Ballon dirigeable rigide	ZEPPELIN
Ballonner	GONFLER
Ballot	COLIS
Ballotter	AGITER • BALANCER • TIRAILLER
Balourd	CUISTRE • LOURDAUD • RUSTAUD
Balourdise	BOUFFONNERIE
Balsamier	BAUMIER
Balustrade	RAMBARDE
Bambin	ENFANT • GOSSE • MARMOT
Banalité	PLATITUDE
Banc	SIÈGE
Banc d'algues	HERBIER

Banc d'herbes sous l'eau	HERBIER
Banc de neige	CONGÈRE
Bandage croisé	SPICA
Bandage que l'on fixe à la jante des roues	PNEU
Bande	GROUPE • HORDE RAMASSIS • TROUPE
Bande d'étoffe	CRAVATE • ÉCHARPE • JETÉ
Bande de chiens	MEUTE
Bande de fer	RAIL
Bande de gens acharnés	MEUTE
Bande de terre entre les pieds de vigne	CAVAILLON
Bande de tissu pour orner	FRANGE
Bande dessinée	BÉDÉ
Bande diminuée de largeur	COTICE
Bande étroite	COTICE
Bande étroite d'une matière textile	RUBAN
Bande formant bordure	LISÉRÉ
Bande large et plate	SANGLE
Bande organisée	GANG
Bande plate destinée à maintenir	SANGLE
Bandelette sacrée	INFULE
Banderole	DRAPEAU
Bandit	BRIGAND • GANGSTER TRUAND • VOLEUR
Bandit, brigand	FORBAN
Bandoulière	BAUDRIER
Banlieue de Buenos Aires	LANUS
Banlieue de Québec	LÉVIS
Banlieue de Vancouver	BURNABY
Banlieue nord-ouest de Montréal	LAVAL
Banni	PROSCRIT
Bannie	PROSCRITE
Bannir	EXILER • EXPULSER
Bannissement	BAN
Banque Nationale	BN
Banqueter	FESTOYER
Banquette	BANC
Baquet en bois de sapin	SAPINE
Bar	BUVETTE • CAFÉ
Baragouin	JARGON

Baraque	BOUTIQUE • CABANE • MASURE
Baraque de chantier servant de bureau	GUÉRITE
Baraquement	BIDONVILLE • CASERNE
Baratin	BLABLABLA • BONIMENT
Barbare	VANDALE
Barbarie	ATROCITÉ • FÉROCITÉ
Barbe au menton	BOUC
Barbe le long des joues	FAVORIS
Barbe naissante	DUVET
Barber, raser	BARBIFIER
Barbiche	BOUC
Barbier	COIFFEUR
Barbouiller	PEINTURER
Barbouiller de noir	MÂCHURER
Barbouilleur	PEINTRE
Bardeau	AISSEAU
Barder, blinder	CUIRASSER
Bardot	MULET
Baril	TONNEAU
Baril à anchois	BARROT
Baril à battre le beurre	BARATTE
Bariolé	BIGARRÉ
Baroque	ABRACADABRANT • ROCOCO
Barque égyptienne	CANGE
Barque qui servait sur le Nil	CANGE
Barque vénitienne	GONDOLE
Barrage	CENTRALE • ÉCLUSE OBSTACLE • REVERSOIR
Barrage par-dessus lequel l'eau s'écoule en nappe	REVERSOIR
Barre	TIGE
Barre avec laquelle on ferme une porte	BÂCLE
Barre courbée munie d'un crochet	CINTRE
Barre de bois, de métal	BARREAU
Barre servant à fermer une porte	ÉPAR • ÉPART
Barre soutenant la hotte d'une cheminée	SOUPENTE
Barre transversale d'une ancre	JAS
Barreau	ÉCHELON
Barrer	BIFFER • FERMER • RATURER • RAYER
Barricader	VERROUILLER

Barrière	CLÔTURE • DIGUE • OBSTACLE
Barrot	BAU
Baryum	BA
Bas	GRAVE
Bas, obséquieux	RAMPANT
Basané	BRONZÉ • FONCÉ • NOIR • TANNÉ
Bascule	BALANÇOIRE
Basculer	CULBUTER
Base	FOND • PIED
Base qui donne de la stabilité	ASSISE
Base sur laquelle repose un édifice	SOCLE
Base, fondement	ASSISE • FONDATION
Basique	ALCALIN
Basket-ball	BASKET
Basse soumission	SERVILITÉ
Basse vallée d'un cours d'eau	ABER
Bassesse	SERVILITÉ • VULGARITÉ
Basset	BEAGLE
Basset à jambes droites	BEAGLE
Basset à poil ras	TECKEL
Basset allemand, à pattes très courtes	TECKEL
Bassin	BAC • DARCE • DARSE DOCK • ÉTANG • TUB
Bassin à eau bénite	BÉNITIER
Bassin abrité	DARSE
Bassin d'eau de mer	CLAIRE
Bassin d'un port méditerranéen	DARCE
Bassin de natation	PISCINE
Bassin en pierre ou en bois	AUGE
Bassin entouré de quais	DOCK
Bassin où se garent les bateaux	GARE
Bassin rempli d'eau	PISCINE
Bassin servant au baptême	FONTS
Bataille	COMBAT • GRABUGE GUERRE • LUTTE • RIXE
Batailler	DISPUTER
Batailleur	AGRESSIF
Bataillon	RÉGIMENT
Bateau	NAVIRE
Bateau à fond plat	CHALAND
Bateau à vapeur	STEAMER

Bateau à voiles	VOILIER
Bateau annexe à fond plat	PRAME
Bateau antillais à fond plat	GOMMIER
Bateau d'aviron monté en couple	SCULL
Bateau de Malaisie à balancier unique	PRAO
Bateau de pêche	PINASSE
Bateau de sport très long	SKIF • SKIFF
Bateau des douanes	PATACHE
Bateau muni de voiles	VOILIER
Bateau plat	FLETTE
Bateau plat pour le transport des marchandises	CHALAND
Bateau pour la pêche de la sardine	SARDINIER
Bateau pour la pêche du thon	THONIER
Bateau qui n'avance pas vite	BAILLE
Bateleur	PAILLASSE
Batelier	PASSEUR
Batelier qui conduit une gondole	GONDOLIER
Bâti servant à pointer un canon	AFFÛT
Batifoler	BADINER • FOLÂTRER
Bâtiment	IMMEUBLE
Bâtiment d'une exploitation agricole	GRANGE
Bâtiment de grandes dimensions	BÂTISSE
Bâtiment de guerre	CORVETTE • GALÈRE
Bâtiment important	ÉDIFICE
Bâtiment militaire	CASERNE
Bâtiment où sont conservés des ossements humains	OSSUAIRE
Bâtiment pour abriter les moutons	BERGERIE
Bâtiment servant d'abri	ENTREPÔT
Bâtir	ÉDIFIER • ÉRIGER • FONDER
Bâtir en cintre	CINTRER
Bâtisse	BÂTIMENT • ÉDIFICE
Bâtisseur	FAISEUR • FONDATEUR • PIONNIER
Bâton	BARRE • BATTE • HAMPE
Bâton à grosse tête	MASSUE
Bâton d'alpiniste	PIOLET
Bâton de berger	HOULETTE
Bâton de commandement	SCEPTRE
Bâton en forme de crosse	PÉDUM
Bâton garni de fer	ÉPIEU

Bâton muni d'une mèche pour mettre le feu à la charge d'un canon	BOUTEFEU
Bâton pastoral d'évêque	CROSSE
Bâtonnet de fard	CRAYON
Bâtonnet de pomme de terre frit	FRITE
Batracien	CRAPAUD
Battage	RÉCLAME
Battant	VANTAIL
Battante	LUTTEUSE
Battement	PULSATION
Battement d'un vaisseau sanguin	POULS
Battement de la mesure dans le vers	ICTUS
Batterie de tambour	CHAMADE • DIANE
Batteur	MOUSSOIR
Battre	COGNER • FRAPPER • TAPER
Battre à coups de bâton	FUSTIGER
Battre des mains	APPLAUDIR
Battre en donnant des coups	FESSER
Battre violemment	ROSSER
Battre vivement	FOUETTER
Battu	PERDANT
Batture	ESTRAN
Baudet	ÂNE
Baumier	BALSAMIER
Bavard	CAUSEUR • JACASSEUR • PARLANT PHRASEUR • VOLUBILE
Bavard, communicatif	CAUSANT
Bavardage	CANCAN • CAQUET PAPOTAGE • RAGOT
Bavardage, baratin	JACTANCE
Bavarde	CAUSEUSE
Bavarder	BABILLER • CANCANER • CAUSER COMMÉRER • JACASSER JASER • PAPOTER
Baver	ÉCUMER • JUTER • SALIVER
Baver sur	CALOMNIER
Bavette	BAVOIR
Bayer	BAILLER
Bazooka	ARME
Béante	BÉE
Béat	HEUREUX

Béate	HEUREUSE
Béatitude	BONHEUR • EUPHORIE • FÉLICITÉ
Beau	BEL • JOLI • SEREIN • SUBLIME
Beau, bien fait	GIROND
Beau-fils	GENDRE
Beau-frère	BEAUF
Beaucoup	ABONDAMMENT • BÉSEF • BÉZEF
	ÉNORMÉMENT • MAINT • MOULT
	TRÈS • TROP
Beaucoup, très	BIGREMENT
Beauté	JOLIESSE • PLASTIQUE
Beauté sensuelle	GLAMOUR
Bébé	BABY • NOURRISSON
Bec	BAISER • BOUCHE
Bêche à trois dents	TRIDENT
Bêche servant à retirer les coquillages du sable	PALOT
Bécot	BAISER
Bécoter	EMBRASSER
Becqueter	PICORER • PICOTER
Bedaine	ABDOMEN • VENTRE
Bedon	ABDOMEN • BEDAINE • VENTRE
Bedonnant	OBÈSE
Bédouin	ARABE
Bée	BÉANTE
Bégueter	BÊLER
Béguin	FLIRT
Beignet	BEIGNE
Bel athlète	TARZAN
Bel homme fat et niais	BELLÂTRE
Belle plante volubile ou rampante	IPOMÉE
Belle, bien faite	GIRONDE
Belle-fille	BRU
Bélouga	MARSOUIN
Bénéfice	AVANTAGE • BÉNEF • BONI • PROFIT
Bénéficiaire	PORTEUR
Bénéficier	AVOIR • PROFITER
Benêt	BÊTA • NIGAUD
Bénir	REMERCIER • SACRER
Béotien	BARBARE • PHILISTIN
Béquille	TIN

Ber	BERCEAU
Berbère	MAURE
Berceau	BER • BERCE
Berceau de verdure	CHARMILLE
Bercement	BALANCEMENT
Bercer	BALANCER • BALLOTTER
Berceuse	BERÇANTE
Béret de velours	FALUCHE
Berge	RIVE
Berger	PASTEUR • PÂTRE
Berger d'Amérique du Sud	GAUCHO
Berk	POUAH
Berline	BENNE
Bermuda	SHORT
Bernache	OIE
Bernache du Canada	OUTARDE
Berner	DUPER • TROMPER
Béryllium	BE
Besogne	CORVÉE • LABEUR • TÂCHE
Besogner	BÛCHER • TRIMER
Besoin	APPÉTIT • DÉSIR • NÉCESSITÉ
Besoin irrépressible de manger	BOULIMIE
Besson	JUMEAU
Bestial	ANIMAL • BRUTAL
Bestialité	ZOOPHILIE
Bestiole	ANIMAL
Bête	ANIMAL • CON • OBTUS
Bêtise	ÂNERIE • BALOURDISE • BOURDE
	CONNERIE • INEPTIE
	NIAISERIE • SOTTISE
Bêtise grossière	CRASSE
Béton	CIMENT
Beugler	MEUGLER • MUGIR
Beuverie	BRINGUE • ORGIE
Bévue	BOURDE • GAFFE
Bévue, bêtise	BOULETTE
Biais	BISEAU
Bibelot de style japonais	JAPONERIE
Bibliographie d'une question	LITTÉRATURE
Bibliothèque itinérante	BIBLIOBUS
Bichonner	SOIGNER

Bicoque	CABANE
Bicyclette	BÉCANE • TANDEM • VÉLO
Bidasse	GUS • GUSSE
Bide	BEDON • FLOP
Bidon	BEDON • BLUFF
Bidon d'essence	JERRYCAN
Bidon servant au transport du lait	BOILLE
Bidonnant	TORDANT
Bidonville, au Brésil	FAVELA
Bidule	GADGET • OBJET • MACHIN
Bien	BEN
Bien dont on jouit par usufruit	USUFRUIT
Bien fait	GALBÉ
Bien jeune	JEUNET
Bien, service créé	PRODUIT
Bien-aimée	DULCINÉE
Bien-être	BÉATITUDE • CONFORT
Bien-fondé	PERTINENCE
Bienfaisance	CHARITÉ
Bienfaisant	BÉNÉFIQUE • CHARITABLE SALUTAIRE
Bienfait	BÉNÉDICTION • BIEN • FAVEUR GRÂCE • SERVICE
Bienfaiteur	MÉCÈNE
Bienheureux et paisible	BÉAT
Biens familiaux	PATRIMOINE
Biens qu'une femme apporte en se mariant	DOT
Bienséance	CONVENANCES • CORRECTION POLITESSE
Bienséant	CORRECT • DÉCENT • POLI • SÉANT
Bientôt	TANTÔT
Bienveillance	BONTÉ • CORDIALITÉ • FAVEUR
Bienveillant	BÉNÉVOLE • INDULGENT
Bienvenue	ACCUEIL
Bière	ALE • CERCUEIL
Bière anglaise	ALE • STOUT
Bière belge	LAMBIC
Bière belge forte	GUEUSE
Bière blonde	ALE
Bière brune	BRUNE • STOUT

Bière brune anglaise	PORTER
Bière de qualité inférieure	BIBINE
Bière légère belge	FARO
Biffer	BARRER • RATURER • RAYER • SABRER
Biffure	RATURE
Bigarade	ORANGE
Bigarré	BARIOLÉ
Bigarrer	BARIOLER • PANACHER
Bigarrure	BARIOLAGE
Bigarrure d'une peau tavelée	TAVELURE
Bigarrure de ce qu'on a jaspé	JASPURE
Bigler	LOUCHER
Bigleux	BIGLE • MIRAUD • MIRO
Bigot	TARTUFE
Bigrement	TRÈS
Bijou	BOUCLE • JOUJOU • JOYAU
Bijou de femme	BROCHE
Bijou en forme d'anneau	BRACELET
Bijou muni d'une épingle	BROCHE
Bijou qui entoure le cou	COLLIER
Bijouterie	JOAILLERIE
Bile des animaux de boucherie	FIEL
Bilieux	ATRABILAIRE
Bille	BOULE
Bille de bois	TRONCHE
Billet	MOT
Billet d'avion non daté	OPEN
Billet de banque	FAFIOT
Billet de chemin de fer	COUPON
Billet de sortie	EXÉAT
Billet délivré à un usager	BULLETIN
Billevesée	FADAISE
Billot de bois	PLOT
Binette	FRIMOUSSE • TÊTE
Biochimiste danois, prix Nobel en 1943	DAM
Biochimiste et écrivain américain d'origine russe	ASIMOV
Biologique	BIO
Biologiste américain mort en 1984	CORI
Biquet	BICOT • CABRI
Biquette	CHÈVRE

Bisannuel	BIENNAL
Bisbille	CHICANE
Biscornu	CORNU
Biscuit belge au sucre candi	SPÉCULOOS • SPÉCULOS
Biscuit belge sec très sucré	SPÉCULOOS
Biscuit léger en forme de bâtonnet	BRETZEL
Biscuit sec et croquant	CROQUET
Bise	BAISE • BÉCOT • BISOU
Biser	EMBRASSER
Bisexuel	BI
Bismuth	BI
Bison d'Europe	URE • URUS
Bisou	BAISE • BAISER • BÉCOT • BISE
Bisque	COULIS • POTAGE
Bisquer	RAGER
Bistouri	SCALPEL
Bistro	BISTROT • CABARET
Bistrot	BISTRO
Bitume naturel	ASPHALTE
Bizarre	ABRACADABRANT • BAROQUE DRÔLE • ÉTRANGE INSOLITE • SAUGRENU
Bizarre, un peu fou	ZINZIN
Bizarrerie	ANOMALIE
Blablabla	BONIMENT
Blafard	BLANC • BLÊME • PÂLE • TERNE
Blafard, blême	LIVIDE
Blague	ATTRAPE • BOBARD CANULAR • RIGOLADE
Blaguer	RAILLER • RIRE
Blagueur	FARCEUR • PLAISANTIN
Blair	NAZE
Blairer	PIFFER
Blâme	CENSURE • CONDAMNATION CRITIQUE
Blâmer	CONDAMNER • DÉSAPPROUVER FUSTIGER • HONNIR
Blâmer sévèrement	VITUPÉRER
Blanc	BLÊME • LAITEUX
Blanc d'oeuf cru	GLAIRE
Blanc-bec, gamin	MERDEUX

Blanchâtre	OPALIN
Blanche	LAITEUSE
Blanchi, marqué par l'âge	CHENU
Blanchir	BLÊMIR • DISCULPER • EXCUSER
	LESSIVER • RÉHABILITER
Blanchir le linge en le passant au bleu	AZURER
Blanchissage	COULAGE
Blanchisserie	BUANDERIE
Blanquette	CLAIRETTE
Blase	BLAIR
Blasé	LAS
Blaser	LASSER
Blasphème	IMPIÉTÉ • JUREMENT
	JURON • SACRILÈGE
Blasphémer	JURER • SACRER
Blé	FOIN
Bled	ENDROIT • PATELIN • VILLAGE
Blême	BLAFARD • FAIBLE • PÂLE • TERNE
Blêmir	BLANCHIR • PÂLIR • VERDIR
Blessant	AMER • CUISANT • OFFENSANT
Blessé	MUTILÉ
Blessé à coups de cornes	ENCORNÉ
Blesser	LÉSER • MUTILER
	OFFENSER • SCANDALISER
Blesser sauvagement	ÉTRIPER
Blessure	CICATRICE • COUPURE
	LÉSION • MEURTRISSURE
	MORSURE
Blessure faite par une pointe	PIQÛRE
Blessure longue faite au visage	BALAFRE
Blette	BETTE
Bleu	CONTUSION
Bleu foncé	MARINE
Bleuet	BLUET
Blinder	ENDURCIR
Blizzard	POUDRERIE
Bloc	MASSE • ROCHER
Bloc de bois	BILLOT
Bloc de glace	SÉRAC
Bloc de glace de très grande taille	ICEBERG
Bloc de matière minérale	ROCHE

Bloc-notes	CAHIER • CALEPIN
Blond	JAUNE
Blond très clair	PLATINE
Blondasse	JAUNÂTRE
Blondin	BLOND
Blondine	BLONDE
Blondinet	BLOND • BLONDIN
Blondinette	BLONDE
Blondir	JAUNIR
Bloqué	ENRAYÉ
Bloqué, immobilisé	COINCÉ
Bloquer	BARRER • COINCER • ENRAYER
	INHIBER • OBSTRUER • STOPPER
Blouse	CORSAGE
Blouse de travail	SARRAU
Blouson	VAREUSE
Bluff	FRIME • TROMPERIE
Bluffer	FRIMER • LEURRER
Blutoir	SAS • TAMIS
Boa constricteur	PYTHON
Bobard	BLAGUE • BONIMENT • CANARD
Bobine	ROULEAU
Bobiner	ENROULER
Bobsleigh	BOB
Boëtte	ÈCHE • ESCHE
Boeuf domestiqué d'Asie	GAYAL
Boeuf sauvage noir	AUROCHS
Boeuf semi-domestique	GAYAL
Bof	BAH
Bogue	BUG
Bohémien	GITAN • TSIGANE • TZIGANE
Bohémien d'Italie	ZINGARO
Boire	AVALER • LICHER • SUCER • TÉTER
Boire à coups de langue	LAPER
Boire à petits coups	SIROTER
Boire beaucoup	PINTER
Boire d'un trait	LAMPER
Boire ou manger avec grand plaisir	DÉGUSTER
Bois	FORÊT
Bois constitué de petits arbres	TAILLIS
Bois d'un arbre africain	SIPO

Bois d'un grain uni et d'une grande dureté	ÉBÈNE
Bois de lit	CHÂLIT
Bois de pins	PINERAIE
Bois du cerf	RAMURE
Bois dur	TECK
Bois incomplètement réduit en charbons	BRAISE
Bois noir	ÉBÈNE
Bois rond	RONDIN
Bois sur pied endommagé par le feu	ARSIN
Bois utilisé en tabletterie	ÉBÈNE
Boiser	PLANTER
Boisson	APÉRO • BIÈRE • CIDRE LIMONADE • THÉ • TISANE
Boisson à base d'eau gazeuse	SODA
Boisson à base de jus de fruits	SORBET
Boisson à saveur exquise	NECTAR
Boisson alcoolique	CIDRE
Boisson alcoolisée	DRINK • SAKÉ • VIN
Boisson alcoolisée à l'anis	PASTIS
Boisson alcoolisée forte	ALCOOL
Boisson apéritive amère	BITTER
Boisson composée de vin rouge et de fruits	SANGRIA
Boisson d'origine espagnole	SANGRIA
Boisson dans laquelle on a mis trop d'eau	LAVASSE
Boisson enivrante tirée du kava	KAVA
Boisson faite d'eau-de-vie	GROG
Boisson gazéifiée	COCA • COCA-COLA
Boisson grecque	OUZO
Boisson japonaise	SAKÉ
Boisson normande	HALBI
Boisson obtenue de la fermentation de raisins	VIN
Boisson parfumée à l'anis	OUZO
Boisson réconfortante	GROG
Boisson sucrée alcoolisée	LIQUEUR
Boîte	BOÎTIER • CABARET
Boîte de nuit	CABARET

Boîte destinée à contenir un objet	ÉTUI
Boîte osseuse	CRÂNE
Boîte où l'on abrite une source de lumière	LANTERNE
Boîte servant à l'emballage des marchandises	CAISSE
Boiteux	ÉCLOPÉ
Boîtier	COFFRE
Boitiller	BOITER
Bol	JATTE
Bolet	CÈPE
Bombance	RIBOTE
Bombarder	LANCER
Bombarder un objectif	PILONNER
Bombé	PROÉMINENT • RENFLÉ
Bomber	GONFLER
Bomber le torse (Se)	CAMBRER
Bomber, cambrer	CINTRER
Bon	APTE • BÉNÉFIQUE DOUÉ • OPPORTUN
Bon à	APTE
Bon chic bon genre	BCBG
Bon chien	TOUTOU
Bon état physiologique	SANTÉ
Bon jugement	SAGESSE
Bonasse	BÉNIN
Bonbon	BERLINGOT • FRIANDISE • PASTILLE
Bonbon au caramel	CARAMEL
Bonbon au chocolat	PRALINE
Bonbon fixé à une tige de bois	SUCETTE
Bonbonne entourée d'osier	TOURIE
Bond	BOOM • CABRIOLE RICOCHET • SAUT
Bondieusard	BIGOT
Bondir	SAUTER
Bonheur	BÉNÉDICTION • HEUR • SUCCÈS
Bonheur parfait	BÉATITUDE
Boni	GUELTE
Bonification	BONI
Bonifier	ABONNIR • FERTILISER
Boniment	BARATIN • BLABLABLA

Bonjour	CIAO • SALUT
Bonne	BONNICHE • SERVANTE
Bonne action	BIENFAIT
Bonne chère	BANQUET
Bonne d'enfant	NURSE
Bonne disposition de l'humeur	GAIETÉ
Bonne foi	SINCÉRITÉ
Bonne fortune	HEUR
Bonnet d'enfant noué sous le menton	BÉGUIN
Bonnet plat	BARRETTE
Bonsoir	SALUT
Bonté	BIENFAISANCE • COEUR
Bonté naturelle	BONHOMIE
Bonus	PRIME
Bonze	PONTIFE
Borasse	RÔNIER
Borate hydraté de sodium	BORAX
Borax	TINCAL
Bord	BORDURE • EXTRÉMITÉ MARGE • ORÉE • POURTOUR
Bord d'un cours d'eau	BERGE
Bord d'une étoffe	LISIÈRE
Bord extérieur du disque d'un astre	LIMBE
Bord taillé obliquement	BISEAU
Bordel	LUPANAR
Border	LONGER
Border d'un liseré	LISÉRER
Bordure	BORD • CONTOUR • LISIÈRE MARGE • OURLET • REBORD
Bordure d'arbustes	HAIE
Bordure du bois	ORÉE
Bordure entourant une glace	CADRE
Bordure étroite	ORLE
Borne	FRONTIÈRE • LIMITE • TERME
Borné	MESQUIN • OBTUS PRIMAIRE • SOT
Borne d'incendie	HYDRANT
Borné, étriqué	RÉTRÉCI
Borner	LIMITER
Bornes	CONFINS
Bosquet	MASSIF

Bosse	ASPÉRITÉ
Bosseler	CABOSSER
Bosseler, cabosser	BOSSUER
Bosser, bûcher	BOULONNER
Bossuer	CABOSSER
Botte de céréales coupées	GERBE
Botteleur	LIEUR
Bottes courtes	BOOTS
Bottin	ANNUAIRE
Boucan	RAMDAM • TINTAMARRE
Boucaner	FUMER
Boucanier	PIRATE
Bouche	BEC
Bouche de volcan	CRATÈRE
Bouche des animaux	GUEULE
Bouchée	LIPPÉE
Boucher	CALFEUTRER • OBSTRUER
Boucher avec du lut	LUTER
Boucher avec du mastic	MASTIQUER
Boucherie	CARNAGE • ÉTAL • HÉCATOMBE
Bouchon	ENCOMBREMENT • FLOTTEUR
	TAMPON
Bouchonner	PANSER
Boucle	ANNEAU • MAILLE • NOEUD
Bouclé	ANNELÉ
Boucler	ANNELER • FERMER • FRISER
Boucler de nouveau	REFERMER
Boucles	OEILS
Bouclier	ÉCRAN • ÉCU • ÉGIDE
Bouclier de Zeus	ÉGIDE
Bouclier romain	SCUTUM
Bouder	IGNORER
Boudoir	SALON
Boue	GADOUE • VASE
Boue épaisse	FANGE
Boue noire épaisse	BOURBE
Bouée, pièce conçue pour flotter	FLOTTEUR
Boueuse	TERREUSE
Boueux	ÉBOUEUR • TERREUX
Boueux, vaseux	FANGEUX
Bouffe	NOURRITURE

Bouffée de cigarette	TAFFE
Bouffer	BECTER
Bouffi	BOURSOUFLÉ • JOUFFLU • ENFLÉ
Bouffon	PITRE
Bouffon de comédie	BALADIN
Bouffon des comédies vénitiennes	ZANI • ZANNI
Bouffonnerie	DRÔLERIE
Bouger	CALFEUTRER • DÉRANGER
	RÉAGIR • REMUER
Bougon	BOURRU • GROGNON
Bougonner	GROGNER • GROMMELER
	GRONDER • ROGNONNER
	RONCHONNER
Bougrement	BIGREMENT
Bouillant	ARDENT • IMPATIENT
Bouillasse	GADOUE
Bouille	BILLE • BINETTE • FIGURE • TÊTE
Bouillie de farine de maïs	MILLAS
Bouillie épaisse	MAGMA
Bouillie épaisse de flocons d'avoine	PORRIDGE
Bouillie médicamenteuse	CATAPLASME
Bouilloire russe	SAMOVAR
Bouillon	POTAGE
Bouillon épaissi avec des légumes	SOUPE
Bouillon, potage	BROUET
Bouillonnement	ÉBULLITION
Boulanger	FOURNIER
Boule	SPHÈRE
Boule de métal	BOULET • BULLE
Boule formée de fils	PELOTE
Boule, sphère	GLOBE
Bouleau à écorce foncée	MERISIER
Bouledogue	DOGUE
Boulette à base de semoule	GNOCCHI
Boulette de morue	ACRA
Boulette faite d'une pâte de farine et de poisson	ACRA
Bouleversant	POIGNANT
Bouleversant, poignant	ÉMOUVANT
Bouleversé	ÉMU
Bouleversement	SÉISME • SUBVERSION

Bouleverser	BOUSCULER • DÉRÉGLER • RÉVULSER
Boulier	ABAQUE
Boulon	ÉCROU • VIS
Boulot	EMPLOI • JOB • MÉTIER • TRAVAIL
Boulotte	RONDELETTE
Bouquet	GERBE • SALICOQUE
Bouquin	BOUC • LIVRE
Bouquiner	LIRE
Bourbier où le sanglier se vautre	SOUILLE
Bourdaine	AULNE
Bourde	ÂNERIE • CONNERIE • ERREUR
Bourdonnement	CORNEMENT • MURMURE
Bourdonner	VROMBIR
Bourgeon	BOUTON • GERME
Bourgeon de la chicorée de Bruxelles	ENDIVE
Bourgeon secondaire de certaines plantes	CAÏEU
Bourgeonné	FLEURI
Bourgeonner	FLEURIR
Bourgogne rouge	POMMARD
Bourlinguer	VOYAGER
Bourrade	POUSSÉE
Bourrasque	RAFALE • TEMPÊTE
Bourre	BEURRE • BONDE • BOURRETTE
Bourré	BEURRÉ • BONDÉ • FARCI
	PLEIN • REMPLI
Bourre de soie	LASSIS
Bourre de soie ou de laine	CAPITON
Bourreau	TORTIONNAIRE
Bourrer	FARCIR • GAVER • REMBOURRER
	REMPLIR • TASSER
Bourrique	ÂNE
Bourse	RÉTICULE • SCROTUM
Boursicoter	SPÉCULER
Boursouflé	AMPOULÉ • BOUFFI
Boursoufler	ENFLER
Bousculade	POUSSÉE
Bousculer	POUSSER
Bousculer, malmener	SABOULER
Bouse	FIENTE
Bousiller	ABÎMER • SALOPER

Bout	ENTAME • EXTRÉMITÉ
Bout de cigare	MÉGOT
Bout de cigarette	MÉGOT
Bout de cordage capelé à un mât	PANTOIRE
Bout de filin muni d'un croc	VÉRINE
Bout de la mamelle, chez les animaux	TETTE
Bout du sein	MAMELON
Bouteille	BIDON • CARAFE • FIOLE
Bouteille à col long	FIASQUE
Bouteille garnie de paille	FIASQUE
Bouteille isolante	THERMOS
Bouteille mince et allongée	QUILLE
Boutique	ATELIER • COMMERCE • MAGASIN
Boutiquier	ÉPICIER
Bouton	PUSTULE • TOUCHE
Bouton à fleur du câprier	CÂPRE
Bouton des fleurs du giroflier	GIROFLE
Bouverie	ÉTABLE
Bovidé sauvage	BISON
Boxeur célèbre	ALI
Boy-scout	SCOUT
Boyau d'un animal	TRIPE
Bracelet en mailles de métal aplaties	GOURMETTE
Braconnage	CHASSE
Bradype	AÏ
Braillard	CRIARD • GUEULARD • HURLEUR
Brailler	BRAIRE • PLEURER
Brailleur	BRAILLARD
Bramer	CRIER • RAIRE • RALLER • RÉER
Bran	SCIURE
Brancard destiné à transporter des malades	CIVIÈRE
Branchage	RAMURE
Branche	SPÉCIALITÉ
Branché	IN
Branche à fruits	VINÉE
Branche de l'Oubangui	UÉLÉ
Branche de la microbiologie	VIROLOGIE
Branche des sciences naturelles qui étudie les animaux	ZOOLOGIE
Branche mère de l'Oubangui	OUELLÉ

Brancher	CONNECTER
Branchies des poissons	OUÏES
Branlant	BOITEUX
Branlante	BOITEUSE
Branler	GLANDER
Braquer	CABRER • POINTER
Bras de mer	DÉTROIT • MANCHE
Bras méridional du delta du Rhin	WAAL
Bras secondaire du Mississippi dans la Louisiane	BAYOU
Brasier	FEU
Brasiller	ÉTINCELER
Brassé	PÉTRI
Brasser	PÉTRIR • REMUER SECOUER • TOUILLER
Bravade	DÉFI
Brave	HARDI • HÉROS • INTRÉPIDE PREUX • VALEUREUX
Brave, énergique	COURAGEUX
Braver	AFFRONTER • DÉFIER
Bravo	ACCLAMATION • VIVAT
Bravoure	AUDACE • COURAGE • HARDIESSE HÉROÏSME • VAILLANCE
Brebis de deux ans qui n'a pas encore porté	VACIVE
Brèche	PERCÉE • TROUÉE
Bredouiller	ÂNONNER • BALBUTIER MARMONNER • MARMOTTER
Bref	COURT • INSTANTANÉ • SUCCINCT
Bretteler	BRETTER
Breuvage	BOISSON • THÉ
Breuvage des dieux	NECTAR
Breuvage divin	NECTAR
Brève manifestation inachevée	ÉBAUCHE
Brève maxime extraite d'un livre sacré	VERSET
Bric-à-brac	FATRAS
Bricole	GADGET
Bride	RÊNE
Brider	FICELER • REFRÉNER
Brièveté	LACONISME

Brigade	ESCOUADE
Brigand	BANDIT • LARRON
	MALFAITEUR • VOLEUR
Brillance	LUMINANCE • LUMINOSITÉ
Brillant	LUISANT • LUMINEUX
	RELUISANT • SATINÉ
Brillant, éclatant	CORUSCANT
Brillante	LUMINEUSE
Briller	ÉTINCELER • EXCELLER • LUIRE
	MIROITER • PÉTILLER
	RELUIRE • RUTILER
Briller avec éclat	RESPLENDIR
Briller d'un vif éclat	RUTILER
Brimade	VEXATION
Brimborion	BABIOLE
Brimer	BERNER
Brin	ATOME • DOIGT • FÉTU • PEU
Brin de paille	FÉTU
Brin long et fin	FIL
Bringuebaler	BRIMBALER
Brinquebaler	CAHOTER
Briquet	FUSIL
Bris	FRACTURE
Brisant	ÉCUEIL • RÉCIF
Brise légère	ZÉPHYR
Brise-vent	ABRIVENT
Brisement	RUPTURE
Briser	CASSER • ÉCLATER • ROMPRE
Briser les mottes de terre après le labour	ÉMOTTER
Brisure	CASSURE
Brocanteur	CHINEUR • FRIPIER
Brocart	SAMIT
Brochet adulte	BÉCARD
Brochette	HÂTELET
Brochure	LIVRET
Brochure gratuite	TRACT
Brochure publicitaire	DÉPLIANT
Brodequin	BOTTINE
Broderie en forme de dent	FESTON
Brome	BR
Broncher	MOUFTER

Bronzage	HÂLE
Bronze	AIRAIN
Bronzé	BASANÉ
Bronzer	BRUNIR • HÂLER • TANNER
Brosse à l'usage des orfèvres	SAIE
Brosse métallique de ramoneur	HÉRISSON
Brosser	ÉTRILLER
Brouhaha	RUMEUR • TUMULTE
Brouillard	BRUME • VAPEUR
Brouillard épais	FRIMAS • MÉLASSE • SMOG
Brouillard léger	BRUME
Brouille	FROID
Brouillé	DÉSUNI
Brouille, dispute	ORAGE
Brouiller	CONFONDRE • TROUBLER
Broussaille	BUISSON
Brousse épaisse d'Australie	SCRUB
Brouter	MANGER • PAÎTRE
Broutille	BABIOLE
Broyer	CASSER • ÉCRASER • MOUDRE PILER • TRITURER
Broyer les aliments avec les dents	MASTIQUER
Broyeur de noir	PESSIMISTE
Bruant d'Europe	ORTOLAN
Bruisser	BRUIRE
Bruit	ÉCHO • SON
Bruit assourdissant	TONNERRE
Bruit assourdissant, vacarme	CHARIVARI
Bruit confus	TAPAGE
Bruit confus de personnes qui protestent	RUMEUR
Bruit confus qui s'élève d'une foule	BROUHAHA
Bruit d'enfer	SABBAT
Bruit de ce qui tombe	BOUM
Bruit de chute	FLOP
Bruit de gaz stomacaux	ROT
Bruit de pet	PROUT
Bruit discordant	CHARIVARI
Bruit produit par à-coups	HOQUET
Bruit que produisent certains insectes	STRIDULATION
Bruit qui accompagne la foudre	TONNERRE

Bruit rauque de la respiration	RÂLE
Bruit sec	DÉCLIC • TAC
Bruit sec d'un déclic	CLIC
Bruit sec et régulier d'un mouvement d'horlogerie	TICTAC
Bruit sonore	BOUM
Bruit sourd et continu	RONRON
Bruit violent	BANG • FRACAS
Bruit, tapage	PÉTARD
Brûlant	ARDENT • CHAUD • TORRIDE
Brûlé, carbonisé	CALCINÉ
Brûle-gueule	BOUFFARDE
Brûler	CALCINER • CUIRE • EMBRASER FLAMBER • GRILLER
Brûler légèrement	CRAMER
Brûler superficiellement	ROUSSIR
Brume	BROUILLARD • VAPEUR
Brumisateur	ATOMISEUR
Brun	MARRON
Brun clair proche du jaune	BEIGE
Brun jaunâtre	BISTRE
Bruni	BRONZÉ • HÂLÉ
Brunir	HÂLER
Brusque	SEC • SUBIT • VIOLENT
Brusque accès de gaieté	HILARITÉ
Brusquer	HÂTER • PRÉCIPITER
Brusquerie	RUDESSE
Brut	NATUREL
Brutal	BARBARE • BESTIAL • CRU DUR • VIOLENT
Brutalement	CRÛMENT • RUDEMENT
Brutaliser	MALMENER • MOLESTER VIOLENTER
Brutalité	RUDESSE • VIOLENCE
Bruyant	SONORE • TONITRUANT
Buanderie	LAVOIR
Buccal	ORAL
Bûcher	BOSSER • PIOCHER • TRAVAILLER
Bûcheur	TRAVAILLEUR
Bucolique	ÉGLOGUE • PASTORAL
Buffet	BAHUT • CABINET

Buffet rustique	BAHUT
Buffle sauvage de la Malaisie	GAUR
Bug	BOGUE
Buisson	RONCIER • TAILLIS
Bulles d'un liquide en ébullition	BOUILLON
Bulletin	CARNET • RECUEIL
Bureau	AGENCE
Burelle	BURÈLE
Burin étroit	BÉDANE
Buriner	GRAVER
Burlesque	BOUFFE
Buse d'aérage	CANAR
Busqué	AQUILIN
Buste d'une statue entière	TORSE
But	FIN • GOAL
But à atteindre	OBJECTIF
But auquel tend chaque chose	FINALITÉ
But que l'on vise	CIBLE • CLEF
Butée d'un pont	CULÉE
Buter	ACHOPPER
Butin	PROIE
Butoir de pare-chocs	BANANE
Butor	MALOTRU • MUFLE • RUSTRE
Butte	COLLINE • DUNE • ÉMINENCE
	MONTICULE • TERTRE
Buvable	POTABLE

C

C'est-à-dire	IE • SOIT
Cabane	CAMBUSE • CASE • HUTTE
Cabane, chaumine	CHAUMIÈRE
Cabanon	CACHOT
Cabaret installé au sous-sol	CUEVA
Cabaret mal famé	BOUSIN • CABOULOT
Cabestan horizontal pour lever l'ancre	GUINDEAU
Cabestan volant	VINDAS
Cabine où l'électeur vote	ISOLOIR
Cabinet d'aisances	TOILETTES
Câble	CORDAGE • CORDE • DROSSE
Câble de remorque	REMORQUE
Câble qui maintient un mât	ÉTAI
Câble servant à maintenir	HAUBAN • LIURE
Câbler	TORDRE
Cabochard	ENTÊTÉ • TÊTU
Caboche	TÊTE
Cabot	CHIEN • CLEBS
Cabotin	BIGOT • CABOT
Cabri	CHÈVRE
Cabriole	CULBUTE
Cabriolet à deux chevaux	TANDEM
Cacatoès gris	ROSALBIN
Cache	CACHETTE
Caché	INAVOUÉ • OCCULTE • SECRET
	TAPI • TU
Cache-sexe	STRING
Cachectique	ÉTIQUE
Cacher	CAMOUFLER • CELER • ÉCLIPSER
	ENTERRER • MUSSER • OCCULTER
	PALLIER • TAIRE
Cacher, masquer	RECOUVRIR
Cachet	SCEAU • TIMBRE
Cachet authentique	VISA
Cacheter	SCELLER
Cachette	CACHE • PLANQUE • REPAIRE
Cachot	OUBLIETTE • OUBLIETTES
	CELLULE • GEÔLE • PRISON

Cachot où l'on enfermait les fous jugés dangereux	CABANON
Cactus à rameaux aplatis	NOPAL
Cadavre	CORPS • DÉPOUILLE • MORT
Cadavre desséché	MOMIE
Cadeau	DON • ÉTRENNE • RÉCOMPENSE
Cadeau, offrande	HOMMAGE
Cadenasser	VERROUILLER
Cadence	RYTHME
Cadenette	NATTE • TRESSE
Cadet	JUNIOR • PUÎNÉ
Cadmium	CD
Cadre	BORDURE
Cadrer	CONCORDER
Caesium	CS
Cafard	DÉPRIME • ENNUI MÉLANCOLIE • SPLEEN
Café	BISTRO • BISTROT • BUVETTE CABARET • CAOUA • MOKA
Café décaféiné	DÉCA
Café fait à la vapeur	EXPRESS
Café mêlé d'eau-de-vie	GLORIA
Café-restaurant, dans une gare	BUFFET
Caféine contenue dans le thé	THÉINE
Cafétéria	BUVETTE
Cafetière	PERCOLATEUR
Cafouiller	MERDOYER
Cage où l'on enferme les oiseaux	VOLIÈRE
Cage vitrée au-dessus d'un escalier	LANTERNEAU
Cageot	CAISSE
Caget	CASERET • CASERETTE
Cagette	CAGEOT
Cagnotte	CASSETTE
Cahier de copies	FARDE
Cahoter	TRESSAUTER
Cailler	FIGER
Cailler avec de la présure	PRÉSURER
Caillot de sang	EMBOLIE
Caillou	PIERRE
Caillou usé	GALET
Caillouteux	PIERREUX

Cailloux, pierraille	CAILLASSE
Caisse	CAGEOT
Caissier	TRÉSORIER
Cajoler	CÂLINER • DORLOTER • MITONNER
Cajolerie	GÂTERIE
Cake	GÂTEAU
Cal	DURILLON
Calamité	MALHEUR
Calandrer	MOIRER
Calcaire	CRAIE
Calcaire dur	LIAIS
Calcaire métamorphique à veines serpentines	CIPOLIN
Calciner	CONSUMER
Calcium	CA
Calcul	COMPTE
Calculé	INTÉRESSÉ • PRÉMÉDITÉ RAISONNÉ
Calculer	ÉVALUER • PRÉMÉDITER SUPPUTER
Calé	FERRÉ • FORT • INSTRUiT
Cale d'un navire	SOUTE
Cale en forme de V	VÉ
Caleçon	SLIP
Calendos	CAMEMBERT
Calendrier	ALMANACH • TIMING
Calendrier liturgique	ORDO
Calepin	CARNET
Caler de nouveau	RECALER
Calibre	ÉTALON • FORMAT • GROSSEUR
Calibre permettant de profiler une construction	CERCE
Calibrer	ALÉSER • TRIER
Calibrer, fraiser	ALÉSER
Calife	ÉMIR
Californium	CF
Câliner	CAJOLER
Câlinerie	MAMOURS
Callosité	DURILLON
Calmant	PALLIATIF • SÉDATIF
Calmar	CALAMAR

Calme	DÉTENDU • PAISIBLE • PAIX PATIENT • PLACIDITÉ • QUIET SEREIN • SÉRÉNITÉ
Calme et détendu	COOL
Calme et sérieux	POSÉ
Calme passager de la mer	ACCALMIE
Calme plat de la mer	BONACE
Calme, paix	SILENCE
Calmer	AMORTIR • APAISER • ASSAGIR CONSOLER • MATER • PACIFIER RADOUCIR • REMÉDIER • SOULAGER
Calmer, apaiser	DULCIFIER
Calomnier	BAVER • DÉCRIER • DÉNIGRER DIFFAMER • NOIRCIR
Calotin	BIGOT
Calotte qu'on portait en Afrique du Nord	FEZ
Calquer	PLAGIER
Calumet	PIPE
Calvados	CALVA
Calvaire	SUPPLICE
Calvitie circulaire	TONSURE
Camaïeu	CAMÉE
Camarade	COLLÈGUE • COMPAGNE COMPAGNON • COPAIN • POTE
Camarade, amie	COPINE
Camaraderie	AMITIÉ • FRATERNITÉ
Camard	CAMUS
Cambriolage	VOL
Cambrioler	VOLER
Cambrioleur	CASSEUR
Cambrure	CONVEXITÉ
Cambuse	CHAMBRE • GOURBI
Came	DROGUE
Camé	DROGUÉ
Camelote	BABIOLE • PACOTILLE • TOC
Caméra vidéo portative avec magnétoscope	CAMÉSCOPE
Caméraman	CADREUR
Camionneur	ROUTIER
Camoufler	CACHER • MAQUILLER

Camouflet	AFFRONT • SOUFFLET
Camp	PARTI
Camp allemand pendant la Seconde Guerre mondiale	OFLAG
Campagnard	RURAL
Campement de plein air	BIVOUAC
Campement léger et provisoire en plein air	BIVOUAC
Canadian National Railways	CNR
Canadien National	CN
Canaille	ARSOUILLE • CRAPULE • FRIPOUILLE RACAILLE • VERMINE
Canal	ÉGOUT • ÉTIER • FOSSÉ
Canal creusé pour faire passer un bateau	CHENAL
Canal d'irrigation, en Afrique	SEGUIA
Canal de dérivation	BIEF
Canal excréteur	URÈTRE
Canal fixé au bord inférieur des toits	GOUTTIÈRE
Canal qui conduit l'urine du rein à la vessie	URETÈRE
Canalisation de gaz	FEEDER
Canaliser	CAPTER • CONCENTRER
Canapé	SOFA
Canard	EIDER
Canard de petite taille	CACAOUI
Canard mâle	MALARD
Canard marin	EIDER
Canard sauvage	CACAOUI • PILET • SARCELLE
Canard sauvage à plumage noir	MORILLON
Canasson	BOURRIN • ROSSE
Cancan	POTIN • RACONTAR • RAGOT
Cancaner	POTINER
Cancérigène	ONCOGÈNE
Cancérologie	ONCOLOGIE
Candeur	INNOCENCE • NAÏVETÉ • PURETÉ
Candidat	ASPIRANT • POSTULANT
Candide	CRÉDULE • INGÉNU • NAÏF
Canette	CANE
Canevas	SCHÉMA
Canevas d'une pièce	SCÉNARIO

Canne à pêche	GAULE
Canne faite d'une tige de rotang	JONC
Canne souple	STICK
Canneberge	ATACA
Cannelure	RAINURE
Canner	JONCER
Canoë	CANOT
Canon court	OBUSIER
Cantal	FOURME
Cantaloup	MELON
Cantatrice célèbre	DIVA
Cantatrice de renom	DIVA
Cantine	MESS
Cantique	HYMNE • PSAUME
Canton de Suisse centrale	ENSOR • URI
Canton suisse, dans la vallée du Rhône	VALAIS
Cantonné	CAMPÉ
Cantonner	CAMPER
Cantons-de-l'Est	ESTRIE
Caoutchouc	FICUS
Cap au sud-est de l'Espagne	PALOS
Cap d'Espagne	NAO
Cap dans le Massachusetts	COD
Cap de Grande-Bretagne	RAZ
Cap du Portugal	ROCA
Capable	APTE • COMPÉTENT • HABILE
Capable de s'élever	VOLANT
Capable de se dresser	ÉRECTILE
Capable de tracter	TRACTEUR
Capacité	APTITUDE • CALIBRE • CONTENANCE FACULTÉ • HABILETÉ • TALENT
Capacité d'action	POTENTIEL
Capacité d'engendrer	VIRILITÉ
Cape	PÈLERINE
Cape de femme	MANTELET
Capital	CENTRAL • PRIMORDIAL
Capital de financement	FONDS
Capitale de l'Algérie	ALGER
Capitale de l'Arabie saoudite	RIAD
Capitale de l'Arménie	EREVAN • ERIVAN
Capitale de l'Australie-Méridionale	ADÉLAÏDE

Capitale de l'Autriche	VIENNE
Capitale de l'Équateur	QUITO
Capitale de l'Espagne	MADRID
Capitale de l'Iran	TÉHÉRAN
Capitale de l'Oregon	SALEM
Capitale de l'Ukraine	KIEV
Capitale de la Bulgarie	SOFIA
Capitale de la Corée du Sud	SÉOUL
Capitale de la dynastie shogunale des Tokugawa	EDO
Capitale de la Géorgie	ATLANTA
Capitale de la Grande-Bretagne	LONDRES
Capitale de la Jordanie	AMMAN
Capitale de la Lettonie	RIGA
Capitale de la Libye	TRIPOLI
Capitale de la Norvège	OSLO
Capitale de la République tchèque	PRAGUE
Capitale de la Saskatchewan	REGINA
Capitale de la Syrie	DAMAS
Capitale de la Tunisie	TUNIS
Capitale des Bahamas	NASSAU
Capitale des Samoa occidentales	APIA
Capitale du Brésil	BRASILIA
Capitale du Chili	SANTIAGO
Capitale du Colorado	DENVER
Capitale du Ghana	ACCRA
Capitale du Maroc	RABAT
Capitale du Massachusetts	BOSTON
Capitale du Mexique	MEXICO
Capitale du Montana	HELENA
Capitale du Pérou	LIMA
Capitale du Portugal	LISBONNE
Capitale du Sénégal	DAKAR
Capitale du Texas	AUSTIN
Capitale du Togo	LOMÉ
Capitale du Yémen	SANAA
Capitaliser	AMASSER
Capiteux	ENIVRANT
Capitonner	REMBOURRER
Capituler	RENONCER
Capon	COUARD

Caporal	CABOT
Capote	CONDOM
Capoter	BASCULER • CULBUTER
Caprice	CHINOISERIE • FANTAISIE
	FOUCADE • PASSADE • TOCADE
Caprice extravagant	LUBIE
Caprice, fantaisie	VERTIGO
Caprice, manie	TOQUADE
Capricieux	QUINTEUX • SAUTILLANT
Capsule	CACHET
Capsule de gélatine dure	GÉLULE
Capsule utilisée comme condiment	MACIS
Capter	CAPTIVER
Capteur	SENSEUR
Captieux	INSIDIEUX
Captif	PRISONNIER
Captiver	ENSORCELER • ENVOÛTER
	INTÉRESSER
Capture	BUTIN • PRISE
Capuchon percé	
à l'endroit des yeux	CAGOULE
Capucin	SAÏ • SAJOU
Caquet	BABIL
Caqueter	BAVARDER • JACASSER
Carabine d'origine anglaise	RIFLE
Caractère acide d'un corps	ACIDITÉ
Caractère aigu	ACUITÉ
Caractère d'une chose désuète	DÉSUÉTUDE
Caractère d'une odeur fétide	FÉTIDITÉ
Caractère de ce qui a	
de l'importance	GRAVITÉ
Caractère de ce qui a un but	FINALITÉ
Caractère de ce qui est anonyme	ANONYMAT
Caractère de ce qui est âpre	ÂPRETÉ
Caractère de ce qui est double	DUALITÉ
Caractère de ce qui est exotique	EXOTISME
Caractère de ce qui est fugace	FUGACITÉ
Caractère de ce qui est imminent	IMMINENCE
Caractère de ce qui est irréel	IRRÉALITÉ
Caractère de ce qui est mixte	MIXITÉ
Caractère de ce qui est net	NETTETÉ

Caractère de ce qui est nettement intelligible	CLARTÉ
Caractère de ce qui est rutilant	RUTILANCE
Caractère de ce qui est saint	SAINTETÉ
Caractère de ce qui est salubre	SALUBRITÉ
Caractère de ce qui est sapide	SAPIDITÉ
Caractère de ce qui est toxique	TOXICITÉ
Caractère de ce qui est unique	UNICITÉ
Caractère de ce qui s'écarte d'une norme	DÉVIANCE
Caractère de deux objets de pensée identiques	IDENTITÉ
Caractère de l'ancien alphabet	RUNE
Caractère de la personne qui lésine	LÉSINERIE
Caractère de la sensation auditive	TONIE
Caractère du béotien	BÉOTISME
Caractère encore vivant	PRÉSENCE
Caractère érotique	ÉROTISME
Caractère global	GLOBALITÉ
Caractère incliné vers la droite	ITALIQUE
Caractère maussade	MOROSITÉ
Caractère mixte	MIXITÉ
Caractère obscur	OPACITÉ
Caractère particulier	PROPRIÉTÉ
Caractère peu sérieux	PUÉRILITÉ
Caractère toxique	TOXICITÉ
Caractère unanime d'une action	UNANIMITÉ
Caractère viable de quelque chose	VIABILITÉ
Caractérisé par des sensations de froid	ALGIDE
Caractérisé par la pluie	PLUVIEUX
Caractériser	DISTINGUER
Carafe en verre épais	SIPHON
Carambolage	CHOC
Caramel coloré	ROUDOUDOU
Carapace	COQUILLE • CUIRASSE • ÉCAILLE
Caravane	CONVOI
Carbonate de plomb	CÉRUSE
Carbonate de sodium	SOUDE
Carbonate naturel de calcium	DOLOMITE
Carbonate naturel hydraté de sodium cristallisé	NATRON

Carboniser	CALCINER
Carburant d'aviation	KÉROSÈNE
Carbure d'hydrogène	BENZÈNE
Carcailler	MARGOTER
Carcasse	OS
Cardigan	VESTE
Carence	ABSENCE • DÉFAUT
	MANQUE • PÉNURIE
Caresse	CÂLIN
Caresse câline, parfois hypocrite	CHATTERIE
Caresse légère	ATTOUCHEMENT
Caresse, câlinerie doucereuse	CHATTERIE
Caresser	CAJOLER • CÂLINER • DORLOTER
	FLATTER • LÉCHER
	MIGNOTER • PELOTER
Cargaison	CHARGE
Cargaison d'un navire	FRET
Cargo	LINER • NAVIRE
Caribou	RENNE
Caricature	PARODIE
Caricaturer	CONTREFAIRE • PARODIER
Carié	GÂTÉ
Carillon	SONNETTE
Carillonner	SONNER
Carnage	BOUCHERIE • HÉCATOMBE • TUERIE
Carnaval célèbre	RIO
Carnet	AGENDA • BULLETIN
	CALEPIN • LIVRET
Carnet de notes	MANIFOLD
Carnivore aux pattes palmées	LOUTRE
Carotte sauvage	PANAIS
Carpette	TAPIS
Carré	SQUARE
Carreau	CASE
Carrefour	CROISÉE • FOURCHE
Carrelage	DALLAGE
Carreler	DALLER • PAVER
Carrelet	ABLERET
Carrière de sable	SABLIÈRE
Carrousel	MANÈGE
Carte	VALET

Carte à jouer	AS • JOKER • TAROT
Carte d'invitation	CARTON
Carte du ciel	HOROSCOPE
Carte forte faite de pâte de papier	CARTON
Cartes servant à la divination	TAROT
Cartouche de cigarettes	FARDE
Cas où un fait se produit	FOIS
Cas urgent	URGENCE
Casanier	SÉDENTAIRE
Casaque de guerre	SAYON
Casaque de guerre des Gaulois	SAYON
Caser	INSTALLER • METTRE PLACER • RANGER
Caserette	CASERET
Casque en métal	ARMET
Casquer	COIFFER
Cassable	CASSANT
Cassant	COUPANT • FRAGILE
Cassant, dur	TRANCHANT
Cassation	ABOLITION
Casse	EFFRACTION
Casse-cou	IMPRUDENT
Casse-pieds	GÊNEUR • IMPORTUN
Casser	BRISER • INVALIDER RÉVOQUER • ROMPRE
Casserole	POÊLON
Casserole allant au feu	POÊLON
Casserole pour faire sauter les aliments	SAUTEUSE
Cassier	SÉNÉ
Cassius Clay	ALI
Cassoulet	RAGOÛT
Cassure	BRISURE • FAILLE • FÊLURE FISSURE • RUPTURE
Castagne	BASTON
Caste	CLASSE
Castel	CHÂTEAU
Castor	BIÈVRE
Castrer	STÉRILISER
Casuarina	FILAO
Cataclysme	DÉLUGE • FLÉAU
Catalogue	RÉPERTOIRE

Catalogue explicatif	LIVRET
Cataloguer	CLASSER • RÉPERTORIER
Cataplasme	EMPLÂTRE
Catapulte	BALISTE
Catapulte servant à lancer des projectiles	ONAGRE
Catastrophe	CALAMITÉ • DÉSASTRE • DRAME
	FLÉAU • SINISTRE
Catcheur	LUTTEUR
Catégorie	CLASSE • ESPÈCE • GROUPE • ORDRE
Catégorie de personnes détestables	ENGEANCE
Catégorie, classe sociale	COUCHE
Catégoriel	SECTORIEL
Catégorique	FORMEL
Catégoriquement	CARRÉMENT
Cathéter	CANULE
Cauchemar	RÊVE
Causant	PARLANT
Causante	CAUSEUSE
Cause	MOTIF • SOURCE
Cause d'une action	MOTEUR
Causer	CONVERSER • DÉCLENCHER
	DISSERTER • JASER
	OCCASIONNER • PARLER
Causer de l'inquiétude	TARABUSTER
Causer de nouveau	RECAUSER
Causer la perte de la fortune de quelqu'un	RUINER
Causer un tort	NUIRE
Causer une enflure anormale	TUMÉFIER
Causer, discuter	DEVISER
Causerie	ALLOCUTION • CONFÉRENCE
	DISCOURS
Causette	CAUSERIE
Causeur	PARLEUR
Causticité	ACIDITÉ
Caustique	ACERBE • ACIDE
Caustique, stimulant	DÉCAPANT
Caution	AVAL • GAGE • GARANTIE
	RÉPONDANT • SÛRETÉ
Caution morale	PARRAIN
Cautionnement	CAUTION

Cautionner	GARANTIR • PARRAINER
Cautionner, soutenir	AVALISER
Cavalcade	COURSE
Cavaler	COURIR • PÉDALER
Cavalier allemand	REÎTRE
Cavalier d'un corps de cavalerie de l'armée russe	COSAQUE
Cavalier de l'armée hongroise	HUSSARD
Cavalier de l'armée russe	COSAQUE
Cavalier qui bat les timbales	TIMBALIER
Cavalière en jupe longue	AMAZONE
Cave	CELLIER • ENJEU
Caveau souterrain servant de sépulture	CRYPTE
Caverne	ANTRE
Caverneux	SÉPULCRAL
Cavité	TROU
Cavité de forme irrégulière à la surface d'un organe	CRYPTE
Cavité de l'organisme	POCHE
Cavité des rayons des nids d'abeilles	ALVÉOLE
Cavité intercellulaire des végétaux	MÉAT
Cavité intérieure d'une roche	GÉODE
Cavité irrégulière de certains os	SINUS
Cavité naturelle	GROTTE
Cavité naturelle creusée dans la roche	CAVERNE
Cavité osseuse	ORBITE
Cavité pathologique	KYSTE
Cavité située sous l'épaule	AISSELLE
Ce qu'il y a de plus distingué	ÉLITE
Ce qu'il y a de plus secret	TRÉFONDS
Ce qu'on implante dans le tissu cellulaire sous-cutané	IMPLANT
Ce qu'on prend aux ennemis	BUTIN
Ce que les bras peuvent contenir	BRASSÉE
Ce qui cause un grand plaisir	RÉGAL
Ce qui constitue l'essence d'un genre	ENTITÉ
Ce qui donne une impression de douceur	VELOURS
Ce qui entrave la liberté	CARCAN
Ce qui est doux au toucher	VELOURS
Ce qui est pensé, en phénoménologie	NOÈME

Ce qui fait qu'un être est lui-même et non un autre	IPSÉITE
Ce qui forme une bordure	FRANGE
Ce qui n'est pas dit	NON-DIT
Ce qui n'existe pas	NÉANT
Ce qui permet de recharger	RECHARGE
Ce qui ralentit	FREIN
Ce qui reste caché dans un discours	NON-DIT
Ce qui reste d'un fruit	TROGNON
Ce qui reste d'un saint	RELIQUE
Ce qui sert à habiller un bébé	LAYETTE
Ce qui sert d'excuse	ALIBI
Ce qui soutient	CHARPENTE
Ce qui véhicule, transmet	VECTEUR
Ceci	ÇA
Cécidie	GALLE
Cécité psychique	AGNOSIE
Cédé pour de l'argent	VENDU
Céder	ALIÉNER • PLIER
Céder, s'incliner	BASTER
Cégep	COLLÈGE
Ceindre	CEINTURER
Ceinture	ENCEINTE • POURTOUR
Ceinture de crin portée par pénitence	CILICE
Ceinture de cuir très solide	CEINTURON
Ceinture japonaise	OBI
Ceinture portée sur le kimono	OBI
Cela	ÇA
Célèbre	FAMEUX • ILLUSTRE • RÉPUTÉ
Célèbre vedette de cinéma	STAR
Célébrer	FÊTER • MAGNIFIER
Célébrer le culte	OFFICIER
Célébrité	GLOIRE • NOTORIÉTÉ POPULARITÉ • RENOM RENOMMÉE • SOMMITÉ
Celer	TAIRE
Célérité	RAPIDITÉ • VITESSE
Céleste	ANGÉLIQUE • ASTRAL • DIVIN
Celle qui crée	CRÉATRICE
Celle-ci	ICELLE
Cellier	CHAI

Cellule	COMITÉ • SECTION
Cellule créée par l'abeille	ALVÉOLE
Cellule du système nerveux	NEURONE
Cellule grillagée pour le stockage des épis de maïs	CRIB
Cellule obscure	CACHOT
Cellule reproductrice	GAMÈTE
Celui dont on est la marraine	FILLEUL
Celui qui a commis un viol	VIOLEUR
Celui qui annonce la venue de quelqu'un	HÉRAUT
Celui qui cherche à se marier	ÉPOUSEUR
Celui qui combat les taureaux	TORERO
Celui qui décèle, qui détecte	DÉTECTEUR
Celui qui enseigne aux enfants	PÉDANT
Celui qui fabrique des bottes	BOTTIER
Celui qui fait la cour à une femme	SOUPIRANT
Celui qui fraude	FRAUDEUR
Celui qui joue contre quelqu'un	JOUTEUR
Celui qui partait en croisade	CROISÉ
Celui qui pratique la boxe	BOXEUR
Celui qui pratique le tir à l'arc	ARCHER
Celui qui se distingue par ses exploits	HÉROS
Celui qui sonne le cor	SONNEUR
Celui qui sonne les cloches	SONNEUR
Celui qui tient le timon	TIMONIER
Celui qui travaille à la cire	CIRIER
Celui qui vend ou fabrique des armes	ARMURIER
Celui, celle qui a l'âge de l'adolescence	ADOLESCENT
Celui-ci	ICELUI
Cendre de charbon	FRAISIL
Cendres	POUSSIÈRE • RESTES
Cénotaphe	MAUSOLÉE
Censé	PRÉSUMÉ
Censure	BLÂME
Censurer	BLÂMER • EXPURGER
Cent environ	CENTAINE
Centaine	CENT
Centaurée à fleurs mauves	JACÉE
Centenaire	SÉCULAIRE • SIÈCLE

Centième partie de l'are	CENTIARE
Centième partie de plusieurs unités monétaires	CENT
Centimètre	CM
Central Intelligence Agency	CIA
Centrale des Syndicats Nationaux	CSN
Centralisation	ACCAPAREMENT • MONOPOLE
Centraliser	ACCAPARER • CONCENTRER
Centraliser, concentrer	CANALISER
Centre	COEUR • MILIEU
Centre d'Aide par le Travail	CAT
Centre de direction	CERVEAU
Centre Hospitalier Universitaire	CHU
Cépage à raisins noirs	MERLOT
Cépage blanc	RIESLING
Cépage blanc de la Gironde	SÉMILLON
Cépage blanc du Bas-Languedoc	PICARDAN
Cépage blanc du Bordelais	SÉMILLON
Cépage blanc du Midi	CLAIRETTE
Cépage cultivé notamment en Bourgogne	PINOT
Cépage de la Côte-d'Or	GAMAY
Cépage du Languedoc	ARAMON • PICPOUL
Cépage français réputé	PINOT
Cépage rouge	MERLOT
Cependant	MAIS • POURTANT • TOUTEFOIS
Céphalée	MIGRAINE
Céramique	FAÏENCE • POTERIE
Cérat	CIRE • ROSAT
Cercle	CLUB
Cercle de bois	CERCE
Cercle en bois servant à monter les tamis	CERCE
Cercle qui entoure le mamelon du sein	ARÉOLE
Cercueil	BIÈRE
Céréale	AVOINE • BLÉ • MIL ORGE • SARRASIN • SEIGLE
Céréale à épis	MAÏS
Céréale cultivée dans le Sahel	FONIO
Céréale germée	MALT

Céréale surtout cultivée en Asie	RIZ
Céréale des régions chaudes	RIZ
Cérémonial	LITURGIE • PROTOCOLE
Cérémonial somptueux	POMPE
Cérémonie	FÊTE • GALA • RITE
Cérémonieuse	SOLENNELLE
Cérémonieux	SOLENNEL
Cerf de Virginie	CHEVREUIL
Cerise à longue queue	GUIGNE
Cerise à queue courte	GRIOTTE
Cerise d'une variété acide	MARASQUE
Cerisier sauvage	MERISIER
Cérium	CE
Cerner	ASSIÉGER • CIRCONSCRIRE
Certain	AVÉRÉ • CONVAINCU • ÉVIDENT FORMEL • POSITIF • RÉEL • SÛR • VRAI
Certaine	POSITIVE
Certainement	CERTES • SÛREMENT
Certes	OUI
Certificat	ACTE
Certifié	ATTESTÉ • AUTHENTIQUE
Certifier	AFFIRMER • ASSURER • ATTESTER CONFIRMER • GARANTIR
Certifier conforme à l'original	VIDIMER
Certitude	ASSURANCE • CONVICTION ÉVIDENCE • VÉRITÉ
Cervoise	BIÈRE
Cessation de toute activité	INACTION
Cessation du travail	GRÈVE
Cessation du travail ordinaire	VACANCES
Cesser	SUSPENDRE
Cesser d'allaiter	SEVRER
Cesser d'être soûl	DESSOÛLER
Cesser de couler	TARIR
Cesser le travail	CHÔMER
Cession	ABANDON • CAPITULATION DONATION
Cétacé de l'Atlantique nord	ÉPAULARD
Cétacé de très grande taille	BALEINE
Cétacé proche du narval	BÉLOUGA
Cétone à odeur de violette	IONONE

Cétone de la racine d'iris	IRONE
Ceux-ci	ICEUX
Ch.-l. d'arr. d'Eure-et-Loir	DREUX
Ch.-l. d'arr. d'Ille-et-Vilaine	REDON
Ch.-l. d'arr. de l'Ain	GEX
Ch.-l. d'arr. de l'Hérault	LODÈVE
Ch.-l. d'arr. de la Corrèze	USSEL
Ch.-l. d'arr. de la Drôme	DIE • NYONS
Ch.-l. d'arr. de la Haute-Corse	CALVI
Ch.-l. d'arr. de la Haute-Garonne	MURET
Ch.-l. d'arr. de la Haute-Loire	BRIOUDE
Ch.-l. d'arr. de la Loire	ROANNE
Ch.-l. d'arr. de la Marne	REIMS
Ch.-l. d'arr. de la Meuse	VERDUN
Ch.-l. d'arr. de la Sarthe	MAMERS
Ch.-l. d'arr. de la Seine-Maritime	DIEPPE
Ch.-l. d'arr. de Lot-et-Garonne	NÉRAC
Ch.-l. d'arr. de Maine-et-Loire	SAUMUR • SEGRÉ
Ch.-l. d'arr. de Meurthe-et-Moselle	BRIEY • TOUL
Ch.-l. d'arr. de Saône-et-Loire	AUTUN
Ch.-l. d'arr. de Seine-et-Marne	MEAUX
Ch.-l. d'arr. des Ardennes	RETHEL • SEDAN
Ch.-l. d'arr. des Bouches-du-Rhône	ARLES
Ch.-l. d'arr. des Côtes-d'Armor	DINAN
Ch.-l. d'arr. des Landes	DAX
Ch.-l. d'arr. des Pyrénées-Orientales	CÉRET
Ch.-l. d'arr. du Calvados	VIRE
Ch.-l. d'arr. du Finistère	BREST
Ch.-l. d'arr. du Gard	ALÈS
Ch.-l. d'arr. du Jura	DOLE
Ch.-l. d'arr. du Nord, sur la Scarpe	DOUAI
Ch.-l. d'arr. du Pas-de-Calais	CALAIS
Ch.-l. d'arr. du Puy-de-Dôme	ISSOIRE • RIOM
Ch.-l. d'arr. du Tarn	CASTRES
Ch.-l. de c. d'Eure-et-Loir	ANET • AUNEAU • BROU LUCE • VOVES
Ch.-l. de c. d'Ille-et-Vilaine	BRUZ • VITRÉ
Ch.-l. de c. d'Indre-et-Loire	BLÉRÉ
Ch.-l. de c. de l'Ain	LAGNIEU • VIRIAT
Ch.-l. de c. de l'Aisne	BRAINE • CRAONNE • MARLE
Ch.-l. de c. de l'Allier	CUSSET

Ch.-l. de c. de l'Ardèche	VANS
Ch.-l. de c. de l'Aveyron	AUBIN
Ch.-l. de c. de l'Essonne	ORSAY • YERRES
Ch.-l. de c. de l'Eure	BRIONNE • GISORS • VERNON
Ch.-l. de c. de l'Hérault	AGDE • ANIANE • LUNEL • SÈTE
Ch.-l. de c. de l'Indre	VATAN
Ch.-l. de c. de l'Isère	DOMÈNE • MENS • TOUVET
	TULLINS • VINAY • VOIRON
Ch.-l. de c. de l'Oise	AUNEUIL • CREIL • MÉRU • NOYON
Ch.-l. de c. de l'Orne	BRIOUZE • FLERS • GACE
	MESSEI • SÉES • TRUN
Ch.-l. de c. de l'ouest du Rhône	TARARE
Ch.-l. de c. de l'Yonne	TOUCY
Ch.-l. de c. de la Charente	MANSLE
Ch.-l. de c. de la Charente-Maritime	BURIE • MATHA • PONS
	ROYAN • SAUJON
Ch.-l. de c. de la Corrèze	NAVES
Ch.-l. de c. de la Corse-du-Sud	FIGARI • OLMETO • PIANA
Ch.-l. de c. de la Côte-d'Or	SEURRE
Ch.-l. de c. de la Dordogne	BUGUE • THENON • VÉLINES • VERGT
Ch.-l. de c. de la Gironde	BOURG • BRÈDE • CRÉON
Ch.-l. de c. de la Haute-Corse	BORGO • BRANDO • VENACO
Ch.-l. de c. de la Haute-Garonne	ASPET • LANTA • REVEL • RIEUX
Ch.-l. de c. de la Haute-Loire	AUZON • LANGEAC • TENCE
Ch.-l. de c. de la Haute-Saône	PESMES
Ch.-l. de c. de la Haute-Savoie	BOËGE • SAMOENS • THÔNES
Ch.-l. de c. de la Haute-Vienne	CHALUS • NIEUL
Ch.-l. de c. de la Loire	BOËN • FEURS
Ch.-l. de c. de la Loire-Atlantique	BLAIN • LEGÉ • REZÉ • RIAILLE
	ROUGE • VERTOU
Ch.-l. de c. de la Manche	PERCY • PÉRIERS
Ch.-l. de c. de la Marne	AY • VERTUS
Ch.-l. de c. de la Mayenne	BAIS • CRAON • ERNÉE
	ÉVRON • LOIRON
Ch.-l. de c. de la Meuse	ÉTAIN
Ch.-l. de c. de la Moselle	DIEUZE • VERNY
Ch.-l. de c. de la Sarthe	MAYET • TUFFE
Ch.-l. de c. de la Savoie	UGINE
Ch.-l. de c. de la Seine-Maritime	BOOS • CLÈRES • ELBEUF • TÔTES
Ch.-l. de c. de la Somme	AULT • BOVES • HAM
	NESLE • ROYE • RUE

Ch.-l. de c. de la Vendée	LUÇON
Ch.-l. de c. de la Vienne	COUHÉ
Ch.-l. de c. de Loir-et-Cher	DROUÉ • MER • MORÉE • VINEUIL
Ch.-l. de c. de Maine-et-Loire	CANDÉ • TIERCÉ
Ch.-l. de c. de Saône-et-Loire	CLUNY • ÉPINAC
Ch.-l. de c. de Seine-et-Marne	NANGIS • REBAIS • TORCY
Ch.-l. de c. de Seine-Maritime	AUMALE
Ch.-l. de c. de Tarn-et-Garonne	LAVIT
Ch.-l. de c. de Vaucluse	SAULT
Ch.-l. de c. des Alpes-de-Haute-Provence	ALLOS • ANNOT • RIEZ • SEYNE
Ch.-l. de c. des Alpes-Maritimes	CANNES • CARROS • LEVENS MENTON • TENDE • VENCE
Ch.-l. de c. des Ardennes	FLIZE • GIVET • REVIN
Ch.-l. de c. des Bouches-du-Rhône	ORGON • TRETS
Ch.-l. de c. des Côtes-d'Armor	ÉVRAN
Ch.-l. de c. des Deux-Sèvres	MELLE
Ch.-l. de c. des Hautes-Pyrénées	ARREAU • OSSUN
Ch.-l. de c. des Hauts-de-Seine	VANVES
Ch.-l. de c. des Landes	AMOU • TARTAS
Ch.-l. de c. des Pyrénées-Atlantiques	ANGLET • LAGOR
Ch.-l. de c. des Pyrénées-Orientales	THUIR • VINÇA
Ch.-l. de c. des Vosges	VITTEL
Ch.-l. de c. des Yvelines	MEULAN
Ch.-l. de c. du Bas-Rhin	BARR • ERSTEIN • SAALES SELTZ • VILLÉ
Ch.-l. de c. du Calvados	ORBEC • VASSY
Ch.-l. de c. du Cantal	CONDAT • MAURS • MURAT • SALERS
Ch.-l. de c. du centre de la Creuse	AHUN
Ch.-l. de c. du Cher	LÉRÉ • LEVET
Ch.-l. de c. du Doubs	LEVIER • ORNANS
Ch.-l. de c. du Finistère	BRIEC • FAOU • TAULÉ
Ch.-l. de c. du Gard	SAUVE • UZÈS
Ch.-l. de c. du Loiret	INGRÉ • OLIVET
Ch.-l. de c. du Loiret, sur la Loire	GIEN
Ch.-l. de c. du Morbihan	AURAY • BELZ • ELVEN • GOURIN
Ch.-l. de c. du Nord	DENAIN • TRÉLON
Ch.-l. de c. du Nord, banlieue de Lille	LOMME
Ch.-l. de c. du Pas-de-Calais	AVION • CARVIN • DIVION FRUGES • LIÉVIN • SAMER • VIMY
Ch.-l. de c. du Puy-de-Dôme	ROYAT • TAUVES

Ch.-l. de c. du Rhône	ANSE
Ch.-l. de c. du Tarn	BRASSAC • LACAUNE
Ch.-l. de c. du Territoire de Belfort	DELLE
Ch.-l. de c. du Val-d'Oise	OSNY
Ch.-l. de c. du Val-de-Marne	ORLY
Ch.-l. de c. du Var	AUPS • CALLAS • CUERS
	FRÉJUS • RIANS
Ch.-l. de cant. de Haute-Garonne	REVEL
Ch.-l. de la Drenthe	ASSEN
Ch.-l. de la Drôme	CREST
Ch.-l. de la Région Basse-Normandie	CAEN
Ch.-l. de la Région Bourgogne	DIJON
Ch.-l. de la Région Lorraine	METZ
Ch.-l. de la Région Nord-Pas-de-Calais	LILLE
Ch.-l. de la Région Rhône-Alpes	LYON
Ch.-l. des Pyrénées-Atlantiques	PAU
Ch.-l. du dép. de l'Ariège	FOIX
Ch.-l. du dép. de la Corrèze	TULLE
Ch.-l. du dép. de la Drôme	VALENCE
Ch.-l. du dép. de la Haute-Corse	BASTIA
Ch.-l. du dép. de la Haute-Saône	VESOUL
Ch.-l. du dép. de la Lozère	MENDE
Ch.-l. du dép. de Loir-et-Cher	BLOIS
Ch.-l. du dép. de Lot-et-Garonne	AGEN
Ch.-l. du dép. de Saône-et-Loire	MÂCON
Ch.-l. du dép. des Alpes-Maritimes	NICE
Ch.-l. du dép. des Deux-Sèvres	NIORT
Ch.-l. du dép. des Hautes-Alpes	GAP
Ch.-l. du dép. des Hautes-Pyrénées	TARBES
Ch.-l. du dép. des Vosges	ÉPINAL
Ch.-l. du dép. du Gers	AUCH
Ch.-l. du dép. du Morbihan	VANNES
Ch.-l. du dép. du Pas-de-Calais	ARRAS
Ch.-l. du dép. du Tarn	ALBI
Chacun des chapitres du Coran	SOURATE
Chacun des deux points de la sphère céleste	PÔLE
Chacun des os composant la colonne vertébrale	VERTÈBRE
Chacune des douze divisions de l'année	MOIS

Chacune des nymphes de la mer	OCÉANIDE
Chacune des parties d'un tout divisé	DIVISION
Chacune des parties de la corolle d'une fleur	PÉTALE
Chacune des pièces du calice de la fleur	SÉPALE
Chagrin	AMERTUME • SOUCIEUX
Chagrin profond	DÉSESPOIR
Chagrine	SOUCIEUSE
Chagriner	ATTRISTER • DÉPITER • PEINER
Chahut	SABBAT • TUMULTE • VACARME
Chaîne	AMARRE • COLLIER
Chaîne d'arpenteur de dix mètres de longueur	DÉCAMÈTRE
Chaîne de montagnes	SIERRA
Chaîne de montagnes de France	JURA
Chaîne de montagnes de Russie	OURAL
Chaîne des Alpes françaises du Sud	LURE
Chaîne servant à touer	TOUÉE
Chaînes	FERS
Chaînon	CHAÎNE • MAILLON
Chair comestible de gros gibier	VENAISON
Chair de grand gibier	VENAISON
Chair des animaux qui sert à la nourriture	VIANDE
Chair des mammifères	VIANDE
Chair des oiseaux de basse-cour	VOLAILLE
Chair du porc sauvage	SANGLIER
Chaise	SIÈGE
Chaise à bascule	BERÇANTE
Chaise longue pliante en toile	TRANSAT
Chaland à fond plat	ACCON • ACON
Chaland ponté	PONTON
Chaleur	CHAUD • CORDIALITÉ
Chaleureux	AMICAL • CORDIAL
Challenge	DÉFI
Chaloupe	CANOT
Chalumeau	PIPE • PIPEAU
Chamaillerie	BISBILLE
Chamarré	BIGARRÉ
Chamarrer	DORER
Chambarder	DÉRANGER

Chambre	PARLEMENT • PIAULE • PIÈCE
	TAULE • TURNE
Chambre chauffée	POÊLE
Chambre frigorifique	FRIGO
Chambrette	CELLULE
Chamois des Pyrénées	ISARD
Champ d'action	HORIZON • SPHÈRE
Champ de glace éternelle	GLACIER
Champ de lin	LINIÈRE
Champ où poussent les fougères	FOUGERAIE
Champ planté de rosiers	ROSERAIE
Champ, sol cultivé	GLÈBE
Champagne	VINTAGE
Champêtre	AGRESTE • PASTORAL
Champêtre, rustique	AGRESTE
Champignon	BOLET • CÈPE • FONGUS
	ORONGE • PLEUROTE
Champignon à lames	AMANITE • COPRIN
Champignon à lames, à pied coriace	SOUCHETTE
Champignon charnu	BOLET
Champignon comestible	AGARIC • GIROLLE • HELVELLE
	MORILLE • PLEUROTE
Champignon comestible à chapeau épais	FISTULINE
Champignon des bois	HELVELLE
Champignon des bois, à lames roses	ENTOLOME
Champignon jaune	COPRIN
Champignon jaune-orangé	GIROLLE
Champignon microscopique	LEVURE
Champignon siphomycète	MUCOR
Champignon souterrain comestible	TRUFFE
Champignon très commun dans les forêts	AMANITE
Champs	CAMPAGNE
Chançard	VEINARD
Chance	ATOUT • AUBAINE • BARAKA
	FORTUNE • VEINE
Chancelant	BOITEUX • BRANLANT
	HÉSITANT • VACILLANT
Chancelante	BOITEUSE
Chanceler	FLAGEOLER • TITUBER • VACILLER

Chanceuse	HEUREUSE
Chanceux	HEUREUX • VEINARD
Chandail	TRICOT
Chandelier garni de pointes	HERSE
Chandelier sans pied	BOUGEOIR
Chandelle	BOUGIE • CIERGE
Changeant	INCONSTANT • INÉGAL • MOBILE
	MOUVANT • VARIABLE • VERSATILE
Changeante	CAPRICIEUSE
Changement	CONVERSION • ÉVASION
	MUE • VARIÉTÉ
Changement d'opinion	PALINODIE
Changement de pâturage	REMUE
Changement en mieux	AMÉLIORATION
Changement profond	RÉFORME
Changer	ALTERNER • AMENDER
	DÉCALER • ÉVOLUER • INNOVER
	MODIFIER • VARIER
Changer d'avis (Se)	RAVISER
Changer de direction	BIFURQUER
Changer de peau	MUER
Changer de place réciproquement	PERMUTER
Changer de plumage	MUER
Changer de ton	DÉCHANTER
Changer en pierre	PÉTRIFIER
Changer l'affectation	DÉSAFFECTER
Changer l'itinéraire	DÉTOURNER
Chanson	BALLADE • MÉLODIE
Chanson populaire	GOUALANTE • LIED
Chanson populaire du Portugal	FADO
Chant	CHANSON • HYMNE
Chant d'action de grâces	CANTIQUE
Chant d'allégresse	ALLÉLUIA
Chant d'église	MOTET
Chant d'église à plusieurs voix	MOTET
Chant d'entrée de la messe	INTROÏT
Chant de joie	ALLÉLUIA
Chant des oiseaux dans les arbres	RAMAGE
Chant exécuté avant la messe	INTROÏT
Chant funèbre	NÉNIES
Chant liturgique	PSAUME

Chant monotone, mélancolique	CANTILÈNE
Chant populaire espagnol	JOTA
Chant portugais	FADO
Chant religieux	CANTIQUE • CREDO
Chant religieux des Noirs d'Amérique du Nord	GOSPEL
Chantage	MENACE
Chanter à la manière des Tyroliens	IODLER • IOULER • JODLER
Chanter à mi-voix	FREDONNER
Chanter de façon assourdissante	BRAILLER
Chanter de nouveau	RECHANTER
Chanter en nommant les notes	SOLFIER
Chanterelle	APPEAU
Chanteur belge prénommé Jacques	BREL
Chanteur de charme français mort en 1983	ROSSI
Chanteur français mort en 1993	FERRÉ
Chanteur français né en 1913	TRENET
Chanteur italo-belge	ADAMO
Chanteur que l'on émasculait dès l'enfance	CASTRAT
Chanteur qui exécute une partie de solo	SOLISTE
Chanteuse d'opérette	DIVETTE
Chanteuse de café-concert	DIVETTE
Chanteuse française morte en 1963	PIAF
Chanteuse japonaise	GEISHA
Chantonner	CHANTER • FREDONNER
Chanvre indien	HASCHISCH • MARIHUANA
Chaos	ANARCHIE • DÉSORDRE
Chaparder	MARAUDER
Chapeau	BITOS • GALURIN • MELON
Chapeau à larges bords	PÉTASE • SOMBRERO
Chapeau claque	GIBUS
Chapeau en toile	BOB
Chapeau haut de forme	GIBUS
Chapeau haut de forme, évasé et à larges bords	BOLIVAR
Chapeau imperméable	SUROÎT
Chapeau mexicain à larges bords	SOMBRERO
Chapeau souple	PANAMA

Chapeauter	COIFFER
Chapelet composé de quinze dizaines	ROSAIRE
Chapelet d'oignons	GLANE
Chapelle	ORATOIRE
Chapelle souterraine	CRYPTE
Chapelure	PANURE
Chapiteau en forme de cloche renversée	CAMPANE
Chapitre du Coran	SOURATE
Chapitrer	SERMONNER
Chapon	COQ • POULET
Chaque foliole du calice d'une fleur	SÉPALE
Char d'assaut	TANK
Char de l'armée allemande	PANZER
Charabia	JARGON
Charançon dont la larve attaque certaines légumineuses	APION
Charbon	HOUILLE
Charbon à demi consumé	FLAMBARD
Charbon friable	FUSAIN
Charbonnier	CARGO
Charcuter	DÉCOUPER
Charcuterie	RILLETTES
Charcuterie à base de boyaux de porc	ANDOUILLE
Charcuterie à base de viandes blanches désossées	GALANTINE
Charcuterie cuite cylindrique	ROULADE
Charcuterie italienne	COPPA
Charge	ASSAUT • ATTAQUE • MISSION OFFICE • POIDS
Chargé	PRÉPOSÉ • REMPLI
Charge d'explosifs	PÉTARD
Charge de poudre à canon	GARGOUSSE
Chargé légèrement d'eau	HUMIDE
Charge qui grève un bien immobilier	SERVITUDE
Charge très pesante	FAIX
Charge, fardeau	FAIX
Chargement	CONTENU
Chargement comprimé d'un navire	ESTIVE
Chargement encombrant	BARDA

Charger	ALOURDIR • FONCER • REMPLIR
Charger de dettes	ENDETTER
Charger en remplissant	LESTER
Charger un navire	LESTER
Chargeuse	LOADER
Chariot	BENNE • CHAR
Chariot bas	CAMION
Charitable	HOSPITALIER
Charité	AUMÔNE • BIENFAISANCE
Charmant	ADORABLE • AGRÉABLE • BEAU
	BEL • COQUET • DIVIN
	GRACIEUX • JOLI • MIGNON
Charmante	MIGNONNE • GRACIEUSE
Charme	AGRÉMENT • ATTRAIT
	DÉLICE • GRÂCE
Charme sophistiqué	GLAMOUR
Charmer	CAPTIVER • DÉLECTER • ENCHANTER
	FASCINER • PLAIRE • SÉDUIRE
Charmes physiques d'une femme	APPAS
Charmeur	SÉDUCTEUR
Charnel	SENSUEL
Charnelle	MATÉRIELLE
Charnière	AXE
Charpente	ARMATURE • BÂTI • CARCASSE
	OSSATURE • STRUCTURE
Charpente qui supporte un navire en construction	BER
Charpentier	MENUISIER
Charrette	CARRIOLE
Charrette campagnarde	CARRIOLE
Charrier	EMPORTER • PLAISANTER
Charroyer	CHARRIER
Charrue à trois socs	TRISOC
Charrue simple sans avant-train	ARAIRE
Charrue vigneronne	FOSSOIR
Charte	CHARTRE
Chartériser	NOLISER
Chartre	CHARTE
Chas	OEIL
Chas (pl.)	OEILS
Chasse	BATTUE

Chasser	BANNIR • CANARDER • DISSIPER ÉLOIGNER • ÉVINCER • EXCLURE EXPULSER • REMERCIER
Chasser ou pêcher sans respecter la loi	BRACONNER
Chasser sans permis en temps ou en lieux interdits	BRACONNER
Chasseur	GROOM
Chasseur professionnel	TRAPPEUR
Chassieux	MITEUX
Châssis	BÂTI
Châssis courbé en arc	ARCHET
Châssis fixe	CADRE
Châssis vitré	CROISÉE • FENÊTRE
Chasteté	CONTINENCE • VIRGINITÉ
Chat	MATOU • MIMI • MINET MINOU • SIAMOIS
Chat domestique qui est retourné à l'état sauvage	HARET
Chat mâle	MATOU
Châtaigne	MARRON
Châtain	BRUN
Château	PALAIS
Châtelain	SEIGNEUR
Châtié, précieux	CHOISI
Châtier	PUNIR • RÉPRIMER
Châtiment	DAMNATION • PÉNITENCE PUNITION • RÉPRESSION • TALION
Châtiment corporel	CORRECTION
Chaton de certaines fleurs	IULE
Chatouillement	PAPOUILLE
Chatouiller	TITILLER
Chatouilleux	IRRITABLE
Chatoyant	BRILLANT • DIAPRÉ • MOIRÉ
Chatoyer	MIROITER
Châtrer	STÉRILISER
Chauffeur de camions sur longue distance	ROUTIER
Chaume qui reste sur place après la moisson	ÉTEULE
Chaussée	ROUTE

Chaussée formée de pieux et de cailloux	DUIT
Chausson aux fruits	GOSETTE
Chausson de pâte feuilletée	RISSOLE
Chaussure	BOTTE • BOTTINE GODASSE • GROLE • GROLLE SOULIER • TATANE
Chaussure d'intérieur	MULE
Chaussure de cuir	GALOCHE
Chaussure de plage	TONG
Chaussure de sport	BASKET
Chaussure de sport en toile à semelles de caoutchouc	BASKET
Chaussure légère	SANDALE
Chaussure militaire à tige courte	GODILLOT
Chaussure paysanne	SABOT
Chaussure très fine	ESCARPIN
Chaussures de sport à semelles de caoutchouc	TENNIS
Chauve-souris d'Amérique du Sud	VAMPIRE
Chavirer	BASCULER • CAPOTER • DESSALER RENVERSER • RÉVULSER • SOMBRER
Che	GUEVARA
Chef	LEADER • MAÎTRE • MENEUR PATRON • ROI
Chef apache mort en 1908	GERONIMO
Chef au-dessus du caïd	AGA • AGHA
Chef d'État dans certains États arabes	RAÏS
Chef d'orchestre	MAESTRO
Chef d'orchestre et compositeur français	AMY
Chef d'un diocèse	ÉVÊQUE
Chef d'une bande de mauvais garçons	CAÏD
Chef d'une mafia	PARRAIN
Chef de bande	CAÏD
Chef de bataillon	MAJOR
Chef de famille	PÈRE
Chef de l'Église catholique romaine	PAPE
Chef de l'État	PRÉSIDENT
Chef de prière dans une mosquée	IMAM
Chef de tribu chez les Arabes	CHEIK

Chef des armées américaines	LEE
Chef élu des anciennes républiques de Venise	DOGE
Chef éthiopien	RAS
Chef religieux musulman	IMAM
Chemin	AVENUE • ROUTE • TRAJET • VOIE
Chemin court en pente rapide	GRIMPETTE
Chemin creux dans une forêt	CAVÉE
Chemin de fer	MÉTRO • RAIL
Chemin de fer à rails plats	TRAMWAY
Chemin étroit	SENTIER
Chemin plus court	RACCOURCI
Chemin réservé aux cyclistes	PISTE
Chemin tout tracé	ORNIÈRE
Cheminée	ÂTRE
Chemise de nourrisson	BRASSIÈRE
Chemise de nuit très courte	NUISETTE
Chemise de sport en tricot	POLO
Chemise, dossier	FARDE
Chemisier de femme	BLOUSE
Chenal	CANAL
Chenal de communication	GRAU
Chenapan	BRIGAND • POLISSON SACRIPANT • VOYOU
Chêne à feuilles oblongues	VÉLANI
Chêne vert	YEUSE
Chéquier	CARNET
Cher	COÛTEUX • ONÉREUX
Chercher	QUÉRIR
Chercher à éviter	FUIR
Chercher en tâtant	TÂTONNER
Chercher la petite bête	PINAILLER
Chercher sa nourriture	PICORER
Chercheur	SAVANT
Chère	ONÉREUSE
Chéri	CHER
Chérir	AIMER
Chétif	ÉTIOLÉ • FAIBLE MALADIF • RABOUGRI
Cheval	BOURRIN • DADA • ÉTALON MONTURE • PONEY • TROTTEUR

Cheval assez trapu	COB
Cheval ayant des aptitudes pour le galop	GALOPEUR
Cheval d'Afrique du Nord	BARBE
Cheval de course aux nombreuses victoires	CRACK
Cheval de course médiocre	TOCARD
Cheval de petite taille	GENET • PONEY
Cheval demi-sang	COB
Cheval demi-sang utilisé pour la selle	COB
Cheval dressé pour le trot	TROTTEUR
Cheval qui trotte avec vivacité	STEPPER
Cheval retourné à l'état sauvage	TARPAN
Cheval-vapeur	CH
Chevalet	TRÉTEAU
Chevaucher	EMPIÉTER
Chevelure abondante	CRINIÈRE
Cheveu	TIF
Cheville à tête plate	ESSE
Cheville de bois conique	ÉPITE
Cheville de golf	TEE
Cheville qui sert à assujettir les tire-fond	TRENAIL
Cheville qui traverse une pièce de bois	ENTURE
Chevreau	BICOT • CABRI
Chevreuil mâle	BROCARD
Chevronné	ÉMÉRITE • EXPERT
Chevroter	BÊLER
Chez-soi	APPARTEMENT • DOMICILE LOGEMENT • PÉNATES
Chic	ÉLÉGANCE • SÉLECT
Chic, élégant	HABILLÉ
Chicane	DISSENSION
Chicaner	ERGOTER
Chiche	ÉCONOME
Chicot	DENT
Chien	CABOT • CHIOT • CLÉBARD CLEBS • DOBERMAN • ÉPAGNEUL SETTER • TOUTOU
Chien à oreilles pendantes	ÉPAGNEUL
Chien à poil ras	BOXER
Chien à poil ras de très grande taille	DANOIS

Chien à robe blanche tachetée de noir ou de brun	DALMATIEN
Chien au poil rude	GRIFFON
Chien barbet à poil frisé	CANICHE
Chien célèbre au cinéma	RINTINTIN
Chien courant	BASSET
Chien courant d'origine anglaise	BEAGLE
Chien d'agrément très répandu	CANICHE
Chien d'arrêt anglais	POINTER • SETTER
Chien de berger	MOLOSSE
Chien de berger de France	LABRIT
Chien de berger écossais	COLLEY
Chien de berger écossais ou anglais	BOBTAIL
Chien de berger, de taille moyenne	BOBTAIL
Chien de chasse	BASSET • LABRADOR • SPRINGER
Chien de compagnie	PÉKINOIS
Chien de garde	BOXER • DOBERMAN • DOGUE
Chien dont le poil blanc est tacheté de noir ou de brun	DALMATIEN
Chien du berger de la Provence	LABRI
Chien qui chasse les rats	RATIER
Chien sauvage d'Asie	CYON
Chien sauvage d'Australie	DINGO
Chien terrier	FOX
Chien terrier à poil dur	AIREDALE
Chiffon	LAMBEAU
Chiffon utilisé dans la fabrication du papier	PEILLE
Chiffon, torchon	PATTE
Chiffonner	FROISSER • PLISSER
Chiffonnier	BIFFIN • FRIPIER
Chiffre	DIGIT • MONTANT • NOMBRE NUMÉRO • SOMME
Chiffrer	CALCULER • COMPTER ÉVALUER • NUMÉROTER
Chiffres romains	DI
Chimère	ILLUSION • RÊVERIE • UTOPIE
Chimiste allemand né en 1902	ALDER
Chimiste américain mort en 1981	UREY
Chimiste autrichien	AUER

Chimiste et médecin français mort en 1645	REY
Chip	PUCE
Chiper	CHAPARDER
Chipie	GARCE • MÉGÈRE • PIMBÊCHE
Chipoter	GRIGNOTER
Chiqué	COMÉDIE
Chiromancien	DISEUR
Chiromancienne	DISEUSE
Chirurgien français mort en 1898	PÉAN
Chirurgien français né en 1800	RICORD
Chlore	CL
Chlorure naturel de sodium	HALITE
Choc	COLLISION • COUP HEURT • PERCUSSION
Choc d'un corps contre un autre	PERCUSSION
Choc grave	COMMOTION
Choeur	CHORALE
Choir	TOMBER
Choisi par Dieu	ÉLU
Choisir	ADOPTER • ÉLIRE • OPTER PRÉFÉRER • SÉLECTIONNER • TRIER
Choisir de nouveau	RÉÉLIRE
Choix	ASSORTIMENT • CONVENANCE ÉLECTION • OPTION • PRÉFÉRENCE SÉLECTION • TRIAGE
Choix entre diverses perspectives	CARREFOUR
Choléra	PESTE
Chômé	FÉRIÉ
Chope	GOBELET • POT
Choquant	CRU
Choquant, révoltant	CRIANT
Choquer	HEURTER • RÉVOLTER • SCANDALISER
Chorale	CHOEUR
Chose	MACHIN • OBJET
Chose agréable	MIEL
Chose curieuse	CURIOSITÉ
Chose difficile à comprendre	ALGÈBRE
Chose établie, fondée	INSTITUT
Chose hideuse	HIDEUR
Chose imposée	DIKTAT

Chose insignifiante	VÉTILLE
Chose nouvelle	NOVATION • PRIMEUR
Chose que l'on répète, que l'on ressasse	ANTIENNE
Chose qui occupe le deuxième rang	DEUXIÈME
Chose qui passe très rapidement	MÉTÉORE
Chose répétée inutilement	REDITE
Chose sans importance	BABIOLE • RIEN
Chose sans intérêt	FOUTAISE
Chose tortillée	TORTILLON
Chosifier	RÉIFIER
Chou pommé à feuilles lisses	CABUS
Chouchou	CHÉRI • FAVORI • PRÉFÉRÉ
Chouchouter	DORLOTER
Chouette au plumage clair	EFFRAIE
Chouette blanche	HARFANG
Choyer	ADULER • CAJOLER
	MATERNER • SOIGNER
Chrétien d'Égypte	COPTE
Chrétien d'Éthiopie	COPTE
Chrétien fidèle à un pasteur	BREBIS
Chrome	CR
Chronique	MÉMOIRES • RUBRIQUE
Chroniques	ANNALES
Chuchotement	MURMURE
Chuchoter	SUSURRER
Chute d'eau	CASCADE
Chute d'un grand cours d'eau	CATARACTE
Chute d'un organe	PTOSE
Chute d'une personne	GADIN
Chute de quelqu'un qui tombe en avant	PLONGEON
Chute des cheveux	PELADE
Chute des fleurs	COULURE
Chute violente	CULBUTE
Chuter	TOMBER
Ci-après	INFRA
Cible	BUT • MIRE
Cible pour le tir d'entraînement	CARTON
Ciboule	CIVE
Ciboulette	CIVETTE
Cicatrice	HILE

Cicatrice au milieu du ventre	NOMBRIL
Cicatrice d'une plaie	COUTURE
Cicérone	GUIDE
Ciel	AZUR • FIRMAMENT • PARADIS
Ciel de lit	DAIS
Ciel de lit en forme demi-circulaire	BALDAQUIN
Cierge	BOUGIE
Cigare réputé	HAVANE
Cigarette	CLOPE
Cigarette de haschisch	JOINT
Cigarillo	NINAS
Cime	FAÎTE
Cime d'un arbre rompue	VOLIS
Cime d'une montagne	SOMMET
Ciment artificiel très résistant	PORTLAND
Cimenter	SCELLER
Cinéaste américain	PENN
Cinéaste américain mort en 1982	VIDOR
Cinéaste américain mort en 1991	CAPRA
Cinéaste américain né en 1911	DASSIN • RAY
Cinéaste autrichien mort en 1976	LANG
Cinéaste britannique	REED
Cinéaste britannique né en 1908	LEAN
Cinéaste canadien né au Québec en 1929	CARLE
Cinéaste espagnol né en 1932	SAURA
Cinéaste et acteur américain	ALLEN
Cinéaste et producteur américain mort en 1966	DISNEY
Cinéaste français	PAGNOL
Cinéaste français mort en 1995	MALLE
Cinéaste français né en 1907	TATI
Cinéaste français né en 1924	SAUTET
Cinéaste français prénommé Abel	GANCE
Cinéaste française née en 1928	VARDA
Cinéaste italien mort en 1989	LEONE
Cinéaste italien né en 1916	RISI
Cinéaste italien né en 1922	ROSI
Cinéaste italien né en 1931	OLMI • SCOLA
Cinéaste italien prénommé Sergio	LEONE
Cinéma	CINÉ

Cinglé	DINGO • FADA • MABOUL TIMBRÉ • TOQUÉ
Cinoche	CINÉ • CINÉMA
Cinq numéros sortis ensemble	QUINE
Cinquième jour de la semaine	VENDREDI
Cinquième lettre de l'alphabet grec	EPSILON
Circonscription administrative, en Grèce	ÉPARCHIE
Circonscription rurale en Gaule romaine	PAGUS
Circonscrire	BORNER • LOCALISER
Circonstance	ALIBI • CAS • CONDITION OCCASION • OCCURRENCE
Circuit	PARCOURS • RÉSEAU • TOUR
Circulaire	ROND • ROTATOIRE
Circulation de l'air	AÉRAGE
Circulation de véhicules	TRAFIC
Cirrhe	CIRRE
Cisaille	SÉCATEUR
Ciseau à tranchant	GOUGE
Ciseau d'acier	BURIN
Ciseau en acier trempé	BÉDANE
Ciseau pour la taille des arbustes	SÉCATEUR
Ciselet	CISEAU
Ciselet à bout aplati	PLANOIR
Citation	EXTRAIT
Cité ancienne de Syrie	EBLA
Cité antique de l'Asie Mineure	TROIE
Cité antique de la basse Mésopotamie	OUR • UR
Cité légendaire bretonne	YS
Citer devant les tribunaux	TRADUIRE
Citer devant un tribunal	ATTRAIRE
Citerne	TANK
Citoyen	HABITANT
Citoyen de la dernière classe du peuple	PROLÉTAIRE • PROLO
Citoyen juif d'Israël	SABRA
Citron très acide	LIMON
Citronnade	LIMONADE
Civil	COURTOIS • POLI
Civiliser	POLIR
Civilité	ENTREGENT • GALANTERIE
Claie	CRIBLE
Clair	EXPLICITE • LIMPIDE • LUCIDE • NET

Claire	NETTE
Clairement	NETTEMENT
Clairsemé	RARE
Clairvoyance	LUCIDITÉ • PERSPICACITÉ • VISION
Clairvoyant	LUCIDE • PERSPICACE • SAGACE
Clameur d'indignation	TOLLÉ
Clan	BANDE • CLASSE • COTERIE
	FACTION • TRIBU
Clan, groupement	SECTE
Clandestin	FURTIF
Clanisme	ÉGOÏSME
Clapet	SOUPAPE
Clapier	CAGE
Clapotement	CLAPOTAGE
Clapotis	CLAPOTAGE
Claquage	ÉLONGATION
Claque	TAPE
Claquer	GIFLER
Claquer des dents	GRELOTTER
Claquette	CLAP
Claquoir	CLAP
Clarifier	ÉCLAIRCIR • ÉLUCIDER • FILTRER
Clarté	ÉCLAIRAGE • PRÉCISION
Clarté, lumière	JOUR
Classe	CATÉGORIE • CLAN • RANG
Classe de mathématiques	MATH
Classe sociale fermée	CASTE
Classer	CALIBRER • RANGER • SÉRIER • TRIER
Classeur	CASIER
Classeur personnel	ALBUM
Classifier	CLASSER • RÉPERTORIER • SÉRIER
Claudication	BOITERIE
Claudiquer	BOITER
Claustration	ISOLEMENT
Claustrophobie	PHOBIE
Clavier inférieur de l'orgue	PÉDALIER
Clébard	CHIEN
Clément, tolérant	INDULGENT
Clerc	COPISTE
Clerc qui a reçu l'ordre immédiatement inférieur à la prêtrise	DIACRE

Cliché	BANALITÉ
Cliché de photogravure	SIMILI
Client	ACHETEUR • HABITUÉ
Client d'une prostituée	MICHETON
Client, acheteur	CHALAND
Cligner	CILLER
Clignoter	SCINTILLER
Climat	AMBIANCE
Clin d'oeil	OEILLADE
Clinicien	PRATICIEN
Clip	CLAMP • FILM
Clique	CABALE
Cliver	FENDRE
Clochard	CLODO • MENDIANT
	MENDIGOT • VAGABOND
Clocharde	GUEUSE
Clocher	BEFFROI
Cloison	MUR • PAROI
Cloison de planches	BARDIS
Cloison membraneuse de la noix	ZESTE
Cloître	COUVENT
Clope	MÉGOT
Clopiner	BOITER
Cloporte d'eau douce	ASELLE
Cloque	BULLE
Cloque de la peau	AMPOULE
Cloque sur la peau	VÉSICULE
Clore	ACHEVER • BOUCHER • FERMER
Clore un orifice naturel	OCCLURE
Clos	ENCLOS
Clôture	BARRIÈRE • FERMETURE
Clôture de pieux	PALISSADE
Clôture faite d'arbres	HAIE
Clôture métallique	GRILLE
Clôturer	CLORE • ENCLORE • ENTOURER
	SOLDER • TERMINER
Clou	ABCÈS • FURONCLE • PITON
Clou de girofle	GIROFLE
Clou pour ferrer les souliers	CABOCHE
Clouer de nouveau	RECLOUER
Clown	BOUFFON

Clownerie	PITRERIE
Club	CERCLE
Club Automobile Américain	CAA
Club utilisé principalement sur le green	PUTTER
Coaguler	CAILLER
Coaliser	ASSOCIER • LIGUER
Coalition	ALLIANCE • BLOC • LIGUE
Cobalt	CO
Cobra femelle	URAEUS
Coca	COCA-COLA
Cocaïne	COKE • CRACK
Cocaïne en poudre	NEIGE
Coche	CRAN
Cochon	PORC • POURCEAU
Cochon sauvage d'Amérique	PÉCARI
Cochonner	BÂCLER • SALOPER
Cochonnerie	SALOPERIE
Cochonnet	GORET
Cocktail de gin	MARTINI
Cocotte	MARMITE • POULE
Cocufié	COCU
Code	RECUEIL
Coefficient	RATIO
Coeur	CENTRE
Coexistence de deux éléments différents	DUALISME
Coffre	CAISSE • MALLE
Coffre à bijoux	BAGUIER
Coffre à compartiments	BOÎTIER
Coffre destiné aux salaisons	SALOIR
Coffre servant de petite serre	BÂCHE
Coffret	BOÎTE • CASSETTE • COFFRE • ÉCRIN
Coffret à bijoux	ÉCRIN
Cogne	POLICIER
Cogner	HEURTER • TAPER
Cogner de manière répétée	TOSSER
Cohérent	HOMOGÈNE
Cohésion	UNITÉ
Cohue	AFFLUENCE • ATTROUPEMENT FOULE • MÊLÉE
Coiffe	BONNET

Coiffé d'un casque	CASQUÉ
Coiffer	PEIGNER
Coiffeur	FIGARO
Coiffure	BÉRET • CHAPEAU
Coiffure de certaines religieuses	CORNETTE
Coiffure de faux cheveux	PERRUQUE
Coiffure de forme conique	TIARE
Coiffure des Bédouins	KEFFIEH
Coiffure du pape	TIARE
Coiffure ecclésiastique	CALOTTE
Coiffure féminine	COIFFE
Coiffure féminine en forme de bonnet conique	HENNIN
Coiffure liturgique	MITRE
Coiffure masculine orientale	TARBOUCHE
Coiffure militaire	CALOT • KÉPI
Coiffure orientale portée par les hommes	TURBAN
Coiffure portée par certains dignitaires	TIARE
Coiffure postiche	PERRUQUE
Coiffure protectrice	CASQUE
Coiffure rigide destinée à protéger la tête	CASQUE
Coiffure rigide munie d'une visière	KÉPI
Coiffure sans rebord	BONNET
Coiffure traditionnelle des Bédouins	KEFFIEH
Coiffure tronconique	FEZ
Coin	ANGLE • SECTEUR
Coin de la scène	CANTONADE
Coincer	SQUEEZER
Coïncidence	CONCORDANCE • HASARD
Coïncider	CONCORDER
Coïncider (Se)	RECOUPER
Col	COLLET • COU
Col d'une bouteille	GOULOT
Col des Alpes	ISERAN • VARS
Col étroit d'un récipient	GOULOT
Coléoptère dont les larves rongent les racines des céréales	AGRIOTE
Coléoptère qui façonne des boulettes de bouse	BOUSIER

Colère	FURIE • HARGNE • IRE IRRITATION • ROGNE
Colère violente	FUREUR
Colère virulente	FUREUR
Coléreuse	RAGEUSE
Coléreux	IRASCIBLE • RAGEUR
Colimaçon	ESCARGOT • LIMAÇON
Colis	ENVOI • PAQUET
Collaborer	COOPÉRER
Collant	ADHÉSIF • GLUANT • GOMMÉ POISSEUX • SERRÉ • VISQUEUX
Collante	POISSEUSE
Collation où l'on boit du thé	THÉ
Colle	ADHÉRENT • RETENUE
Colle à base d'amidon	EMPOIS
Colle sèche	GOMME
Collecte	QUÊTE • RÉCOLTE
Collecter	QUÊTER
Collectif	COMMUN • GÉNÉRAL
Collection	ARSENAL • ASSORTIMENT
Collection d'articles variés	VARIA
Collection de fiches	FICHIER
Collectivement	ENSEMBLE
Collectiviser	ÉTATISER
Collectivité	GROUPE • SOCIÉTÉ
Collège d'enseignement	CÉGEP
Collège électoral	ÉLECTORAT
Collégien	ÉCOLIER
Collègue	ASSOCIÉ • COMPAGNON
Collement	ADHÉRENCE
Coller	ADHÉRER • GOMMER
Coller de nouveau	RECOLLER
Collet pour prendre les grives	TENDELLE
Collier	CHAÎNE • COLLET
Collier de fer	CARCAN
Colline	BUTTE
Colline aride, dans le Roussillon	ASPRE
Colline artificielle	TELL
Colline caillouteuse	ASPRE
Colline de sable	DUNE
Collision	CHOC • IMPACT

Colloque	CONFÉRENCE • SÉMINAIRE
Collusion	COMPLICITÉ • ENTENTE
Colmater	BOUCHER
Colombium	CB
Colonel	MEISTRE
Colonie	ESSAIM
Colonnade qui décore la façade d'un édifice	PÉRISTYLE
Colonne	FILE • PILIER • SUPPORT
Colonne vertébrale	ÉCHINE
Colonne verticale soutenant un pont	ÉPONTILLE
Colonnette ornant le dos d'un siège	BALUSTRE
Colophane	ARCANSON
Colorant	TEINTURE
Colorant bleu	SMALT
Colorant d'un beau rouge orangé	ROCOU
Colorant minéral naturel	OCRE
Coloration jaune des muqueuses	ICTÈRE
Coloration rouge de la peau	ROUGEUR
Coloration violacée de la peau	LIVIDITÉ
Coloré	FLEURI • IMAGÉ
Colorer	TEINDRE • TEINTER
Colorer avec les couleurs de l'arc-en-ciel	IRISER
Colorer d'un caractère érotique	ÉROTISER
Colorer légèrement	TEINTER
Colorer vivement	ENLUMINER
Coloris du visage	TEINT
Colossal	DÉMESURÉ • ÉNORME • GROS
Colosse	GÉANT • HERCULE
Colporter des cancans	COMMÉRER
Combat	BAROUD • BATAILLE • CAMPAGNE DUEL • GUERRE • JOUTE MÊLÉE • RENCONTRE • RIF • RIFFE
Combat à cheval	JOUTE
Combat entre deux personnes	DUEL
Combat, rencontre	MATCH
Combativité	PUGNACITÉ
Combattant	GUERRIER
Combattant appartenant à un maquis	MAQUISARD
Combattant palestinien	FEDAYIN
Combattre	BATAILLER • LUTTER

Combattre le taureau	TORÉER
Combattu	CONTRARIÉ
Combinaison	AMALGAME • DOSAGE • FUSION
	MANOEUVRE • MÉLANGE • SALOPETTE
Combinaison de métaux	ALLIAGE
Combine	MAGOUILLE • MANIGANCE
	TOUR • TRUC
Combiné	MIXTE
Combiné avec l'hydrogène	HYDROGÉNÉ
Combiner	CONJUGUER • ÉLABORER • MARIER
	MÉLANGER • MÊLER • OURDIR
	RÉUNIR • TRAMER
Combiner avec l'oxygène	OXYDER
Combiner avec le soufre	SULFURER
Combiner dans un alliage	ALLIER
Comble	BONDÉ • PLEIN
Comblé	RASSASIÉ • RAVI • SATISFAIT
Combler	ABREUVER • CONTENTER • EMPLIR
	EXAUCER • RASSASIER • REMPLIR
Combler, en ajoutant	SUPPLÉER
Combustible liquide	FIOUL
Combustible minéral	HOUILLE
Combustible qui alimente un moteur	CARBURANT
Comédie	FARCE • PIÈCE
Comédien	ACTEUR • CABOTIN
Comédien ambulant	BALADIN
Comestible	ALIMENT • DENRÉE
Comète	ASTRE
Comique	AMUSANT • BOUFFE
	DRÔLE • RIGOLO
Comique de cirque	CLOWN
Comité International Olympique	CIO
Comm. de l'Ain	BALAN
Comm. de l'Essonne, sur la Bièvre	IGNY
Comm. de la Seine-Maritime	OISSEL
Comm. de Seine-et-Marne	AVON • LOGNES
Comm. des Alpes-Maritimes	ÈZE
Comm. des Deux-Sèvres	OIRON
Commandant d'un régiment sous l'Ancien Régime	MESTRE
Commandant d'une force navale	AMIRAL

Commande	ORDRE
Commandement	SOMMATION • VA
Commander	DICTER • DIRIGER • DOMINER
	EXIGER • PILOTER • RÉGIR
Commanditer	PARRAINER
Comme	AINSI • TEL
Comme (À l')	INSTAR
Commémoration	CÉLÉBRATION • CÉRÉMONIE
Commémorer	FÊTER
Commençant	NOVICE
Commençant, novice	DÉBUTANT
Commencement	AMORCE • BERCEAU • DÉBUT
	ÉBAUCHE • NAISSANCE
	OUVERTURE • PRÉLUDE
Commencement de la ruine	DÉCADENCE
Commencer	AMORCER • ATTAQUER
	DÉBUTER • DÉMARRER • PARTIR
Commencer à apparaître	NAÎTRE
Commencer à chanter un air	ENTONNER
Commencer à être diffusé	TRANSPIRER
Commencer à exister	NAÎTRE
Commencer à lire, apprendre	ÉPELER
Commencer à réaliser	AMORCER
Commencer à se développer	GERMER
Commencer sans exécuter jusqu'au bout	ÉBAUCHER
Commencer, esquisser	ÉBAUCHER
Commentaire malveillant	GLOSE
Commentaire qui exprime l'opinion d'un journaliste	ÉDITO
Commenter	ANNOTER • GLOSER
Commérage	CANCAN • PAPOTAGE • POTIN
	RACONTAR • RAGOT
Commerçant	MARCHAND • NÉGOCIANT
Commerçant de gros	GROSSISTE
Commerce	ÉCHANGE • FINANCE
	NÉGOCE • TRAFIC
Commerce charnel	PROSTITUTION
Commerce de la soie	SOIERIE
Commerce de livres	LIBRAIRIE
Commerce de toile	TOILERIE

Commerce de vieux objets hétéroclites	BROCANTE
Commerce du brocanteur	BROCANTE
Commerce du drap	DRAPERIE
Commerce du fruitier	FRUITERIE
Commerce du gantier	GANTERIE
Commerce du vitrier	VITRERIE
Commercer	NÉGOCIER
Commérer	CANCANER
Commettre	PERPÉTRER
Commettre une faute	FAILLIR
Commettre une maladresse	GAFFER
Commis de la gabelle	GABELOU
Commisération	COMPASSION
Commissaire de police	CONDÉ
Commission	COMITÉ
Commission de la Santé et de la Sécurité au Travail	CSST
Commissionnaire	COURTIER • MESSAGER
Commodité	CONFORT
Commuer la peine de quelqu'un	GRACIER
Commun	BANAL • COURANT • GÉNÉRAL PUBLIC • UNANIME • USÉ • USUEL
Communauté	CORPORATION • COUVENT ÉGLISE • SOCIÉTÉ
Communauté des Juifs	JUDAÏSME
Commune de Belgique	AALTER • ANS • ASSE • BALEN DOUR • EUPEN • EVERE • GEEL JETTE • LEDE • MANAGE • MEISE MOL • OLEN • RIEMST • SPA TEMSE • UCCLE • ZELE • ZEMST
Commune de l'Aisne	BOUÉ
Commune de l'Aude	ALET
Commune de l'Essonne	IGNY
Commune de l'Isère	AURIS
Commune de la Gironde	ARÈS
Commune de la Haute-Vienne	ISLE
Commune de la Loire	UNIEUX
Commune de la Polynésie française	PAEA
Commune de Nouvelle-Calédonie	THIO
Commune de Suisse	AIROLO • BEX • LITTAU • ONEX SIERRE • USTER • VERNIER • WIL

Commune de Suisse, sur le lac Léman	NYON
Commune de Vaucluse	TOR
Commune des Bouches-du-Rhône	AURIOL
Commune des Vosges	THAON
Commune du Calvados	IFS
Commune du Loiret	SARAN
Commune du Luxembourg	MAMER
Commune du Morbihan	BONO • CARNAC • ÉTEL
Commune du Nord	HEM • LEERS • NIEPPE
Commune du Nord, en Thiérache	ANOR
Communicatif	OUVERT
Communicatif, loquace	CAUSANT
Communication d'un secret	CONFIDENCE
Communiqué	BULLETIN • INFO • NOTE
Communiquer	ANNONCER • CORRESPONDRE TRANSMETTRE
Communiquer à quelqu'un	INFUSER
Commutation	SUBSTITUTION
Compact Disc	CD
Compagne	COPINE
Compagnie	CIE • SOCIÉTÉ
Compagnon	ACOLYTE • CAMARADE • COMPÈRE
Compagnon de Mahomet	AMR
Compagnon de saint Paul	TITE
Comparable	ANALOGUE • COMMUN
Comparaison	ALLÉGORIE • PARALLÈLE
Comparer	CONFRONTER
Compartiment	CASIER • CELLULE • STALLE
Compartiment cloisonné réservé à un cheval	STALLE
Compartiment creux d'un plafond	CAISSON
Compartiment d'un meuble	CASE • TIROIR
Compassion	APITOIEMENT • HUMANITÉ • PITIÉ
Compatissant	SENSIBLE
Compenser	RACHETER
Compère	LURON
Compétence	CAPACITÉ
Compétent	AVERTI • EXPERT
Compétiteur	RIVAL
Compétition	CONCOURS • CONCURRENCE RIVALITÉ

Compétition d'athlétisme regroupant dix épreuves	DÉCATHLON
Compétition de motocyclisme	ENDURO
Compétition réunissant amateurs et professionnels	OPEN
Compétition sportive	TOURNOI
Compétition sportive comportant dix épreuves	DÉCATHLON
Complainte populaire	GOUALANTE
Complaisance	VANITÉ
Complaisant	CONCILIANT • GENTIL • SERVIABLE
Complet	COSTAR • COSTARD • ENTIER INTÉGRAL • PLÉNIER • RADICAL REMPLI • TOTAL
Compléter	SUPPLÉER
Complexité	COMPLICATION
Complication	ACCROC
Complice	ACOLYTE • COMPÈRE • SUPPOT
Complicité	COLLUSION • ENTENTE
Complicité, connivence	COMPÉRAGE
Compliment	ÉLOGE • LOUANGE
Complimenter	FÉLICITER • FLATTER
Complimenteur	FLATTEUR
Compliqué	CONTOURNÉ • DIFFICILE MÊLANT • TARABISCOTÉ
Complot	ATTENTAT • CABALE
Comploter	CONSPIRER
Comportement	ALLURE • FAÇON
Comportement affectueux	DOUCEUR
Comportement de snob	SNOBISME
Comportement digne d'un bandit	GANGSTÉRISME
Comportement qui échappe aux règles admises	DÉVIANCE
Comportement volontairement trompeur	FRIME
Comporter	COMPOSER • CONTENIR
Composante	COMPOSÉ • ÉLÉMENT
Composé	MIXTE
Composé d'aldéhydes et de cétones	IMINE
Composé de deux éléments	BINAIRE • BIPARTITE
Composé de deux partis politiques	BIPARTITE

Composé de plantes	VÉGÉTAL
Composé défini d'azote et d'un métal	NITRURE
Composé dérivant de l'urée	URÉIDE
Composé volatil	ÉTHER
Composer	CONSISTER
Composer d'éléments différents	PANACHER
Compositeur	MUSICIEN
Compositeur allemand	BACH
Compositeur allemand né en 1873	REGER
Compositeur américain	RILEY
Compositeur anglais	PURCELL
Compositeur autrichien	BERG
Compositeur belge	ABSIL
Compositeur britannique mort en 1934	ELGAR
Compositeur de musique	MAESTRO
Compositeur et organiste français né en 1911	ALAIN
Compositeur et violoniste français né en 1666	REBEL
Compositeur français	AUBER • AURIC • RAVEL
Compositeur français mort en 1892	LALO
Compositeur français mort en 1924	FAURÉ
Compositeur français mort en 1925	SATIE
Compositeur français né en 1890	IBERT
Compositeur français né en 1905	JOLIVET
Compositeur italien	BERIO
Compositeur italien mort en 1901	VERDI
Compositeur italien mort en 1969	ARRIGO
Compositeur italien né en 1924	NONO
Compositeur roumain né en 1881	ENESCO • ENESCU
Compositeur russe	CUI
Compositeur suisse mort en 1974	MARTIN
Composition	CONSTITUTION • PRÉPARATION RÉDACTION
Composition de plâtre	STUC
Composition musicale	DUO • FUGUE • PARTITION • SONATE
Composition musicale de caractère improvisé	RHAPSODIE
Composition musicale pour orchestre	SYMPHONIE
Composition pour sept voix	SEPTUOR
Compositrice	MUSICIENNE

Compost	ENGRAIS
Compréhensif	INDULGENT • TOLÉRANT
Compréhension	RAISON
Compréhension soudaine et intuitive	DÉCLIC
Comprendre	CONCEVOIR • CONSISTER
	DÉCODER • ENTENDRE • PIGER
Compresser	EMPILER
Compression	RÉDUCTION
Comprimé destiné à fondre	
sous la langue	LINGUETTE
Comprimé médicamenteux	PELLET
Comprimer	CONDENSER • ÉCRASER
	RÉSORBER • SERRER • TASSER
Compris	INCLUS
Compromis	CONCESSION • IMPLIQUÉ
Comptable public	PAYEUR
Comptant	CASH
Compte	FACTURE
Compte des sommes dues	
par une personne à une autre	DÉBIT
Compte rendu	ANALYSE • APERÇU
	RAPPORT • REPORTAGE
Compter	RECENSER
Compter au total	TOTALISER
Compter de nouveau	RECOMPTER
Compter sur	TABLER
Compteur de taxi	TAXIMÈTRE
Compteur horokilométrique	TAXIMÈTRE
Comptoir	BAR
Comptoir où s'effectue le change	CHANGE
Comté d'Angleterre	ESSEX
Comte de Paris, puis roi de France	EUDE • EUDES
Con	CONARD • CONNARD • COUILLON
Concassage	CASSAGE
Concasser	BROYER
Concéder	ACCÉDER • ACCORDER • CÉDER
Concéder par amodiation	AMODIER
Concentration	ATTENTION • EFFORT
Concentrer	CENTRALISER • RASSEMBLER
Concept	IDÉE
Concepteur	CRÉATEUR

Conception	CRÉATION • THÉORIE
Conception contraire aux idées admises	HÉRÉSIE
Conceptuel	IDÉEL
Conceptuelle	IDÉELLE
Concerner	INTÉRESSER • REGARDER • VISER
Concert	MUSIQUE
Concert donné à l'aube sous les fenêtres de quelqu'un	AUBADE
Concert donné la nuit	SÉRÉNADE
Concession	OCTROI
Concession minière	CLAIM
Concevoir	COGITER • COMPRENDRE CRÉER • IMAGINER • PROJETER
Concierge	PIPELET • PORTIER
Concierge d'un hôtel particulier	SUISSE
Concile	ASSEMBLÉE
Conciliant	ACCOMMODANT
Conciliateur	ARBITRE • MÉDIATEUR
Conciliation	MÉDIATION
Concis	LAPIDAIRE
Concis, laconique	SUCCINCT
Concise	BRÈVE
Concision	LACONISME
Concision dans le langage	BRIÈVETÉ
Concluant	DÉCISIF • PROBANT
Conclure	ACHEVER • INFÉRER
Conclure un pacte	PACTISER
Conclusion	BOUQUET • CLÔTURE DÉNOUEMENT • MORALITÉ SOLUTION
Conclusion d'un morceau de musique	CODA
Concomitant	ACCESSOIRE
Concordance	HARMONIE
Concordat	TRANSACTION
Concorder	CORRESPONDRE
Concourir	COLLABORER • CONTRIBUER
Concours, compétition	TOURNOI
Concret	TANGIBLE
Concrétion calcaire de l'oreille	OTOLITHE
Concubine	COMPAGNE • MAÎTRESSE
Concurrencer	RIVALISER

Concurrent	CANDIDAT • COMPÉTITEUR • ÉMULE
Concurrent qualifié pour une finale	FINALISTE
Condamnable	BLÂMABLE • COUPABLE
	DAMNABLE
Condamnation	FOUDRES • RÉPROBATION
Condamné	MURÉ
Condamner	CENSURER • DAMNER
	MAUDIRE • PUNIR
Condamner à l'enfer	DAMNER
Condensé	ABRÉGÉ • CONCRET • RÉSUMÉ
Condenser	RÉSUMER
Condescendant	AVENANT • COMPLAISANT
Condescendre	DAIGNER
Condiment	MOUTARDE • POIVRE • VINAIGRE
Condition	CLAUSE • ÉTAT • SORT
Condition d'ilote	ILOTISME
Condition dans un contrat	CLAUSE
Conditionneur	CLIMATISEUR
Condom	CAPOTE
Conducteur	COCHER • PILOTE
Conducteur aérien destiné à capter les ondes	ANTENNE
Conducteur commun à plusieurs circuits	BUS
Conducteur d'ânes	ÂNIER
Conducteur d'engin de manutention	CARISTE
Conducteur d'un métier à filer	FILEUR
Conducteur d'une pirogue	PIROGUIER
Conducteur de chariot automoteur	CARISTE
Conducteur de gabarres	GABARRIER
Conducteur des messages nerveux	NERF
Conducteur professionnel	CHAUFFEUR
Conducteur, conductrice d'automobile	CHAUFFEUR
Conductrice d'un métier à filer	FILEUSE
Conduire	ACCOMPAGNER • AMENER
	DIRIGER • ESCORTER • GÉRER
	GUIDER • MENER
Conduire quelqu'un, lui servir de guide	CORNAQUER
Conduire une enquête	ENQUÊTER
Conduit	ABOUTI • BOYAU • ÉGOUT
Conduit d'écoulement des eaux	GOULOTTE

Conduit de pierres sèches	PIERRÉE
Conduit ménagé dans un moule de fonderie	ÉVENT
Conduit souterrain	DRAIN
Conduit, tuyau	BUSE
Conduite	GESTION • MORALITÉ
Conduite en caoutchouc	DURIT
Conduite extravagante	DÉMENCE
Conduite, administration	DIRECTION
Cône servant à égoutter les bouteilles	IF
Confection d'ouvrages en fer	SERRURERIE
Confectionner	FAÇONNER
Conférence	CONGRÈS
Conférencier	ORATEUR
Conférencière	ORATRICE
Conférer la tonsure	TONSURER
Conférer un titre de noblesse	ANOBLIR
Confesser	DÉBALLER
Confession	AVEU
Confession publique	COULPE
Confiance	ESPÉRANCE • SÉCURITÉ
Confiance en soi	APLOMB
Confiant	OPTIMISTE • SÛR
Confiante	NAÏVE
Confidentiel	SECRET
Confier	LIVRER
Configuration	GÉOMETRIE
Confiner	RELÉGUER
Confirmer	AUTORISER • CORROBORER ENTÉRINER • RATIFIER
Confirmer, rendre plus solide	CONFORTER
Confiscation	MAINMISE • SAISIE
Confiserie	DRAGÉE • ROUDOUDOU
Confiserie au sirop d'érable	TIRE
Confiserie aux amandes	TOURON
Confiserie en forme de truffe	TRUFFE
Confiserie fabriquée avec des amandes	NOUGAT
Confiserie orientale	HALVA • LOUKOUM
Conflit	CLASH • DISPUTE • GUERRE LUTTE • QUERELLE

Confondre	BROUILLER • DÉJOUER
Conformation	CONSTITUTION
Conforme	LITTÉRAL
Conforme à la norme	NORMAL
Conforme à la vérité	VÉRITABLE
Conforme à une loi	RÉGLO
Conforme au texte	TEXTUEL
Conforme aux règles	CORRECT
Conformément à	SUIVANT
Conformer	ADAPTER
Conformité	LÉGALITÉ • UNITÉ
Conformité totale	IDENTITÉ
Confortable	DOUILLET
Confrère	ASSOCIÉ • COLLÈGUE
Confronter	COMPARER
Confus	NÉBULEUX • VAGUE • VASEUX
Confuse	NÉBULEUSE • PÂTEUSE • VASEUSE
Confusion	ANARCHIE • BROUILLARD
	CACOPHONIE • CHAOS • COHUE
	MÉPRISE • PAGAILLE
Confusion inextricable	MERDIER
Congé accordé aux étudiants	CAMPO
Congédiement	RENVOI
Congédier	CHASSER • DESTITUER
	LICENCIER • REMERCIER
Congeler	GLACER • SURGELER
Congénital	INNÉ
Congestion	STASE
Congestion et inflammation	
du pied du cheval	FOURBURE
Congratulation	COMPLIMENT
Congratuler	APPLAUDIR • FÉLICITER
Conifère	CÈDRE • IF • PIN • SAPIN
Conifère à gros tronc conique	ÉPICÉA
Conifère apparenté au sapin	PRUCHE
Conifère fusiforme	
au feuillage persistant	CYPRÈS
Conifère voisin du sapin	PRUCHE
Conjecture	HYPOTHÈSE
Conjecturer	AUGURER
Conjoint	ÉPOUX • MARI

Conjointe	ÉPOUSE
Conjonction	CAR • DONC • ET • MAIS • NI
	OR • OU • SI • SINON
Conjoncture	CIRCONSTANCE • OCCURRENCE
Conjuration	COMPLOT
Conjurer	ADJURER • IMPLORER • SUPPLIER
Connaissance	SAVOIR • SCIENCE
Connaissance élémentaire	NOTION
Connaissance suprême	
des mystères de la religion	GNOSE
Connaissances	BAGAGE
Connaisseur	AMATEUR • COMPÉTENT
Connaître	POSSÉDER • SAVOIR
Connarde	CONNASSE
Connerie	ÂNERIE
Connexion	ADHÉRENCE
Connexion d'une chose	
avec une autre	COHÉRENCE
Connivence	COLLUSION • COMPLICITÉ
Connu	NOTOIRE • RÉPANDU • RÉPUTÉ
Conquérant espagnol du Mexique	CORTÉS
Conquérir	ENVAHIR
Conquête	PRISE • VICTOIRE
Conquis	SÉDUIT
Conquistador espagnol	SOTO
Consacré	BÉNI • SAINT
Consacrer	BÉNIR • DÉDIER • DÉVOUER
	SANCTIFIER • VOUER
Consacrer par ordination	ORDONNER
Conscience	ÂME • CONNAISSANCE
Consciencieuse	TRAVAILLEUSE
Conscient	DÉLIBÉRÉ
Conscrit, adepte	RECRUE
Consécutif à une carence	CARENTIEL
Conseil	SUGGESTION
Conseil souverain	
de la Rome antique	SÉNAT
Conseiller	AVISER • INSINUER
	PRESCRIRE • SUGGÉRER
Conseiller attentif	MENTOR
Conseiller municipal	ÉCHEVIN • ÉDILE

Consentement	ACCEPTATION • AGRÉMENT
	APPROBATION • ASSENTIMENT
	AUTORISATION
Consentir	ACCÉDER • CÉDER • DAIGNER
	PERMETTRE • SOUSCRIRE
Conséquence	EFFET • RÉSULTAT
Conservation	ENTRETIEN • GARDE • MAINTIEN
Conservatoire	ÉCOLE
Conservé dans de la graisse	CONFIT
Conservé dans la saumure	MARINÉ
Conservé par congélation	CONGELÉ
Conserver	GARDER • MAINTENIR • PRÉSERVER
Considérable	ÉNORME • NOMBREUSE
Considération	DÉFÉRENCE • ÉGARD • ESTIME
	FAVEUR • RÉPUTATION
Considéré	VU
Considérer	PESER • REGARDER
Considérer à part	ISOLER
Considérer attentivement	CONTEMPLER
Considérer avec étonnement	ADMIRER
Consignation	DÉPÔT • GARANTIE
Consigne	ORDRE
Consistance	DURETÉ • SOLIDITÉ
Consistant	RÉSISTANT
Consoeur	COLLÈGUE
Consolant	RÉCONFORTANT
Consolation	COMPENSATION • RÉCONFORT
Consoler	RÉCONFORTER
Consolider	AFFERMIR • CIMENTER
	FORTIFIER • RENFORCER
Consommateur	UTILISATEUR • CLIENT
Consommation	USAGE
Consommer	MANGER • USER
	BOUFFER • ABSORBER
Consommer une cigarette	FUMER
Consonance	UNISSON
Consortium	POOL • SYNDICAT
Conspiration	CABALE • COMPLOT
Conspuer	HONNIR • HUER
Constance	CONTINUITÉ • OBSTINATION
	PATIENCE

Constant	CONTINU • PERMANENT PERSISTANT • SOUTENU • STABLE
Constater	NOTER • VÉRIFIER • VOIR
Constellation	POISSONS
Consternant	BOULEVERSANT • NAVRANT DÉSOLANT
Consternation	DÉSOLATION
Consterné	ATTERRÉ • DÉSOLÉ • NAVRÉ
Consterner	AFFLIGER • ATTERRER • ATTRISTER DÉSOLER • NAVRER • STUPÉFIER
Constituer	COMPOSER • ÊTRE FORMER • REPRÉSENTER
Constituer une présence menaçante	PLANER
Constructeur	FAISEUR
Construction	BÂTIMENT • ÉRECTION
Construction en hauteur	TOUR
Construction funéraire	CISTE
Construction pontée	NAVIRE
Construction rurale de forme conique	TRULLO
Construction semi-circulaire à gradins	HÉMICYCLE
Construire	ÉDIFIER • ÉRIGER
Construire avec du béton	BÉTONNER
Construire en briques	BRIQUETER
Construire en maçonnerie	MAÇONNER
Construire un nid	NIDIFIER
Consultant	AUDIT
Consumer	BRÛLER
Contact	RENCONTRE
Contagion	ÉPIDÉMIE
Contamination	CONTAGION • POLLUTION
Conte	FABLE • HISTOIRE LÉGENDE • NOUVELLE
Conte satirique en vers	FABLIAU
Contemplation	EXTASE
Contempler avec admiration	ADMIRER
Contenance	CAPACITÉ
Contenant	RÉCIPIENT • SAC
Contenir	COMPORTER • COMPRENDRE POSSÉDER • REFRÉNER • RENFERMER
Contenir, refréner	BRIDER
Content	RÉJOUI • SATISFAIT • SOÛL

Contentement	FIERTÉ • PLAISIR
Contentement intérieur	FÉLICITÉ
Contenter	ASSOUVIR • RASSASIER • SATISFAIRE
Contenu	FOND • INCLUS
Contenu d'un bol	BOLÉE
Contenu d'un carafon	CARAFON
Contenu d'un pot	POTÉE
Contenu d'un verre plein à ras bords	RASADE
Contenu d'une assiette	ASSIETTE • ASSIETTÉE
Contenu d'une cuve	CUVÉE
Contenu d'une pelle	PELLETÉE
Contenu d'une poêle	POÊLÉE
Contenu exact	TENEUR
Conter	NARRER • RELATER
Contestation	LITIGE • OBJECTION • OPPOSITION
Contesté	CONTROVERSÉ
Contester	DÉNIER • DISCUTER • NIER • REFUSER
Conteur	NARRATEUR
Contigu	ADJACENT • ATTENANT
Continent	ASIE • EUROPE
	OCÉANIE • TEMPÉRANT
Continent disparu	ATLANTIDE
Contingent	QUOTA
Continu	CONTINUEL
Continuateur	HÉRITIER
Continue	CONTINUELLE
Continuel	CONTINU • ÉTERNEL • PERPÉTUEL
Continuelle	PERPÉTUELLE
Continuellement	TOUJOURS
Continuer	PERPÉTUER • PROLONGER
Continuer (Se)	PROLONGER
Continuer longtemps	PERDURER
Continuité	CONTINUATION
Contour	FORME • PÉRIPHÉRIE
	POURTOUR • PROFIL
Contour d'une figure plane	PÉRIMÈTRE
Contour découpé	DÉCOUPURE
Contour harmonieux	GALBE
Contourner	ESCAMOTER • ÉVITER • TOURNER
Contraceptif oral	PILULE
Contracté	NOUÉ • TENDU

Contracter	CRISPER • RÉTRÉCIR
Contraction	SERREMENT • TENSION
Contraction brève d'un muscle	CLONIE
Contraction brusque du diaphragme	HOQUET
Contraction de la voyelle	CRASE
Contraction de syllabes	CRASE
Contraction douloureuse	CRAMPE
Contraction du coeur	SYSTOLE
Contraction spasmodique du diaphragme	SANGLOT
Contradicteur	OPPOSANT
Contradiction	CONTESTATION • DÉMENTI
	PARADOXE
Contradictoire	CONTRAIRE
Contraindre	ACCULER
Contraindre par la force	ASSERVIR • OBLIGER
	RÉDUIRE • VIOLENTER
	JOUG • PRESSION
Contrainte	SERVITUDE
Contrainte, esclavage	ADVERSE • CONTRE • OPPOSÉ
Contraire	INAMICAL
Contraire à l'amitié	INCIVIL
Contraire à la bienséance	ABSURDE
Contraire à la raison	ILLÉGAL
Contraire aux lois	ALTO
Contralto	FÂCHANT
Contrariant	FÂCHÉ • MÉCONTENT
Contrarié	DÉPITER • ENNUYER • FÂCHER
Contrarier	IRRITER • OPPOSER
	EMBÊTER
Contrarier fortement	DISPARITÉ
Contraste	TRANCHER
Contraster	ACTE
Contrat	BAIL
Contrat de location	AMENDE
Contravention	POUR
Contre	RIPOSTER
Contre-attaquer	REBOURS
Contre-poil d'une étoffe	RÉTROACTION
Contre-réaction	COMPENSER
Contrebalancer	

Contrecarrer	CONTRARIER • DÉJOUER
	NEUTRALISER
Contrecoup	RÉPERCUSSION • RETOUR
Contredire	DÉDIRE • DÉMENTIR
Contrée	RÉGION
Contrée balkanique	
de l'Europe ancienne	MÉSIE
Contrée située dans le Grand Caucase	OSSÉTIE
Contrefaçon	TRUCAGE
Contrefacteur	PLAGIAIRE
Contrefaire	FALSIFIER • SINGER
Contrefait	ARTIFICIEL • DIFFORME
Contremaître d'un atelier	
d'imprimerie au plomb	PROTE
Contrepartie	PENDANT
Contrepoison	ANTIDOTE
Contretemps	COMPLICATION • CONTRARIÉTÉ
Contrevenir	DÉROGER • DÉSOBÉIR • PÉCHER
Contrevent	VOLET
Contrevérité	MENSONGE
Contribuer	COLLABORER • COOPÉRER
	COTISER • PARTICIPER
Contribuer à	CONCOURIR
Contribution	COTISATION • PART • TAXE
Contribution forcée	TRIBUT
Contribution positive de quelqu'un	APPORT
Contrit	MARRI • PÉNITENT • REPENTANT
Contrition	REMORDS
Contrôle	MAÎTRISE
Contrôle minutieux	FILTRAGE
Contrôler	TESTER • VÉRIFIER
Controverser	CONTESTER
Contusionné	CONTUS
Contusionner	MEURTRIR
Convaincant	CONCIS • CONCLUANT
Convaincre	PERSUADER
Convaincu	CERTAIN
Convenable	ACCEPTABLE • ADÉQUAT • CONGRU
	DÉCENT • DIGNE • HONNÊTE
	OPPORTUN • SÉANT • VRAI
Convenable, approprié	IDOINE

Convenance	BIENSÉANCE • GRÉ MODE • PERTINENCE
Convenance logique des idées entre elles	COHÉRENCE
Convenir	ACCORDER • AGRÉER • PLAIRE SEOIR • SOURIRE
Convention	CLAUSE • CONTRAT • ENTENTE MARCHÉ • RÈGLE • TRAITÉ
Convention conclue entre belligérants	ARMISTICE
Convention de location	BAIL
Convenu	ENTENDU
Convergence	CONCORDANCE
Conversation	CAUSERIE • DISCOURS • ENTRETIEN
Converser	DEVISER • PARLER
Convertir à l'islam	ISLAMISER
Convertir en tissu osseux	OSSIFIER
Convertir une céréale en malt	MALTER
Convexité	BOMBEMENT
Conviction	ASSURANCE • FOI • PERSUASION
Convier	INDUIRE
Convive	INVITÉ
Convivialité	FACILITÉ
Convoiter	DÉSIRER • ENVIER • RÊVER
Convoitise	DÉSIR • ENVIE
Convoler (Se)	MARIER
Convoqué	CITÉ
Convoquer	MANDER
Convoquer en justice	CITER
Convoyer	ESCORTER
Convulsion	CONTORSION • SPASME
Coopérative, dans l'ancienne Russie	ARTEL
Coopérer	COLLABORER
Coordonné	ASSORTI
Coordonnée horizontale qui sert à définir un point	ABSCISSE
Coordonner	ENCHAÎNER
Copain	AMI • CAMARADE COMPAGNON • POTE
Copiage	IMITATION
Copie	PASTICHE • PLAGIAT
Copié	REPRODUIT

Copie à l'aide d'un papier transparent	CALQUE
Copie conforme	CLONE • DUPLICATA
Copie conforme d'un acte	EXTRAIT
Copie d'un ordinateur	CLONE
Copie exacte	DOUBLE
Copiée	REPRODUITE
Copier	IMITER • REPRODUIRE
Copier un enregistrement	REPIQUER
Copier une oeuvre	PLAGIER
Copieuse	GÉNÉREUSE • PLANTUREUSE
Copieusement	ABONDAMMENT
Copieux	ABONDANT • GÉNÉREUX
Copiste	SCRIBE
Coprah	COPRA
Copulation	COÏT
Copuler	FORNIQUER
Coq castré	CHAPON
Coq de bruyère	TÉTRAS
Coq de bruyère d'Écosse	GROUSE
Coque	COQUILLE
Coquet	CHARMANT • MIGNON • PIMPANT
Coquette	MIGNONNE
Coquillage comestible appelé aussi vigneau	BIGORNEAU
Coquillage du groupe des porcelaines	CAURI
Coquille	COQUE • ÉCAILLE
Coquin	BÉLÎTRE • CANAILLE ESPIÈGLE • FRIPON
Coquin, drôle	MARAUD
Coquine	POLISSONNE
Cor	DURILLON
Cor de chasse	HUCHET
Cor qui termine la tête d'un cerf	ÉPOI
Corbeille	PANIER
Corbeille servant de berceau	COUFFIN
Corbillard	FOURGON
Cordage	AMARRE • DRISSE DROSSE • HAUBAN
Cordage destiné à serrer les voiles	CARGUE
Cordage dont on entoure les fardeaux pour les soulever	ÉLINGUE

Cordage formé de fils de caret	BITORD
Cordage muni d'un noeud	LAGUIS
Cordage ou filin non goudronné	FUNIN
Cordage pour le remorquage d'un navire	GRELIN
Cordage qui renforce une poulie	GERSEAU
Cordage qui sert à hisser une voile	DRISSE
Cordage qui soutient une ancre	CRAVATE
Cordage reliant une ancre à la bouée	ORIN
Cordage servant à carguer les voiles	CARGUE
Cordage servant à lier	LIURE
Cordage servant à retenir une voile	AMURE
Cordage terminé par un noeud de chaise	AGUI
Corde	AMARRE • CÂBLE
Corde avec laquelle on pendait les criminels	HART
Corde mince	FICELLE
Cordeau servant à tracer des cercles	SIMBLEAU
Cordial	AMICAL
Cordon	GANSE • RANG
Cordon étroit	LACET
Cordon littoral	LIDO
Cordon plat fait de fils entrelacés	TRESSE
Cordonner	CORDER • TRESSER
Cordonnet étroit	GANSE
Cordonnier	SAVETIER
Cordons tordus en hélice	TORSADE
Cornard	COCU
Corneille à bec étroit	FREUX
Cornemuse	MUSETTE
Cornemuse bretonne	BINIOU
Corner	KLAXONNER
Cornet	CORNE • HUCHET
Cornu	ENCORNÉ
Corporel	CHARNEL • MATÉRIEL
Corporelle	CHARNELLE • MATÉRIELLE
Corps céleste	ASTRE • PLANÈTE • SATELLITE
Corps céleste du système solaire	PLANÈTE
Corps céleste lumineux	MÉTÉORE
Corps d'armée	LÉGION

Corps de certains chapiteaux	ÉCHINE
Corps de police spécialisé dans un domaine particulier	BRIGADE
Corps des notaires	NOTARIAT
Corps embaumé	MOMIE
Corps flottant	BOUÉE
Corps gras alimentaire	BEURRE
Corps gras d'origine animale ou végétale	LIPIDE
Corps gras dont on enduit la semelle des skis	FART
Corps gras servant à frire	FRITURE
Corps humain dévêtu	NUDITÉ
Corps inorganique	MINÉRAL
Corps lancé par une arme	PROJECTILE
Corps obtenu à partir de l'urée	URÉIDE
Corps pesant	LEST
Corps simple	MÉTAL
Corps simple de la famille des halogènes	IODE
Corps simple gazeux	FLUOR • OZONE
Corps simple gazeux extrêmement léger	HYDROGÈNE
Corps sphérique	BOULE • GLOBE
Corpulent	GROS
Corpuscule reproducteur de nombreuses espèces végétales	SPORE
Correct	CONVENABLE • MORAL NORMAL • PROPRE
Correction	AMENDEMENT • FESSÉE RACLÉE • RÉVISION
Correspondre	CONCORDER • CONVENIR
Corrida	RODÉO
Corridor	COULOIR • PASSAGE
Corriger	AMÉLIORER • AMENDER • CHÂTIER COMPENSER • FESSER • RECTIFIER RÉFORMER • REMANIER • RÉVISER
Corriger à coups de fouet	FUSTIGER
Corroborer	CONFIRMER
Corrompre	AIGRIR • POURRIR • SOUILLER
Corrompre l'air	VICIER

Corrompre, vicier	GANGRENER
Corrompu	IMMORAL • IMPUR • PERVERS
	PERVERTI • POURRI • TARÉ
	VENDU • VICIÉ • VICIEUX
Corrosion	ÉROSION
Corruption	GANGRÈNE • IMPURETÉ
	MALVERSATION • SOUILLURE
Corruption morale	POURRITURE
Corsage droit	CARACO
Corsage sans bretelles	BUSTIER
Corsaire	PIRATE
Cortège	CONVOI • DÉFILÉ
	RIBAMBELLE • SUITE
Corvée	BESOGNE
Cosmique	SPATIAL
Cosmos	MONDE
Cossu	RICHE
Costaud	FORTICHE • MALABAR • ROBUSTE
Costume	HABIT • TENUE • VÊTEMENT
Costume d'homme	COSTAR • COSTARD
Costume de bal masqué	DOMINO
Costume féminin, en Inde	SARI
Costume habillé d'homme	SMOKING
Costumer	DÉGUISER
Cote	BOURSE
Côte	BORD • RIVAGE
Côte abrupte au-dessus de la mer	FALAISE
Côte comestible des feuilles de cardon	CARDE
Côté d'où un bateau reçoit le vent	AMURE
Côté de la montagne, au-dessus du skieur	AMONT
Côté de la rivière	RIVE
Côte des animaux de boucherie de taille moyenne	CÔTELETTE
Côté du front	TEMPE
Côté du navire frappé par le vent	LOF
Côté effilé d'un instrument coupant	TRANCHANT
Côte humaine	CÔTELETTE
Côté secret d'une chose	COULISSE
Coterie	MAFFIA
Cotisation	CONTRIBUTION

Coton	OUATE
Coton très fin	PERCALE
Côtoyer	APPROCHER • LONGER
Cou, gorge	KIKI
Couard	CAPON
Couchant	OCCIDENT
Couche	CROÛTE • STRATE
Couché	ÉTENDU
Couche de glace	GIVRE • VERGLAS
Couche de pierres concassées maintenant les traverses d'une voie ferrée	BALLAST
Couche intermédiaire de l'écorce terrestre	SIMA
Couche poudreuse qui recouvre certains fruits	PRUINE
Couche profonde de la peau	DERME
Couche profonde de la personnalité	ABYSSE
Couche superficielle du globe terrestre	SIAL
Couche tendre au milieu d'une roche	MOIE
Coucher hors de chez soi	DÉCOUCHER
Coucher tout du long	ÉTENDRE
Coude de la crosse d'un fusil	BUSC
Coudre	SUTURER
Coudre avec un point de surjet	SURJETER
Coudre en surjet	SURJETER
Couette	ÉDREDON
Couffin	MOÏSE
Cougouar	COUGUAR
Couguar	PUMA
Couillon	BÉBÊTE
Coulant	ACCOMMODANT CONCILIANT • FLUIDE
Couler	ÉCOULER • SOMBRER
Couler en abondance vers	AFFLUER
Couler, en parlant de l'eau	FLUER
Couleur	BLEU • ROUGE • TON VERT • VIOLET
Couleur bleu foncé légèrement violacé	INDIGO
Couleur bleue tirée de l'indigo	INDE
Couleur brun clair	CAFÉ

Couleur brun jaunâtre	BISTRE
Couleur d'un beau bleu clair	AZUR
Couleur d'un brun orangé	OCRE
Couleur d'un rouge éclatant	ÉCARLATE
Couleur d'une personne	PÂLEUR
Couleur de cendre, gris ou bleuté	CENDRÉ
Couleur de chair	CARNÉ
Couleur de châtaigne	CHÂTAIGNE
Couleur de l'ébène	NOIR
Couleur de la peau foncée	BRONZAGE
Couleur de plomb	PLOMBÉ
Couleur dorée du pain	GRIGNE
Couleur entre le roux et le noir	BRUN
Couleur jaune orangé très doux	ABRICOT
Couleur rose vif	GROSEILLE
Couleur rose, rosée	ROSEUR
Couleur rouge bordeaux	AMARANTE
Couleur rousse	ROUSSEUR
Couleur violet pâle	MAUVE
Couleur violette	VIOLET
Couleur, teinte	COLORIS
Coulis d'ail pilé	AÏOLI
Coulissant	COULANT
Coulisser	GLISSER
Coulisses, au théâtre	CANTONADE
Couloir	CORRIDOR
Coup	CHOC • GNON • HEURT
Coup brusque	BOURRADE
Coup d'État	PUTSCH
Coup d'oeil	APERÇU • REGARD
Coup de filet	CAPTURE
Coup de fusil	TIR
Coup de soleil	ACTINITE
Coup donné avec la main	TAPE
Coup donné sur la joue	GIFLE
Coup droit, à la boxe	DIRECT
Coup droit, au tennis	DRIVE
Coup frappé dans les arts martiaux	ATÉMI
Coup porté avec une partie du corps	ATÉMI
Coup violent au volley-ball	SMASH
Coup, au golf	DRIVE

Coup, au tennis	LIFT • LOB
Coup, aux échecs	PAT
Coup, gnon	JETON
Coupable	FAUTIF
Coupant	AIGU
Coupe	ABATTAGE • JATTE • VERRE
Coupe de cheveux	AFRO
Coupe des foins	FENAISON
Coupé en petits morceaux	HACHÉ
Coupé en tranches minces	ÉMINCÉ
Coupe-papier servant de signet	LISEUSE
Couper	AMPUTER • BALAFRER • CENSURER DÉPECER • FAUCHER • HACHER INCISER • PARTAGER • TAILLER
Couper à ras	TONDRE
Couper au ras de la peau	RASER
Couper avec une lame tranchante	SCIER
Couper du bois	BÛCHER
Couper en incisant	ENTAMER
Couper en tranches minces	ÉMINCER
Couper la cime d'un arbre	ÉTÊTER
Couper la partie supérieure d'un arbre	ÉCIMER
Couper le bout de	ÉBOUTER
Couper les cheveux en quatre	PINAILLER
Couper un arbuste près de la terre	RECÉPER
Couper, épurer	EXPURGER
Couperet	HACHOIR
Couperose	ACNÉ
Couple	DEUX • PAIRE
Couple de deux idées	DYADE
Couple de deux idées complémentaires	DYADE
Couplet de music-hall	LYRIC
Couplet de trois vers	TERCET
Couplet lyrique composé de deux vers inégaux	ÉPODE
Coupole	DÔME
Coupole, dôme	BULBE
Coupon	BILLET
Coups donnés sur les fesses	FESSÉE
Coupure	ENTAILLE • PLAIE

Coupure allongée	INCISION
Cour	TRIBUNAL
Cour bordée de portiques	ATRIUM
Cour intérieure à ciel ouvert	PATIO
Cour intérieure d'un cloître	PRÉAU
Cour intérieure de la maison romaine	ATRIUM
Courage	AUDACE • BRAVOURE • COEUR CRAN • VAILLANCE • VERTU
Courage pour supporter la douleur	STOÏCISME
Courageusement	CRÂNEMENT
Courageux	BRAVE • HARDI • VAILLANT
Courant	BANAL • COURS • ORDINAIRE RÉPANDU • USITÉ • USUEL
Courant d'eau pour un moulin	CHENAL
Courant électrique	JUS
Courant marin	RAZ
Courante	USUELLE
Courbatu	MOULU
Courbaturé	COURBATU
Courbe	ARC • COUDE • DÉTOUR • SINUOSITÉ
Courbé	CROCHU • PROSTERNÉ • VOÛTÉ
Courbe qui tourne autour d'un axe	SPIRALE
Courber	CAMBRER • COUDER • FLÉCHIR INCLINER • INCURVER • INFLÉCHIR PENCHER • PLOYER • VOÛTER
Courber à son extrémité	RECOURBER
Courber par le bout	RECOURBER
Courber, déformer	DÉJETER
Courbure de la colonne vertébrale	LORDOSE
Courbure en arc	ARCURE
Coureur automobile brésilien	SENNA
Coureur automobile français né en 1955	PROST
Coureur des bois	TRAPPEUR
Coureur qui part	PARTANT
Courir	CIRCULER • TROTTER
Courir après	POURCHASSER
Courir très vite	GALOPER
Couronnement	BOUQUET
Courrier	ENVOI
Courroie	LANIÈRE • RÊNE

Courroie garnie de plomb	CESTE
Courroie pour attacher un cheval	LONGE
Courroie qui passe sous le menton	JUGULAIRE
Courroucé	EXASPÉRÉ • IRRITÉ
Courroux	FUREUR
Cours	LEÇON
Cours d'eau	FLEUVE • GAVE • RIVIÈRE
Cours d'eau à forte pente	TORRENT
Cours d'eau artificiel	CANAL
Cours d'eau de montagne impétueux	TORRENT
Course	GALOPADE
Course à courre simulée	DRAG
Course à pied en terrain varié	CROSS
Course avec obstacles	STEEPLE
Course bruyante de voitures	RODÉO
Course de motos	MOTOCROSS
Course de taureaux	CORRIDA
Course de vélo	CROSS
Course de vitesse sur petite distance	SPRINT
Course motocycliste d'obstacles	TRIAL
Course précipitée	GALOPADE
Court	BREF • ÉPHÉMÈRE
Court espace de temps	MINUTE
Court et large	TRAPU
Court manteau de laine	SAGUM
Court texte destiné à expliquer, à vendre	BROCHURE
Courte	BRÈVE
Courte comédie burlesque et satirique	MIME
Courte durée	BRIÈVETÉ
Courte jaquette de femme	CASAQUE
Courte lettre	MOT
Courte note exposant une question	NOTULE
Courte phrase musicale	RIFF
Courte pièce musicale	INTERLUDE
Courte tige cylindrique	RIVET
Courtier d'assurances	ASSUREUR
Courtois	AMÈNE • CIVIL • POLI
Courtoisie	AFFABILITÉ • AMABILITÉ GALANTERIE • POLITESSE

Coussin cylindrique	TRAVERSIN
Coussin rembourré	OREILLER
Coussinet	COUSSIN
Coussinet pour piquer des aiguilles	PELOTE
Coût	PRIX
Coût additionnel	SURCOÛT
Coût supplémentaire	SURCOÛT
Couteau	CANIF • SURIN
Couteau à enter	ENTOIR
Couteau à greffer	GREFFOIR
Couteau à greffer	ENTOIR
Couteau à racler le cuir	BUTOIR
Couteau à saigner les animaux de boucherie	SAIGNOIR
Couteau pliant à manche de bois	OPINEL
Coûter	VALOIR
Coûteuse	ONÉREUSE
Coûteux	ONÉREUX
Coutume	ACCOUTUMANCE • HABITUDE RITE • TRADITION
Coutumes	US
Couturier français mort en 1936	PATOU
Couturier français né en 1922	CARDIN
Couturière française morte en 1971	CHANEL
Couver	INCUBER
Couvercle qui obture les cellules des abeilles	OPERCULE
Couvert	VÊTU
Couvert d'arbres	BOISÉ
Couvert d'une buée	EMBUÉ
Couvert d'une herbe abondante	HERBU
Couvert de bois	BOISÉ
Couvert de brume	BRUMEUX
Couvert de chapelure	PANÉ
Couvert de moisissure	MOISI
Couvert de mousse	MOUSSU
Couvert de neige	ENNEIGÉ • NEIGEUX
Couvert de peinture	PEINT
Couvert de pierres	PÉTRÉ
Couvert de plâtre	PLÂTREUX
Couvert de poils	VELU

Couvert de poussière	POUDREUX
Couvert de squames	SQUAMEUX
Couvert de vêtements	HABILLÉ
Couverte d'ulcères	ULCÉREUSE
Couverte de beurre	BEURRÉE
Couverte de moisissure	MOISIE
Couverte de neige	NEIGEUSE
Couverte de poils	LAINEUSE
Couverture	TOIT
Couverture cartonnée	RELIURE
Couverture d'un dossier	CHEMISE
Couverture de voyage à carreaux	PLAID
Couverture du faîte	FAÎTAGE
Couverture métallique protégeant un moteur	CAPOT
Couverture rigide	RELIURE
Couvre-chef	BONNET • CHAPEAU
Couvre-livre	LISEUSE
Couvre-pied de duvet	ÉDREDON
Couvrir	COMBLER • ENDUIRE REVÊTIR • VOILER
Couvrir comme de perles	EMPERLER
Couvrir d'affiches	PLACARDER
Couvrir d'eau	INONDER
Couvrir d'émeri	ÉMERISER
Couvrir d'iode	IODER
Couvrir d'ombre	OBOMBRER
Couvrir d'une armure	BARDER
Couvrir d'une bâche	BÂCHER
Couvrir d'une couche d'argent	ARGENTER
Couvrir d'une couche de métal	PLAQUER
Couvrir d'une feuille ou d'une solution d'argent	ARGENTER
Couvrir d'une natte	NATTER
Couvrir de	CONSTELLER
Couvrir de briquetage	BRIQUETER
Couvrir de buée	EMBUER
Couvrir de chapelure	PANER
Couvrir de choses vaporeuses	ENNUAGER
Couvrir de diamants	DIAMANTER
Couvrir de givre	GIVRER

Couvrir de glu	ENGLUER
Couvrir de gouttelettes	EMPERLER
Couvrir de nuages	ENNUAGER
Couvrir de poudre d'émeri	ÉMERISER
Couvrir de quelque chose	BARDER
Couvrir de sable	SABLER • SABLONNER
Couvrir de tapisseries	TAPISSER
Couvrir entièrement	RECOUVRIR
Cracher	PROFÉRER
Crachin	BRUINE
Crachoter	CRACHER
Crado	CRACRA
Craie	CRAYON
Craindre grandement	REDOUTER
Crainte	ANGOISSE • ANXIÉTÉ • PEUR
Crainte excessive	PHOBIE
Craintif	APEURÉ • TIMORÉ
Craintive	PEUREUSE
Cramer	FLAMBER
Crampe	SPASME
Crampon	GRAPPIN
Crampon métallique	TENON
Crampon servant à relier	AGRAFE
Cran	COURAGE
Crâne	TÊTE
Crâner	FRIMER
Crapule	FRIPOUILLE
Crapuleux	SORDIDE
Craqueler	FENDILLER
Craquer	CROQUER
Craquer de façon répétée	CRAQUETER
Craquer souvent et à petit bruit	CRAQUETER
Craqueter	CLAQUETER • CRAQUER
Crasse	ORDURE • SALETÉ
Crasseux	CRACRA • CRADO
Cravache	FOUET
Crayeux	CRÉTACÉ
Crayon	CRAIE
Crayon à bille	STYLO
Crayon composé d'agglomérés de couleur	PASTEL

Créateur	AUTEUR • CRÉATIF
	FONDATEUR • INVENTEUR
Créateur des aventures de Tintin	HERGÉ
Créateur qui pratique l'art figuratif	FIGURATIF
Création	INVENTION
Créativité	IMAGINATION
Créatrice	CRÉATIVE
Crécher	HABITER • LOGER
Crédence	DESSERTE
Crédit	PRÊT
Crédule	CANDIDE • DUPE
	GOBEUR • SIMPLE
Crédulité	CANDEUR
Créé par l'imagination	FICTIF
Créer	ACCOUCHER • FORMER
	INVENTER
Créer quelque chose de nouveau	INNOVER
Créer, produire	ENFANTER
Crème	ONGUENT • POMMADE
Crème à base de lait,	
d'oeufs et de farine	FLAN
Crème glacée	GLACE
Crème renversée, sorte de dessert	FLAN
Créneler	DENTELER
Créole né aux Antilles françaises	BÉKÉ
Crêpe épais	CRÉPON
Crépinette ronde	ATRIAU
Crépiter	PÉTILLER
Crépu	FRISÉ
Crépuscule	SOIR
Cressonnette	CARDAMINE
Crête	SOMMET
Crétin	CON • CONARD • IDIOT
	IMBÉCILE • NUL
Crétiniser	ABÊTIR • ABRUTIR
Crétinisme	STUPIDITÉ
Creuser	APPROFONDIR • CAMBRER • ÉVIDER
	EXCAVER • FOUILLER • MINER
Creuser d'une rainure	RAINER
Creuser davantage	RECREUSER
Creuser de rides	RAVINER

Creuser le sol	FOUIR
Creuser le sol de ravins	RAVINER
Creuser plus profond	RECREUSER
Creuser une cavité	FORER
Creuser, miner	CAVER
Creux	CAVITÉ • PROFOND • TROU
Creux d'un objet évidé	ÉVIDURE
Creux de la main	PAUME
Crevant	TUANT
Crevasse	FENTE • FISSURE • GERÇURE
Crevasser	GERCER
Crevé	FOURBU
Crève-la-faim	AFFAMÉ • FAMÉLIQUE
Crevette rose	PALÉMON • SALICOQUE
Cri	APPEL • OVATION • SON
Cri aigu et prolongé	HURLEMENT
Cri d'acclamation	HOURRA
Cri d'appel à l'aide	HARO
Cri d'enthousiasme	HOURRA • YOUPI
Cri d'un animal à qui on tord le cou	COUIC
Cri de dérision	HUÉE
Cri de joie	ALLÉLUIA
Cri de louange	ALLÉLUIA
Cri déchirant	HURLEMENT
Cri des charretiers	DIA
Cri des petits oiseaux	CUICUI
Cri du cerf en rut	BRAMEMENT
Cri du cerf ou du daim	BRAMEMENT
Cri du chat	FEULEMENT • MIAOU
Cri du chien	ABOI
Cri du coq	COCORICO
Cri du grillon	CRICRI
Cri du tigre	FEULEMENT
Cri employé par les veneurs à la chasse au cerf	TAÏAUT
Cri hostile	HUÉE
Criailler	CANARDER • CLABAUDER • PIAILLER
Criant	PATENT
Criard	TAPAGEUR
Criard, pleurnichard	BRAILLARD
Crible	SAS • TAMIS

Crible pour les cendres du foyer	TAMISEUR
Cribler	TAMISER
Cric	TREUIL • VÉRIN
Cric rouleur	ROULEUR
Crier	HURLER
Crier en parlant des oiseaux de nuit	HULULER
Crier en pleurnichant	PIAULER
Crier fort	BRAILLER
Crier sans motif	CLABAUDER
Crier, en parlant d'un rapace nocturne	ULULER
Crier, en parlant de l'aigle	GLATIR
Crier, en parlant de l'éléphant	BARRIR
Crier, en parlant de l'hirondelle	TRISSER
Crier, en parlant de l'oie	CRIAILLER
Crier, en parlant de la cigogne	CLAQUETER
Crier, en parlant de la grenouille	COASSER
Crier, en parlant des bovins	MEUGLER
Crier, en parlant des corneilles	GRAILLER
Crier, en parlant des poussins	PÉPIER
Crier, en parlant du cerf	BRAMER • RALLER
Crier, en parlant du chat	MIAULER
Crier, en parlant du chevreuil	RÉER
Crier, en parlant du crapaud	COASSER
Crier, en parlant du daim	BRAMER
Crier, en parlant du lièvre, du crocodile	VAGIR
Crier, en parlant du nouveau-né	VAGIR
Crier, en parlant du rhinocéros	BARRIR
Crier, en parlant du serpent	SIFFLER
Crier, en parlant du tigre	FEULER
Crime	DÉLIT • MEURTRE
Crime énorme	FORFAIT
Criminel	ASSASSIN • MALFAITEUR • SCÉLÉRAT
Crin	POIL
Crin très résistant employé pour la pêche à la ligne	FLORENCE
Crinoline	JUPON
Crins de certains animaux	CRINIÈRE
Criquet	SAUTERELLE
Crise	DÉPRESSION • RÉCESSION
Crispant	AGAÇANT
Crispation	SPASME • TENSION

Crispé	TENDU
Crisser	GRINCER
Cristal	BACCARAT
Cristal de la manufacture de Baccarat	BACCARAT
Cristallin	TRANSPARENT
Cristalliser	CANDIR
Critiquable	BLÂMABLE
Critique	ANALYSE • CONTEMPTEUR
	DÉTRACTEUR • REPROCHE
Critique et philosophe allemand	BAUER
Critique italien	ECO
Critique malveillante	GLOSE
Critique moqueuse	SATIRE
Critiquer	ATTAQUER • GLOSER
Critiquer avec amertume	RÉCRIMINER
Critiquer en raillant	FRONDER
Critiquer violemment	FLINGUER
Critiquer vivement	FUSTIGER
Croc	CANINE
Croc de métal ou de bois	ANCRE
Crochet	CRAMPON • CROC
	ESSE • UPPERCUT
Crochet en forme de S	ESSE
Crochet pointu	ÉRIGNE • ÉRINE
Crochet qui était fixé	
sur le côté droit des armures	FAUCRE
Crochu	AQUILIN
Crocodile	CROCO
Crocus	SAFRAN
Croire	SUPPOSER
Croisade	CAMPAGNE
Croiser	ACCOUPLER • RENCONTRER
	TRAVERSER
Croître	GRANDIR
Croquer	MORDRE
Croquis	CANEVAS • DESSIN • DIAGRAMME
	ÉBAUCHE • ESQUISSE
Croquis, plan	TOPO
Crosse de golf	CLUB
Crotte	ÉTRON • MERDE
Crotté	SALE

Crottin	CROTTE
Crouler	ÉBOULER
Croupe	CROUPION • CUL
Croupir	MOISIR • SÉJOURNER • STAGNER
Croustillant	PIQUANT
Croûte du fromage	COUENNE
Croûton	ENTAME
Croûton de pain frotté d'ail	AILLADE
Croyable	ADMISSIBLE
Croyance	DOGME • FOI
	PERSUASION • RELIGION
Croyance qui attribue une âme	
aux choses, aux animaux	ANIMISME
Cru	GRIVOIS
Cru renommé du Beaujolais	JULIÉNAS
Cruauté	ATROCITÉ • BARBARIE
	FÉROCITÉ • SADISME
Cruche	BROC • POT
Cruchon	CRUCHE
Cruel	FÉROCE
Crûment	NUEMENT • NÛMENT
Crustacé	CRABE
Crustacé décapode	PAGURE
Crustacé terrestre	CLOPORTE
Crustacé voisin des cloportes	LIGIE
Crypte	GROTTE
Cubital	ULNAIRE
Cucul	GNANGNAN
Cucuterie	CONNERIE
Cueillette	MOISSON
Cueillir	RÉCOLTER
Cuillère	CUILLER
Cuillère à pot	POCHE
Cuir d'aspect velouté	SUÈDE
Cuir de veau tanné	BOX
Cuirasse	BOUCLIER
Cuirassé	BLINDÉ
Cuirasser	ENDURCIR
Cuire à l'étuvée	ÉTUVER
Cuire à la vapeur	ÉTUVER
Cuire dans un corps gras bouillant	FRIRE

Cuire de nouveau	RECUIRE
Cuisine	CUISTANCE
Cuisinier à bord d'un navire	COQ
Cuisinier chargé des sauces	SAUCIER
Cuisinier professionnel	CUISTOT
Cuissard d'armure	CUISSOT
Cuisse de chevreuil	CUISSOT
Cuisse de mouton	GIGOT
Cuisse du gros gibier	CUISSOT
Cuisse du porc	JAMBON
Cuisson	CUITE
Cuit à feu vif	RÔTI
Cuite dans la friture	FRITE
Cuivre	CU
Cuivré	HÂLÉ • MORDORÉ
Cul	ANUS • CROUPE
Cul-de-sac	IMPASSE
Culbute	CABRIOLE
Culbuter	BASCULER
Culbuter en parlant d'un véhicule	CAPOTER
Culot	TOUPET
Culotte	PANTALON
Culotté	GONFLÉ
Culotte à jambes longues	PANTALON
Culotte courte	SHORT
Culotte échancrée	SLIP
Culte	PIÉTÉ • RELIGION • RITE
Culte animiste répandu aux Antilles	VAUDOU
Culte d'honneur rendu aux anges	DULIE
Culte du moi	ÉGOTISME
Culte passionné	ADORATION
Cultivable	ARABLE
Cultivateur	AGRICULTEUR • FERMIER • PAYSAN
Cultivé	INSTRUIT
Cultiver	CIVILISER
Culture	ÉRUDITION • SAVOIR
Culture des jardins	JARDINAGE
Cupide	AVARE • INTÉRESSÉ • RAPACE • VÉNAL
Cupidité	AVARICE • RAPACITÉ
Curaillon	CURETON
Cure	MÉDICATION

Curé	PRÊTRE
Curé célèbre au Québec	LABELLE
Curé, prêtre	CURAILLON
Curer	ÉCURER
Curetage	CURAGE
Cureton	CURAILLON
Curie	CI
Curieux	BADAUD • FOUILLEUR • INDISCRET
Curieux, étonnant	MARRANT
Curiosité	INTÉRÊT
Curium	CM
Curriculum vitae	CV
Curry	CARI
Cutiréaction	CUTI
Cuve de bois	BAQUET
Cuve fermée	CITERNE
Cuve munie d'une alimentation en eau	ÉVIER
Cyclisme	VÉLO
Cycliste	PÉDALEUR
Cyclomoteur de conception particulièrement simple	SOLEX
Cyclone	TORNADE
Cyclone des mers	TYPHON
Cyclopousse	RICKSHAW
Cylindre allongé	ROULEAU
Cylindre de bois utilisé pour la castration des animaux	CASSEAU
Cylindre de tabac haché	CIGARETTE
Cylindre destiné à raccorder	MANCHON
Cylindre plat servant à broyer	MEULE
Cyprès chauve	CIPRE

D'abord	AUPARAVANT
D'Acadie	ACADIEN
D'accord	DAC • OK
D'Allemagne	ALLEMAND
D'Andalousie	ANDALOU
D'Angleterre	ANGLAIS
D'après	SELON
D'Arius	ARIEN
D'arrière-saison	TARDIF
D'égale inclinaison magnétique	ISOCLINE
D'Eurasie	EURASIEN • EURASIENNE
D'Europe	EUROPÉEN • EUROPÉENNE
D'Haïti	HAÏTIEN
D'Oran	ORANAIS
D'ordre indéterminé	ÉNIÈME • NIÈME
D'origine brésilienne, tabac	PÉTUN
D'origine sanguine	HÉMATIQUE
D'un bleu lumineux	SAPHIR
D'un brun chaud à reflets dorés	MORDORÉ
D'un brun rouge	BAI
D'un brun roux, en parlant des cheveux	AUBURN
D'un brun-roux	BAI
D'un caractère désagréable	ACARIÂTRE
D'un chérif	CHÉRIFIEN
D'un esprit vif, dégourdi	DÉLURÉ
D'un goût acide et aigre	SUR
D'un jaune terne	JAUNÂTRE
D'un jaune tirant sur le roux	FAUVE
D'un jaune très doux	BLOND
D'un palais	PALATIAL
D'un point à un autre	ENTRE
D'un regard fixe	FIXEMENT
D'un rouge vif et léger	VERMEIL
D'un rouge-brun	ROUILLE
D'un vert tirant sur le bleu	GLAUQUE
D'une activité incessante	TRÉPIDANT
D'une beauté irréelle	FÉERIQUE

D'une blancheur de plâtre	PLÂTREUX
D'une blancheur éclatante	VIRGINAL
D'une blancheur parfaite	IMMACULÉ
D'une couleur bleu mauve	LAVANDE
D'une couleur entre le bleu et le vert	PERS
D'une couleur fade, pâle	DÉLAVÉ
D'une couleur orangée plus ou moins vive	ROUX
D'une couleur rouge bordeaux velouté	AMARANTE
D'une couleur tenant du gris et du beige	GRÈGE
D'une couleur violet foncé	PRUNE
D'une douceur fade	DOUCEÂTRE
D'une douceur hypocrite	MIELLEUX
D'une excessive sévérité	DRACONIEN
D'une extrême maigreur	ÉTIQUE
D'une extrême minceur	FILIFORME
D'une façon nette, décidée	CARRÉMENT
D'une fadeur déplaisante	FADASSE
D'une gravité exagérée	SOLENNEL
D'une hardiesse excessive, provocante	DÉLURÉ
D'une locution signifiant sans que cette personne s'en doute	INSU
D'une manière calme	CALMEMENT
D'une manière crâne	CRÂNEMENT
D'une manière décontractée	RELAX
D'une manière déraisonnable	FOLLEMENT
D'une manière ferme	FERMEMENT
D'une manière hautaine	FIÈREMENT
D'une manière judicieuse	SAGEMENT
D'une manière orale	ORALEMENT
D'une manière servile	PLATEMENT
D'une pâleur maladive	HÂVE
D'une probité absolue	INTÈGRE
D'une qualité supérieure	SUPERFIN
D'une teinte rose orangé	SAUMON
D'une tiédeur désagréable	TIÉDASSE
D'une très petite taille	NAIN
Dada	CHEVAL • MAROTTE
Dais	BALDAQUIN
Dais à colonnes	BALDAQUIN

Daleau	DALOT
Daller	PAVER
Dam	DAMNATION
Dame anglaise	LADY
Damné	ABOMINABLE • MAUDIT • SATANÉ
Dancing	BAL
Danger	GUÊPIER • RISQUE
Danger fabuleux	TARASQUE
Danger imminent	PÉRIL • VOLCAN
Dangereuse	NOCIVE • PERNICIEUSE • SÉRIEUSE
Dangereux	BRÛLANT • COÛTEUX • MALSAIN
	NOCIF • REDOUTABLE • SÉRIEUX
	TRAÎTRE
Dans	CHEZ • DEDANS • EN • ICI
Dans l'antiquité	AUTREFOIS
Dans la montagne, versant à l'ombre	UBAC
Dans la rose des vents	ENE • ESE • NNE • NNO • SO • SSO
Dans le calendrier romain	IDES
Dans le calme	CALMEMENT
Dans le nom d'une ville du Brésil	SAO
Dans le titre d'un drame lyrique	
de Debussy	PELLÉAS
Dans le vent	IN
Dans peu de temps	TANTÔT
Dans quelle mesure	COMBIEN
Dans un mouvement modéré	ANDANTE
Dans une locution signifiant	
dès maintenant	ORES
Dans une maison, local	
aménagé pour faire la lessive	BUANDERIE
Danse	GIGUE • JAVA • JERK • RONDE
	SAMBA • SARABANDE
Danse à deux temps	MAMBO
Danse à trois temps	MAZURKA • VALSE
Danse caractérisée	
par des mouvements syncopés	SMURF
Danse cubaine	CONGA • RUMBA
Danse d'origine américaine	TWIST
Danse d'origine andalouse	BOLÉRO
Danse d'origine brésilienne	LAMBADA • SAMBA
Danse d'origine cubaine	HABANERA • MAMBO

Danse d'origine espagnole	PASODOBLE
Danse d'origine grecque	SIRTAKI
Danse d'origine polonaise	MAZURKA
Danse de bal musette	JAVA
Danse de Saint-Guy	CHORÉE
Danse du folklore auvergnat	BOURRÉE
Danse espagnole, originaire de La Havane	HABANERA
Danse figurée, exécutée par une ou plusieurs personnes	BALLET
Danse française à deux temps	RIGAUDON
Danse française d'origine populaire	GAVOTTE
Danse lente	SLOW
Danse lente à trois temps	CHACONE • LOURE
Danse originaire d'Argentine	TANGO
Danse polynésienne à deux temps	TAMOURÉ
Danse populaire de diverses régions du centre de la France	BOURRÉE
Danse populaire espagnole	JOTA
Danse populaire grecque	SIRTAKI
Danse proche de la samba	RUMBA
Danse provençale	FARANDOLE
Danse sur un rythme très vif	GAMBILLE
Danse tournante	VALSE
Danse très rapide	GALOP
Danser	GAMBADER • GAMBILLER • VALSER
Danser la valse	VALSER
Danser sur un rythme très vif	GAMBILLER
Danser un peu	DANSOTER
Danseur à claquettes et acteur américain mort en 1987	ASTAIRE
Danseur de ballets	BALADIN
Danseur de corde	FUNAMBULE
Danseur et chorégraphe anglais	TUDOR
Danseuse égyptienne lettrée	ALMÉE
Danseuse japonaise	GEISHA
Danseuse orientale	ALMÉE
Danseuse qui fait partie d'une revue	GIRL
Darce	DARSE
Dard	JAVELOT
Darse	DARCE

Daurade	DORADE
Davantage	PLUS
Dé à jouer	CUBE
De Belgique	BELGE
De bon coeur	GAÎMENT
De bon gré	VOLONTIERS
De bonne heure	TÔT
De Bretagne	BRETON
De Calabre	CALABRAIS
De ce côté-ci	DEÇA
De cette façon	AINSI
De Corée	CORÉEN
De couleur orange clair	MANDARINE
De couleur pourpre	PURPURIN
De couleur variée et changeante	DIAPRE
De deux couleurs	BICOLORE
De Dieu, en latin	DEI
De façon crâne	CRÂNEMENT
De façon entendue	TACITEMENT
De façon étonnante	CURIEUSEMENT
De façon fière	FIÈREMENT
De façon sage	SAGEMENT
De façon tendre, amoureusement	AMOROSO
De format réduit	COMPACT
De France	FRANÇAIS
De Galilée	GALILÉEN
De Gênes	GÉNOIS
De grand prix	PRÉCIEUSE • PRÉCIEUX
De Haute-Écosse	ERSE
De l'abside	ABSIDAL • ABSIDIAL
De l'Albanie	ALBANAIS
De l'Amérique latine	LATINO
De l'anus	ANAL
De l'Arabie	ARABE
De l'aviculture	AVICOLE
De l'Estonie	ESTONIEN
De l'État	ÉTATIQUE
De l'ex-URSS	RUSSE
De l'iléon	ILÉAL
De l'image en général	ICONIQUE
De l'Inde	HINDOU

De l'Ionie	IONIEN • IONIQUE
De l'Iran	IRANIEN
De l'Italie	ITALIEN
De l'Olympe	OLYMPIEN
De l'ongle	UNGUÉAL
De l'Ontario	ONTARIEN • ONTARIENNE
De l'ONU	ONUSIEN • ONUSIENNE
De l'Organisation des Nations Unies	ONUSIEN • ONUSIENNE
De la Cafrerie	CAFRE
De la couleur brun-rouge du cachou	CACHOU
De la couleur d'un brun très clair	BEIGE
De la couleur du citron	CITRIN
De la couleur du vin de Bordeaux	BORDEAUX
De la couleur grise de l'acier	ACIER
De la couleur mauve	PARME
De la couleur rouge pourpre de l'amarante	AMARANTE
De la Frise	FRISON
De la Gascogne	GASCON
De la Gaule	GAULOIS
De la Grèce	GREC
De la Lune	SÉLÈNE
De la Lydie	LYDIEN
De la Mafia	MAFIEUX
De la médecine	MÉDICAL
De la Médie	MÈDE
De la mer Égée	ÉGÉEN
De la métropole	MÉTRO
De la montagne Pelée	PÉLÉEN
De la nature de l'éther	ÉTHÉRÉ
De la nature de l'herbe	HERBACÉ
De la nature de l'huître	OSTRACÉ
De la nature des gaz	GAZEUX
De la nature du bois	LIGNEUX
De la nature du sable	ARÉNACÉ
De la nuque	NUCAL
De la paume de la main	PALMAIRE
De la planète Terre	TERRESTRE
De la poste	POSTAL
De la queue	CAUDAL
De la Russie	RUSSE

De la Sardaigne	SARDE
De la Saxe	SAXON
De la Suède	SUÉDOIS
De la tribu	TRIBAL
De la ville	CITADIN • URBAIN
De la ville d'Élée	ÉLÉATE
De Laponie	LAPON
De Lesbos	LESBIEN
De Lettonie	LETTON
De manière fixe	FIXEMENT
De mauvais goût	QUÉTAINE
De mauvaise humeur	MAUSSADE
De mauvaise qualité	MOCHE
De même	AINSI • DITO • IDEM • ITEM • ITOU
De même que (À l')	INSTAR
De Mongolie	MONGOL
De naissance	INNÉ • NÉ
De nature à frustrer	FRUSTRANT
De nature à rassurer	RASSURANT
De Nîmes	NÎMOIS
De nos jours	ACTUELLEMENT
De nouveau	ENCORE
De Nubie	NUBIEN
De Paris	PARISIEN
De peu de durée	BREF • BRÈVE
De Picardie	PICARD
De plus	ITEM
De Potiers	POITEVIN
De préférence	PLUTÔT
De profession	PROFESSIONNEL
De qualité supérieure	SURFIN
De Québec	QUÉBÉCOIS
De quelle façon	COMMENT
De Rennes	RENNAIS
De Serbie	SERBE
De Slovaquie	SLOVAQUE
De temps en temps	PARFOIS
De trente ans	TRICENNAL
De Turquie	TURC
De vieillard	SÉNILE
De Vienne	VIENNOIS

De vive voix	ORALEMENT
Déambuler	ERRER • MARCHER • RÔDER
Débâcle	DÉROUTE • FAILLITE
	FONTE • KRACH
Déballer	OUVRIR
Débandade	DÉROUTE
Débandade, déroute	DÉBÂCLE
Débarcadère	QUAI
Débardeur, dans les ports africains	LAPTOT
Débarras	CAGIBI
Débarrasser	BALAYER • DÉPÊTRER
Débarrasser de sa bourbe	DÉBOURBER
Débarrasser de ses bavures	ÉBAVURER
Débarrasser de son écale	ÉCALER
Débarrasser de son ignorance	DÉCRASSER
Débarrasser des noeuds	ÉNOUER
Débarrasser des puces	ÉPUCER
Débarrasser le sol du chaume	DÉCHAUMER
Débarrasser un arbre des yeux inutiles	ÉBORGNER
Débarrasser un linge de l'eau dont il est imprégné	ESSORER
Débarrasser un terrain de l'excès d'eau	DRAINER
Débat	DÉLIBÉRATION • DISCUSSION
	SÉANCE
Débattre	DÉLIBÉRER • DISCUTER
Débauche	LICENCE • LUXURE
Débauché	LUXURIEUX • RIBAUD
Débauche humiliante	STUPRE
Débaucher	PERVERTIR
Débiliter	ÉTIOLER
Débine	DÈCHE
Débit	COMMERCE • DOIT
Débit de boissons	BAR • TAVERNE
Débiter	DÉPECER • PRONONCER
Déblatérer	MÉDIRE
Déblayer	BALAYER • DÉGAGER
Déboire	DÉCEPTION
Déboîtement	ENTORSE
Déboîter	LUXER
Débonnaire	PACIFIQUE
Déborder	REGORGER • SAILLIR

Déborder de joie	EXULTER
Déboucher	OUVRIR
Débourrer	DÉPILER
Débours	FRAIS
Débourser	DÉPENSER
Débris	DÉCHET • ÉPAVE • GRAVATS • SCIURE
Débris d'un objet de verre	TESSON
Débris d'un objet en céramique	TESSON
Débris d'une construction	RUINES
Débris de construction	DÉBLAI
Débris de glace	CALCIN
Débrouillard	FUTÉ
Débrouiller	ÉCLAIRCIR • ÉLUCIDER
Débroussailler	ESSARTER
Début	COMMENCEMENT • NAISSANCE
	OUVERTURE
Début d'un exposé	PRÉMISSE
Début du jour	MATIN
Débutant	APPRENTI • NOVICE
Débutante, familièrement	DEB
Débuter	COMMENCER
Décadence	DÉCLIN • DÉCRÉPITUDE
	DÉTÉRIORATION
Décalage	RETARD
Décalage entre deux réalités	GAP
Décamper	DÉTALER • DISPARAÎTRE • FUIR
	PARTIR • SORTIR
Décaper	PONCER • SABLER
Décapeuse	SCRAPER
Décapiter	ÉCIMER • ÉTÊTER
Décédé	DÉFUNT • MORT
Décéder	TRÉPASSER
Déceler	TROUVER
Décence	PUDEUR
Décennie	DÉCADE
Décent	SÉANT
Déception	CONTRARIÉTÉ • DÉBOIRE
Décerner	ADJUGER • CONFÉRER
Décerner un diplôme	DIPLÔMER
Décès	MORT • TRÉPAS
Décevant	FRUSTRANT

Décevoir	DÉGOÛTER • DÉSAPPOINTER
Décevoir, tromper	FRUSTRER
Déchaîné	DÉBRIDÉ • EFFRÉNÉ • FURIEUX
Déchaînée	FURIEUSE
Déchaîner	PROVOQUER
Décharge	ACQUIT • QUITUS • REÇU
Déchargé	EXEMPT
Décharge électrique	FOUDRE
Décharge simultanée d'armes à feu	SALVE
Décharger	AFFRANCHIR • DÉLESTER
	EXONÉRER
Décharger à quai	DÉBARDER
Décharger quelqu'un de ses frais	DÉFRAYER
Déchargeur de gabarres	GABARRIER
Décharné	MAIGRE
Décharné, très maigre	ÉTIQUE
Déchaumeuse	CHARRUE
Dèche	DÉBINE
Déchéance	DÉGRINGOLADE
Déchet	REBUT
Déchets	DÉTRITUS
Déchiffrage	LECTURE
Déchiffrer	DÉCODER • LIRE • TRADUIRE
Déchiqueter	HACHER
Déchirant	PERÇANT • POIGNANT
Déchirement	TOURMENT
Déchirer	ACCROCHER • CRAQUER
	LACÉRER • MEURTRIR • TROUER
Déchirure	ACCROC • FENTE
Décidé	ENTENDU • RÉSOLU
Décider	CONVENIR • DÉCRÉTER • JUGER
	PERSUADER • STATUER
Décider en qualité d'arbitre	ARBITRER
Décider sans appel	TRANCHER
Décilitre	DÉCI
Décisif	CONCIS • CONCLUANT
	CRUCIAL • PROBANT
Décision	CHOIX • DÉCRET
	ORDONNANCE • RÉSOLUTION
Décision arbitraire	UKASE
Décision unilatérale	DIKTAT

Décision volontaire après délibération	FIAT
Déclamateur	PHRASEUR
Déclamer	RÉCITER
Déclaration	AVEU • CONFESSION
	DÉPOSITION • DIRE • ÉNONCÉ
Déclarer	AFFIRMER • AVOUER • PUBLIER
Déclarer nul	RESCINDER
Déclarer ouvertement	PROFESSER
Déclarer qu'on ne croit plus en quelqu'un	RENIER
Déclencher	DÉCHAÎNER • LANCER
Déclin	DÉCADENCE • DÉCRÉPITUDE
Déclin du jour	SOIR
Déclin précédant la fin	AGONIE
Décliné	AFFAIBLI
Décliner	AGONISER • BAISSER
	FAIBLIR • PÉRICLITER
Déclivité	PENTE
Décolérer	DÉRAGER
Décollage	DÉPART • ENVOL • ENVOLÉE
Décoller (S')	ENVOLER
Décoloration complète ou partielle des cheveux	CANITIE
Décoloré	DÉLAVÉ • ÉTEINT
Décoloré par l'action de l'eau	DÉLAVÉ
Décolorer	DÉTEINDRE
Décombres	RUINES
Décomposer	SCINDER
Décomposition	CORRUPTION
Décompter	DÉDUIRE • RABATTRE
Déconcerté	DÉCONTENANCÉ • DÉROUTÉ
	DÉSEMPARÉ • ÉTONNÉ
	INTERDIT • PANTOIS
Déconcerter	DÉCONTENANCER • DÉSAPPOINTER
	DÉSARÇONNER • DÉSORIENTER
Déconfit	PENAUD • PITEUX
Déconfite	PITEUSE
Déconfiture	DÉFAITE
Décongeler	DÉGELER
Déconner	RIGOLER
Déconsidération	DISCRÉDIT

Décontenancé	DÉSEMPARÉ
Décontenancé, à la suite d'un échec	DÉCONFIT
Décontenancer	DÉCONCERTER • DÉMONTER
Décontracté	DÉTENDU • RELAX
Décontracter	RELÂCHER
Décontraction	RELAX
Décor	AMBIANCE
Décor d'un tissu broché	BROCHURE
Décoration	DÉCOR • MÉDAILLE • ORNEMENT
Décoration militaire	BANANE
Décoré de scènes narratives	HISTORIÉ
Décorer	ORNER
Décorer d'une médaille	MÉDAILLER
Décorner	ÉCORNER
Décortiquer	DÉSOSSER • ÉCALER • ÉCORCER
Décorum	PROTOCOLE
Découdre le bâti d'une jupe	DÉBÂTIR
Découler	ÉMANER • RÉSULTER
Découpe dans la tranche d'un livre	ENCOCHE
Découper	DÉPECER
Découper du bois	DÉBITER
Découper en filets	FILETER
Découper en morceaux	DÉBITER
Découpure	ENCOCHE
Découpure en forme de créneaux	CRÉNELURE
Découpure en forme de dent	REDAN
Découragé	ABATTU
Décourageant	REBUTANT
Découragement	ACCABLEMENT • DÉSESPOIR
Décourager	DÉMORALISER • DÉPRIMER
	DISSUADER • REBUTER • REFROIDIR
Découvert	DÉGAGÉ • ÉVENTÉ
Découverte	INVENTION • TROUVAILLE
Découvrir	APPRENDRE • DÉCELER • DÉGAGER
	DÉGOTER • DÉGOTTER • DÉNUDER
	DÉPISTER • DEVINER • ÉVENTER
	REPÉRER • TROUVER
Décrasser	LAVER
Décrasser, dégrossir	DÉCROTTER
Décrépitude	CADUCITÉ
Décret	DÉCISION

Décret du roi	RESCRIT
Décret du roi du Maroc	DAHIR
Décréter	ÉDICTER • LÉGIFÉRER
Décrier, dénigrer	DÉBINER
Décrire des sinuosités	SINUER
Décrire les armoiries selon les règles	BLASONNER
Décrochage	RECUL
Décrocher	ABANDONNER • DÉTELER
	OBTENIR • RECULER
Décroître	PÉRICLITER • BAISSER
Décrotter, dégrossir	DÉCRASSER
Déçu	DÉGOÛTÉ • DÉSABUSÉ
Dédaigner	MÉPRISER
Dédaigneux	ROGUE • SUPÉRIEUR
Dédain	MÉPRIS
Dedans	INTÉRIEUR • PARMI
Dédicacer	DÉDIER • SIGNER
Dédier	ADRESSER • OFFRIR
Dédier à Dieu, à un saint	CONSACRER
Dédire	CONTREDIRE • DÉMENTIR
Dédit	FORFAIT
Dédommagement	COMPENSATION
Dédommager	RÉCOMPENSER
Déduction	DÉCOMPTE
Déduire	INFÉRER • RABATTRE • RETENIR
Déesse	MUSE
Déesse des eaux, dans la mythologie nordique	ONDINE
Déesse des mythologies nordiques	WALKYRIE
Déesse égyptienne	ISIS
Déesse grecque aimée de Zeus	SÉMÉLÉ
Déesse grecque de la Jeunesse	HÉBÉ
Déesse grecque de la Pensée	ATHÉNA
Déesse grecque de la Vengeance	NÉMÉSIS
Déesse grecque, épouse de Zeus	HÉRA
Déesse inférieure, dans la mythologie indienne	APSARA
Déesse romaine du Foyer	VESTA
Défaillance d'ordre sexuel chez l'homme	FIASCO
Défaillant	LABILE

Défaillir (Se)	PÂMER
Défaire	DÉPLIER • DESSERRER
	OUVRIR • VAINCRE
Défaire ce qui était cloué	DÉCLOUER
Défaire de nouveau	REDÉFAIRE
Défaire fil à fil	PARFILER
Défaire la boucle de	DÉBOUCLER
Défaire la brochure d'un livre	DÉBROCHER
Défaire le bâtis d'une couture	DÉBÂTIR
Défaire les tresses	DÉNATTER
Défait	PERDANT • VAINCU
Défaite	CAPITULATION • ÉCHEC
	PERTE • REVERS
Défaite cuisante	PIQUETTE
Défaitiste	ALARMISTE • PESSIMISTE
Défalquer	RABATTRE
Défaut	ABSENCE • DISETTE • VICE
Défaut d'aplomb d'un mur	DEVERS
Défaut d'égalité	INÉGALITÉ
Défaut d'enthousiasme	TIÉDEUR
Défaut d'un propos verbeux	VERBOSITÉ
Défaut d'une personne verbeuse	VERBOSITÉ
Défaut dans la structure optique	
de l'oeil	AMÉTROPIE
Défaut de l'esprit simpliste	SIMPLISME
Défaut du bois	LUNURE
Défaut du bois en forme	
de croissant de lune	LUNURE
Défaut héréditaire	TARE
Défaut léger	TRAVERS
Défaveur	DÉCRI • DISCRÉDIT
Défavorable	MAUVAIS
Défavoriser	DÉSAVANTAGER • HANDICAPER
Défection	ABANDON
Défectueux	DÉTRAQUÉ
Défendre	EMPÊCHER • EXCUSER • INTERDIRE
	PROHIBER • REFUSER • SECOURIR
Défendu	ILLICITE
Défense	APOLOGIE • ARMURE • BOUCLIER
Défense de sanglier	DAGUE
Défenseur	AVOCAT • PROTECTEUR

Défenseur d'une cause	CHAMPION
Défenseur éloquent	TRIBUN
Déférence	ÉGARD
Déférent	AVENANT • COMPLAISANT
Défeuiller	EFFEUILLER
Défi	BRAVADE • GAGEURE
Défiance	PRUDENCE • SUSPICION
Défiant	MÉFIANT • SOUPÇONNEUX
Défiante	SOUPÇONNEUSE
Déficience permanente d'une partie du corps	INFIRMITÉ
Déficit	MALI
Défier	AFFRONTER • BRAVER • NARGUER
Défier l'adversaire	CONTRER
Défigurer	AMOCHER • DÉFORMER • ENLAIDIR
Défilé	CORTÈGE • REVUE
Défilé de chars	CORSO
Défilé militaire	PARADE
Défiler	EFFILER • PARADER
Défini par la loi	LÉGAL
Définir	DÉTERMINER
Définir le lieu	LOCALISER
Définitif	CONCIS • CONCLUANT
Déflagration	DÉTONATION
Défoncer	EMBOUTIR • ÉVENTRER
Défonceuse	CHARRUE • RIPPER • ROOTER
Déformation de la partie antérieure du cou	GOÎTRE
Déformé	BOT • DIFFORME
Déformer	AVACHIR • CABOSSER • DÉNATURER
Déformer à l'ouverture	ÉGUEULER
Déformer en pressant	ÉCACHER
Déformer la vérité	FAUSSER
Déformer par des bosses	BOSSUER
Déformer par torsion	TORDRE
Déformer par une torsion	DISTORDRE
Déformer, dévier	DÉJETER
Défourailler	DÉGAINER
Défraîchi	ÉCULÉ • USAGÉ • USÉ • VIEILLI
Défrayer	REMBOURSER
Défricher	ESSARTER

Défricheur	PIONNIER
Défriser	DÉBOUCLER
Défunt	FEU
Dégagé	DÉBOUCHÉ
Dégagement	ISSUE
Dégager	AFFRANCHIR • DÉBARRASSER
	EXTRAIRE • LIBÉRER • RETIRER
Dégager d'un lien	DÉPÊTRER
Dégager de ce qui encombre	DÉBLAYER
Dégager un lieu des choses	
qui l'encombrent	DÉBLAYER
Dégarni	DÉNUDÉ
Dégarnir	DÉMUNIR
Dégarnir de sa croûte	ÉCROÛTER
Dégarnir de ses cornes	DÉCORNER
Dégarnir de ses lardons	DÉLARDER
Dégarnir un terrain	DÉBOISER
Dégât	DOMMAGE
Dégelée	VOLÉE
Dégeler brusquement,	
en parlant d'une rivière	DÉBÂCLER
Dégénéré	ABÂTARDI
Dégénérer (S')	ABÂTARDIR
Dégénérer en abcès	ABCÉDER
Dégobiller	DÉGUEULER • VOMIR
Dégommer	DÉGOTER
Dégonflé	LÂCHE • PEUREUX
	PLAT • POLTRON
Dégoter	DÉCOUVRIR
Dégourdi	CAPABLE • DÉLURÉ • ÉVEILLÉ
Dégourdir	DÉLURER • DÉNIAISER
Dégoût	RÉPULSION
Dégoûtant	ABJECT • IMMONDE
Dégoûtante	AFFREUSE
Dégoûté	ABATTU
Dégoûter	BLASER • DISSUADER • ÉCOEURER
	LASSER • RÉPUGNER • REBUTER
Dégoutter	COULER • ÉGOUTTER
	SUER • SUINTER
Dégradant	ABRUTISSANT • BAS • HONTEUX
Dégradante	HONTEUSE

Dégradation	ALTÉRATION • DÉTÉRIORATION
	POLLUTION • USURE
Dégradation du relief	ÉROSION
Dégradé	DÉLABRÉ • DÉTÉRIORÉ
Dégradé par le temps	DÉCRÉPIT
Dégrader	ABÂTARDIR • DESTITUER
	ÉRODER • PROSTITUER
Dégrader par la base	SAPER
Dégrafer	DÉBOUCLER
Dégraisser	DÉLARDER • NETTOYER
Degré	CRAN • ÉCHELON • MARCHE
	NUANCE • STADE
Degré d'élévation	NIVEAU
Degré d'énergie	INTENSITÉ
Degré d'une hiérarchie	GRADE
Degré de qualification	
d'une ceinture noire	DAN
Degré du zodiaque	DÉCAN
Degré extrême	COMBLE
Degré le plus élevé	ZÉNITH
Dégringolade	DESCENTE • GLISSADE
Dégringoler	DÉBOULER
Dégriser	DÉSENIVRER
Dégrossir, épaneler	ÉBAUCHER
Déguenillé	LOQUETEUX
Déguerpir	DÉLOGER • DÉTALER • SORTIR
Déguerpissez!	OUSTE
Dégueuler	VOMIR
Déguisement	MASCARADE
Déguiser	CAMOUFLER • COSTUMER
	MAQUILLER • MASQUER • PALLIER
Dégustateur	GOÛTEUR
Déguster	GOÛTER • SAVOURER • SIROTER
Dehors	HORS
Déjouer	DÉPISTER • TROMPER
Délabré	RUINÉ • VÉTUSTE
Délabrement	DÉGRADATION
Délabrer	RUINER
Délacer	DÉNOUER
Délai	MORATOIRE • RÉPIT • SURSIS
Délai de paiement	CRÉDIT

Délaissé	ESSEULÉ
Délaissement	DÉFECTION
Délaisser	DÉSERTER • NÉGLIGER
Délassé	REPOSÉ
Délassement	DÉTENTE • RÉCRÉATION • REPOS
Délasser	AMUSER • DISTRAIRE • REPOSER
Délateur	ESPION • INDIC
Délayé	DÉTREMPÉ
Délayer	DILUER
Délectable	SUCCULENT
Délégué	DÉPUTÉ
Délégué représentant les créanciers	SYNDIC
Déléguer	CONFIER
Délester	ALLÉGER
Délibération entre juges	DÉLIBÉRÉ
Délibéré	VOLONTAIRE • VOULU
Délibérément	EXPRÈS
Délicat	DOUILLET • FIN • FLUET • FRAGILE FRÊLE • RAFFINÉ
Délicate	FLUETTE
Délicatesse	PRÉVENANCE • SUAVITÉ • TACT
Délice	JOUISSANCE • RÉGAL
Délicieux	ADORABLE • CHARMANT DÉLECTABLE • SUAVE • SUCCULENT
Délier	DÉNOUER • DÉTACHER
Délimiter	ASSIGNER • LIMITER
Délinquant	DÉVOYÉ
Délirant	EXALTÉ
Délire	ACCLAMATION • CAUCHEMAR
Délirer	RÊVER
Délit	CRIME • INFRACTION • RECEL
Délivrance	LIBÉRATION
Délivrance de ce qui embarrassait	DÉBARRAS
Délivré	GUÉRI • LIBÉRÉ
Délivrer	AFFRANCHIR
Délocalisation	TRANSFERT
Délocaliser	ENVOYER • TRANSFÉRER
Déloger	EXPULSER
Déloyal	FÉLON • INFIDÈLE PERFIDE • TRAÎTRE
Déloyale	TROMPEUSE

Déloyauté	TRAHISON • TRAÎTRISE
Déluge	PLUIE
Déluré	ÉVEILLÉ • MALIN
Délurée	MALIGNE
Délustrer	DÉCATIR
Demain	AVENIR
Demande	INSTANCE • PÉTITION • REQUÊTE
Demande pressante	SOS
Demander	ADJURER • POSTULER • RÉCLAMER
Demander la charité	MENDIER
Démangeaison de la peau	PRURIT
Démanteler	RASER
Démantibuler	DÉMOLIR
Démarche	ALLURE • PAS
Démarrage économique	DÉCOLLAGE
Démarrer	COMMENCER
Démêlé	CHICANE
Démêler	BROSSER
Démêler des fibres textiles	CARDER
Démêler les cheveux	PEIGNER
Déménager	DÉLOGER
Démence	FOLIE
Dément	ALIÉNÉ • FOL • FOU • INSENSÉ
Démente	FOLLE
Démenti	DÉNÉGATION
Démentir	CONTREDIRE • DÉDIRE
	INFIRMER • NIER
Démesuré	EFFRÉNÉ • IMMODÉRÉ
Démettre	DÉMANCHER
Démettre, déboîter	DISLOQUER
Demeure	DOMICILE • FOYER • GÎTE
	HABITATION • LOGEMENT
	LOGIS • MAISON • SÉJOUR
Demeuré	ABRUTI
Demeurer	EXISTER • GÎTER • HABITER • LOGER
	RÉSIDER • RESTER • SUBSISTER
Demi	MOITIÉ • SEMI
Demi de bière additionné de grenadine	TANGO
Demi-bouteille	FILLETTE
Demi-croix de Saint-André	GUÈTE
Demi-dieu	HÉROS

Demi-étage	ENTRESOL
Demi-frère	UTÉRIN
Demi-lune	RAVELIN
Demi-portion	AVORTON
Demi-scotch	BABY
Demi-soeur	UTÉRINE
Démilitariser	DÉSARMER
Démission d'un arbitre	DÉPORT
Démodé	ANTIQUE • CADUC • DÉSUET
	PÉRIMÉ • SURANNÉ • VIEILLOT
Démodé et un peu ridicule	ROCOCO
Démodée	VIEILLE
Demoiselle	HIE
Demoiselle anglaise	MISS
Démolir	DÉFAIRE • DÉTRUIRE • EMBOUTIR
	RATATINER • RUINER
Démolition	DESTRUCTION
Démon	DIABLE
Démon masculin	INCUBE
Démoniaque	POSSÉDÉ
Démonstratif	OUVERT
Démonstratif, communicatif	EXPANSIF
Démonstration	ARGUMENT
Démonstration de marchandises	ÉTALAGE
Démonstration enthousiaste	EFFUSION
Démonstration remarquable	FESTIVAL
Démonter	DÉFAIRE
Démonter les enroulements d'un dispositif électrique	DÉBOBINER
Démonstrations de tendresse	MAMOURS
Démontré	OBVIÉ
Démontrer	PROUVER
Démoralisation	DÉCOURAGEMENT
Démoraliser	DÉPRIMER
Démoraliser profondément	ÉCOEURER
Démuni	DÉNUÉ • DÉPOURVU
Démunir	DÉNUER
Dénaturé	FRELATÉ • INDIGNE
Dénaturer	DÉFORMER • FAUSSER • FRELATER
Dénégation	DÉNI • DÉSAVEU
Déni	DÉMENTI • DÉNÉGATION

Déniaiser	DÉLURER
Dénicher	DÉCOUVRIR • DÉGOTTER • TROUVER
Dénier	CONTESTER
Dénigrement	CALOMNIE
Dénigrer	ACCUSER • DAUBER • DÉCRIER
	DÉPRÉCIER • MÉDIRE
	NOIRCIR • RABAISSER
Dénigrer, médire de	DÉBINER
Dénigreur	CONTEMPTEUR • DÉTRACTEUR
Dénombrement	INVENTAIRE
Dénombrer	COMPTER • ÉNUMÉRER
Dénombrer, inventorier	RECENSER
Dénoncer	LIVRER • RÉVÉLER • TRAHIR
Dénoncer (Crier ... sur)	HARO
Dénoncer par intérêt	VENDRE
Dénonciateur	DÉLATEUR • INDIC
Dénonciation	DÉLATION
Dénonciatrice	DÉLATRICE
Dénoter	MANIFESTER
Dénouement	SOLUTION
Dénouer	DÉLACER • DÉLIER • DÉMÊLER
	DÉTACHER • RÉSOUDRE
Denrée	ALIMENT
Denrée alimentaire conservée par le sel	SALAISON
Dense	COMPACT • NOURRI • TOUFFU
Dent	INCISIVE • MOLAIRE
Dent d'éléphant non travaillée	MORFIL
Dent d'une fourche	FOURCHON
Dent d'une fourchette	FOURCHON
Dent dont la fonction est de broyer	MOLAIRE
Dent pointue	CANINE • CROC
Dentaire	DENTAL
Dentelé	ENGRÊLÉ
Denteler	CRÉNELER
Dentelle fine	VALENCIENNES
Dentelle légère au fuseau	BLONDE
Dentelure en créneaux	CRÉNELURE
Dentier	RÂTELIER
Dentition	DENTURE
Denture	RÂTELIER

Dénudé	NU
Dénuder	DÉCOUVRIR • DÉVÊTIR
Dénué	DÉPOURVU
Dénué d'esprit	SOT
Dénué d'intelligence	GÂTEUX
Dép. de la Région Picardie	AISNE
Dép. de la Région Rhône-Alpes	AIN • ISÈRE
Déparer	ENLAIDIR
Départ	ABANDON • ENVOLÉE
	LICENCIEMENT • SORTIE
Départir	DISPENSER
Dépassé	CADUC • DÉMODÉ • FOSSILE
Dépasser	FRANCHIR • DEVANCER
	PASSER • SAILLIR
Dépasser la limite fixée	EXCÉDER
Dépasser les limites	OUTREPASSER
Dépayser	DÉSORIENTER
Dépecer	DÉCOUPER
Dépêcher	HÂTER
Dépeigner	DÉCOIFFER
Dépeindre	DÉCRIRE
Dépendance	ACCOUTUMANCE • SUCCURSALE
	SUJÉTION
Dépendance gênante	TUTELLE
Dépendant d'une drogue	ACCRO
Dépendre	DÉCROCHER
Dépendre de	RESSORTIR
Dépérir	LANGUIR
Dépérissement	ANÉMIE
Dépêtrer	DÉBARRASSER
Dépeuplé	DÉSERT
Dépité	DÉÇU
Dépité, décontenancé	DÉCONFIT
Déplacé	MALSÉANT
Déplacement	LOCOMOTION • MIGRATION
	TRANSFERT • VOYAGE
Déplacement d'air	VENT
Déplacer	BOUGER • DÉPORTER • DÉRANGER
	MUTER • PROMENER • REMUER
Déplacer au moyen d'une grue	GRUTER
Déplacer avec les mains	MANIPULER

Déplacer vers le bas	DESCENDRE
Déplaire	CHATOUILLER • RÉPUGNER
Déplaisant	DÉSAGRÉABLE • INGRAT • ODIEUX
Déplaisante	ODIEUSE
Déplanter	ARRACHER
Déplier	ÉTENDRE
Déplorable	FUNESTE
Déplorer	REGRETTER
Déployé	ÉTENDU
Déployer	DÉFERLER • DÉPLIER
	ÉPLOYER • ÉTALER
Dépolir	MATER • SABLER
Déportation	EXIL
Déporter	DÉVIER • EXILER
Déposer	ENTREPOSER • PLACER • POSER
Déposer rapidement en voiture	DROPER
Déposer ses oeufs	PONDRE
Dépositaire	POSSESSEUR
Dépossédé	DÉCHU
Déposséder	DÉPOUILLER • FRUSTRER
	PRIVER • SPOLIER
Déposséder juridiquement	ÉVINCER
Dépôt	GAGE • LIMON
Dépôt d'origine marine	FALUN
Dépôt de carbonate de chaux	CALCIN
Dépôt de matières organiques	TARTRE
Dépôt du vin	LIE
Dépôt laissé par le recul d'un glacier	DRIFT
Dépôt pulvérulent d'origine éolienne	LOESS
Dépôt qui se forme dans le vin	TARTRE
Dépouille	CADAVRE • CORPS
Dépouillé	DÉNUDÉ • DÉNUÉ
Dépouillé de sa peau	PELÉ
Dépouiller	DÉGARNIR • DÉMUNIR
	DÉNUDER • DÉPOSSÉDER
	DÉSHÉRITER • DÉVALISER • SPOLIER
Dépouiller de la crème	ÉCRÉMER
Dépouiller de la matière grasse	ÉCRÉMER
Dépouiller de sa peau	DÉPIAUTER
Dépouiller de ses pétales	EFFEUILLER

Dépouiller de son éclat	FLÉTRIR
Dépouiller de son écorce	ROBER
Dépouiller quelqu'un	PLUMER
Dépouiller un animal de son pelage	TONDRE
Dépouiller un fruit de sa queue	ÉQUEUTER
Dépourvu	DÉNUÉ • PAUVRE
Dépourvu d'éléments constructifs	NÉGATIF
Dépourvu de pattes	APODE
Dépourvu de pieds	APODE
Dépourvu de poils	GLABRE
Dépourvu de valeur	VAIN
Dépravation	PERVERSION
Dépravé	CORROMPU • IMMORAL
	MORBIDE • PERVERS
	PERVERTI • VICIEUX
Déprécier	DÉSHONORER • DÉVALUER
	MÉSESTIMER • RABAISSER
Déprédation	PILLAGE • SACCAGE
Dépression	CRISE • TROU
Dépression de la rétine	FOVÉA
Dépression peu profonde	FOSSETTE
Déprimé	ABATTU
Depuis peu de temps	RÉCEMMENT
Déraciner	ARRACHER
Déraison	ABSURDITÉ
Déraisonnable	DÉMENT • ILLÉGITIME
Déraisonner	RADOTER
Dérangement	GÊNE
Déranger	BOUSCULER • CONTRARIER
	DÉRÉGLER • DISTRAIRE • GÊNER
	NUIRE • PERTURBER • TROUBLER
Dérapage	PATINAGE
Déraper	GLISSER • PATINER
Déréglé	DÉTRAQUÉ
Dérèglement	DÉRANGEMENT • ÉGAREMENT
	PERVERSION
Dérèglement mental	FOLIE
Dérider	DÉGELER
Dérivé carbonylé	CÉTONE
Dérivé de l'ammoniac	IMIDE
Dérivé hydrogéné du silicium	SILANE

Dériver	DÉVIER • ÉMANER • PROVENIR
Dermique	CUTANÉ
Dernier	DER • FINAL • RÉCENT • ULTIME
Dernier appendice abdominal des crustacés	UROPODE
Dernier des prophètes d'Israël	JOËL
Dernier mois de l'année	DÉCEMBRE
Dernier repas	CÈNE
Dernier roi d'Israël	OSÉE
Dernier roi de Lydie	CRÉSUS
Dernier service d'un repas	DESSERT
Dernier-né	BENJAMIN
Dernière main	FION
Dernière oeuvre d'un artiste	TESTAMENT
Dernière partie du côlon	RECTUM
Dernière période de la vie normale	VIEILLESSE
Dernière poche de l'estomac des oiseaux	GÉSIER
Dernièrement	RÉCEMMENT
Dérobade	RECULADE
Dérober	SUBTILISER
Dérober de nouveau	REVOLER
Déroulement	COURS • SUITE
Dérouler ce qui était en bobine	DÉBOBINER
Déroutant	DÉCONCERTANT
Déroute	PANIQUE
Déroute, débâcle	DÉBANDADE
Dérouter	DÉCONCERTER
Derrière	APRÈS • ARRIÈRE • ENVERS POSTÉRIEUR • SÉANT
Derrière, fesses	CROUPE • POPOTIN
Des Aldes	ALDIN
Des Alpes	ALPIN
Des Andes	ANDIN
Des artères	ARTÉRIEL
Des Cévennes	CÉVENOL
Des étoiles	STELLAIRE
Dès l'heure présente	DÉJÀ
Dès maintenant	DÉJÀ
Des oasis	OASIEN
Désabuser	BLASER

Désaccord	DÉSUNION • DIFFÉREND
	DISCORDE • DISSENSION
	DIVERGENCE
	MALENTENDU • MÉSENTENTE
Désaccord violent	CLASH
Désagréable	BOURRU • INGRAT • MAUVAIS
Désagréable à voir	VILAIN
Désagréable, fâcheux	SAUMÂTRE
Désagrégé	DISSOUS
Désagréger	CORRODER • EFFRITER
Désaltérer	ABREUVER • CALMER
Désappointé	DÉÇU
Désappointement	DÉCEPTION
Désappointer	DÉCEVOIR • DÉCONTENANCER
	DÉPITER
Désapprobation	CENSURE • IMPROBATION
	PROTESTATION • RÉPROBATION
Désapprouver	BLÂMER • CONDAMNER
	CRITIQUER • DÉSAVOUER
Désargenté	FAUCHÉ
Désarmé	DÉSEMPARÉ
Désarroi	AFFOLEMENT • ARROI • DÉTRESSE
Désarticulé, disloqué	DÉSOSSÉ
Désassembler	DÉMONTER
Désastre	CALAMITÉ • FLÉAU • NAUFRAGE
Désavantage	HANDICAP
Désavantager	HANDICAPER • LÉSER • PÉNALISER
Désaveu	CONDAMNATION • DÉMENTI
Désavouer	DÉMENTIR • DÉSAPPROUVER
	RENIER • RÉPROUVER
Descendance	LIGNÉE • PROGÉNITURE
Descendant	REJETON
Descendants	POSTÉRITÉ • PROGÉNITURE
Descendre	ABAISSER • ABATTRE • BAISSER
	DÉCHOIR • DÉVALER
Descendre à un niveau plus bas	ABAISSER
Descendu	ISSU
Descente	BAISSE • PENTE • RAFLE • RAID
Descente d'un organe	PTOSE
Descente de skis très sinueuse	SLALOM
Descente en radeau pneumatique	RAFT

Description	PORTRAIT
Description des animaux d'un pays	FAUNE
Description détaillée	DEVIS
Description satirique	CARICATURE
Désenchanté	DÉSABUSÉ
Désencombrer	DÉBARRASSER
Désenivrer	DÉGRISER • DESSOÛLER
Désépaissir	ÉCLAIRCIR
Déséquilibre	FOLIE • INÉGALITÉ
Déséquilibré	DÉSAXÉ • DÉTRAQUÉ
Déséquiper	DÉSARMER
Désert d'Afrique	SAHARA
Déserter	QUITTER
Déserteur	FUGITIF
Désertion	ABANDON
Désespérance	LASSITUDE
Désespoir	DÉTRESSE
Déshabillé	NU • PEIGNOIR
Déshabiller	DÉVÊTIR
Désherber	BINER • SARCLER
Déshonneur	DÉGRADATION • HONTE
	IGNOMINIE • INFAMIE
	OPPROBRE
Déshonorant	INFAMANT
Déshydrater	SÉCHER
Désignation	ÉLECTION • NOMINATION
Désignation honorifique	TITRE
Désigné par élection	ÉLU
Désigner	AFFECTER • CHOISIR
	NOMMER • QUALIFIER
Désigner à une dignité	ÉLIRE
Désillusion	DÉBOIRE
Désillusionner	DÉGRISER
Désincarné	ABSTRAIT
Désinfecter	ASEPTISER • PURIFIER • STÉRILISER
Désinfection	PURGE
Désintéressé	GRATUIT
Désir	ASPIRATION • ATTIRANCE
	BESOIN • CAPRICE • CONVOITISE
	DEMANDE • INTENTION
	SOUHAIT • VOEU

Désir ardent	FAIM
Désir de plaire	COQUETTERIE
Désir de se venger	VENGEANCE
Désir faible	VELLÉITÉ
Désir intense	BOULIMIE
Désir irrépressible	PRURIT
Désir passionné	SOIF
Désir pressant de faire quelque chose	DÉMANGEAISON
Désirable	AFFRIOLANT • ENVIABLE SÉDUISANT
Désirer	ENVIER • ESPÉRER RÊVER • VOULOIR
Désirer ardemment	SOUPIRER
Désireuse	JALOUSE
Désireux	JALOUX
Désistement	ABDICATION • DÉMISSION
Désobéissant	MUTIN
Désobligeant	CRU • SEC
Désoeuvré	INACTIF • OISIF
Désoeuvrée	OISIVE
Désoeuvrement	OISIVETÉ
Désolant	NAVRANT
Désolé	ATTERRÉ • ÉPLORÉ • FÂCHÉ • NAVRÉ
Désoler	AFFLIGER • NAVRER
Désoler grandement	CONSTERNER
Désordonné	INCOHÉRENT
Désordonné, extravagant	DÉLIRANT
Désordre	ANARCHIE • CHAOS • COHUE ÉGAREMENT • FOUILLIS GÂCHIS • PAGAILLE
Désordre général	MICMAC
Désordre, agitation	CIRQUE
Désorganisation	INCURIE
Despote	DICTATEUR • TYRAN
Despotique	AUTORITAIRE
Desquamation de l'épiderme	DARTRE
Desquamer	PELER
Dessaisir	DÉPOSSÉDER
Dessaisissement	ABDICATION
Desséché	ARIDE
Dessécher	RACORNIR • SÉCHER

Dessein	AMBITION • BUT • PLAN
	PROJET • VUES
Desserrer	DÉLACER • LÂCHER • RELÂCHER
Desservir	DÉSAVANTAGER
Dessin à grande échelle	ÉPURE
Dessin broché sur une étoffe	BROCHURE
Dessin de profil	SILHOUETTE
Dessin des veines du bois	VEINURE
Dessin fait à la gouache	GOUACHE
Dessin indélébile pratiqué sur la peau	TATOUAGE
Dessin satirique	CARICATURE
Dessinateur humoriste français	EFFEL • REISER
Dessiner	FIGURER • TRACER
Dessoûler	DÉGRISER • DÉSENIVRER
Dessous d'un larmier	SOFFITE
Dessous féminins	GUÊPIÈRE
Dessus	AVANTAGE • ENDROIT • SUR
Dessus d'une chaussure	EMPEIGNE
Déstabiliser	ÉBRANLER
Destin	DESTINÉE • ÉTOILE
	FATALITÉ • KARMA
Destinataire	RÉCEPTEUR
Destiné à être mis en musique	LYRIQUE
Destinée	DESTIN • FATALITÉ • FATUM • SORT
Destiner	PRÉDESTINER • VOUER
Destiner à un usage	CONSACRER
Destituer	LIMOGER • RÉVOQUER
Destituer d'un emploi	DÉGOMMER
Destitution	DÉPOSITION • LICENCIEMENT
Destructeur	MEURTRIER
Destructeur brutal	VANDALE
Destruction d'éléments organiques	LYSE
Destruction par le feu	INCENDIE
Destruction totale	NAUFRAGE
Destruction, rupture	BRIS
Désuet	DÉMODÉ • OBSOLÈTE
	PÉRIMÉ • SURANNÉ • VIEILLI
Désuète	ANCIENNE
Désunion	DIVORCE
Désunir	BROUILLER • DISSOCIER
Détaché	DÉSINTÉRESSÉ • DÉSUNI

Détaché du réel	DÉRÉEL
Détachement	ESCORTE
Détachement de la réalité extérieure	AUTISME
Détacher	DÉCOLLER • DÉCROCHER • DÉLIER
	DÉSUNIR • ENLEVER • ISOLER
	LAVER • LIBÉRER • SÉPARER
Détacher un cordage	LARGUER
Détacher une bête	DÉTELER
Détail accessoire servant à orner	FIORITURE
Détail imaginaire ajouté à un récit	BRODERIE
Détaillé	PRÉCIS
Détailler	ÉNUMÉRER • RACONTER
Détecteur	CAPTEUR • RADAR
Détective	LIMIER • POLICE
Détenir	GARDER
Détente	DÉLASSEMENT • RÉCRÉATION
Détenteur	POSSESSEUR • PROPRIÉTAIRE
	TENANT
Détention de mauvaise foi de choses volées par autrui	RECEL
Détenu	TAULARD
Détergent	DÉTERSIF
Détérioration	ALTÉRATION • DÉGÂT
	DÉGRADATION • USURE
Détérioré	ABÎMÉ • DÉLABRÉ • USAGÉ • USÉ
Détérioré, dénaturé	ALTÉRÉ
Détériorer	ABÎMER • AMOCHER • ATTAQUER
	ENDOMMAGER • USER
Déterminant	CRUCIAL • DÉCISIF
Détermination	ACHARNEMENT • CARACTÈRE
	FERMETÉ • RÉSOLUTION • VOLONTÉ
Détermination du groupe sanguin	GROUPAGE
Détermination du sexe des animaux	SEXAGE
Déterminé	DÉFINI • DÉFINITIF
	FERME • VOLONTAIRE
Déterminer	DÉCIDER • DÉFINIR • PRÉCISER
Déterminer par le calcul	COMPTER
Détersif	DÉTERGENT
Détester	ABHORRER • ABOMINER
	EXÉCRER • HAÏR
Détonant	FULMINANT

Détonation	BRUIT
Détourné	DÉRIVÉ • INDIRECT
Détournement des deniers publics	PÉCULAT
Détourner	DÉRIVER • DÉVIER • DISSUADER
Détourner l'attention	DISTRAIRE
Détraction	CALOMNIE
Détrempé	TREMPÉ
Détremper	DÉLAVER • TREMPER
Détresse	DÉSARROI • DÉSESPOIR • MISÈRE
Détritus	REBUT • RÉSIDU
Détrôné	DÉCHU
Détrousser	DÉVALISER
Détruire	ABOLIR • ANÉANTIR • DÉCIMER
	DÉMOLIR • DÉVASTER • DISSOUDRE
	MASSACRER • RASER • RUINER
	SABORDER • TUER
Détruire entièrement	ANÉANTIR
Détruire par le feu	CONSUMER • INCENDIER
Détruire, abîmer	FLINGUER
Détruit	DISSOUS
Dette	DÛ • EMPRUNT
Deux choses de même espèce	COUPLE
Deux fois	BIS
Deux-pièces	BIKINI
Deuxième	SECOND
Deuxième abbé de Cluny	ODON
Deuxième fils de Noé	CHAM
Deuxième jour de la semaine	MARDI
Deuxième mois de l'année	FÉVRIER
Deuxième vertèbre du cou	AXIS
Dévaler	DÉBOULER • TOMBER
Dévaliser	DÉTROUSSER • VOLER
Dévaloriser	DÉVALUER
Devancer	DÉPASSER • PRÉCÉDER • PRÉVENIR
Devant	DEVANTURE
Devant du corps du cheval	POITRAIL
Devant, front	FAÇADE
Devanture	ÉTALAGE • FAÇADE
Dévastation	CARNAGE • DÉGÂT
	DÉSOLATION • RAVAGE
Dévaster	INFESTER • PILLER • RAVAGER • RUINER

Déveine	ADVERSITÉ
Développement	AMPLEUR • CIVILISATION
	ESSOR • PROGRÈS
Développement des bourgeons	GEMMATION
Développement important	PERCÉE
Développement littéraire	TIRADE
Développement progressif	CROISSANCE
Développer	COMMENTER
Devenir	ÉVOLUER
Devenir bleu	BLEUIR
Devenir calme	CALMIR
Devenir démodé	VIEILLIR
Devenir moins fréquent (Se)	RARÉFIER
Devenir opaque (S')	OPACIFIER
Devenir plus fort	FORCIR
Devenir plus frais	FRAÎCHIR
Devenir plus mou	RAMOLLIR
Devenir raide	RAIDIR
Devenir rouge	ROUGIR
Devenir roux	ROUSSIR
Devenir sur	SURIR
Devenir triple	TRIPLER
Devenir un peu aigre	SURIR
Devenir un peu fou	DÉJANTER
Devenir vert	VERDIR
Devenu bleu	BLEUI
Devenu maigre	AMAIGRI
Devenu mou	MOLLI
Devenu plus étroit	RÉTRÉCI
Devenu rance	RANCI
Devenu rose	ROSI
Devenu terne	EMBU
Dévergondé	COUREUR • LIBERTIN
Déversoir d'un étang	DARAISE
Déviation d'un navire	DÉRIVE
Déviation du bon sens	ABERRATION
Dévider et enrouler sur une bobine	BOBINER
Dévidoir des cordiers	CARET
Dévidoir qui sert à tirer la soie des cocons	ASPE • ASPLE
Dévier	DÉFLÉCHIR • DÉPORTER • DÉRIVER

Devin	AUGURE • DISEUR
	MAGE • VOYANT
Deviner	RÉSOUDRE
Deviner confusément	PRESSENTIR
Devinette graphique	RÉBUS
Devise	SLOGAN
Dévisser	DÉFAIRE
Dévoiler	DÉBALLER • DÉCELER
	LIVRER • RÉVÉLER
Devoir	DETTE • OBLIGATION
Devoir comme reliquat de dette	REDEVOIR
Devoir de l'argent comme reliquat	REDEVOIR
Devoir donné comme modèle	CORRIGÉ
Dévorateur	DÉVORANT
Dévorer	CONSUMER
Dévorer (Se)	REPAÎTRE
Dévot	BIGOT • CROYANT
	FERVENT • PIEUX
Dévote	PIEUSE
Dévotion	FERVEUR • PIÉTÉ
Dévoué	ARDENT • ATTACHÉ • LOYAL • ZÉLÉ
Dévoué, loyal	FÉAL
Diable	DÉMON
Diable femelle	DIABLESSE
Diablement	SACRÉMENT
Dialecte	LANGUE • PATOIS
Dialecte calabrais	CALABRAIS
Dialecte chinois	WU
Dialecte chinois parlé au Hunan	XIANG
Dialecte de langue d'oïl de la Picardie	PICARD
Dialecte gallo-roman	GALLO • GALLOT
Dialecte italien parlé en Calabre	CALABRAIS
Dialecte parlé en Bretagne	GALLO
Dialecte rhéto-roman	
parlé dans le Tyrol du Sud	LADIN
Dialoguer	PARLER
Diamant à usage industriel	BORT
Diamant présentant un défaut	BORT
Diamètre d'un cylindre	ALÉSAGE
Diaphragme	PESSAIRE
Diapositive	PHOTO

Diarrhée	COLIQUE
Diatribe	PAMPHLET
Dictateur	DESPOTE • TYRAN
Dictionnaire	LEXIQUE
Dictionnaire de prosodie latine	GRADUS
Dictionnaire poétique	GRADUS
Dictionnaire qui donne l'explication de mots anciens	GLOSSAIRE
Dicton	PROVERBE
Diète	RÉGIME
Dieu	CRÉATEUR • SEIGNEUR
Dieu celte de la tribu, et dieu de la Guerre	TEUTATÈS
Dieu de l'Amour	ÉROS
Dieu de l'ancienne Égypte	APIS
Dieu de la Guerre à Rome	MARS
Dieu des Bergers	PAN
Dieu des Vents	ÉOLE
Dieu égyptien de Thèbes	AMON
Dieu grec de la Guerre	ARÈS
Dieu grec de la Mer	NÉRÉE
Dieu grec de la Végétation	ATTIS
Dieu guerrier scandinave	THOR
Dieu indien de l'Amour	KAMA
Dieu phénicien de la Végétation	ADONIS
Dieu romain des Voyageurs	MERCURE
Dieu solaire	RÉ
Dieu suprême du panthéon sumérien	ANOU
Dieu unique des musulmans	ALLAH
Dieux guerriers de la mythologie scandinave	ASES
Diffamation	CALOMNIE • LIBELLE
Diffamer	CALOMNIER • MÉDIRE • NOIRCIR
Différencier	DISCERNER
Différend	CONTESTATION • DÉMÊLÉ DÉSACCORD
Différent	AUTRE • CONTRASTE • DISTINCT DIVERGENT • DIVERS • INÉGAL
Différent de la norme	ANORMAL
Différer	AJOURNER • DIVERGER REPORTER • SURSEOIR

Difficile	ARDU • COTON • CRITIQUE ÉPINEUX • MALAISÉ • RÉTIF
Difficile à contenter	EXIGEANT
Difficile à pénétrer	PROFOND
Difficile, pénible	HARD
Difficilement supportable	INFERNAL
Difficulté	ARIA • COMPLICATION EMMERDE • PROBLÈME SUBTILITÉ • TRACAS
Difficulté à déglutir	DYSPHAGIE
Difficulté à dormir	INSOMNIE
Difficulté à garder la station debout	ASTASIE
Difficulté d'ordre rationnel	APORIE
Difficulté insurmontable	MONTAGNE
Difficulté soudaine	HOQUET
Difficulté, ennui	CHIENDENT
Difficulté, obstacle	EMBÛCHE
Difforme	BOT • TORS
Difformité	ANOMALIE
Diffusé	ÉMIS
Diffuser	PROPAGER
Diffusion	ÉMISSION
Difficulté de l'accouchement	DYSTOCIE
Difficulté à avaler	DYSPHAGIE
Digérer	ASSIMILER
Digitaliser	NUMÉRISER
Digne d'envie	ENVIABLE
Digne d'être publié	PUBLIABLE
Digne d'un ange	ANGÉLIQUE
Digne d'un héros	HÉROÏQUE
Digne d'un roi	ROYAL
Digne de confiance	FIABLE
Digne de respect	AUGUSTE • VÉNÉRABLE
Dignitaire de l'Église	PONTIFE
Dignitaire ecclésiastique	ÉVÊQUE • PRÉLAT
Dignité	NOBLESSE • RESPECT
Dignité d'émir	ÉMIRAT
Dignité d'éparque, dans l'Antiquité	ÉPARCHIE
Dignité de bâtonnier	BÂTONNAT
Dignité de grand d'Espagne	GRANDESSE
Dignité de khan	KHANAT

Dignité de la conduite	TENUE
Dignité de prince	PRINCIPAT
Dignité épiscopale	ÉVÊCHÉ
Dignité morale	HONNEUR
Digue	ÉCLUSE • JETÉE
Dilapider	DISSIPER • GASPILLER
Dilatation permanente d'une veine	VARICE
Diligence	CÉLÉRITÉ • RAPIDITÉ
Diligent	PROMPT • RAPIDE
	SOIGNEUX • ZÉLÉ
Diluvien	TORRENTIEL
Dimension	ÉTENDUE • FORMAT
	GABARIT • GROSSEUR • POINTURE
	PROPORTION • TAILLE
Diminué	AFFAIBLI
Diminuer	AFFAIBLIR • AMENUISER • AMOINDRIR
	AMPUTER • ATTÉNUER • DÉCLINER
	DÉCROÎTRE • ÉCOURTER • INFIRMER
	MODÉRER • RACCOURCIR • RÉSORBER
Diminuer l'expansion de	ÉLÉGIR
Diminuer la surface d'une voile	ARISER
Diminuer la valeur de	DÉVALUER
Diminuer par un défaut	ENTACHER
Diminutif d'Edward	ED
Diminutif de Liliane	LILI
Diminutif de Timothy	TIM
Diminutif de Victor	VIC
Diminution	BAISSE • DÉCRUE • RÉGRESSION
Diminution de l'appétit	DYSOREXIE
Diminution de la mémoire	AMNÉSIE
Diminution de la soif	ADIPSIE
Diminution de la volonté	ABOULIE
Diminution du volume d'un corps ou d'un organe	ATROPHIE
Diminution durable des prix	DÉFLATION
Dîner	REPAS
Dingo	DINGUE
Dingue	BARJO • DINGO
	LOUFOQUE • MABOUL
Dinguerie	FOLIE
Diocèse	ÉVÊCHÉ

Diplomate britannique	ELGIN
Diplomatie, tact	DOIGTÉ
Diplôme	BREVET
Diplôme d'Études Collégiales	DEC
Dire	CONTER • ÉNONCER • OPINER
Dire à haute voix	DICTER • ORALISER • RÉCITER
Dire à voix basse à l'oreille de quelqu'un	CHUCHOTER
Dire d'une façon langoureuse	ROUCOULER
Dire d'une voix forte et émue (S')	ÉCRIER
Dire des choses insignifiantes	PAPOTER
Dire en criant (S')	ÉCRIER
Dire en plus	AJOUTER
Direct	CRU • DROIT
Directeur	CHEF • GÉRANT PATRON • TENANCIER
Direction	CONDUITE • ORIENTATION • SENS
Direction d'un navire	CAP
Direction verticale	APLOMB
Directrice	PATRONNE
Dirigeable	BALLON
Dirigeant	CHEF • GÉRANT • LEADER • MENEUR
Dirigeant d'une tuilerie	TUILIER
Dirigeante	MENEUSE
Diriger	ADMINISTRER • ADRESSER COMMANDER • CONDUIRE • DOMINER ENCADRER • GÉRER • GUIDER MANIER • ORIENTER • PILOTER PRÉSIDER • RÉGIR • RÉGLER
Diriger avec une autorité excessive	RÉGENTER
Diriger le flottage du bois	DRAVER
Diriger politiquement	GOUVERNER
Diriger suivant un axe	AXER
Diriger, regrouper	CANALISER
Discernement	JUGEMENT
Discerner par intuition	FLAIRER
Disciple	ADEPTE • TENANT
Disciple de saint Benoît	MAUR
Disciple sans originalité personnelle	ÉPIGONE
Discipline	BRANCHE • MATIÈRE
Discipliné	DOCILE • OBÉISSANT

Discipline médicale	CHIRURGIE
Discipline traditionnelle indienne	YOGA
Disconvenir	NIER
Discordance	CACOPHONIE
Discordant	CRIARD • DISPARATE • GRINÇANT
Discorde	CONFLIT • ZIZANIE
Discount	RABAIS
Discoureur	PARLEUR
Discourir	DISSERTER • LAÏUSSER
Discourir longuement	PALABRER
Discours	ALLOCUTION • CAUSERIE
	PROPOS • SPEECH
Discours abondant	BARATIN
Discours d'un avocat	PLAIDOYER
Discours ennuyeux	HARANGUE
Discours long et verbeux	LAÏUS
Discours, exposé	TOPO
Discourtois	INCIVIL
Discrédit	DÉCRI • DISGRÂCE
Discréditer	DÉNIGRER • DÉPRÉCIER
	DÉSHONORER • DIFFAMER
Discret	MUET • RETENU • RÉTICENT
Discrétion	PUDEUR
Discrimination envers	
toute personne âgée	ÂGISME
Disculpation	APOLOGIE
Disculper	ABSOUDRE • BLANCHIR
	DÉCHARGER • EXCUSER • JUSTIFIER
Discussion	CONTROVERSE • DÉBAT
	DÉLIBÉRATION
Discutailler	PARLEMENTER
Discuter	CONFÉRER • CONVERSER
	DISPUTER • ERGOTER • NÉGOCIER
Discuter interminablement	PALABRER
Disette	FAMINE • PÉNURIE • RARETÉ
Disgrâce	LAIDEUR
Disgracier	LIMOGER
Disgracieux	INGRAT
Disjoindre	ÉCARTER • SÉPARER
Dislocation	SÉPARATION
Disloquer	DÉMANCHER • DÉSUNIR • LUXER

Disparaître	FONDRE • PARTIR • PÉRIR
Disparaître (S')	ENVOLER • ÉVANOUIR
Disparité	DIFFÉRENCE • INÉGALITÉ
Disparition apparente d'un astre	ÉCLIPSE
Disparition d'un mal	GUÉRISON
Disparition progressive	AGONIE
Disparu	ÉVANOUI • NOYÉ
Dispendieuse	ONÉREUSE • RUINEUSE
Dispendieux	CHER • ONÉREUX • RUINEUX
Dispensé	EXEMPT
Dispenser	DÉCHARGER • EXEMPTER • RÉPANDRE
Dispersé	ÉPARS
Disperser	BALAYER • PARSEMER
Disperser, séparer	DISLOQUER
Dispersion	DÉBANDADE • SÉPARATION
Disponibilité	VACANCE
Disponible	VACANT
Disposé	ENCLIN • PRÊT
Disposé cinq par cinq	QUINÉ
Disposé d'un seul côté	UNILATÉRAL
Disposé en anneaux	ANNELÉ
Disposé en boucles fines et serrées	FRISÉ
Disposé en croix	CROISÉ
Disposé en spirale	SPIRALÉ
Disposé en tableaux	TABULAIRE
Disposer	ACCOMMODER
	ARRANGER • INSTALLER
Disposer d'avance	PRÉDISPOSER
Disposer de façon à enlever les joints	ENLIER
Disposer de la terre en petites buttes	BUTTER
Disposer deux choses l'une sur l'autre, en forme de croix	CROISER
Disposer en anneaux	ANNELER
Disposer en boucles	ANNELER
Disposer en combinant	AGENCER
Disposer en croix	CROISER
Disposer les plis d'un vêtement	DRAPER
Dispositif cylindrique	BARILLET
Dispositif d'alerte	BIP
Dispositif d'allumage des moteurs à explosion	DELCO

Dispositif d'amorçage	DÉTONATEUR
Dispositif de détection sous-marine	SONAR
Dispositif de lancement d'avions	CATAPULTE
Dispositif de protection	BLINDAGE
Dispositif de sécurité	ANTIVOL
Dispositif destiné à couper le courant	FUSIBLE
Dispositif destiné à guider le navigateur	BALISE
Dispositif destiné à provoquer la détonation d'un explosif	DÉTONATEUR
Dispositif fixe de fermeture	SERRURE
Dispositif formé d'une lame	PATIN
Dispositif manuel d'appel d'un téléphone	CADRAN
Dispositif muni de bras pour transporter les blessés	CIVIÈRE
Dispositif permettant l'aération d'une pièce	AÉRATEUR
Dispositif pour amortir le son	SOURDINE
Dispositif pour présenter des produits	PRÉSENTOIR
Dispositif pour tenir un livre fermé	FERMOIR
Dispositif utilisé pour le dégivrage	DÉGIVREUR
Disposition	MESURE • ORDONNANCE TENDANCE
Disposition à être généreux	LARGESSE
Disposition affective passagère	HUMEUR
Disposition de sons identiques	RIME
Disposition des bordages d'une embarcation	CLIN
Disposition des diverses parties d'une habitation	ÊTRES
Disposition des lieux dans un bâtiment	ÊTRES
Disposition des nervures	NERVATION
Disposition habituelle au mal	VICE
Disproportionné	INÉGAL
Dispute	ALGARADE • BISBILLE DÉMÊLÉ • ESCARMOUCHE GRABUGE • LITIGE • NOISE QUERELLE • SCÈNE
Disputer	ADMONESTER

Disque plein tournant sur un axe	ROUE
Disque servant de support	RONDEAU
Dissection et examen d'un cadavre pour connaître les causes de la mort	AUTOPSIE
Dissemblance	DIFFÉRENCE • DISPARITÉ
Disséminé	ÉPARS
Disséminer	DISPERSER • SEMER
Dissension	DÉSACCORD • DISCORDE DIVORCE • MÉSENTENTE
Disséquer	DÉCOMPOSER • DÉSOSSER
Dissertation	COMPOSITION • RÉDACTION
Disserter	DISCOURIR
Dissidence	SCHISME • SÉPARATISME
Dissident	REBELLE • TRANSFUGE
Dissimulation	FEINTE
Dissimulé	CACHÉ
Dissimuler	CACHER • CAMOUFLER • CELER ENFOUIR • FARDER • MASQUER
Dissipé	INDOCILE • TURBULENT
Dissiper	DILAPIDER
Dissiper son ivresse	CUVER
Dissocier	DISSOUDRE
Dissonance	CACOPHONIE
Dissoudre	ABROGER • ANNULER
Dissoudre un contrat	RÉSILIER
Distance	ÉCART • ESPACE • LONGUEUR
Distance d'un lieu à l'équateur	LATITUDE
Distancer	DÉPASSER • ESPACER SEMER • SURPASSER
Distendre	BALLONNER • ÉTIRER • TIRER
Distiller	SÉCRÉTER
Distillerie d'eau-de-vie	BRÛLERIE
Distinct	DIFFÉRENT • DIVERS
Distinctif	PARTICULIER • PROPRE
Distinction	ÉLÉGANCE • VALEUR
Distingué	ÉLÉGANT • ÉMÉRITE • SÉLECT
Distinguer	DISCERNER • MARQUER • VOIR
Distinguer et ordonner	SÉRIER
Distraction	DÉLASSEMENT • ÉVASION
Distraction sans importance	AMUSETTE
Distractions pendant les temps libres	LOISIRS

Distraire	AMUSER • DÉTENDRE • DIVERTIR ÉGAYER • RÉCRÉER
Distrait	ABSENT
Distrayant	REPOSANT
Distribuer	CLASSER • DÉPARTIR • DISPENSER RÉPANDRE • RÉPARTIR
Distribution	DONNE
Dithyrambique	ÉLOGIEUX
Divagation	DÉLIRE
Divaguer	DÉLIRER • RÊVER
Divan	SOFA
Divan muni d'une étagère	COSY
Divergence	MÉSENTENTE
Diverger	DIFFÉRER
Divers	DISPARATE • MAINT MULTIPLE • VARIÉ
Diversifier	VARIER
Diversité	DISPARITÉ • VARIÉTÉ
Divertir	AMUSER • ÉGAYER • RÉCRÉER
Divertissant	AMUSANT
Divertissement	AMUSEMENT • DISTRACTION JEU • RIGOLADE
Dividende	GAIN • INTÉRÊT • RENTE • REVENU
Divin	SUBLIME • SUPRÊME
Divin, merveilleux	DÉLICIEUX
Divination	PRÉDICTION
Divine	DIVE
Diviniser	GLORIFIER
Divinité	DÉITÉ • DIEU
Divinité des rivières	NAÏADE
Divinité égyptienne du Savoir	THOT
Divinité féminine	DÉESSE
Divinité grecque	ASTRÉE
Divinité mythique	DÉITÉ
Divinités du foyer	PÉNATES
Divisé en degrés	GRADUÉ
Divisé en deux parties	BIPARTITE
Divisé en trois	TRIN
Diviser	CLASSER • MORCELER PARTAGER • RÉPARTIR • SCIER SCINDER • SÉPARER

Diviser dans le sens de la longueur	FENDRE
Diviser en degrés	GRADUER
Diviser en lots	ALLOTIR
Diviser en tomes	TOMER
Division	BRANCHE • CLOISON
	SCHISME • SCISSION
Division administrative	
de l'ancienne Égypte	NOME
Division d'un feuilleton	ÉPISODE
Division d'un fleuve	BRAS
Division d'un ouvrage	TOME
Division d'un pays	PARTITION
Division d'une branche d'arbre	RAMEAU
Division d'une pièce de théâtre	ACTE
Division de l'an	MOIS
Division de la cellule	MÉIOSE
Division du temps	MINUTE
Division indirecte de la cellule	MITOSE
Division sur un damier	CASE
Division territoriale	DISTRICT
Division territoriale	
dans l'Antiquité grecque	DÈME
Divulguer	COLPORTER • ÉBRUITER • ÉVENTER
	PUBLIER • RÉVÉLER • TRAHIR
Dixième lettre de l'alphabet grec	KAPPA
Dixième mois	
de l'ancienne année romaine	DÉCEMBRE
Dixième partie du bel	DÉCIBEL
Dixième partie du mètre	DÉCIMÈTRE
Dizaine	DIX
Do	UT
Docile	DOUX • RÉSIGNÉ • SOUMIS
Docilité	OBÉISSANCE
Docteur	MÉDECIN
Docteur de la loi	OULÉMA • ULÉMA
Docteur de la loi musulmane	OULÉMA
Doctorat	DIPLÔME
Doctrine	DOGME • THÉORIE • THÈSE
Doctrine de Kant	KANTISME
Doctrine des partisans d'une union	UNIONISME
Doctrine des philosophes cyniques	CYNISME

Doctrine mystique islamique	SOUFISME
Doctrine religieuse ésotérique	GNOSE
Document	PAPIER • TEXTE
Document d'identité codé	BADGE
Document établissant un droit	TITRE
Dodeliner	OSCILLER
Dodo	SOMMEIL
Dodu	CHARNU • CORPULENT • GRAS
	POTELÉ • REPLET
Dogmatique	TRANCHANT
Doigt	ANNULAIRE • AURICULAIRE
	INDEX • MAJEUR • POUCE
Doigt de pied	ORTEIL
Doigt du milieu de la main	MAJEUR
Doigté	TACT
Doigtier de cuir du calfat	DÉLOT
Doléance	PLAINTE
Domaine	SECTEUR • SPÉCIALITÉ
Domaine de chasse réservée	GARENNE
Domaine féodal	FIEF
Domaine libre de toute redevance	ALLEU
Domaine où l'on élève	
les taureaux de combat	GANADERIA
Domaine réservé	FIEF
Domaine rural	TERRE
Domestique	NURSE • SERVANTE • VALET
Domestiqué	APPRIVOISÉ
Domestique, valet	LARBIN
Domestiquer	APPRIVOISER
Domicile	HABITATION • TOIT
Domicile, chez-soi	HOME
Dominant	PRINCIPAL • SUPÉRIEUR
Domination	JOUG • MAÎTRISE • OPPRESSION
	RÈGNE • SUPRÉMATIE
Domination souveraine	HÉGÉMONIE
Dominé	CONQUIS
Dominer	PRIMER
Dominicain belge,	
prix Nobel de la paix 1958	PIRE
Dommage	DÉGÂT • LÉSION
	PRÉJUDICE • RAVAGE

Dommage causé indûment	TORT
Dommage que l'on subit	GRIEF
Dommage, préjudice	DÉTRIMENT
Dommageable	NUISIBLE • PERNICIEUX
Dompté	APPRIVOISÉ
Dompter	MATER • SOUMETTRE
Dompteur	DRESSEUR
Don	AUMÔNE • CADEAU • DONATION
	OFFRANDE • RÉCOMPENSE • TALENT
Don de double vue	VOYANCE
Don Juan	SÉDUCTEUR
Donateur	BIENFAITEUR
Donation	CESSION
Donc	PARTANT
Donné franchement	APPLIQUÉ
Donner	ADJUGER • CONCÉDER
	INFLIGER • LÉGUER • OFFRIR
	PRÊTER • REFILER • SERVIR
Donner à loyer	LOUER
Donner accès à un lieu	ACCÉDER
Donner comme certain (S')	AVÉRER
Donner de la vigueur	VIVIFIER
Donner de petits baisers	BÉCOTER
Donner de petits baisers répétés	BAISOTER
Donner des bécots	BÉCOTER
Donner des coups	COGNER
Donner du corps	CORSER
Donner du galbe	GALBER
Donner l'impression	SEMBLER
Donner la forme d'un cylindre	CYLINDRER
Donner la tonsure	TONSURER
Donner la vie	PROCRÉER
Donner le sein	ALLAITER
Donner les couleurs du prisme à	IRISER
Donner les moyens matériels de faire quelque chose	OUTILLER
Donner lieu à	OCCASIONNER
Donner sa voix dans une élection	VOTER
Donner un aspect satiné	SATINER
Donner un bon revenu	RAPPORTER
Donner un contour gracieux	GALBER

Donner un navire en location	FRÉTER
Donner un nom à	BAPTISER
Donner un préavis	PRÉAVISER
Donner un prénom à quelqu'un	PRÉNOMMER
Donner un troisième labour	TERCER • TERSER • TIERCER
Donner un vif éclat à	ILLUMINER
Donner un warrant en garantie	WARRANTER
Donner une coloration	TEINTER
Donner une marque d'attention	SALUER
Donner une perfection idéale	IDÉALISER
Donner une seconde façon aux terres	BINER
Donner une texture particulière	TEXTURER
Dont l'acuité visuelle est très diminuée	AMBLYOPE
Dont l'aspect rappelle celui du porc	PORCIN
Dont l'extrémité se termine en pointe fine	ACUMINÉ
Dont la conjointe est décédée	VEUF
Dont la corolle présente deux lobes en forme de lèvres	LABIÉ
Dont la couleur pâle semble avoir déteint	ÉLAVÉ
Dont la force est épanouie	VIGOUREUX
Dont la peau est durcie et épaissie	CALLEUX
Dont la réalité est sûre	ASSURÉ
Dont la surface présente un renfoncement	CONCAVE
Dont le centre s'est déplacé	EXCENTRÉ
Dont le conjoint est mort	VEUVE
Dont le pied ne présente qu'un seul sabot	SOLIPÈDE
Dont le QI est très élevé	SURDOUÉ
Dont les liens de parenté sont étroits	PROCHE
Dont on a cité le nom, pour être digne d'un prix	NOMINÉ
Dont on a connaissance	CONNU
Dont on a coupé le poil	TONDU
Dont on a fait l'acquisition	ACQUIS
Dont on a fauché l'herbe	TONDU
Dont on a ôté les os	DESOSSÉ
Dont on assourdit l'éclat	ÉTOUFFÉ
Dont on ne peut parler	TABOU

Dont on surestime la valeur	SURFAIT
Dopage	DROGUE
Doping	DOPAGE • DOPANT
Doré	BLOND • HÂLÉ • JAUNE
Dorer	BRUNIR
Dorer de nouveau	REDORER
Dorloter	CAJOLER • MATERNER • MIGNOTER
	MITONNER • SOIGNER
Dorloter maternellement des bébés	POUPONNER
Dormant	STAGNANT
Dormir	PIONCER • ROUPILLER
Dormir légèrement	SOMNOLER
Dortoir dans un hôpital	SALLE
Dos	ENVERS • VERSO
Dos d'une cuirasse	DOSSIÈRE
Dose	QUANTITÉ
Dose excessive de drogue	SURDOSE
Dossier	CASIER
Dotation	ALLOCATION • PENSION
Doté	DOUÉ
Doter	DOUER • MUNIR
	NANTIR • POURVOIR
Doter d'un réseau de télévision par câble	CÂBLER
Doter d'une rente	RENTER
Doter de robots	ROBOTISER
Double	DUALITÉ • DUPLICATA
Double coup de baguette	FLA
Double lorgnette	JUMELLES
Doubler	DÉPASSER
Doubler d'ouate	OUATER
Doubler un pion, au jeu de dames	DAMER
Doublure d'un chapeau	COIFFE
Douce	BÉNIGNE
Douce oisiveté	FARNIENTE
Douceâtre	DOUX
Doucement	LENTEMENT • MOLLO • PIANO
Doucereuse	MIELLEUSE
Doucereux	DOUCEÂTRE • MIÈVRE
Douceur agréable	TIÉDEUR
Douceur exquise	SUAVITÉ

Doué	BRILLANT
Doué d'une action néfaste	MALÉFIQUE
Doué de raison	RAISONNABLE
Douillet	COSY • MOLLET
Douleur	DEUIL • MAL
Douleur d'oreille	OTALGIE
Douleur le plus souvent diffuse	ALGIE
Douleur morale ou physique	TORTURE
Douleur physique	ALGIE • BOBO
Douleur ressentie dans l'abdomen	COLIQUE
Douleur ressentie sur le trajet d'un nerf	NÉVRALGIE
Douleur, en langage enfantin	BOBO
Douloureux	CUISANT
Doute	HÉSITATION
Douter (Se)	MÉFIER
Douteux	INDÉCIS • SUSPECT
Doux	DOUILLET • MOLLET • TEMPÉRÉ
Doux au toucher	VELOUTÉ
Douzaine	DOUZE
Douze mois	AN • ANNÉE
Douzième mois de l'année	DÉCEMBRE
Dragage	DRAGUE
Dragonne	CORDON
Drague	DRAGAGE
Draguer	ALLUMER
Drain	CANULE • SONDE
Drainer	ASSAINIR • ÉGOUTTER
Drainer goutte à goutte	ÉGOUTTER
Dramatique	GRAVE • THÉÂTRAL
Dramaturge américain	ALBEE
Drame	TRAGÉDIE
Drame japonais	NÔ
Drame lyrique espagnol	ZARZUELA
Drame lyrique japonais	NÔ
Drame lyrique sur un sujet religieux	ORATORIO
Drames lyriques japonais	NÔS
Drap de lit	BÂCHE
Drap fin et uni	SEDAN
Drapeau	GUIDON • ORIFLAMME • PAVILLON
Drayoir	BUTOIR
Drelin	DING

Dressage	DOMPTAGE
Dressé	APPRIVOISÉ • HAUT
Dresser	ARBORER • DOMPTER • ÉLEVER
	ENTRAÎNER • LEVER • RÉDIGER
Dresser quelqu'un	CABRER
Dresser un oiseau pour le vol	OISELER
Drille	FORET
Dring	SONNETTE
Drogue	CAME • COCAÏNE
	DOPE • STUPÉFIANT
Drogué	CAMÉ
Drogue enivrante	HASCH
Drogue hallucinogène	LSD
Drogue, stupéfiant	CHNOUF
Droguer	DOPER
Droguet de soie	LUSTRINE
Droit	ATTRIBUT • DIRECT • PERMISSION
Droit d'utiliser la chose dont on est propriétaire	USUS
Droit de passer avant les autres	PRIORITÉ
Droit de primogéniture	AÎNESSE
Droit de retour	RÉVERSION
Droit payé par un navire	TONNAGE
Droit que l'on paye pour emprunter une voie de communication	PÉAGE
Droite	FRANCHE
Droiture	ÉQUITÉ • PROBITÉ
Drôle	BOUFFE • SPIRITUEL
Drôle, gaillard	BOUGRE
Drôlement	CURIEUSEMENT
Drôlerie	BOUFFONNERIE
Dromadaire d'Afrique du Nord	MÉHARI
Dronte	DODO
Dru	TOUFFU
Druide gaulois	OVATE
Drupe globuleuse et oblongue	OLIVE
Dû	DETTE
Dû à des ions	IONIQUE
Dû à la neige	NIVAL
Dû au paludisme	PALUDÉEN
Du centre, en politique	CENTRISTE

Du dirigisme	DIRIGISTE
Du foetus	FOETAL
Du Japon	NIPPON
Du Kurdistan	KURDE
Du latium	LATIN
Du Maroc	CHÉRIFIEN
Du même temps	CONTEMPORAIN
Du Népal	NÉPALAIS
Du nez	NASAL
Du nord	BORÉAL
Du papier	PAPETIER
Du pays de Galles	GALLOIS
Du père	PATERNEL
Du Poitou	POITEVIN
Du printemps	PRINTANIER
Du Québec	QUÉBÉCOIS
Du rectum	RECTAL
Du renard	VULPIN
Du sapin	ABIÉTIN
Du Siam	SIAMOIS
Du temps passé (D')	ANTAN
Duc	HIBOU
Duc de Somerset né en 1500	SEYMOUR
Ductile	ÉTIRABLE
Dumper	BENNE
Dune	BUTTE
Duo	DEUX
Duper	ATTRAPER • BERNER • ENJÔLER
	FLOUER • PIGEONNER
Duper quelqu'un	FLOUER
Duper, tromper	JOBARDER
Duperie	LEURRE • MENSONGE
Dur	CRUEL • ÉGOÏSTE
Dur à supporter	RIGOUREUX
Dur comme du cuir	CORIACE
Dur, épais	FOURNI
Durable	IMMUABLE • PERMANENT • SOLIDE
	STABLE • TENACE • VIABLE • VIVACE
Durant	PENDANT
Durci, coagulé	PRIS
Durcir	INDURER • RAIDIR

Durcissement d'un tissu	SCLÉROSE
Dure	CRUELLE
Durée	LONGUEUR • PÉRIODE
Durée de huit jours	OCTAVE
Durée de notre passage sur terre	VIE
Durée de sept ans	SEPTENNAT
Durée des études	SCOLARITÉ
Durement	CRÛMENT
Durer	EXISTER • VIVRE
Dureté	ÂPRETÉ • CRUAUTÉ
	RUDESSE • SÉVÉRITÉ
Durillon	CAL • COR • OIGNON
Duvet de certaines plantes	LAINE
Duvet de fibres très courtes	LINTER
Duveté	VELOUTÉ
Dynamique	ACTIF • REMUANT
Dynamisme	ÉNERGIE • PEP • VITALITÉ
Dynastie impériale chinoise	HAN • MING
Dyspepsie	APEPSIE
Dysprosium	DY

E

Eau	LAVURE • ONDE
Eau congelée	NEIGE
Eau de toilette	LOTION
Eau de vaisselle	LAVASSE
Eau gazéifiée	SODA
Eau qui a servi à rincer	RINÇURE
Eau qui suinte du bois chauffé	SUAGE
Eau salée dans laquelle on conserve les denrées	SAUMURE
Eau vive	FONTAINE
Eau, pluie	FLOTTE
Eau-de-vie	ARAC • COGNAC • GIN GNIOLE • GNOLE • NIOLE
Eau-de-vie d'origine écossaise	WHISKY
Eau-de-vie d'origine russe	VODKA
Eau-de-vie de canne à sucre	RHUM • TAFIA
Eau-de-vie de cidre	CALVA
Eau-de-vie de grain de seigle	VODKA
Eau-de-vie de raisin	ARMAGNAC
Eau-de-vie de vin	COGNAC
Eau-de-vie fabriquée en Allemagne	SCHNAPS
Eau-de-vie parfumée à l'anis	RAKI
Eaux peu profondes de la Louisiane	BAYOU
Ébahi	AHURI • BABA • ÉBAUBI ÉBERLUÉ • ÉPATÉ
Ébahir	ABASOURDIR • ÉPATER • ÉTONNER
Ébarber une pièce de métal	ÉBAVURER
Ébaubir	ÉBAHIR
Ébauche	AMORCE • CANEVAS COMMENCEMENT • ESQUISSE MAQUETTE • PLAN
Ébaucher	DESSINER
Ébaucher un rapprochement	FLIRTER
Ébéniste	MENUISIER
Éberlué	ÉTONNÉ
Éblouir	AVEUGLER
Éblouissant	ADMIRABLE
Éblouissant, éclatant	FULGURANT

Éblouissement	VERTIGE
Éboulement	ÉBOULIS
Ébouriffé	HIRSUTE
Ébrancher	ÉLAGUER • ÉMONDER
Ébranchoir	SERPE
Ébranlé	ATTEINT • ÉMU
Ébranlé, traumatisé	CHOQUÉ
Ébranlement	SECOUSSE
Ébranlement soudain et violent	COMMOTION
Ébranler	ATTEINDRE • ÉMOUVOIR
	ÉTOURDIR • SECOUER
Ébrécher	ÉCORNER • ÉGUEULER
Ébriété	IVRESSE
Éburné	ÉBURNÉEN
Éburnéen	ÉBURNÉ • IVOIRIN
Écaille	COQUILLE
Écailleux	SQUAMEUX
Écale	BROU
Écart	DÉCALAGE • DISTANCE • ESPACE
Écart dans le temps	DÉCALAGE
Écart spatial	DÉCALAGE
Écart temporel	DÉCALAGE
Écarté	RETIRÉ
Écarter	ALIÉNER • ÉLOIGNER • ÉVITER
Écarter de sa direction naturelle	DÉJETER
Ecchymose	CONTUSION
Ecchymose à l'oeil	COQUARD
Ecclésiastique	PRÊTRE
Écervelé	ÉTOURDI • ÉVENTÉ
Échafaudage	ARMATURE
Échafaudage en arc de cercle	CINTRE
Échafauder	ÉLABORER
Échancrer	ÉVIDER
Échange	TRANSACTION • TROC
Échange de monnaies de pays différents	CHANGE
Échange direct d'un bien contre un autre	TROC
Échange verbal violent	ALTERCATION
Échanson	SERDEAU
Échantillon	SPÉCIMEN

Échappé	ÉVADÉ
Échappée	ESCAPADE • FUITE
Écharpe	FOULARD
Écharpe de dentelle	MANTILLE
Écharpe de fourrure	ÉTOLE
Écharpe de toile que portaient les prêtres hébreux	ÉPHOD
Échassier	GRUE
Échassier du midi de la France	GLARÉOLE
Échaudoir	CUVE
Échauffourée	RIFIFI
Échéance	TERME
Échec	BIDE • DÉFAITE • FIASCO FLOP • INSUCCÈS • REVERS
Échec complet	FAILLITE
Échelle de sons	GAMME
Échelle, en photographie	ISO
Échelon	DEGRÉ • GRADE • NIVEAU
Échelonner	ESPACER • ÉTAGER
Échevelé	HIRSUTE
Échinoderme appelé couramment étoile de mer	ASTÉRIE
Échiquier	DAMIER
Écho	RÉSONANCE
Échoppe	BOUTIQUE • BURIN
Échouer	AVORTER • CHUTER • FOIRER MANQUER • RATER
Échouer, foirer	MERDER
Échu par droit	DÉVOLU
Écimer	DÉCAPITER • ÉTÊTER
Éclabousser	GICLER • MOUILLER REJAILLIR • SALIR
Éclairage	LUMIÈRE
Éclaircir	CLARIFIER • ÉLUCIDER
Éclaircir la couleur de	DÉCOLORER
Éclaircir une chose compliquée	DÉMÊLER
Éclairé	ILLUMINÉ
Éclairer	ILLUMINER • LUIRE
Éclat	AURÉOLE • BRILLANT LUMINOSITÉ • PET
Éclat d'un style imagé et vivant	COLORIS

Éclat de voix	CRI
Éclat et teinte du visage	COLORIS
Éclat naturel ou artificiel	LUSTRE
Éclat pompeux	APPARAT
Éclat trompeur	CLINQUANT
Éclat vif et passager	ÉTINCELLE
Éclat, brillant	FLAMME
Éclatant	BEAU • BRILLANT • CLAIR
	GLORIEUX • RELUISANT
Éclater	CREVER • EXPLOSER • FULMINER
	PÉTER • RETENTIR • SAUTER
Éclipse	ABSENCE
Éclisse	CLISSE
Éclisse servant à égoutter les fromages	VOLETTE
Éclopé	ESTROPIÉ
Éclore	FLEURIR
Écoeurant	ABJECT • DÉGOÛTANT • RÉPUGNANT
Écoeuré	DÉGOÛTÉ • SATURÉ
Écoeurement	DÉCOURAGEMENT
	NAUSÉE • RÉPULSION
Écoinçon	COIN
École	COLLÈGE • LYCÉE
École bouddhiste	ZEN
École d'Administration	EA
École de Technologie Supérieure	ETS
École Nationale d'Administration	ENA
Écolier paresseux et nul	CANCRE
Écologiste	ÉCOLO
Éconduire	CHASSER
Économe	AVARE • ÉPARGNANT
Économie	ÉPARGNE
Économiser	ÉPARGNER • MÉNAGER • RÉSERVER
Économiste allemand	LIST
Économiste américain né en 1934	NADER
Économiste britannique mort en 1991	STONE
Économiste égyptien né en 1931	AMIN
Économiste et homme politique français	BARRE
Économiste français	RIST
Économiste français né en 1767	SAY
Écoper	ENCAISSER

Écorce	ÉCALE • TAN • ZESTE
Écorce d'un fruit	ZESTE
Écorce de la noix muscade	MACIS
Écorce de la tige de chanvre	TEILLE • TILLE
Écorce extérieure des agrumes	ZESTE
Écorcher	BLESSER • ÉRAFLER • ÉRAILLER
Écornifleur	PARASITE
Écosser	ÉGRENER
Écot	CONTRIBUTION
	COTISATION • PART
Écoulement	FLUX
Écoulement de pus	PYORRHÉE
Écoulement de sang de la menstruation	MENSTRUES
Écoulement de sève	PLEUR
Écoulement des marchandises	DÉBIT
Écouler	LIQUIDER
Écourter	ABRÉGER • RACCOURCIR
Écourter les oreilles	ESSORILLER
Écouter	OBÉIR • OUÏR
Écouter de nouveau	RÉÉCOUTER
Écouvillon	BALAI
Écrabouillé	ÉCRASÉ
Écrabouiller	ÉCRASER
Écran	RIDEAU
Écran de télévision	TÉLÉCRAN
Écran monté sur un haut-parleur	BAFFLE
Écran suspendu au plafond	PANCA
Écrasé	ÉPATÉ
Écrasement au sol	CRASH
Écraser	ACCABLER • APLATIR • BROYER
	COMPRIMER • MOUDRE
	OPPRIMER • PIÉTINER
	PILER • PULVÉRISER • RATATINER
Écraser avec les dents	MÂCHER
Écraser avec un pilon	PILONNER
Écrin	BOÎTE • COFFRE
Écrin pour ranger les bijoux	BAGUIER
Écrire	COMPOSER
Écrire, rédiger	PONDRE
Écrit	TEXTE

Écrit diffamatoire	LIBELLE
Écrit en trois langues	TRILINGUE
Écrit politique posthume	TESTAMENT
Écrit satirique	PAMPHLET
Écrit tenu pour sans valeur	PAPERASSE
Écriteau	AFFICHE • PANCARTE • PLACARD
Écriture formée de signes	STÉNO
Écrivain	AUTEUR
Écrivain algérien né en 1920	DIB
Écrivain allemand	ARNIM • HEINE • MANN
Écrivain allemand mort en 1831	ARNIM
Écrivain allemand mort en 1888	STORM
Écrivain allemand mort en 1910	RAABE
Écrivain allemand mort en 1956	BENN
Écrivain allemand mort en 1985	BOLL
Écrivain américain	AUDEN • POE
Écrivain américain mort en 1973	AUDEN
Écrivain américain né en 1871	DREISER
Écrivain américain né en 1933	ROTH
Écrivain australien né en 1916	WEST
Écrivain australien, prix Nobel 1973	WHITE
Écrivain belge	DAISNE • THIRY
Écrivain belge prénommé Georges	SIMENON
Écrivain brésilien	AMADO
Écrivain britannique décédé en 1883	REID
Écrivain britannique mort en 1834	LAMB
Écrivain britannique né en 1814	READE
Écrivain britannique né en 1907	FRY
Écrivain et critique britannique mort en 1894	PATER
Écrivain et journaliste irlandais né en 1672	STEELE
Écrivain et nouvelliste finlandais	AHO
Écrivain et peintre français mort en 1936	DABIT
Écrivain français	ABOUT • BAZIN • GIDE LEIRIS • SADE
Écrivain français d'origine roumaine	IONESCO
Écrivain français mort en 1894	MACE
Écrivain français mort en 1897	DAUDET
Écrivain français mort en 1902	ZOLA

Écrivain français mort en 1905	VERNE
Écrivain français mort en 1910	RENARD
Écrivain français mort en 1958	CARCO
Écrivain français mort en 1960	CAMUS
Écrivain français mort en 1982	ARAGON • PEREC
Écrivain français mort en 1984	BRION
Écrivain français né en 1802	HUGO
Écrivain français né en 1823	RENAN
Écrivain français né en 1880	HÉMON
Écrivain français né en 1895	GIONO
Écrivain français né en 1919	DÉON
Écrivain français prénommé Boris	VIAN
Écrivain guinéen mort en 1980	LAYE
Écrivain irlandais	BEHAN
Écrivain israélien	AGNON
Écrivain italien né en 1492	ARETIN
Écrivain mexicain mort en 1959	REYES
Écrivain mexicain né en 1914	PAZ
Écrivain politique français	ARON
Écrivain polonais	PRUS
Écrivain polonais né en 1505	REJ
Écrivain public	SCRIBE
Écrivain québécois	LEMELIN • NELLIGAN SAVARD • TREMBLAY
Écrivain russe mort en 1994	LEONOV
Écrivain suisse d'expression française	AMIEL
Écrivain suisse d'origine allemande	HESSE
Écrivain suisse né en 1857	ROD
Écrivain uruguayen mort en 1994	ONETTI
Écroulement	CHUTE • DÉGRINGOLADE ÉBOULEMENT
Écroûter	HERSER
Écu	BOUCLIER
Écu armorial	ÉCUSSON
Écueil	BRISANT • RÉCIF
Écuelle	GAMELLE
Éculé	DÉFRAÎCHI • ÉLIMÉ • USÉ
Écume	BAVE • MOUSSE
Écureuil	SUISSE • TAMIA
Écuyer au service d'un seigneur	VALET
Éden	PARADIS

Édicter	PROMULGUER
Édicule	KIOSQUE
Édifiant	PIEUX • VERTUEUX
Édifiante	PIEUSE • VERTUEUSE
Édifice	BÂTIMENT • IMMEUBLE
Édifice circulaire	ROTONDE
Édifice consacré à la musique	ODÉON
Édifice consacré aux chants	ODÉON
Édifice destiné à la représentation de pièces dramatiques	THÉÂTRE
Édifier	BÂTIR • CONSTRUIRE • ÉLEVER
Édit	LOI
Édit promulgué par le tsar	UKASE
Éditer	IMPRIMER
Éditer de nouveau	RÉÉDITER
Éditorial	ÉDITO
Édredon	DUVET
Éducateur	ENSEIGNANT
Éducation	CULTURE
Édulcorer	AFFADIR • MITIGER • SUCRER
Éduquer	CIVILISER • CULTIVER ÉLEVER • INSTRUIRE
Éfaufiler	EFFILER
Effaçable	DÉLÉBILE
Effacé	HUMBLE
Effacer	ESCAMOTER • RADIER
Effacer par une usure progressive	OBLITÉRER
Effaré	AFFOLÉ • HAGARD
Effarouché	APEURÉ
Effectif	ACTUEL
Effective	ACTUELLE
Effectué	ACCOMPLI
Effectuer	ACCOMPLIR • EXÉCUTER OPÉRER • RÉALISER
Effectuer le dégazage	DÉGAZER
Effectuer le recyclage de quelqu'un	RECYCLER
Effectuer un coup violent, au tennis	SMASHER
Effectuer un parcours en slalom	SLALOMER
Effectuer un slalom	SLALOMER
Effervescence	ÉBULLITION
Effet comique rapide	GAG

Effet d'une action forte	IMPACT
Effet de commerce	CHÈQUE
Effet latéral donné à une balle, au golf	SLICE
Effet rétrograde	RÉTRO
Effets, objets personnels	AFFAIRES
Efficace	ACTIF • BON
Efficacité	PORTÉE • RENDEMENT
Efficient	EFFICACE
Effigie	FIGURE • PORTRAIT
Efflanqué	MAIGRE
Effleurement	ATTOUCHEMENT
Effleurer	CARESSER • FRISER • FRÔLER
	FROTTER • TOUCHER
Efflorescence	ÉRUPTION
Effluve	ODEUR
Effondré	PROSTRÉ
Effondrement	CHUTE • DÉGRINGOLADE
	ÉBOULEMENT • RUINE
Effondrement de la bourse	KRACH
Effondrement soudain	DÉBÂCLE
Effort final	RUSH
Effraction	BRIS
Effrayant	HORRIBLE • REDOUTABLE
Effrayant, terrifiant	ÉPEURANT
Effrayante	AFFREUSE
Effrayé	APEURÉ
Effrayer	ÉPEURER • INTIMIDER
	APEURER • AFFOLER
Effrayer vivement	TERRIFIER
Effréné	DÉBRIDÉ • ENRAGÉ
Effroi	HORREUR • TERREUR
Effroi violent	PANIQUE
Effronté	CULOTTÉ • ÉHONTÉ • GONFLÉ
	IMPUDENT • INSOLENT
Effronté, trop libre	DÉLURÉ
Effronterie	GOUAILLE
Effronterie de la personne	
qui se moque des conventions	CYNISME
Effronterie, audace	IMPUDENCE
Effroyable	AFFREUX • TERRIBLE
Égal	UNI

Égal, uni	LISSE
Égale	PAREILLE
Également	AUSSI • COMME • ITOU
Égaliser	APLANIR • NIVELER • RÉGALER
Égalitaire	NIVELEUR
Égalité	PARITÉ • UNIFORMITÉ
Égard	DÉFÉRENCE • ESTIME
Égaré	ADIRÉ • DÉSAXÉ • ÉPERDU
	ERRANT • PERDU
Égarement	VERTIGE
Égarer	PERDRE
Égayer	ANIMER • DÉRIDER • DÉTENDRE
Églantine	ROSE
Églefin fumé	HADDOCK
Église	TEMPLE
Église cathédrale	DÔME
Église romane et gothique	YENNE
Église tibétaine	LAMAÏSME
Ego	JE • MOI
Égocentrique	ÉGOÏSTE
Égocentriste	ÉGOÏSTE
Égoïne	SCIE
Égorger	SAIGNER
Égotisme	ÉGOÏSME
Égrainage	ÉGRENAGE
Égrapper	ÉGRENER
Égratigner	ÉRAFLER • GRIFFER
Éhonté	EFFRONTÉ
Einsteinium	ES
Éjecter	REJETER
Éjection	REJET
Élaborer	PROGRAMMER
Élaeis	ÉLÉIS
Élagage	ÉMONDAGE
Élaguer	ÉMONDER • TAILLER
Élan	ASPIRATION • ENVOLÉE
	ESSOR • ORIGNAL
Élan capricieux	FOUCADE
Élan d'Amérique	ORIGNAL
Élancé	LONG • MINCE • SVELTE
Élancé et fragile	GRACILE

Élargi	ÉVASÉ
Élargir à l'orifice	ÉVASER
Élargir l'ouverture	ÉVASER
Élasticité	RESSORT
Élastique	ÉTIRABLE
Éléatique	ÉLÉATE
Élection en dehors des élections générales	PARTIELLE
Électrisant	PASSIONNANT
Électriser	ANIMER
Électron de charge négative	NÉGATON
Élégance	COQUETTERIE
Élégant	CHIC • COQUET GRACIEUX • SÉLECT
Élégant, chic	SMART
Élégant, distingué	NAP
Élégante	GRACIEUSE
Élégie	POÈME
Éléis	ÉLAEIS
Élément	DÉTAIL • ITEM • NOTION PARTIE • UNITÉ
Élément ajouté à l'original	AJOUT
Élément ajouté, apport	ALLIAGE
Élément artificiel et instable	ASTATE
Élément atomique du même groupe que l'aluminium	BORE
Élément chimique de couleur jaune	SOUFRE
Élément constant d'un calcul	PARAMÈTRE
Élément contribuant à un résultat	FACTEUR
Élément d'un ensemble	PARTIE
Élément d'un espace vectoriel	VECTEUR
Élément d'une chaîne acoustique	AMPLI
Élément d'une chaîne binaire	BIT
Élément d'une machine	ORGANE
Élément d'une machine ayant une fonction particulière	ORGANE
Élément d'une mosaïque	ABACULE
Élément de mesure de l'information	BIT
Élément de noms masculins	OL
Élément de passementerie, de forme ovoïde	GLAND

Élément exprimant l'opposition	ANTI
Élément gazeux radioactif	RADON
Élément instable et radioactif	ASTATE
Élément nécessaire pour juger	PARAMÈTRE
Élément non essentiel	DÉTAIL
Élément radioactif naturel	RADON • URANIUM
Élément stabilisateur de certains projectiles	AILETTE
Élevage de taureaux de combat	GANADERIA
Élévation	ASCENSION • ÉRECTION • MONT
Élévation au-dessus du sol	ALTITUDE
Élévation de la température du corps	FIÈVRE
Élévation de terrain	ÉMINENCE
Élévation peu considérable de terre	TERTRE
Élévation verticale d'un point par rapport au niveau de la mer	ALTITUDE
Élevé	ÉMINENT • HAUT
Élève	ÉCOLIER
Élève d'un lycée	LYCÉEN
Élève d'une école normale	NORMALIEN
Élève paresseux et nul	CANCRE
Élever	BÂTIR • CONSTRUIRE • DRESSER ÉDIFIER • ÉDUQUER • SOULEVER
Élever à un haut degré de perfection	EXALTER
Élimé	ÉCULÉ • USÉ
Élimer	LIMER • RÂPER • USER
Élimination	ÉVICTION
Éliminer	DISSIPER • ÉVINCER
Élire	PRÉFÉRER
Élire une seconde fois	RENOMMER
Élite	ARISTOCRATIE • GRATIN
Elle fut changée en génisse	IO
Élocution	DICTION
Éloge	APOLOGIE • COMPLIMENT LOUANGE
Élogieux, obligeant	FLATTEUR
Éloigné	DISTANT • ISOLÉ • LOIN • LOINTAIN
Éloignement	DISTANCE • ÉCART
Éloignement entre deux choses	GAP
Éloigner	ALIÉNER • ÉCARTER • ISOLER
Élonger	ÉTIRER

Élu, prédestiné	CHOISI
Élucider	CLARIFIER
Éluder une question	PATINER
Élusif	ÉVASIF
Émacié	AMAIGRI
Émailler	EMBELLIR
Émanation	ARÔME
Émanation d'un corps	AURA
Émanation du thorium	THORON
Émancipé	LIBÉRÉ
Émaner	PROVENIR
Emballage	ENVELOPPE • PAQUET
Emballage en carton pour confiseries	BALLOTIN
Emballage pour les liquides	BERLINGOT
Emballage servant au transport des petits fruits	CASSEAU
Emballeur	PAQUETEUR
Embarcadère	QUAI
Embarcation	ALLÈGE
Embarcation à flotteurs	PÉDALO
Embarcation à fond plat	ACCON • ACON • BARGE • DORIS
Embarcation légère	CANOË • CANOT • YOLE
Embarcation non pontée et légère	YOLE
Embarcation portative	CANOË
Embarcation pour le transport des marchandises	GABARE
Embarcation, esquif	BARQUE
Embargo	SAISIE
Embarquer	ENGAGER
Embarras	ARIA • GÊNE • MALAISE • TRACAS
Embarrassant	ÉPINEUX • GÊNANT
Embarrassé	DÉCONTENANCÉ • PENAUD • TIMIDE
Embarrassé par pudeur	CONFUS
Embarrasser	GÊNER
Embaucher	ENGAGER
Embellir	AMÉLIORER • BRODER • PARER
Embellissement	DÉCORATION
Embêtement	EMBARRAS
Embêter	RASER
Emblème	INSIGNE • SYMBOLE
Embobiner	BOBINER

Emboîtement	ARTICULATION
Emboîter	ENCASTRER
Embonpoint	RONDEUR • ROTONDITÉ
Embouchure	BOUCHE • GRAU
Embouchure d'un fleuve	ESTUAIRE
Embourber	ENLISER • ENVASER
Embout	ABOUT
Embouteillage	BOUCHON • ENCOMBREMENT
Emboutir	DÉFONCER • PERCUTER
	TÉLESCOPER
Embraser	ATTISER • BRÛLER • INCENDIER
Embrassade	ACCOLADE
Embrassement	ACCOLADE • CARESSE • ÉTREINTE
Embrasser	BAISER • BISER • ÉTREINDRE
Embrigader	ENRÔLER • RECRUTER
Embrouillé	MÊLANT • VASEUX
Embrouillée	VASEUSE
Embrouiller	EMMÊLER
Embryon	FOETUS
Embûche	FILET
Éméché	GRIS • IVRE • POMPETTE
Éméchée	PARTIE
Émerveillement	ADMIRATION
Émerveiller	ÉBLOUIR
Émettre des gémissements	GÉMIR
Émettre des tiges secondaires à la base de sa tige	TALLER
Émettre par les médias	DIFFUSER
Émettre par suintement	EXSUDER
Émettre son bruit, en parlant de la cigale	CRAQUETER
Émettre un babillage	JASER
Émettre un bruit plaintif	GEINDRE
Émeu	ÉMOU
Émigration	MIGRATION
Émigration en masse	EXODE
Émigrer (Se)	RÉFUGIER
Éminence	EM • MONTICULE
Éminence à la surface de certains objets	SAILLIE
Éminent	INSIGNE

Émis par le gosier	GUTTURAL
Émissaire	AGENT • DÉLÉGUÉ
Émission	DIFFUSION
Émission de rayons	RADIATION
Émission inconsciente d'urine	ÉNURÉSIE
Emmailloter	ENROULER • LANGER
Emmener	EMPORTER
Emmener après avoir amené	REMMENER
Emmerdement	EMMERDE
Emmerder	EMBÊTER • ENNUYER
Emmerdeur	GÊNEUR
Emmiellé	MIELLEUX
Émoi	AGITATION • ÉMOTION
Émoluments	HONORAIRES • TRAITEMENT
Émonder	ÉLAGUER • TAILLER
Émotif	SENSIBLE • VIBRANT
Émotion	ÉMOI • SENSATION
Émotion tendre	TROUBLE
Émotionnel	ÉMOTIF
Émotionnelle	ÉMOTIVE
Émotionner	ÉMOUVOIR
Émotter	HERSER
Émou	ÉMEU
Émousser	ÉPOINTER
Émoustillant	EXCITANT
Émouvoir	ALARMER • ATTENDRIR
	BOULEVERSER • TOUCHER
Empaqueter	EMBALLER
Empaqueteur	PAQUETEUR
Empâté	ÉPAIS • PÂTEUX
Empâtée	PÂTEUSE
Empêchement	CONTRETEMPS • DIFFICULTÉ
	ENTRAVE • OBSTACLE
Empêcher	OPPOSER • PROHIBER • RETENIR
Empêcher d'évoluer	SCLÉROSER
Empereur	CÉSAR • NAPOLÉON • ROI
Empereur de Bulgarie	TSAR
Empereur de Russie	TSAR
Empereur légendaire de Chine	YAO
Empereur romain	CÉSAR • NÉRON
Empesé	AMPOULÉ

Empesté	FÉTIDE
Empester	INFECTER • PUER • VICIER
Empêtrer	ENTRAVER
Emphase	PATHOS
Empiler	ACCUMULER • ENTASSER
Empire	EMPRISE
Empire de l'Amérique précolombienne	INCA
Empirer	AGGRAVER
Emplacement	LIEU • POSITION • TERRAIN
Emplacement à l'avant du navire	GATTE
Emplacement précis	SITE
Emplacement réservé à un exposant	STAND
Emplâtre à base de résine	DIACHYLON
Emplette	ACHAT
Emploi	BOULOT • OFFICE • USAGE
Emploi d'argent	DÉPENSE
Emploi du temps	AGENDA • HORAIRE
Emploi excessif de la main-d'oeuvre	SUREMPLOI
Emploi involontaire d'un mot pour un autre	LAPSUS
Emploi rémunéré	JOB
Emploi, fonction	RÔLE • SITUATION
Employé	COMMIS • SALARIÉ
Employé d'église	BEDEAU
Employé de la douane	GABELOU
Employé de la poste	POSTIER
Employé des postes	FACTEUR
Employé du service des postes	POSTIER
Employé laïque d'une église	BEDEAU
Employé qui sert dans un bar	BARMAN
Employée de maison, bonne à tout faire	BONNICHE
Employée qui sert dans un bar	BARMAID
Employer	UTILISER
Employer de l'argent	DÉPENSER
Empocher	ENCAISSER • GAGNER
Empoignade	CHICANE
Empoigner	SERRER
Empoisonner	EMPESTER • ENVENIMER
Empoisonner, ronger	GANGRENER

Empoissonner	ALEVINER
Emporté	IMPULSIF
Emporté, ardent	BOUILLANT
Emportement	COLÈRE • IRE
Emportement enthousiaste	FURIA
Emporter	CHARRIER • PRENDRE • RAVIR
Emporter quelque chose	PRENDRE
Empoté	GAUCHE • MALADROIT
Empreint d'héroïsme	HÉROÏQUE
Empreint de sincérité	SENTI
Empreinte	CACHET • IMPRESSION • MARQUE
	MOULAGE • SCEAU • TRACE
Empreinte sur le sol	TRACE
Empressé	AVENANT • DÉVOUÉ • DILIGENT
	FERVENT • GALANT • PROMPT
Empressement	ARDEUR • CÉLÉRITÉ • HÂTE • ZÈLE
Emprisonné	CAPTIF
Emprisonnée	CAPTIVE
Emprisonnement	PEINE • RÉCLUSION
Emprisonner	ASSIÉGER • BOUCLER • COFFRER
	ÉCROUER • ENCAGER
	ENSERRER • INTERNER
Emprunt	PLAGIAT • PRÊT
Emprunteur	DÉBITEUR
Empuantir	EMPESTER
Empyrée	FIRMAMENT
Émulation	CONCURRENCE
Émule	COMPÉTITEUR
Émulsion riche en amidon	LATEX
En	DANS
En abondance	AMPLEMENT
En Afrique, lit bas fait de fibres végétales	TARA
En alternance	ALTERNÉ
En aucun temps	JAMAIS
En Auvergne, petite fromagerie	BURON
En avance	AVANCÉ
En bon ordre	ORDONNÉ
En boxe, coup de poing	SWING
En boxe, coup porté de bas en haut	UPPERCUT

En ce moment	ACTUELLEMENT
En compagnie de	AVEC
En conséquence	ALORS
En danger	MENACÉ
En définitive	FINALEMENT
En dépit de	MALGRÉ
En dernier lieu	ULTIMO
En détachant nettement les notes	STACCATO
En ébullition	BOUILLANT
En échange de	POUR
En état d'ébriété	IVRE
En état de grossesse	ENCEINTE
En face de	DEVANT
En fonction de	SUIVANT
En forme	DISPOS
En forme d'anneau	ANNULAIRE
En forme d'oeuf	OVALE
En forme d'ombilic	OMBILICAL
En forme de bec	ROSTRAL
En forme de croix	CROISÉ
En forme de fuseau	FUSELÉ
En forme de poire	PIRIFORME
En forme de roue	ROTACÉ
En forme de sphère	SPHÉRIQUE
En forme de table	TABULAIRE
En grand nombre	ABONDANT
En harmonie, assorti	COORDONNÉ
En jazz, court fragment mélodique	RIFF
En loques, déchiré	LOQUETEUX
En matière de	ÈS
En même temps	ENSEMBLE
En Orient, abri pour les voyageurs	KAN • KHAN
En outre	ITEM
En parlant de l'Orient, de l'Est	LEVANT
En paroles	ORALEMENT
En passant par	VIA
En petits morceaux	MENU
En piteux état	MITEUX
En plus	SUS
En position de guetteur (Aux ...)	AGUETS
En premier lieu	AUPARAVANT • PRIMO

En publicité, une aguiche	TEASER
En Russie, assemblée	DOUMA
En sueur	SUANT
En télégraphie, unité de rapidité de modulation	BAUD
En tous lieux	PARTOUT
En troisième lieu	TERTIO
En un autre lieu	AILLEURS
En vain	VAINEMENT
En vérité	CERTES
En-cas, lunch	COLLATION
Encadrement	CADRE
Encadrement de l'âtre	CHEMINÉE
Encaissement	RENTRÉE
Encaisser	ENDURER • RECEVOIR
Encarter	INSÉRER
Encaustiquer	CIRER
Enceindre	ENCLORE • ENTOURER
Enceinte acoustique	BAFFLE
Enceinte circulaire destinée aux jeux publics chez les Romains	CIRQUE
Enceinte demi-circulaire de filets	VENET
Enceinte où l'on tient enfermés les taureaux	TORIL
Enceinte stérile	BULLE
Encensé	ADULÉ
Encenser	ADULER
Encercler	ASSIÉGER • CEINDRE CERNER • ENTOURER
Enchaîner	RIVER
Enchanté	CONTENT • RAVI
Enchantement	MAGIE
Enchanter	RAVIR • RÉJOUIR
Enchanteur	SÉDUISANT
Enchanteur, magique	FÉERIQUE
Enchâsser	ENCASTRER • SERTIR
Enchères	ENCAN
Enchérir	RENCHÉRIR
Enchevêtrer	EMMÊLER
Enclave	TERRITOIRE
Enclaver	ENCASTRER • ENGLOBER

Enclin à percevoir les bons côtés d'une chose	OPTIMISTE
Enclore	CIRCONSCRIRE
Enclos	PALISSADE • PARC
Enclos grillagé où l'on élève des oiseaux	VOLIÈRE
Enclos où est enfermé le bétail	PARC
Enclos où l'on parque le bétail	CORRAL
Enclos où vivent les moutons	BERGERIE
Enclos pour le bétail en Afrique du Sud	KRAAL
Encoche	COCHE • ENTAILLE
Encoder	CODER
Encombrant	GÊNANT • NUISIBLE
Encombré	SATURÉ
Encombrer	FARCIR
Encore	BIS • DAVANTAGE
Encore plus	DAVANTAGE
Encouragement	RÉCONFORT • SUBVENTION
Encourager	APPROUVER • ENHARDIR INCITER • PROMOUVOIR
Encourir	MÉRITER
Endetter	OBÉRER
Endiablé	INFERNAL
Endommagé	ABÎMÉ • AVARIÉ • DÉTÉRIORÉ
Endommagé par le feu	ARSIN
Endommagement	DÉTÉRIORATION
Endommager	AVARIER • LÉSER
Endormant	MONOTONE
Endormi	NONCHALANT
Endossement	APPROBATION • ENDOS
Endosser	APPROUVER • ASSUMER
Endosser de nouveau	RENDOSSER
Endosseur	RÉPONDANT
Endroit	LIEU • PLACE • RECTO
Endroit d'une rivière où l'on peut se baigner	BAIGNADE
Endroit d'une rivière où l'on peut traverser à pied	GUÉ
Endroit dans un désert	OASIS
Endroit mal défini	LIMBES
Endroit malpropre et malsain	CLOAQUE

Endroit où arrêtent les trains	GARE
Endroit où l'on mange mal	GARGOTE
Endroit où l'on remise des objets encombrants	DÉBARRAS
Endroit où l'on se poste pour guetter le gibier	AFFÛT
Endroit où l'on sert des repas	CANTINE
Endroit où poussent des arbustes épineux	ÉPINAIE
Endroit où se croisent plusieurs voies	CARREFOUR
Endroit où se prépare quelque chose	OFFICINE
Endroit réfrigéré destiné à la conservation	GLACIÈRE
Endroit retiré	COIN
Endroit très chaud, surchauffé	FOURNAISE
Enduire	OINDRE
Enduire avec du lut	LUTER
Enduire d'encaustique	CIRER
Enduire d'encre	ENCRER
Enduire de beurre	BEURRER
Enduire de colle	ENCOLLER
Enduire de fart	FARTER
Enduire de glaise	GLAISER
Enduire de gomme	GOMMER
Enduire de gomme d'apprêt	ENCOLLER
Enduire de matière gluante	ENGLUER
Enduire de pommade	POMMADER
Enduire de résine	RÉSINER
Enduire de vaseline	VASELINER
Enduire de vernis	VERNIR • VERNISSER
Enduit	VERNIS
Enduit de mortier	CRÉPI
Enduit de plâtre	CRÉPI
Enduit de vaseline	VASELINÉ
Enduit durcissant par dessiccation	LUT
Enduit imitant le marbre	STUC
Enduit imperméable	CHAPE
Enduit très résistant	LUT
Endurant	RÉSIGNÉ
Endurci	AGUERRI • BLINDÉ • INVÉTÉRÉ
Endurcir	DURCIR

Endurcir, rendre moins vulnérable	BLINDER
Endurer	ESSUYER • PÂTIR • SOUFFRIR
	SUPPORTER • TOLÉRER
Énergie	ACTIVITÉ • FORCE
	PUISSANCE • VITALITÉ
Énergie de la pulsion sexuelle	LIBIDO
Énergie morale	VERTU
Énergie, dynamisme	TONUS
Énergie, vitalité	DYNAMISME
Énergique	DRACONIEN • FERME • RÉSOLU
Énergumène	POSSÉDÉ
Énervant	AGAÇANT • IRRITANT
Énervé	IRRITÉ • NERVEUX
Énervée	NERVEUSE
Énervement	NERVOSITÉ
Énerver	AGACER • EXCÉDER • HORRIPILER
	IRRITER • STRESSER
Enfant	KID • LOUPIOT • MIOCHE
	MÔME • REJETON
Enfant à cheveux blonds	BLONDIN
Enfant de sexe masculin	GARÇON
Enfant en bas âge	LARDON • NOURRISSON
Enfant espiègle	LUTIN
Enfant gros et gras	PATAPOUF
Enfant mâle	GARÇON
Enfant qu'on a tenu sur les fonts baptismaux	FILLEUL
Enfant que l'on a trouvé abandonné dans les champs	CHAMPIS
Enfant trouvé dans les champs	CHAMPIS
Enfant turbulent	JOJO
Enfant, môme	CHIARD
Enfanter	ACCOUCHER • CONCEVOIR
Enfantillage	BALIVERNE • FUTILITÉ
	MÔMERIE • PUÉRILITÉ
Enfantin	PUÉRIL
Enfants	PROGÉNITURE
Enfermé	CAPTIF • MURÉ
Enfermée	CAPTIVE
Enfermer	BOUCLER • CEINDRE • CLORE
	ENCAGER • ENTOURER

Enfermer dans un cachot	EMMURER
Enfilade	FILE
Enflammé	ARDENT • BRÛLANT
	PASSIONNÉ • PÉTILLANT
Enflammer	ALLUMER • ATTISER
	ÉLECTRISER • STIMULER
Enflé	BOURSOUFLÉ • BOUFFI
Enfler	BALLONNER • BOMBER
	HAUSSER • TUMÉFIER
Enflure	OEDÈME
Enflure à la suite d'un coup	BOSSE
Enfoncement	DÉPRESSION
Enfoncement du rivage	CRIQUE
Enfoncement ménagé pour un lit	ALCÔVE
Enfoncer	DÉFONCER • FICHER • PLANTER
Enfoncer dans l'eau	CALER
Enfoncer plus avant	RENFONCER
Enfoui	CACHÉ
Enfouir	ENFONCER • PLONGER
Enfourchure	FOURCHE
Enfreindre	OUTREPASSER • VIOLER
Enfutailler	ENFÛTER
Enfûter	ENTONNER
Engagé	SOLIDAIRE
Engagé dans une coalition	COALISÉ
Engagement	CONVENTION • FOI
	OBLIGATION • PROMESSE
Engagement à payer si on perd un pari	GAGEURE
Engagement religieux	VOEU
Engager dans des dettes	ENDETTER
Engager les uns dans les autres	ENLIER
Engelure	GELURE
Engendrer	ACCOUCHER • CONCEVOIR
	CRÉER • GÉNÉRER
	PROCRÉER • PRODUIRE
Engin	APPAREIL • OUTIL
Engin blindé allemand	PANZER
Engin bruyant	ZINZIN
Engin de levage	POULIE
Engin de pêche	NASSE
Engin de terrassement	SCRAPER

Engin de terrassement destiné à racler les surfaces	DÉCAPEUSE
Engin de terrassement qui fait de l'excavation	DÉCAPEUSE
Engin de travaux publics	LOADER • RIPPER
Engin destiné à forer des tunnels	TUNNELIER
Engin explosif utilisé sous l'eau	TORPILLE
Engin muni de dents métalliques pour défoncer les terrains durs	RIPPER
Englober	COMPRENDRE
Engloutir	ENTERRER
Engluer	POISSER
Engorger de sable	ENSABLER
Engouement	ADMIRATION • TOCADE
Engouement passager	TOQUADE
Engourdi	LENT
Engourdi par le froid	GOURD
Engourdissement	PESANTEUR • TORPEUR
Engrais azoté	URÉE
Engrais composé de terre et de déchets organiques	COMPOST
Engrais fait de goémon	GOÉMON
Engrais naturel	FUMIER • TERREAU
Engraissement du bétail dans les prés	EMBOUCHE
Engraisser	ÉPAISSIR • FORCIR • GROSSIR
Engraisser une volaille	EMPÂTER
Énième	NIÈME
Énigme	MYSTÈRE • RÉBUS
Énigme qui consiste à découvrir un mot décomposé en syllabes	CHARADE
Énigme, devinette	CHARADE
Enivrant	CAPITEUX • GRISANT PASSIONNANT
Enivrante	CAPITEUSE
Enivré	SAOUL
Enivrement	IVRESSE
Enivrer	GRISER • SAOULER • SOÛLER
Enjamber	ESCALADER
Enjeu	CAVE • MISE • PARI
Enjôler	AMADOUER • CÂLINER • CHARMER
Enjôleur, flagorneur	FLATTEUR

Enjoliver	EMBELLIR
Enjoué	BADIN • GAI • JOVIAL
	JOYEUX • RIEUR
Enjouée	RIEUSE
Enjouement	GAIETÉ
Enlacement	ACCOLADE • ÉTREINTE
Enlacer	EMBRASSER • ÉTREINDRE • SERRER
Enlaidir	DÉPARER
Enlèvement	PRISE • RAPINE • RAPT
Enlever	AMPUTER • EFFACER • KIDNAPPER
	ÔTER • PRÉLEVER • RAVIR • RETIRER
Enlever à quelqu'un ce qu'il a	PRIVER
Enlever de la matière à un objet	ÉVIDER
Enlever l'éclat de	DÉPOLIR
Enlever la crête d'un animal	ÉCRÊTER
Enlever la tête	ÉTÊTER
Enlever le boisage	DÉBOISER
Enlever le savon	RINCER
Enlever les dents	ÉDENTER
Enlever les pépins de	ÉPÉPINER
Enlever par résection	RÉSÉQUER
Enliser	ENVASER
Enneigé	NEIGEUX
Enneigée	NEIGEUSE
Ennui	ACCIDENT • DÉSAGRÉMENT
	MONOTONIE • PÉPIN
	SOUCI • SPLEEN • TRACAS
Ennui, souci	EMMERDE
Ennui, tracas	TINTOUIN
Ennuyé ou fâché	CONTRARIÉ
Ennuyer	BARBER • LASSER
Ennuyer, raser	BARBIFIER
Ennuyeux	BARBANT • RASANT
	RASOIR • SUANT
Énoncé	EXPOSÉ • PAROLE
Énoncé considéré	
indépendamment de sa vérité	LEXIS
Énoncer	ÉMETTRE
Énoncer comme condition	STIPULER
Énoncer son avis	OPINER
Énoncer successivement	ÉNUMÉRER

Énonciation	ÉNONCÉ
Énorme	GROS • IMMENSE • OBÈSE
Énorme reptile de l'ère secondaire	DINOSAURE
Énormément	COPIEUSEMENT
Enquête	CONSULTATION • SONDAGE
Enquiquinant	BARBANT
Enraciné	ÉTABLI • INVÉTÉRÉ
Enraciner	ANCRER
Enragé	ACHARNÉ • EXASPÉRÉ
	FURIEUX • IRRITÉ
Enragée	FURIEUSE
Enrager	RAGER
Enrégimenter	ENRÔLER • MOBILISER • RECRUTER
Enregistrer	INSCRIRE • NOTER
Enrichir	FERTILISER
Enrichir de matière	ÉTOFFER
Enrober de farine	FARINER
Enrôler	MOBILISER
Enroué	RAUQUE
Enroulé	ROULÉ
Enroulement	ROULURE • VOLUTE
Enrouler en torsade	TORDRE
Enrouler sur une bobine	BOBINER
Enrubanner	RUBANER
Ensabler	ENGRAVER
Enseignant	PROF • PROFESSEUR
Enseigne	AFFICHE • BANNIÈRE • PANONCEAU
Enseignement	LEÇON
Enseigner	APPRENDRE • INITIER • INSTRUIRE
Enseigner les bonnes manières	ÉDUQUER
Enseigner, diriger	RÉGENTER
Ensemble	TOTALITÉ • UNITÉ
Ensemble d'acheteurs	CLIENTÈLE
Ensemble d'animaux	BÉTAIL
Ensemble d'animaux dans un même gîte	LITÉE
Ensemble d'éléments homogènes	CONTINUUM
Ensemble d'examinateurs	JURY
Ensemble d'habitations	CORON
Ensemble d'individus	ETHNIE
Ensemble d'opérations	TRAITEMENT

Ensemble d'ustensiles de cuisine	BATTERIE
Ensemble de brins	TOUFFE
Ensemble de chevaux	CAVALERIE
Ensemble de choses embrouillées	DÉDALE
Ensemble de choses sans valeur	RAMAS
Ensemble de cloches	CARILLON
Ensemble de copains	COPINERIE
Ensemble de disciplines artistiques	ARTS
Ensemble de documents concernant un sujet	DOSSIER
Ensemble de fibres	LIGAMENT
Ensemble de fiches	FICHIER
Ensemble de furoncles	ANTHRAX
Ensemble de glisseurs	TORSEUR
Ensemble de haubans	HAUBANAGE
Ensemble de lettres	LETTRAGE • MOT
Ensemble de marches	ESCALIER
Ensemble de mots ayant un sens complet	PHRASE
Ensemble de moyens d'action	PANOPLIE
Ensemble de napperons	SET
Ensemble de notes additionnelles à la fin d'un ouvrage	ADDENDA
Ensemble de personnages célèbres	PANTHÉON
Ensemble de personnes	FAMILLE
Ensemble de personnes effectuant le même travail (angl.)	POOL
Ensemble de personnes remarquables	ÉLITE
Ensemble de perturbations agressantes sur un organisme	STRESS
Ensemble de petits grains minéraux	SABLE
Ensemble de pieux	PILOTIS
Ensemble de pilots enfoncés dans le sol	PILOTIS
Ensemble de soins	TRAITEMENT
Ensemble de solutions	CORRIGÉ
Ensemble de sons harmonieux	EUPHONIE
Ensemble de symptômes liés à la vieillesse	SÉNILITÉ
Ensemble de toutes les connaissances	ENCYCLOPÉDIE
Ensemble de troupes à cheval	CAVALERIE
Ensemble de vêtements	TROUSSEAU

Ensemble de vêtements d'une garde-robe	VESTIAIRE
Ensemble des activités liées aux déplacements des touristes	TOURISME
Ensemble des agents de police	FLICAILLE
Ensemble des agglomérations autour d'une grande ville	BANLIEUE
Ensemble des animaux	FAUNE
Ensemble des bâtiments d'un aéroport	AÉROGARE
Ensemble des cellules non reproductrices	SOMA
Ensemble des choses choisies	SÉLECTION
Ensemble des chrétiens non ecclésiastiques	LAÏCAT
Ensemble des clients	CLIENTÈLE
Ensemble des conditions d'habitation	HABITAT
Ensemble des conditions météorologiques d'un lieu donné	CLIMAT
Ensemble des dents	DENTURE
Ensemble des ecclésiastiques d'une religion	CLERGÉ
Ensemble des électeurs	ÉLECTORAT
Ensemble des embarcations appartenant à un navire	DROME
Ensemble des espèces végétales	FLORE
Ensemble des êtres humains	HUMANITÉ
Ensemble des facultés mentales	CERVELLE
Ensemble des filets d'un écrou	FILETAGE
Ensemble des forces navales	FLOTTE
Ensemble des frais qui grèvent une opération bancaire	AGIO
Ensemble des frères et soeurs d'une famille	FRATRIE
Ensemble des gestes	GESTUELLE
Ensemble des hommes ou des femmes	SEXE
Ensemble des journaux	PRESSE
Ensemble des jurés	JURY
Ensemble des laïques dans l'Église	LAÏCAT
Ensemble des lecteurs	LECTORAT
Ensemble des localités qui entourent une grande ville	BANLIEUE

Ensemble des lois constitutionnelles	CHARTRE
Ensemble des lois constitutionnelles d'un État	CHARTE
Ensemble des magistrats d'une cour	PARQUET
Ensemble des manières de penser propres à la civilisation chinoise	SINITÉ
Ensemble des parents	PARENTÈLE
Ensemble des parlers rhéto-romans	LADIN
Ensemble des paroles et actions de Mahomet	SUNNA
Ensemble des personnalités de l'aristocratie	GOTHA
Ensemble des pétales	COROLLE
Ensemble des peuples païens	GENTILITÉ
Ensemble des pieds et traverses d'un meuble	PIÉTEMENT
Ensemble des plantes	FLORE
Ensemble des poils	PILOSITÉ
Ensemble des pulsions de mort	THANATOS
Ensemble des rabbins	RABBINAT
Ensemble des règles	RITUEL
Ensemble des réjouissances qui accompagnent un mariage	NOCE
Ensemble des roues d'une machine	ROUAGE
Ensemble des sépales d'une fleur	CALICE
Ensemble des sports pratiqués à cheval	HIPPISME
Ensemble des techniques vidéo	VIDÉO
Ensemble des toits d'un édifice	TOITURE
Ensemble des voies de communication	RÉSEAU
Ensemble des voies de communication publiques	VOIRIE
Ensemble des voiles d'un bateau	VOILURE
Ensemble du toit et de sa structure	TOITURE
Ensemble formé par le groin et les canines du sanglier	BOUTOIR
Ensemble montagneux de l'Afrique du Nord	ATLAS
Ensemble particulier de faits psychiques	PSYCHISME
Ensemble vocal	CHORALE
Ensemencement	SEMIS
Ensemencer de nouveau	RESSEMER

Ensevelir	ENTERRER • INHUMER
Ensorcelant	TROUBLANT
Ensorceler	CHARMER • ENCHANTER
	ENVOÛTER
Ensorcellement	MALÉFICE
Ensuite	APRÈS • PUIS
Entaché d'hérésie	HÉRÉTIQUE
Entaille	COCHE • COUPURE • GRAVURE
	INCISION • RAINURE • TAILLADE
Entaille oblique destinée à l'assemblage	ADENT
Entaille, échancrure dans un contour	DÉCOUPURE
Entailler	COCHER • ENTAMER
	INCISER • TAILLADER
Entailler d'une rainure	RAINER
Entailler en faisant des crans	CRÉNELER
Entamer	COMMENCER • RADER
Entamer par pression	MÂCHURER
Entassement	AMAS • PILE
Entassement de déchets	TERRIL
Entasser	ACCUMULER • AMASSER • TASSER
Entasser de nouveau	REMPILER
Entasser des êtres vivants dans un espace exigu	EMPILER
Ente	GREFFE
Entendre	ÉCOUTER • OUÏR
Entente	ACCORD • ALLIANCE
	COMPLICITÉ • CONCERT
	CONCORDE • HARMONIE • PAIX
Entente entre des groupements	CARTEL
Entente entre les auteurs d'une tromperie	COMPÉRAGE
Entente entre personnes visant à en tromper d'autres	COMPÉRAGE
Enter	GREFFER
Entérinement	APPROBATION
Entériner	RATIFIER • VALIDER
Enterrer	ENFOUIR
Entêté	BUTÉ • OBSTINÉ
	PERSÉVÉRANT • TÊTU
Enthousiasme	CHALEUR • ENTRAIN • FRÉNÉSIE
	TRANSPORT • ZÈLE

Enthousiasmer	TRANSPORTER
Enthousiasmer, passionner	EXALTER
Entiché	FOU
Entier	COMPLET • INTACT • INTÉGRAL
	PLÉNIER • TOTAL
Entorse	FOULURE
Entortillé	SÉDUIT
Entortiller	ENJÔLER • SÉDUIRE
Entourage	AMBIANCE • VOISINAGE
Entourer	CEINDRE • CERNER • CIRCONSCRIRE
	ENCADRER • ENSERRER
Entourer d'une clôture	ENCLORE
Entourer d'une enceinte	CEINTURER
Entourer de branches épineuses	ÉPINER
Entourer de cerceaux	CERCLER
Entourer de plaques de métal	BLINDER
Entourer un fil électrique d'un isolant	GUIPER
Entourer une plante	
d'une butte de terre	BUTTER
Entrain	ALLANT • ACTIVITÉ • ARDEUR
	FOUGUE • GAÎTÉ • VIVACITÉ
Entrain, ardeur	ALLANT
Entrain, efficacité	DYNAMISME
Entraîné	AGUERRI
Entraîner	AGUERRIR • ATTIRER • CAUSER
	CHARRIER • ENGAGER • EXERCER
	HABITUER • INCITER • MENER
	OCCASIONNER
Entraîner à la révolte	SOULEVER
Entraîner à une vie dissolue	DÉBAUCHER
Entraîner vers la côte	DROSSER
Entraîneur	CHEF • COACH • MONITEUR
Entraîneur d'un athlète	MANAGER
Entrave que l'on attache	
aux paturons d'un cheval	ABOT
Entraver	CONTRARIER
Entre autres	NOTAMMENT
Entre le chaud et le froid	TIÈDE
Entre le vert et l'indigo	BLEU
Entrecroisement	NOEUD
Entrecroisement de fils métalliques	TREILLIS

Entrecroiser	ENLACER • ENTRELACER
Entrée	ADHÉSION • HALL
Entrée d'un port	BOUCAU
Entrée d'une maison	SEUIL
Entrée de données dans un système informatique	INPUT
Entrée jugée importune	INCURSION
Entrée soudaine et massive	INVASION
Entrelacement	LACIS
Entrelacer	NATTER
Entrelacer des brins	TRESSER
Entremets	SOUFFLÉ
Entremets fait de fruits	COMPOTE
Entremets moulé	GÂTEAU
Entremetteur	MAQUEREAU • RUFFIAN
Entremise	MÉDIATION
Entreposer	DÉPOSER
Entrepôt	HANGAR • MAGASIN
Entreprenant	ACTIF
Entreprenante	ACTIVE
Entreprendre	INAUGURER
Entreprise	AFFAIRE • INDUSTRIE
Entreprise de production du sel	SALINE
Entreprise hasardeuse	AVENTURE
Entreprise industrielle	FIRME
Entreprise puissante	TRUST
Entrer	PÉNÉTRER
Entrer en rapport avec quelqu'un	CONTACTER
Entretenir	CARESSER • CONSERVER • NOURRIR
Entretenu	NOURRI
Entretien	MÉNAGE
Entretien des chemins	VOIRIE
Entretien des jardins	JARDINAGE
Entretien particulier, dans une réunion	APARTÉ
Entretoise	ÉPAR
Entrevoir	DEVINER
Entrevue	INTERVIEW • RENCONTRE
Énumération	CATALOGUE • LISTE
Énumérer	DÉTAILLER
Envahir	ACCAPARER • INFESTER • OCCUPER
Envahissement	IRRUPTION • OCCUPATION

Envahisseur	OCCUPANT
Envaser	ENLISER
Enveloppe	COCON • COSSE
	ÉCORCE • MEMBRANE
Enveloppe de certains fruits	ÉCALE
Enveloppe de l'épillet des graminées	GLUME
Enveloppe de la châtaigne	BOGUE
Enveloppe de la fleur des graminées	GLUMELLE
Enveloppe de tissu	TAIE
Enveloppe des testicules	SCROTUM
Enveloppe du coeur	PÉRICARDE
Enveloppe du marron	BOGUE
Enveloppe extérieure	COQUE
Enveloppe extérieure des fruits	PEAU
Enveloppe souple	HOUSSE
Envelopper	CERNER • COUVRIR • ROULER
Envelopper de tranches de lard	BARDER
Envenimer	AGGRAVER • FOMENTER
Envers	DESSOUS • REVERS
Envers d'un feuillet	VERSO
Envie	BESOIN • CAPRICE • CONVOITISE
	DÉSIR • FRINGALE • JALOUSIE
	SOUHAIT • TENTATION
Envier	CONVOITER • JALOUSER
Envieuse	JALOUSE
Envieux	JALOUX
Environ	AUTOUR • VERS
Environnement	DÉCOR
Environnementaliste	ÉCOLO
Environs	ALENTOURS • PARAGES • PÉRIPHÉRIE
Envisager	IMAGINER
Envol	DÉPART • ESSOR
Envolée	ÉLAN
Envoûtant	MAGIQUE
Envoûtant, troublant	FASCINANT
Envoûter	ENSORCELER
Envoûteur	SORCIER
Envoyé	ÉMISSAIRE
Envoyé d'Allah	MAHDI
Envoyer	ADRESSER • EXPÉDIER
Envoyer au diable	RABROUER

Envoyer au loin	ESSAIMER
Envoyer promener	BOULER
Envoyer un document par télécopie	FAXER
Enzyme sécrétée par le rein	RÉNINE
Épais	DRU • TOUFFU
Épaisse	MASSIVE
Épaisseur	LENTEUR
Épaissir	ALOURDIR
Épaississement de l'épiderme	CAL
Épanchement	EFFUSION
Épanchement de sérosité dans le péritoine	ASCITE
Épancher	DÉVERSER • ÉPANDRE
Épandre	ÉTALER • VERSER
Épanoui	RADIEUX • RAVI • RÉJOUI
Épanouie	RADIEUSE
Épanouissement	PLÉNITUDE
Épar	ÉPART
Épargne	CAPITAL • ÉCONOMIE • ÉCONOMIES
Épargner	ÉCONOMISER • ENTASSER MÉNAGER • PRÉSERVER
Éparpillé	CLAIRSEMÉ
Éparpiller	DISPERSER • RÉPANDRE
Épars	CLAIRSEMÉ
Épart	ÉPAR
Épatant	EXTRA
Épaté	ÉCRASÉ
Épater	ÉTONNER
Épaulard	ORQUE
Épaule d'animal	ARS
Épauler	APPUYER
Épave	LOQUE
Épée	ESTOC • FER • RAPIÈRE
Épée à deux tranchants	GLAIVE
Épée courte	DAGUE
Épée de combat	GLAIVE
Épée longue et effilée	RAPIÈRE
Épéisme	ESCRIME
Éperdument	FOLLEMENT
Éperon	ERGOT
Éperon des navires de l'antiquité	ROSTRE

Éperonner	BROCHER • PIQUER
Éphéméride	ALMANACH
Éphémérides	ANNALES
Épi	MÈCHE
Épice	MUSCADE • POIVRE
Épicé	PIMENTÉ • RELEVÉ
Épice composée de curcuma	CARI
Épice indienne	CARI • CURRY
Épicer	ASSAISONNER • CORSER
Épidémie	PESTE
Épiderme	PEAU
Épidermique	CUTANÉ
Épier	ESPIONNER • GUETTER
Épieu	PIEU
Épiler	DÉPILER
Épinceter une étoffe	ÉNOUER
Épine	RONCE
Épineux	BRÛLANT
Épingle de sûreté en métal	FIBULE
Épingler	ALPAGUER
Épisode	PHASE
Épisode d'un combat entre deux points de vue	ROUND
Épithète	ADJECTIF
Épluché	PLUMÉ
Éplucher	DÉPIAUTER • DÉSOSSER PELER • PLUMER
Épluchure	PELURE
Épointer	ÉMOUSSER
Éponger	ESSUYER • ÉTANCHER
Époque	DATE • ÈRE • PÉRIODE • TEMPS
Époque où l'on sème	SEMAILLES
Épouse	FEMME • MOITIÉ
Épouse d'Athamas	INO
Épouse d'un rajah	RANI
Épouse de Cronos	RHÉA
Épouse de saint Joachim	ANNE
Épouse du fils	BRU
Épouser	MARIER
Épouser les contours	MOULER
Époussété	BROSSÉ

Épouvantable	ATROCE
Épouvante	AFFOLEMENT • HORREUR
	PANIQUE • TERREUR
Épouvanté	AFFOLÉ • EFFARÉ
Épouvanter	AFFOLER • ALARMER • TERRORISER
Époux	MARI
Époux d'Isis	OSIRIS
Époux d'une femme qui a du pouvoir	CONSORT
Époux d'une reine, sans être roi	CONSORT
Épreuve	ADVERSITÉ • BRIMADE
	CONCOURS • TEST
Épreuve d'athlétisme comprenant dix spécialités	DÉCATHLON
Épreuve d'endurance à moto	ENDURO
Épreuve de ski alpin	ESSAI • SLALOM
Épreuve de vitesse	COURSE
Épreuve internationale annuelle de tennis	DAVIS
Épreuve sportive	CRITÉRIUM
Épreuve sportive servant à classer les concurrents	CRITÉRIUM
Épris	FÉRU
Éprouver	ESSAYER • RESSENTIR • SUBIR
Éprouver douloureusement	SOUFFRIR
Éprouver du dépit	BISQUER
Éprouver un violent dépit	ENRAGER
Éprouvette	TUBE
Épuisant	ÉREINTANT • FATIGANT
	HARASSANT • USANT
Épuisé	ÉREINTÉ • FATIGUÉ • FLAPI • RECRU
Épuisé de fatigue	HARASSÉ
Épuisement	FATIGUE
Épuiser	ANÉMIER • ÉREINTER • EXTÉNUER
Épuration	PURGE
Épurer	AFFINER • ASSAINIR
	PURIFIER • RAFFINER
Épurer, raffiner	SUBLIMER
Équestre	HIPPIQUE
Équidé d'Afrique à la robe rayée	ZÈBRE
Équilibre	APLOMB • BALANCE • ÉGALITÉ
	STABILITÉ • SYMÉTRIE

Équilibre moléculaire	ISOTONIE
Équilibrer	ÉGALISER • BOUCLER
Équilibriste	FUNAMBULE
Équin	HIPPIQUE
Équipage	TRAIN
Équipage accompagnant un personnage	ARROI
Équipe	CAMP • TEAM
Équipé	GARNI
Équipe de quatre joueurs, à la pétanque	QUADRETTE
Équipement	BAGAGE • MATÉRIEL • OUTILLAGE
Équipement d'un cheval de selle	HARNAIS
Équipement de détection sous-marine	SONAR
Équipement nécessaire à une activité	MATOS
Équiper	ARMER • DOTER • HABILLER MUNIR • OUTILLER
Équipier extérieur d'une patrouille de chasse	AILIER
Équitable	IMPARTIAL • JUSTE • LÉGITIME
Équité	JUSTICE
Équivalence	ÉGALITÉ • PARITÉ
Équivalent	ANALOGUE • HOMOLOGUE
Équivalente	PAREILLE
Équivoque	AMBIGU • ÉVASIF
Érablière	SUCRERIE
Éraflé	ÉRAILLÉ
Érafler	ÉRAILLER
Éraflure sur une surface	RAYURE
Éraillé	RAUQUE
Érailler	ENROUER
Erbium	ER
Ère	ÉPOQUE
Érectile	CAVERNEUX
Éreintant, fatigant	ÉPUISANT
Éreinté	ÉPUISÉ • FLAPI • FOURBU MOULU • RECRU
Éreinter	EXTÉNUER • SURMENER • VANNER
Ergot du coq	ÉPERON
Ergoté	CORNU
Ergoter	CHIPOTER

Ergoter sur des vétilles	PINAILLER
Érigé	ÉLEVÉ
Ériger	BÂTIR • CONSTRUIRE • ÉLEVER
Érigne	ÉRINE
Ermite	SOLITAIRE
Érosion	USURE
Érotique	SEXY
Errant	NOMADE • RÔDEUR
Errer	VAGUER
Errer au hasard	RÔDER
Erreur	BAVURE • BÉVUE • CONTRESENS ÉGAREMENT • FAUSSETÉ • FAUTE
Erreur d'interprétation	MALENTENDU
Erreur dans un calcul	MÉCOMPTE
Erroné	FAUX • INEXACT
Éructation	ROT
Éructer	ROTER
Érudit	CULTIVÉ • DOCTE • LETTRÉ
Éruption accompagnée de démangeaisons	URTICAIRE
Éruption cutanée	URTICAIRE
Éruption cutanée transitoire	RASH
Éruption de taches rosées	ROSÉOLE
Éruption rouge au cours des maladies infectieuses	ÉNANTHÈME
Érythème	RASH
Esbroufe	HÂBLERIE
Escabeau	ÉCHELLE
Escadrille	FLOTTILLE
Escalade	MONTÉE
Escalader	GRAVIR • GRIMPER
Escalator	ESCALIER
Escale	ARRÊT • ÉTAPE • HALTE
Escalier mécanique	ESCALATOR
Escamoter	ÉLUDER • SUBTILISER
Escapade	ÉQUIPÉE • FUGUE • FUITE
Escargot	HÉLIX • LIMAÇON
Escargot de mer	BIGORNEAU
Escarpé	ABRUPT • RAIDE
Escarpement littoral	FALAISE
Escarpement rocheux	CRÊT

Escarpolette	BALANÇOIRE
Esche	AICHE • APPÂT • ÈCHE
Esclandre	SCÈNE
Esclavage	FERS • JOUG
Esclave	CAPTIVE • PRISONNIER
Esclave égyptienne d'Abraham	AGAR
Escompte	DISCOUNT • RÉDUCTION
Escompter	ESPÉRER
Escorte	CORTÈGE • GARDE • SUITE
Escorter	ACCOMPAGNER
Escrimeur	ÉPÉISTE
Escroc	AIGREFIN • CRAPULE • FILOU
Escroquer	FLOUER • PIRATER • SOUTIRER
Ésotérique	OCCULTE
Espace	CIEL • ZONE
Espacé	CLAIRSEMÉ
Espace clos	CAGE
Espace compris entre deux solives	SOLIN
Espace de temps	ÈRE • HEURE
Espace de temps du coucher au lever	NUIT
Espace de terrain	ENCLOS
Espace de terrain couvert d'arbres	BOIS
Espace déboisé tracé dans une forêt	LAIE
Espace découvert au milieu d'un cloître	PRÉAU
Espace entre deux choses	HIATUS
Espace extraterrestre	COSMOS
Espace intersidéral	COSMOS
Espace ouvert et plat	CHAMP
Espace plat où nichent les oiseaux de proie	AIRE
Espace rasé au sommet du crâne	TONSURE
Espace vide dans une substance	PORE
Espace vide, sans matière	VACUUM
Espace vitré contre une maison	VÉRANDA
Espar horizontal	BÔME
Espar horizontal servant à gréer des lignes	TANGON
Espèce	ACABIT • GENRE • NATURE RACE • SORTE • TYPE
Espèce d'épagneul	BARBET
Espèce de crocodile	CAÏMAN

Espèce de rhododendron	ROSAGE
Espèce de sapin	ÉPINETTE
Espèce de singe	RHÉSUS
Espèce très commune d'aconit	NAPEL
Espèces	MONNAIE
Espérance	ESPOIR
Espérance ferme	CONFIANCE
Espérer	ATTENDRE
Espiègle	BADIN • COQUIN • DISSIPÉ
	ÉVEILLÉ • GAMIN • MIÈVRE • MUTIN
Espiègle, taquin	MALICIEUX
Espièglerie	DIABLERIE
Espionner	ÉPIER
Esplanade	PARVIS
Espoir	ESPÉRANCE
Esprit	ÂME • DÉMON • GÉNIE • PENSÉE
Esprit combatif	PUGNACITÉ
Esprit de corps	SOLIDARITÉ
Esprit des légendes scandinaves	TROLL
Esprit du bien	MANITOU
Esprit follet très taquin	FARFADET
Esprit, finesse	SEL
Esquimau	INUIT
Esquisse	APERÇU • CANEVAS • DESSIN
	ÉBAUCHE • MAQUETTE • SCHÉMA
Esquisser	DESSINER • TRACER
Esquiver	CONTOURNER • ÉLUDER • ÉVITER
Essai	AUDITION • TENTATIVE • TEST
Essaim	COLONIE
Essaim d'abeilles	RUCHE
Essayer	TÂCHER • TENTER • TESTER
Essayer de nouveau	RETENTER
Essayer de rattraper	COURSER
Essayer de séduire par la parole	BARATINER
Essence	SUBSTANCE
Essence d'un individu	ENTITÉ
Essence de l'homme	HUMANITÉ
Essence, entité	NATURE
Essentiel	CENTRAL • INHÉRENT
	NÉCESSAIRE • PRIMORDIAL
Esseulé	ISOLÉ • SEUL • SOLITAIRE

Essieu	ARBRE • AXE
Essor	CROISSANCE • ENVOL
	PROSPÉRITÉ • VOL
Essoufflé	HALETANT • PANTELANT
Essuie-mains	SERVIETTE
Essuyer	EFFACER
Est	ORIENT
Estacade	JETÉE
Estafette	COURRIER
Estamper	ÉTAMPER
Este	ESTONIEN
Ester	INTENTER
Ester de l'acide borique	BORATE
Ester de l'acide oléique	OLÉINE
Ester de l'acide urique	URATE
Esthétique	STYLISME
Estimable	HONORABLE • LOUABLE
Estimation	APERÇU • AVIS
Estimation d'un effet probable	CALCUL
Estimé	POPULAIRE
Estimer	APPRÉCIER • CALCULER • COTER
	ÉVALUER • MESURER
	PESER • PRISER • VÉNÉRER
Estimer à la vue	TOISER
Estoc	ÉPÉE
Estompe faite de papier enroulé	TORTILLON
Estonien	ESTE
Estourbir	ASSOMMER
Estrade	RING
Estrade pour orateurs	TRIBUNE
Estrade, au Moyen Âge	HOURD
Estropié	BLESSÉ • ÉCLOPÉ
Estropier	BLESSER • MUTILER
Estuaire lagunaire de fleuves	LIMAN
Et aussi	VOIRE
Et caetera	ETC
Et le reste	ETC
Et même	VOIRE
Étable	ÉCURIE
Étable à boeufs	BOUVERIE
Étable à cochons	SOUE

Établi	BANC
Établir	DÉMONTRER • FONDER • FORMULER
	INSTITUER • RÉGLER • STATUER
Établir un camp militaire	CAMPER
Établissement	FIRME
Établissement commercial	AGENCE
Établissement créé par une fondation	FONDATION
Établissement d'assistance publique	ASILE
Établissement d'enseignement	COLLÈGE • ÉCOLE
Établissement d'enseignement supérieur	UNIVERSITÉ
Établissement de jeux	CASINO
Établissement de repos	AÉRIUM
Établissement hôtelier	MOTEL
Établissement mal fréquenté	BOUGE
Établissement où l'on loge	HÔTEL
Établissement où l'on prend des bains de vapeur sèche	SAUNA
Établissement où l'on tanne les peaux	TANNERIE
Établissement où les jeux d'argent sont autorisés	CASINO
Établissement pénitentiaire	BAGNE
Établissement public	HÔPITAL • PUB
Établissement public d'enseignement	LYCÉE
Étage	GRADIN
Étage bas de plafond	ENTRESOL
Étage supérieur d'une maison	GRENIER
Étagère	TABLAR
Étagère de salle à manger	ARCHELLE
Étai de bois vertical	POINTAL
Étai qui soutient un mur	ÉTANÇON
Étain	SN
Étalage	OSTENTATION • VITRINE
Étalage de manières fanfaronnes	ESBROUFE
Étalé	VAUTRÉ
Étaler	ARBORER • ÉCHELONNER
	ÉPANDRE • EXPOSER • MONTRER
Étalon de l'ânesse	BAUDET
Étancher avec un chiffon	ÉPONGER
Étançonner	ÉTAYER
Étang	LAGUNE • MARAIS

Étang littoral de l'Aude	AYROLLE
Étant donné	SOIT
Étape	ÉPOQUE • HALTE • PAS • RELAIS
Étape des caravanes, au Moyen-Orient	KAN • KHAN
Étape intermédiaire	TRANSITION
Étasunien	YANKEE
État	NATION • PAYS • PROFESSION
État à l'ouest du Vietnam	LAOS
État affectif complexe	SENTIMENT
État affectif élémentaire	AFFECT
État africain du Soudan occidental	GHANA
État américain	LOUISIANE • MAINE • MISSOURI
	MONTANA • TENNESSEE
	VERMONT • VIRGINIE
État caractérisé par une perte	
de conscience	COMA
État d'Afrique	LIBYE • SÉNÉGAL
État d'Afrique centrale	ZAÏRE
État d'Afrique du Nord	TUNISIE
État d'Afrique occidentale	NIGERIA
État d'Asie	NÉPAL
État d'attente confiante	ESPOIR
État d'Europe	BULGARIE • CROATIE • ESTONIE
	FRANCE • IRLANDE • ITALIE
	LETTONIE • SUISSE
État d'Europe et d'Asie	RUSSIE
État d'un corps convexe	CONVEXITÉ
État d'un héritage qui n'est pas noble	ROTURE
État d'un liquide trouble	TURBIDITÉ
État d'un pays qui se suffit à lui-même	AUTARCIE
État d'une fonction non exercée	VACANCE
État d'une personne en âge	
d'être mariée et qui ne l'est pas	CÉLIBAT
État d'une personne ivre	ÉBRIÉTÉ
État d'une personne non mariée	CÉLIBAT
État d'une personne privée de la vue	CÉCITÉ
État d'une personne qui dort	SOMMEIL
État d'une personne veuve	VEUVAGE
État d'une plante naine	NANISME
État de ce qui est bombé, convexe	BOMBEMENT
État de ce qui est cher	CHERTÉ

État de ce qui est rayé	RAYAGE
État de ce qui est tiqueté	TIQUETURE
État de ce qui est visqueux	VISCOSITÉ
État de ce qui se suffit à soi-même	AUTARCIE
État de dépression	ASTHÉNIE
État de l'Afrique australe	ANGOLA
État de l'Afrique centrale	TCHAD
État de l'Afrique du Nord-Ouest	MAROC
État de l'Afrique équatoriale	CONGO • GABON
État de l'Afrique occidentale	BÉNIN • GHANA • GUINÉE
	MALI • TOGO
État de l'Afrique orientale	KENYA • OUGANDA • SOUDAN
État de l'Allemagne unie	LAND
État de l'Amérique centrale	CUBA • PANAMA
État de l'Amérique du Nord	CANADA
État de l'Amérique du Sud	BOLIVIE • BRÉSIL • CHILI
	COLOMBIE • PÉROU
État de l'Asie méridionale	INDE
État de l'Asie occidentale	IRAN • IRAQ • SYRIE
État de l'Asie orientale	CHINE • CORÉE • JAPON
État de l'est de la Birmanie	CHAN
État de l'Europe occidentale	FRANCE
État de l'Europe orientale	ROUMANIE
État de l'Europe septentrionale	SUÈDE
État de l'extrémité orientale de l'Arabie	OMAN
État de l'Inde	ASSAM
État de l'Inde occidentale	GOA
État de l'organisme	SANTÉ
État de la Malaisie	SABAH
État de la personne ou de la chose qui est anonyme	ANONYMAT
État de malaise	DYSPHORIE
État de servilité	ILOTISME
État de très grande affliction	NAVREMENT
État de veille	VIGILANCE
État de veuve	VIDUITÉ
État des cheveux devenus blancs	CANITIE
État des États-Unis	NEVADA • TEXAS
État des filets d'une vis	FILETAGE
État des fruits mûrs	MATURITÉ

État des oreilles qui cornent	CORNEMENT
État détaillé des travaux à exécuter	DEVIS
État du Brésil méridional	PARANA
État du littoral de la Méditerranée	MONACO
État du Moyen-Orient	ISRAËL
État du nord du Brésil	PARA
État du nord-est de l'Inde	ORISSA • TRIPURA
État du nord-est du Brésil	CEARA • PIAUI
État du nord-ouest de l'Afrique	ALGÉRIE
État du Proche-Orient	LIBAN
État du sud de l'Arabie	YEMEN
État du sud-est de l'Europe	GRÈCE
État du Venezuela	ZULIA
État entre le Bangladesh et la Birmanie	ASSAM
État habituel	NORMALE
État hallucinatoire dû à la prise d'une drogue	TRIP
État insulaire de l'Asie orientale	TAIWAN
État maladif lié à des troubles métaboliques	DYSCRASIE
État occupant la Corne orientale de l'Afrique	SOMALIE
État passager	CONDITION
État passionné	FIÈVRE
État pathologique	DIABÈTE
État sur le golfe Persique	QATAR
Étau	ÉTREINTE
Étayer avec une ou plusieurs béquilles	BÉQUILLER
Été	SAISON
Éteint	ÉTOUFFÉ • TERNE
Étendard	DRAPEAU
Étendard d'un groupe	BANNIÈRE
Étendoir, séchoir	ÉTENDAGE
Étendre	ALLONGER • DÉPLIER • ÉLARGIR ÉLONGER • ÉPLOYER
Étendu	LONG • SPACIEUX • VAUTRÉ
Étendue	ESPACE • SPACIEUSE • SUPERFICIE
Étendue couverte de broussailles	BROUSSE
Étendue d'eau	LAC
Étendue d'eau de mer	LAGUNE
Étendue d'eau stagnante	ÉTANG

Étendue d'herbe à la campagne	PRÉ
Étendue de la voix	MÉDIUM
Étendue de pays plat	PLAINE
Étendue de terre	TERRAIN
Étendue de terre émergée	ÎLE
Étendue désertique	REG
Étendue plate	PLAINE
Étendue sableuse	ARÈNE
Éternel	IMMORTEL • INFINI • PERPÉTUEL
Éternelle	PERPÉTUELLE
Étêtement	ÉTÊTAGE
Étêter	DÉCAPITER • ÉCIMER
Éteule	CHAUME
Éthique	MORALE
Ethnie	TRIBU
Étincelant	CORUSCANT • LUISANT • RUTILANT
Étinceler	BRILLER • FLAMBER
	LUIRE • RESPLENDIR
Étincelle	LUEUR
Étiquette	BIENSÉANCE • CONVENANCES
	LABEL
Étirer	DISTENDRE • ÉLONGER
	ÉTENDRE • TIRER
Étoffe	TISSU
Étoffe brillante	SATIN
Étoffe cardée et foulée	MOLLETON
Étoffe croisée de laine	ESCOT
Étoffe d'ameublement à côtés perpendiculaires	REPS
Étoffe de coton brodée au plumetis	PLUMETIS
Étoffe de coton croisée	FINETTE
Étoffe de laine	LAINAGE • TARTAN
Étoffe de lin tissée comme le damas	DAMASSE
Étoffe de soie	SATIN • TAFFETAS
Étoffe de soie à dessins variés	FOULARD
Étoffe de soie croisée	SURAH
Étoffe de tussah	TUSSOR
Étoffe en poils de chèvre	MOIRE
Étoffe faite au métier avec des retailles de tissus	CATALOGNE
Étoffe imitant la dentelle	GUIPURE

Étoffe légère de soie, analogue au foulard	TUSSOR
Étoffe obtenue en foulant	FEUTRE
Étoffe orientale	SAMIT
Étoffe qui orne une fenêtre, un mur	TENTURE
Étoffe semblable au velours	PANNE
Étoffe tissée artisanalement	CATALOGNE
Étoffe tissée avec du cardé	CARDÉ
Étoile	ASTRE • NOVA
Étoilé	CONSTELLÉ
Étoile de mer	ASTÉRIE
Étoile dont l'éclat peut s'accroître brusquement	NOVA
Étoile qui devient soudainement plus brillante	SUPERNOVA
Étonnant	AHURISSANT • BIZARRE • DRÔLE ÉTOURDISSANT • ÉTRANGE FRAPPANT • INOUÏ • INSOLITE
Étonné	BABA • ÉBAHI • ÉPATÉ • SURPRIS
Étonnement	SURPRISE
Étonner	AHURIR • ÉBAHIR • ÉPATER FRAPPER • STUPÉFIER
Étouffant	ASSOURDISSANT • SUFFOCANT
Étouffé	OPPRESSÉ • SOURD
Étouffer	ASSOURDIR • RÉPRIMER • ÉTEINDRE
Étouffer sous un poids	OPPRESSER
Étourderie	DISTRACTION • OUBLI
Étourdi	ABRUTI • AHURI • ÉCERVELÉ ÉVENTÉ • FOLLET
Étourdi par un coup	SONNÉ
Étourdir	ABRUTIR • ASSOURDIR • AHURIR ENTÊTER • STUPÉFIER
Étourdissant	AHURISSANT • ASSOURDISSANT
Étourdissement	VERTIGE
Étourneau	SANSONNET
Étrange	BIZARRE
Étrangement	CURIEUSEMENT
Étranger	AUTRE • EXTÉRIEUR • INCONNU
Étrangeté	CHINOISERIE • SINGULARITÉ
Étrangler	ÉGORGER
Être	PERSONNALITÉ • PERSONNE

Être agité de frémissements	PALPITER
Être agité de petites secousses	TRÉPIDER
Être amoureux	SOUPIRER
Être apte à satisfaire	SUFFIRE
Être chétif	AVORTON
Être couché	GÉSIR
Être dans l'incertitude	DOUTER
Être de garde	VEILLER
Être déçu	DÉCHANTER
Être déprimé lorsque la drogue a fini son effet	FLIPPER
Être dévolu par le sort	ÉCHOIR
Être en ébullition	BOUILLIR
Être en parfait accord d'idées	COMMUNIER
Être en quantité suffisante	SUFFIRE
Être en suspension dans les airs	FLOTTER
Être en union spirituelle	COMMUNIER
Être entrouvert	BÂILLER
Être étendu sans mouvement	GÉSIR
Être fabuleux	CENTAURE
Être fâché	BOUDER
Être favorable	SOURIRE
Être grand ouvert	BÉER
Être humain	BIPÈDE • CRÉATURE • INDIVIDU
Être imaginaire	FÉE
Être immatériel	ESPRIT
Être l'objet d'un besoin	FALLOIR
Être la propriété de	APPARTENIR
Être le premier à subir un inconvénient	ÉTRENNER
Être le privilège de	APPARTENIR
Être lent à faire quelque chose	TARDER
Être nécessaire	FALLOIR
Être obligatoire	FALLOIR
Être petit, chétif, mal conformé	AVORTON
Être prêt à tout (Se)	DAMNER
Être souhaitable	SEOIR
Être spirituel	ANGE
Être supérieur en son genre	EXCELLER
Être suprême	CRÉATEUR
Être surnaturel	GÉNIE
Être suspendu	PENDILLER

Être unicellulaire	BACTÉRIE
Être utile	PROFITER
Être vivant organisé	ANIMAL
Étreindre	EMBRASSER • ENLACER PRESSER • SERRER
Étreinte	ACCOLADE • CARESSE • ÉTAU
Étrenne	CADEAU • PRIMEUR
Étrier de cuir attaché aux jambes	JAMBIER
Étrier en forme d'U	MANILLE
Étrille	BROSSE
Étriller	BROSSER
Étriper	ÉVENTRER
Étriqué	RIQUIQUI
Étroit	EXIGU • MESQUIN • RESTREINT
Étroite bande de tissu	RUBAN
Étroitesse	PETITESSE
Étude	EXAMEN
Étude d'une langue	PHILOLOGIE
Étude de la destinée	HOROSCOPE
Étude de la nature de la mort	THANATOLOGIE
Étude de la sexualité	SEXOLOGIE
Étude des sérums	SÉROLOGIE
Étude des tumeurs cancéreuses	ONCOLOGIE
Étude du pied et de ses affections	PODOLOGIE
Étude scientifique de la mort	THANATOLOGIE
Études scolaires	SCOLARITÉ
Étudiant	ÉCOLIER • ÉLÈVE
Étudiant en médecine	CARABIN
Étudié	FEINT
Étudier avec acharnement	POTASSER
Étudier avec opiniâtreté	POTASSER
Étui	ENVELOPPE • GAINE
Étui à compartiments	TROUSSE
Étui allongé	FOURREAU
Étui plat	POCHETTE
Étui rempli d'eau	COFFIN
Euphorbe qui purge violemment	ÉPURGE
Europe Occidentale	EO
European Southern Observatory	ESO
European Space Agency	ESA
Europium	EU

Évacuation	RETRAIT
Évacuation de selles de couleur très foncée	MÉLÉNA
Évacuer	VIDER
Évacuer l'urine	URINER
Évaluation	ESTIMATION • MESURE
Évaluation en chiffres	CHIFFRAGE
Évaluer	APPRÉCIER • COMPARER COTER • ESTIMER JAUGER • MESURER PESER • PRISER
Évaluer de nouveau	RÉÉVALUER
Évanoui	DISPARU
Évanouissement	SYNCOPE
Évasé	LARGE
Évaser	ÉLARGIR
Évasif	ÉLUSIF • FUYANT • INDIRECT
Évasion	ESCAPADE • EXODE • FUITE
Éveillé	ALERTE • DÉLURÉ • PÉTILLANT
Éveillée	VIVE
Éveiller	RÉVEILLER • SUSCITER
Événement	CAS • PÉRIPÉTIE
Événement extraordinaire	MIRACLE • PRODIGE
Événement fâcheux	DÉBOIRE
Événement imprévisible	ALÉA
Événement imprévu	HASARD • INCIDENT
Événement imprévu et fâcheux	TUILE
Éventail	GAMME
Éventrer	DÉFONCER • ÉTRIPER
Éventuel	CASUEL
Éventuelle	CASUELLE
Évêque de Lyon	IRÉNÉE
Évêque de Noyon	ÉLOI
Évidé	CREUX
Évidée	CREUSE
Évidemment	OUI
Évidence	AXIOME • BANALITÉ • TRUISME
Évident	PALPABLE • PATENT • CLAIR NOTOIRE • OBVIÉ • POSITIF • SÛR
Évider	CREUSER
Évincer	EXCLURE

Éviter	CONTOURNER • DÉTOURNER
	OBVIER • PARER
Éviter avec adresse	ÉLUDER
Évocateur	SUGGESTIF
Évocation	RAPPEL
Évocation volontaire du passé	ANAMNÈSE
Évoé	ÉVOHÉ
Évolué	AVANCÉ
Évolution	CIVILISATION • MÉTAMORPHOSE
	PROGRÈS • TOURNURE
Évolution sinueuse	ZIGZAG
Évoque le bruit du reniflement	SNIF • SNIFF
Évoquer	RAPPELER • RESSEMBLER
Exacerbation	PAROXYSME
Exact	CORRECT • FIDÈLE
	PONCTUEL • PRÉCIS
Exacte	PONCTUELLE
Exactitude	FIDÉLITÉ • JUSTESSE • MINUTIE
	PONCTUALITÉ • RECTITUDE • VÉRACITÉ
Exactitude rigoureuse	PRÉCISION
Exagération	EXCÈS
Exagération anormale	
de la cambrure du dos	LORDOSE
Exagération prétentieuse	EMPHASE
Exagéré	DÉMESURÉ • OUTRANCIER
Exagérément	TROP
Exagérer	AMBITIONNER • AMPLIFIER
Exaltant	GRISANT
Exaltation	EXTASE • GRISERIE • IVRESSE
Exalter	ÉLECTRISER • VANTER
Exalter par des louanges	MAGNIFIER
Examen	CONCOURS • CONSTATATION
	DISCUSSION • ENQUÊTE • REVUE
Examen attentif, approfondi	AUTOPSIE
Examen critique	RECENSION
Examiner	CONSULTER • CONTRÔLER
	ESSAYER • ÉTUDIER • EXPLORER
	INSPECTER • OBSERVER
Examiner attentivement	DÉPOUILLER • INTERROGER
Examiner d'un point de vue différent	REPENSER
Examiner de façon superficielle	SURVOLER

Examiner en touchant	PALPER
Examiner rapidement	PARCOURIR
Examiner soigneusement	DÉLIBÉRER
Exaspérant	ÉNERVANT • IRRITANT
Exaspération	AGACEMENT
Exaspéré	IRRITÉ
Exaspérer	ÉNERVER
Exaucer	ÉCOUTER
Excavateur	PELLE
Excavation	CARRIÈRE • FOSSÉ • SOUTERRAIN
Excédé	FATIGUÉ
Excédent	BONI • EXCÈS • RESTE • SOLDE SUPPLÉMENT • SURCHARGE SURCROÎT • SURPLUS
Excédent important de poids	OBÉSITÉ
Excéder	ÉNERVER • SURPASSER
Excéder de fatigue	ÉREINTER
Excellent	MEILLEUR
Excellente	FAMEUSE
Excentrique	BAROQUE • EXCENTRÉ • ORIGINAL
Excepté	HORMIS • SAUF
Excepté, hormis	FORS
Exceptionnel	ÉMINENT • RARE
Excès	ABUS • PROFUSION SURABONDANCE • SURPLUS
Excès d'estime de soi	ORGUEIL
Excès de charge	SURCHARGE
Excès de poids	OBÉSITÉ
Excessif	ABUSIF • EXAGÉRÉ • IMMODÉRÉ OUTRANCIER • SURHUMAIN
Excessif et violent	HARD
Excessivement chaud	TORRIDE
Excision	ABLATION • EXÉRÈSE
Excitant	AGUICHANT • CAPITEUX PROVOCANT • TROUBLANT
Excitation	ÉMOI
Excité, agité à l'excès	FÉBRILE
Exciter	AGUICHER • AVIVER CHATOUILLER • EMBRASER ÉNERVER • STIMULER
Exciter agréablement	TITILLER

Exciter la pitié, la compassion	APITOYER
Exciter le désir	PROVOQUER
Exclamation	AH
Exclamation attribuée à Archimède	EURÊKA
Exclamation enfantine	NA
Exclamation espagnole	OLLÉ
Exclamation exprimant le dépit	ZUT
Exclamation exprimant le plaisir de manger	MIAM
Exclamation moqueuse	TURLUTUTU
Exclamation qui marque l'admiration	DIANTRE
Exclamation qui marque la surprise	DIABLE
Exclamation qui renforce	PARDIEU
Exclamation renforçant une affirmation	NA
Exclure	ÉLIMINER
Exclusion	ÉVICTION
Exclusivité	MONOPOLE
Excrément	BRAN • ÉTRON • MERDE
Excrément d'oiseau	FIENTE
Excrément des bovins	BOUSE
Excrément des chevaux	CROTTIN
Excrément, dans le langage enfantin	CACA
Excréments solides de l'homme	FÈCES
Excrétion	SÉCRÉTION
Excroissance apparaissant sur un tissu végétal	GALLE
Excroissance charnue	CRÊTE
Excroissance cutanée	VERRUE
Excroissance épidermique	CORNE
Excroissance naturelle de la surface d'un os	APOPHYSE
Excursion	BALADE
Excusable	VÉNIELLE
Excuse	PRÉTEXTE
Exécrable	DÉTESTABLE • HORRIBLE RÉPUGNANT
Exécration	ABOMINATION • AVERSION
Exécrer	ABHORRER • ABOMINER • HAÏR
Exécutant	INTERPRÈTE • PRATICIEN
Exécuté avec brio	ENLEVÉ
Exécuté avec succès	RÉUSSI

Exécuter	ACHEVER • COMMETTRE EFFECTUER • FAIRE • OPÉRER PERPÉTRER • RÉALISER • TUER
Exécuter avec des aiguilles	TRICOTER
Exécuter avec un soin minutieux	PERLER
Exécuter des travaux manuels	BRICOLER
Exécuter rapidement un tableau	POCHER
Exécuter salement	COCHONNER
Exécuter simultanément	CUMULER
Exécuter, jouer en arpège	ARPÉGER
Exécution	OPÉRATION • RÉALISATION
Exécution rapide et peu soignée	BÂCLAGE
Exemplaire	ÉCHANTILLON • ÉDIFIANT SPÉCIMEN
Exemple	MODÈLE
Exempt	LIBRE
Exempt de toute souillure	IMMACULÉ
Exemption	DISPENSE • FRANCHISE • IMMUNITÉ
Exercé par un collège	COLLÉGIAL
Exercer	PRATIQUER
Exercer des ravages	SÉVIR
Exercer des représailles (Se)	VENGER
Exercer la répression avec rigueur	SÉVIR
Exercer le métier de torero	TORÉER
Exercer le pouvoir	RÉGNER
Exercer une action	INFLUER
Exercer une action en justice	ESTER
Exercice à l'arme blanche	ESCRIME
Exercice d'assouplissement	PLIÉ
Exercice de gymnastique	TRACTION
Exercice scolaire d'orthographe	DICTÉE
Exhalaison	BOUFFÉE • FUMÉE ODEUR • SOUFFLE
Exhaler	DÉGAGER • FLEURER
Exhaler une odeur infecte	PUER
Exhiber	EXPOSER • MONTRER • PRÉSENTER
Exhibition	PARADE
Exhibitionniste	SATYRE
Exhortation	INCITATION
Exhorter	INCITER • INVITER
Exhumer	DÉTERRER

Exigeant	SÉVÈRE
Exigence	BESOIN
Exigence absolue	DIKTAT
Exiger	NÉCESSITER • RÉCLAMER REQUÉRIR • VOULOIR
Exigu	ÉTROIT
Exiguïté	ÉTROITESSE • PETITESSE
Exilé	BANNI • ÉMIGRÉ • PROSCRIT
Exilée	PROSCRITE
Exiler	DÉPORTER • RELÉGUER
Existant	AVENU
Existence	VIE
Exister	ÊTRE
Exister en même temps	COEXISTER
Exister ensemble	COEXISTER
Exonéré	EXEMPT
Exonérer	DÉCHARGER • EXEMPTER
Exorbitant	EXAGÉRÉ
Expatrié	ÉMIGRÉ • EXILÉ
Expatrier	EXILER
Expectoration	CRACHAT
Expectorer	CRACHER
Expédier	ADRESSER • BÂCLER • ENVOYER
Expéditif	RAPIDE
Expédition	ENVOI
Expédition de chasse	SAFARI
Expédition de chasse, en Afrique	SAFARI
Expérience	ESSAI
Expérimenté	CHEVRONNÉ • ÉMÉRITE EXERCÉ • EXPERT
Expérimenter	ESSAYER
Expert	AS • CONNAISSEUR • COMPÉTENT
Expert chargé d'estimer la valeur des marchandises	SAPITEUR
Expiration	ÉCHÉANCE
Expirer	MOURIR • RESPIRER
Explication	CLÉ • CLEF • COMPTE EXCUSE • ILLUSTRATION
Explication de base	APERÇU
Explicite	EXPRÈS • NET
Expliquer	COMMENTER • INTERPRÉTER

Expliquer par un commentaire	GLOSER
Exploit	ACTION • PERFORMANCE PROUESSE
Exploit sportif	RECORD
Exploitant d'un marais salant	SAUNIER
Exploitant de serres	SERRISTE
Exploitation	INDUSTRIE
Exploitation agricole collective, en Israël	KIBBOUTZ
Exploiter	UTILISER
Exploiter une colonie	COLONISER
Explorer	APPROFONDIR • SONDER • VISITER
Explorer de la main	TÂTER
Exploser	FULMINER • PÉTER
Exploser avec bruit	DÉTONER
Explosif	FULMINANT • PLASTIC
Explosif plastique	PLASTIC
Explosion	DÉTONATION
Exposé	CONFÉRENCE • DESCRIPTION ÉNONCÉ • MÉMOIRE • RÉCIT
Exposé détaillé	RAPPORT
Exposé écrit	NOTICE
Exposer	COMPROMETTRE • DÉCRIRE ÉNONCER • ÉTALER • FORMULER
Exposer à feu vif	RISSOLER
Exposer à la lumière du soleil	INSOLER
Exposer à une forte chaleur	RÔTIR
Exposer au vent	ÉVENTER
Exposer verbalement ou par écrit	TRAITER
Expression	AIR • LOCUTION
Expression de la douleur	SANGLOT
Expression de la pensée	LANGAGE
Expression propre à une langue	IDIOTISME
Expression stéréotypée	PONCIF
Expression verbale de la pensée	VERBE
Exprime le bruit d'un plongeon	FLOC
Exprime un bruit sec	PIF
Exprime un bruit violent	VLAN
Exprimer	DIRE • FORMULER • MARQUER REFLÉTER • REPRÉSENTER
Exprimer en termes violents	CLAMER
Exprimer sa colère	MARONNER

Exprimer son suffrage	VOTER
Exprimer sous forme numérique	NUMÉRISER
Exprimer une chose fausse	MENTIR
Exprimer, manifester	EXHALER
Expulsé	EXILÉ
Expulser	BANNIR • ÉJECTER • EXCLURE
Expulser de l'air	SOUFFLER
Expulser de l'air par le nez et la bouche	ÉTERNUER
Expulser l'air	EXPIRER
Expulsion	ÉVICTION • EXIL • RENVOI
Expulsion d'air contenu dans les poumons	TOUX
Exquis	DÉLECTABLE
Exsuder	SÉCRÉTER • SUINTER
Extase	EUPHORIE
Extensible	ÉTIRABLE
Exténuant	ÉREINTANT
Exténué	ÉPUISÉ
Exténuer	ÉREINTER
Extérieur	DEHORS • ÉTRANGER • EXTERNE
Extermination	GÉNOCIDE
Extermination d'un groupe ethnique	GÉNOCIDE
Exterminer	DÉCIMER • MASSACRER
Externe	EXTÉRIEUR
Extirper	DÉRACINER • EXTRAIRE • SARCLER
Extorquer	PRESSURER • SOUTIRER
Extra	SUPER
Extraconjugal	ADULTÈRE
Extraction	ASCENDANCE
Extraire	ARRACHER • DÉRACINER EXTIRPER • PRÉLEVER • PUISER
Extraire le lait du pis	TRAIRE
Extraire le sel	SAUNER
Extrait	CITATION
Extrait d'un ouvrage	PASSAGE
Extrait de la noix d'arec	CACHOU
Extrait de plantes	VÉGÉTAL
Extrait du suc de fruit	ROB
Extrait mou d'ergot de seigle	ERGOTINE
Extralucide	VOYANT
Extraordinaire	SUBLIME

Extravagant, complètement fou	DÉLIRANT
Extrême	DERNIER • EXAGÉRÉ
	FINAL • INTENSE • SUPRÊME
Extrême maigreur	ÉTISIE
Extrêmement	TRÈS
Extrêmement agréable	DÉLICIEUX
Extrêmement fatigant	HARASSANT
Extrêmement fatigué	RECRU
Extrêmement fin	SUPERFIN
Extrêmement heureux	ENCHANTÉ
Extrêmement joli	RAVISSANT
Extrêmement maigre	DÉCHARNÉ
Extrémité	BOUT • EMBOUT • POINTE
Extrémité charnue des doigts	PULPE
Extrémité d'un os long	ÉPIPHYSE
Extrémité d'une aile	AILERON
Extrémité d'une jambe de bois	PILON
Extrémité d'une maîtresse branche	TÊTEAU
Extrémité d'une pièce	ABOUT
Extrémité d'une planche	ONGLET
Extrémité de l'aile d'un oiseau	AILERON
Extrémité du canon	CULASSE
Extrémité effilée d'un récipient	BEC
Extrémité effilée de certains instruments à air	BEC
Extrémité méridionale du Plateau brésilien	MAR
Extrémité pointue d'un arbre	CIME
Extrémité renflée d'un os long	ÉPIPHYSE
Extrémité sud-est du Pakistan	SIND
Extrémité supérieure d'une antenne	PENNE
Extrinsèque	EXTÉRIEUR • EXTERNE
Exubérance	PÉTULANCE
Exubérant, ouvert	EXPANSIF

F

Fable	ALLÉGORIE • CONTE • LÉGENDE
Fabricant d'instruments à cordes	LUTHIER
Fabricant de faïence	FAÏENCIER
Fabricant de heaumes	HEAUMIER
Fabricant de lunettes	LUNETIER
Fabricant de parfums	PARFUMEUR
Fabricant de produits détersifs	LESSIVIER
Fabricant de selles	SELLIER
Fabricant ou marchand d'armes	ARMURIER
Fabrication	CONFECTION • FAÇON PRODUCTION
Fabrication de la tôle	TÔLERIE
Fabrication du fil métallique	FILAGE
Fabrique	USINE
Fabrique d'huile végétale	HUILERIE
Fabrique de poudre	POUDRERIE
Fabrique de toiles	TOILERIE
Fabrique de tuiles	TUILERIE
Fabriquer	FAÇONNER • FAIRE PRODUIRE • USINER
Fabriquer par tissage	TISSER
Fabuleux	FICTIF • SURNATUREL
Fabuliste grec	ÉSOPE
Fac-similé	DOUBLE
Façade	APPARENCE • DEVANT DEVANTURE • FRONT
Face	SURFACE • VISAGE
Face d'un dé marquée de cinq points	CINQ
Face d'une médaille	AVERS
Face d'une monnaie	AVERS
Face extérieure d'un bâtiment	FAÇADE
Face inférieure	DESSOUS
Face supérieure	DESSUS
Face, figure	POIRE
Face-à-face	DÉBAT
Facétie	BOUFFONNERIE • FARCE PLAISANTERIE
Fâché	CHOQUÉ • MARRI

Fâcherie	BOUDERIE • BROUILLE
Fâcheux, contrariant	RÂLANT
Facho	FAF • FASCISTE
Facile	AISÉ • SOCIABLE
Facilement	AISÉMENT • VOLONTIERS
Facilement corruptible	VÉNAL
Facilité	AISANCE • APTITUDE
Facilité à se casser	FRAGILITÉ
Façon	AIR • GRIMACE • GUISE
	MANIÈRE • MODE
Façon de peindre par taches	TACHISME
Façon de s'exprimer	LANGAGE
Faconde	BAGOU
Façonné	OUVRAGÉ • PÉTRI
Façonner	FABRIQUER
Façonner	MODELER • OUVRER • PÉTRIR
	SCULPTER • TRAVAILLER
Façonner à coups de marteau	MARTELER
Façonner avec une machine-outil	USINER
Façonner en taillant une matière dure	SCULPTER
Façonnier	ARTISAN
Façons maniérées, simagrées	CHICHIS
Facteur de pianos français	ÉRARD
Facteur qui constitue un préjudice pour l'environnement	NUISANCE
Factice	ARTIFICIEL • INSINCÈRE
Faction	ATTENTE • CAMP
Factionnaire	SENTINELLE
Facture	ADDITION
Facultatif	OPTIONNEL
Faculté	CAPACITÉ • FAC • POUVOIR
Faculté d'être partout à la fois	UBIQUITÉ
Faculté de connaître	CONNAISSANCE
Faculté de percevoir la lumière, les couleurs	VUE
Faculté de s'identifier à quelqu'un	EMPATHIE
Faculté de se mettre à la place d'autrui	EMPATHIE
Fadaise	BALIVERNE • SORNETTE
Fade	DÉLAVÉ • INSIPIDE • PLAT • TERNE
Fagot de bois court	COTRET
Fagoté	AFFUBLÉ • FICELÉ

Fagoter	ACCOUTRER
Faible	BONASSE • DÉBILE • DÉFICIENT FRAGILE • LAS • VEULE
Faible d'esprit	IMBÉCILE
Faible frémissement	FRISELIS
Faiblement teinté de rouge	ROSÉ
Faiblesse	ANÉMIE • LÂCHETÉ • VEULERIE
Faiblesse extrême	DÉBILITÉ
Faiblesse, vulnérabilité	FRAGILITÉ
Faibli	MOLLI
Faiblir	MOLLIR
Faille	FENTE
Faillible	FAUTIF
Faillir	PÉCHER
Faim subite	FRINGALE
Fainéant	PARESSEUX
Fainéanter	PARESSER
Fainéantise	FLEMME • PARESSE
Faire	AGIR • FORMER
Faire adhérer	SOUDER
Faire admettre comme juste	LÉGITIMER
Faire apparaître par la magie	ÉVOQUER
Faire appel à	RECOURIR
Faire avancer un navire	TOUER
Faire bamboche	BAMBOCHER
Faire boire	ABREUVER
Faire bonne chère	BANQUETER • FESTOYER
Faire briller comme un diamant	DIAMANTER
Faire couler	ÉPANCHER
Faire couler un navire	SABORDER
Faire cuire	GRILLER
Faire cuire à feu doux	BRAISER
Faire cuire à feu vif	RÔTIR
Faire cuire à l'étouffée	BRAISER
Faire cuire dans la friture	FRIRE
Faire cuire en gratin	GRATINER
Faire de grands efforts	AHANER
Faire de l'ironie	IRONISER
Faire de la luge	LUGER
Faire de la pâtisserie	PÂTISSER
Faire de la varappe	VARAPPER

Faire de nouveau	RÉITÉRER
Faire défaut	FAILLIR
Faire des arpèges	ARPÉGER
Faire des commentaires malveillants	GLOSER
Faire des commérages	POTINER
Faire des courses	MAGASINER
Faire des crans à, entailler	CRANTER
Faire des détours	SINUER
Faire des emplettes	MAGASINER
Faire des entailles en forme de dents	DENTELER
Faire des excursions touristiques	BALADER
Faire des faux plis	GODER
Faire des grimaces	GRIMACER
Faire des laïus	LAÏUSSER
Faire des meurtrissures à des fruits	TALER
Faire des mines pour attirer l'attention	MINAUDER
Faire des niaiseries	NIAISER
Faire des petits, en parlant d'une chatte	CHATONNER
Faire des tours d'adresse	JONGLER
Faire des vers	RIMER
Faire descendre	CALER
Faire disparaître	EFFACER • NÉANTISER
Faire disparaître graduellement	RÉSORBER
Faire dormir	ENDORMIR
Faire dormir par anesthésie	ENDORMIR
Faire du baratin	BARATINER
Faire du commerce	NÉGOCIER
Faire du ski	SKIER
Faire du tapage	TAPAGER
Faire du verglas	VERGLACER
Faire éclater le tronc d'un arbre en l'abattant	ÉCUISSER
Faire entendre un cliquetis	CLIQUETER
Faire entendre une pétarade	PÉTARADER
Faire entendre une voix aigre	GLAPIR
Faire entrer	INTRODUIRE
Faire entrer dans un corps	INFILTRER
Faire entrer dans un parti, un groupement, etc.	AFFILIER
Faire espérer	PROMETTRE
Faire exploser à l'aide de torpilles	TORPILLER

Faire explosion	DÉTONER
Faire fonctionner	ACTIONNER • DÉMARRER
Faire garder le lit	ALITER
Faire gonfler les cheveux	CRÊPER
Faire illusion	BLUFFER
Faire implosion	IMPLOSER
Faire l'élision de	ÉLIDER
Faire l'objet d'une sanction	ÉCOPER
Faire la barbe	BARBIFIER
Faire la cour	FLIRTER
Faire la drave	DRAVER
Faire la tête	BOUDER
Faire la vendange	VENDANGER
Faire le cabotin	CABOTINER
Faire le chaînage d'un mur	CHAÎNER
Faire le poireau, attendre	POIREAUTER
Faire le rauchage	RAUCHER
Faire le tour de	CONTOURNER
Faire malproprement	COCHONNER
Faire mauvais usage d'une chose	MÉSUSER
Faire mourir	OCCIRE
Faire naufrage	NAUFRAGER
Faire par écrit des commentaires sur un texte	ANNOTER
Faire paraître étroit	ÉTRIQUER
Faire paraître un texte	ÉDITER
Faire partie d'une assemblée	SIÉGER
Faire passer d'un lieu dans un autre	TRANSFÉRER
Faire passer sous un rouleau	CYLINDRER
Faire payer autoritairement	IMPOSER
Faire payer par la force	RANÇONNER
Faire payer un prix excessif	RANÇONNER • SALER
Faire pénétrer	ENFONCER
Faire perdre sa couleur	DÉTEINDRE
Faire perdre une place	DÉGOMMER
Faire périr	IMMOLER
Faire peur à	APEURER
Faire pipi	PISSER • URINER
Faire prendre l'habitude de	ACCOUTUMER
Faire reculer	REPOUSSER
Faire référence à	RÉFÉRER

Faire rentrer la bête dans le bois	REMBUCHER
Faire répéter	BISSER
Faire résonner	SONNER
Faire ressortir	REHAUSSER
Faire revenir au pays d'origine	RAPATRIER
Faire revenir dans sa patrie	RAPATRIER
Faire revivre	RÉANIMER
Faire ricochet	RICOCHER
Faire saillie	AVANCER
Faire savoir	SIGNIFIER
Faire sécher	ESSORER • RESSUYER
Faire sécher à la fumée	SAURER
Faire sécher de la viande fumée	BOUCANER
Faire semblant	AFFECTER
Faire ses oeufs	PONDRE
Faire ses premiers pas	DÉBUTER
Faire son nid	AIRER • NICHER
Faire son testament	TESTER
Faire sortir	TIRER
Faire sortir un pneu de la jante	DÉJANTER
Faire sortir une bête de son gîte	FORLANCER
Faire souffrir de la faim	AFFAMER
Faire subir	INFLIGER
Faire subir une nouvelle intervention chirurgicale	RÉOPÉRER
Faire tomber le poil	DÉPILER
Faire tomber les poils	ÉPILER
Faire tomber par désagrégation	ÉBOULER
Faire tremper	MACÉRER
Faire un bruit particulier du nez, en dormant	RONFLER
Faire un bruit sec	CROQUER
Faire un bruit sec et répété	CLIQUETER
Faire un faux pas	BRONCHER
Faire un faux pli	GRIMACER
Faire un impair	GAFFER
Faire un raccord	RACCORDER
Faire une déposition en justice	TÉMOIGNER
Faire une enquête	ENQUÊTER
Faire une faute d'orthographe	FAUTER
Faire une rechute	RECHUTER

Faire venir auprès de soi de façon impérative	CONVOQUER
Faire venir quelqu'un	MANDER
Faire voile dans une direction	CINGLER
Faire, travailler	FOUTRE
Faisable	JOUABLE • POSSIBLE
Faisait partie d'un duo de comiques	LAUREL
Faisceau	BOTTE
Faisceau de cheveux serrés derrière la tête	QUEUE
Faisceau de fils	CÂBLE
Faisceau de jets d'eau	GIRANDOLE
Faisceau de menu bois	FAGOT
Faisceau de tissus fibreux	LIGAMENT
Faisceau fibreux	TENDON
Fait	ACTION
Fait anormal	PHÉNOMÈNE
Fait antérieur	ANTÉCÉDENT
Fait antérieur invoqué comme référence	PRÉCÉDENT
Fait d'échouer à un examen	RECALAGE
Fait d'être bombé	BOMBEMENT
Fait d'être client	CLIENTÈLE
Fait d'être juif	JUDAÏCITÉ
Fait d'être recalé à un examen	RECALAGE
Fait d'où découle une conséquence	PRÉMISSE
Fait de bronzer sous l'action du soleil	BRONZAGE
Fait de céder à loyer	LOUAGE
Fait de combiner différents éléments	DOSAGE
Fait de gicler	GICLEMENT
Fait de prendre congé	ADIEU
Fait de rebondir	REBOND
Fait de s'élever, de se développer	DÉCOLLAGE
Fait de s'inverser	INVERSION
Fait de servir à quelque chose	UTILITÉ
Fait de sortir de son sommeil	ÉVEIL
Fait et ajusté après coup	POSTICHE
Fait ou répété plusieurs fois	ITÉRATIF
Fait par un notaire	NOTARIÉ
Fait révoltant	SCANDALE
Faîte	CIME • PINACLE SOMMET • SUMMUM

Fallacieuse	TROMPEUSE
Fallacieux	FAUX • TROMPEUR
Falsification	ALTÉRATION • TRUCAGE
Falsifié	FAUX • FRELATÉ
Falsifier	CONTREFAIRE • FRELATER
Faluche	BÉRET
Fameux	CÉLÈBRE • GLORIEUX
	ILLUSTRE • RENOMMÉ
Familiariser	ACCLIMATER
Familiarité	BONHOMIE • INTIMITÉ
Familiarité malséante	PRIVAUTÉ
Familier	HABITUÉ • USUEL
Familière	USUELLE
Famille	PARENT • PARENTÉ
Famille de langues indiennes de l'Amérique centrale	MAYA
Famille de mammifères carnivores	URSIDÉS
Famille de plantes dicotylédones	LABIÉES • LINACÉES
Famille de poissons généralement marins	GADES
Famille nombreuse et encombrante	SMALA
Famille romaine guelfe, rivale des Colonna	ORSINI
Fanal	LANTERNE
Fanatique	FANA • MORDU • SECTAIRE
Fané	DÉFRAÎCHI • ÉTEINT
Faner	FLÉTRIR
Fanfaron	BRAVACHE • FARAUD • VANTARD
Fanfaron, crâneur	FLAMBARD
Fanfaron, vantard	TARTARIN
Fanfaronnade	BRAVADE
Fanfaronner	CRÂNER
Fange	BOURBE
Fanion	DRAPEAU • GUIDON
Fantaisie	CAPRICE • FOUCADE
	IMAGINATION • LUBIE
Fantaisiste	BOHÈME • FUMISTE
Fantasmer	IMAGINER
Fantasque	CAPRICIEUX
Fantassin	PION • SOLDAT
Fantoche	MARIONNETTE

Fantôme	LÉMURE • SPECTRE
Fantôme malfaisant	LARVE
Fantôme, revenant	ZOMBIE
Fanton	FENTON
Faon	DAIM
Farandole	DANSE • SARABANDE
Farce	BOUFFONNERIE • COMÉDIE
	PLAISANTERIE
Farce jouée à quelqu'un	NICHE
Farceur	BLAGUEUR • BOUFFON
	COMÉDIEN • LOUSTIC • PLAISANTIN
Farceur, pitre	CLOWN
Fard	ROUGE
Fard à joues sec	BLUSH
Fard pour les sourcils	RIMMEL
Fardeau	CHARGE
Farder	COLORER • GRIMER • PEINDRE
Farfelu	HURLUBERLU
Faribole	BALIVERNE
Farine de blé dur	MINOT
Farine de manioc	GARI
Farouchement	ÂPREMENT
Fasce rétrécie sur un écu	BURÈLE
Fascination	ATTRAIT
Fasciné	SÉDUIT
Fasciner	ÉBLOUIR • ENVOÛTER • SÉDUIRE
Fasciste	FACHO • FAF
Faste	APPARAT • LUXE
Fastidieux	LABORIEUX
Fastueux	SOMPTUEUX
Fat	FARAUD
Fatal	MORTEL • NÉFASTE
Fatale	MORTELLE
Fatalement	SÛREMENT
Fatalité	DESTIN • DESTINÉE • FATUM
Fatidique	FATAL
Fatigant	ABRUTISSANT • ASSOURDISSANT
	LASSANT • PÉNIBLE • SUANT • USANT
Fatigue	LASSITUDE
Fatigué	LAS
Fatigué et amaigri	TIRÉ

Fatigué, sans force	RAPLAPLA
Fatiguer	ÉREINTER • EXTÉNUER
Fatiguer à l'excès	SURMENER
Fatras	RAMASSIS
Fatuité	VANITÉ
Fauché	PAUVRE
Fauchée	MITEUSE
Faucher	RENVERSER
Faucon	LANERET
Faucon de petite taille	HOBEREAU
Faucon du sud de la France	PÈLERIN
Faucon femelle	LANIER
Faucon ressemblant au pèlerin	LANIER
Faune femelle	FAUNESSE
Fausse	MENTEUSE
Fausse nouvelle	CANARD • CANULAR
Faussé, dénaturé	ALTÉRÉ
Fausser	CANARDER • TRUQUER
Fausseté, traîtrise	DÉLOYAUTÉ
Faute	BÉVUE • DÉFAUT • DÉLIT
	MALVERSATION • MÉFAIT
	PÉCHÉ • TORT
Faute d'impression signalée	ERRATUM
Faute énorme	FORFAIT
Faute grossière de langage	BARBARISME
Faute lourde	BOURDE
Faute survenue dans l'impression d'un ouvrage	ERRATUM
Fautes d'impression signalées	ERRATA
Fautes survenues dans l'impression d'un ouvrage	ERRATA
Fauteuil à bascule	BERÇANTE
Fautif	COUPABLE • INCORRECT
Fauve	ROUSSÂTRE
Faux	BOITEUX • ERRONÉ • FACTICE
	INEXACT • SIMILI
Faux brave qui fanfaronne	BRAVACHE
Faux dévot	TARTUFE
Faux pas de la langue	LAPSUS
Faux serment	PARJURE
Faux, postiche	SIMULÉ

Faux-fuyant	ATERMOIEMENT
Faveur	BÉNÉDICTION • SERVICE
Favorable	BÉNÉFIQUE • FASTE • HEUREUX OPPORTUN • PROPICE
Favorable à la vie en commun	SOCIAL
Favori	COURTISAN • PRÉFÉRÉ
Favoriser	PROMOUVOIR
Favoriser par le sort	LOTIR
Favoritisme	PARTIALITÉ
Fébrile	FIÉVREUX
Fécond	ABONDANT • FERTILE • PRODUCTIF
Fécondité	ABONDANCE
Fécule	AMIDON
Fécule de manioc	TAPIOCA
Fécule qu'on retire de la moelle des sagoutiers	SAGOU
Fécule servant à empeser le linge	AMIDON
Federal Bureau of Investigation	FBI
Feindre	AFFECTER • SIMULER
Feint	FACTICE
Feint, qui n'est pas réel	SIMULÉ
Feinte	ARTIFICE
Félicitation	ÉLOGE
Félicité	BÉATITUDE • BONHEUR
Félin	ONCE • TIGRE
Félin carnassier de la savane	SERVAL
Félin sauvage d'Amérique	OCELOT
Fêlure	BRISURE • CASSURE • FAILLE • FISSURE
Femelle adulte du mouton	BREBIS
Femelle d'un chien de chasse	LICE
Femelle de divers gallinacés	POULE
Femelle de l'âne	ÂNESSE
Femelle de l'ours	OURSE
Femelle du canard	CANE
Femelle du cerf	BICHE
Femelle du cheval	JUMENT
Femelle du daim	DAINE
Femelle du dindon	DINDE
Femelle du lapin de garenne	HASE
Femelle du lévrier	LEVRETTE
Femelle du lièvre	HASE

Femelle du lion	LIONNE
Femelle du loup	LOUVE
Femelle du sanglier	LAIE
Femelle du singe	GUENON
Femelle du taureau	VACHE
Femelle du tigre	TIGRESSE
Femelle du verrat	TRUIE
Femelle reproductrice de l'espèce porcine	TRUIE
Femme	COMPAGNE • ÉPOUSE • NANA
Femme acariâtre	CHIPIE • HARPIE
Femme amérindienne	SQUAW
Femme attachée au culte d'une divinité	PRÊTRESSE
Femme corpulente	MATRONE
Femme d'Osiris	ISIS
Femme d'un certain âge	MÉMÉ • MÉMÈRE
Femme d'un harem	ODALISQUE
Femme d'un maire	MAIRESSE
Femme d'un rajah	RANI
Femme d'une grande beauté	VÉNUS
Femme de haut rang, en Angleterre	LADY
Femme de la famille Borgia	LUCRÈCE
Femme de lettres américaine	NIN • OATES • STEIN
Femme de lettres canadienne morte en 1983	ROY
Femme de lettres française	ADAM • COLET • SAGAN SÉGUR • STAËL
Femme de lettres française née en 1799	SÉGUR
Femme de lettres française, dite George	SAND
Femme de lettres québécoise	BLAIS • HÉBERT
Femme de mauvaise vie	GAUPE
Femme de mauvaises moeurs	CATIN
Femme de moeurs légères	DRÔLESSE
Femme débauchée	GOTON
Femme désagréable	GARCE
Femme dévergondée	SALOPE
Femme difficile à vivre	CHIPIE
Femme du tsar	TSARINE
Femme effrontée	DRÔLESSE
Femme énigmatique	SPHINGE

Femme exerçant les fonctions de maire	MAIRESSE
Femme fatale	VAMP
Femme fière, fougueuse	LIONNE
Femme homosexuelle	GOUINE
Femme imaginaire	FÉE
Femme jalouse	LIONNE
Femme laide et méchante	SORCIÈRE
Femme légère	POULE
Femme malpropre	GAUPE
Femme mariée, chez les Amérindiens	SQUAW
Femme méchante	MÉGÈRE
Femme musulmane	FATMA
Femme plantureuse	WALKYRIE
Femme poète	POÉTESSE
Femme politique française née en 1927	VEIL
Femme politique israélienne	MEIR
Femme politique philippine	AQUINO
Femme qui allaite un enfant	NOURRICE
Femme qui élève un nourrisson	NOURRICE
Femme qui livra Samson	DALILA
Femme qui monte à cheval	AMAZONE
Femme qui sait et colporte toutes les nouvelles	COMMÈRE
Femme qui sème	SEMEUSE
Femme stupide	CONASSE • CONNASSE • DINDE
Femme très active, remuante	DIABLESSE
Femme très chaste	VESTALE
Femme très jalouse	TIGRESSE
Femme très laide	GUENON
Femme unie à plusieurs hommes	POLYGAME
Femme vierge	PUCELLE
Femme, fille	GONZESSE
Fendillement	GERÇURE
Fendiller	GERCER
Fendre	COUPER • FÊLER • GERCER • INCISER
Fendre légèrement	FÊLER
Fendu en deux	BIFIDE
Fenêtre	CROISÉE
Fenêtre faisant saillie	ORIEL
Fenil	GRANGE • GRENIER
Fente	BRISURE • ENTURE • INCISION

Fente dans le bois	GERCE
Fente profonde	SILLON • CREVASSE
Fente verticale qui se forme au sabot du cheval	SEIME
Fer	FE
Fer tranchant	COUTRE
Ferlouche	FARLOUCHE
Ferme	SOLIDE
Ferme de campagne	MAS
Ferme de la prairie, aux États-Unis	RANCH
Ferme, stable	INCHANGÉ
Fermenter	CUVER
Fermer	CALFEUTRER • CLORE • ÉTEINDRE OBSTRUER • OCCLURE • TERMINER
Fermeté	RIGUEUR • TÉNACITÉ
Fermeté dans l'adversité	STOÏCISME
Fermeture	CLÔTURE • OCCLUSION
Fermeture à glissière	ZIP
Fermeture éclair	ZIP
Fermier	AGRICULTEUR • COLON • PAYSAN
Fermière	PAYSANNE
Fermium	FM
Féroce	CRUEL • FAUVE
Férocité	BARBARIE • CRUAUTÉ
Ferraille	MITRAILLE
Ferré	INSTRUIT
Ferrure	TÉ
Ferrure destinée à soutenir une porte	PENTURE
Ferry-boat	FERRY
Fertile	FÉCOND
Fertilisant	ENGRAIS
Fertiliser	ENRICHIR
Féru	ÉPRIS
Fervent	DÉVOT • MORDU
Ferveur	PIÉTÉ • ZÈLE
Fesses	POPOTIN
Fessier	CUL
Festin	BANQUET • BOMBANCE • RIPAILLE
Festonner	BRODER
Festoyer	BANQUETER

Fêtard	NOCEUR • VIVEUR
Fête	FIESTA • NOËL
Fête annuelle, en Espagne	FERIA
Fête célébrée le 31 octobre	HALLOWEEN
Fête de bienfaisance	KERMESSE
Fête de Noël	NATIVITÉ
Fête donnée pour le marquage du bétail	RODÉO
Fête foraine	FOIRE
Fête judaïque annuelle	PÂQUE
Fête juive	PÂQUE
Fête mondaine	RAOUT
Fête musulmane qui suit le ramadan, chez les Turcs	BEIRAM
Fête où l'on distribuait mets et vins	COCAGNE
Fête patronale au village	FRAIRIE
Fête, noce	NOUBA
Fétiche	AMULETTE • MASCOTTE • TALISMAN
Fétide	NAUSÉABOND • PESTILENTIEL PUANT
Fétidité	PUANTEUR
Feu	INCENDIE • MORT
Feu éternel	DAMNATION
Feu follet	FUROLE
Feuillage	RAMURE
Feuille	PAGE • PAPIER
Feuille d'acier	TÔLE
Feuille d'un registre	FOLIO
Feuille de carton mince	CARTE
Feuille de fer	TÔLE
Feuille de tabac	CAPE
Feuille insérée dans une brochure	ENCART
Feuilles de tabac roulées que l'on fume	CIGARE
Feuillet	PAGE
Feuillet superflu d'un ouvrage imprimé	DÉFET
Feuilleter	PARCOURIR
Feuilleton	ROMAN
Feutre à poil long	MÉLUSINE
Fiabiliser	SÉCURISER
Fiable	FIDÈLE • SÛR

Fiancé	PROMIS
Fiancée	DULCINÉE • PROMISE
Fiasco	BIDE • ÉCHEC • FOUR
Fibre coriace de certaines viandes	FILANDRE
Fibre de noix de coco	COIR
Fibre élastomère	LYCRA
Fibre provenant de la toison de certains ruminants	LAINE
Fibre synthétique	NYLON • ORLON
Fibre textile	JUTE • LIN • ORLON
Fibre textile de fabrication française	TERGAL
Fibrome	TUMEUR
Ficelle	CORDE • FIL
Ficelle de fouet	MÈCHE
Ficher, flanquer	FOUTRE
Fichu	CUIT • FOULARD • FOUTU NASE • NAZE • RÂPÉ
Fiction	FABLE
Fidèle	ADEPTE • ATTACHÉ • FÉAL FIABLE • LITTÉRAL • PONCTUEL
Fidèle, par rapport au pasteur spirituel	OUAILLE
Fidèles	OUAILLES
Fidélité	LOYAUTÉ
Fiel	AIGREUR
Fielleuse	HAINEUSE
Fielleux	HAINEUX
Fiente	CROTTE
Fiente de vache	BOUSE
Fier	ALTIER • DÉDAIGNEUX • FARAUD
Fierté légitime	ORGUEIL
Fièvre	FRÉNÉSIE
Fiévreux	CHAUD • FÉBRILE
Figaro	COIFFEUR
Figer	CAILLER • CONGELER
Fignoler	LÉCHER • LIMER PERFECTIONNER • SOIGNER
Figuier de l'Inde	BANIAN
Figure	BOUILLE • FACE • MUSEAU • VISAGE
Figure à quatre faces triangulaires	TÉTRAÈDRE
Figure circulaire	ROND
Figure de patinage artistique	AXEL

Figure découpée	DÉCOUPAGE
Figure emblématique	DEVISE
Figure géométrique	LOSANGE
Figurer	INCARNER
Figurine humaine	POUPÉE
Figurine ornant les crèches de Noël	SANTON
Figurine provençale	SANTON
Fil conducteur	FILAMENT
Fil passé en faufilant	FAUFIL
Fil synthétique de polyester	TERGAL
Fil terminé par un hameçon	LIGNE
Fil textile gainé de polyester	LUREX
Fil très fin	FILAMENT
Filament délié de chanvre	BRIN
Filament fin	CIL
Filament qui relie l'ovule au placenta (Bot.)	FUNICULE
Filandière	FILEUSE
Filature policière	FILOCHE
Fildefériste	FUNAMBULE
File	DÉFILÉ
File de personnes	QUEUE
Filer	DÉTALER • DISPARAÎTRE FILOCHER • PISTER
Filer le parfait amour	ROUCOULER
Filet à larges mailles	RÉSILLE
Filet à petites mailles	RISSOLE
Filet dans lequel on attache les cheveux	RÉSILLE
Filet de boeuf coupé en tranches	TOURNEDOS
Filet de canard	MAGRET
Filet de hareng mariné au vinaigre	ROLLMOPS
Filet de pêche	GABARE • HAVENET
Filet de pêche carré	ABLERET • ABLIER
Filet de pêche de forme conique	ÉPERVIER
Filet de pêche en forme de poche	DRAGUE • TRUBLE
Filet de pêche que l'on traîne	TRAÎNE
Filet de porc	BACON
Filet pour capturer du gibier	RETS
Filet pour la chasse aux perdrix	TONNELLE
Filet pour la pêche	RETS • SENNE
Filet pour la pêche à la crevette	HAVENEAU

Filet qui borde la moulure d'une assiette	MARLI
Filet suspendu horizontalement servant de lit	HAMAC
Fileter	TARAUDER
Filiation	LIGNÉE
Filiforme	GRÊLE • MINCE
Filin	CORDAGE
Filin de retenue d'une mine	ORIN
Filin qui sert à soutenir une poulie	GERSEAU
Filin terminé par un croc	VÉRINE
Fille	FIFILLE
Fille d'Harmonia	INO
Fille de Cadmos	INO
Fille de la belle-soeur	NIÈCE
Fille du frère ou de la soeur	NIÈCE
Fille du roi d'Argos	DANAÉ
Fille méchante	GARCE
Fille ou femme très jeune	JEUNESSE
Fille prétentieuse	DONZELLE
Fillette	FIFILLE
Fillette appartenant au scoutisme	JEANNETTE
Film	FEUIL • PELLICULE
Film dont l'action se situe dans le Far West	WESTERN
Film policier	POLAR
Film tourné en vidéo	VIDÉO
Film vidéo	CLIP
Filoche	FILATURE
Filon de roche magmatique	DYKE
Filou	AIGREFIN • ESCROC • FILOU • FRIPON
Fils	FISTON • GARÇON
Fils aîné de Noé	SEM
Fils d'Abraham	ISAAC • ISMAËL
Fils d'Adam et Ève	ABEL • CAÏN • SETH
Fils d'Agamemnon	ORESTE
Fils d'Énée	IULE
Fils d'Éson	JASON
Fils d'Isaac	ÉSAÜ • JACOB
Fils d'Isaac et de Rébecca	ÉSAÜ
Fils de Cham et petit-fils de Noé	CANAAN

Fils de Dédale	ICARE
Fils de Lot	AMMON
Fils de Noé	CHAM
Fils du beau-frère	NEVEU
Fils du frère ou de la soeur	NEVEU
Filtration	FILTRAGE
Fin	DÉCÈS • DÉLICAT • MENU • TERME
Fin d'une prière	AMEN
Fin gravier	GRAVILLON
Fin tissu de paille ou d'osier	LACERIE
Final	DERNIER • EXTRÊME
	TERMINAL • ULTIME
Finalement	ENFIN
Finaliser	FIGNOLER • FINIR
Financier écossais né en 1671	LAW
Finasser	RUSER
Finaud	FUTÉ • RETORS
Fine galette	CRÊPE
Fine pellicule cireuse de certains fruits	PRUINE
Fine tranche	LAMELLE
Fine tranche de viande	ÉMINCÉ
Finesse	ADRESSE • ASTUCE • DÉLICATESSE
Fini	FINITION • FOUTU
Finir	COMPLÉTER • FIGNOLER
Fiole	FLACON
Fiole longue et étroite	TOPETTE
Fiord	GOLFE
Fioul	FUEL • MAZOUT
Firmament	AZUR • CIEL
Firme	ENTREPRISE • MAISON
Firme de fabrication électrique allemande	AEG
Fissure	FAILLE • FÊLURE
Fissurer	FENDILLER
Fiston	FILS
Fixateur	FIXATIF
Fixation	LIMITATION
Fixation de sarments à des piquets	ACCOLAGE
Fixation des jeunes pousses de vigne sur un support	ACCOLAGE
Fixe	DÉFINITIF • IMMOBILE

Fixé	CAMPÉ
Fixé sur le revers d'un organe	DORSAL
Fixer	ATTACHER • CLOUER • COLLER DÉFINIR • POSER • VISSER
Fixer à l'aide de goupilles	GOUPILLER
Fixer à l'aide de rivets	RIVETER
Fixer avec des boulons	BOULONNER
Fixer avec des punaises	PUNAISER
Fixer par un noeud	AMARRER
Fixer solidement	ANCRER • CROCHER
Fixer sur un carton	ENCARTER
Fixer une chose dans une autre	IMPLANTER
Fixer une voile par son point d'amure	AMURER
Flacon	FIOLE
Flacon destiné à contenir l'eau et le vin à la messe	BURETTE
Flafla	TRALALA
Flagada	RAMOLLO
Flageller	FOUETTER
Flagorner	ADULER
Flagornerie	ADULATION
Flagrant	ÉVIDENT • PATENT • VISIBLE
Flagrant délit	FLAG
Flair	FEELING • ODORAT
Flairer	SENTIR
Flairer l'odeur du gibier, en parlant du chien	HALENER
Flambeau	TORCHE
Flambeur	JOUEUR
Flamboyant	RUTILANT
Flamboyer	RESPLENDIR • RUTILER
Flamme	FEU • PASSION
Flammèche	ÉTINCELLE
Flan breton aux raisins secs	FAR
Flan léger au beurre et aux oeufs	DARIOLE
Flanc	CÔTÉ • LATÉRAL
Flancher	CANER • MOLLIR
Flâner	ERRER • MUSARDER • MUSER
Flânerie	ERRANCE
Flâneur	BADAUD • MUSARD • PASSANT PROMENEUR • RÔDEUR

Flanquer	FOURRER
Flatter	CARESSER • ENCENSER
Flatter bassement	FLAGORNER
Flatterie	LOUANGE
Flatterie excessive	ADULATION
Flatteur	COURTISAN
Flatteur, rempli d'éloges	ÉLOGIEUX
Flatulence	GAZ
Flatuosité	PET
Flaveur	SAVEUR
Fléau	CALAMITÉ • DÉSASTRE
Fléché	BALISÉ
Flèche	POINTE • SAGETTE
Fléchir	FAIBLIR • PLOYER
Flegmatique	PLACIDE
Flegme	PLACIDITÉ
Flétan	ELBOT
Flétri	DÉFRAÎCHI • VIEILLI
Flétrir	FANER • RIDER • SÉCHER • TERNIR
Fleur	LIS • LYS • OEILLET • ROSE
Fleur d'oranger	NÉROLI
Fleur d'oranger destinée à la distillation	NÉROLI
Fleur de l'églantier	ÉGLANTINE
Fleur du tournesol	SOLEIL
Fleur violette	COLCHIQUE
Fleuret	FER
Fleuri	ÉCLOS
Fleurir	ÉCLORE
Fleuve côtier de Bretagne	BELON
Fleuve côtier de la Vendée	LAY
Fleuve côtier de Normandie	ORNE
Fleuve côtier des Pyrénées-Orientales	TÊT
Fleuve côtier né en France	YSER
Fleuve d'Afrique	CONGO • DRA • DRAA • NIL
Fleuve d'Allemagne	EMS
Fleuve d'Angleterre	TAMISE • TYNE
Fleuve d'Asie orientale	YALU
Fleuve d'Écosse	TAY
Fleuve d'Espagne	ÈBRE • EBRO • GENIL • JUCAR
Fleuve d'Espagne et du Portugal	DOURO
Fleuve d'Europe occidentale	RHIN

Fleuve d'Irlande	ERNE
Fleuve d'Italie	ADIGE • ARNO • PIAVE • PO • TIBRE
Fleuve de Bretagne	AULNE • RANCE
Fleuve de Chine	TARIM
Fleuve de France	AUDE • LOIRE • SEINE
Fleuve de Géorgie	RION • RIONI
Fleuve de l'Afrique équatoriale	CHARI
Fleuve de l'Afrique occidentale	NIGER
Fleuve de l'Espagne méridionale	TINTO
Fleuve de l'Europe centrale	DANUBE
Fleuve de l'Inde	GANGE
Fleuve de l'Ukraine	BOUG
Fleuve de la Chine centrale	HOUAI • HUAI
Fleuve de la Corse	GOLO
Fleuve de la Provence orientale	VAR
Fleuve de la République tchèque et d'Allemagne	ELBE
Fleuve de Laponie	TORNE
Fleuve de Russie	DON • KAMA • LENA • NEVA OB • OURAL • VOLGA
Fleuve de Suisse et de France	RHÔNE
Fleuve de Turquie et d'Irak	TIGRE
Fleuve de Yougoslavie	VARDAR
Fleuve de Yougoslavie et d'Italie	ISONZO
Fleuve des Pyrénées	TECH
Fleuve du Canada	FRASER • NELSON
Fleuve du Ghana	VOLTA
Fleuve du Kazakhstan	EMBA
Fleuve du Languedoc	ORB
Fleuve du Maroc	SEBOU
Fleuve du Maroc méridional	SOUS
Fleuve du Proche-Orient	ORONTE
Fleuve du Sénégal	SALOUM
Fleuve du sud de la France	ORB
Fleuve du sud-ouest de la France	ADOUR
Fleuve qui se jette dans le golfe de Finlande	NEVA
Fleuve qui sépare la Pologne de l'Allemagne	ODER • ODRA
Flexible	SOUPLE
Flibustier	PIRATE

Flic	CONDÉ • POLICIER
Flingue	FUSIL
Flinguer	FUSILLER
Flopée	TAPÉE
Florissant	PROSPÈRE
Flot	ONDE
Flottage du bois	DRAVE
Flotte	ESCADRE • FLOTTEUR • PLUIE • TRAIN
Flotter	NAGER • ONDULER
Flotter au gré du vent	VOLTIGER
Flotteur d'une ligne de pêcheur	BOUCHON
Flou	ESTOMPÉ • VAGUE
Floue	NÉBULEUSE
Fluctuant	HÉSITANT
Fluctuer	VARIER
Fluet	FRÊLE • GRÊLE • MINCE
Fluide	COULANT
Fluide frigorifique	FRÉON
Fluide très subtil	ÉTHER
Fluorine	FLUOR
Fluorure	FLUATE
Flûte à bec	FLAGEOLET
Flûte champêtre	PIPEAU
Flûte champêtre, roseau percé de trous	CHALUMEAU
Flûte traversière en bois	FIFRE
Flux	MARÉE
Foehn	FÖHN
Foène	HARPON
Foi	CONVICTION • CREDO
Foire	BRINGUE • KERMESSE
Foirer	RATER
Foisonner	ABONDER • PROLIFÉRER • PULLULER
Folâtre	BADIN • FOLICHON • GUILLERET
Folâtrer	BADINER
Folâtrerie	BADINAGE
Folichon	FOLÂTRE
Folie	DÉMENCE • DINGUERIE • FRÉNÉSIE
Folioter	NUMÉROTER • PAGINER
Fomenter	SUSCITER
Fomenteur	FAUTEUR
Foncer	RUER

Foncer (S')	ÉLANCER
Foncer (Se)	RUER
Foncier	RADICAL
Fonction	CHARGE • MÉTIER • MISSION • OFFICE
	POSTE • PROFESSION • UTILITÉ
Fonction de lecteur	LECTORAT
Fonction de mécène	MÉCÉNAT
Fonction de notaire	NOTARIAT
Fonction de rabbin	RABBINAT
Fonction du tuteur	TUTORAT
Fonctionnaire adjoint à un proconsul	LÉGAT
Fonctionnel	COMMODE
Fonctionnement défectueux	
de quelque chose	RATÉ
Fonctionner	MARCHER
Fonctions d'un vicaire	VICARIAT
Fonctions de bâtonnier	BÂTONNAT
Fond	CULOT • SUBSTANCE
Fond d'un parc à huîtres	ACUL
Fond d'un terrier	ACUL
Fond de l'être	ESSENCE
Fond doré d'un tableau	ORS
Fond sur lequel se détache	
le dessin d'une dentelle	TOILAGE
Fond sur lequel se détachent	
les événements marquants	TRAME
Fondamental	CARDINAL • ESSENTIEL • PRIMAIRE
	PRINCIPAL • RADICAL • VITAL
Fondamental, essentiel	BASAL
Fondateur de l'Oratoire d'Italie	NERI
Fondateur du christianisme	JÉSUS
Fondation	BASE
Fondement	ANUS • BASE • PRINCIPE
Fonder	ASSEOIR • BASER • ÉRIGER
	ÉTABLIR • INSTAURER • INSTITUER
Fonder ses calculs sur	TABLER
Fondre	MAIGRIR
Fontaine	SOURCE
Fonte de la glace	DÉGEL
Fonte naturelle de la neige	DÉGEL
Football	FOOT • SOCCER

Footballeur brésilien	PELÉ
Forage	SONDAGE
Forçat	BAGNARD
Forçat interné dans un bagne	BAGNARD
Force	ÉNERGIE • PORTÉE • PUISSANCE
Force d'âme	VERTU
Force d'attraction	AIMANT
Force navale commandée par un vice-amiral	ESCADRE
Forcené	FURIEUX
Forcer	ACCULER • CONTRAINDRE
	OBLIGER • OUTRER
Forer	CREUSER
Forestier	SYLVICOLE
Foret	MÈCHE
Forêt d'arbres très élevés	FUTAIE
Forêt de conifères	TAÏGA
Forêt de pins	PINÈDE
Forêt de sapins	SAPINIÈRE
Forêt de type amazonien	SELVE
Forêt dense	SYLVE
Forêt tropicale	JUNGLE
Forêt vierge équatoriale	SELVE
Foret, mèche	VRILLE
Foreuse	PERCEUSE
Forfanterie	HÂBLERIE
Forger, imaginer	FEINDRE
Forgeur	FORGERON
Formant	FORMATEUR
Format	CALIBRE
Formation	CULTURE • ÉDUCATION
	PRÉPARATION
Formation de quatre musiciens	QUATUOR
Formation de sept musiciens	SEPTUOR
Formation herbeuse des régions tropicales	SAVANE
Formation militaire recrutée au Maroc	GOUM
Formation musicale de Bretagne	BAGAD
Formation pathologique arrondie et dure	NODOSITÉ

Forme	GABARIT • MOULE SCHÈME • SORTE
Forme d'esprit	HUMOUR
Forme d'un cristal qui a plusieurs faces	PRISME
Forme de bouddhisme	LAMAÏSME
Forme de fructification de la rouille du blé	ÉCIDIE
Forme de jeu	PARI
Formé de plusieurs éléments	COMPOSÉ
Formé de récifs	RÉCIFAL
Forme de sable mêlé de vase	VASARD
Formé de sel	SALIN
Formé de six choses semblables	SEXTUPLE
Formé de talc	TALQUEUX
Forme du culte	LITURGIE
Forme échancrée de la Lune	CROISSANT
Forme enroulée en hélice	VOLUTE
Forme générale	SILHOUETTE
Forme instrumentale	MENUET
Forme instrumentale ou vocale	RONDO
Forme larvaire de certains crustacés	ZOÉ
Forme larvaire des vers parasites trématodes	RÉDIE
Forme masculine	MASCULIN
Forme musicale	BLUES
Forme nominale du verbe latin	SUPIN
Forme particulière	MODALITÉ
Forme particulière de désert rocheux	REG
Formel	CATÉGORIQUE
Former	COMPOSER • ÉDUQUER • EXERCER INSTRUIRE • PRÉPARER • SCULPTER
Former aux bonnes manières	DÉCROTTER
Former d'avance	PRÉFORMER
Former des cloques	CLOQUER
Former des spores	SPORULER
Former un complot	COMPLOTER
Former un jarret	JARRETER
Former un tubercule	TUBÉRISER
Former une syncope	SYNCOPER
Formidable	ÉPATANT • TERRIBLE
Formulaire	RECUEIL

Formule	LOCUTION • MOYEN
Formule d'acclamation	VIVE
Formule d'égalité	ÉQUATION
Formule qui exprime une règle	PRÉCEPTE
Formule répétée à tout propos	RENGAINE
Formule sacrée du brahmanisme	MANTRA
Formule utilisée en publicité	SLOGAN
Formuler	ÉMETTRE • ÉNONCER
	LIBELLER • PRONONCER
Fort	COSTAUD • TRÈS
Fort cordage	GRELIN
Fort sensible au froid	FRILEUX
Fort, énergique	VIGOUREUX
Fort, retentissant	SONORE
Fort, très savant	TRAPU
Forte pluie qui trempe	SAUCÉE
Forteresse	FERTÉ
Fortifiant	STIMULANT • TONIQUE
Fortification	ABRI • BASTION • MUR
	MURAILLE • REMPART
Fortifier	AFFERMIR • ARMER • DURCIR
	ENDURCIR • RAFFERMIR
	RENFORCER • SOUTENIR • TONIFIER
Fortuit	ACCIDENTEL • IMPRÉVU
Fortune	CHANCE • TRÉSOR
Fortuné	ARGENTÉ
Forum	CONFÉRENCE • CONGRÈS
Fosse	TROU
Fosse à purin	PUROT
Fossé rempli d'eau	DOUVE
Fosse sous-marine très profonde	ABYSSE
Fou	ALIÉNÉ • CINGLÉ • DÉMENT
	FÊLÉ • LOUFOQUE • MABOUL
	SINOC • SIPHONNÉ
Fou de colère	FORCENÉ
Fou, bizarre	DINGUE
Fou, compliqué à l'excès	TORDU
Fou, farfelu	BARJO
Foudre	ÉCLAIR
Foudroyer	TERRASSER
Fouet	MOUSSOIR

Fouetter	FUSTIGER
Fouetter, en parlant de la pluie	CINGLER
Fougère	CÉTÉRACH
Fougère appelée aussi herbe à dorer	CÉTÉRACH
Fougue	ENTHOUSIASME • FLAMME • VERVE
Fougueux	ARDENT • FRINGANT • IMPULSIF
	PÉTULANT • VÉHÉMENT
Fouille sommaire	PALPATION
Fouiller	APPROFONDIR • CREUSER
	FURETER • SONDER
Fouiller indiscrètement	FOUINER
Fouiller la terre, en parlant du blaireau	VERMILLONNER
Fouiller le sol à coups de boutoir	FOUGER
Fouilleur	FURETEUR
Fouillis	CHAOS • FATRAS • PAGAILLE
Fouiner	FURETER
Fouineur	FURETEUR
Foulard	ÉCHARPE
Foule	AFFLUENCE • MASSE • MULTITUDE
Foulure	ENTORSE
Four	FOURNAISE • FOURNEAU
Fourbe	JUDAS • SOURNOIS
Fourberie	PERFIDIE • ROUERIE • RUSE
	TRAÎTRISE • TROMPERIE
Fourbu	ÉPUISÉ • ÉREINTÉ • FATIGUÉ
	HARASSÉ • MOULU
	RENDU • ROMPU
Fourche à trois dents	TRIDENT
Fourchon	FOURCHE
Fourgon	VAN • WAGON
Fourgonner	TISONNER
Fourguer	REFILER
Fourmilière	NID
Fourmiller	ABONDER • GROUILLER • PULLULER
Fourneau	FOUR • POÊLE
Fourneau de cuisine	CUISINIÈRE
Fourni	FEUILLU
Fournir	APPORTER • PRÊTER • PROCURER
Fournir massivement à une entreprise	INJECTER
Fourrage	FOIN
Fourré d'épines	ÉPINIER

Fourreau	GAINE
Fourrure	PELAGE • POIL
Fourrure de jeune agneau d'Asie, à poil frisé	ASTRAKAN
Fourrure de petit-gris	VAIR
Fourvoiement	ABERRATION
Fourvoyer	ÉGARER
Foutrement	BIGREMENT
Foutu	FICHU • NAZE • PERDU • RÂPÉ
Fox-terrier	FOX
Foyer	ÂTRE • BERCAIL • INTÉRIEUR MÉNAGE • PÉNATES
Foyer d'incendie	BRASIER
Foyer d'un four de céramiste	ALANDIER
Foyer de chaleur	BRASIER
Foyer de corruption	CLOAQUE
Foyer familial	BERCAIL
Fracasser	BRISER • CASSER
Fraction	PARTIE
Fraction d'un tout divisé en quatre parties égales	QUART
Fraction des actifs amortie en un an par une entreprise	ANNUITÉ
Fraction liquide du fumier, utilisée comme engrais	PURIN
Fractionner	COUPER • DIVISER SCINDER • SECTIONNER
Fracture	CASSURE • RUPTURE
Fracturer	FORCER
Fragile	CASSANT • DÉBILE • DÉLICAT FRÊLE • INSTABLE
Fragilité	PRÉCARITÉ
Fragment	BRIBE • COPEAU • DÉBRIS MORCEAU • PARCELLE • TRONÇON
Fragment de glace fondante	FRASIL
Fragment de pierre	CAILLOU • ÉOLITHE
Fragment de roche vitreuse	TECTITE
Fragment de tuile	TUILEAU
Fragment du corps d'un saint	RELIQUE
Fragmentaire	PARTIEL
Fragmenter	ÉMIETTER • MORCELER

Fragrance	PARFUM
Fraîche	FROIDE
Fraîchement	FRAIS
Fraîcheur	NAÏVETÉ • PURETÉ
Frais	DÉPENSE • FRISQUET • REPOSÉ
Frais de scolarité	ÉCOLAGE • MINERVAL
Frais et léger, en parlant d'un vin	GOULEYANT
Fraiser	ALÉSER
Framboisier sauvage	MURON
Franc	DROIT • SINCÈRE
Franc-maçon	MAÇON
Franche	NATURELLE
Franchement	FRANCO • NETTEMENT • VRAIMENT
Franchir	ESCALADER • PASSER
Franchise	DROITURE • SINCÉRITÉ
Franchissement	PASSAGE
Francium	FR
Franco à bord	FOB
Francophone de Louisiane	CAJUN
Frange	EFFILÉ
Frange de passementerie ouvragée	CRÉPINE
Frangin	FRÈRE
Frappant	SAILLANT • SURPRENANT
Frappé de stupeur	SIDÉRÉ
Frapper	ASSENER • BATTRE • DARDER FÉRIR • FOUETTER • TOUCHER
Frapper avec le bec, en parlant d'un oiseau	BECQUETER
Frapper avec un objet flexible	CINGLER
Frapper d'estoc	ESTOQUER
Frapper de charges financières	GREVER
Frapper de stupeur	MÉDUSER • SIDÉRER
Frapper discrètement	TOQUER
Frapper légèrement à petits coups répétés	TAPOTER
Frapper sur la joue	GIFLER
Frasque sans gravité	FREDAINE
Fraternité	CONCORDE
Fraude	DOL
Frauder	TRICHER
Frayeur	CRAINTE • TERREUR

Fredonner	CHANTER • TURLUTER
Frein	ENTRAVE • MORS
Freiner	ARRÊTER • ENTRAVER
	INHIBER • REFRÉNER
Frémir	BRUIRE • PALPITER • TREMBLER
Frémissement	FRISELIS • FRÔLEMENT
Frémissement doux	FRISELIS
Frêne à fleurs blanches	ORNE
Frénésie	DÉLIRE • FUREUR
Frénétique	FIÉVREUX
Fréquemment	SOUVENT
Fréquent	USUEL
Fréquente	USUELLE
Fréquenté	PASSANT
Fréquenter	VISITER • VOISINER
Fréquenter fréquemment un lieu	HANTER
Frère d'Abel	CAÏN
Frère de Caïn et d'Abel	SETH
Frère de Jacob	ÉSAÜ
Frère de la mère	ONCLE
Frère de Moïse	AARON
Frère jumeau de Romulus	REMUS
Frères artistes allemands	ASAM
Fret	NOLIS
Fret d'un bateau	NOLIS
Fréter	CHARGER
Friandise	NANAN
Friandise espagnole aux amandes	TOURON
Friandise très délicate	CHATTERIE
Fric	BLÉ • OSEILLE • PÈZE • POGNON
Fric-frac	EFFRACTION
Fricassée	FRICOT
Fricasser	FRICOTER
Fricoter	MIJOTER
Friction	MASSAGE
Frictionner avec une lotion	LOTIONNER
Frigorifié	GELÉ
Frime	BLUFF
Frimer	CRÂNER
Frimousse	MINOIS
Fringale	ENVIE • FAIM

Fringant	ALERTE • GUILLERET PIMPANT • SÉMILLANT
Fringuer	VÊTIR
Friper	FROISSER
Fripon	COQUIN • SCÉLÉRAT • VAURIEN
Fripouille	CANAILLE • ESCROC
Frire	CUIRE
Frisant	RASANT
Frisé serré	CRÉPU
Friser	BOUCLER
Frisquet	FROID
Frissonner	FRÉMIR • GRELOTTER
Frivole	FUTILE • LÉGER SUPERFICIEL • VOLAGE
Frivole, déréglé	DISSIPÉ
Frivolité	BAGATELLE • FUTILITÉ • LÉGÈRETÉ
Froid	GLACIAL
Froid répandu dans l'air	FROIDURE
Froideur	FLEGME
Froidure	GELURE
Froissement	BLESSURE
Froisser	FRIPER • OFFENSER • PIQUER PLISSER • ULCÉRER • VEXER
Frôlement	ATTOUCHEMENT
Frôler	CARESSER • FRISER
Frôleur	PELOTEUR
Fromage	BRIE • GÉROMÉ • OKA • RICOTTA
Fromage à pâte dure	CHEDDAR
Fromage à pâte ferme	CANTAL
Fromage à pâte grasse	REBLOCHON
Fromage à pâte molle	BRIE • REBLOCHON
Fromage à pâte molle fabriqué principalement en Normandie	CAMEMBERT
Fromage à pâte pressée cuite	COMTE
Fromage anglais à pâte dure et colorée	CHEDDAR
Fromage au lait de brebis	NIOLO
Fromage au lait de chèvre	NIOLO
Fromage aux fines herbes	PIE
Fromage blanc	SÉRÉ
Fromage cylindrique	TOMME
Fromage d'origine italienne	RICOTTA

Fromage de France et de Hollande	MIMOLETTE
Fromage de Hollande	ÉDAM • GOUDA
Fromage de lait de vache	CANTAL • FOURME • MORBIER
Fromage en forme de disque	TOMME
Fromage fabriqué en Savoie	BEAUFORT
Fromage grec	FETA
Fromage voisin de l'édam	MIMOLETTE
Fromage voisin du gruyère	BEAUFORT
Fromager	KAPOKIER
Froncer	PLISSER
Frontalier	ZONIER
Fronteau	BANDEAU
Frontière	LIMITE
Frontières	CONFINS
Frotté d'huile	OINT
Frottement	FRICTION
Frotter avec les mains	MASSER
Frotter avec une peau de chamois	PEAUFINER
Frotter d'ail	AILLER
Frotter d'huile	OINDRE
Froufrou	FRÔLEMENT
Froussard	PEUREUX • POLTRON
Frousse	TRAC
Fructueux	FÉCOND
Frugal	TEMPÉRANT
Frugalité	AUSTÉRITÉ
Frugivore	LÉROT
Fruit	ABRICOT • ALISE • ANANAS
	BANANE • CERISE • CLÉMENTINE
	FIGUE • FRAISE • GRENADE • LIME
	MERISE • MÛRE • ORANGE
	PÊCHE • POIRE • POMME
	PRUNE • PRUNELLE • RAISIN
Fruit à coque ligneuse	NOIX
Fruit à deux valves	GOUSSE
Fruit à noyau	OLIVE
Fruit à pulpe molle et sucrée	KAKI
Fruit à pulpe sucrée	DATTE
Fruit à pulpe verte	KIWI
Fruit à saveur acide	AGRUME
Fruit à saveur douce	LIMETTE

Fruit charnu	ANONE • BAIE • DRUPE • FIGUE
Fruit charnu à un seul noyau	DRUPE
Fruit comestible	DATTE • NÈFLE
Fruit comestible du châtaignier cultivé	MARRON
Fruit comestible du papayer	PAPAYE
Fruit de l'abricotier	ABRICOT
Fruit de l'alisier	ALISE • ALIZE
Fruit de l'amandier	AMANDE
Fruit de l'anacardier	CAJOU
Fruit de l'arachide	CACAHUÈTE
Fruit de l'aubépine	CENELLE
Fruit de l'olivier	OLIVE
Fruit de la ketmie	NAFÉ
Fruit de la ronce	MÛRE • MÛRON
Fruit de la taille d'une grosse pêche	MANGUE
Fruit de la vigne	RAISIN
Fruit des conifères	PIVE
Fruit des graminées	GRAIN
Fruit des légumineuses	GOUSSE
Fruit du cacaoyer	CABOSSE
Fruit du calebassier	CALEBASSE
Fruit du cédratier	CÉDRAT
Fruit du cédratier, plus gros que le citron	CÉDRAT
Fruit du châtaignier	CHÂTAIGNE
Fruit du chêne	GLAND
Fruit du cognassier	COING
Fruit du groseillier	GROSEILLE
Fruit du hêtre	FAINE
Fruit du limettier	LIMETTE
Fruit du muscadier	MUSCADE
Fruit du néflier	NÈFLE
Fruit du noisetier	NOISETTE
Fruit du noyer	NOIX
Fruit du piment doux	POIVRON
Fruit du pistachier	PISTACHE
Fruit du sorbier	SORBE
Fruit du vanillier	VANILLE
Fruit farineux entouré d'une enveloppe épineuse	CHÂTAIGNE
Fruit ou graine de l'arachide	CACAHUÈTE

Fruit riche en amidon	JAQUE
Fruit rouge	ALISE
Fruit rouge, à forme de fraise	ARBOUSE
Fruit sec	FOLLICULE
Fruit sphérique rouge	TOMATE
Fruit sucré et parfumé	ANONE
Fruste	RUDE • RUSTAUD
Frustrer	LÉSER
Fugace	ÉPHÉMÈRE • FUGITIF • FURTIF
Fugitif	ÉVADÉ • FUGACE • FUYARD
Fugue	ESCAPADE
Fuir	ÉCHAPPER • QUITTER
Fuir (S')	ÉVADER
Fuir (Se)	RÉFUGIER
Fuite	ABANDON • ÉVASION • EXODE FUGUE • RETRAITE
Fuite après évasion	CAVALE
Fuite des idées	MENTISME
Fulminer	PESTER • TEMPÊTER • TONNER
Fumer	GRILLER • SAURER
Fumeux, nébuleux	BRUMEUX
Fumier	SALAUD
Fumiste	FARCEUR
Fumisterie	ATTRAPE
Funboard	FUN
Funèbre	LUGUBRE • MORTUAIRE SÉPULCRAL • SINISTRE
Funéraire	FUNÈBRE • MORTUAIRE
Funeste	LUGUBRE • MACABRE • NÉFASTE NOCIF • SINISTRE
Fureter	FOUINER
Fureteur	FOUILLEUR
Fureur	IRE • RAGE
Furibond	ENRAGÉ • FORCENÉ
Furie	COLÈRE • IRE
Furieux	ACHARNÉ • ENRAGÉ FURAX • FURIBOND
Furoncle	ABCÈS
Fusain	CRAYON
Fusette	BOBINE
Fusil	BRIQUET

Fusil à répétition de petit calibre	LEBEL
Fusiller	FLINGUER
Fusion	AMALGAME • MÉLANGE • UNION
Fusionner	UNIFIER • UNIR
Fustiger	RÉPROUVER
Fût	FUTAILLE
Fût d'une colonne	ESCAPE
Fut reine de Belgique	ASTRID
Futaille	BARIL
Futé	FINAUD • MALIN • ROUÉ • RUSÉ
Futile	FRIVOLE • SUPERFICIEL
Futilité	BABIOLE • BROUTILLE • FOUTAISE INANITÉ • NIAISERIE
Futur	AVENIR • DEMAIN • FIANCÉ PROMIS • ULTÉRIEUR
Futur bouvillon	VEAU
Future	PROMISE
Fuyant	FUGACE

G

Gabarit	STATURE
Gabelou	DOUANIER
Gâchage	SABOTAGE
Gâcher	DISSIPER • GASPILLER
	GÂTER • SABOTER
Gâcher un ouvrage	GALVAUDER
Gadolinium	GD
Gaélique	ERSE
Gaffe	BALOURDISE • BOURDE • IMPAIR
Gage	CAUTION • CRÉANCE • GARANTIE
Gager	MISER • PARIER
Gager par un warrant	WARRANTER
Gageure	PARI
Gagnant	SORTANT
Gagner	ACQUÉRIR • EMPIÉTER • MÉRITER
	RAFLER • REMPORTER • VAINCRE
Gai	BADIN • ENJOUÉ • ÉPANOUI
	HILARE • JOVIAL • JOYEUX • RIEUR
Gai luron	FLAMBARD
Gaie	GRISE • RIEUSE
Gaieté	JOVIALITÉ
Gaieté simple et communicative	JOVIALITÉ
Gaillard	LASCAR • LURON • VERT
Gain	AUBAINE • BÉNÉFICE
	ÉCONOMIE • REVENU
Gain, profit	LUCRE
Gaine	ÉTUI • FOURREAU
Gaine baleinée	CORSET
Gaine étroite qui amincit la taille	GUÊPIÈRE
Gainer	GUIPER
Galbé	RENFLÉ
Gale légère	GRATTELLE
Galéjade	BLAGUE
Galère à deux rangs de rames	BIRÈME
Galère de l'antiquité	BIRÈME
Galerie	COULOIR
Galerie légère en bois	VÉRANDA
Galerie souterraine	TUNNEL

Galérien	FORÇAT
Galet	CAILLOU • PIERRE
Galetas	TAUDIS
Galette	BISCUIT
Galette de farine de maïs	POLENTA
Galette de fleur de froment	FOUACE
Galette de pommes de terre rapées	ROESTI
Galette mince	BRICELET
Galeuse	LÉPREUSE
Galeux	LÉPREUX
Galipette	CULBUTE • PIROUETTE
Gallinacé au plumage sombre	PINTADE
Gallium	GA
Gallot	GALLO
Galopade	COURSE
Galopé	COURU
Galoper	COURIR
Gambille	DANSE
Gambiste	VIOLISTE
Gamète femelle animal	OVULE
Gamète femelle végétal	OVULE
Gamin	ENFANT • GAVROCHE • GONE
	KID • MISTON • TITI
Gamin, morveux	MERDEUX
Gamme	NUANCE
Gangrène	NÉCROSE
Gangster	TRUAND
Ganse	CORDON • OEIL
Ganse servant à retenir un rideau	EMBRASSE
Ganses	OEILS
Gant	MITAINE
Gant, généralement fourré	MOUFLE
Gantelet formé d'un doigtier articulé pour le pouce	MITON
Gantelet garni de plomb	CESTE
Garant	CAUTION • OTAGE • RÉPONDANT
Garanti	ATTESTÉ
Garantie	AVAL • GAGE
	PRÉCAUTION • SÛRETÉ
Garantir	ATTESTER • CAUTIONNER • EXEMPTER
Garantir par une réassurance	RÉASSURER

Garçon	FILS • MEC
Garçon d'écurie	LAD
Garçon de café	LOUFIAT
Garçon vierge	PUCEAU
Garde	ESCORTE • GEÔLIER
Garde du corps	GORILLE
Garde du sabre japonais	TSUBA
Garde-corps	PARAPET • RAMBARDE
Garde-robe	PENDERIE • VESTIAIRE
Garder	CONSERVER • DÉTENIR • TENIR
Garder pour soi	RAVALER
Garder une chose volée par un autre	RECELER
Garderie	CRÈCHE
Gardien	GARDE • GEÔLIER • PORTIER
Gardien de but	GOAL
Gardien de la paix	POLICIER
Gardien de porcs	PORCHER
Gardien de prison	MATON
Gardien de troupeaux de la pampa	GAUCHO
Gardien sévère	CERBÈRE
Gardien vigilant et intraitable	DRAGON
Gare située en tête de ligne	TERMINAL
Garer	REMISER • STATIONNER
Garnement	GALOPIN • GAMIN • JOJO POLISSON • VAURIEN • VOYOU
Garni	FOURRÉ
Garni d'une empenne	EMPENNÉ
Garni de cils	CILIÉ
Garni de clous	CLOUTÉ
Garni de créneaux	CRÉNELÉ
Garni de dents	DENTÉ
Garni de feuilles	FOLIÉ
Garni de plomb	PLOMBÉ
Garni de poils	CILIÉ
Garni de poils fins	VELU
Garni de truffes	TRUFFÉ
Garnir	GRÉER • ORNER
Garnir avec des briques	BRIQUETER
Garnir avec du bois	BOISER
Garnir d'acier	FERRER
Garnir d'acier par soudure	ACIÉRER

Garnir d'anneaux	BAGUER
Garnir d'étoffe	ÉTOFFER
Garnir d'ouate	OUATER
Garnir d'un bord, d'une bordure	BORDER
Garnir d'un cercle métallique	FRETTER
Garnir d'un cercle, de cercles	CERCLER
Garnir d'un drap	DRAPER
Garnir d'un grillage	GRILLAGER
Garnir d'un treillis de rotin	CANNER
Garnir d'une èche	ÉCHER
Garnir d'une frette	FRETTER
Garnir d'une ganse	GANSER
Garnir de bagues	BAGUER
Garnir de coulisses	COULISSER
Garnir de fers	FERRER
Garnir de hourds	HOURDER
Garnir de jarretières	JARRETER
Garnir de jonc	JONCER
Garnir de lattes	LATTER
Garnir de menuiserie	BOISER
Garnir de nouveau	REGARNIR
Garnir de terre le pied d'une plante	BUTTER
Garnir intérieurement une confiserie	FOURRER
Garnir le bord de	BORDER
Garniture	BORDURE • ORNEMENT
	PAREMENT • PARURE
Garniture d'étoffe transparente	VOILAGE
Garniture de lattes	LATTIS
Garniture de métal	FERRURE
Garniture métallique du bord d'un vêtement	GRÉBICHE
Garniture qui protège le bout d'une canne	EMBOUT
Garrotter	MUSELER
Gaspillage	COULAGE • PERTE
Gaspillé	GÂCHÉ
Gaspiller	DÉPENSER • DILAPIDER
	GÂCHER • PERDRE
Gaspilleur	GÂCHEUR
Gastro-entérite attaquant plusieurs animaux	TYPHUS

Gastronome	GOURMET
Gastronomique	CULINAIRE
Gâté	AVARIÉ • CORROMPU
	MOISI • VÉREUX
Gâteau	CAKE
Gâteau de cire d'abeilles	GAUFRE
Gâteau de farine de maïs	MILLAS
Gâteau en pâte feuilletée	PALMIER
Gâteau fait d'amandes pilées	MASSEPAIN
Gâteau fait de fruits mêlés	CLAFOUTIS
Gâteau garni de fruits	POUDING • PUDDING
Gâteau garni de raisins secs	CAKE
Gâteau meringué	VACHERIN
Gâteau plat	GALETTE
Gâteau sec	BISCUIT • MACARON
Gâteau sec, rond et plat	PALET
Gâter	ALTÉRER • AVARIER • CARIER
	DÉPARER • POURRIR • SABOTER
Gâter par la nielle	NIELLER
Gâteux	GAGA • RAMOLLI • RAMOLLO
Gauche	LOURDAUD • MALADROIT • PATAUD
Gauche et maladroit	EMPOTÉ
Gauche, contraint	ENGONCÉ
Gaucherie	TIMIDITÉ
Gaude	RÉSÉDA
Gaufre très mince et croustillante	BRICELET
Gavé	REPU
Gaver	BOURRER
Gavroche	TITI
Gaz bleu	OZONE
Gaz combustible formé de méthane	GRISOU
Gaz combustible qui se dégage spontanément dans certaines mines de houille	GRISOU
Gaz incolore	AZOTE
Gaz incolore à odeur forte	ARSINE
Gaz incolore et inodore	ARGON
Gaz inerte	ARGON
Gaz inerte de l'air	XÉNON
Gaz inflammable	PROPANE
Gaz inodore	AZOTE

Gaz intestinal	PET • VENT • VESSE
Gaz rare de l'atmosphère	NÉON
Gaz rare très léger	HÉLIUM
Gazoduc	FEEDER
Gazon	HERBE • PELOUSE
Gazonnement	GAZONNAGE
Gazouillement	RAMAGE
Gazouiller	BABILLER
Gazouillis	BABIL
Géant	COLOSSE • GRAND • TITAN
Géant de grand appétit	GARGANTUA
Géant des contes de fées	OGRE
Géant monstrueux	CYCLOPE
Géant, fils de Poséidon et de Gaia	ANTÉE
Géante	GRANDE
Gecko	TARENTE
Geignard	DOLENT
Geindre	GÉMIR
Gel	GELÉE
Gelé	TRANSI
Gelée blanche	GIVRE
Geler	CONGELER • GLACER
Gélinotte	PERDRIX
Gémir	GEINDRE
Gémissant	DOLENT
Gémissement	PLAINTE • PLEUR • SANGLOT
Gémissements	PLEURS
Gemme	PIERRE
Gendarme	COGNE • PANDORE
Gendre de Mahomet	ALI
Gêne	EMBARRAS • NUISANCE
Gêne financière, misère	PURÉE
Gêne respiratoire	OPPRESSION
Gêne, misère	POISSE
Gêner	NUIRE
Général	PUBLIC • UNANIME
Général allemand né en 1866	SEECKT
Général américain né en 1924	HAIG
Général britannique né en 1897	GLUBB
Général byzantin	NARSES
Général espagnol	RIEGO

Général et homme politique espagnol	ALBE
Général et homme politique israélien né en 1922	RABIN
Général et homme politique panaméen	NORIEGA
Général et homme politique portugais	EANES
Général français	AMADE • MIOLLIS
Général français mort en 1944	FRÈRE
Général français mort en 1984	SALAN
Général français né en 1579	ROHAN
Général français né en 1758	EBLE
Général sous Saül et David	ABNER
Général suédois né en 1596	BANER
Général vendéen	ELBÉE
Générateur d'ondes électromagnétiques	LASER
Génératrice	MAGNÉTO
Générer	PRODUIRE
Généreux	CHARITABLE • CLÉMENT • NOBLE
Générosité	BIENFAISANCE • LARGESSE LIBÉRALITÉ
Genêt d'Espagne	SPART
Généticien américain né en 1903	SNELL
Genette	CIVETTE
Genévrier du Midi	CADE
Genévrier du sud de l'Europe	SABINE
Génial	ÉPATANT • ÉTONNANT LUMINEUX • SUPER
Géniale	LUMINEUSE
Génie de l'air	ELFE
Génie de l'air mythique	SYLPHE
Génie des eaux, dans la mythologie nordique	ONDIN
Génie des eaux, dans les légendes germaniques	NIXE
Génie malfaisant, dans la mythologie arabe	EFRIT
Génisse	TAURE
Géniteur	PÈRE
Genre	ACABIT • CATÉGORIE • ESPÈCE NATURE • SORTE • STYLE • TYPE

Genre de champignons	AGARIC
Genre de labiées à odeur forte	NÉPÈTE
Genre de musique	DISCO • JAZZ
Genre de palmier	ROTIN
Genre poétique	POÉSIE
Gentil	AFFABLE • COQUET • MIGNON
Gentil, mignon	CHOU
Gentilhomme qui servait comme soldat	CADET
Gentille	MIGNARDE • MIGNONNE
Gentillesse	AMABILITÉ • PRÉVENANCE
Gentleman	GALANT
Geôle	CACHOT • PÉNITENCIER • PRISON
Géotrupe	BOUSIER
Gérant	TENANCIER
Gerbe	BOTTE • BOUQUET
Gerber	DÉGUEULER • EMPILER
Gerçure	CREVASSE • GELIVURE
Gérer	ADMINISTRER • DIRIGER
Gérer en commun	COGÉRER
Germain	TEUTON
Germaine	TEUTONNE
Germandrée à fleurs jaunes	IVE • IVETTE
Germanium	GE
Gérontisme	SÉNILISME
Gérontologie	GÉRIATRIE
Geste	SIGNE
Geste de politesse	BAISEMAIN
Geste imposé par le respect des convenances	FORMALITÉ
Gesticuler	AGITER
Gestion d'un service public	RÉGIE
Gestualité	GESTUELLE
Ghilde	GUILDE
Gibet	CROIX • POTENCE
Giboulée	AVERSE
Giclée	JET
Gicler	COULER • JAILLIR • REJAILLIR
Gifle	BAFFE • BEIGNE • MANDALE SOUFFLET • TALOCHE • TAPE
Gigot	CUISSE • GIGUE
Gigoter	GAMBILLER

Gilet	VESTE
Gilet de sauvetage	BRASSIÈRE
Giratoire	ROTATOIRE
Gisement de tourbe	TOURBIÈRE
Gitan	TSIGANE • TZIGANE
Gitan nomade	MANOUCHE
Gîte fangeux de mammifères	BAUGE
Givre	GEL
Glaçant	GLACIAL
Glace	GELÉE • MIROIR • VERRE • VITRE
Glacé	FROID • GELÉ
Glace légère à base d'eau	SORBET
Glacée	FROIDE
Glacer	ENROBER • FIGER • GELER • LISSER
	PÉTRIFIER • REFROIDIR • TRANSIR
Glacial	SIBÉRIEN
Glaciale	FROIDE
Glaciation	GLACIAIRE
Glaçure	ENDUIT
Gladiateur qui combattait	
les bêtes féroces, à Rome	BESTIAIRE
Glaive	ÉPÉE
Glande à sécrétion de l'appareil	
génital masculin	PROSTATE
Glande abdominale	PANCRÉAS
Glande annexe du tube digestif	PANCRÉAS
Glande endocrine	THYROÏDE
Glande endocrine située	
à la base du cou	THYROÏDE
Glande génitale femelle	OVAIRE
Glande génitale mâle	TESTICULE
Glander	PARESSER
Glaner	GRAPPILLER • BUTINER
Glapir	ABOYER
Glauque	VERDÂTRE
Glisser	DÉRAPER
Glisser par frottement	RIPER
Glisser sur des coulisses	COULISSER
Glisser sur le sol	DÉRAPER
Glissière	COULISSE
Glissoire	GLISSADE

Global	GÉNÉRAL
Globalité	TOTALITÉ
Globe	SPHÈRE • TERRE
Globule rouge du sang	HÉMATIE
Gloire	AURÉOLE • CÉLÉBRITÉ
	MAJESTÉ • RENOMMÉE
Glorieuse	FAMEUSE
Glorieux	FAMEUX
Glorifier	AURÉOLER • BÉNIR
	CANONISER • HONORER
	LOUANGER • LOUER
Glorifier, magnifier	EXALTER
Gloriole	OSTENTATION
Glouton	AVIDE • BÂFREUR • GOINFRE
	GOULU • GOURMAND • MORFAL
Glouton, goulu	VORACE
Gloutonnerie	VORACITÉ
Glu	COLLE
Gluant	POISSEUX
Gluante	POISSEUSE
Glucide décomposable par hydrolyse	OSIDE
Glucide voisin de l'amidon	INULINE
Glucoside extrait de nombreux végétaux	RUTINE
Gnaule	GNOLE
Gnole	NIOLE
Gnome	LUTIN
Gobelet	GODET
Gobelet de métal	TIMBALE
Gobeur	CRÉDULE
Godailler	GODER
Godasse	SOULIER
Godiche	BENÊT
Godille	AVIRON
Godiller	RAMER
Gogo, naïf	GOBEUR
Goinfre	GLOUTON • GOULU • MORFAL
Goinfrerie	VORACITÉ
Goitre	STRUME
Golfe de l'océan Indien	MANNAR
Golfe des Bouches-du-Rhône	FOS

Gommé	COLLANT
Gomme résine odorante	MYRRHE
Gommer	EFFACER
Gonade mâle de forme ovale	TESTICULE
Gondoler	GAUCHIR
Gonflé	BOUFFI • BOURSOUFLÉ
	ENFLÉ • RENFLÉ
Gonfler	AUGMENTER • BALLONNER • BOMBER
	GROSSIR • MAJORER • TUMÉFIER
Gonfler les tissus, bouffir	EMPÂTER
Gonzesse	NANA
Gorge	GOSIER • POITRINE • VALLÉE
Gorge creusée par un cours d'eau dans une chaîne de montagnes	CANYON
Gorge transversale dans un pli anticlinal	CLUSE
Gorger	GAVER
Gosse	MIOCHE
Goudron	BITUME
Gouet	GOUGE
Gouffre	ABÎME • AVEN • IGUE
	PRÉCIPICE • PUITS
Gouge	GOUET
Goujat	BUTOR • IMPOLI • MALAPPRIS
	MUFLE • RUSTRE
Goujaterie	MUFLERIE
Goulée	GORGÉE
Goulot	COL • COU • GOULET
Goulu	AVIDE • GLOUTON
Gourdin	BÂTON • TRIQUE
Gourmand	FRIAND
Gourmet	FRIAND
Gourou	GUIDE • GURU
Gousse	COSSE
Gousse de légumineuses	LÉGUME
Goût	ATTIRANCE • CONVENANCE
	SAVEUR
Goût bizarre	FANTAISIE
Goût morbide pour des substances non comestibles	PICA
Goûter	APPRÉCIER • ESSAYER • JOUIR
Goûter avec plaisir	SAVOURER

Goûteur	GOURMET
Goutte	DOIGT • LARME
Goutte qui pend du nez	ROUPIE
Gouttière	ÉGOUT
Gouvernail	TIMON
Gouvernante	NURSE
Gouverner	COMMANDER • DIRIGER
	MENER • RÉGIR
Gouverner plus près du vent	LOFER
Grabat	LIT
Grâce	ABSOLUTION • AISANCE • AMNISTIE
	BÉNÉDICTION • ÉLÉGANCE
	JOLIESSE • MERCI • RÉMISSION
Grâce puérile	MIÈVRERIE
Gracier	ABSOUDRE
Gracieux	CHARMANT • ÉLÉGANT
	GRATUIT • SUAVE
Gracieux et vif	ACCORT
Gracieux, avenant	ACCORT
Gracile	FLUET • FLUETTE
Grade	DAN • GR • SERGENT
Grade le moins élevé dans l'armée	CAPORAL
Grade universitaire	LICENCE
Gradin	ÉTAGE
Graduer	ÉCHELONNER
Graffiti	TAG
Grain d'avoine, privé de son	GRUAU
Grain d'eau congelée	GRÊLON
Grain de beauté	NAEVUS
Grain de glace	GRÊLON
Grain de raisin	GRUME
Grain qu'on sème	SEMAILLES
Graine contenue dans l'arachide	CACAHUÈTE
Graine d'un fruit à noyau	AMANDE
Graine de certains fruits	PÉPIN
Graine de quelques légumineuses	GRAIN
Graine du cacaoyer	CACAO
Graine du caféier	CAFÉ
Graine qui se forme dans des gousses	LÉGUME
Graine verdâtre du pistachier	PISTACHE
Grainetier	GRAINIER

Grains de beauté	NAEVI
Graisse	LARD
Graisse alimentaire	MARGARINE
Graisse animale	SUIF
Graisse des animaux	OINT
Graisse des ruminants	SUIF
Graisse du sanglier	SAIN
Graisse qui imprègne la toison des moutons	SUINT
Graisse retirée du suint du mouton	LANOLINE
Graisse servant à la lubrification	VASELINE
Graisse sous la peau du porc	PANNE
Graisser	HUILER
Graminée	SPART
Graminée à graines toxiques	IVRAIE
Graminée aromatique	NARD
Graminée des régions humides tropicales	RIZ
Graminée employée à fixer les sables des dunes	OYAT
Graminée fourragère	CRÉTELLE
Grand	HAUT • IMMENSE • LARGE • LONG
Grand arbre	CHÊNE
Grand arbre à la forme majestueuse	PLATANE
Grand arbre de l'archipel indien	DURION
Grand arbre de l'Inde	SAL
Grand arbre de la forêt africaine	SIPO
Grand avion de transport pour passagers	AIRBUS
Grand bassin où les navires peuvent mouiller	RADE
Grand bâtiment	BÂTISSE
Grand bâtiment armé	GALION
Grand bâtiment public	HALLE
Grand boa constricteur d'Amérique du Sud	ANACONDA
Grand boeuf d'Europe	AUROCHS
Grand bovidé de l'Inde	ZÉBU
Grand bruit	BOUCAN
Grand bruit d'objets divers	CHARIVARI
Grand bruit discordant	TINTAMARRE

Grand cabas	COUFFIN
Grand casque des hommes d'armes	HEAUME
Grand cerf d'Amérique du Nord	WAPITI
Grand champignon	MÉRULE
Grand chat sauvage	OCELOT
Grand chat sauvage d'Afrique	SERVAL
Grand chenet de cuisine	HÂTIER
Grand chien de chasse	LIMIER
Grand coffre	BAHUT
Grand coffre de bois	HUCHE
Grand conifère	MÉLÈZE
Grand conifère d'origine exotique	THUYA
Grand crabe comestible	MAÏA
Grand crocodile à museau court et large	CAÏMAN
Grand désordre	BORDEL • MERDIER
Grand dieu solaire	RA
Grand dirigeable rigide	ZEPPELIN
Grand échassier à long cou grêle	HÉRON
Grand faucon	SACRE
Grand félin	FAUVE • JAGUAR
Grand félin sauvage	ONCE
Grand filet	DRÈGE
Grand filet de pêche	BOLIER • BOULIER
Grand fleuve d'Asie	INDUS
Grand format de papier	COLOMBIER
Grand fromage en forme de disque	MEULE
Grand gobelet	CHOPE
Grand héron blanc	AIGRETTE
Grand hôtel de luxe	PALACE
Grand Lac	ÉRIÉ
Grand lac salé d'Asie	ARAL
Grand lézard carnivore	VARAN
Grand luth	TÉORBE • THÉORBE
Grand malheur	DÉSASTRE
Grand mammifère	CERF
Grand mammifère carnivore	JAGUAR • LION
Grand mammifère marin	MORSE
Grand mammifère ruminant	GIRAFE
Grand manteau	CAPE • CAPOTE
Grand marché public	FOIRE

Grand mollusque	PINNE
Grand morceau d'étoffe	CHÂLE • PAN
Grand moustique	TIPULE
Grand navire	BÂTIMENT
Grand navire à voiles du Moyen Âge	NEF
Grand navire armé en guerre	GALION
Grand nombre de gens	POPULO
Grand nombre de personnes	RÉGIMENT
Grand oiseau	ALBATROS
Grand oiseau coureur	NANDOU
Grand oiseau coureur de l'île Maurice	DRONTE
Grand oiseau de basse-cour	DINDON
Grand oiseau échassier	HÉRON
Grand oiseau échassier d'Amérique du Sud	KAMICHI
Grand oiseau palmipède	CYGNE
Grand oiseau vivant en Australie	MÉNURE
Grand ouvert	BÉANT
Grand panier d'osier	MANNE
Grand panier que l'on porte sur le dos	HOTTE
Grand panier sans fond	GABION
Grand papillon	MACHAON
Grand papillon de Madagascar	URANIE
Grand papillon de nuit	SATURNIE
Grand papillon nocturne	COSSUS
Grand perroquet	ARA
Grand pic à plumage jaune et vert	PIVERT
Grand plat en terre	TIAN
Grand poisson	MORUE
Grand poisson plat	FLÉTAN
Grand prêtre et juge des Hébreux	HÉLI
Grand propriétaire foncier, en Écosse	LAIRD
Grand rapace diurne	GERFAUT
Grand récipient	CUVE • JARRE • TONNE
Grand récipient de forme circulaire	BASSIN
Grand récipient en bois	SEILLE
Grand requin	PÈLERIN
Grand rideau de fenêtre	VOILAGE
Grand seigneur	BARON
Grand serpent de l'Amérique du Sud	ANACONDA

Grand singe	DRILL
Grand succès	HIT
Grand thon pêché dans l'Atlantique	GERMON
Grand vase à boire	HANAP
Grand vase en terre cuite	JARRE
Grand vautour des Andes	CONDOR
Grand vitrage	VERRIÈRE
Grand-mère	MÉMÉ • MÉMÈRE
Grand-papa	PÉPÉ
Grand-père	AÏEUL • PAPI • PÉPÈRE
Grande	HAUTE
Grande abondance	LUXE
Grande antilope africaine	ÉLAND
Grande araignée	MYGALE
Grande caisse	CAISSON
Grande chaîne de montagnes	ANDES
Grande chaleur	CANICULE
Grande clarté	LIMPIDITÉ
Grande colère	FOUDRES
Grande course	DERBY
Grande cuillère	LOUCHE
Grande cuillère percée de trous	ÉCUMOIRE
Grande épée	ESTOC
Grande étendue de terre	CONTINENT
Grande exploitation rurale en Amérique du Sud	HACIENDA
Grande facilité de parole	BAGOU
Grande fête	GALA
Grande futaille	PIPE
Grande gerbe jaillissante	GEYSER
Grande gorgée	LAMPÉE
Grande gorgée de liquide avalée d'un trait	LAMPÉE
Grande hache	COGNÉE
Grande jatte	JALE
Grande lanterne	FALOT
Grande liane	LIERRE
Grande libellule	AESCHNE
Grande manifestation musicale	FESTIVAL
Grande nappe naturelle d'eau douce	LAC
Grande paresse	FLEMME

Grande péniche plate	BARGE
Grande période de l'histoire	ÂGE
Grande peur	EFFROI
Grande pièce d'étoffe	CHÂLE • VELUM
Grande place avec boutiques	AGORA
Grande quantité	FLOPÉE • MILLIER • TAPÉE • TAS
Grande quantité d'armes	ARSENAL
Grande quantité, immensité	OCÉAN
Grande renommée	GLOIRE
Grande rivière	FLEUVE
Grande salle	HALLE
Grande salle d'une université	AULA
Grande toile formant une tente amovible	VELARIUM
Grande tortue marine	LUTH
Grande vedette	STAR
Grande veste de laine des marins	CABAN
Grande vitesse	VÉLOCITÉ
Grande voile rectangulaire	HAÏK
Grande voiture tirée par des chevaux	COCHE
Grandement	BEAUCOUP
Grandeur	ÉTENDUE • MAJESTÉ • TAILLE
Grandeur d'âme	NOBLESSE
Grandeur géométrique	VECTEUR
Grandeur mesurable	DIMENSION
Grandiloquence	EMPHASE
Grandiloquent	RONFLANT
Grandiose	IMPOSANT • SOLENNEL
Grandir	CROÎTRE • HAUSSER POUSSER • PROFITER
Grandissant	CROISSANT
Grange où l'on emmagasine le foin	FENIL
Graphique rond divisé en secteurs	CAMEMBERT
Graphisme	ÉCRITURE
Grappiller	GLANER • GRATTER
Grappin	CRAMPON • CROC • HARPON
Gras	CORPULENT • DODU
Grassouillet	POTELÉ • REPLET
Gratification	POURBOIRE • RÉCOMPENSE
Gratification accordée par un employeur	BONUS

Gratification de fin d'année	ÉTRENNE
Gratifier	ALLOUER • DOTER • DOUER
	POURVOIR • RÉCOMPENSER
Gratifier d'un prix	PRIMER
Gratin	ÉLITE
Gratis	GRATUIT
Gratitude, reconnaissance	GRÉ
Gratte-pieds	GRATTOIR
Gratter	RACLER
Grattoir	FROTTOIR • RACLE
Gratuit	BÉNÉVOLE • DÉSINTÉRESSÉ
	GRACIEUX • GRATIS
Gratuite	GRACIEUSE
Gratuitement	GRATIS • RIEN
Grave	SÉRIEUX
Graver	ESTAMPER • NIELLER
Graveur	ARTISTE
Graveur de nielles	NIELLEUR
Graveur en nielle	NIELLEUR
Gravir	ESCALADER • GRIMPER
Gravité affectée	SOLENNITÉ
Gravois	GRAVATS
Gravure	EMPREINTE • ESTAMPE
Gray	GY
Gré	CONVENANCE
Gréement	AGRÈS
Gréer	ÉQUIPER
Greffe	ENTE
Greffer	ENTER
Greffer pour la seconde fois	REGREFFER
Greffer une seconde fois, après un échec	REGREFFER
Greffier	SCRIBE
Greffon	ENTE
Grêle comme un fil	FILIFORME
Grêler	GRÉSILLER
Grêlon	GRÊLE
Grelotter	GELER • TREMBLER
Grenat aluminoferreux	ALMANDIN
Grené	GRENU
Grener	GRAINER

Grenier	GALETAS
Grenier où l'on met les foins	FENIL
Grésil	GRÊLE
Grésiller	GRÊLER • CRÉPITER
Grève	PLAGE • RIVAGE
Grève de courte durée	DÉBRAYAGE
Gribouillage	BARBOUILLAGE
Gribouiller	ÉCRIRE
Gribouillis	BARBOUILLAGE
Griffe	MARQUE • PARAFE
	PARAPHE
Griffe des carnassiers	ONGLE
Griffon à poil long et frisé	BARBET
Griffonnage	BARBOUILLAGE
Griffonner	ÉCRIRE • RÉDIGER
Griffure	RAYURE
Grignoter	EMPIÉTER • GRUGER • RONGER
Grigou	LADRE
Grill	GRILLADE
Grillé	CUIT
Griller	BRÛLER • CALCINER • RÔTIR
Grillon domestique	CRICRI
Grimace	MOUE • SIMAGRÉE • SINGERIE
Grimace faite par mécontentement	MOUE
Grimer	FARDER
Grimper	HISSER • MONTER
Grincer	CRISPER • CRISSER
Grincheux	GRINGE • GROGNON
	MARABOUT • RÂLEUR
Gringalet	MAUVIETTE
Gris	ÉMÉCHÉ • IVRE
Gris foncé	BIS
Grisant	CAPITEUX
Grisant, excitant	ENIVRANT
Grisante	CAPITEUSE
Griser	ENIVRER • SAOULER • SOÛLER
Grive à tête cendrée	LITORNE
Grivois	ÉPICÉ • LÉGER • LESTE
	OBSCÈNE • OSÉ • SALÉ
Grivois, leste	GAULOIS
Grivoise	POLISSONNE

Grogner	BOUGONNER • GRONDER MARONNER • MAUGRÉER PESTER • RÂLER • RONCHONNER ROUSPÉTER
Grogner de façon continuelle	GROGNASSER
Grogner, en parlant du chat	FEULER
Grogner, en parlant du sanglier	GROMMELER
Grognon	GROGNARD
Grognon, maussade	BOUDEUR
Grognonner	GROGNASSER
Grole	GROLLE
Grolle	GROLE
Grommeler	BOUGONNER
Gronder	ADMONESTER • DISPUTER HOUSPILLER • QUERELLER • TONNER
Gros	OBÈSE • PANSU • VENTRU
Gros bâton	TRIQUE
Gros chien de garde	MÂTIN • MOLOSSE
Gros coussin	POUF
Gros crapaud	PIPA
Gros doigt rond	BOUDIN
Gros et long bâton	ÉPIEU
Gros fromage	GÉROMÉ
Gros fruit oblong	ANANAS
Gros fruit tropical	COROSSOL
Gros harpon	FOÈNE
Gros homme petit et ventru	POUSSAH
Gros maillet	MAILLOCHE • MASSE
Gros mangeur	GARGANTUA
Gros mil	SORGHO
Gros nuage	NUÉE
Gros oiseau d'Amérique du Sud	NANDOU
Gros pain rond	MICHE
Gros paquet de marchandises	BALLE
Gros pieu employé à faire un pilotis	PILOT
Gros pigeon à huppe érectile	GOURA
Gros pigeon sauvage	RAMIER
Gros pivot	TOURILLON
Gros plan bref	INSERT
Gros poisson carnassier	MÉROU
Gros poisson d'eau douce	CARPE

Gros poisson des mers froides	MORUE
Gros poisson marin très primitif	TARPON
Gros rongeur de l'Amérique du Sud	AGOUTI
Gros saucisson	SALAMI
Gros serpent	BOA
Gros soulier	GODILLOT
Gros tas de foin	MEULE
Gros véhicule automobile	CAMION
Gros ventre	BEDAINE
Gros, de taille importante	MAOUS
Groseille rouge	RAISINET
Grosse	GRASSE
Grosse araignée redoutée pour ses piqûres	TARENTULE
Grosse bévue	ÉNORMITÉ
Grosse bille	CALOT
Grosse bouchée	GOULÉE
Grosse bouteille de champagne	MAGNUM
Grosse chaussure de marche	GODILLOT
Grosse courge	POTIRON
Grosse crevette	GAMBA • SCAMPI
Grosse crevette rose	PALÉMON
Grosse erreur	BOURDE
Grosse gorgée	GOULÉE
Grosse grive, appelée aussi litorne	JOCASSE
Grosse guêpe rousse et jaune	FRELON
Grosse hache de bûcheron	COGNÉE
Grosse main	PATOCHE
Grosse mouche	OESTRE • TAON
Grosse mouche ressemblant à une guêpe	ÉRISTALE
Grosse moulure pleine de profil arrondi	TORE
Grosse noisette	AVELINE
Grosse pièce de bois	POUTRE
Grosse pièce de bois utilisée comme soutènement	ÉTANÇON
Grosse pierre pour grimper sur un cheval	MONTOIR
Grosse pilule	BOL
Grosse pipe	BOUFFARDE

Grosse pipe à tuyau court	BOUFFARDE
Grosse pluie soudaine	ONDÉE
Grosse pomme à chair parfumée	GOLDEN
Grosse prune oblongue	QUETSCHE
Grosse tache d'encre	PÂTÉ
Grosse toile	CANEVAS
Grosse verrue chez les bovins	FIC
Grosseur au cou	GOITRE
Grossier	BRUT • ÉPAIS • FRUSTE
	IMPOLI • OBSCÈNE • ORDURIER
	PRIMITIF • RUDE • RUSTAUD
Grossière	PRIMITIVE
Grossière étoffe de laine brune	BURE
Grossièrement	LOURDEMENT
Grossièreté	MUFLERIE
Grossir	AMPLIFIER • AUGMENTER • ENFLER
	ÉPAISSIR • EXAGÉRER • FORCIR
Grossir de nouveau	REGROSSIR
Grossissement	ACCROISSEMENT
Grossiste qui vendait des oeufs	COQUETIER
Grotte	ANTRE • CAVERNE
Groupe	BANDE • CAMP • CATÉGORIE
	CLASSE • COHORTE
	COMPAGNIE • POOL
	SECTION • TRIBU • TROUPE
Groupe comprenant huit éléments binaires	OCTET
Groupe d'abeilles	ESSAIM
Groupe d'alpinistes réunis par une corde	CORDÉE
Groupe d'arbres ou d'arbustes	BOSQUET
Groupe d'arbres plantés pour l'agrément	BOSQUET
Groupe d'entreprises	TRUST
Groupe d'êtres vivant isolés	ISOLAT
Groupe d'habitations ouvrières	CORON
Groupe d'îles	ARCHIPEL
Groupe de buissons touffus	HALLIER
Groupe de cent unités	CENTAINE
Groupe de chanteurs scandinaves	ABBA
Groupe de discussion	PANEL

Groupe de joueurs associés en nombre déterminé	ÉQUIPE
Groupe de langues indo-européennes	SLAVE
Groupe de lettres liées ensemble	LOGOTYPE
Groupe de notes émises d'un seul souffle	NEUME
Groupe de personnes	CORPS
Groupe de personnes qu'on méprise	ENGEANCE
Groupe de personnes qui partagent une activité	ÉQUIPE
Groupe de personnes réunies devant un auditoire	PANEL
Groupe de petites cloches	CARILLON
Groupe de quatre personnes	QUATUOR
Groupe de quelques hommes	ESCOUADE
Groupe de sporanges chez les fougères	SORE
Groupe de trois	TRIO
Groupe de trois dieux	TRINITÉ
Groupe de trois éléments	TRIADE
Groupe de trois personnes	TRIADE
Groupe de trois principes	TRINITÉ
Groupe de trois vers	TERCET
Groupe ethnique islamisé	AFAR
Groupe ethnique isolé	ISOLAT
Groupe humain	NOYAU
Groupe manipulé par d'autres personnes	FANTOCHE
Groupe nombreux	BATAILLON
Groupe nombreux qui se déplace	ESSAIM
Groupe organisé	SECTE
Groupe social exclusif	CASTE
Groupe subversif	FACTION
Groupement	PEUPLADE • RÉUNION • SYNDICAT
Groupement à but non lucratif	MUTUELLE
Groupement d'humains	ETHNIE
Groupement de personnes	POOL
Groupement de quelques maisons rurales	HAMEAU
Grouper	ASSEMBLER • CONCENTRER RANGER • RAPPROCHER
Gruau	GRUON

Grue très puissante	BIGUE
Gruger	RONGER
Guais	GUAI
Guenille	HAILLON
Guêpe solitaire	EUMÈNE
Guère	PEU
Guéri	SAUVÉ
Guérilla	TROUPE
Guérir	SAUVER
Guérissable	CURABLE
Guerre	BATAILLE
Guerre de harcèlement, menée par des partisans	GUÉRILLA
Guerrier	SOLDAT
Guerrier armé d'une fronde	FRONDEUR
Guerrier brutal	REÎTRE
Guerrier japonais	SAMOURAÏ
Guerrier philistin vaincu par David	GOLIATH
Guet-apens	ATTRAPE
Guette	GUÈTE
Guetter avec convoitise	GUIGNER
Guetteur	VEILLEUR
Guetteur chargé de surveiller le large	VIGIE
Gueulard	CRIARD
Gueule	BOUCHE
Gueuler	CRIER • HURLER TEMPÊTER • VOCIFÉRER
Gueuleton	FESTIN • REPAS • RIPAILLE
Gueuletonner	FESTOYER
Gugusse	GUS
Guide	BERGER • CICÉRONE • PILOTE • RÊNE
Guide de montagne dans l'Himalaya	SHERPA
Guide expérimenté	MENTOR
Guider	MENER • ORIENTER • PILOTER
Guigne	DÉVEINE • GUIGNON • POISSE
Guignol	PANTIN • PITRE
Guilleret	FRINGANT
Guillotiner	DÉCAPITER
Guimbarde	TACOT
Guindé	EMPESÉ • ENGONCÉ
Guinguette	AUBERGE • BAL

Guirlande de fleurs	FESTON
Guise	GRÉ
Gus	GUSSE
Gymnastique	GYM
Gymnastique chinoise	TAI-CHI
Gypse	PLÂTRE

H

Habile	ADROIT • AVISÉ
Habile, malin	FORTICHE
Habile, rusé	ROUBLARD
Habileté	ADRESSE • APTITUDE • ART
Habileté à la vie sociale	ENTREGENT
Habileté dans la manière d'agir	DEXTÉRITÉ
Habillé	MIS
Habillement	COSTUME • TOILETTE • VÊTEMENT
Habiller	COSTUMER • NIPPER REVÊTIR • VÊTIR
Habiller avec mauvais goût	ATTIFER
Habiller d'une manière ridicule	ACCOUTRER
Habit de moine	FROC
Habit masculin de cérémonie	FRAC
Habitacle d'un avion où se trouve le poste de pilotage	CARLINGUE
Habitant	OCCUPANT
Habitant d'une ville	CITOYEN
Habitant d'une zone frontière	ZONIER
Habitant de l'Inde	HINDOU
Habitant de la région de Gap	GAVOT
Habitant de la zone autour de Paris	ZONIER
Habitante d'une oasis	OASIENNE
Habitants	GENS
Habitation	APPARTEMENT • LOGIS • MAISON NID • SÉJOUR • TOIT
Habitation comportant trois appartements	TRIPLEX
Habitation d'ermite	ERMITAGE
Habitation d'un ascenseur	CABINE
Habitation des pays russes	ISBA
Habitation en bois de sapin	ISBA
Habitation en forme de dôme	IGLOO • IGLOU
Habitation misérable	GOURBI
Habitation rudimentaire	ABRI
Habitation rurale	MANSE
Habitation traditionnelle de certains Indiens	TIPI

Habitation traditionnelle de Tahiti	FARÉ
Habiter	DEMEURER • GÎTER
	LOGER • PEUPLER
	RÉSIDER • SÉJOURNER • VIVRE
Habiter à nouveau	RELOGER
Habitude	ACCOUTUMANCE • COUTUME
	MANIE • MAROTTE • RITE
	ROUTINE • TIC
Habitude de flâner	FLÂNERIE
Habitudes	MOEURS
Habitué	AGUERRI • EXERCÉ
Habituel	ACCOUTUMÉ • CLASSIQUE
	COURANT • COUTUMIER
	FAMILIER • NORMAL • ORDINAIRE
	RITUEL • ROUTINIER
Habituelle et précise	RITUELLE
Habituer	ACCLIMATER • ACCOUTUMER
Habituer aux dangers de la guerre	AGUERRIR
Hâblerie	BRAVADE
Hâbleur	CABOTIN
Hache	TOMAHAWK
Haché	SACCADÉ
Hache à fendre le bois	MERLIN
Hache de fer étroit, à long manche	COGNÉE
Hache de guerre	TOMAHAWK
Haché, saccadé	HEURTÉ
Hachereau	HACHETTE
Hachette	HACHE
Hafnium	HF
Hagard	EFFARÉ • ÉGARÉ • HALLUCINÉ
Haie	BARRIÈRE
Haillon	FRIPE • GUENILLE • LAMBEAU
Haillons	HARDES
Haine des étrangers	XÉNOPHOBIE
Haïr	ABHORRER • ABOMINER • DÉTESTER
Haire	CILICE
Haïssable	DÉTESTABLE
Halage	TIRAGE
Hâlé	BASANÉ • BRONZÉ • TANNÉ
Haler	TOUER
Hâler	BRUNIR

Haletant	PANTELANT
Haleter	ANHÉLER • PANTELER
Haleur	TREUIL
Halle	MARCHÉ
Hallucination	DÉLIRE • ILLUSION
Halluciné	VISIONNAIRE
Halluciner	DÉLIRER
Halo lumineux	NIMBE
Halte	ARRÊT • ESCALE • ÉTAPE
	PAUSE • STATION • STOP
Hameau	BOURG • ÎLET
Hameau, en Algérie	MECHTA
Hampe d'une bannière	TRABE
Handicap	INFIRMITÉ
Handicap ouvert	
aux chevaux de tous âges	OMNIUM
Handicapé	DÉFICIENT • ESTROPIÉ • INFIRME
Hangar	ENTREPÔT • GARAGE
Hanter	OBSÉDER • POURCHASSER
Hantise	OBSESSION
Happer	GRIPPER • SAISIR
Hara-kiri	SEPPUKU
Harassant	FATIGANT
Harasser	VANNER
Harceler	ASSAILLIR • ASTICOTER • TANNER
	TARABUSTER • TOURMENTER
Hardes	NIPPES
Hardi	INTRÉPIDE • OSÉ • TÉMÉRAIRE
Hardiesse	ASSURANCE • AUDACE • TÉMÉRITÉ
Harem	SÉRAIL
Hareng fumé	SAUR
Hareng nouvellement sauré	SAURIN
Hareng ouvert, fumé et salé	KIPPER
Hargne	ACRIMONIE
Hargneuse	RAGEUSE
Haricot nain très estimé	FLAGEOLET
Haricot sec	FAYOT
Harle du Grand Nord	BIÈVRE
Harmonie	ACCORD • BEAUTÉ • CADENCE
	SYMÉTRIE • UNION • UNISSON
Harmonie de sons	EUPHONIE

Harmonieux	MUSICAL
Harmonisation	ADAPTATION • COORDINATION
Harmonisé	ASSORTI
Harmoniser	ASSORTIR
Harpon à plusieurs branches	FOÈNE
Hasard	ALÉA • CHANCE
Hasardeux	DANGEREUX
Hasch	HASCHISCH
Haschisch	HASCH
Hassium	HS
Hâter	ACCÉLÉRER • ACTIVER • BOUSCULER
Hâtier	CHENET
Hâtif	PRÉCOCE
Haussé	LEVÉ
Hausse d'un demi-ton en musique	DIÈSE
Hausse soudaine	BOOM
Hausser	LEVER • MAJORER RELEVER • REMONTER
Haut	GRAND
Haut bonnet de femme	HENNIN
Haut de robe d'un seul tenant	CORSAGE
Haut fonctionnaire	MANDARIN
Haut plateau des Andes	PUNA
Haut prix des choses qui sont à vendre	CHERTÉ
Haut-le-coeur	NAUSÉE
Hautain	ALTIER • ARROGANT DÉDAIGNEUX • FIER
Hautaine	FIÈRE
Hautboïste	HAUTBOIS
Haute	GRANDE
Haute coiffure de cérémonie	MITRE
Haute récompense cinématographique	OSCAR
Haute tour	PHARE
Hauteur	COLLINE • MONT
Hâve	BLAFARD
Haveneau	HAVENET
Havenet	HAVENEAU
Havre	ASILE
Héberger	ABRITER • ACCUEILLIR
Hébété	ABRUTI
Hébétement	HÉBÉTUDE

Hébéter	ABASOURDIR • ABRUTIR • AHURIR
Hébétude	STUPEUR
Hébraïque	HÉBREU
Hébreu	JUIF
Hécatombe	TUERIE
Hectare	HA
Hectisie	ÉTISIE
Héler	APPELER
Hélianthe	TOURNESOL
Hélice	SPIRALE
Hélium	HE
Hellénique	GREC
Hémorragie	SAIGNÉE
Héraut	MESSAGER
Herbe	GAZON • PELOUSE
Herbe à gazon	GRAMEN
Herbe annuelle ou vivace	LOTIER
Herbe appelée aussi spart	ALFA
Herbe aquatique des régions tempérées	PESSE
Herbe aquatique vivace	ISOÈTE
Herbe bisannuelle appelée aussi herbe jaune	GAUDE
Herbe de Saint-Jacques	JACOBÉE
Herbe des bois d'Europe occidentale	SILÈNE
Herbe des prairies	FOIN
Herbe dont on tire une huile laxative	RICIN
Herbe fourragère	MÉLILOT
Herbe fourragère odorante	FLOUVE
Herbe potagère	CERFEUIL
Herbe très commune	BROME
Herbe très commune dans les prés	BROME
Herbe vivace et bulbeuse	NARCISSE
Herbeux	HERBU
Herbue	ERBUE
Hercule	COLOSSE
Hérisser	AGACER • HORRIPILER
Héritage	HOIRIE • LEGS PATRIMOINE • SUCCESSION
Héritier	HOIR
Héroïne compagne de Tristan	ISEUT

Héroïne légendaire grecque, épouse d'Héraclès	IOLE
Héros	BRAVE
Héros de bande dessinée	ASTÉRIX
Héros de BD, créé par Hergé	TINTIN
Herser	ÉMOTTER
Hertz	HZ
Hésitant	INDÉCIS • PERPLEXE RÉTICENT • TIMIDE
Hésitation	BALANCEMENT • DOUTE RÉTICENCE • SCRUPULE
Hésiter	BALANCER • OSCILLER
Hétéroclite	DISPARATE
Hêtre	FAYARD
Heure du milieu du jour	MIDI
Heureux	CONTENT • JOYEUX • PROSPÈRE
Heureux en Dieu	BÉAT
Heurt	CAHOT • CHOC • COGNEMENT COUP • IMPACT
Heurter	ACCROCHER • COGNER TÉLESCOPER
Heurter violemment	EMBOUTIR
Heurtoir	BUTOIR
Hibernal	HIÉMAL
Hic	OS
Hideur	LAIDEUR
Hideuse	AFFREUSE
Hier	VEILLE
Hilarité	GAIETÉ • GAÎTÉ
Hindou	INDIEN • INDOU
Hirondelle	ARONDE
Hirsute	POILU
Hissé	LEVÉ
Hisser	ÉLEVER • LEVER
Histoire	ANNALES • LÉGENDE NARRATION • RÉCIT
Histoire inventée	GALÉJADE
Historien	ANNALISTE • NARRATEUR
Historien d'art français mort en 1954	MALE
Historien et philosophe grec	ARRIEN
Historien français né en 1625	ANSELME

Hiver	SAISON
Hocher	BRANLER
Hockey sur glace adapté à la pratique féminine	RINGUETTE
Holmium	HO
Homélie	PRÉDICATION • PRÔNE • SERMON
Homicide	MEURTRE • MEURTRIER
Hommage	BAISEMAIN • CULTE • RESPECT
Homme	GARS • MÂLE • MORTEL • PERSONNE
Homme âgé	VIEILLARD
Homme âgé et borné	BADERNE
Homme athlétique, musclé	TARZAN
Homme avare	GRIGOU
Homme avide d'argent	VAMPIRE
Homme condamné aux galères	FORÇAT
Homme cruel	CANNIBALE
Homme d'armes	THANE
Homme d'État anglais mort en 1643	PYM
Homme d'État britannique	ACTON
Homme d'État cubain	CASTRO
Homme d'une avarice sordide	GRIGOU
Homme d'une grande avarice	HARPAGON
Homme de barre	TIMONIER
Homme de couleur	MULÂTRE
Homme de guerre brutal	SOUDARD
Homme de loi	LÉGISTE • ROBIN
Homme de main	NERVI • SBIRE
Homme de petite taille	GRINGALET
Homme de race noire	NÈGRE
Homme de rien	BÉLÎTRE
Homme de veille placé en observation	VIGIE
Homme débauché, grossier	PORC
Homme du bas peuple de Naples	LAZZARONE
Homme employé à jauger	JAUGEUR
Homme insociable	OURS
Homme malin	LASCAR
Homme malveillant	ROSSARD
Homme méprisable	SALAUD
Homme misérable	HÈRE
Homme opulent	FINANCIER
Homme politique algérien né en 1899	ABBAS

Homme politique allemand	BEBEL • EBERT • HESS
	HITLER • KOHL
Homme politique allemand mort en 1969	PAPEN
Homme politique américain	HULL
Homme politique américain mort en 1930	TAFT
Homme politique américain mort en 1972	TRUMAN
Homme politique américain né en 1913	FORD
Homme politique américain né en 1924	BUSH • CARTER
Homme politique anglais né en 1788	PEEL
Homme politique angolais né en 1922	NETO
Homme politique argentin	MENEM
Homme politique argentin mort en 1974	PERON
Homme politique autrichien	ADLER • RAAB
Homme politique brésilien mort en 1954	VARGAS
Homme politique canadien mort en 1873	CARTIER
Homme politique chilien	BELLO • FREI
Homme politique coréen	RHEE
Homme politique égyptien mort en 1970	NASSER
Homme politique égyptien mort en 1981	SADATE
Homme politique français	RIBOT • SÉE
Homme politique français mort en 1950	BLUM
Homme politique français né en 1833	BERT
Homme politique français né en 1912	DEBRÉ
Homme politique indien	NEHRU
Homme politique israélien	BEGIN
Homme politique italien mort en 1978	MORO
Homme politique italien mort en 1980	NENNI
Homme politique italien né en 1903	CIANO
Homme politique néerlandais mort en 1988	DREES

Homme politique nicaraguayen	ORTEGA
Homme politique nigérien né en 1916	DIORI
Homme politique philippin mort en 1989	MARCOS
Homme politique roumain né en 1930	ILIESCU
Homme politique russe né en 1870	LÉNINE
Homme politique salvadorien né en 1925	DUARTE
Homme politique soviétique	BERIA
Homme politique soviétique d'origine hongroise	VARGA
Homme politique suisse	ADOR
Homme politique suisse mort en 1940	MOTTA
Homme politique tchécoslovaque	BENES
Homme politique turc	EVREN • INONU
Homme politique turc mort en 1993	OZAL
Homme puissant et despotique	SATRAPE
Homme qui est chargé de ramer	RAMEUR
Homme qui fait preuve de machisme	MACHO
Homme qui pratique le yachting	YACHTSMAN
Homme qui se croit ou se sait beau	BELLÂTRE
Homme qui vit de revenus non professionnels	RENTIER
Homme rétrograde	BADERNE
Homme riche et élégant	MILORD
Homme sans courage	PLEUTRE
Homme simple et borné	NICODÈME
Homme trapu, épais	MASTOC
Homme très avare	HARPAGON
Homme très fort	HERCULE • MALABAR
Homme très riche	CRÉSUS
Homme uni à plusieurs femmes	POLYGAME
Homme vierge	PUCEAU
Homme, individu	GONZE
Homme-grenouille	PLONGEUR
Homogène	COHÉRENT • UNI
Homogénéiser	UNIFIER
Homologuer	VALIDER
Homosexualité masculine	URANISME
Homosexuel	GAY • LOPE • LOPETTE • PÉDÉ
Homosexuel efféminé	TANTE • TAPETTE

Homosexuelle	LESBIENNE
Honnête	FRANC • INTÈGRE • LOYAL
	MORAL • PROBE
Honnêteté	LOYAUTÉ • PROBITÉ
Honnêteté totale	INTÉGRITÉ
Honneur	RÉPUTATION
Honnir	VILIPENDER
Honorable	DIGNE
Honorer	COURONNER • LOUER • VÉNÉRER
Honorer d'hommages excessifs	ENCENSER
Honorer d'une médaille	MÉDAILLER
Honorer quelqu'un	GLORIFIER
Honte	INFAMIE • OPPROBRE
Honteux	INFAMANT • PÉTEUX • VILAIN
Hôpital	HOSTO • OSTO
Hôpital où l'on soignait les lépreux	LADRERIE
Hormis	EXCEPTÉ • HORS • SAUF
Hormone ayant la structure d'un stérol	STÉROÏDE
Hormone dérivée des stérols	STÉROÏDE
Hormone produite par la muqueuse du duodénum	SÉCRÉTINE
Hormone qui active l'utilisation du glucose dans l'organisme	INSULINE
Horreur	ABOMINATION • LAIDEUR
Horrible	ABOMINABLE • AFFREUX
Horripilant	ÉNERVANT
Horripiler	HÉRISSER
Hors	DEHORS • EXCEPTÉ • HORMIS
Hors champ	OFF
Hors d'haleine	HALETANT
Hors des limites du court	OUT
Hors du commun	ORIGINAL
Hors du lieu	DEHORS
Hors, excepté	FORS
Hors-d'oeuvre à la russe	ZAKOUSKI
Hospice	HÔPITAL
Hostile	INAMICAL
Hostile aux étrangers	XÉNOPHOBE
Hostilité	ANTIPATHIE • AVERSION
Hostilité à ce qui est étranger	XÉNOPHOBIE

Hosto	OSTO
Hôte	CONVIVE • INVITÉ
	LOGEUSE • VISITEUR
Hôtel	AUBERGE • MOTEL
Hôtel luxueux	PALACE
Hôtelier	LOGEUR
Hôtelière	LOGEUSE
Hotte servant à la vendange	BRANTE
Houe à lame en biseau	HOYAU
Houe employée en viticulture	FOSSOIR
Houle	VAGUE
Houlette	BÂTON
Houleux	AGITÉ
Hourra	VIVAT
Houspiller	QUERELLER • TIRAILLER
Huard	HUART • PLONGEON
Huart	HUARD
Huche	PÉTRIN
Huche à pain	MAIE
Huée	TOLLÉ
Huer	CONSPUER • SIFFLER
Huile bénite mêlée de baume	CHRÊME
Huile consacrée	CHRÊME
Huile minérale naturelle	PÉTROLE
Huile parfumée	
tirée de la noix de coco	MONOÏ
Huiler	GRAISSER • LUBRIFIER
Huileuse	GRASSE
Huileux	GRAS • OLÉIFORME
Huis	PORTE
Huitante	OCTANTE
Huitième jour après certaines fêtes	OCTAVE
Huître à chair brune	BELON
Huître plate et arrondie	BELON
Hululer	ULULER
Humain	CLÉMENT • HOMME • SENSIBLE
Humaniste flamand né en 1547	LIPSE
Humaniste hollandais né en 1469	ÉRASME
Humanoïde légendaire de l'Himalaya	YÉTI
Humble	EFFACÉ • MODESTE • OBSCUR
Humecter doucement	BASSINER

Humer	SENTIR
Humide	MOUILLÉ
Humidité qui sort des bois d'un vaisseau neuf	SUAGE
Humiliation	AFFRONT • AVANIE • HONTE
Humilié	PENAUD
Humilier	ACCABLER • ULCÉRER • VEXER
Humoriste	IRONISTE
Humus	TERREAU
Hune placée au sommet des mâts à antenne	GABIE
Huppe	HOUPPE
Hurlement	BRUIT • CLAMEUR
Hurlement prolongé	BRAMEMENT
Hurler	ABOYER • BEUGLER • CRIER GUEULER • RUGIR
Hurluberlu	ÉCERVELÉ
Hutte	CABANE
Hutte des Indiens d'Amérique du Nord	WIGWAM
Hybride	BÂTARD • MÉTIS
Hybride d'une lionne et d'un tigre	TIGRON
Hydrocarbure	BENZÈNE
Hydrocarbure gazeux incolore	ÉTHYLÈNE
Hydrocarbure polycyclique	PYRÈNE
Hydrocarbure possédant deux liaisons éthyléniques	ALLÈNE
Hydrocarbure saturé	CÉTANE
Hydrogène arsénié	ARSINE
Hydroxyde de fer rouge orangé	ROUILLE
Hydroxyde de sodium	SOUDE
Hygiène	PROPRETÉ
Hygiénique	SALUBRE
Hyménée	HYMEN
Hymne catholique	HOSANNA
Hymne guerrier en l'honneur d'Apollon	PAEAN
Hymne religieux	GLORIA
Hypersécrétion de sébum	SÉBORRHÉE
Hypnotique	SOMNIFÈRE
Hypnotiser	AVEUGLER • FASCINER

Hypocrite	CAGOT • FÉLON • FOURBE INSINCÈRE • JUDAS • PHARISIEN SOURNOIS • TARTUFE
Hypothèse	CAS • CONJECTURE • PRONOSTIC
Hypothétique	SUPPOSÉ
Hystérie	NÉVROSE

I

Ibéride	IBÉRIS
Ibérien	IBÉRIQUE
Ibéris	IBÉRIDE
Ici	CI
Ici dedans	CÉANS
Ici, en ces lieux	CÉANS
Ictère	JAUNISSE
Id est	IE
Idéal	AMBITION • IDÉEL • OPTIMAL
	PARFAIT • RÊVÉ
Idéale	IDÉELLE
Idée	APERÇU • THÈME
Idée fixe	HANTISE • MAROTTE • OBSESSION
Idéel	IDÉAL
Idem	DITO • ID
Identifier	RECONNAÎTRE
Identique	CONFORME • ÉGAL
	INCHANGÉ • PAREIL
Idéologue	UTOPISTE
Idi ... Dada	AMIN
Idiot	CRÉTIN • IMBÉCILE • NUL
	SOT • STUPIDE • TARÉ
Idiote	CONASSE • CONNASSE
Idiotie	BÊTISE • DÉBILITÉ
Idiotisme	LOCUTION
Idolâtre	PAÏEN
Idolâtrer	ADORER
Igloo	IGLOU
Iglou	IGLOO
Ignare	INCULTE
Ignoble	ABJECT • INFÂME • ODIEUX
	RÉPUGNANT • VIL
Ignominie	BASSESSE • OPPROBRE • TURPITUDE
Ignorance grossière	ÂNERIE
Ignorance, incertitude	TÉNÈBRES
Ignorant	ÂNE • IGNARE • ILLETTRÉ • PROFANE
Ignoré	EFFACÉ • INCONNU
Île de l'Atlantique	RÉ

Il a écrit un boléro célèbre	RAVEL
Il y a belle ...	LURETTE
Il y a peu de temps	NAGUÈRE
Île	ATOLL
Île croate de l'Adriatique	RAB
Île d'Indonésie	BALI
Île de l'Inde	DIU
Île de l'Indonésie	TIMOR
Île de la Charente-Maritime	OLÉRON
Île de la Grèce	ÉGINE
Île de la Guinée équatoriale	BIOCO
Île de la mer Égée	EUBÉE • IOS
Île des mers tropicales	ATOLL
Île des Philippines	CEBU • SAMAR
Île des Samoa occidentales	UPOLU
Île du Danemark	FYN
Île du Danube	CSEPEL • SCEPEL
Île du golfe de Naples	CAPRI
Île du Pacifique	NIUE
Île française de la Méditerranée	CORSE
Île grecque	RHODES
Île grecque de la mer Égée	CHIO • ICARIE • MILO • SAMOS
Île grecque des Cyclades	TÊNOS
Île la plus peuplée de l'archipel des Hawaii	OAHU
Île néerlandaise	ARUBA
Île néerlandaise de la mer du Nord	TEXEL
Îlien	INSULAIRE
Illégal	ILLICITE • INJUSTE • PROHIBÉ
Illégitime	BÂTARD
Illicite	ILLÉGAL • PROHIBÉ
Illico	AUSSITÔT
Illuminé	ÉCLAIRÉ • FANATIQUE • INSPIRÉ
Illuminer	ÉCLAIRCIR • ÉCLAIRER • ENSOLEILLER
Illusion	CHIMÈRE • MIRAGE • RÊVE SONGE • UTOPIE
Illusionniste	MAGICIEN • MAGICIENNE
Illustration	IMAGE • PHOTO
Illustre	CÉLÈBRE • GLORIEUX
Illustre, célèbre	CONNU
Îlot de la Méditerranée	IF

Image	ALLÉGORIE • EFFIGIE • EXEMPLE ILLUSTRATION • SYMBOLE
Image découpée	DÉCOUPAGE
Image des saints	ICÔNE
Image en couleur de mauvais goût	CHROMO
Image lithographique en couleur	CHROMO
Image réfléchie	REFLET
Imaginaire	FICTIF • IRRÉEL
Imaginatif	RÊVEUR
Imagination	FICTION • SONGE
Imaginative	RÊVEUSE
Imaginer	CONCEVOIR • CRÉER • CROIRE DEVINER • INVENTER SONGER • SUPPOSER
Imbécile	BÊTE • CON • CONARD CONNARD • COUILLON • CRÉTIN IDIOT • SOT • STUPIDE • TARÉ
Imbécile, maladroit	ENFOIRÉ
Imbécillité	STUPIDITÉ
Imbibé	TREMPÉ
Imbibé d'un liquide	DÉTREMPÉ
Imbiber	ABSORBER • MOUILLER • TREMPER
Imbiber de vin	AVINER
Imbiber un corps d'un liquide	IMPRÉGNER
Imbroglio	CONFUSION
Imbu	INFATUÉ
Imitant un bruit sec	CRAC
Imitateur	PLAGIAIRE • SUIVEUR
Imitation	COPIE • PASTICHE • PLAGIAT
Imitation comique	PARODIE
Imitation d'un métal précieux	TOC
Imitation d'une matière	SIMILI
Imitation maladroite	SINGERIE
Imitation servile	CALQUE
Imité	FACTICE • REPRODUIT
Imitée	REPRODUITE
Imiter	CONTREFAIRE • MIMER PARODIER • REPRODUIRE • SINGER
Imiter frauduleusement	PIRATER
Imiter le cri de la chouette	FROUER
Immaculé	BLANC

Immaculée	NETTE
Immatériel	ABSTRAIT • SPIRITUEL
Immatérielle	SPIRITUELLE
Immature	PUÉRIL
Immédiat	IMMINENT • PROMPT
Immédiatement	AUSSITÔT • DÈS • ILLICO
Immémorial	SÉCULAIRE
Immense	ÉNORME • VASTE
Immergé	INONDÉ
Immerger	INONDER • PLONGER
Immeuble	BÂTIMENT
Immeuble comportant deux appartements sur deux étages	DUPLEX
Immigré originaire de l'Amérique latine	LATINO
Imminent	IMMÉDIAT • INSTANT
Immobile	ÉTALE • INANIMÉ • INERTE
Immobiliser	ARRÊTER • CLOUER • COINCER FIGER • FIXER • MAÎTRISER
Immobiliser dans le sable	ENSABLER
Immodéré	ABUSIF
Immodestie	IMPUDEUR • INDÉCENCE
Immolation	SACRIFICE
Immoler	SACRIFIER
Immonde	SALE
Immoral	HONTEUX • MALSAIN • VICIEUX
Immorale	HONTEUSE • VICIEUSE
Immoralité	VICE
Immortaliser	ÉTERNISER • PERPÉTUER
Immortalité	ÉTERNITÉ
Immuniser	VACCINER
Impact	COLLISION • PERCUSSION
Impair	BÉVUE
Impalpable	ÉTHÉRÉ
Impartial	JUSTE • NEUTRE • OBJECTIF
Impartialité	ÉQUITÉ • JUSTICE • NEUTRALITÉ
Impartir	DÉPARTIR
Impasse	DILEMME
Impassibilité	FLEGME
Impassible	FERME • IMPAVIDE
Impatience	HÂTE
Impatient	NERVEUX

Impatiente	NERVEUSE
Impatienter	CRISPER • DAMNER
	ÉNERVER • IRRITER
Impayé	ARRIÉRÉ • DÛ
Impeccable	PARFAIT • SOIGNÉ
Impératif	CATÉGORIQUE • MUST • PRESSANT
Impératrice d'Autriche	SISSI
Impératrice d'Orient	IRÈNE
Impératrice de Russie	TSARINE
Imperfection	DÉFECTUOSITÉ • INFIRMITÉ
	TRAVERS
Impérissable	IMMORTEL • PERPÉTUEL
Imperméable	IMPER
Impertinence	DÉSINVOLTURE
Impertinent	DÉSINVOLTE • INSOLENT
Imperturbable	IMPASSIBLE
Impétueux	VÉHÉMENT
Impétuosité	FOUGUE • FURIA
Impie	MÉCRÉANT • PAÏEN
Impiété	SACRILÈGE
Impitoyable	INHUMAIN
Implacable	FÉROCE
Implanter	ANCRER • INTRODUIRE
Implicite	TACITE
Implicitement	TACITEMENT
Impliquer	COMPORTER • COMPROMETTRE
	INTÉRESSER • NÉCESSITER
Implorer	ADJURER • CONJURER
	DEMANDER • PRIER • SUPPLIER
Impoli	GROSSIER • INCIVIL • INSOLENT
Impoli, malappris	MALPOLI
Importa le tabac en France	NICOT
Importance	DIMENSION • GRANDEUR
Importance de quelque chose	AMPLEUR
Important	INFLUENT • NOTABLE
	SÉRIEUX • SIGNALÉ
Importante	SÉRIEUSE
Importun	INDISCRET • INTRUS • RASEUR
Importun, fâcheux	GÊNEUR
Importuner	ASSAILLIR • BASSINER
	TANNER • TOURMENTER

Importuner à force de répéter	SERINER
Imposant	MAGISTRAL
Imposant, distingué	NOBLE
Imposant, majestueux	POMPEUX
Imposer	GREVER
Imposition	TRIBUT
Impossibilité à s'endormir	INSOMNIE
Impossibilité de procréer	STÉRILITÉ
Impossible	INSOLUBLE
Impossible à vivre	INVIVABLE
Imposteur	MENTEUR • USURPATEUR
Impôt	DÎME • TAXE • TRIBUT
Impôt en nature perçu sur le produit de la récolte annuelle	ANNONE
Impôt indirect	EXCISE
Impotent	ESTROPIÉ • INVALIDE
Imprécation sacrilège	JUREMENT
Imprécis	ESTOMPÉ • ÉVASIF • FLOU • INDÉFINI
Imprécise	FLOUE
Imprégné d'humidité	MOITE
Imprégner	BAIGNER • PÉNÉTRER
Imprégner d'alun	ALUNER
Imprégner d'eau	MOITIR
Imprégner d'une substance colorante	TEINDRE
Imprégner de sel	SALER
Imprégner de substances ignifuges	IGNIFUGER
Imprésario	MANAGER
Impression	ÉDITION • EFFET • SENSATION
Impressionnant	IMPOSANT
Impressionner	ÉPATER • FRAPPER • INTIMIDER
Imprévoyant	IMPRUDENT
Imprévu	ACCIDENTEL • FORTUIT • INATTENDU INESPÉRÉ • INOPINÉ • SOUDAIN
Imprimer	GRAVER
Imprimer au moyen de fers chauds	GAUFRER
Imprimer en continu	LISTER
Imprimer un tatouage	TATOUER
Improductif	STÉRILE
Impromptu	INATTENDU
Impropriété	BARBARISME
Imprudence	TÉMÉRITÉ

Imprudent	TÉMÉRAIRE
Impudent	EFFRONTÉ • ÉHONTÉ
Impudicité	INDÉCENCE
Impudique	IMMODESTE
Impuissance	INCAPACITÉ
Impuissant	INCAPABLE
Impulsion	ÉLAN • ESSOR • POUSSÉE
Impulsion électrique de synchronisation	TOP
Impur	MALSAIN • VICIÉ
Impureté	BOURBE • LUXURE • SOUILLURE
Imputation	APPLICATION
Inachevé	IMPARFAIT
Inactif	OISIF • PASSIF • SOMNOLENT
Inaction	INERTIE • OISIVETÉ
Inactive	OISIVE • PASSIVE
Inactivité	APATHIE
Inadéquat	INADAPTÉ
Inamical	HOSTILE
Inanimé	INCONSCIENT • INERTE
Inapproprié	INADAPTÉ
Inaptitude	INCAPACITÉ
Inattendu	DÉCONCERTANT • IMPRÉVU INESPÉRÉ • INOPINÉ • SURPRENANT
Inattentif	ABSENT • DISTRAIT • NÉGLIGENT
Inattentif et turbulent	DISSIPÉ
Inauguration	OUVERTURE
Inaugurer	INSTAURER
Incalculable	ILLIMITÉ
Incapable	INAPTE • INEPTE • INFICHU INCOMPÉTENT • INFOUTU
Incapacité pathologique à agir	ABOULIE
Incarcérer	ÉCROUER
Incarner	FIGURER
Incartade	FREDAINE
Incasique	INCA
Incendie	FEU
Incendier	BRÛLER • EMBRASER
Incertain	AMBIGU • CHANGEANT INDÉCIS • PRÉCAIRE
Incertitude	DOUTE • EMBARRAS

Incessamment	BIENTÔT
Incessant	PERSISTANT
Incident	ANICROCHE • PÉRIPÉTIE
Inciser	ENTAMER
Inciser superficiellement la peau	SCARIFIER
Incisif	AIGU • COUPANT • MORDANT
Incisive	DENT
Inciter	DÉTERMINER • INDUIRE • INVITER
Inciter à l'action	MOTIVER
Inciter à la débauche	DÉBAUCHER
Inclinaison	TALUS
Inclinaison d'une ligne sur une autre	OBLIQUITÉ
Inclinaison, pente	DÉVERS
Inclination	APPÉTIT • PENCHANT • PROPENSION
	SYMPATHIE • TENDANCE
Incliner	BAISSER • COUCHER • INFLÉCHIR
	PLIER • PRÉDISPOSER • PRÉFÉRER
Incliner d'un côté	PENCHER
Inclure	COMPORTER • COMPRENDRE
	RENFERMER
Inclusion présente dans toutes les cellules des végétaux eucaryotes	PLASTE
Incohérent	DÉCOUSU
Incombustible	APYRE
Incommodé	INDISPOSÉ
Incommoder	GÊNER
Incommodité	GÊNE
Incompétence	NULLITÉ
Incompétent	INCAPABLE
Incomplet	IMPARFAIT • PARTIEL
Incomplète	PARTIELLE
Incompréhensible	ILLISIBLE • INCOHÉRENT
Inconnu	ÉTRANGER • IGNORÉ
Inconsistant	ONDOYANT
Inconstance	VERSATILITÉ
Inconstant	CHANGEANT • VERSATILE
Incontinence	ÉNURÉSIE
Inconvenance	BALOURDISE • INDÉCENCE
Inconvenant	INCORRECT • INDÉCENT
	INDIGNE • MALSÉANT
Incorporé	INC

Incorporer	AGRÉGER • ANNEXER ASSIMILER • INTÉGRER
Incorrect	ERRONÉ • FAUTIF • IMPERTINENT IMPOLI • IMPROPRE • INEXACT
Incorrection	BARBARISME
Incorrigible	INVÉTÉRÉ
Incorruptibilité	INTÉGRITÉ
Incorruptible	INTÈGRE • PROBE
Incrédule	MÉCRÉANT
Incriminer	ACCUSER • IMPUTER • INCULPER
Incroyable	ABRACADABRANT • INOUÏ
Incroyant	ATHÉE
Incrustation d'émail noir	NIELLE
Incuber	COUVER
Inculpé	PRÉVENU
Inculquer	ENSEIGNER
Inculte	ARIDE • IGNARE • ILLETTRÉ • PRIMITIF
Incursion	INTRUSION • RAID
Indécent	IMMODESTE
Indéchiffrable	ILLISIBLE
Indécis	HÉSITANT • PERPLEXE • TIMIDE
Indécision	HÉSITATION
Indéfini	ILLIMITÉ
Indéfinissable	INDICIBLE
Indemne	RESCAPÉ
Indemniser	REMBOURSER
Indemniser, rembourser	DÉFRAYER
Indemnité	PRESTATION
Indépendance	LIBERTÉ
Indépendant	LIBRE • SOUVERAIN
Indépendantisme	SÉPARATISME
Indépendantiste	SÉPARATISTE
Indésirable	INTRUS
Indéterminé	CONFUS • INDÉFINI
Index	CENSURE
Indicateur	ESPION
Indication	MENTION
Indication de la quantité	POSOLOGIE
Indication de mouvement lent	ADAGIO
Indication de tempo désignant un mouvement assez lent	ANDANTE

Indication pour désigner un morceau de musique	OPUS
Indice	COTE • INDICATION SIGNE • SYMPTÔME
Indiens de Bolivie et du Pérou	AYMARA
Indifférence	MÉPRIS • TIÉDEUR
Indifférent	TIÈDE
Indifférente	PASSIVE
Indigent	MENDIANT • PAUVRE
Indignation	SCANDALE
Indigne	BAS • VIL
Indigné	OUTRÉ
Indigner	RÉVOLTER
Indignité	HONTE
Indiqué ci-dessus	SUSVISÉ
Indique le point de départ	DEPUIS
Indique une soustraction	MOINS
Indiquer	ANNONCER • DÉFINIR • DONNER INSCRIRE • MARQUER • SPÉCIFIER
Indiscret	BAVARD • CURIEUX • FURETEUR
Indiscrète	CURIEUSE
Indiscutable	CATÉGORIQUE
Indiscuté	RECONNU
Indispensable	ESSENTIEL • NÉCESSAIRE UTILE • VITAL
Indispensable à l'approvisionnement de l'armée	MUNITION
Indisposé	MALADE • SOUFFRANT
Indisposer	GÊNER • HÉRISSER
Indisposition	MALAISE
Indium	IN
Individu	COCO • ÊTRE • GONZE • HOMME PERSONNE • UNTEL • ZIG • ZIGUE
Individu à l'esprit borné	ÂNE
Individu atteint d'albinisme	ALBINOS
Individu chargé de basses besognes	SBIRE
Individu désagréable	MOINEAU
Individu grossier et brutal	SOUDARD
Individu hargneux mais peu redoutable	ROQUET
Individu hors caste	PARIA
Individu mâle ayant subi la castration	CASTRAT

Individu malhonnête	FAISAN • GREDIN
Individu peu intelligent	MINUS
Individu quelconque	CITOYEN • GUSSE • PANTE
	TYPE • ZOZO
Individu sans consistance	FANTOCHE
Individu sans énergie	EMPLÂTRE
Individu sans scrupules	FORBAN
Individu servile	LARBIN
Individu, espèce	BOUGRE
Indocile	RÉCALCITRANT
Indolence	APATHIE • MOLLESSE • PARESSE
Indolent	FAINÉANT
Indolente	MOLLE
Indomptable	IRRÉDUCTIBLE
Indompté	FAROUCHE
Indu	IMMÉRITÉ
Indubitable	ASSURÉ • RÉEL
Induire	INFÉRER
Indulgence	CHARITÉ • TOLÉRANCE
Indulgent	CLÉMENT • TOLÉRANT
Industrie	USINE
Industrie de l'acier	SIDÉRURGIE
Industrie des vitres	VITRERIE
Industrie du gantier	GANTERIE
Industrie du prêt-à-porter	CONFECTION
Industrie du sellier	SELLERIE
Industrie du tannage	TANNERIE
Industriel	FABRICANT • USINIER
Industriel allemand	ABBE • LINDE
Industriel américain	EASTMAN
Industriel américain né en 1819	DRAKE
Industriel de la biscuiterie	BISCUITIER
Industriel du fumage des viandes et du poisson	FUMEUR
Industriel et chimiste suédois	NOBEL
Industrieux	INGÉNIEUX
Ineffaçable	INDÉLÉBILE • MÉMORABLE
Inefficace	INACTIF • INOPÉRANT • VAIN
Inefficacité	INUTILITÉ
Inégalité	RELIEF • VARIATION
Inégalité du feutre	GRIGNE

Inéluctable	FATAL
Inemployé	INUTILISÉ
Inepte	ABSURDE • INSANE
Ineptie	ABSURDITÉ • INSANITÉ
Inerte	INANIMÉ
Inertie	ATONIE
Inévitablement	SÛREMENT
Inexact	ERRONÉ • IMPROPRE
Inexpérimenté	IGNORANT • INEXERCÉ
Inexploré	INCONNU
Inexprimable	INDICIBLE
Inexprimé	TACITE
Infaillible	ASSURÉ
Infaisable	IMPOSSIBLE
Infâme	IGNOBLE • INFECT
Infamie	IGNOMINIE • TURPITUDE • VILENIE
Infantile	PUÉRIL
Infatué	IMBU
Infécond	STÉRILE
Infécondité	STÉRILITÉ
Infect	NAUSÉABOND • PUANT
Infecter	CONTAMINER • ENVENIMER
	POLLUER • SOUILLER
Infection	PUANTEUR
Infection aiguë du doigt	PANARIS
Infection de la peau	FURONCLE • IMPÉTIGO
Infection, puanteur	FÉTIDITÉ
Inférer	ARGUER
Inférieur	MOINDRE
Infériorité	HANDICAP
Infertile	INCULTE • STÉRILE
Infester	POLLUER
Infichu	INFOUTU
Infidèle	INCONSTANT • VOLAGE
Infidélité conjugale	ADULTÈRE
Infime	MINIME • MINUSCULE • PETIT
Infime quantité	PARTICULE
Infini	ÉTERNEL • ILLIMITÉ
Infinitif	ER • IR
Infirme	ÉCLOPÉ • IMPOTENT • MUTILÉ
Infirmité de celui qui boite	BOITERIE

Inflammable	IGNIFUGE
Inflammation	COLITE • IRRITATION
	OEDÈME • PARULIE
Inflammation aiguë d'un doigt	PANARIS
Inflammation aiguë de la muqueuse nasale	RHUME
Inflammation de l'aorte	AORTITE
Inflammation de l'iléon	ILÉITE
Inflammation de l'intestin grêle	ENTÉRITE
Inflammation de l'iris	IRITIS
Inflammation de l'isthme du pharynx	ANGINE
Inflammation de l'oreille	OTITE
Inflammation de l'urètre	URÉTRITE
Inflammation de l'utérus	MÉTRITE
Inflammation de l'uvée	UVÉITE
Inflammation de la glande mammaire	MASTITE
Inflammation de la langue	GLOSSITE
Inflammation de la muqueuse de l'intestin grêle	ENTÉRITE
Inflammation de la peau provoquée par les rayons solaires	ACTINITE
Inflammation de la rate	SPLÉNITE
Inflammation de la rétine	RÉTINITE
Inflammation des ganglions	ADÉNITE
Inflammation des gencives	GINGIVITE
Inflammation des muqueuses	MUGUET
Inflammation des os	OSTÉITE
Inflammation des sinus	SINUSITE
Inflammation du côlon	COLITE
Inflammation du corps vitré de l'oeil	HYALITE
Inflammation du foie	HÉPATITE
Inflexible	RIGIDE
Inflexion	ACCENT
Infliger	IMPOSER
Infliger une peine à	PÉNALISER • PUNIR
Inflorescence	ÉPI
Influençable	PERMÉABLE
Influence	CRÉDIT • EMPRISE
	PISTON • PRESTIGE
Influencer	INFLUER • ORIENTER
Influencer profondément	IMPRÉGNER

Influent	PUISSANT
Influer	AGIR
Information	INFO
Information diffusée	NOUVELLE
Information sensationnelle	SCOOP
Informer	AVISER • ÉCLAIRER
	NOTIFIER • RENSEIGNER
Informer à l'avance	PRÉVENIR
Infortune	ADVERSITÉ • MISÈRE
Infoutu	INFICHU
Infraction	CRIME • DÉLIT • FAUTE
Infrangible	INCASSABLE
Infrastructure	FONDATION
Infus	INNÉ
Infusé	MACÉRÉ
Infuser	MACÉRER
Infusion	TISANE
Ingénieur allemand né en 1832	OTTO
Ingénieur allemand né en 1912	BRAUN
Ingénieur et industriel français mort en 1944	RENAULT
Ingénieur et inventeur français	ADER
Ingénieur français	LÉAUTÉ
Ingénieur français né en 1822	LENOIR
Ingénieur norvégien mort en 1925	BULL
Ingénieux	ADROIT • GÉNIAL
Ingénu	CANDIDE • NAÏF
Ingénue	NAÏVE
Ingénuité	NAÏVETÉ
Ingérence	INTRUSION
Ingérer	AVALER
Ingrat	OUBLIEUX
Ingurgiter	BOIRE
Inhabile	GAUCHE • IGNORANT
	INAPTE • INEXERCÉ
Inhabité	DÉSERT • INOCCUPÉ • SAUVAGE
Inhabituel	ACCIDENTEL • ANORMAL
	INSOLITE • INUSITÉ
Inhibiteur de la monoamine	IMAO
Inhibition	TIMIDITÉ
Inhumain	BARBARE • CRUEL • FÉROCE

Inhumaine	CRUELLE
Inhumer	ENTERRER
Inimaginable	ABERRANT
Inimitié	ANIMOSITÉ • AVERSION
Ininflammable	APYRE
Inintelligent	DEMEURÉ
Ininterrompu	CONTINU
Iniquité	INJUSTICE
Initial	LIMINAIRE • ORIGINEL • PREMIER
Initiale	ORIGINELLE
Initiale servant d'abréviation	SIGLE
Initiales d'une province atlantique	IPE • NB • NE • TN
Initiales d'une province maritime	IPE • NB • NE
Initiateur	FONDATEUR • NOVATEUR
	PROMOTEUR
Initiation	ADMISSION
Injection d'un liquide dans le gros intestin	LAVEMENT
Injure	INSULTE
Injurier	INSULTER
Injurieux	OFFENSANT
Injuste	INDU • PARTIAL
Injustice	ABUS • PARTIALITÉ
Inlassable	PATIENT
Inné	INFUS • NATIF
Innée	INFUSE • NATIVE
Innocence	PURETÉ
Innocent	CANDIDE • PUR • SIMPLE
Innocente	NAÏVE
Innocenter	ABSOUDRE • BLANCHIR
	DISCULPER • PARDONNER
Innombrable	NOMBREUX
Innomé	INNOMMÉ
Innovant	CRÉATIF
Innovante	CRÉATIVE
Innovateur	NOVATEUR
Innovation	NOUVEAUTÉ
Inoccupé	DISPONIBLE • INHABITÉ
	OISIF • VACANT • VIDE
Inoccupée	OISIVE
Inoculer	VACCINER

Inoffensif	BÉNIN
Inoffensif, sans danger	ANODIN
Inoffensive	BÉNIGNE
Inondation	DÉLUGE
Inonder	ARROSER • BAIGNER • NOYER
Inopiné	SURPRENANT
Inopportun	IMPORTUN
Inoubliable	INDÉLÉBILE • MÉMORABLE
Inquiet	CRAINTIF • SOUCIEUX
Inquiétant	MENAÇANT
Inquiète	CRAINTIVE • SOUCIEUSE
Inquiéter	ALARMER • ENNUYER • PRÉOCCUPER
Inquiétude	ANGOISSE • ANXIÉTÉ • SOUCI
Inquiétude morale	SCRUPULE
Inquiétude très vive	TRANSE
Insaisissable	FUYANT
Insalubre	MALSAIN
Insanité	ABSURDITÉ • BÊTISE
Insatiable	GOURMAND
Insatisfait	MÉCONTENT
Inscription funéraire	ÉPITAPHE
Inscription gravée sur un tombeau	ÉPITAPHE
Inscription sur la Croix	INRI
Inscrire	ÉCRIRE • NOTER
Inscrire à la suite	ALIGNER
Inscrire au cadastre	CADASTRER
Inscrit	AFFILIÉ
Inscrit de nouveau	RÉINSCRIT
Insecte	ABEILLE • BESTIOLE • BOURDON
	HANNETON • LUCIOLE
Insecte à la larve aquatique	SIALIS
Insecte à quatre ailes	TERMITE
Insecte à quatre ailes membraneuses	CIGALE
Insecte à quatre ailes transparentes	LIBELLULE
Insecte adulte apte à se reproduire	IMAGO
Insecte appelé aussi vrillette	ANOBIE
Insecte aquatique	VÉLIE
Insecte aquatique appelé aussi tourniquet	GYRIN
Insecte aquatique au corps noir	GYRIN
Insecte brun des prairies	SIALIS

Insecte carnassier	MANTE
Insecte coléoptère	ALTISE • CAPRICORNE • CÉTOINE GYRIN • HANNETON LUCIOLE • SCARABÉE
Insecte coléoptère de grande taille	BLAPS
Insecte coléoptère parasite des céréales	ZABRE
Insecte coléoptère sauteur	ALTISE
Insecte coléoptère vésicant	MÉLOÉ
Insecte d'Europe et d'Asie du Nord	GÉOTRUPE
Insecte de l'ordre des homoptères	CIGALE
Insecte des eaux stagnantes	NÈPE
Insecte diptère	OESTRE
Insecte diptère de grande taille	TIPULE
Insecte diptère qui ressemble à l'abeille	ÉRISTALE
Insecte dont les larves vivent dans le bois	XYLOPHAGE
Insecte hyménoptère	GUÊPE
Insecte lépidoptère	COSSUS • LYCÈNE
Insecte longicorne	SAPERDE
Insecte orthoptère	GRILLON
Insecte parasite	POU
Insecte piqueur	TAON
Insecte qui pique	GUÊPE
Insecte qui se nourrit de bois	TERMITE
Insecte qui vit sous les pierres	FORFICULE
Insecte sans ailes	POU • PUCE
Insecte sauteur	CRIQUET • PUCE
Insecte sauteur de couleur noire	GRILLON
Insecte sauteur herbivore	SAUTERELLE
Insecte social	ABEILLE
Insecte social à abdomen annelé	GUÊPE
Insecte vert doré	CÉTOINE
Insecte vésicant noir ou bleu	MÉLOÉ
Insecte vivant en société organisée	FOURMI
Insecte voisin du hanneton	SCARABÉE
Insecte volant	CRIQUET
Insémination Artificielle avec Donneur	IAD
Insensé	ABERRANT • ABSURDE DÉMENT • DÉRAISONNABLE FOU • INSANE

Insensée	FOLLE
Inséparables	SIAMOIS
Inséré	INCLUS
Insérer	ENCARTER
Insérer dans une cavité	ENCASTRER
Insérer une fiche dans un connecteur	ENFICHER
Insigne	BADGE • EMBLÈME • ÉMINENT
	MÉDAILLE • SYMBOLE
Insigne aux couleurs nationales	COCARDE
Insigne liturgique	ÉTOLE
Insignifiance	BANALITÉ
Insignifiant	DÉRISOIRE • FADE • FRIVOLE
	FUTILE • VÉNIEL
Insignifiant, sans danger	ANODIN
Insignifiante	VÉNIELLE
Insinuation	ALLUSION
Insipide	FADASSE • FADE • INCOLORE
Insistance	INSTANCE
Insociable	ACARIÂTRE • FAROUCHE
Insolence	IMPUDENCE • MORGUE
Insolent	ARROGANT • DÉSINVOLTE
	EFFRONTÉ • IMPERTINENT
	IMPUDENT
Insolite	BIZARRE
Insouciance	INCURIE • LÉGÈRETÉ
Insouciant	ÉTOURDI • NÉGLIGENT
	NONCHALANT
Insouciant, paresseux	INDOLENT
Insoumis	MUTIN • RÉCALCITRANT
Inspecter	CONTRÔLER • SCRUTER
Inspection	CONTRÔLE
Inspirateur	CONSEILLER • INSPIRANT
Inspiration	INSTINCT • INTUITION
Inspiration vive	VERVE
Inspiratrice	MUSE
Inspiratrice d'un artiste	ÉGÉRIE
Inspiré par la luxure	LUXURIEUX
Inspirer	ASPIRER • HUMER • INHALER
	RESPIRER • SUGGÉRER
Inspirer de la répugnance	DÉGOÛTER
Instabilité	PRÉCARITÉ • VERSATILITÉ

Instable	BOITEUX • CAPRICIEUX MOUVANT • NOMADE • PRÉCAIRE VARIABLE • VOLATIL
Installation rudimentaire	CAMPEMENT
Installation sanitaire	URINOIR
Installé	DISPOSÉ
Installé sur un siège	ASSIS
Installer	ACCOMMODER • AMÉNAGER ASSEOIR • DISPOSER • ÉTABLIR PLACER • POSER
Instant	MINUTE • MOMENT
Instantané	IMMÉDIAT • SUBIT
Instantanément	AUSSITÔT
Instaurer	ÉTABLIR
Instigateur	PROMOTEUR
Instigation	INCITATION
Instinct qui pousse à agir	IMPULSION
Instinctif	INCONSCIENT • SPONTANÉ
Instit	INSTI
Instituer	ÉRIGER • FONDER • FORMER
Institut Français d'Opinion Publique	IFOP
Institut Géographique National	IGN
Instituteur	INSTI
Institution	INSTITUT
Institutrice	INSTI • MAÎTRESSE
Instructeur	MONITEUR
Instruction	CULTURE • PRESCRIPTION
Instruction stricte	CONSIGNE
Instruire	AVERTIR • INITIER
Instruire un oiseau à l'aide d'un petit orgue mécanique	SERINER
Instruit	AVERTI • DOCTE • ÉRUDIT • FERRÉ
Instrument	APPAREIL • ENGIN • OUTIL • SCIE
Instrument à battre la crème	BARATTE
Instrument à clavier	VIELLE
Instrument à cordes	GAMBE • HARPE
Instrument à dents	HERSE
Instrument à dents recourbées	GRIFFE
Instrument à deux lunettes	JUMELLES
Instrument à lame	HACHE
Instrument à mesurer des angles	COMPAS

Instrument à percussion	BATTERIE • CYMBALE • TAMBOUR
	TIMBALE • TRIANGLE
Instrument à percussion d'Afrique	BALAFON
Instrument à pointe	POINÇON
Instrument à réflexion	SEXTANT
Instrument à six cordes frottées	VIOLE
Instrument à tranchant très fin	RASOIR
Instrument à vent	BUGLE • CLARINETTE • COR • FLÛTE
	HAUTBOIS • TROMBONE • TUBA
Instrument à vent à pistons	BUGLE
Instrument à vent en bois	BASSON
Instrument à vent en cuivre	SAXOPHONE
Instrument acoustique	SIRÈNE
Instrument augmentant l'intensité des sons	MICROPHONE
Instrument avec lequel on imite le cri des oiseaux pour les attirer au piège	APPEAU
Instrument chirurgical	BISTOURI • ÉRIGNE
Instrument chirurgical en forme de pinces	FORCEPS
Instrument d'optique	LUNETTE • TÉLESCOPE
Instrument d'optique constitué d'un spath	NICOL
Instrument de chamoiseur	PALISSON
Instrument de chirurgie	BISTOURI • ÉRINE
Instrument de gymnastique	HALTÈRE
Instrument de la famille des violons	ALTO
Instrument de labour à bras	HOUE
Instrument de maçon, à long manche	BOULOIR
Instrument de musique	CLARINETTE • ÉPINETTE
	GUITARE • ORGUE • PIANO • SITAR
	VIÈLE • VIOLON • VIOLONCELLE
Instrument de musique à air	MUSETTE
Instrument de musique à cordes	BANJO • CISTRE • GUZLA
Instrument de musique à cordes de la Grèce antique	CITHARE
Instrument de musique à cordes pincées	PANDORE
Instrument de musique à long manche	CISTRE
Instrument de musique à percussion	SISTRE • XYLOPHONE

Instrument de musique africain	SANZA
Instrument de musique antique	LYRE
Instrument de musique de l'Inde	SARODE
Instrument de musique indienne	TABLA
Instrument de musique médiéval à trois cordes	REBEC
Instrument de navigation	COMPAS
Instrument de percussion	GONG
Instrument de percussion d'origine latino-américaine	BONGO
Instrument de supplice	CROIX • GARROT • GIBET • POTENCE
Instrument destiné à tirer des fils	FILIÈRE
Instrument dont la pièce principale est un soc tranchant	CHARRUE
Instrument en forme de lance	LANCE
Instrument en forme de T	ÉQUERRE
Instrument formé d'une lourde masse	HIE
Instrument métallique, en forme de fourche à deux branches	DIAPASON
Instrument obstétrical	FORCEPS
Instrument où s'enroulent des fils	DÉVIDOIR
Instrument permettant de mesurer la distance angulaire d'un astre avec l'horizon	SEXTANT
Instrument portatif à deux lunettes	JUMELLE
Instrument pour aiguiser les couteaux	FUSIL
Instrument pour briser la tige du chanvre et du lin	BROIE
Instrument pour crocheter les portes	ROSSIGNOL
Instrument pour écrire	PLUME
Instrument pour la mesure des poids	PESON
Instrument pour lisser	LISSOIR
Instrument propre à couper	LAME
Instrument qui sert à battre la mesure	MÉTRONOME
Instrument qui sert à jauger les tonneaux	VELTE
Instrument qui sert à mesurer la pression atmosphérique	BAROMÈTRE
Instrument servant à broyer	BROYEUR
Instrument servant à carder la laine	CARDE
Instrument servant à écrire	STYLO

Instrument servant à entamer la corne d'un sabot	RÉNETTE
Instrument servant à filer la laine	ROUET
Instrument servant à piler	PILON
Instrument servant à remuer la chaux, le mortier	BOULOIR
Instrument tranchant	COUTEAU
Instrument utilisé pour donner un signal sonore	GONG
Instrumentiste	MUSICIEN
Instrumentiste qui joue de la harpe	HARPISTE
Instrumentiste qui joue du tuba	TUBISTE
Insubordination	RÉBELLION
Insuccès	ÉCHEC
Insuffisance	CARENCE
Insuffisance, médiocrité	PAUVRETÉ
Insuffisant	DÉFICIENT
Insuffler	INSPIRER
Insulaire	ÎLIEN • ÎLIENNE
Insultant	OFFENSANT
Insulte	AFFRONT • INJURE OFFENSE • OUTRAGE
Insulte, contrariété	VEXATION
Insulter	INJURIER • OUTRAGER
Insupportable	AGAÇANT • IMBUVABLE INFERNAL • INHUMAIN INTENABLE • INVIVABLE
Insurgé	REBELLE
Insurrection	SÉDITION
Intact	ENTIER • INALTÉRÉ
Intégral	ABSOLU • COMPLET
Intégralité	ENTIÈRETÉ • GLOBALITÉ
Intègre	HONNÊTE • JUSTE
Intégrer	ASSOCIER
Intégrer à l'islam	ISLAMISER
Intégrité	HONNÊTETÉ
Intelligence	RAISON
Intendant d'une grande maison	ÉCONOME
Intensifier	ACCENTUER
Intensité	ACUITÉ
Intensité d'un son	VOLUME

Intention	DESSEIN • MOTIF • PROJET PROPOS • VISÉE • VOLONTÉ
Intention de nuire	MALVEILLANCE
Intentionnel	PRÉMÉDITÉ
Intentionnellement	EXPRÈS
Intercaler	INSÉRER
Intercepter	PRENDRE
Intercession	ENTREMISE
Interdépendance	SOLIDARITÉ
Interdiction	FERMETURE
Interdire	CENSURER • DÉFENDRE • EMPÊCHER PROHIBER • PROSCRIRE
Interdit	CENSURÉ • DÉFENDU ILLICITE • TABOU
Intéressé	CURIEUX
Intéressée	CURIEUSE
Intéresser	CAPTIVER • CONCERNER • IMPORTER
Intérêt	BIEN • RENTE
Intérieur	DEDANS • INTERNE • INTIME
Intérieur d'un cigare	TRIPE
Intérieur des coulisses, dans un théâtre	CANTONADE
Intérimaire	TRANSITOIRE
Interjection	AH • AÏE • ALLÔ • APPEL • AREU BIGRE • BOF • CHUT • CLAC CRAC • DAME • DIEU • EH • EUH HA • HÉ • HI • HO • HOUP OH • PARDI • TAC
Interjection de plainte	HÉLAS
Interjection espagnole	OLÉ
Interjection évoquant le bruit d'une chute dans l'eau	PLOUF
Interjection exprimant l'admiration	BIGRE
Interjection exprimant l'écoeurement	BEURK
Interjection exprimant l'incrédulité	TARATATA
Interjection exprimant l'indifférence	BOF
Interjection exprimant l'insouciance	BAH
Interjection exprimant la douleur	OUILLE
Interjection exprimant la joie	GUÉ
Interjection exprimant la réticence	HUM
Interjection exprimant la surprise	HEIN • OUAIS
Interjection exprimant le dégoût	BEURK

Interjection exprimant le doute	HUM
Interjection exprimant le mépris	FI • PFUT
Interjection exprimant le regret	HÉLAS
Interjection exprimant le rire	HI
Interjection exprimant le soulagement	OUF
Interjection exprimant un mouvement rapide	HOP
Interjection familière	MERDE • SAPRISTI
Interjection familière d'interrogation	HEIN
Interjection imitant le bruit d'une chute	BADABOUM
Interjection imitant les sons du bébé	AREU
Interjection imitant un bruit sec	CLAC
Interjection invitant à sortir	ZOU
Interjection marquant l'impatience	BASTA
Interjection marquant l'indifférence	PEUH
Interjection marquant la joie	ÉVOÉ
Interjection marquant la lassitude	BASTE
Interjection marquant le dédain	BASTE
Interjection marquant le mépris	PEUH
Interjection marquant le refus	ZEST
Interjection pour appeler	OHÉ
Interjection pour chasser quelqu'un	OUSTE
Interjection pour conspuer	HOU
Interjection pour donner le signal d'un saut	HOUP
Interjection pour faire peur	HOU
Interjection pour marquer l'enthousiasme	HIP
Interjection pour marquer la joie	HIP
Interjection pour presser quelqu'un	OUST
Interjection pour saluer	HELLO
Interjection qui exprime le dégoût	POUAH
Interjection qui exprime le mépris	POUAH
Interjection qui exprime un bruit de chute	PAF
Interjection qui indique un refus	TURLUTUTU
Interjection qui marque l'embarras	HEU
Interjection qui marque le doute	HEU
Interjection qui sert à attirer l'attention	PSITT • PST
Interjection qui sert à manifester sa présence	COUCOU

Interjection servant à appeler	HEM • HEP • HO
Interjection servant à arrêter	HOLÀ
Interjection servant à exprimer le doute	HEM
Interjection servant à stimuler	HOP
Interjection servant d'appel	ALLÔ
Interloqué	ÉPATÉ
Intermède	ENTRACTE
Intermédiaire	ENTREMISE • MOYEN • RELAIS
Intermédiaire entre le détaillant et le producteur	GROSSISTE
Intermezzo	ENTRACTE
International	MONDIAL
International Business Machines	IBM
International Telephone and Telegraph	ITT
Interne	INTÉRIEUR
Interné	PRISONNIER
Interpeller	APPELER
Interpénétration	OSMOSE
Interprétation	TRADUCTION
Interprète	ACTEUR
Interpréter	COMMENTER
Interrogation	QUESTION
Interroger	CONSULTER • QUESTIONNER
Interrompre	CESSER
Interruption	ARRÊT • PAUSE RELÂCHE • SUSPENSION
Interruption d'une activité	GEL
Intersection	CROISEMENT
Interstice minuscule	PORE
Interurbain	INTER
Intervalle	DISTANCE • ÉCART
Intervalle de six degrés	SIXTE
Intervalle de temps	INTÉRIM • LAPS
Intervalle de trois tons	TRITON
Intervalle entre deux solives	ENTREVOUS
Intervalle musical	COMMA
Intervenir	INTERCÉDER
Intervenir (S')	INGÉRER
Intervention	OPÉRATION
Intervertir	INVERSER • PERMUTER • TRANSPOSER
Intestin d'un animal	BOYAU

Intime	FAMILIER • PRIVÉ
Intimer	CITER • ENJOINDRE
Intimidation	MENACE
Intimider	GLACER
Intituler	TITRER
Intolérable	INTENABLE
Intolérant	SECTAIRE
Intonation	ACCENT • TON
Intoxication par le tabac	TABAGISME
Intoxication provoquée par l'abus du tabac	TABAGISME
Intraitable	IRRÉDUCTIBLE
Intransigeant	INTOLÉRANT
Intrant	INPUT
Intrépide	HARDI • IMPAVIDE
Intrigue	CABALE • MANIGANCE • SCÉNARIO
Intrigue mesquine	MICMAC
Intriguer	TURLUPINER
Intrinsèque	INHÉRENT • INTERNE
Introduction	ADMISSION • INITIATION PRÉAMBULE • PRÉFACE
Introduction d'un tube dans le larynx	TUBAGE
Introduire	ENTRER • GREFFER IMPLANTER • INSÉRER
Introduire dans un support	ENFICHER
Introduire de nouveau	RÉINSÉRER
Introduire par la bouche	INGÉRER
Introduire sous pression dans un corps	INJECTER
Introduire sur le territoire national	IMPORTER
Introduire une fiche dans une douille	ENFICHER
Intubation	TUBAGE
Intuition	FLAIR • INSTINCT
Intuition sensible	SENTIMENT
Inusable	RÉSISTANT
Inusité	INUTILISÉ
Inutile	OISEUSE • OISEUX • SUPERFLU • VAIN
Inutilement	VAINEMENT
Inutilité	INANITÉ
Invalidation	ANNULATION
Invalide	IMPOTENT • PERCLUS
Invalider	ANNULER

Invariablement	TOUJOURS
Invasion	INCURSION
Invasion soudaine	IRRUPTION
Inventaire	REVUE
Inventaire périodique	BILAN
Inventer	BRODER • CRÉER
	FABULER • INNOVER
Inventer de nouveau	RECRÉER
Inventer de toutes pièces	FABRIQUER
Inventer, imaginer	FORGER
Inventeur	CRÉATEUR
Inventeur américain né en 1847	EDISON
Inventeur et physicien américain	BELL
Invention	CRÉATION • DÉCOUVERTE • FICTION
	MENSONGE • TROUVAILLE
Inventive	CRÉATRICE
Inverse	OPPOSÉ
Inverser	RENVERSER
Investigation	ENQUÊTE • EXAMEN
Investir	PLACER
Investissement	MISE • PLACEMENT
Investissement d'un pays	BLOCUS
Investissement d'une ville	BLOCUS
Invisible	ABSTRAIT
Invitation faite à quelqu'un de ne pas répéter quelque chose	MOTUS
Invité	CONVIVE • HÔTE
Inviter	CONVIER • INDUIRE
Inviter à se réunir	CONVOQUER
Involontaire	MACHINAL • SPONTANÉ
Invoquer	ALLÉGUER
Iodler	IOULER • JODLER
Ion à charge négative	ANION
Ion chargé négativement	ANION
Iouler	IODLER • JODLER
Iourte	YOURTE
Iranien	PERSAN
Irascible	IRRITABLE • RAGEUR
Ire	COLÈRE
Iridium	IR
Irisé	NACRÉ

Irlande	EIRE • ÉRIN
Ironie mordante	SARCASME
Irrationnel	DÉRAISONNABLE
Irréalisable	IMPOSSIBLE
Irréel	IMAGINAIRE
Irréfléchi	ÉCERVELÉ • ÉTOURDI
Irréfutable	DÉCISIF
Irrégularité	ANOMALIE
Irrégularité de la démarche d'un cheval qui boite	BOITERIE
Irrégulier	ANORMAL • ILLÉGAL • INTERMITTENT
Irréligieux	IMPIE • LIBERTIN
Irritable	IRASCIBLE • MARABOUT
Irritant	AGAÇANT
Irritant au goût	ACRE
Irritation	CONTRARIÉTÉ • DÉMANGEAISON IRE • NERVOSITÉ
Irritation nerveuse désagréable	AGACEMENT
Irrité	ULCÉRÉ • AIGRI
Irriter	AGACER • AIGRIR FÂCHER • HÉRISSER
Isolé	ESSEULÉ • RETIRÉ • SEUL
Isolement	ISOLATION • RÉCLUSION • SOLITUDE
Isoler les fibres textiles	ROUIR
Israélite	JUIF
Issu	NÉ • SORTI
Issue	CONCLUSION • DÉBOUCHÉ DÉNOUEMENT
Italien	RITAL
Itinéraire	CIRCUIT • PARCOURS
Itinérant	AMBULANT
Itou	AUSSI • IDEM
Ive	IVETTE
Ivette	IVE
Ivoire brut	MORFIL
Ivre	AVINÉ • BEURRÉ • PAF SAOUL • SOÛL
Ivresse	CUITE • ÉBRIÉTÉ • GRISERIE
Ivrogne	POIVROT • SOIFFARD • SOÛLOT
Ivrogne misérable	POCHARD
Ixième	ÉNIÈME • NIÈME

Jacasser	BABILLER
Jacasserie	CAQUET
Jaco	JACOT
Jacot	JACO
Jadis	ANCIENNEMENT • AUTREFOIS
Jaillir	APPARAÎTRE • COULER • FUSER
	GICLER • SURGIR
Jaillir avec force	SAILLIR
Jaillir de terre	SOURDRE
Jaillissement	JET
Jaïn	JAÏNA
Jaïna	JAÏN
Jalon	REPÈRE
Jalonner de balises	BALISER
Jalouser	ENVIER
Jalousie	ENVIE
Jamais	ONC
Jamais encore atteint	RECORD
Jambe	CANNE • GAMBETTE • GIGUE • PATTE
Jambe de derrière d'un cheval	GIGOT
Jambière	GUÊTRE
Japonais	NIPPON
Japonaise	NIPPONNE
Japper	ABOYER
Jar	JARD
Jard	JAR
Jardin	PARC
Jardin d'enfants	GARDERIE
Jardin planté de rosiers	ROSERAIE
Jardin zoologique	ZOO
Jardinière	BAC
Jaser	BABILLER
Jaseur	PARLEUR
Jaspiner	BAVARDER
Jauge	TONNAGE
Jauger	CUBER • SUPPUTER
Jaune	DORÉ
Jaunisse	ICTÈRE

Javelot	HAST
Javelot de l'infanterie romaine	PILUM
Javelot de tribus primitives	SAGAIE
Javelot en fer	DIGON
Je	EGO • MOI
Jérémiade	COMPLAINTE • GIRIE
Jerrycan	BIDON
Jésus-Christ	GALILÉEN • MESSIE • SAUVEUR
Jeter	ÉJECTER • LANCER
Jeter un coup d'oeil pour observer	ZIEUTER • ZYEUTER
Jeter violemment	FOUTRE
Jeton d'ivoire servant d'entrée aux spectacles dans l'Antiquité	TESSÈRE
Jeu	DOMINO
Jeu africain	WALÉ
Jeu d'enfants	MARELLE
Jeu d'esprit	RÉBUS
Jeu d'origine chinoise	GO
Jeu de balle	BASEBALL
Jeu de billes	BILLARD
Jeu de boules	CROQUET • PÉTANQUE
Jeu de cartes	BELOTE • BÉSIGUE • CANASTA MANILLE • POKER • RAMI • WHIST
Jeu de cartes d'origine hollandaise	YASS
Jeu de cartes qui réunit quatre joueurs	BRIDGE
Jeu de cartes, issu du whist	BRIDGE
Jeu de casino	ROULETTE
Jeu de construction	LEGO
Jeu de devinettes	PENDU
Jeu de hasard	BINGO • LOTERIE • LOTO • ROULETTE
Jeu de loto	BINGO
Jeu de mutation de l'orgue	NASARD
Jeu de pelote basque	REBOT
Jeu de stratégie d'origine chinoise	GO
Jeu de table proche du backgammon	JACQUET
Jeu de volant	BADMINTON
Jeu dérivé du trictrac	JACQUET
Jeune	MINEUR
Jeûne	ABSTINENCE • CARÊME
Jeune admirateur	FAN
Jeune amant entretenu	GIGOLO

Jeune apprentie couturière	COUSETTE
Jeune bonne	BONNICHE
Jeune bovin	BROUTARD
Jeune branche droite	SCION
Jeune cadre dynamique et ambitieux	YUPPIE
Jeune canard	CANETON
Jeune cerf	DAGUET • HÈRE
Jeune chat	CHATON
Jeune chien	CHIOT
Jeune cochon	GORET
Jeune coq	CHAPON
Jeune d'origine maghrébine né en France	BEUR
Jeune d'un animal	JUVÉNILE
Jeune daim	DAGUET • HÈRE
Jeune danseuse	GIRL
Jeune domestique	BOY
Jeune employé en livrée dans un hôtel	GROOM
Jeune employée chargée de faire les courses	TROTTIN
Jeune enfant	BÉBÉ • GONE
Jeune faisan	POUILLARD
Jeune femelle	FAUNESSE
Jeune femme	POULETTE
Jeune femme élégante et facile	LORETTE
Jeune femme laide	LAIDERON
Jeune femme prétentieuse et ridicule	DONZELLE
Jeune femme, nana	SOURIS
Jeune fille	MÔME • PUCELLE
Jeune fille à l'allure masculine	GARÇONNE
Jeune fille de condition modeste	GRISETTE
Jeune fille de naissance noble	MENINE
Jeune fille espiègle	GAMINE
Jeune fille niaise	OISELLE
Jeune fille un peu sotte	OIE
Jeune fille vive et turbulente	DIABLESSE
Jeune garçon	ÉPHÈBE • GOSSE
Jeune garçon d'écurie	LAD
Jeune homme	GARÇON • MECTON
Jeune homme à la mode	MINET
Jeune homme d'une grande beauté	ADONIS

Jeune homme de naissance noble	MENIN
Jeune homme entretenu par un homosexuel	GITON
Jeune homme vivant dans une banlieue	LOUBARD
Jeune lapin	LAPEREAU
Jeune lièvre	LEVRAUT
Jeune noble	PAGE
Jeune oiseau	OISILLON
Jeune orme	ORMEAU
Jeune perdreau	POUILLARD
Jeune plante	PLANT
Jeune poisson destiné au peuplement des rivières	ALEVIN
Jeune poule	POULETTE
Jeune poule qui a subi un engraissement intensif	POULARDE
Jeune poulet	POUSSIN
Jeune pousse	BROUT
Jeune rameau de l'année	PAMPRE
Jeune rat	RATON
Jeune reine de beauté	MISS
Jeune religieuse	NONNETTE
Jeune sanglier	MARCASSIN
Jeune saumon	SMOLT • TACON
Jeune sportif âgé de 13 à 16 ans	CADET
Jeune tourterelle	TOURTEREAU
Jeune turbot	TURBOTIN
Jeune vache	GÉNISSE • TAURE
Jeune vache qui n'a pas encore vêlé	GÉNISSE
Jeune vipère	VIPEREAU
Jeune visage délicat	MINOIS
Jeune voyou	LOUBARD
Jeunesse	ENFANCE
Jeux	ÉBATS
Jeux célébrés tous les deux ans à Némée	NÉMÉENS
Job	BOULOT
Jodler	IODLER • IOULER
Joie	ALLÉGRESSE • BONHEUR CONTENTEMENT • GAIETÉ GAÎTÉ • HILARITÉ

Joie débordante et collective	LIESSE
Joie intense	JUBILATION
Joie profonde	FÉLICITÉ
Joindre	ACCOLER • ADJOINDRE • AJOUTER
	ALLIER • ANNEXER • ATTEINDRE
	CONJUGUER • INCLURE • RELIER
	RÉUNIR • SOUDER • UNIR
Joindre bout à bout	AJOINTER
Joindre par les bouts	ABOUTER
Joint	CONNEXE
Joint articulé de la jambe	GENOU
Joint assurant l'étanchéité	GARNITURE
Jointure	ARTICULATION
Joli	BEL • JOJO
Joliesse	BEAUTÉ
Jonc	ALLIANCE • BAGUE
Jonché	COUVERT
Jonction	CONFLUENT • RACCORD • SOUDURE
Jouer	BERNER • MISER • PARIER • SIMULER
Jouer à l'octave supérieure	OCTAVIER
Jouer de la flûte	FLÛTER
Jouer du piano de façon maladroite	PIANOTER
Jouer l'octave supérieure au lieu de la note	OCTAVIER
Jouer une oeuvre	INTERPRÉTER
Jouet	JOUJOU • TOUPIE • YOYO
Jouet à grelot pour les bébés	HOCHET
Jouet d'enfant figurant un bébé	BAIGNEUR
Jouet d'enfant formé d'une plateforme montée sur deux roues	PATINETTE
Jouet formé d'un disque de bois	YOYO
Jouet qui tourne au moyen d'une ficelle	TOUPIE
Joueur d'instruments à percussion	BATTEUR
Joueur de quilles	QUILLEUR
Joueur de rugby chargé de talonner	TALONNEUR
Joueur de tennis	TENNISMAN
Joueur de tennis américain, d'origine tchèque	LENDL
Joueur de tennis australien	LAVER
Joueur de tennis de table	PONGISTE
Joueur de tennis français né en 1904	LACOSTE

Joueur de tennis suédois	BORG
Joueur de volley-ball	VOLLEYEUR
Joueuse de tennis allemande née en 1969	GRAF
Joueuse de tennis américaine née en 1954	EVERT
Joufflu	BOURSOUFLÉ • MAFFLU
Joug	COLLIER • FARDEAU • SUJÉTION
Jouir de	APPRÉCIER
Jouir de plusieurs droits simultanément	CUMULER
Jouissance	DÉLICE
Jouissance d'un bien par usufruit	USUFRUIT
Joujou	JOUET
Jour	DIMANCHE • JEUDI • JOURNÉE LUNDI • MARDI • MERCREDI SAMEDI • VENDREDI
Jour de l'an vietnamien	TÊT
Jour de repos	FÉRIÉ
Jour qui suit immédiatement	LENDEMAIN
Journal	FEUILLE
Journal qui paraît chaque jour	QUOTIDIEN
Journalier	QUOTIDIEN
Journaliste	REPORTER
Journaliste chargé des échos	ÉCHOTIER
Journaliste espagnol	PLA
Journaliste payé à la ligne	LIGNARD
Jouter	CONCOURIR
Jouteur	LUTTEUR
Jovial	GAI • GAILLARD
Jovialité	GAIETÉ
Joyeuse	HEUREUSE
Joyeuse partie de plaisir	FRAIRIE
Joyeusement	GAIEMENT • GAÎMENT
Joyeux	GAI • HEUREUX • JOVIAL • RÉJOUI
Joyeux compagnon	FALOT
Joyeux excès de table	RIBOTE
Jubilation	ALLÉGRESSE
Jubiler	EXULTER
Jubiler (Se)	RÉJOUIR
Judaïté	JUDAÏCITÉ
Judas	TRAÎTRE

Judéité	JUDAÏCITÉ
Judicieuse	RATIONNELLE
Judicieusement	SAINEMENT
Judicieux	PERTINENT • RATIONNEL • SENSÉ
Judoka	LUTTEUR
Juge	ARBITRE
Juge de paix, dans les pays espagnols	ALCADE
Juge des Hébreux	SAMSON
Jugé meilleur	PRÉFÉRÉ
Juge musulman	CADI
Jugement	AVIS • DÉCISION • OPINION
	SENS • SENTENCE • VERDICT
Juger	ARBITRER • JAUGER • PENSER
Jugulé	ENRAYÉ
Juguler	ENRAYER
Juif né en Israël	SABRA
Jules	HOMME • MEC
Jumeau	BESSON • DEUX
Jumeaux	DEUX • GÉMEAUX
Jumelle	BESSONNE
Jument de race	CAVALE
Jupe courte	KILT
Jupe courte et plissée	KILT
Jupe de dessous	JUPON
Jupe de gaze	TUTU
Jupe longue et ample portée par une cavalière	AMAZONE
Jupe plissée à la taille	COTTE
Jupe très courte	JUPETTE
Jupon	JUPE
Jurement atténué pour exprimer l'assentiment	PARBLEU
Juridiction d'un khan	KHANAT
Juridique	LÉGAL
Juriste français	VEDEL
Juron familier	SAPRISTI
Juron qui marque l'étonnement	DIANTRE
Jus concentré	COULIS
Jus de la canne à sucre écrasée	VESOU
Jus de raisin non fermenté	MOÛT
Jus de viande, de légumes	BOUILLON

Jus extrait de pommes	MOÛT
Jusant	REFLUX
Juste	ADÉQUAT • EXACT • IMPARTIAL
Justesse	PRÉCISION
Justice	ÉQUITÉ
Justification	EXCUSE • PREUVE
Justifier	AUTORISER • DISCULPER • MOTIVER
Juvénile	JEUNE

K

Kan	KHAN
Kaon	KA
Khan	KAN
Kidnapper	ENLEVER
Kidnapping	RAPT
Kilofranc	KF
Kilogramme	KG • KILO
Knock-out	KO
Korê	CORÉ
Kriss	CRISS
Krypton	KR
Kyrie ...	ELEISON
Kyrielle	QUANTITÉ • RIBAMBELLE

L

L'abominable homme des neiges	YÉTI
L'âge mûr	MATURITÉ
L'ancienne Estonie	EESTI
L'Apôtre des gentils	PAUL
L'emporter	PRIMER
L'emporter sur	PRÉVALOIR
L'ensemble de ce qui existe	UNIVERS
L'entourage du souverain	COUR
L'équipement d'un soldat	BARDA
L'oncle d'à côté	SAM
L'un des sept sacrements de l'Église	BAPTÊME
La centième partie du franc	CENTIME
La chanteuse France ...	GALL
La classe noble	ARISTOCRATIE
La durée de la nuit	NUITÉE
La femelle du renard	RENARDE
La fourmi de La Fontaine ne l'était pas	PRÊTEUSE
La loi du silence selon la Mafia	OMERTA
La maîtresse de maison, pour les domestiques	MADAME
La moitié d'une chopine	DEMIARD
La Nativité	NOËL
La partie intérieure	DEDANS
La partie la plus grossière de la filasse	ÉTOUPE
La peinture en est un	ART
La plus aiguë des voix	SOPRANO
La plus élevée des voix	SOPRANO
La plus grave des voix d'homme	BASSE
La principale des îles Wallis	OUVÉA • UVÉA
La rose en est une	FLEUR
La Sainte Vierge	MARIE
La Terre	MONDE
La vie psychique	PSYCHISME
Labeur	TRAVAIL
Labiée à fleurs jaunes	IVE • IVETTE
Laboratoire	ATELIER
Laboratoire annexé à une pharmacie	OFFICINE
Laborieux	DIFFICILE

Labourable	ARABLE
Labouré	CULTIVÉ
Labourer	BÊCHER • HERSER
Labourer avec la houe	HOUER
Labourer superficiellement une terre	ÉCROÛTER
Labre	TOURD
Labyrinthe	DÉDALE
Lac d'Écosse	NESS
Lac d'Éthiopie	TANA
Lac d'Italie	ISEO
Lac de l'Amérique du Nord	HURON • ONTARIO
Lac de la Laponie finlandaise	INARI
Lac de la Turquie orientale	VAN
Lac de Russie	ILMEN
Lac de Syrie	ASAD
Lac des Pyrénées	OÔ
Lac du nord-ouest de la Russie	ONEGA
Lac et ville de Suisse	ZOUG
Lac italien des Alpes	CÔME
Lac très allongé, en Écosse	LOCH
Laçage	LACEMENT
Lacement	LAÇAGE
Lacer	MAILLER
Lacerie	VANNERIE
Lacet	LACS
Lâchage	DÉFECTION
Lâche	CAPON • FUYARD • PLEUTRE • VEULE
Lâcher	ABANDONNER • DÉLAISSER
	FLANCHER • LAISSER
	LARGUER • QUITTER
Lâcher des vents	PÉTER
Lâcheté	COUARDISE • VEULERIE
Laconique	LAPIDAIRE
Lacté	BLANC
Lacune	ABSENCE • ANOMALIE
	CARENCE • OMISSION
Ladre	LÉPREUX
Ladrerie	LÈPRE
Lagon	MARE
Lagopède d'Écosse	GROUSE
Lagune centrale d'un atoll	LAGON

Lagune d'Australie	EYRE
Lagune d'eau douce	MOERE
Lagune derrière un cordon littoral	LIDO
Lagune isolée par un cordon littoral	LIMAN
Laid	HIDEUX • MOCHE
Laide	HIDEUSE
Laideron	GUENON • HORREUR
Laideur	DISGRÂCE
Laideur extrême	HIDEUR
Lainage	TOISON
Lainage foulé et imperméable	LODEN
Laine des moutons d'Écosse	CHEVIOTTE
Laine obtenue en tondant les moutons	TONTE
Laïque	LAI • SÉCULIER
Laïque qui sert le prêtre	SERVANT
Laissé	DÉLAISSÉ
Laissé seul	ESSEULÉ
Laisser	LÂCHER • LÉGUER • QUITTER
Laisser aller	PROMENER
Laisser craindre	MENACER
Laisser échapper un liquide	PISSER
Laisser écouler du pus	SUPPURER
Laisser en garde	ENTREPOSER
Laisser séjourner	MACÉRER
Laisser tomber	JETER
Laisser tomber par mégarde	ÉCHAPPER
Laisser-aller	NÉGLIGENCE
Laissez-passer	PERMIS
Lait caillé fermenté	YAOURT • YOGOURT
Lait, dans le langage enfantin	LOLO
Laitance	LAITE
Laiteux	OPALIN
Laitue à feuilles dentées et croquantes	BATAVIA
Laize	LÉ
Lama à l'état sauvage	GUANACO
Lambeau	LOQUE
Lambin	LENT • TRAÎNARD
Lambine	LENTE
Lambiner	TRAÎNASSER
Lame cornée	ONGLE
Lame d'osier	ÉCLISSE

Lame de baleine	BUSC
Lame métallique triangulaire	SOC
Lame saillante	AILETTE
Lamelle	PAILLETTE
Lamentable	MINABLE • MISÉRABLE
Lamentation	COMPLAINTE • JÉRÉMIADE
	PLAINTE • PLEUR
Lamentations	PLEURS
Lamie	TAUPE
Lampe	TORCHE
Lampe à filament de tungstène	FLOOD
Lampe émettant une lumière brève	FLASH
Lampe placée à l'avant d'un bateau	LAMPARO
Lampe qui éclaire faiblement	LUMIGNON
Lampée	GORGÉE
Lance de tribus primitives	SAGAIE
Lance-pierre	FRONDE
Lancer	JETER
Lancer avec force	PROJETER
Lanceur de disque	DISCOBOLE
Lancier, dans l'ancienne armée allemande	UHLAN
Lancinant	OBSÉDANT
Lande marécageuse	FAGNE
Landier	CHENET
Langage	LANGUE • PAROLE
Langage de l'East End de Londres	COCKNEY
Langage de programmation	ALGOL
Langage de programmation symbolique	LISP
Langage du milieu	ARGOT
Langage particulier à une profession	ARGOT
Langoureux	ALANGUI • LANGUIDE
Langoustine	SCAMPI
Langue	IDIOME • LANGAGE
Langue bantoue	SWAHILI
Langue celte des Gaulois	GAULOIS
Langue celtique	BRETON • GALLOIS
Langue celtique parlée dans l'ouest de la France	BRETON
Langue chinoise	MANDARIN

Langue de terre entre deux mers	ISTHME
Langue du groupe iranien	KURDE
Langue du groupe iranien oriental	AFGHAN
Langue française	FRANÇAIS
Langue germanique	NORROIS
Langue indienne	OTOMI
Langue indienne parlée au Brésil	TUPI
Langue indo-aryenne	HINDI
Langue indo-européenne	HITTITE • LATIN • PARSI • PERSE
Langue indo-européenne parlée en Albanie	ALBANAIS
Langue internationale artificielle	VOLAPUK
Langue iranienne	OSSÈTE
Langue nigéro-congolaise	PEUL
Langue nordique	SUÉDOIS
Langue parlée à Tahiti	TAHITIEN
Langue parlée au Bengale	BENGALI
Langue parlée au Danemark	DANOIS
Langue parlée aux Philippines	TAGAL
Langue parlée dans le pays de Galles	GALLOIS
Langue parlée en Acadie	ACADIEN
Langue parlée en Albanie	ALBANAIS
Langue parlée en Allemagne	ALLEMAND
Langue parlée en Inde du Nord	HINDI
Langue parlée en Sardaigne	SARDE
Langue polynésienne	TAHITIEN
Langue râpeuse de certains mollusques	RADULA
Langue sémitique	HÉBREU
Langue slave parlée en Slovaquie	SLOVAQUE
Langue supplantée par l'espéranto	VOLAPUK
Langue turque parlée dans la vallée de la Volga	TATAR
Languette mobile	ANCHE
Langueur	ACCABLEMENT • APATHIE • ATONIE
Languir	ATTENDRE • MOISIR • STAGNER
Languir (Se)	MORFONDRE
Languissant	ALANGUI • ATONE LANGUIDE • TRAÎNANT
Lanière	BANDE
Lanière de cuir	GUIDE
Lanière terminée par un noeud	LASSO

Lanterne d'automobile	VEILLEUSE
Lanterne vénitienne	LAMPION
Lanthane	LA
Lapalissade	BANALITÉ • ÉVIDENCE • TRUISME
Larcin	VOL
Lard fumé	BACON
Large	AMPLE
Large carré de laine	LANGE
Large ceinture	CEINTURON
Large couteau	HACHOIR
Large cuvette	TUB
Large extension	LATITUDE
Large semelle pour marcher sur la neige molle	RAQUETTE
Largement	ABONDAMMENT • AMPLEMENT COPIEUSEMENT • GRASSEMENT
Largement fixé sur le pied (Bot.)	ADNÉ
Largement ouvert	BÉANT
Largement ouverte	BÉANTE
Largesse	LIBÉRALITÉ
Largeur d'esprit	TOLÉRANCE
Largeur d'une étoffe	LÉ
Largeur d'une étoffe entre les deux lisières	LAIZE
Largeur de la marche d'un escalier	GIRON
Larguer	DÉFERLER • DROPER • LAISSER
Larme	GOUTTE • PLEUR
Larmoyant	ÉPLORÉ
Larve d'un acarien	AOÛTAT
Larve de batracien	TÊTARD
Larve de la mouche à viande	ASTICOT
Larve du hanneton	MAN
Larve du trombidion	LEPTE
Larve parasite de la peau des bovins	VARON
Larve utilisée pour la pêche à la ligne	ASTICOT
Laryngite diphtérique	CROUP
Laryngite pseudomembraneuse	CROUP
Lascar	COCO
Lascif	CHARNEL • SALACE • SENSUEL
Lascive	CHARNELLE
Lassant	BLASANT • FATIGANT • LANCINANT

Lassitude	ABATTEMENT • FATIGUE
Latent	SOMNOLENT
Latin	ROMAIN
Latitude	LIBERTÉ
Latrines	TOILETTES
Lauréat	VAINQUEUR
Laurier dont on extrait le camphre	CAMPHRIER
Lavande	ASPIC
Lavande dont on extrait une essence odorante	SPIC
Lave-linge	LAVEUSE
Laver	DÉLAVER • NETTOYER • RÉHABILITER
Laver de nouveau	RELAVER
Laveur	NETTOYEUR
Lavure	RINÇURE
Lawrencium	LR
Laxatif extrait du cassier	SÉNÉ
Layon	LAIE
Lazzi	QUOLIBET
Lé	LAIZE
Le bien possédé	POSSESSION
Le bon côté	POUR
Le chemin le plus court	RACCOURCI
Le cinquième doigt de la main	AURICULAIRE
Le cinquième jour du mois	CINQ
Le compagnon d'Ève	ADAM
Le corps humain	ORGANISME
Le côté gauche d'un navire	BÂBORD
Le degré extrême	PAROXYSME
Le derrière	FESSIER
Le derrière humain	CROUPION
Le dessous de la chaussure	SEMELLE
Le drapeau canadien	UNIFOLIÉ
Le drapeau du Québec	FLEURDELISÉ
Le fait d'échanger une marchandise contre son prix	VENTE
Le fait de vivre comme un saint	SAINTETÉ
Le feuillage	FRONDAISON
Le français en usage au Québec	QUÉBÉCOIS
Le gland est son fruit	CHÊNE
Le maître du dessin animé	DISNEY

Le mari de la tante	ONCLE
Le petit coin	TOILETTES
Le plus âgé	DOYEN
Le plus grand des océans	PACIFIQUE
Le plus haut degré	FAÎTE • PAROXYSME • SUMMUM
Le plus jeune enfant d'une famille	BENJAMIN
Le premier homme	ADAM
Le premier livre de l'Ancien Testament	GENÈSE
Le premier-né	AÎNÉ
Le quatrième doigt de la main	ANNULAIRE
Le sein de l'Église	BERCAIL
Le sommet du monde	EVEREST
Le sujet	EGO
Leader	MENEUR • MENEUSE
Leasing	LOCATION
Léchage	FIGNOLAGE • LÈCHEMENT
Lèche-cul	FAYOT
Lécher	LICHER
Leçon	COURS
Leçon des Apôtres	ÉPÎTRE
Lecteur	LISEUR
Lectrice	LISEUSE
Légal	LOYAL
Légataire	HÉRITIER
Légendaire	IMAGINAIRE
Légende	FABLE • MYTHE
Léger	FAIBLE • GRIVOIS • PRINTANIER
Léger et flou	VAPOREUX
Léger et folâtre	FOUFOU
Léger repas	COLLATION
Légère élévation de terrain	BUTTE
Légère entorse	FOULURE
Légère et folâtre	FOFOLLE
Légère humidité	MOITEUR
Légèrement	PEU
Légèrement acide	ACIDULÉ
Légèrement coloré	TEINTÉ
Légèrement froid	FRAIS • FRISQUET
Légèrement humide	MOITE
Légèrement jaune	JAUNET
Légèrement salé	SAUMÂTRE

Législation	LOI
Légiste	JURISTE
Légitimement	JUSTEMENT
Légitimer	JUSTIFIER • LÉGALISER
Legs	HÉRITAGE
Légué	TRANSMIS
Léguer	TRANSMETTRE
Légume	CHOU • NAVET
Légumineuse	ERS
Légumineuse annuelle	FÈVE
Lémurien arboricole vivant à Madagascar	INDRI
Lendemain	AVENIR • DEMAIN
Lent	LAMBIN • TARDIF
Lent dans son fonctionnement	PARESSEUX
Lente	TARDIVE
Lentement	ADAGIO • LENTO
Lentement et avec ampleur	LARGO
Lentille	ERS
Lentille correctrice	LORGNON
Lento	LENTEMENT
Lépreux	LADRE
Léproserie	LADRERIE
Les arbres en général	BOIS
Les autres	AUTRUI
Les doigts la composent	MAIN
Les enfants d'un couple	FAMILLE
Les générations à venir	POSTÉRITÉ
Les petits qui viennent d'éclore	COUVÉE
Léser	ENDOMMAGER • NUIRE
Lésiner	LIARDER • MÉGOTER
Lésion	PLAIE
Lésion cutanée causée par les radiations lumineuses	LUCITE
Lésion de la peau	ACNÉ
Lésion de la peau causée par le froid	FROIDURE • GELURE
Lésion inflammatoire des nerfs	NÉVRITE
Lésion, blessure grave	TRAUMA
Lessivage	LAVAGE
Lest formé de sable et de cailloux	BALLAST
Leste	AGILE • PRESTE

Léthargie	INACTION • TORPEUR
Lettre	ÉPÎTRE • MISSIVE
Lettré	CLERC • CULTIVÉ • ÉRUDIT
Lettre écrite par un auteur ancien	ÉPÎTRE
Lettre grecque	ALPHA • BÊTA • DELTA • DZÊTA EPSILON • ÊTA • GAMMA • IOTA KAPPA • KHI • KSI • LAMBDA • MU NU • OMÉGA • OMICRON • PHI PI • PSI • RHÔ • SIGMA • TAU THÊTA • UPSILON • XI • ZÊTA
Lettre patente du pape	BULLE
Lettres inscrites au-dessus de la Croix	INRI
Leurre	DUPERIE • PIÈGE
Leurre métallique pour la pêche	DEVON
Leurrer	ABUSER • DUPER • TROMPER
Levant	EST • ORIENT
Levé	DEBOUT • HAUT
Levée, aux cartes	PLI
Lever	FERMENTER • REDRESSER • SOULEVER
Levier	CRIC • PÉDALE
Levier de commande	MANETTE
Lèvre épaisse et proéminente	LIPPE
Lèvre inférieure	LIPPE
Lèvre inférieure des insectes	LABIUM
Lèvres	BABINES
Lèvres pendantes de certains animaux	BABINES
Lévrier d'une race à poil long	AFGHAN
Lexique d'une langue vivante	GLOSSAIRE
Lexique de philologie	THÉSAURUS
Lézard à pattes très courtes	SEPS
Lézard apode insectivore	ORVET
Lézard grimpeur	GECKO
Lézarde	CREVASSE
Liaison	ALLIANCE • JONCTION • LIEN RELATION • UNION
Liaison amoureuse de courte durée	PASSADE
Liaison entre deux éléments	RACCORD
Liane d'Afrique et d'Asie	LUFFA
Liane originaire du Mexique	COBÉE
Liant	AFFABLE • SOCIABLE
Liasse de copies	FARDE

Libellé	RÉDACTION
Libeller	RÉDIGER
Liber du tilleul	TEILLE
Libéral	GÉNÉREUX • TOLÉRANT
Libérale	GÉNÉREUSE
Libéralisme	TOLÉRANCE
Libéralité faite par testament	LEGS
Libérateur d'Israël	MOÏSE
Libérateur envoyé par Dieu	MESSIE
Libération	ÉMANCIPATION
Libération bouddhiste du cycle des réincarnations	NIRVANA
Libérer	AFFRANCHIR • DÉGELER DÉLIER • EXONÉRER
Libertaire	ANAR
Liberté	LOISIR
Liberté du langage	VERDEUR
Libertin	GRIVOIS
Libidineux	CHARNEL
Libre	DISPONIBLE • DÉGAGÉ
Libre, osé	OLÉ OLÉ
Libre, résolu	DÉLIBÉRÉ
Licence	PERMIS
Licenciement	CONGÉ • RENVOI
Licencier	CONGÉDIER • DESTITUER LOURDER • VIRER
Licencieux	LÉGER
Lichen de couleur grisâtre	USNÉE
Lichen des régions froides	PARMÉLIE
Lichen filamenteux	USNÉE
Lichen formant une plaque jaune sur les pierres	PARMÉLIE
Licol	LICOU
Lié	SOLIDAIRE
Lien	ATTACHE • LAISSE
Lien avec lequel on attache un animal	LAISSE
Lien d'osier flexible	HART
Lien servant à attacher	COUPLE
Lien servant à comprimer une artère	GARROT
Lien servant à retenir	BRIDE
Lier	FICELER • LACER • NOUER

Liesse	ALLÉGRESSE
Lieu	ENDROIT • SITE
Lieu artificiel d'un cours d'eau	DUIT
Lieu bourbeux où se vautre le sanglier	SOUILLE
Lieu commun	BANALITÉ
Lieu d'entreposage	DÉBARRAS
Lieu d'habitation	RÉSIDENCE
Lieu d'origine	BERCEAU
Lieu de délices	ÉDEN
Lieu de dépôt d'animaux errants	FOURRIÈRE
Lieu de passage couvert	GALERIE
Lieu de pâturage temporaire	REMUE
Lieu de rapports amoureux	ALCÔVE
Lieu de souffrances	ENFER
Lieu de travail	BOÎTE
Lieu destiné à la prière	ORATOIRE
Lieu destiné à la reproduction de l'espèce chevaline	HARAS
Lieu destiné à recevoir des immondices	CLOAQUE
Lieu destiné au supplice des damnés	ENFER
Lieu déterminé	LOCALITÉ
Lieu du temple	CELLA
Lieu du temple où était la statue du dieu	CELLA
Lieu écarté, solitaire	ERMITAGE
Lieu en désordre	BAZAR
Lieu enchanteur	PARADIS
Lieu ensoleillé, abrité du vent	CAGNARD
Lieu fortifié, en Afrique du Nord	KSAR
Lieu isolé	BLED
Lieu où croissent des arbustes épineux	ÉPINAIE
Lieu où diverses choses se mêlent, se fondent	CREUSET
Lieu où est rendue la justice	TRIBUNAL
Lieu où l'on abat les animaux de boucherie	ABATTOIR
Lieu où l'on abrite les ovins	BERGERIE
Lieu où l'on campe	CAMPEMENT
Lieu où l'on enterre les morts	CIMETIÈRE
Lieu où l'on fait du feu	FOYER

Lieu où l'on habite	DEMEURE
Lieu où l'on présente des films	CINÉMA
Lieu où l'on range le linge	LINGERIE
Lieu où l'on tue les bestiaux	ABATTOIR
Lieu où l'on vend des produits laitiers	LAITERIE
Lieu où l'on vend le poisson à la criée	CRIÉE
Lieu où le sol est couvert de pierres	PIERRIER
Lieu où on lave le minerai	LAVERIE
Lieu où se croisent plusieurs routes	CARREFOUR
Lieu où se fait le traitement du lait	LAITERIE
Lieu où sont emmagasinés les vins en fût	CHAI
Lieu où sont mortes beaucoup de personnes	CIMETIÈRE
Lieu où sont rassemblés des véhicules hors d'usage	CIMETIÈRE
Lieu où une communauté vit	GHETTO
Lieu planté d'aulnes	AUNAIE
Lieu planté d'ormes	ORMAIE
Lieu planté de fougères	FOUGERAIE
Lieu planté de pommiers	POMMERAIE
Lieu public où on lavait le linge	LAVOIR
Lieu qui procure le calme	OASIS
Lieu saint	SANCTUAIRE
Lieu sale et humide	SENTINE
Lieu solitaire	SOLITUDE
Lieu souterrain	CAVE
Lieu très sale	BAUGE
Lieu vers lequel on se dirige	DIRECTION
Lieutenant du sénéchal	MAJE
Lieux qui entourent un espace	ENVIRONS
Lieux qui sont alentour	ENVIRONS
Lièvre, lapin mâle	BOUQUIN
Ligament	NERF
Ligaturer	LIER
Lignage	ASCENDANCE
Ligne	RANGÉE • TRAIT
Ligne courbe	SINUOSITÉ
Ligne d'action	PROGRAMME
Ligne d'amarrage faite de deux fils	LUSIN
Ligne d'intersection de deux plans	ARÊTE

Ligne d'intersection des deux versants	ARÊTE
Ligne d'un mur mitoyen séparant deux bâtiments d'inégale hauteur	HÉBERGE
Ligne de jonction du pont et de la coque d'un navire	LIVET
Ligne droite	RAIE
Lignée	ARBRE • SOUCHE
Lignite d'une variété d'un noir brillant	JAIS
Ligoté	FICELÉ
Ligoter	ATTACHER
Ligue	COALITION
Ligue Nationale	LN
Ligue Nationale d'Improvisation	LNI
Liliacée à petites fleurs blanches	MUGUET
Liliacée bulbeuse à grande et belle fleur	TULIPE
Lilliputien	MINUSCULE
Limace grise	LOCHE
Lime	RÂPE
Limite	BORNE • BOUT • CONTOUR FIN • FRONTIÈRE • LIGNE RESTREINT • SEUIL
Limite d'arrivée d'une course à pied	FIL
Limite fixée	TERME
Limite quantitative	QUOTA
Limite supérieure	PLAFOND
Limitée	LTÉE
Limiter	BORNER • CIRCONSCRIRE
Limites	CONFINS
Limitrophe	ATTENANT • FRONTIÈRE
Limoger	DÉGOMMER
Limon	SILT • VASE
Limon d'origine éolienne	LOESS
Limpide	CLAIR • TRANSPARENT
Limpidité	TRANSPARENCE
Linceul	SUAIRE
Linceul blanc	SUAIRE
Linge absorbant	COUCHE
Linge bénit couvrant les épaules du prêtre	AMICT
Linge de corps	LINGERIE
Linge dont on recouvre la table	NAPPE

Linge qu'emporte une jeune fille qui se marie	TROUSSEAU
Linge qui sert à l'infusion	NOUET
Lingerie	LINGE
Liniment	BAUME • ONGUENT
Lino	LINOLÉUM
Linoléum	PRÉLART
Linsoir	LINÇOIR
Liquéfiable	SOLUBLE
Liquéfier	FONDRE
Liqueur	ANISETTE
Liqueur d'Orient	RAKI
Liqueur faite avec de l'absinthe	ABSINTHE
Liqueur préparée avec des grains d'anis	ANISETTE
Liquidateur	SYNDIC
Liquidation de soldes	BRADERIE
Liquide	FLUIDE • HUMIDE • SUC
Liquide amniotique	EAUX
Liquide blanc	LAIT
Liquide blanc qui reste du lait dans la fabrication du beurre	BABEURRE
Liquide coulant en abondance	RUISSEAU
Liquide des végétaux	SÈVE
Liquide extrait de la pulpe	JUS
Liquide extrait du sang par les reins	URINE
Liquide formé de sucre	SIROP
Liquide incolore et inflammable	ACÉTONE
Liquide incolore et inodore	EAU
Liquide noir	ENCRE
Liquide nourricier	SÈVE
Liquide nutritif	LAIT
Liquide nutritif tiré du sol	SÈVE
Liquide obtenu par distillation	ALCOOL
Liquide obtenu par le lessivage du tan	JUSÉE
Liquide organique	SUC
Liquide organique clair et ambré	URINE
Liquide pâteux	BOUILLIE
Liquide pour les cheveux	FIXATIF
Liquide produit par les glandes muqueuses	MUCUS
Liquide qui se boit	BOISSON

Liquide reproducteur mâle	SPERME
Liquide rouge	SANG
Liquide sécrété par la seiche	SÉPIA
Liquide sécrété par le foie	BILE
Liquide séminal	SEMENCE
Liquide utilisé comme solvant	ACÉTONE
Liquide utilisé pour écrire	ENCRE
Liquide visqueux et amer	BILE
Liquide visqueux rouge	SANG
Liquider	SUPPRIMER • TUER
Lire d'une manière pénible	ÂNONNER
Lire de nouveau	RELIRE
Lire en chantant et en nommant les notes	SOLFIER
Lire une nouvelle fois	RELIRE
Lirette	CATALOGNE
Lis rose tacheté de pourpre	MARTAGON
Liseur	LECTEUR
Liseuse	LECTRICE
Lisière	BORDURE • LIMITE
Lisière du bois	ORÉE
Lisse	UNI
Lisser	LUSTRER
Liste	CATALOGUE • INVENTAIRE
Liste de gagnants	PALMARÈS
Liste de marchandises	MANIFESTE
Liste de succès	PALMARÈS
Liste des lettres servant à transcrire les sons d'une langue	ALPHABET
Lister	RÉPERTORIER
Lit ambulant généralement ouvert	LITIÈRE
Lit de calcaire grossier	CAILLASSE
Lit de malade	GRABAT
Lit de paille	PAILLASSE
Lit de plumes	COUETTE
Lit misérable	GRABAT
Lit mobile suspendu	HAMAC
Lithium	LI
Litige soumis à une juridiction	PROCÈS
Litre de vin	LITRON
Littérateur	ÉCRIVAIN

Littoral	RIVAGE
Liturgie	CÉRÉMONIE • CULTE
Liure	CÂBLE
Livide	BLAFARD • BLÊME • PÂLE
Livraison	FOURNITURE
Livre	ÉDITION • MISSEL
	TOME • VOLUME
Livre de magie à l'usage des sorciers	GRIMOIRE
Livre liturgique	MISSEL
Livre pour apprendre l'alphabet	ABÉCÉDAIRE
Livre sacré des Musulmans	CORAN
Livre très épais	PAVÉ
Livrer par extradition	EXTRADER
Livret	CAHIER
Livreur	PORTEUR
Local	LOFT
Local industriel transformé en logement	LOFT
Local où l'on conserve les graines de semence	GRAINIER
Local où l'on enferme les taureaux avant la corrida	TORIL
Local où l'on fume les viandes	FUMOIR
Local où opère un photographe	STUDIO
Local où se fait l'incubation des oeufs	COUVOIR
Local où travaillent des artisans	ATELIER
Local réservé à la lessive, dans une maison	BUANDERIE
Localisation d'un gène	LOCUS
Localiser	SITUER
Localité	PATELIN
Localité d'Italie	OSTIE
Localité de Grande-Bretagne	ASCOT
Localité de la Haute-Savoie	ASSY
Locataire	OCCUPANT
Location	LOUAGE • LOYER
Loche	BARBOTE
Locution propre à une langue	IDIOTISME
Logement	APPARTEMENT • GÎTE
	LOCAL • PIAULE
Logement d'un concierge	LOGE

Logement malpropre, obscur	BOUGE
Logement misérable	GALETAS • TAUDIS
Logement sale et en désordre	CHENIL
Loger	ABRITER • DEMEURER • GÎTER
	HABITER • HÉBERGER • METTRE
Logique	COHÉRENT • RATIONNEL
Logis seigneurial	MANOIR
Loi	RÈGLE
Loi du silence	OMERTA
Loi ecclésiastique	CANON
Loi, règle fondamentale	CHARTRE
Loin	LOINTAIN
Loin du centre	EXCENTRÉ
Lointain	LOIN
Lolo	NÉNÉ • SEIN
Lombric	VER
Londonien caractérisé par son parler populaire	COCKNEY
Long bâton de pèlerin	BOURDON
Long canal d'irrigation	BISSE
Long canal suisse	BISSE
Long coussin de chevet	TRAVERSIN
Long manteau de cérémonie	CHAPE
Long morceau de bois rond	BÂTON
Long pagne de l'Asie du Sud-Est	SARONG
Long poème	ÉPOPÉE
Long prolongement du neurone	AXONE
Long sac	BESACE
Long siège sans dossier ni bras	DIVAN
Long tremplin utilisé par les acrobates	BATOUDE
Longer	BORDER
Longue bande de cuir	LANIÈRE
Longue barre de fer	TISONNIER
Longue construction destinée à retenir les eaux	DIGUE
Longue corde	LASSO
Longue entaille au visage	BALAFRE
Longue énumération	LITANIE
Longue et profonde dépression sous-marine	CANYON
Longue étoffe drapée	SARI

Longue histoire mouvementée	SAGA
Longue perche	GAULE
Longue période difficile	TUNNEL
Longue pièce de bois	AIS • ESPAR
Longue pièce transversale sous une voiture	ESSIEU
Longue plume de l'aile des oiseaux	PENNE
Longue robe	SIMARRE
Longue robe boutonnée	SOUTANE
Longue suite de phrases	TIRADE
Longue suite ininterrompue	KYRIELLE
Longue tige à pointe de fer	JAVELOT
Longue tige pointue	BROCHE
Longue tunique ample	BOUBOU
Longue tunique flottante	BOUBOU
Longuement	LONGTEMPS
Longueur	DURÉE
Longueur d'un fil de la trame	DUITE
Longueur de la remorque d'un navire	TOUÉE
Loofa	LUFFA
Loquace	BAVARD • CAUSEUR PARLANT • VOLUBILE
Loquacité	BAGOUT • TAPETTE • VOLUBILITÉ
Loquacité tendant à convaincre	BAGOU
Loquacité tendant à faire illusion	BAGOUT
Loque	ÉPAVE • HAILLON
Loques	HARDES
Loquet	TAQUET
Lorgner	CONVOITER • LOUCHER • MATER ZIEUTER • ZYEUTER
Lorgner, convoiter	GUIGNER
Lorgnon	MONOCLE
Lorsque	LORS
Los Angeles	LA
Loser	RATÉ
Lot	ASSORTIMENT • PART • PORTION
Lote	LOTTE
Loterie de société	TOMBOLA
Loterie où l'on peut gagner des lots en nature	TOMBOLA
Lotte	LOTE

Louage	LOCATION
Louage d'un navire	FRET
Louange	APOLOGIE • COMPLIMENT • ÉLOGE
Louange, flatterie excessive	ENCENS
Louanger	LOUER
Louangeur	LAUDATIF
Loubard, voyou	LOULOU
Louche	BIGLE • BORGNE
	CUILLER • SUSPECT
Louchement	LOUCHERIE
Loucher	BIGLER
Louer	ENCENSER • LOUANGER
Louer à ferme ou à bail	AFFERMER
Louer beaucoup	VANTER
Louer de nouveau	RELOUER
Louer par un contrat d'amodiation	AMODIER
Louer, céder par affermage	AFFERMER
Loufoque	FARFELU
Loufoquerie	DINGUERIE
Louis	NAPOLÉON
Louper	RATER
Lourd	PATAUD • PESANT
Lourd instrument qui immobilise le navire	ANCRE
Lourd javelot utilisé comme arme de jet	PILUM
Lourd marteau	MARTINET
Lourd, épais	MASSIF
Lourdaud	BALOURD • CUISTRE
Lourde	MASSIVE
Lourde charge	FARDEAU
Lourdement, sans grâce	PESAMMENT
Lourdeur	LENTEUR • PESANTEUR • POIDS
Lourdeur, grossièreté du béotien	BÉOTISME
Louveteau	SCOUT
Louvoyer	BIAISER
Lover	ROULER
Loyal	FÉAL • FIDÈLE • FRANC • SINCÈRE
Loyale	FRANCHE
Loyauté	DROITURE • FIDÉLITÉ • SINCÉRITÉ
Loyer de l'argent emprunté	INTÉRÊT

Lubie	CAPRICE • MAROTTE
Lubricité	SALACITÉ
Lubrifier	GRAISSER • HUILER
Lubrique	SALACE
Lucarne	FAÎTIÈRE • FENÊTRE
Lucifer	SATAN
Lucratif	PRODUCTIF
Luette	UVULE
Lugubre	FUNÈBRE • MACABRE • SINISTRE
Lui	IL
Lui, elle	SOI
Luire	BRILLER
Luisant	RELUISANT
Lumen	LM
Lumière	ÉCLAIRAGE • LUEUR
Lumière faible, tamisée	PÉNOMBRE
Lumière vive, de courte durée	ÉCLAIR
Lumière, éclairage	CLARTÉ
Luminance	ÉCLAT
Lunatique	VISIONNAIRE
Lupanar	BORDEL
Lustrage	GLAÇAGE
Lustre	BRILLANT
Lustré	SATINÉ
Lustrer	SATINER
Lutécium	LU
Lutin	GNOME
Lutin d'une grâce légère et vive	FARFADET
Lutin des légendes scandinaves	TROLL
Lutin, esprit follet	FARFADET
Lutte	COMBAT • CONFLIT
Lutte armée	GUERRE
Lutte armée entre groupes sociaux	GUERRE
Lutte japonaise	SUMO
Lutte libre	CATCH
Lutte sportive à coups de poing	BOXE
Lutter	BATAILLER • COMBATTRE • RIVALISER
Lutter contre ce qui attire	RÉSISTER
Lutter sans violence	MILITER
Luxation	ENTORSE
Luxe recherché et voyant	TRALALA

Luxueux	RUPIN • SOMPTUEUX
Luxueux, splendide	SOMPTUEUX
Luxure	ÉROTISME • STUPRE
Lymphatique	INDOLENT
Lyre munie d'une grande caisse de résonance	CITHARE

M

M'as-tu-vu	CABOTIN
Mac	MAQUEREAU
Macabre	LUGUBRE
Macadam	BITUME
Macchabée	CADAVRE
Macérer	INFUSER • MARINER
Mâcher de nouveau	RUMINER
Machin	BIDULE • CHOSE • OBJET
Machination	COMPLOT • MANÈGE
	MANOEUVRE • MENÉES
Machine	APPAREIL
Machine à broyer	BROYEUR
Machine à ébarber	ÉBARBEUR
Machine à faner	FANEUR
Machine à filer	ROUET
Machine à filer le coton	JENNY
Machine à l'aspect humain	ROBOT
Machine à lainer	LAINEUSE
Machine à laver	LAVEUSE
Machine à plisser les étoffes	PLISSEUSE
Machine à reproduire	
un texte dactylographié	RONÉO
Machine à rogner le papier	MASSICOT
Machine à scier	SCIEUSE
Machine à sécher	SÉCHEUSE
Machine à tamiser	TAMISEUSE
Machine à teiller	TEILLEUSE
Machine à traire	TRAYEUSE
Machine de guerre	BÉLIER • BOMBARDE
Machine de guerre antique	CATAPULTE
Machine de guerre	
en forme de tour mobile	HÉLÉPOLE
Machine de levage	GRUE
Machine destinée	
à un usage particulier	ENGIN
Machine hydraulique à godets	NORIA
Machine munie d'une pelle	
pour ramasser	CHARGEUSE

Machine permettant d'effectuer des opérations arithmétiques	CALCULATRICE
Machine pour ébarber les plantes	ÉBARBEUR
Machine servant à nettoyer	NETTOYEUR
Machine servant à tondre	TONDEUSE
Machine souvent munie d'une sonnerie	HORLOGE
Machine transformant l'énergie mécanique en énergie électrique	DYNAMO
Machine volante	AÉRONEF
Machiner	OURDIR • TRAMER
Machiniste	OPÉRATEUR
Machmètre	MACH
Mâchoire	MARGOULIN
Mâchonner	MÂCHER • MARMONNER • MORDRE
Maçonner grossièrement	HOURDER
Maculé	MALPROPRE
Maculer	BARBOUILLER • CROTTER • SALIR
Madame	DAME • MME
Mademoiselle	FILLE • MLLE • SEÑORITA
Madone	VIERGE
Madré	MATOIS
Madrier	CHEVRON • POUTRE
Maerl	MERL
Maffia	MAFIA
Mafflu	BOUFFI • JOUFFLU
Mafia	MAFFIA
Mafioso	MAFIEUX
Magasin	COMMERCE
Magasin à explosifs	POUDRIÈRE
Magasin de fruits	FRUITERIE
Magasin de prêt-à-porter	BOUTIQUE
Magasin de serrures	SERRURERIE
Magasin du gantier	GANTERIE
Magasin où l'on torréfie le café	BRÛLERIE
Magasin situé dans la cale d'un navire	SOUTE
Maghrébin	ARABE
Magicien	MAGE • SORCIER
Magicien qui évoque les morts	NÉCROMANT
Magique	ENCHANTÉ
Magistrat	CONSUL • JUGE • ROBIN

Magistrat municipal	ÉCHEVIN • ÉDILE
Magistrat musulman	CADI
Magnanime	GÉNÉREUX • NOBLE
Magnanimité	GRANDEUR
Magnat	BARON
Magnésium	MG
Magnificence	LUXE • RICHESSE • SPLENDEUR
Magnifier	AURÉOLER • IDÉALISER • SUBLIMER
Magnifique	ADMIRABLE • SPLENDIDE • SUPERBE
Magot	TRÉSOR
Magouille	FRICOTAGE
Maigre	CHÉTIF • ÉCRÉMÉ • ÉMACIÉ
	OSSEUX • PETIT
Maigre, efflanqué	ÉLANCÉ
Maigrelet	MAIGRIOT
Maigrichonne	CHÉTIVE
Maigrir (S')	AMAIGRIR
Mail	DRÈVE
Maille	CHAÎNON • MAILLURE
Maillet de bois	MAILLOCHE
Mailloche	MAILLET
Maillon	CHAÎNON
Maillot de bain en deux pièces réduites à l'extrême	BIKINI
Maillot de bain formé d'un slip et d'un soutien-gorge	BIKINI
Maillot de bain très petit	STRING
Maillot de corps	CAMISOLE
Main	POGNE
Main courante	RAMPE
Main fermée	POING
Mainmise	SAISIE
Maintenant	PRÉSENT
Maintenir	APPUYER • ARRÊTER
	FIXER • SOUTENIR
Maintien	CONTINUITÉ • MINE
Maintien fier et élégant	PRESTANCE
Maire en Espagne	ALCADE
Mais	CEPENDANT
Maïs d'eau	VICTORIA
Maison	BERCAIL • FOYER • GÎTE • LOGIS

Maison ambulante	ROULOTTE
Maison d'agrément à toit de chaume	CHAUMIÈRE
Maison d'édition	LIBRAIRIE
Maison de campagne	CHALET • MAS
Maison de campagne avec un jardin	VILLA
Maison de campagne russe	DATCHA
Maison de campagne, en Russie	DATCHA
Maison de jeu	TRIPOT
Maison de prostitution	BORDEL • LUPANAR
Maison de rapport, à Rome	INSULA
Maison de religieux	COUVENT
Maison sans confort	TURNE
Maison traditionnelle, en Polynésie	FARÉ
Maisonnette	PAVILLON
Maître	PROFESSEUR • SEIGNEUR
Maître à penser	GURU
Maître de cérémonies	MC
Maître de maison	HÔTE • PATRON
Maître de manoeuvre	BOSCO
Maître des gladiateurs, à Rome	LANISTE
Maître spirituel	GOUROU • GURU
Maîtresse	DULCINÉE
Maîtresse de maison	PATRONNE
Maîtresse préférée d'un roi	FAVORITE
Maîtrise	EMPIRE
Maîtriser	DOMPTER • JUGULER • NEUTRALISER
Majesté	GRANDEUR
Majestueux	GRANDIOSE • IMPÉRIAL • OLYMPIEN
Majeur	ADULTE • MÉDIUS
Majoration	HAUSSE
Majoration d'une prime d'assurance automobile	MALUS
Majoration d'une taxe	SURTAXE
Majorer	ENFLER
Mal à l'aise, inhibé	COINCÉ
Mal à l'aise, peu naturel	GUINDÉ
Mal de mer	NAUPATHIE
Mal de tête	CÉPHALÉE • MIGRAINE
Mal des montagnes	PUNA
Mal du pays	NOSTALGIE
Mal élevé, grossier	MALPOLI

Mal famé	BORGNE
Malade	ATTEINT • SCHIZOPHRÈNE
	SOUFFRANT
Malade atteint de schizophrénie	SCHIZOPHRÈNE
Maladie	DIABÈTE • MAL • MALAISE
Maladie à virus de la pomme de terre	FRISOLÉE
Maladie à virus, contagieuse	GRIPPE
Maladie bactérienne du porc	ROUGET
Maladie caractérisée par des maux d'oreille	OREILLONS
Maladie caractérisée par des sueurs abondantes	SUETTE
Maladie causée par le bacille tétanique	TÉTANOS
Maladie contagieuse	GALE • RUBÉOLE
Maladie contagieuse de l'enfance	ROUGEOLE
Maladie contagieuse des équidés	MORVE
Maladie cryptogamique des plantes	ROT
Maladie cutanée	GALE • LUPUS
Maladie d'origine virale	VARIOLE
Maladie de l'épi des céréales	NIELLE
Maladie de l'oeil	GLAUCOME
Maladie de la muqueuse buccale	MUGUET
Maladie de la peau	ECZÉMA
Maladie de la pomme de terre	DARTROSE
Maladie des chevaux	VERTIGO
Maladie des oiseaux transmissible à l'homme	ORNITHOSE
Maladie des plantes	FUMAGINE
Maladie des plantes cultivées	MILDIOU
Maladie des vers à soie	GRASSERIE • PÉBRINE
Maladie du foie	JAUNISSE
Maladie du sabot des équidés	SEIME
Maladie du sang très grave	LEUCÉMIE
Maladie éruptive	VÉROLE
Maladie fébrile contagieuse	SUETTE
Maladie infectieuse	GRIPPE • LÈPRE • TYPHUS
	VARIOLE • ZONA
Maladie infectieuse des oiseaux	ORNITHOSE
Maladie infectieuse due à un virus	POLIO
Maladie infectieuse grave	TÉTANOS
Maladie inflammatoire de l'utérus	MÉTRITE

Maladie inflammatoire du rein	NÉPHRITE
Maladie mentale	NÉVROSE
Maladie mortelle des vers à soie	FLACHERIE
Maladie nerveuse	CHORÉE
Maladie parasitaire	PALU
Maladie particulière à une région donnée	ENDÉMIE
Maladie Transmissible Sexuellement	MTS • SYPHILIS
Maladie vénérienne contagieuse	SYPHILIS
Maladie virale	RUBÉOLE
Maladie virulente	RAGE
Maladie, souvent mortelle	SIDA
Maladif	CHÉTIF • MALSAIN
Maladif, famélique	CREVARD
Maladive	CHÉTIVE
Maladresse	BALOURDISE • BÉVUE • GAFFE
Maladresse choquante	IMPAIR
Maladroit	BALOURD • BOITEUX • EMPOTÉ GAUCHE • LOURD MANCHOT • PATAUD
Maladroit, mal à l'aise	GOURD
Maladroite	BOITEUSE • LOURDE
Malaise	MALADIE
Malappris	BUTOR
Malart	MALARD
Malaxer	PÉTRIR
Malchance	DÉVEINE • GUIGNE • GUIGNON MALHEUR • POISSE
Malchance, poisse	SCOUMOUNE
Malchanceux	GUIGNARD • INFORTUNÉ
Mâle de l'oie	JARS
Mâle de la chèvre	BOUC
Mâle de la jument	CHEVAL
Mâle du faucon lanier	LANERET
Mâle du faucon sacre	SACRET
Mâle reproducteur	ÉTALON
Mâle reproducteur de l'espèce porcine	VERRAT
Malédiction	FATALITÉ
Maléfice	DIABLERIE • SORT
Maléfique	MALFAISANT
Malentendu	MÉPRISE • QUIPROQUO

Malfaçon	DÉFECTUOSITÉ
Malfaisant	MALÉFIQUE • MÉCHANT
Malfaisante	NOCIVE
Malfaiteur	BANDIT • BRIGAND
	GANGSTER • MALFRAT
Malformation congénitale de la peau	NAEVUS
Malgré tout	NÉANMOINS
Malhabile	MALADROIT
Malheur	ÉPREUVE • MISÈRE
Malhonnête	VÉREUX
Malhonnêteté	IMPROBITÉ
Malice	ASTUCE
Malicieux	COQUIN
Malignité	ACRIMONIE • MALICE • NOCIVITÉ
Malin	DÉLURÉ • ESPIÈGLE • FINAUD
	FUTÉ • HABILE • MADRÉ • RUSÉ
Malin, démerdard	COMBINARD
Malingre	CHÉTIF • DÉBILE • MALADE
	MALADIF • RABOUGRI
Malléable	MANIABLE • PLASTIQUE
Mallette	VALISE
Malmener	MALTRAITER • MOLESTER
Malmener fortement	ÉTRILLER
Malodorant	FÉTIDE
Malotru	GOUJAT • HURON • MUFLE • RUSTRE
Malpoli	MALAPPRIS
Malpropre	SALE
Malpropreté	SALETÉ
Malsain	MORBIDE • POURRI • PUTRIDE
Maltraitance	SÉVICES
Maltraiter	MALMENER
Maman	MÈRE
Mamelle d'un mammifère	TÉTINE
Mamelle d'une femelle	PIS
Mamelon du sein	TÉTIN
Mammifère	MULOT
Mammifère à fourrure estimée	MARTE • MARTRE
Mammifère à odeur nauséabonde	PUTOIS
Mammifère à queue aplatie	CASTOR
Mammifère appelé grand fourmilier	TAMANOIR
Mammifère arboricole	AÏ

Mammifère australien	KOALA
Mammifère aux mouvements lents	AÏ
Mammifère bas sur pattes	BELETTE
Mammifère carnassier	HYÈNE • LÉOPARD • PUMA
Mammifère carnivore	BLAIREAU • CHAT • CIVETTE
	FENNEC • FURET • GUÉPARD
	HERMINE • LOUP • OCELOT • OURS
	RATEL • RATON • RENARD • OURS
Mammifère carnivore au museau pointu	MARTE • MARTRE
Mammifère carnivore au museau terminé en groin	COATI
Mammifère carnivore au pelage gris-brun	FOUINE
Mammifère carnivore aux oreilles pointues	LYNX
Mammifère carnivore d'Afrique	GENETTE
Mammifère carnivore d'Afrique et d'Asie	HYÈNE
Mammifère carnivore de Sibérie	ZIBELINE
Mammifère carnivore, sorte de blaireau, friand de miel	RATEL
Mammifère cétacé	MARSOUIN
Mammifère cuirassé de plaques cornées	TATOU
Mammifère d'Afrique	GIRAFE
Mammifère d'Amérique tropicale	UNAU
Mammifère de la famille des antilopes	GAZELLE
Mammifère des forêts d'Asie	PANDA
Mammifère disparu	RHYTINE
Mammifère domestique	TAUREAU
Mammifère du Pacifique	OTARIE
Mammifère grimpeur australien	KOALA
Mammifère herbivore	GNOU • TAPIR
Mammifère lémurien vivant à Madagascar	INDRI
Mammifère marin	BALEINE • CÉTACÉ • ÉPAULARD
Mammifère marin au corps épais	MORSE
Mammifère marin carnivore	ORQUE
Mammifère marin habitant les mers arctiques	BÉLOUGA

Mammifère ongulé	GNOU • LAMA • TAPIR
Mammifère ongulé omnivore	PORC
Mammifère ovipare d'Australie	ÉCHIDNÉ
Mammifère presque aveugle	TAUPE
Mammifère proche de la belette	HERMINE
Mammifère recherché pour sa fourrure	VISON
Mammifère rongeur	LIÈVRE
Mammifère rongeur à fourrure estimée	RAGONDIN
Mammifère rongeur d'Amérique du Sud	COBAYE
Mammifère rongeur hibernant	MARMOTTE
Mammifère ruminant	BOEUF • CERF • CHÈVRE MOUTON • RENNE
Mammifère ruminant ongulé	DAIM • MOUFLON
Mammifère ruminant qui a deux bosses sur le dos	CHAMEAU
Mammifère ruminant sauvage d'Afrique	ANTILOPE
Mammifère ruminant, aux pattes grêles et aux longues cornes arquées	ANTILOPE
Mammifère très prolifique	LAPIN
Mammifère végétarien des rivières	CASTOR
Mammifère voisin de la belette	ZORILLE
Mammifère voisin des mouffettes	ZORILLE
Mammifère voisin du lama	ALPAGA
Mammifère voisin du lapin	LIÈVRE
Mammifère voisin du phoque	OTARIE
Mammite	MASTITE
Manche en bois	HAMPE
Manche, au tennis	SET
Manche, au volley-ball	SET
Manchon mobile	NILLE
Mandarin	MANITOU
Mandarine	CLÉMENTINE
Mandat	MISSION • POUVOIR
Mandat de sept ans	SEPTENNAT
Mandataire	AGENT • AGRÉÉ • DÉLÉGUÉ • DÉPUTÉ
Manécanterie	CHOEUR
Manège de chevaux de bois	CARROUSEL
Manette	LEVIER
Manganèse	MN

Mangeaille	NOURRITURE
Mangeoire	AUGE
Mangeoire pour la volaille	TRÉMIE
Manger	BECTER • BOUFFER • GOBER
Manger avec gloutonnerie	BÂFRER
Manger de nouveau	REMANGER
Manger du bout des dents	GRIGNOTER • PIGNOCHER
Manger gloutonnement et avec excès	BÂFRER
Manger l'herbe, en parlant du bétail	BROUTER
Manger par petits morceaux	CHIPOTER
Manger peu	PICORER
Manger sans appétit	PIGNOCHER
Manger une autre fois	REMANGER
Maniable	SOUPLE
Maniaque	OBSÉDÉ
Manichéiste	MANICHÉEN
Manie	HABITUDE • TIC
Maniement	UTILISATION
Manier	MODELER • TÂTER
Manier avec habileté	JONGLER
Manier brutalement	TRITURER
Manière	FAÇON • GUISE • MODALITÉ MODE • SYSTÈME
Manière d'agir jugée aberrante	HÉRÉSIE
Manière d'appliquer la couleur	TOUCHE
Manière d'avancer	ERRE
Manière d'écrire vague et emphatique	LAÏUS
Manière d'écrire, style	ÉCRITURE
Manière d'être	ÉTAT • QUALITÉ
Manière d'utiliser	UTILISATION
Manière de boucher	BOUCHAGE
Manière de chasser au hasard du lancer	TROLLE
Manière de cuisson	DAUBE
Manière de dactylographier	FRAPPE
Manière de draper	DRAPEMENT
Manière de lacer	LACEMENT
Manière de lancer	TIR
Manière de parler	DICTION
Manière de procéder juridiquement	PROCÉDURE
Manière de raconter un fait	VERSION
Manière de recevoir	ACCUEIL

Manière de réciter	DÉBIT
Manière de ressentir une situation	FEELING
Manière de s'exprimer	TON
Manière de s'exprimer en peu de mots	LACONISME
Manière de saluer exagérée	SALUTATION
Manière de se comporter	ATTITUDE
Manière de se tenir	ATTITUDE
Manière de tenir le corps	ATTITUDE
Manière de tricoter	TRICOTAGE
Manière dont on réagit	RÉACTION
Manière dont un livre est relié	RELIURE
Manière dont un mot est écrit	GRAPHIE
Manière dont une chose est pliée	PLIAGE
Manière dont une chose s'est faite	COMMENT
Maniérisme	PRÉCIOSITÉ
Manifestation	AFFIRMATION • APPARITION
	MEETING
Manifestation bruyante	TONNERRE
Manifestation morbide brutale	ICTUS
Manifestation non violente	SIT-IN
Manifeste	APPARENT • ÉVIDENT • VISIBLE
Manifester	TÉMOIGNER • TRADUIRE
Manifester en termes violents, par des cris	CLAMER
Manifester une joie intense	JUBILER
Manigance	TRIPOTAGE
Manigancer	COMBINER • MACHINER
	MIJOTER • TRIPOTER
Manipulateur	OPÉRATEUR
Manipuler	MANIER
Manitou	CAÏD
Manoeuvrable	MANIABLE
Manoeuvre	INTRIGUE • MANÈGE
	OUVRIER • STRATÉGIE
Manoeuvre de massage	FRICTION
Manoeuvre douteuse	MAGOUILLE
Manoeuvre frauduleuse	DOL
Manoeuvre qui pousse des chariots	ROULEUR
Manoeuvre secrète	MANIGANCE
Manoeuvrer	MANIER • MANIPULER • RUSER
Manoeuvres secrètes et malveillantes	MENÉES

Manoir	CASTEL
Manque	LACUNE • PRIVATION • RARETÉ
Manque absolu d'activité	INERTIE
Manque d'argent	DÈCHE
Manque d'assurance	TIMIDITÉ
Manque d'attention	NÉGLIGENCE
Manque d'éclat	GRISAILLE
Manque d'énergie	LÂCHETÉ
Manque d'intelligence	IDIOTIE
Manque de clarté	CONFUSION • OBSCURITÉ
Manque de force	ASTHÉNIE
Manque de franchise	FAUSSETÉ
Manque de largeur d'esprit	ÉTROITESSE
Manque de loyauté	PERFIDIE
Manque de loyauté, de bonne foi	DÉLOYAUTÉ
Manque de nécessaire	PAUVRETÉ
Manque de probité	IMPROBITÉ
Manque de rapidité	LENTEUR
Manque de retenue	IMPUDEUR
Manque de réussite	INSUCCÈS
Manque de richesse	MAIGREUR
Manque de robustesse	FRAGILITÉ
Manque de saine raison	INSANITÉ
Manque de soin	INCURIE
Manque de travail	CHÔMAGE
Manque total d'aliments	FAMINE
Manquement	FAUTE • OUBLI
Manquer	ÉCHOUER • FAILLIR • LOUPER • RATER
Mansarde	GALETAS
Manteau	PALETOT • PARDESSUS
Manteau à capuchon	BURNOUS
Manteau court en drap de laine	CABAN
Manteau d'astrakan	ASTRAKAN
Manteau de femme	MANTE
Manteau de laine à capuchon que portent les Arabes	BURNOUS
Manteau de pluie	IMPER
Manteau de prélat	MANTELET
Manteau du chien	MANTELURE
Manteau porté sur l'armure, au Moyen Âge	TABARD

Manteau sans manches	PÈLERINE
Manufacture	USINE
Manufacturé	OUVRÉ
Manufacturier	FABRICANT
Manufacturier de laine	LAINIER
Manuscrit	ÉCRIT • TEXTE
Maquereau	MARLOU • SOUTENEUR
Maquette	ESQUISSE
Maquillage	FARD
Maquillage de théâtre	GRIMAGE
Maquillé	DÉGUISÉ
Maquiller	DÉGUISER • FARDER
Maquiller pour le théâtre	GRIMER
Marais	MARE
Marais du Péloponnèse	LERNE
Marais salant	SALIN • SALINE
Marasme	CRISE • MOROSITÉ
Marbre brun-rouge	GRIOTTE
Marbrer	VEINER
Marbrure	JASPURE
Marchand	NÉGOCIANT • VENDEUR
Marchand ambulant	CAMELOT • CRIEUR
Marchand d'articles de marine	SHIPCHANDLER
Marchand d'ouvrages de sellerie	SELLIER
Marchand de couleurs	DROGUISTE
Marchand de faïence	FAÏENCIER
Marchand de laine	LAINIER
Marchand de lunettes	LUNETIER
Marchand de sel	SAUNIER
Marchand de soupe	ÉPICIER
Marchand en gros	GROSSISTE
Marchande	VENDEUSE
Marchande de glaces	GLACIÈRE
Marchandise	CAME
Marchandise non emballée	VRAC
Marchandise sans valeur	NANAR
Marchandises du vitrier	VITRERIE
Marchandises en magasin	STOCK
Marchandises sans emballage	VRAC
Marchandises sans valeur	PACOTILLE
Marche	AVANCEMENT • ÉCHELON

Marché	PACTE
Marche à suivre	MÉTHODE • PROCÉDURE
	TACTIQUE
Marché aux herbes	HERBERIE
Marché couvert des pays d'Islam	SOUK
Marché public en Orient	BAZAR
Marché, dans les pays arabes	SOUK
Marchepied à quelques degrés	ESCABEAU
Marcher	ALLER • CHEMINER
Marcher à petits pas courts	TROTTINER
Marcher avec affectation (Se)	PAVANER
Marcher avec des béquilles	BÉQUILLER
Marcher sans but précis	DÉAMBULER
Marcher sur un sol détrempé	PATAUGER
Marcher très vite	GALOPER
Marcher vite et à petits pas	TROTTINER
Marcotte de vigne	PROVIN
Mare	ÉTANG
Marécage	MARAIS
Maréchal allemand mort en 1945	MODEL
Maréchal de France	NIEL
Maréchal de France né en 1485	LAUTREC
Maréchal de France né en 1795	RANDON
Maréchal de France né en 1856	PÉTAIN
Maréchal des logis	MARGIS
Maréchal prussien mort en 1879	ROON
Maréchal yougoslave	TITO
Maréchal-ferrant	FORGERON
Marginal	ASOCIAL • BOHÈME
Marginer	ANNOTER
Margotter	MARGOTER
Mari	ÉPOUX
Mari de Bethsabée	URIE
Mariable	NUBILE
Mariage	ALLIANCE • HYMEN • UNION
Marié à deux personnes	BIGAME
Marie-jeanne	MARIHUANA
Marier	ÉPOUSER
Marijuana	MARIHUANA
Marin	MATELOT
Marin toulonnais	MOCO

Marinade aromatisée de poissons étêtés	ESCABÈCHE
Marinier	BATELIER
Marionnette sans fils	GUIGNOL
Marionnette, pantin	FANTOCHE
Maritime	MARINE
Marmelade	COMPOTE
Marmite en fonte	BRAISIÈRE • COCOTTE
Marmonner	BREDOUILLER
Marmotte	MURMEL
Marmotter	BALBUTIER
Marotte	DADA • MANIE
Marquage de lettres	LETTRAGE
Marque	CICATRICE • EMPREINTE
	ENSEIGNE • ÉTIQUETTE
	MEURTRISSURE • REPÈRE • SCORE
	SIGNE • TACHE • TRACE
Marqué	PRONONCÉ
Marque apposée	LABEL
Marque caractéristique, distinctive	TRAIT
Marque d'approbation	BRAVO
Marque d'un coup	GNON
Marque d'une victoire	TROPHÉE
Marqué de bandes	FASCIÉ
Marqué de petites raies	VERGETÉ
Marqué de raies	STRIÉ
Marque de vénération	HOMMAGE
Marque faite en mordant	MORSURE
Marque formée par un pli	PLIURE
Marque le doute	EUH
Marqué par le fanatisme	FANATIQUE
Marque qu'on fait à la peau en la suçant fortement	SUÇON
Marque qui reste sur la peau qui a été pincée	PINÇON
Marque sur la peau	PINÇON
Marque, repère	JALON
Marquer	BORNER • DÉSIGNER • GRAVER
	INSCRIRE • JALONNER • NOTER
Marquer d'un cran	CRÉNER
Marquer d'un parafe	PARAFER

Marquer d'un paraphe	PARAPHER
Marquer d'un signe	COCHER
Marquer d'un trait	COCHER
Marquer d'une entaille	CRÉNER
Marquer de bandes foncées	ZÉBRER
Marquer de bigarrures	BIGARRER
Marquer de couleurs contrastantes	BIGARRER
Marquer de couleurs qui tranchent l'une sur l'autre	BIGARRER
Marquer de dessins indélébiles	TATOUER
Marquer de l'esprit latin	LATINISER
Marquer de lignes sinueuses	ZÉBRER
Marquer de petites taches	PICOTER • TACHETER
Marquer de raies	RAYER • STRIER
Marquer de traits	LIGNER
Marquer de traits profonds	SABRER
Marquer l'emplacement	TRACER
Marquer la mesure	SCANDER
Marquer le début de	INAUGURER
Marquer les arbres à épargner dans une coupe	LAYER
Marquer par tomes	TOMER
Marqueté	TACHETÉ
Marquise	AUVENT
Marrant	RIGOLO • TORDANT
Marte	MARTRE
Marteau	MAIL • MAILLET
Marteau à deux pointes	SMILLE
Marteau de couvreur	ASSEAU • ASSETTE
Marteau de porte	HEURTOIR
Martial	MILITAIRE
Martre	MARTE
Martre de Sibérie et du Japon	ZIBELINE
Martre du Canada	PÉKAN
Martyre	SUPPLICE
Martyriser	PERSÉCUTER
Mascara	RIMMEL
Mascarade	MOMERIE
Masculin	MÂLE • VIRIL
Masculiniser	VIRILISER
Masochiste	MASO

Masque	LOUP
Masque qui filtre l'air	RESPIRATEUR
Masquer	VOILER
Massacre	BOUCHERIE • CARNAGE • TUERIE
Massacrer	ABÎMER • IMMOLER
Masse	AMAS • MASSUE
	POIDS • POPULACE
Masse compacte et pesante	BLOC
Masse continentale formée par l'Asie et l'Europe	EURASIE
Masse d'eau	RIVIÈRE
Masse d'eau qui se déplace	FLOT
Masse d'une matière moulée	PAIN
Masse de beurre	MOTTE
Masse de fer aciéré	ENCLUME
Masse de glace flottante	ICEBERG
Masse de métal	LINGOT
Masse de métal ou d'alliage	LINGOT
Masse de neige durcie	NÉVÉ
Masse de pierre dure	ROCHER
Masse pierreuse sphérique	GÉODE
Masse pour assommer les boeufs	MERLIN
Masse solide	BLOC
Massicoter	ROGNER
Massif boisé du Bassin parisien	OTHE
Massif d'arbustes	FOURRÉ
Massif de l'Algérie orientale	AURÈS
Massif de maçonnerie	CULÉE
Massif des Alpes suisses	ADULA • MIDI
Massif du nord du Maroc	RIF
Massif du sud de l'Espagne	NEVADA
Massif montagneux d'Europe	ALPES
Massif montagneux de l'Algérie septentrionale	DAHRA
Massif montagneux de l'Asie centrale russe	ALTAÏ
Massif montagneux du Sahara méridional	AÏR
Massif où, suivant la Bible, s'arrêta l'arche de Noé	ARARAT
Massif volcanique d'Allemagne	RHON

Massue	BATTE • GOURDIN
Mastiquer	MÂCHER
Mastodonte	COLOSSE
Mât	PYLÔNE
Mât arrière d'un voilier qui en comporte deux ou davantage	ARTIMON
Mât horizontal	BÔME
Mât le plus arrière sur un navire à trois mâts et plus	ARTIMON
Matador	ESPADA • TORERO
Mataf	MATELOT
Matamore	FENDANT • VANTARD
Matelas d'origine japonaise	FUTON
Matelas de coton	FUTON
Matelasser	BOURRER • REMBOURRER
Matelot	MARIN • MATAF
Matelot affecté au service de la cale	CALIER
Matelot chargé de l'entretien	GABIER
Matelot chargé du service de la cale	CALIER
Matelot qui ouvre les morues	TRANCHEUR
Mater	MATIR
Matérialiste	ATHÉE
Matériau céramique	GRÈS
Matériau composite formé de produits céramiques	CERMET
Matériau de construction	BÉTON
Matériau de construction constitué de terre argileuse	PISÉ
Matériau formé d'un mortier	BÉTON
Matériau léger	LIÈGE
Matériau stratifié	FORMICA
Matériau synthétique imitant le cuir	SKAÏ
Matériel	CONCRET • MATOS • OUTILLAGE
Matériel d'une armée	BAGAGE
Matériel de couchage	LITERIE
Matériel de guerre	ARTILLERIE
Math	MATHS
Mathématicien français	BAIRE • VIÈTE
Mathématicien français né en 1906	WEIL
Mathématicien italien né en 1835	BELTRAMI
Mathématicien norvégien né en 1802	ABEL

Mathématicien suisse né en 1707	EULER
Mathématiques	MATH • MATHS
Matière	SUBSTANCE
Matière carbonée noire	SUIE
Matière collante	GLU
Matière colorante	ÉOSINE
Matière colorante brunâtre	SÉPIA
Matière colorante brune utilisée pour la teinture du coton	CACHOU
Matière colorante rouge	ÉOSINE
Matière fécale	ÉTRON
Matière fertilisante d'origine animale	GUANO
Matière fétide mélangée de sang	SANIE
Matière grasse	CRÈME
Matière grasse du lait	CRÈME
Matière inflammable	RÉSINE
Matière minérale utilisée en bijouterie	GEMME
Matière onctueuse et jaune	CÉRUMEN
Matière organique	HUMUS
Matière plastique	PVC
Matière plastique fluorée	TÉFLON
Matière première	MATÉRIAU
Matière pulvérulente	CIMENT
Matière purulente	SANIE
Matière qui use par frottement	ABRASIF
Matière résistante d'un blanc laiteux	IVOIRE
Matière rocheuse et dure	ROC
Matière sébacée que sécrète la peau des moutons	SUINT
Matière synthétique	PLASTIQUE
Matière textile	ABACA • OUATE
Matière textile appelée aussi tagal	ABACA
Matière tinctoriale bleue	INDIGO
Matière utilisée dans la cémentation	CÉMENT
Matière utilisée en céramique fine	PORCELAINE
Matière visqueuse	GLU
Matière visqueuse à base de résine	POIX
Matin	AURORE
Matois	MADRÉ
Matraque	GOURDIN • TRIQUE
Matrice	MOULE • UTÉRUS

Matrice en acier	ÉTAMPE
Matricer	ESTAMPER
Matricule	NUMÉRO
Maturation des fruits	VÉRAISON
Maudit	ABOMINABLE • DAMNÉ
Maudit, sacré	SATANÉ
Maugréer	BOUGONNER • GROGNER
	PESTER • RÂLER • ROUSPÉTER
Maussade	BOURRU
Mauvais	ABOMINABLE • ABUSIF
	INJUSTE • MALIN
Mauvais accueil	REBUFFADE
Mauvais avocat	AVOCAILLON
Mauvais bateau	RAFIOT
Mauvais cheval	ROSSE • TOCARD
Mauvais cuisinier	GARGOTIER
Mauvais film	NANAR • NAVET
Mauvais ragoût	RATA
Mauvais tableau	CROÛTE
Mauvais traitements	SÉVICES
Mauvais vin	VINASSE
Mauvais violon	CRINCRIN
Mauvaise	PERNICIEUSE
Mauvaise automobile	BAGNOLE
Mauvaise boisson	BIBINE • RINÇURE
Mauvaise chance	GUIGNE • GUIGNON
Mauvaise constitution	DYSCRASIE
Mauvaise cuisine trop grasse	GRAILLON
Mauvaise humeur	BOUDERIE • HARGNE • ROGNE
Mauvaise imitation de pierreries	CLINQUANT
Mauvaise interprétation	CONTRESENS
Mauvaise mère	MARÂTRE
Mauvaise nourriture mal préparée	RATA
Mauvaise odeur	RELENT
Mauvaise plaisanterie	CRASSE
Mauvaise voiture	BAGNOLE • PATACHE
Mauviette	LULU
Maximaliser	MAXIMISER
Maxime	ADAGE • AXIOME
	DICTON • PROVERBE
Maxime populaire	ADAGE

Maximum	PLAFOND
Mayonnaise à l'ail et à l'huile d'olive	AÏOLI
Mazout	FIOUL • FUEL
Mec	AMI • GARS • GUS • JULES
Mécanisme	ORGANE
Mécanisme de déclenchement	DÉCLIC
Mécanisme servant à éjecter une pièce	ÉJECTEUR
Mécanisme servant à faire tourner une broche	TOURNEBROCHE
Mécénat	PROTECTION
Mécène	BIENFAITEUR • PROTECTEUR
Méchanceté	MALICE • ROSSERIE • VACHERIE
Méchanceté, haine	VENIN
Méchant	DANGEREUX • MALIN • MAUVAIS ODIEUX • SCÉLÉRAT • VILAIN
Méchant, sévère	VACHARD
Méchante	CRUELLE • ODIEUSE
Mèche de cheveux	COUETTE • ÉPI
Méconnaître	IGNORER • MÉSESTIMER
Mécontenter	ALIÉNER • DÉCEVOIR • FÂCHER
Médecin	DOCTEUR • TOUBIB
Médecin allemand mort en 1928	FLIESS
Médecin allemand né en 1758	GALL
Médecin américain mort en 1993	SABIN
Médecin britannique mort en 1977	ADRIAN
Médecin britannique, prix Nobel 1936	DALE
Médecin et écrivain français mort en 1672	PATIN
Médecin et physiologiste français	BINET
Médecin et psychanaliste français mort en 1981	LACAN
Médecin français considéré comme le fondateur de la psychiatrie moderne	PINEL
Médecin français mort en 1989	LÉPINE
Médecin français né en 1775	ITARD
Médecin français, collaborateur de Pasteur	ROUX
Médecin traitant	PRATICIEN
Médecine de la vieillesse	GÉRIATRIE
Média	PRESSE

Médiateur	ARBITRE • OMBUDSMAN
Médicament	MÉDECINE • PILULE
Médicament analgésique	ASPIRINE
Médicament employé comme traitement du paludisme	QUININE
Médicament fictif	PLACEBO
Médicament liquide	POTION
Médicament qui fortifie	TONIQUE
Médicament, philtre	BREUVAGE
Médiocre	MOCHE • PITEUX
Médire	BAVER • POTINER
Méditatif	PENSEUR • PENSIF
Méditer	MÛRIR • PENSER • SONGER
Médius	MAJEUR
Méduse	AURÉLIE
Méduse des mers tempérées	AURÉLIE
Méduser	PÉTRIFIER
Méfiance	SUSPICION
Mégaptère	JUBARTE
Mégère	CHIPIE
Mégisser	MÉGIR
Mégot	BOUT
Mégot de cigare	CLOPE
Mégoter	LÉSINER
Meilleur en son genre	AS
Meistre	MESTRE
Mélancolie	CAFARD • DÉPRIME • NOIRCEUR NOSTALGIE • SPLEEN • TRISTESSE
Mélancolie douce et rêveuse	LANGUEUR
Mélancolique	ATRABILAIRE
Mélange	AMALGAME • CROISEMENT IMBROGLIO • PROMISCUITÉ RÉUNION
Mélangé	MIXTE
Mélange d'argile et de calcaire	MARNE
Mélange d'excréments d'animaux	LISIER
Mélange de chaux et de sable	MORTIER
Mélange de cire et d'huile	CÉRAT
Mélange de feuilles de salades	MESCLUN
Mélange de flocons d'avoine	MUESLI • MUSLI
Mélange de fumée et de brouillard	SMOG

Mélange de langues	VOLAPUK
Mélange de raisins secs et de mélasse	FARLOUCHE
Mélange de sable et de ciment	GUNITE
Mélange fermenté de résidus organiques et minéraux	COMPOST
Mélange formant une masse pâteuse	MAGMA
Mélange liquide provenant de la rectification des alcools	FUSEL
Mélange mou et gluant	POIX
Mélange pour faire mariner	MARINADE
Mélange très fluide de ciment et d'eau	BARBOTINE
Mélanger	COMBINER • CONFONDRE ENTREMÊLER • INCORPORER • MÊLER
Mélanger avec un coupage	RECOUPER
Mêlé de terre	TERREUX
Mêlée	RIXE
Mêlée de gens qui se battent	BAGARRE
Mêler	ALLIER • ENTREMÊLER MÉLANGER • UNIR
Mêler d'iode	IODER
Méli-mélo	CONFUSION
Mélodie langoureuse	CANTILÈNE
Mélodieux	MUSICAL
Mélodramatique	MÉLO
Mélodrame	MÉLO
Melon à chair jaune, très parfumé	CAVAILLON
Melon cultivé dans la région de Cavaillon	CAVAILLON
Melon d'eau	PASTÈQUE
Membrane colorée de l'oeil	IRIS
Membrane de l'oeil	RÉTINE
Membrane de l'oreille	TYMPAN
Membrane mince	PELLICULE
Membrane qui permet de nager	NAGEOIRE
Membre	ADHÉRENT
Membre actif d'une organisation	MILITANT
Membre d'un gang	GANGSTER
Membre d'un jury	JURÉ
Membre d'un mouvement religieux	MORMON
Membre d'un mouvement religieux protestant	QUAKER

Membre d'une ambassade	ATTACHÉ
Membre d'une commission de censure	CENSEUR
Membre d'une congrégation instituée par saint Jean Eudes	EUDISTE
Membre d'une conjuration	CONJURÉ
Membre d'une peuplade de l'Amérique du Nord	HURON
Membre d'une secte hérétique du Moyen Âge	CATHARE
Membre de l'ordre fondé par Ignace de Loyola	JÉSUITE
Membre de la tribu de Lévi	LÉVITE
Membre des animaux supportant le corps	PATTE
Membre du clergé	PRÊTRE
Membre du conseil des califes	VIZIR
Membre du parti conservateur en Grande-Bretagne	TORY
Membre du parti libéral opposé aux torys	WHIG
Membre du parti national-socialiste allemand	NAZI
Membre permettant la nage	NAGEOIRE
Membre viril	PÉNIS
Même	PAREIL
Mémé	MÉMÈRE
Mémoire	SOUVENIR
Mémorialiste	ANNALISTE • HISTORIEN
Menaçant	FULMINANT
Menace	DANGER • PÉRIL
Ménager	ÉCONOMISER • ÉPARGNER
Ménager des gradations dans les couleurs	NUANCER
Mendélévium	MD
Mendiant	GUEUX • MENDIGOT
Mendiante	GUEUSE
Mendier	QUÊTER
Mener	COMMANDER • DIRIGER
Mener à	ABOUTIR
Mener à son terme	TERMINER

Mener au terme de son accomplissement	CONSOMMER
Mener avec soi	EMMENER
Mener quelqu'un quelque part	CONDUIRE
Mener une existence insipide	VÉGÉTER
Mener une vie faite de parties de plaisir	BAMBOCHER
Ménestrel	POÈTE
Ménétrier	VIOLONEUX
Meneur	LEADER
Mensonge	BLAGUE • BOBARD • CALOMNIE
Mensonge par exagération	CRAQUE
Mensonge, vantardise	CRAQUE
Mensonger	MENTEUR
Mensonger, trompeur	DÉCEVANT
Mensongère	MENTEUSE
Mental	MORAL
Menterie	MENSONGE
Menteur	TROMPEUR
Mention	NOMINATION
Mention portée au dos d'un titre à ordre	ENDOS
Mentionné ci-dessus	SUSDIT
Mentionner	CITER • NOMMER
Mentir	BLAGUER • TRICHER
Mentor	CONSEILLER • GUIDE
Menu morceau	BRIBE
Menue monnaie de métal	MITRAILLE
Menuisier	ÉBÉNISTE
Mépris	DÉDAIN • DÉRISION • NIQUE
Mépris pour les choses de la religion	IMPIÉTÉ
Méprisable	ABJECT • VIL
Méprisant	ARROGANT • DÉDAIGNEUX HAUTAIN
Méprise	QUIPROQUO
Mépriser	DÉDAIGNER • NARGUER
Mer	OCÉAN
Merder	FOIRER • MERDOYER • RATER
Mère	FEMME • MAMAN
Mère d'Artémis et d'Apollon	LÉTO
Mère d'Ismaël	AGAR
Mère de Jésus	MARIE

Mère de la Sainte Vierge	ANNE
Mère de Zeus	RHÉA
Mère dénaturée	MARÂTRE
Mère patrie	MÉTROPOLE
Merisier à grappes	PUTIER
Mérite	VALEUR
Mériter	ENCOURIR
Méritoire	LOUABLE • VERTUEUSE • VERTUEUX
Merl	MAERL
Merveille	PHÉNOMÈNE • TRÉSOR
Merveilleux	BEAU
Mésaventure, malheur	AVATAR
Mésentente	DÉSACCORD • DÉSUNION
	DISCORDE • ZIZANIE
Mésestime	ANTIPATHIE • DÉPRISE
Mesquin	BAS • CHICHE • ÉTROIT • RADIN
Message	PUBLICITÉ
Messager	COURRIER • HÉRAUT • PORTEUR
Messie	CHRIST • SAUVEUR
Messire	SIRE
Mesurage	MESURE
Mesure	CONTENANCE • DOSE
	PONDÉRATION • TEST
Mesuré	MODÉRÉ
Mesure agraire de superficie	ARE
Mesure anglo-saxonne de longueur	MILE
Mesure d'environ une paume	PALME
Mesure de capacité	GALLON
Mesure de capacité anglo-saxonne	PINTE
Mesure de distance	LIEUE
Mesure de la surface	SUPERFICIE
Mesure de longueur	ARPENT • COUDÉE • KILOMÈTRE
	MILLE • TOISE
Mesure de longueur anglo-saxonne	YARD
Mesure de longueur correspondant à l'envergure des bras	BRASSE
Mesure de longueur valant dix mètres	DÉCAMÈTRE
Mesure de longueur, soit deux bras étendus	BRASSE
Mesure de poids anglo-saxonne	ONCE
Mesure de poids espagnole	ARROBE

Mesure de quantité liquide	LITRE
Mesure des poids	PESAGE
Mesure espagnole de poids	AROBE
Mesure itinéraire chinoise	LI
Mesure provisoire	PALLIATIF
Mesure répressive	SANCTION
Mesurer	CADENCER • CALIBRER • CUBER
	DOSER • RADER
Mesurer à l'aide d'un mètre	MÉTRER
Mesurer à la radoire	RADER
Mesurer au stère	STÉRER
Mesurer avec la chaîne d'arpenteur	CHAÎNER
Mesurer en mètres	MÉTRER
Mesurer la profondeur	SONDER
Mesurer le poids	PESER
Métal	ALUMINIUM • CHROME • CUIVRE
	FER • MERCURE • NICKEL
Métal alcalin	POTASSIUM
Métal alcalin, mou, jaune pâle	CÉSIUM
Métal blanc	INDIUM
Métal blanc argenté très dur	CHROME
Métal blanc brillant	NIOBIUM • RHÉNIUM • TITANE
Métal blanc du même groupe que le fer et le nickel	COBALT
Métal blanc grisâtre	ÉTAIN
Métal blanc inoxydable	NICKEL
Métal blanc léger	ALUMINIUM
Métal blanc précieux	ARGENT
Métal blanc rougeâtre, dur et cassant	COBALT
Métal blanc très malléable	ÉTAIN
Métal connu sous forme d'erbine	ERBIUM
Métal d'un blanc bleuâtre	ZINC
Métal d'un gris bleuâtre	PLOMB
Métal de couleur rouge-brun	CUIVRE
Métal du groupe des lanthanides	CÉRIUM
Métal du groupe des terres rares	TERBIUM
Métal dur	ZINC
Métal dur, blanc, brillant	COBALT
Métal dur, brillant, extrait de la cérite	CÉRIUM
Métal gris	FER
Métal gris, dur	URANIUM

Métal jaune	OR
Métal précieux	OR • PLATINE
Métal terreux	ERBIUM
Métal très dense	PLOMB
Métaldéhyde	MÉTA
Métalloïde assez rare	TELLURE
Métallurgie du fer, de la fonte	SIDÉRURGIE
Métallurgiste français né en 1849	OSMOND
Métamorphose	MUE
Métamorphose, transformation	AVATAR
Métaphore	ALLÉGORIE • COMPARAISON
Métaphore passe-partout	PONCIF
Méthode	FORMULE • MOYEN • SYSTÈME
Méthodique	ORDONNÉ
Méticulosité	MINUTIE
Métier	CARRIÈRE
Métier à tisser inventé par Jacquard	JACQUARD
Métier de reporter	REPORTAGE
Métis	MULÂTRE
Métisser	ACCOUPLER
Mètre-Tonne-Seconde	MTS
Mets	PLAT
Mets accommodé avec beaucoup d'oignons	OIGNONADE
Mets fait avec des oeufs	OMELETTE
Mets fait de feuilles d'herbes potagères	SALADE
Mets fait de pommes de terre émincées	ROESTI • RÖSTI
Mets japonais fait de poisson	SUSHI
Mets typique d'une région	SPÉCIALITÉ
Mettable	PORTABLE
Metteur en scène de théâtre britannique	CRAIG
Mettre	APPOSER • DÉPOSER • DISPOSER FOURRER • PORTER
Mettre à couver	INCUBER
Mettre à l'abri	ABRITER • REMISER
Mettre à l'épreuve	ÉPROUVER
Mettre à la porte	CONGÉDIER • LOURDER
Mettre à la poste	POSTER
Mettre à la suite	ENFILER

Mettre à part	RÉSERVER
Mettre à pied, faute de travail	DÉBAUCHER
Mettre à sec	TARIR
Mettre au courant	BRANCHER
Mettre au courant par un bref exposé	BRIEFER
Mettre au lit	COUCHER
Mettre au même niveau	ÉGALER
Mettre au monde	ENFANTER
Mettre au nombre des bienheureux	BÉATIFIER
Mettre au nombre des saints	CANONISER
Mettre au point	PEAUFINER
Mettre au point par des essais	RODER
Mettre au propre	RECOPIER
Mettre au rang des bienheureux par l'acte de la béatification	BÉATIFIER
Mettre auprès	APPROCHER
Mettre autour d'une ficelle	ENFILER
Mettre bas	VÊLER
Mettre bas, en parlant d'une chatte	CHATONNER
Mettre bas, en parlant de la brebis	AGNELER
Mettre bas, en parlant de la lapine	LAPINER
Mettre bas, en parlant de la truie	COCHONNER
Mettre bout à bout	ABOUTER
Mettre d'accord	CONCILIER
Mettre dans la saumure	MARINER
Mettre dans sa poche	EMPOCHER
Mettre de niveau	ARASER
Mettre de nouveau	RENDOSSER
Mettre dehors	CHASSER
Mettre des balises	BALISER
Mettre des couches à un bébé	LANGER
Mettre des gants	GANTER
Mettre du piquant	PIMENTER
Mettre en circulation	ÉMETTRE
Mettre en code	CODER
Mettre en communication	BRANCHER
Mettre en danger	MENACER
Mettre en désordre	BOUSCULER
Mettre en discussion	CONTESTER
Mettre en évidence	SOULIGNER
Mettre en faisceau	TROUSSER

Mettre en futaille	ENFÛTER
Mettre en harmonie	ADAPTER
Mettre en liaison	CONNECTER
Mettre en mouvement	ACTIONNER
Mettre en orbite autour d'un astre	SATELLISER
Mettre en petits grains	GRANULER
Mettre en pièces	LACÉRER
Mettre en possession d'un lot	LOTIR
Mettre en présence	CONFRONTER
Mettre en prison	COFFRER • ÉCROUER
Mettre en question	DISCUTER
Mettre en silo	ENSILER
Mettre en tas	ENTASSER
Mettre en terre	INHUMER • REPIQUER • SEMER
Mettre en terre des plantes	REPIQUER
Mettre en vers	RIMER
Mettre ensemble	ASSOCIER • COMPILER
Mettre fin à un contrat	RÉSILIER
Mettre l'esprit à l'envers	TOURNEBOULER
Mettre la date	DATER
Mettre les rênes à	ENRÊNER
Mettre par couches	LITER
Mettre par lits	LITER
Mettre pêle-mêle	BROUILLER
Mettre pour titre	TITRER
Mettre un enjeu	MISER
Mettre un harnais à un cheval	HARNACHER
Mettre une moto sur sa béquille	BÉQUILLER
Meuble	BUREAU • COMMODE • LIT • TABLE
Meublé	GARNI
Meuble à fiches	FICHIER
Meuble à pupitre	LUTRIN
Meuble à tiroirs	CABINET
Meuble à trois pieds	TRÉPIED
Meuble de l'écu	MACLE
Meuble formé de montants	ÉTAGÈRE
Meuble où l'on range la vaisselle	BUFFET
Meuble sur lequel on fait ses devoirs	PUPITRE
Meugler	BEUGLER • MUGIR
Meule	GERBIER
Meurt-de-faim	AFFAMÉ

Meurtri	CONTUS • TALÉ
Meurtrier	ASSASSIN • TUEUR
Meurtrière	MORTELLE
Meurtrir	COTIR • TALER
Meurtrissure de la peau	CONTUSION
Mexicain établi aux États-Unis	CHICANO
Miaulement	MIAOU
Micro	MICROPHONE • MINI
Micro-ondes	FOUR
Micro-organisme agent de la contagion	VIRUS
Microbe	BACILLE
Microphone	MICRO
Microscopique	MINUSCULE
Microsillon	DISQUE
Midi	SUD
Mielleuse	ONCTUEUSE
Mielleux	DOUCEÂTRE • ONCTUEUX
Miette	PARCELLE
Mièvre	GNANGNAN
Mignon	JOLI • MIMI
Migraine	CÉPHALÉE
Mijaurée	PIMBÊCHE
Mijoter	FRICOTER • MITONNER
Milice	ARMÉE
Milieu	AMBIANCE • CENTRE DÉCOR • HABITAT
Milieu de la nuit	MINUIT
Milieu des voleurs	PÈGRE
Milieu du jour	MIDI
Milieu refermé sur lui-même	GHETTO
Milieu, centre	MITAN
Militaire	CAPORAL • GUERRIER MARTIAL • SOLDAT
Militaire appartenant à la gendarmerie	GENDARME
Militaire d'un corps de cavalerie	HUSSARD
Militaire spécialisé dans le service des canons	CANONNIER
Militant	PARTISAN
Militer	LUTTER

Mille-pattes	IULE
Millet	PANIC
Millilitre	ML
Mimer	COPIER
Minable	MÉDIOCRE • MITEUSE
	MITEUX • PIÈTRE
Minauderie	SIMAGRÉE
Minaudier	FAÇONNIER
Mince	MENU • PLAT • SVELTE
Mince comme un fil	FILIFORME
Mince couche de glace	VERGLAS
Mince et allongé	EFFILÉ
Mince et d'apparence frêle	FLUET
Mince et délicat	GRACILE
Mince et svelte	ÉLANCÉ
Mince lit de vase	VARVE
Mince, serré	PINCÉ
Minceur	FINESSE
Minceur délicate	GRACILITÉ
Mine	AIR • FIGURE
Mine, parole destinées à aguicher	AGACERIE
Miner	AFFAIBLIR • CORRODER • SAPER
Minerai	MICA
Minerai de sulfure de zinc	BLENDE
Minerai noir	MAGNÉTITE
Minéral	MINERAI
Minéral à structure lamellaire et cristalline	SPATH
Minéral brillant	MICA
Minéral fusible	FLUOR
Minéral naturel transparent	CRISTAL
Minet	MINOU
Mineur chargé du herchage	HERCHEUR
Mineur qui détache le minerai	TRANCHEUR
Minijupe	JUPETTE
Minimal	MINIMUM
Minimaux	MINIMA
Minime	INFIME
Minimums	MINIMA
Ministre	PASTEUR
Ministre d'un souverain musulman	VIZIR

Ministre protestant anglo-saxon	CLERGYMAN
Minois	FRIMOUSSE • MUSEAU • VISAGE
Minotier	MEUNIER
Minou	MINET
Minuscule	EXIGU • INFIME • PETIT
Minuscule goutte de graisse	LIPOSOME
Minutie	SOIN
Minutieuse à l'excès	TATILLONNE
Minutieux	EXACT • SOIGNEUX
Minutieux à l'excès	TATILLON
Mioche	ENFANT • GOSSE • MOUTARD
Miraculeux	SURNATUREL
Mirage	CHIMÈRE • ILLUSION
Miraud	MIRO
Miro	MIRAUD
Miroir	GLACE
Miroitement	ÉCLAT
Miroiter	SCINTILLER
Mis dans l'impossibilité d'agir	COINCÉ
Mis en rond	ROULÉ
Mise	ENJEU • TOILETTE
Mise à l'épreuve des délinquants	PROBATION
Mise de fonds	PLACEMENT
Mise en circulation	ÉMISSION • LANCEMENT
Mise en gerbes	GERBAGE
Mise en place du sujet par rapport au cadre	CADRAGE
Mise en vente d'un produit	SORTIE
Miser	JOUER
Miser une somme d'argent	CAVER
Misérable	MÉCHANT • MINABLE
Misérable, mendiant	GREDIN
Misérable, pauvre	PAUMÉ
Misérable, vaurien	MARAUD
Misère	ADVERSITÉ • DÉBINE • DÈCHE MISTOUFLE • MOUISE
Miséreux	GUEUX • MENDIANT
Miséricorde	BONTÉ • CHARITÉ • PITIÉ
Miss	REINE
Missile	FUSÉE
Mission	RÔLE

Missionnaire protestant anglais né en 1604	ELIOT
Missive	LETTRE • MESSAGE
Mitaine	GANT • MOUFLE
Mite	TEIGNE
Miteuse	PITEUSE
Miton	GITON
Mitonner	CUIRE • MIJOTER
Mitose	MÉIOSE
Mitrailler	FUSILLER
Mobile	MOTEUR • SAUTILLANT • VOLANT
Mobilier	MEUBLE
Mobiliser	RECRUTER
Mobylette	MOB
Mode	ÉPIDÉMIE • MANIÈRE STYLE • VOGUE
Mode de cuisson à l'étouffée	DAUBE
Mode de déplacement de certains animaux	SAUT
Mode de gestion d'une entreprise publique	RÉGIE
Mode de locomotion animale	REPTATION
Modelé	PÉTRI
Modèle	ACCOMPLI • EXEMPLE • IDÉAL NORME • PARANGON • PARFAIT PILOTE • TYPE
Modèle à suivre en construction	PLAN
Modèle de pistolet automatique	MAUSER
Modèle réduit	MAQUETTE
Modèle simplifié	PATTERN
Modelé vaporeux	SFUMATO
Modèle, étalon	STANDARD
Modération	RETENUE • SOBRIÉTÉ
Modéré	MODESTE • PONDÉRÉ • SAGE SOBRE • TEMPÉRÉ
Modérer	ADOUCIR • ASSAGIR • FREINER MÉNAGER • RALENTIR
Moderne	ACTUEL • CONTEMPORAIN NOUVEAU • RÉCENT
Moderniser	RAJEUNIR • RÉNOVER
Modeste	HUMBLE • RÉSERVÉ • SIMPLE

Modestie	HUMILITÉ
Modification	VARIATION
Modification à un projet de loi	AMENDEMENT
Modifier	ALTÉRER • AMENDER
	CHANGER • RÉVISER
Modifier la direction de	DÉFLÉCHIR
Modifier légèrement	NUANCER
Modulation d'un son	VIBRATION
Moelleuse	MOLLE • ONCTUEUSE
Moelleux	DOUX • MOU • ONCTUEUX
Moeurs	COUTUME
Mohair	MOIRE
Moi	BIBI • EGO • JE • ME
Moindre	MINEUR
Moindrement	MOINS
Moine bouddhiste	LAMA
Moineau	PIAF
Moins strict	MITIGÉ
Mois	AOÛT • AVRIL • DÉCEMBRE
	FÉVRIER • JANVIER • JUILLET • JUIN
	MAI • MARS • NOVEMBRE
	OCTOBRE • SEPTEMBRE
Mois d'abstinence des musulmans	RAMADAN
Mois de vingt-huit jours	FÉVRIER
Moïse	BERCEAU • COUFFIN
Moisir	CROUPIR
Moisson	RÉCOLTE
Moitié	DEMI
Moitié d'un tout	DEMI
Moitié de l'échine du veau	LONGE
Molécule	ION
Molester	BATTRE • MALMENER
Molette	ÉPERON
Mollasse	PÂTEUX
Mollasson	RAMOLLI
Mollesse	ATONIE
Mollusque	CALMAR • ESCARGOT • MOULE
	SOLEN • TURBO
Mollusque à coquille en forme de coeur	ISOCARDE
Mollusque à longs bras	POULPE

Mollusque à valves égales	ISOCARDE
Mollusque au corps vermiforme	TARET
Mollusque bivalve	HUÎTRE • MYE • PINNE
Mollusque bivalve d'eau douce	ANODONTE
Mollusque bivalve marin	CLAM • LIME • VÉNUS
Mollusque comestible	LITTORINE
Mollusque d'eau douce	LIMNÉE
Mollusque gastéropode	CÔNE • DORIS
Mollusque gastéropode carnassier	NASSE
Mollusque gastéropode des mers chaudes	VERMET
Mollusque marin	CLAM • OSCABRION • TARET
Mollusque marin comestible	CALMAR
Mollusque pulmoné	LIMNÉE
Mollusque pulmoné à coquille en spirale	PLANORBE
Mollusque qui vit dans les étangs	PALUDINE
Mollusque sans coquille	LIMACE
Mollusque terrestre	LIMACE
Molybdène	MO
Môme	LOUPIOT
Môme, enfant	CHIARD
Moment	CIRCONSTANCE • DATE INSTANT • TEMPS
Moment cinétique intrinsèque d'une particule	SPIN
Moment de la fin du repas	DESSERT
Moment où une chose s'achève	FIN
Momentané	BREF • PASSAGER • TEMPORAIRE
Momentanée	BRÈVE
Monacal	MONIAL
Monarchie	ROYAUTÉ
Monarchisme	ROYALISME
Monarque	POTENTAT • PRINCE ROI • SOUVERAIN
Monastère orthodoxe	LAURE
Monastique	MONACAL • MONIAL
Monceau	TAS
Monde	UNIVERS
Monde des escrocs	PÈGRE
Monergol	ERGOL

Moniteur	ÉCRAN • MONO
Monnaie	ARGENT • DEVISE • MÉTAL • SOU
Monnaie à l'effigie d'un duc	DUCAT
Monnaie anglaise	PENNY
Monnaie d'argent chez les Hébreux	SICLE
Monnaie d'argent de la Renaissance	TESTON
Monnaie d'or frappée en Iran	TOMAN
Monnaie d'origine écossaise	ESTERLIN
Monnaie du Japon	SEN
Monnaie du Mexique	PESO
Monnaie française qui valait douze deniers	DOUZAIN
Monnaie hongroise	FILLÉR
Monnaie japonaise	YEN
Monnaie russe	KOPECK
Monocle	LORGNON
Monophonie	MONO
Monopolisation	ACCAPAREMENT
Monopoliser	ACCAPARER
Monotone	LASSANT • MORNE • UNIFORME
Monotone et lent	TRAÎNANT
Monotonie	UNIFORMITÉ
Monotonie, routine	RONRON
Monovalent	UNIVALENT
Monseigneur	PRÉLAT
Monseigneur de l'Afrique du Sud	TUTU
Monsieur	HOMME • SIEUR
Monstre de la mythologie	GORGONE
Monstre fabuleux à tête de femme	HARPIE
Monstre femelle à queue de serpent	LAMIE
Monstre légendaire	TARASQUE
Monstre mythique	SPHINX
Monstrueux	AFFREUX • DÉMESURÉ • DIFFORME
Mont	MONTAGNE
Mont de Vénus	PÉNIL
Montagnard libre de la région de l'Olympe	CLEPHTE
Montagne	MONT
Montagne à relief allongé	SIERRA
Montagne biblique	NÉBO
Montagne d'Algérie	ZAB

Montagne de Grèce	ATHOS • OETA
Montagne de l'ouest de la Bulgarie	RILA
Montagne de Suisse	RIGI
Montagne de Thessalie	OSSA
Montagne des Alpes occidentales	VISO
Montagne près de Lucerne en Suisse	PILATE
Montagne qui émet des matières en fusion	VOLCAN
Montant	COÛT
Montant d'un lambris	PILASTRE
Montant du prix d'un service	TARIF
Montée	HAUSSE
Montée de l'eau, entre marée basse et marée haute	REVIF
Montée rapide	ESCALADE
Monter	GRAVIR • GRIMPER • HISSER • SERTIR
Monticule	BUTTE • COTEAU • DUNE • TERTRE
Monticule de déchets miniers	TERRIL
Monticule fait de terre ou de pierres	CAIRN
Montrer	DÉSIGNER • EXHIBER • EXPOSER PRÉSENTER • PROUVER • SIGNALER
Montrer du mécontentement	BOUDER
Monture	SELLE
Monument	MAUSOLÉE • STÈLE
Monument élevé à la mémoire d'un mort et qui ne contient pas son corps	CÉNOTAPHE
Monument funéraire	STUPA • TOMBEAU
Monument monolithe	STÈLE
Monument vertical, souvent funéraire	STÈLE
Monumental	ÉNORME
Moquer	CHINER • RAILLER
Moquerie	BROCARD • GOUAILLE • IRONIE RAILLERIE • SATIRE
Moquerie collective	RISÉE
Moquerie ironique	SARCASME
Moquette	TAPIS
Moqueur	GOGUENARD • GOUAILLEUR IRONISTE • RAILLEUR
Moqueur, impertinent	FRONDEUR
Morale	MOEURS

Moralement désenchanté	NIHILISTE
Moralisateur	PRÊCHEUR • PRÉDICANT
Moraliser	PRÊCHER
Moralité	CONCLUSION
Moratoire	SUSPENSION
Morbide	MALSAIN
Morceau	DÉBRIS • FRAGMENT • MIETTE
	PARTIE • PIÈCE • TRONÇON
Morceau coupé finement	TRANCHE
Morceau d'or	PÉPITE
Morceau de boeuf	ALOYAU
Morceau de boeuf, près de l'aloyau	BAVETTE
Morceau de bois brûlé	TISON
Morceau de bois de chauffage	BÛCHE
Morceau de glace	GLAÇON
Morceau de linge	LAVETTE
Morceau de linge roulé en boule	TAPON
Morceau de musique d'un caractère mélancolique	NOCTURNE
Morceau de papier	FEUILLE
Morceau de pâte	PÂTON
Morceau de porc	JAMBON
Morceau de terre	MOTTE
Morceau de tissu	LINGE
Morceau de viande de boucherie	RÔTI
Morceau découpé	DÉCOUPURE
Morceau exécuté par l'orchestre tout entier	TUTTI
Morceau joué seul	SOLO
Morceau pour trois instruments	TRIO
Morceler	PARTAGER • SECTIONNER
Morceler à l'excès	ÉMIETTER
Mordant	ACERBE • ACÉRÉ • AIGRE • AIGREUR
	CUISANT • INCISIF • PÉNÉTRANT
Mordant, vif	PIQUANT
Mordiller	MORDRE
Mordoré	BRUN
Mordu	AMOUREUX • FÉRU
More	MAURE
Moribond	MOURANT
Morigéner	CHAPITRER • SERMONNER

Morne	TERNE
Morose	TACITURNE • TRISTE
Mors	FREIN
Mort	CADAVRE • DÉCÉDÉ • DÉCÈS DÉFUNT • TRÉPAS
Mort-aux-rats	RATICIDE
Mortalité	LÉTALITÉ
Mortel	FATAL • FUNESTE
Mortier	CIMENT • OBUSIER
Mortier détrempé avec de l'eau	GÂCHIS
Mortification	NÉCROSE • PÉNITENCE
Mortifié	MACÉRÉ
Mortifier	MACÉRER • ULCÉRER
Mortuaire	FUNÈBRE • OBITUAIRE
Morue, merlu	MERLUCHE
Mosquée	TEMPLE
Mot	BILLET • MISSIVE
Mot à mot	TEXTUEL
Mot de trois lettres	TRIGRAMME
Mot dont le son imite la chose dénommée	ONOMATOPÉE
Mot dont on se sert pour faire avancer un cheval	HUE
Mot imitatif	ONOMATOPÉE
Mot italien signifiant «avec tendresse»	AMOROSO
Mot ou expression synonyme	SYNONYME
Mot piquant, moquerie	FION
Mot que l'acteur dit à part soi	APARTÉ
Mot qui exprime une action	VERBE
Mot servant à désigner un objet, une notion	VOCABLE
Motel	HÔTEL
Moteur à combustion interne	DIESEL
Moteur à réaction	RÉACTEUR
Motif	CAUSE • EXCUSE • MOBILE
Motif de plainte	GRIEF
Motif décoratif de forme ronde	PASTILLE
Motivant	STIMULANT
Motiver	CAUSER • STIMULER
Moto d'enduro	ENDURO

Motocross	TRIAL
Motocycle	SCOOTER
Motocyclette	MOTO
Motocycliste	MOTARD
Motocycliste de la gendarmerie	MOTARD
Motoriser	MÉCANISER
Mou	BONASSE • FAIBLE • FLASQUE
	MOL • TENDRE
Mou, avachi	RAMOLLO
Mouchard	DÉLATEUR
Moucharder	DÉNONCER
Mouche africaine	GLOSSINE • TSÉ-TSÉ
Mouche dont la larve vit dans les flaques de pétrole	PSILOPA
Mouche du genre glossine	TSÉ-TSÉ
Moucheté	TACHETÉ • TIGRÉ
Moucheture sur le plumage d'un oiseau	MAILLURE
Moudre	BROYER
Moue	BOUDERIE
Moufle	MITAINE
Mouflet	MOUTARD
Mouillé	HUMIDE
Mouiller	ARROSER • ASPERGER • DILUER
	SAUCER • TREMPER
Mouiller abondamment	DOUCHER
Mouiller légèrement	HUMECTER
Mouiller, arroser	BAIGNER
Moulant	COLLANT • SERRÉ
Moule à fromage	CASERET
Mouler	FONDRE • SERRER
Moult	BEAUCOUP
Moulu	COURBATU • ÉREINTÉ
	FOURBU • ROMPU
Moulure	CANNELURE
Moulure à hauteur d'appui	CIMAISE
Moulure concave	CAVET
Moulure en saillie	SACOME
Moulure plate ou saillante	LISTEL
Moulure ronde	TORE
Mourant	MORIBOND

Mourir	CANER • DÉCÉDER • EXPIRER
	PÉRIR • TRÉPASSER
Mousse	ÉCUME
Mousse blanchâtre	ÉCUME
Mousseline de coton	ORGANDI
Mousseline raidie par un apprêt	ORGANDI
Mousser	ÉCUMER
Moustique	BRÛLOT
Moustique aux longues pattes fines	COUSIN
Moutarde des champs	SANVE
Moutarde sauvage	SÉNEVÉ
Mouton	BÉLIER • SUIVEUR
Mouton en ragoût	NAVARIN
Mouvant	FLUENT • ONDOYANT
Mouvement	ACTIVITÉ • ALLÉE • ANIMATION
	CONTORSION • GESTE • MOTION
	RYTHME • TRANSPORT
Mouvement alternatif d'un navire	TANGAGE
Mouvement brusque	SURSAUT
Mouvement circulaire	GIRATION • ROTATION
Mouvement culturel jamaïcain	RASTA
Mouvement d'haltérophilie	ÉPAULÉ
Mouvement d'un animal qui rue	RUADE
Mouvement d'un liquide	COULURE
Mouvement de colère	RAGE
Mouvement de contestation regroupant des jeunes	PUNK
Mouvement de grève	DÉBRAYAGE
Mouvement de l'air	VENT
Mouvement de l'âme vers un idéal	ASPIRATION
Mouvement de l'eau	COURANT
Mouvement de la mer	MARÉE
Mouvement de la mer descendante	REFLUX
Mouvement de sens inverse	RETOUR
Mouvement des équidés qui lancent leurs membres postérieurs en arrière	RUADE
Mouvement en rond	VOLTE
Mouvement giratoire	GIRATION
Mouvement impétueux d'une foule	RUÉE
Mouvement ondulatoire	HOULE
Mouvement politique	SÉPARATISME

Mouvement qui oscille	VIBRATION
Mouvement qui suit une ligne sinueuse	ZIGZAG
Mouvement rapide	VÉLOCITÉ
Mouvement rapide d'un végétal en réaction à un choc	NASTIE
Mouvement sinueux	ONDULATION
Mouvement, tourbillon	REMOUS
Mouvementé	ORAGEUX
Mouvementée	ORAGEUSE
Mouvements folâtres	ÉBATS
Mouvoir	ÉMOUVOIR
Mouvoir son corps en cadence	DANSER
Moye	MOIE
Moyen	MANIÈRE • MODÉRÉ RESSOURCE • SYSTÈME
Moyen d'épuration	CREUSET
Moyen de protection	ARMURE
Moyen de réussir	ATOUT
Moyen de séduire	SÉDUCTION
Moyen de transport	AUTO • TRAIN
Moyen détourné d'atteindre un but	BIAIS
Moyenâgeux	MÉDIÉVAL
Moyennant	POUR
Moyenne	MILIEU • NORMALE
Moyens	POSSIBILITÉ
Mû par un élan créateur	INSPIRÉ
Muance	MUE
Mucher	MUSSER
Muet	COI
Muette	COITE
Mufle	GOUJAT
Mugir	BEUGLER • MEUGLER • RUGIR
Mulâtre	MÉTIS
Multicolore	BARIOLÉ
Multiforme	DIVERSIFORME
Multiple	VARIÉ
Multiplication indéfinie d'un fragment d'ADN	CLONAGE
Multiplier par boutures	BOUTURER
Multiplier par trois	TRIPLER

Multitude	AFFLUENCE • ARMÉE FLOPÉE • LÉGION
Multitude de personnes	FOULE
Muni	GARNI • POURVU
Muni d'armes	ARMÉ
Muni de deux moteurs	BIMOTEUR
Munir	GARNIR • NANTIR
Munir d'un grillage	GRILLAGER
Munir d'un tuteur	TUTEURER
Munir d'une arme	ARMER
Munir d'une coulisse	COULISSER
Munir d'une fermeture à glissière	ZIPPER
Munir d'une selle	SELLER
Munir de balises	BALISER
Munir de cercles	CERCLER
Munir les pneus de chaînes	CHAÎNER
Muon	MU
Muqueuse de la cavité utérine	ENDOMÈTRE
Muqueuse entourant la base des dents	GENCIVE
Mur	PAROI • REMPART
Mur à hauteur d'appui	PARAPET
Mur d'appui	ALLÈGE
Mur d'une salle d'exposition	CIMAISE
Mur de soutènement	PERRÉ
Murer	CONDAMNER • EMMURER
Muretin	MURET
Mûri	AOÛTÉ • PRÉMÉDITÉ
Mûri par la chaleur	AOÛTÉ
Mûrir	MÉDITER
Mûrir par la chaleur d'août	AOÛTER
Mûrir par la réflexion	DIGÉRER
Murmurer	PROTESTER • SOUFFLER
Murmurer confusément	MARMOTTER
Murmurer doucement	SUSURRER
Musarder	FLÂNER • MUSER
Muscle	NERF
Muscle de la jambe	JAMBIER
Muscle du bras	BICEPS
Muscle qui produit une tension	TENSEUR
Musculature culturiste	GONFLETTE

Muse	ÉGÉRIE
Muse de la Poésie épique et de l'Histoire	CLIO
Muse de la Poésie lyrique	ÉRATO
Museau du porc	GROIN
Museau du sanglier	GROIN
Musée consacré aux sciences naturelles	MUSÉUM
Muser	MUSARDER
Musette de grande taille	LOURE
Musicale	MUSICIENNE
Musicien qui joue de la harpe	HARPISTE
Musicien qui joue de la viole	VIOLISTE
Musicien qui joue des timbales	TIMBALIER
Musicien qui joue du tuba	TUBISTE
Musique afro-américaine	JAZZ
Musique au rythme martelé sur laquelle sont scandées des paroles	RAP
Musique composée pour des grand-messes	MESSE
Musique d'origine américaine	DISCO • ROCK
Musique de danse afro-cubaine	SALSA
Musique de danse brésilienne	BOSSA-NOVA
Musique de jazz lente	BLUES
Musique de régiment	NOUBA
Musique jamaïcaine, à rythme syncopé	REGGAE
Musique originaire d'Algérie	RAÏ
Musique populaire d'origine anglo-saxonne	POP
Musique populaire jamaïcaine	REGGAE
Musique syncopée et rapide	RAGTIME
Musique traditionnelle populaire modernisée	FOLK
Musulman, au Moyen Âge	SARRASIN
Mutilation	ABLATION
Mutilé	INFIRME
Mutiler	AMPUTER • BLESSER
Mutin	REBELLE
Mutinerie	RÉBELLION
Mutisme	SILENCE
Myope	MIRAUD • MIRO
Myriapode noir et luisant	IULE

Myrtille	BLEUET
Mystère	ÉNIGME
Mystérieux	SECRET
Mystificateur	FUMISTE
Mystique	INSPIRÉ
Mythomane	MENTEUR

N

N'ayant subi aucune teinture	ÉCRU
N'importe où	PARTOUT
N'importe qui	QUICONQUE
Nabot	GNOME • NAIN
Nage rapide	CRAWL
Nage sur le ventre	BRASSE • CRAWL
Nageoire de caoutchouc	PALME
Nageoire de certains poissons	AILERON
Nager le crawl	CRAWLER
Nageuse	NAÏADE
Naguère	ANCIENNEMENT
	AUTREFOIS • PASSÉ
Naïf	CANDIDE • CRÉDULE • DUPE
	GOGO • INGÉNU • INNOCENT
	NIAIS • POIRE • ZOZO
Nain	NABOT • PETIT
Naissance	AVÈNEMENT • ÉCLOSION • ORIGINE
Naissance de Jésus-Christ	NATIVITÉ
Naissant	ISSANT
Naître	GERMER • POINDRE • SURGIR
Naïve	SIMPLETTE
Naïveté	CANDEUR
Nana	FEMME • FILLE • GONZESSE
	NÉNETTE • PÉPÉE
Nanifier	NANISER
Nanti	POURVU • RICHE
Nantir	MUNIR • PROCURER
Nantir d'un avantage	GRATIFIER
Nantissement	CRÉANCE
Nappage	GLAÇAGE
Nappe d'eau stagnante	MARAIS
Narcissisme	ÉGOTISME
Narcotique	STUPÉFIANT
Narguer	BRAVER
Narine de certains animaux	NASEAU
Narine de certains mammifères	NASEAU
Narine des cétacés	ÉVENT
Narquois	IRONIQUE

Narrateur	CONTEUR
Narration	RÉCIT
Narrer	CONTER • RACONTER • RELATER
Nase	FOUTU • NEZ
Naseau	NARINE
Natation	NAGE
Nation	GENT • PATRIE • PAYS • PEUPLE
Nationaliser	ÉTATISER
Natte	TRESSE
Natte de cheveux roulée sur l'oreille	MACARON
Natte en osier	CAGET
Natte servant à la pratique du judo	TATAMI
Natter	TRESSER
Naturaliser	ACCLIMATER
Naturaliste	RÉALISTE
Naturaliste suédois né en 1707	LINNE
Nature	ACABIT
Naturel	AISANCE • AISÉ • INFUS INNÉ • NATIF
Naturelle	NATIVE
Nauséabond	FÉTIDE • PUANT
Navet fourrager	TURNEPS
Navigateur	MARIN
Navigateur portugais	CAM • CAO
Navigateur portugais né en 1469	GAMA
Naviguer	VOGUER
Naviguer à reculons	CULER
Navire	BATEAU • NEF • VAISSEAU
Navire à fond plat	PRAME
Navire à vapeur	STEAMER
Navire à voiles à un mât	SLOOP
Navire armé	CORSAIRE
Navire citerne	PÉTROLIER
Navire de guerre	CORVETTE • CUIRASSÉ
Navire de ligne	LINER
Navire de plaisance	YACHT
Navire destiné au transport du butane liquéfié	BUTANIER
Navire grec à trois rangs de rames	TRIÈRE
Navire pour la pêche au thon	THONIER
Navire pour le transport du propane	PROPANIER

Navire qui roule beaucoup	ROULEUR
Navire rapide de petit tonnage	CARAVELLE
Navire réservé au transport des marchandises	CARGO
Navire spécialisé dans le transport du butane	BUTANIER
Navrant	DÉSOLANT
Navrant, pathétique	DÉCHIRANT
Navré	FÂCHÉ
Navrer	AFFLIGER • CONSTERNER
Né	SORTI
Né dans le pays qu'il habite	INDIGÈNE
Né hors du mariage	BÂTARD • ILLÉGITIME
Ne pas avouer	NIER
Ne pas dire la vérité	MENTIR
Ne pas reconnaître	NIER
Ne pas rentrer coucher chez soi	DÉCOUCHER
Ne pas réussir	MERDER
Ne pas savoir	IGNORER
Ne rien faire	BULLER • GLANDER
Néanmoins	CEPENDANT • MAIS • POURTANT NONOBSTANT • TOUTEFOIS
Néant	RIEN
Nébuleux	VAPOREUX
Nébuliseur	AÉROSOL
Nec plus ultra	PERFECTION
Nécessaire	UTILE
Nécessité	BESOIN
Nécessité absolue	IMPÉRATIF
Nécessité d'agir vite	URGENCE
Nécessiteux	INDIGENT
Nécromancien	NÉCROMANT
Nécrose cutanée	ESCARRE
Nécrose d'un tissu	GANGRÈNE
Nef transversale d'une église	TRANSEPT
Néfaste	FUNESTE
Négation	NE • NENNI • NI • NON
Négligé	OMIS • RELÂCHÉ
Négligeable	ACCESSOIRE • SECONDAIRE
Négliger	MÉPRISER • OUBLIER
Négliger de mentionner	OMETTRE

Négoce	COMMERCE
Négociant	MARCHAND
Négocier	PARLEMENTER
Négondo	ÉRABLE
Neige chassée par le vent	POUDRERIE
Néné	NICHON • SEIN
Nénuphar	LOTUS
Néophyte	PROFANE
Neptunium	NP
Nerf	TENDON
Nerveux	AGITÉ • ÉNERVÉ • IMPATIENT
Nervure de la voûte gothique	LIERNE
Net	CLAIR • EXPLICITE
Net, dépouillé	CLEAN
Net, propre	SOIGNÉ
Netteté	PROPRETÉ
Nettoyage	LAVAGE • LESSIVAGE
Nettoyage avec un balai	BALAYAGE
Nettoyant	DÉTERGENT • DÉTERSIF
Nettoyer	BALAYER • CURER • ESSUYER
	LAVER • LESSIVER
Nettoyer à fond	ÉCURER
Nettoyer à l'eau	RINCER
Nettoyer au râteau	RÂTELER
Nettoyer avec du savon	SAVONNER
Nettoyer avec un abrasif	RÉCURER
Nettoyer en frottant	RÉCURER
Nettoyer en raclant	RAMONER
Nettoyer la façade d'un immeuble	RAVALER
Nettoyer soigneusement	DÉCRASSER
Nettoyer un conduit	RAMONER
Nettoyeur	TEINTURIER
Neuf	MODERNE • NOUVEAU
	PRINTANIER
Neutralité	ABSTENTION
Neuve	NOUVELLE
Neuvième heure du jour	NONE
Neuvième lettre de l'alphabet grec	IOTA
Névroglie	GLIE
Nez	BLAIR • BLASE • NASE • PIF • TARIN
Ni chaud ni froid	TIÈDE

Niais	ANDOUILLE • BÊTA • CUCUL DADAIS • NIAISEUX NIGAUD • ZOZO
Niais, imbécile	CORNICHON
Niais, nigaud	SERIN
Niaise	BÊTASSE • NIAISEUSE • SIMPLETTE
Niaiserie	FADAISE • PLATITUDE
Niaiseux	NIAIS
Niche funéraire à fond plat	ENFEU
Niche funéraire pour y recevoir des tombes	ENFEU
Nichée	COUVÉE
Nicher	AIRER • COUVER • NIDIFIER
Nichon	NÉNÉ • TÉTON
Nickel	NI
Nid de guêpes	GUÊPIER
Nidifier	NICHER
Nième	ÉNIÈME
Nigaud	BENÊT • DADAIS • NIAIS • NIAISEUX
Nigaude	BÉCASSE
Niôle	GNIOLE
Nippé	AFFUBLÉ
Nipper	FRINGUER
Nitrate de potassium	NITRE • SALPÊTRE
Niveau	DEGRÉ • ÉTAGE • HAUTEUR
Niveau à bulle	NIVELLE
Niveau atteint par le feuillage des végétaux	STRATE
Niveau le plus bas d'un cours d'eau	ÉTIAGE
Niveler	APLANIR • ÉCRÊTER • ÉGALER
Nobélium	NO
Noblesse	ARISTOCRATIE • DIGNITÉ
Noceur	VIVEUR
Noceur, viveur	FÊTARD
Nocif	PERNICIEUX
Nocif et violent	VIRULENT
Nocive	PERNICIEUSE
Noeud coulant	LACET • LACS
Noeud de chaise	AGUI
Noeud de ruban	COCARDE
Noeud fait sur une amarre	EMBOSSURE

Noeud formé d'une ou deux boucles	ROSETTE
Noeud, loupe	NODOSITÉ
Noir	NÈGRE • NUIT • OBSCUR • SOMBRE
Noir de fumée	SUIE
Noirceur	OBSCURITÉ
Noircir	CALOMNIER
Noise	CHICANE
Noisette	AVELINE
Noix ovale	PACANE
Nom ajouté au nom de baptême	SURNOM
Nom ancien du renard	GOUPIL
Nom anglais du pays de Galles	WALES
Nom anglais du vin de Xérès	SHERRY
Nom aztèque du Mexique	ANAHUAC
Nom celtique de la Bretagne	ARMOR • ARVOR
Nom collectif désignant certains fruits	AGRUME
Nom courant du merlu	COLIN
Nom d'un aldose	RIBOSE
Nom d'un avion à réaction moyen courrier	CARAVELLE
Nom d'un célèbre écrivain canadien	NELLIGAN
Nom d'un couturier français	DIOR
Nom d'un ex-défenseur de hockey prénommé Bobby	ORR
Nom d'un ex-président des États-Unis	REAGAN
Nom d'une actrice italienne prénommée Sophia	LOREN
Nom d'une constellation	SAGITTAIRE • SCORPION
Nom d'une ex-championne de tennis prénommée Chris	EVERT
Nom de baptême	PRÉNOM
Nom de deux constellations	OURSE
Nom de deux des livres bibliques	TESTAMENT
Nom de deux pharaons de la XIXe dynastie	SETI
Nom de deux rivières d'Allemagne	ELSTER
Nom de famille	PATRONYME
Nom de plusieurs rois de Hongrie	BÉLA
Nom de quatorze rois de Suède	ÉRIC
Nom de rois de Norvège	OLAF • OLAV
Nom de trois rois de Hongrie	ANDRÉ

Nom donné à divers coléoptères	ESCARBOT
Nom donné à divers sommets	APEX
Nom donné à Jésus	CHRIST
Nom donné à la Nouvelle-Guinée par l'Indonésie	IRIAN
Nom donné à la Vierge	MADONE
Nom donné aux territoires britanniques de l'Inde	INDES
Nom du Dieu d'Israël	YAHVÉ
Nom gaélique de l'Irlande	EIRE
Nom générique des animaux de sexe féminin	FEMELLE
Nom générique des hydrocarbones	GLUCIDE
Nom grec de deux chaînes de montagnes	IDA
Nom hébreu de Babylone	BABEL
Nom hongrois du Danube	DUNA
Nom poétique de l'Irlande	ÉRIN
Nom précédant le patronyme	PRÉNOM
Nom scandinave du dieu germanique Wotan	ODIN
Nom usuel de divers coléoptères	ESCARBOT
Nomade	VAGABOND
Nomade du désert	BÉDOUIN
Nombre	CHIFFRE • QUATRE • TRENTE • VINGT
Nombre à deux chiffres	BINAIRE
Nombre approximatif de quinze	QUINZAINE
Nombre d'environ trente	TRENTAINE
Nombre d'observations d'un événement	FRÉQUENCE
Nombre de mille environ	MILLIER
Nombre de personnes	EFFECTIF
Nombre entier	SEPT
Nombre ordinal de deux	DEUXIÈME
Nombre ordinal de quatre	QUATRIÈME
Nombre toujours divisible par deux	PAIR
Nombreux	MULTIPLE
Nombril	OMBILIC
Nomenclature	LISTE • RÉPERTOIRE
Nomination à un poste supérieur	PROMOTION
Nommément	NOTAMMENT

Nommer	CITER • INTITULER • QUALIFIER
Nommer à une fonction	ÉLIRE
Nommer de nouveau	RENOMMER
Nommer des lettres	ÉPELER
Non	NÉGATION • NENNI
Non achevé	GROSSIER
Non cassant	LIANT
Non coupable	INNOCENT
Non gratuit	PAYANT
Non marié	CÉLIBATAIRE
Non naturel	ARTIFICIEL
Non payé	DÛ
Non poli	FRUSTE
Non-croyant	ATHÉE
Non-être	NÉANT
Non-initié	PROFANE
Non-intervention	ABSTENTION
Non-sens	ABERRATION
Nonchalance	MOLLESSE • NÉGLIGENCE
Nonchalant	ALANGUI • LENT • MOLLASSE
	MOU • NÉGLIGENT • TIÈDE
Nonchalante	LENTE • MOLLE
Nonne	SOEUR
Nonobstant	CEPENDANT • MALGRÉ
Normal	HABITUEL • LÉGITIME
	ORDINAIRE • RÉGULIER
Normale	HABITUELLE • NATURELLE
Normale, au golf	PAR
Normalisé	STANDARD
Normaliser	UNIFORMISER
Norme	NORMALE
North Atlantic Treaty Organization	NATO
Nostalgie	ENNUI • REGRET
Nota bene	NB
Notation par des chiffres	CHIFFRAGE
Note	ADDITION • AVIS • COMMENTAIRE
	DO • FA • FACTURE • LA
	MI • RÉ • SI • SOL • TOUCHE
Noté	ÉCRIT
Note de musique	CROCHE
Note ornant une mélodie	BRODERIE

Note valant deux blanches	RONDE
Note valant la moitié d'une noire	CROCHE
Noter	REMARQUER
Notes ajoutées à un ouvrage pour le compléter	ADDENDA
Notez bien	NB
Notifier	INTIMER
Notion	CONCEPT
Notoire	CÉLÈBRE • RECONNU
Notoire, proverbial	CONNU
Notoriété	CÉLÉBRITÉ • POPULARITÉ RENOM • RENOMMÉE
Notre-Dame	ND
Notre-Seigneur	NS
Nouage	NOUEMENT
Nourrain	ALEVIN
Nourrice	NOUNOU
Nourrir	ALIMENTER
Nourrir de son lait	ALLAITER
Nourrir, rassasier	REPAÎTRE
Nourrissant	NUTRITIF
Nourrisson	BÉBÉ
Nourriture	ALIMENT • BOUFFE • PÂTURE PITANCE • REPAS • VIVRE • VIVRES
Nourriture miraculeuse	MANNE
Nourriture providentielle	MANNE
Nourriture qui reste après un repas	RESTES
Nourriture sèche pour le bétail	FOIN
Nouveau	INÉDIT • MODERNE • NÉO NEUF • RÉCENT
Nouveau membre d'un groupe	RECRUE
Nouveau riche	PARVENU
Nouveauté	NOVATION • ORIGINALITÉ
Nouvel adepte	NÉOPHYTE
Nouvelle	FRAÎCHE • INFO INFORMATION • NEUVE
Nouvelle fantaisiste	CANULAR
Nouvelle gelée	REGEL
Nouvelle lecture	RELECTURE
Nouvelle sensationnelle	SCOOP
Novice	APPRENTI • NÉOPHYTE

Noyau	CENTRE
Noyau d'hélium	HÉLION
Noyau d'un escalier	LIMON
Noyau de la Terre	NIFE
Noyauter	INFILTRER
Noyé	INONDÉ
Noyer	DILUER
Nu	DÉNUDÉ
Nuage	NUE • NUÉE
Nuageux	COUVERT • NÉBULEUX
Nuance	COULEUR • TEINTE
Nuance de la couleur du visage	TEINT
Nuancer	NUER
Nubile	PUBÈRE
Nudisme	NUDITÉ
Nue	NUAGE • NUÉE
Nuée	NUAGE • NUE
Nuire	DÉSAVANTAGER
Nuisible	NÉFASTE • NOCIF • PERNICIEUX
Nuit passée à l'hôtel	NUITÉE
Nul	AUCUN • INCOMPÉTENT • INVALIDÉ
Nullement	POINT
Nullité	ZÉRO
Numérique	DIGITAL
Numéro	AS • CHIFFRE
Numéro de chaque page d'un livre	FOLIO
Numéro inscrit dans un registre	MATRICULE
Numéroté	CHIFFRÉ
Numéroter	PAGINER
Numéroter feuillet par feuillet	FOLIOTER
Numéroter les pages	PAGINER
Nutritif	NOURRICIER
Nutritionnel	NUTRITIF
Nymphe	NAÏADE
Nymphe de la mer	NÉRÉIDE • OCÉANIDE
Nymphe des bois et des prés	NAPÉE
Nymphe des insectes diptères	PUPE
Nymphe des montagnes et des bois	ORÉADE
Nymphe des prairies et des forêts	NAPÉE

Oasis du Sahara algérien	OUED
Obéir	OBSERVER • SUIVRE
Obéissance	DOCILITÉ
Obéissant	DOCILE • SOUMIS
Obel	OBÈLE
Obèle	OBEL
Obèse	VENTRIPOTENT
Objecter	OPPOSER
Objectif	FIN • NEUTRE
Objectif à focale variable	ZOOM
Objectif visé	BUT • CIBLE
Objectivité	NEUTRALITÉ
Objet	CAUSE • CHOSE
Objet ancien, usé et démodé	VIEILLERIE
Objet circulaire	CERCLE
Objet d'usage domestique	USTENSILE
Objet de critiques	CIBLE
Objet de curiosité originaire du Japon	JAPONERIE
Objet de parure	BIJOU
Objet dont on se sert pour frotter	FROTTOIR
Objet en céramique	POTERIE
Objet fabriqué	MACHINE
Objet intentionnel de pensée	NOÈME
Objet matériel	CORPS
Objet moulé en plâtre	PLÂTRE
Objet que l'on ne nomme pas	TRUCMUCHE
Objet quelconque	ZINZIN
Objet servant à se défendre	ARME
Objet volant non identifié	OVNI
Objets de verre	VERRERIE
Objets divers	AFFAIRES
Objets en osier, en rotin	VANNERIE
Objets faits en tôle	TÔLERIE
Oblation	OFFRANDE
Obligation	CONTRAINTE • CRÉANCE
	NÉCESSITÉ
Obligation de résider	RÉSIDENCE
Obligation morale	DEVOIR

Obligeant	ACCOMMODANT • PRÉVENANT SERVIABLE
Obliger	FORCER • RÉDUIRE
Obliger à se mettre au lit	ALITER
Oblique	BIAIS
Obliquer	BIAISER
Oblitération brusque d'un vaisseau sanguin	EMBOLIE
Obnubiler	OBSÉDER
Obole	AUMÔNE
Obscène	ORDURIER
Obscénité	ORDURE
Obscénité dans les spectacles	PORNOGRAPHIE
Obscur	AMBIGU • NÉBULEUX • NOIR SIBYLLIN • SOMBRE
Obscurcir	ENTÉNÉBRER • OBOMBRER • VOILER
Obscurcissement	ÉCLIPSE
Obscurité	BROUILLARD • NUIT OMBRE • TÉNÈBRES
Obscurité profonde	TÉNÈBRES
Obsédant	LANCINANT
Obséquiosité	ADULATION • COURBETTE • SERVILITÉ
Observateur	SPECTATEUR
Observation	ANALYSE • CONSTATATION REMARQUE
Observation des règles	OBÉISSANCE
Observatoire	BELVÉDÈRE
Observer	CONSTATER • CONTEMPLER ÉPIER • ÉTUDIER • REGARDER RESPECTER • SCRUTER
Observer les règles d'une religion	PRATIQUER
Obsession	CAUCHEMAR • MANIE
Obsessionnel	OBSÉDÉ
Obsolescence	DÉSUÉTUDE
Obstacle	CONTRETEMPS • DIFFICULTÉ DIGUE • ENTRAVE
Obstacle équestre	OXER
Obstacle, difficulté	CHIENDENT
Obstination	ACHARNEMENT • TÉNACITÉ
Obstiné	BUTÉ • ENTÊTÉ • OPINIÂTRE PERSÉVÉRANT • TENACE • TÊTU

Obstinément	MORDICUS
Obstruction	OCCLUSION • OPPOSITION
Obstruer	BARRER • ENTRAVER
Obtempérer	OBÉIR
Obtenir	ACQUÉRIR • AVOIR
Obtenir à prix d'argent	ACHETER
Obtenir en prêt	EMPRUNTER
Obtenir par la ruse	SOUTIRER
Obtenir par une requête	IMPÉTRER
Obtenu par extrusion	EXTRUDÉ
Obturer	BOUCHER
Obus chargé de balles	SHRAPNEL
Occasion	AUBAINE • CIRCONSTANCE
	MOMENT • OCCASE
Occasionnel	ACCIDENTEL • CASUEL • FORTUIT
Occasionnelle	CASUELLE
Occasionner	COÛTER
Occident	OUEST
Occupant	HABITANT
Occupation	CARRIÈRE • FONCTION • PROFESSION
Occupation favorite	DADA
Occupations pendant le temps de liberté	LOISIRS
Occupé	AFFAIRÉ • PRIS
Occuper	PEUPLER • PRENDRE
Occuper brusquement	ENVAHIR
Occuper la place d'honneur	TRÔNER
Océan	MER
Ocre	ARGILE
Ocreux	OCRÉ
Octroi	ALLOCATION • CONCESSION
Octroi de la vie sauve à un ennemi	AMAN
Octroyer	ACCORDER • ALLOUER • CONCÉDER
Odeur	SENTEUR
Odeur agréable	FUMET • PARFUM
Odeur agréable de certaines essences	ARÔME
Odeur d'une chose qui commence à brûler	ROUSSI
Odeur de graisse brûlée	GRAILLON
Odeur du gibier	FUMET
Odeur forte	RANCE

Odeur infecte	PUANTEUR
Odeur, goût de rance	RANCI
Odieux	DÉGOÛTANT
Odorat	FLAIR • OLFACTION
Odorat du chien	FLAIR
Odoriférant	ODORANT
Oeil simple des larves d'insectes	STEMMATE
Oeillade	REGARD
Oenothère	ONAGRE
Oeuf	COCO
Oeuf à demi couvé	COUVI
Oeuf de pou	LENTE
Oeuf pourri	COUVI
Oeufs battus et cuits dans la poêle	OMELETTE
Oeuvre	PRODUCTION
Oeuvre cinématographique	FILM
Oeuvre démodée	VIEILLERIE
Oeuvre dramatique	TRAGÉDIE
Oeuvre du sculpteur	SCULPTURE
Oeuvre en prose	ROMAN
Oeuvre exécutée sur une toile	TABLEAU
Oeuvre faite au pastel	PASTEL
Oeuvre littéraire	OUVRAGE • ROMAN
Oeuvre narrative d'une certaine ampleur	SAGA
Oeuvre poétique dont le thème est la plainte	ÉLÉGIE
Oeuvre semblable à un original	RÉPLIQUE
Oeuvre théâtrale	OPÉRETTE
Oeuvre théâtrale mise en musique	OPÉRA
Oeuvrer	OUVRER
Offense	ATTENTAT • AVANIE BLESSURE • OUTRAGE • PÉCHÉ
Offenser	FROISSER • INJURIER • VEXER
Offenser vivement	OUTRAGER
Offenseur	PÉCHEUR
Offensive	ASSAUT • ATTAQUE
Offert	DONNÉ
Office religieux	MESSE
Officiel	AUTHENTIQUE
Officielle	SOLENNELLE

Officiellement reconnu	AGRÉÉ
Officier commandant un régiment d'infanterie	MEISTRE
Officier d'épée qui rendait la justice au nom du roi	BAILLI
Officier de bouche de la table du roi	SERDEAU
Officier de la cour du Sultan	AGA • AGHA
Officier de Louis XV	ÉON
Officier de police	CONSTABLE
Officier de police judiciaire	CORONER
Officier général d'une marine militaire	AMIRAL
Officier municipal	MAIRE
Officier porte-drapeau	ENSEIGNE
Officier public	NOTAIRE
Offrande rituelle	SACRIFICE
Offre	PROPOSITION
Offre Publique d'Achat	OPA
Offrir	DÉVOUER • DONNER PRÉSENTER • PROPOSER
Ogive	OBUS
Ogre	CANNIBALE
Oie mâle	JARS
Oindre	BÉNIR • FROTTER • SACRER
Oint	BÉNI
Oiseau	CACATOÈS • CARDINAL • GRIVE MARTINET • MÉSANGE • MOINEAU PIE • ROUSSEROLLE
Oiseau à bec long	IBIS
Oiseau à gorge rose et à tête noire	BOUVREUIL
Oiseau à gros bec	VERDIER
Oiseau à plumage coloré et à gros bec	TOUCAN
Oiseau à plumage noir ou gris	CORBEAU
Oiseau aquatique	PÉLICAN
Oiseau au long bec pointu	SITTELLE
Oiseau au plumage bigarré	GEAI
Oiseau au plumage bleu et brun	BENGALI
Oiseau au plumage gris et noir, rouge sur la poitrine	BOUVREUIL
Oiseau au plumage jaune vif	LORIOT
Oiseau chanteur	PINSON

Oiseau construisant un nid en forme de four	FOURNIER
Oiseau coureur d'Afrique, le plus grand des oiseaux actuels	AUTRUCHE
Oiseau coureur d'Australie	CASOAR
Oiseau coureur de Nouvelle-Guinée	CASOAR
Oiseau coureur de Nouvelle-Zélande	KIWI
Oiseau crépusculaire ou nocturne brun-roux	ENGOULEVENT
Oiseau d'Amérique du Sud	AGAMI
Oiseau d'Asie surmonté d'un casque	CALAO
Oiseau d'Australie	ÉMEU
Oiseau de basse-cour	COQ • POULE • VOLAILLE • VOLATILE
Oiseau de grande taille qui court très vite	AUTRUCHE
Oiseau de l'île Maurice	DRONTE
Oiseau de la famille des mésanges	RÉMIZ
Oiseau de mer	GOÉLAND • LABBE MOUETTE • PUFFIN
Oiseau de proie diurne	BUSARD
Oiseau de proie du genre faucon	GERFAUT
Oiseau de proie piscivore	BALBUZARD
Oiseau des montagnes	CRAVE
Oiseau domestique	VOLATILE
Oiseau dont le chant est agréable	ROSSIGNOL
Oiseau du genre héron	AIGRETTE
Oiseau échassier	AGAMI • BARGE • BUTOR • IBIS MARABOUT • OUTARDE • RÂLE
Oiseau échassier au bec court	PLUVIER
Oiseau échassier de l'Afrique tropicale	OMBRETTE
Oiseau échassier de Nouvelle-Calédonie	CAGOU
Oiseau échassier migrateur	BÉCASSE
Oiseau échassier palmipède	FLAMANT
Oiseau échassier très friand de coquillages	HUÎTRIER
Oiseau fabuleux	ROCK
Oiseau femelle	OISELLE
Oiseau gallinacé	DINDON • FAISAN
Oiseau gallinacé à plumage roux	GÉLINOTTE
Oiseau gallinacé de la taille du faisan	PAON
Oiseau grégaire des montagnes	CRAVE

Oiseau grimpeur	CACATOÈS • PIC
Oiseau grimpeur à cou flexible	TORCOL
Oiseau grimpeur et frugivore	TOUCAN
Oiseau gris et noir qui ressemble à un pigeon	COUCOU
Oiseau marin	MANCHOT
Oiseau migrateur	RÂLE
Oiseau nocturne de l'Arctique	HARFANG
Oiseau originaire d'Asie	PAON
Oiseau palmipède	CANARD • MOUETTE • OIE PÉLICAN • SARCELLE
Oiseau palmipède à tête noire	STERNE
Oiseau palmipède au long cou	CYGNE
Oiseau palmipède piscivore	GOÉLAND
Oiseau passereau	BRUANT • CORBEAU • GEAI MERLE • PIPIT • ROITELET
Oiseau passereau à dos brun	LINOTTE
Oiseau passereau d'Amérique	TANGARA
Oiseau planeur blanc ou gris	ALBATROS
Oiseau plus petit que le merle	LORIOT
Oiseau rapace	AIGLE • BUSE
Oiseau rapace diurne	BUSARD • ÉPERVIER • MILAN
Oiseau rapace diurne, piscivore	BALBUZARD
Oiseau ratite d'Australie	ÉMOU
Oiseau ratite de grande taille	ÉMEU
Oiseau sauvage de grande taille	TÉTRAS
Oiseau sylvain à tête noire et gorge rouge	BOUVREUIL
Oiseau voisin de la caille	COLIN
Oiseau voisin de la fauvette	POUILLOT
Oiseau voisin de la grive	MERLE
Oiseau voisin de la linotte	SIZERIN
Oiseau voisin de la perdrix	CAILLE • GÉLINOTTE
Oiseau voisin du corbeau	FREUX
Oiseau voisin du merle	GRIVE
Oiseux	SUPERFLU
Oisif	INOCCUPÉ • MUSARD
Oisillon	OISELET
Olé	OLLÉ
Oléagineux	OLÉIFORME
Olfaction	ODORAT

Olivaie	OLIVETTE
Olivâtre	VERDÂTRE
Ombellifère aquatique	SIUM
Ombilic	NOMBRIL
Ombrageuse	SOUPÇONNEUSE
Ombrageux	SOUPÇONNEUX
Ombre	OMBRAGE • SOUPÇON
Ombre épaisse	OPACITÉ
Ombrelle	PARASOL
Ombreux	OMBRAGÉ
Omettre	NÉGLIGER • OUBLIER
Omission	LACUNE • OUBLI
Omission stylistique	ELLIPSE
Omnipotent	PUISSANT
Omniprésent	PRÉSENT
On lui doit le téléphone	BELL
On y stocke les récoltes	SILO
Onagre	ÂNE
Once anglo-saxonne	OZ
Oncle	TONTON
Oncle de Mahomet	ABBAS
Oncle, en langage enfantin	TONTON
Onctueuse	MIELLEUSE
Onctueux	MIELLEUX
Onde	EAU • FLOT
Ondée	AVERSE • GIBOULÉE
Ondoyer	ONDULER
Ondueuse	SINUEUSE
Ondulation	ONDE • SINUOSITÉ
Ondulation d'un tissu	PLI
Ondulation de la mer	LAME
Ondulé	COURBÉ • SINUEUX
Ondulée	SINUEUSE
Onduler	BOUCLER • SERPENTER
Onduleux	SINUEUX
Onéreux	COÛTEUX
Ongle très développé	SABOT
Onglette	BURIN
Onguent	BAUME • POMMADE
Onguent à base de cire et d'huile	CÉRAT
Ongulé	ONGLÉ

Onomatopée	BANG • DING • DRING • TOC
Onomatopée évoquant le bruit d'une chute	BADABOUM
Onomatopée évoquant le bruit d'une sonnette	DRELIN • DRING
Onomatopée évoquant un bruit sec	BING
Onomatopée exprimant la vitesse	VROUM
Onomatopée imitant le bruit de l'eau qui tombe	FLAC
Onomatopée imitant un bruit de chute	PLOC
Onomatopée imitant un bruit sec	VLAN
Onomatopée imitant un claquement sec	CLIC
Onomatopée imitant un petit cri	COUIC
Onomatopée qui marque le doute	TARATATA
Onze	XI
Opacité totale ou partielle du cristallin	CATARACTE
Opalin	LAITEUX
Opaline	LAITEUSE
Opéra de Verdi	AÏDA
Opéra en trois actes de Rossini	OTELLO
Opérateur de prises de vues	CADREUR
Opération	ABLATION • CAMPAGNE
Opération chirurgicale	EXÉRÈSE
Opération commerciale	TRANSACTION • VENTE
Opération consistant à donner à un métal la dureté de l'acier	ACIÉRAGE
Opération de classement	TRI
Opération de fouille méthodique	RATISSAGE
Opération de meunerie	MOUTURE
Opération de teinture artisanale	ROSAGE
Opération militaire	FRAPPE
Opération militaire éclair	RAID
Opération par laquelle on réunit deux corps solides	SOUDURE
Opération par laquelle on rogne	ROGNAGE
Opération qui consiste à aplanir	PLANAGE
Opération qui consiste à râper	RÂPAGE
Opération qui consiste à secréter les peaux	SECRÉTAGE
Opérations financières	AFFAIRES

Opérer	AGIR • RÉALISER
Opérer quelqu'un maladroitement	CHARCUTER
Ophtalmologiste	OCULISTE
Opiniâtre	ACHARNÉ • ENTÊTÉ • TÊTU
Opiniâtreté	ACHARNEMENT • CONSTANCE
Opinion	AVIS • THÈSE
Opinion exprimée lors d'une élection	VOTE
Opinion préconçue	PRÉJUGÉ
Oponce	NOPAL
Opportun	BIENVENU • PROPICE
Opposant	ANTAGONISTE
Opposé	ADVERSE • CONTRAIRE • DIVERGENT
Opposé à	VERSUS
Opposition	CONTESTATION • CONTRASTE
	DIVERGENCE • HOSTILITÉ
	OBJECTION
Opposition, refus	VETO
Oppresser	ÉTOUFFER
Oppresseur	TYRAN
Opprimer	ACCABLER • OPPRESSER
Optimal	OPTIMUM
Option	CHOIX
Opulence	ABONDANCE • RICHESSE
Opulent	ABONDANT
Opus	OP
Or	AU
Or noir	PÉTROLE
Oraison	ORÉMUS
Oral	VERBAL
Orange	NAVEL
Orange amère	BIGARADE
Orateur	TRIBUN
Orchestre Symphonique de Montréal	OSM
Orchidée des forêts de hêtres	NÉOTTIE
Orchidée sauvage	LIPARIS
Ordinaire	ACCOUTUMÉ • BANAL • COUTUMIER
Ordo	CALENDRIER
Ordonnance	DÉCRET • LOI
Ordonnance de l'empereur	RESCRIT
Ordonné	COHÉRENT • ORGANISÉ
Ordonné et propre	SOIGNEUX

Ordonner	AMÉNAGER • COMBINER CONDENSER • EXIGER • MANDER PRESCRIRE • SOMMER • STATUER
Ordre	CATÉGORIE • CONSIGNE CORPORATION • RANG SACERDOCE • SOMMATION
Ordre de plantes dicotylédones	URTICALE
Ordre des avocats	BARREAU
Ordre détaillé	PRESCRIPTION
Ordre du jour	PROGRAMME
Ordre écrit	MANDEMENT
Ordre impératif	UKASE
Ordure	CRASSE • FUMIER • RÉSIDU
Ordures	DÉTRITUS
Ordurier	OBSCÈNE
Orée	LISIÈRE
Oreiller	COUSSIN
Orémus	ORAISON
Organe	OREILLE
Organe annexé au tube digestif	FOIE
Organe buccal de certains insectes	SUÇOIR
Organe central chez l'homme	COEUR
Organe charnu	LANGUE
Organe commandé au pied	PÉDALE
Organe contenu dans l'abdomen	FOIE
Organe de commande	LEVIER
Organe de contrôle d'une planteuse	TÂTEUR
Organe de l'abdomen, du thorax	VISCÈRE
Organe de l'appareil digestif	ESTOMAC
Organe de l'ouïe	OREILLE
Organe de la bouche	DENT
Organe de la parole	VOIX
Organe de la phonation	LARYNX
Organe de la respiration	POUMON
Organe de la vue	OEIL
Organe de protection cylindrique	MANCHON
Organe du vol	AILE
Organe dur, souvent pointu	CORNE
Organe en forme de petit sac	VÉSICULE
Organe femelle des plantes à fleurs	PISTIL
Organe féminin	UTÉRUS

Organe génital	SEXE
Organe génital interne de la femme	VAGIN
Organe où se forment les cellules femelles chez les champignons	OOGONE
Organe pointu et venimeux de la guêpe	DARD
Organe porté par certaines plantes	VRILLE
Organe quelconque	VISCÈRE
Organe vocal principal	LARYNX
Organisation	COORDINATION • ORGANISME
Organisation de l'ordre	POLICE
Organisation de l'Unité Africaine	OUA
Organisation de Libération de la Palestine	OLP
Organisation des États Américains	OEA
Organisation des Nations Unies	ONU
Organisation du Traité de l'Atlantique Nord	OTAN
Organisation Maritime Internationale	OMI
Organisation pour fixer les prix du pétrole	OPEP
Organisé	RÉGLÉ • STRUCTURÉ
Organisé avec	COORDONNÉ
Organisé en fonction d'un résultat défini	COORDONNÉ
Organiser	MONTER • ORCHESTRER PLANIFIER • PRÉPARER PRÉSIDER • PROGRAMMER
Organiser en colonie	COLONISER
Organiser en syndicat	SYNDIQUER
Organisme aéronautique et spatial des États-Unis	NASA
Orge germée	MALT
Orgue mécanique	LIMONAIRE
Orgueil	FIERTÉ • MORGUE • VANITÉ
Orgueilleux	PHARISIEN
Orient	EST • LEVANT
Orientaliste français mort en 1966	RENOU
Orientation	SITUATION
Orientation vers un point donné	DIRECTION
Orienter	AXER

Orienter dans une nouvelle direction	RÉORIENTER
Orienter suivant un axe	AXER
Orifice central de l'iris	PUPILLE
Orifice de l'iris de l'oeil	PRUNELLE
Orifice du nez	NARINE
Orifice extérieur du rectum	ANUS
Orifice externe de l'urètre	MÉAT
Orifice naturel creusé par les eaux d'infiltration	AVEN
Orifice respiratoire chez certaines plantes	OSTIOLE
Originaire	NATIF
Original	NEUF • OLIBRIUS
Originale	NEUVE
Originalité	FANTAISIE • SINGULARITÉ
Origine	ASCENDANCE • AURORE CAUSE • COMMENCEMENT PRINCIPE • RACE • SOURCE
Origine d'une famille	SOUCHE
Originel	INITIAL • ORIGINAL • PREMIER
Orignal	ÉLAN
Ormeau	ORMET
Ormoie	ORMAIE
Orné à l'excès	TARABISCOTÉ
Orné d'éperons de navires	ROSTRAL
Orné de cannelures	CANNELÉ
Orné de clous	CLOUTÉ
Orné de fleurs de lys	FLEURDELISÉ
Orné de lauriers	LAURÉ
Orné, garni	ÉTOILÉ
Ornement	ATOUR • DÉCORATION • FARD FIORITURE • PAREMENT • PARURE
Ornement circulaire	ROSACE
Ornement circulaire en forme de petite rose	ROSETTE
Ornement courant en ligne brisée	FRETTE
Ornement en forme d'oeuf	OVE
Ornement en forme de petit clocher	CLOCHETON
Ornement en forme de rosace	PATÈRE
Ornement linéaire	MOULURE
Ornement pour les cheveux	BARRETTE

Ornement tordu en hélice	TORSADE
Ornement, parure	GARNITURE
Ornementation	DÉCORATION
Orner	DÉCORER • ILLUSTRER • PARER
Orner avec des jours, des ouvertures	AJOURER
Orner d'armoiries	BLASONNER
Orner d'enluminures	ENLUMINER
Orner d'un panache	PANACHER
Orner de dessins sinueux	VEINER
Orner de diamants	DIAMANTER
Orner de drapeaux	PAVOISER
Orner de façon brillante	DIAPRER
Orner de paillettes	PAILLETER
Orner de perles	EMPERLER
Orner de raies	STRIER
Orphelin mineur	PUPILLE
Orpin	SEDUM
Orthodoxie musulmane	SUNNA
Os	HIC • HUMÉRUS • TIBIA
Os de la cuisse	FÉMUR
Os de la face portant les dents	MÂCHOIRE
Os de la jambe	PÉRONÉ • TIBIA
Os de poisson	ARÊTE
Os du nez	VOMER
Os formant le haut de l'épaule	OMOPLATE
Os joignant l'omoplate au sternum	CLAVICULE
Os long, formant la partie antérieure de la ceinture scapulaire	CLAVICULE
Os parallèle au tibia	PÉRONÉ
Os plat	STERNUM
Os plat de la partie antérieure de la poitrine	STERNUM
Os plat du genou	ROTULE
Os plat du thorax	CÔTE
Os plat triangulaire	OMOPLATE
Os unique du bras	HUMÉRUS
Oscillation	BALANCEMENT ONDULATION • ROULIS
Osciller	BALANCER
Osée	POLISSONNE
Oseille	SURELLE

Oser	TENTER
Oser (Se)	HASARDER
Ossature	CARCASSE • STRUCTURE
Ossature d'un mur	PAN
Osselet de l'oreille	ENCLUME • ÉTRIER
Ossements	CARCASSE
Ostensible	APPARENT
Ostéosynthèse à l'aide d'agrafes	AGRAFAGE
Ostréiculteur	HUÎTRIER
Ôter	ENLEVER • RETIRER
Ôter ce qui coiffe	DÉCOIFFER
Ôter la bâcle fermant une porte	DÉBÂCLER
Ôter la boue	DÉCROTTER
Ôter les pépins de	ÉPÉPINER
Ôter une plante d'un pot	DÉPOTER
Ou	SOIT
Où il fait du vent	VENTEUX
Où il pleut beaucoup	PLUVIEUX
Où il y a des callosités	CALLEUX
Où l'irrationnel tient une grande place	MAGIQUE
Ouaté	FEUTRÉ
Oubli	LACUNE • OMISSION
Oublié	OMIS
Oublier	OMETTRE • PASSER • PERDRE
Ouest	OCCIDENT
Oui	DA • OK
Ouï-dire	RUMEUR
Ouille	AÏE
Ouragan	CYCLONE • ORAGE
	TORNADE • TYPHON
Ourdir	CONSPIRER • MACHINER
	TISSER • TRAMER
Ourdou	URDU
Ourlet	ORLE • REBORD • REPLI
Ours noir d'Amérique	OURSON
Oust	OUSTE
Ouste	OUST
Outarde	BERNACHE
Outil	MARTEAU • PELLE • PINCE
	RABOT • SCIE
Outil à ébarber les sculptures	BOËSSE

Outil à long manche	BÊCHE • RÂBLE
Outil à main en métal	LIME
Outil agricole	PLANTOIR
Outil agricole portant des dents	RÂTEAU
Outil d'acier	CISEAU
Outil d'alpiniste	PIOLET
Outil de forme cylindrique	MANDRIN
Outil de graveur sur bois	CANIF
Outil de jardinage	BÊCHE • RÂTEAU • SÉCATEUR
Outil de maçon	GÂCHE • TRUELLE
Outil de menuisier	DAVIER
Outil de sculpteur	RIPE
Outil de tailleur de pierre	RIPE
Outil du génie civil	SAPE
Outil placé à l'extrémité d'une tige de forage	CAROTTIER
Outil pour couper le verre	DIAMANT
Outil pour émonder	ÉMONDOIR
Outil pour le levage des pierres de taille	LOUVE
Outil pour river	RIVOIR
Outil pour tourner les vis	TOURNEVIS
Outil qui sert à matir un métal	MATOIR
Outil qui sert à parer	PAROIR
Outil qui sert à roder	RODOIR
Outil rotatif de coupe	FRAISE
Outil servant à battre	BATTE
Outil servant à effectuer des filetages	TARAUD
Outil servant à émonder les arbres	ÉMONDOIR
Outil servant à faire des pas de vis	TARAUD
Outil servant à percer	PERCEUSE
Outil servant à racler	CURETTE
Outil tranchant à manche court	SERPE
Outil tranchant du maréchal-ferrant	BOUTOIR
Outiller	MUNIR
Outrage	AFFRONT • AVANIE OFFENSE • TORT
Outrager	BAFOUER • OFFENSER
Outrepasser	ABUSER • EXCÉDER
Ouvert	ACCESSIBLE • DÉBOUCHÉ
Ouverte	FRANCHE
Ouverte d'étonnement	BÉE

Ouverture	ACCÈS • BOUCHE • BRÈCHE CAVITÉ • LARGEUR • OEIL OFFRE • ORIFICE • TROUÉE
Ouverture d'un orifice	ÉVASURE
Ouverture dans un mur	BAIE • FENÊTRE
Ouverture donnant passage à l'eau	ABÉE
Ouverture en arc	ARCADE
Ouverture évasée	ÉVASURE
Ouverture ménagée dans un mur	OPE
Ouvertures latérales d'un violon	OUÏES
Ouvrage	BESOGNE • OEUVRE • TÂCHE
Ouvragé	OUVRÉ
Ouvrage blindé pour la défense	BLOCKHAUS
Ouvrage de fortification	BASTIDE • BASTION • REDAN
Ouvrage de fortification isolé	REDOUTE
Ouvrage de maçonnerie permettant de faire du feu	CHEMINÉE
Ouvrage de menuiserie	BOISERIE
Ouvrage de sculpture	STATUE
Ouvrage de terre rapportée	REMBLAI
Ouvrage didactique	MANUEL
Ouvrage dramatique mis en musique	OPÉRA
Ouvrage en lattes	LATTIS
Ouvrage en maçonnerie	MÔLE
Ouvrage en pente	RAMPE
Ouvrage en raphia	RAPHIA
Ouvrage en saillie sur un toit	LUCARNE
Ouvrage fortifié	RAVELIN
Ouvrage fortifié défensif	BLOCKHAUS
Ouvrage hydraulique	ÉCLUSE
Ouvrage imprimé antérieur à 1500	INCUNABLE
Ouvrage littéraire	ÉCRIT
Ouvrage nouveau	NOUVEAUTÉ
Ouvrage suspendu au-dessus d'un trône	DAIS
Ouvrage vitré en surplomb	ORIEL
Ouvrages du sellier	SELLERIE
Ouvrier	MANOEUVRE • SALARIÉ JOURNALIER • PROLÉTAIRE
Ouvrier affecté au forage des tunnels	TUNNELIER
Ouvrier agricole qui s'occupe des porcs	PORCHER

Ouvrier chargé de calfater un navire	CALFAT
Ouvrier chargé de détruire les taupes	TAUPIER
Ouvrier chargé du broyage	BROYEUR
Ouvrier chargé du ramassage des ordures ménagères	ÉBOUEUR
Ouvrier d'une sardinerie	SARDINIER
Ouvrier des filatures de coton	COTONNIER
Ouvrier embauché pour remplacer un gréviste	BRISEUR
Ouvrier qui calfate les navires	CALFAT
Ouvrier qui étampe	ÉTAMPEUR
Ouvrier qui fait des tuiles	TUILIER
Ouvrier qui ferre les chevaux	FERREUR
Ouvrier qui gâche du mortier	GÂCHEUR
Ouvrier qui grave dans la pierre	LAPICIDE
Ouvrier qui laine le drap	LAINIER
Ouvrier qui lisse	LISSEUR
Ouvrier qui manoeuvre la sonnette	SONNEUR
Ouvrier qui met le tissu sur les rames	RAMEUR
Ouvrier qui monte les lices d'un métier à tisser	LISSIER
Ouvrier qui pose des ferrures	FERREUR
Ouvrier qui réalise des pièces mécaniques	AJUSTEUR
Ouvrier qui récolte la résine	RÉSINIER
Ouvrier qui travaille dans le tissage de la soie à Lyon	CANUT
Ouvrier qui travaille en caisson, sous l'eau	TUBISTE
Ouvrier qui travaille le coton	COTONNIER
Ouvrier spécialiste de l'alésage	ALÉSEUR
Ouvrier sur métier à tisser	TISSEUR
Ouvrir	DÉCLENCHER • ENTAMER • ÉVENTRER
Ouvrir en retirant la bonde	DÉBONDER
Ouvrir involontairement la bouche	BÂILLER
Ouvrir une fenêtre en enlevant la bâcle	DÉBÂCLER
Ouvrir une huître	ÉCAILLER
Ovale	OVÉ • OVOÏDE
Ovation	ACCLAMATION
Ovation du public d'une enceinte sportive	OLA

Ovationner	ACCLAMER • APPLAUDIR
Ové	OVALE • OVOÏDE
Overdose	SURDOSE
Ovni (angl.)	UFO
Ovoïde	OVALE • OVÉ
Oxyde bleu de cobalt	SAFRE
Oxyde d'uranium	URANE
Oxyde de cuivre	TÉNORITE
Oxyde de silicium	SILICE
Oxyde de zinc	TUTIE
Oxyde ferrique	AÉTITE
Oxyde naturel de cuivre	TÉNORITE
Oxyde naturel de fer	MAGNÉTITE
Oxyde terreux de l'erbium	ERBINE
Oxyder au maximum	SUROXYDER
Oxyder au plus haut degré possible	PEROXYDER

P

Pacotille	CAMELOTE
Pacte	CONTRAT • CONVENTION • TRAITÉ
Pactiser	TRANSIGER
Pagaie	AVIRON • RAME
Pagaille	FOUILLIS
Pagayer	RAMER
Page	FEUILLE
Paginer	FOLIOTER
Paiement	RÈGLEMENT
Paiement annuel	ANNUITÉ
Paiement anticipé	AVANCE
Paiement partiel	ACOMPTE • AVALOIR
Païen	IDOLÂTRE • INCROYANT
Paillasse	MATELAS
Paillasson vertical pour protéger les cultures du vent	ABRIVENT
Paille	CHAUME
Pain de fantaisie	FICELLE
Pain émietté	PANURE
Pain non levé	PITA
Paire	DEUX
Paire de verres	LUNETTES
Paisible	PLACIDE • SEREIN
Paisible, tranquille	PACIFIQUE
Paître	BROUTER
Palace	CHÂTEAU
Palafitte de l'Italie du Nord	TERRAMARE
Palais	CHÂTEAU
Palais du sultan, dans l'Empire ottoman	SÉRAIL
Palais épiscopal	ÉVÊCHÉ
Palatin	PALATIAL
Pale	PELLE
Paletot	MANTEAU
Palette d'une roue hydraulique	AUBE
Palier	ÉTAGE
Pâlir	BLANCHIR • BLÊMIR
Palissade	BARRIÈRE
Palissade de bois	LICE

Palissade protégeant les cultures du vent	ABRIVENT
Palliatif	REMÈDE
Palmier	ÉLÉIS
Palmier à huile	PALMISTE
Palmier à huile d'Afrique	ÉLAEIS
Palmier à tige ramifiée	DOUM
Palmier d'Afrique	ÉLAEIS • ÉLÉIS
Palmier d'Afrique du Nord	DATTIER
Palmier d'Arabie	DOUM
Palmier d'Asie	AREC
Palmier de Chine	TALLIPOT
Palmier de l'Inde du Sud	TALLIPOT
Palmier dont la moelle fournit le sagou	SAGOUTIER
Palmier dont le fruit est la noix de coco	COCOTIER
Palmier du genre arec	PALMISTE
Palmier qui produit la noix de coco	COCOTIER
Palombe	RAMIER
Palonnier	TIMON
Pâlot	BLAFARD • PÂLE • PÂLICHON
Palpable	CONCRET • MATÉRIEL • RÉEL TACTILE • TANGIBLE
Palper	TÂTER • TOUCHER
Palpitant	PANTELANT • PASSIONNANT
Paluche	PATOCHE • POGNE
Paludisme	MALARIA • PALU
Pampa	STEPPE
Pamphlet	SATIRE
Panaché	BARIOLÉ
Pancarte	AFFICHE • ÉCRITEAU • PLACARD
Panicule	ÉPI
Panier circulaire pour les diapositives	CARROUSEL
Panier dans lequel sont disposés des oeufs à couver	COUVOIR
Panier plat en osier muni de deux anses	VAN
Panier souple en paille tressée	CABAS
Panne	ARRÊT
Panneau d'une fenêtre qui s'ouvre de deux côtés	VANTAIL

Panneau de verre	VITRE
Panneau de verre décoratif	VITRAIL
Panneau qui ferme une ouverture	TRAPPE
Panneau routier	STOP
Panneau-réclame	AFFICHE
Panonceau	ENSEIGNE
Panorama	PAYSAGE
Pansement	COMPRESSE
Pansu	VENTRU
Pantalon	CULOTTE • FROC • JEAN • JEANS
Pantalon ample des Gaulois	BRAIES
Pantalon bouffant	SAROUEL
Pantalon de toile	JEAN • JEANS
Pantalon moulant de femme	CALEÇON
Pantelant	HALETANT • PALPITANT
Panthère d'Afrique	LÉOPARD
Pantin	AUTOMATE • ESCLAVE MARIONNETTE
Pantois	COI
Pantoise	COITE
Pantomime	MIME • MIMODRAME
Pantouflard	SÉDENTAIRE
Pantoufle	SAVATE
Pantoufle de femme	MULE
Pantoufle en tissu molletonné à carreaux	CHARENTAISE
Paonner (Se)	PAVANER
Papa	PÈRE
Pape de 155 à 166	ANICET
Pape de 76 à 88	ANACLET
Papi	PÉPÉ
Papier d'emballage	KRAFT
Papier enveloppant un bonbon	PAPILLOTE
Papier jaunâtre	BULLE
Papier paraffiné	STENCIL
Papier servant à la polycopie	STENCIL
Papier servant d'enveloppe à un bonbon	PAPILLOTE
Papier tortillé	TORTILLON
Papier-monnaie	BILLET
Papiers	PASSEPORT

Papiers administratifs	PAPERASSE
Papillon	ADONIS • VULCAIN
Papillon aux ailes fendues	ALUCITE
Papillon brun	MARS
Papillon de grande taille	URANIE
Papillon des bois aux ailes brunes	MORIO
Papillon diurne	LYCÈNE • MACHAON
Papillon diurne aux vives couleurs	VANESSE
Papillon dont la chenille attaque la vigne	EUDÉMIS
Papillon nocturne	PHALÈNE • SPHINX
Papotage	BAVARDAGE
Papoter	BAVARDER • CANCANER
Paquebot	BATEAU
Paquebot de grande ligne	LINER
Paquebot transatlantique	TRANSAT
Paquet	COLIS • PACSON • SACHET
Paquet de billets de banque liés ensemble	LIASSE
Par	VIA
Par conséquent	DONC • PARTANT
Par exemple	NOTAMMENT
Par l'effet de	SOUS
Par opposition à	VERSUS
Par quel moyen	COMMENT
Par-dessus le marché (En)	SUS
Par-dessus tout	SURTOUT
Parachever	COMPLÉTER • PERFECTIONNER
Parachuter	DROPER
Parade	REVUE
Parade ridicule	MASCARADE
Paradis	CIEL • ÉDEN • ELDORADO
Parafe	PARAPHE
Parages	APPROCHES • CONTRÉE
Paraître	SEMBLER
Paraître de nouveau	REPARAÎTRE
Parallèle	COMPARAISON
Parallélogramme dont les côtés sont égaux	LOSANGE
Paralysé	PERCLUS
Paralyser	FIGER

Parapher	PARAFER • SIGNER
Parapluie	PARASOL
Parasite de l'ordre des acariens	ACARUS
Parasite intestinal	VER
Parc	ENCLOS
Parce que	BECAUSE
Parcelle	ATOME • BRIBE • MORCEAU
Parcelle d'or	PAILLETTE
Parcelle de bois	COPEAU
Parcelliser	ÉMIETTER
Parchemin	VÉLIN
Parcourir à grandes enjambées	ARPENTER
Parcourir à grands pas	ARPENTER
Parcourir de haut en bas	DESCENDRE
Parcourir des yeux	LIRE
Parcourir en tous sens	SILLONNER
Parcourir un lieu	VISITER
Parcours	ITINÉRAIRE • TRAJET
Parcours de golf	LINKS
Parcours très sinueux	SLALOM
Pardessus	MANTEAU • PALETOT
Pardessus, manteau doublé de fourrure	PELISSE
Pardi	PARBLEU
Pardieu	PARDI
Pardon	ABSOLUTION • AMNISTIE
Pardon d'une faute	RACHAT
Pardonner	ABSOUDRE
Pare-étincelles	ÉCRAN
Pare-feu	ÉCRAN
Pareil	ÉGAL • IDENTIQUE • PAIR • TEL
Parent	COUSIN
Parer	DÉCORER • ORNER
Parer de couleurs variées	DIAPRER
Paresse	ATONIE • COSSE • MOLLESSE
Paresser	BULLER
Paresseux	AÏ • ATONE • FAINÉANT LENT • UNAU
Parfaire	ACHEVER • FIGNOLER
Parfait	ACCOMPLI • MODÈLE OPTIMAL • PUR

Parfaite ressemblance	SOSIE
Parfum	ARÔME • BOUQUET
	MUSC • SENTEUR
Parfumé à la vanille	VANILLÉ
Parfumé au musc	MUSQUÉ
Parfumer à l'anis	ANISER
Parfumer au pralin	PRALINER
Parier	MISER
Parigot	PARISIEN
Parité	ÉGALITÉ
Parka	ANORAK
Parlementer	TRAITER
Parler	CONVERSER • DIALECTE
Parler avec emphase	PÉRORER
Parler avec un défaut de prononciation	BLÉSER
Parler de	COMMENTER
Parler de façon prétentieuse	PONTIFIER
Parler du nez	NASILLER
Parler en hurlant	VOCIFÉRER
Parler entre ses dents	MARMOTTER
Parler local	PATOIS
Parler sans approfondir la matière	DISCOURIR
Parler toujours des mêmes choses	RADOTER
Parler, dire bas à l'oreille	CHUCHOTER
Parlote	BAVARDAGE
Parmi	CHEZ • ENTRE • MILIEU
Parodie	CARICATURE
Parodier	COPIER • SINGER
Paroi	CLOISON
Paroi vitrée	VERRIÈRE
Paroissien	OUAILLE
Paroissiens	OUAILLES
Parole	MOT
Parole extravagante	ÉNORMITÉ
Parole impudente	IMPUDENCE
Parole méchante	VACHERIE
Parole ou action drôle	DRÔLERIE
Parole qu'on adresse à Dieu	PRIÈRE
Parole, regard destinés à provoquer	AGACERIE
Parrainage	MÉCÉNAT • PATRONAGE
Parsemé d'étoiles	CONSTELLÉ

Parsemé de persil haché	PERSILLÉ
Parsemé de raies	VERGETÉ
Parsemer	SEMER
Parsemer d'astres	CONSTELLER
Parsemer d'ornements	ÉMAILLER
Parsemer de paillettes	PAILLETER
Parsemer de petites taches	TACHETER
Part	LOT • PARTAGE • PORTION
Part de bénéfice	DIVIDENDE
Partage	SCISSION
Partage politique	PARTITION
Partager	COUPER • DIVISER
Partager en quatre quartiers égaux	ÉCARTELER
Parti	CLAN • DISPARU
Parti pris	PRÉJUGÉ
Partialité	PRÉFÉRENCE • PRÉVENTION
Participation	APPORT
Participer	ASSISTER • CONCOURIR
	CONTRIBUER • COOPÉRER
Participer activement	MILITER
Particularité	ATTRIBUT • DÉTAIL
Particule affirmative	OÏL
Particule d'un élément chimique	ATOME
Particule électriquement neutre	NEUTRON
Particule élémentaire à interactions faibles	MUON
Particulier	PERSONNEL • PRIVÉ
	SINGULIER • SPÉCIAL
Particulier à une région	LOCAL
Particulière	PERSONNELLE
Partie	ÉLÉMENT • FRAGMENT • SEGMENT
Partie allongée et saillante d'un os	ÉPINE
Partie antérieure	AVANT
Partie antérieure d'un projectile, de forme conique	OGIVE
Partie antérieure de chacun des os iliaques	PUBIS
Partie antérieure du tronc	VENTRE
Partie arrondie	LOBE
Partie arrondie de la joue	POMMETTE
Partie aval d'une vallée	RIA

Partie avant de la tige d'une chaussure	EMPEIGNE
Partie basse	FOND
Partie basse de Budapest	PEST
Partie centrale	NOYAU
Partie centrale de la Terre	NIFE
Partie centrale et saillante d'un bouclier	OMBILIC
Partie charnue	FESSE
Partie cloisonnée d'un théâtre	LOGE
Partie creuse d'un instrument	DOUILLE
Partie creuse d'une salière	SALERON
Partie d'un bas	TALON
Partie d'un canal entre deux écluses	SAS
Partie d'un compte	DOIT
Partie d'un cours d'eau	AMONT • AVAL
Partie d'un couvent réservée aux novices	NOVICIAT
Partie d'un drame	ÉPISODE
Partie d'un hectare	ARE
Partie d'un jardin	PARTERRE
Partie d'un meuble qui coulisse	TIROIR
Partie d'un mouvement d'horlogerie	MINUTERIE
Partie d'un navire	VIBORD
Partie d'un outil	MANCHE
Partie d'un siège	DOSSIER
Partie d'un tableau qui a été repeinte	REPEINT
Partie d'un théâtre	COULISSE
Partie d'un tout	LOT • PORTION • TRANCHE
Partie d'un végétal	SEMENCE
Partie d'une chanson	COUPLET
Partie d'une clé	PANNETON
Partie d'une église	NEF
Partie d'une pièce servant d'appui	EMBASE
Partie d'une ville	QUARTIER
Partie d'une voile destinée à être serrée	RIS
Partie dallée de la cheminée	ÂTRE
Partie de certains ustensiles	ANSE
Partie de certains vêtements	PLASTRON
Partie de débauche	ORGIE
Partie de l'aloyau	ROMSTECK
Partie de l'armure qui protège le pied	SOLERET
Partie de l'épaule du cheval	ARS

Partie de l'oeil	CORNÉE
Partie de l'office divin du soir	VÊPRES
Partie de l'oreille	ÉTRIER • LOBE • TYMPAN
Partie de la bouche	LÈVRE
Partie de la cale d'un navire	SENTINE
Partie de la charrue	SEP
Partie de la corolle	PÉTALE
Partie de la face	MENTON
Partie de la face humaine	FRONT
Partie de la jambe	PIED
Partie de la journée	MATINÉE
Partie de la main	DOIGT
Partie de la mathématique	ARITHMÉTIQUE
Partie de la Méditerranée	ÉGÉE
Partie de la mitre	FANON
Partie de la pièce qui entre dans la mortaise	TENON
Partie de la région du bassin	FESSE
Partie de la rue réservée aux piétons	TROTTOIR
Partie de la selle	ÉTRIER
Partie de la thérapeutique médicale	CHIRURGIE
Partie de la tige des branches du rotang	ROTIN
Partie de plaisir	FIESTA • NOCE
Partie de vêtement	COLLET
Partie des mathématiques	ALGÈBRE
Partie du bassin	FESSE
Partie du choeur d'une église	CHEVET
Partie du corps	AINE • BRAS • COL • COU • HANCHE
Partie du corps de l'homme	DOS
Partie du corps humain	MAIN • TRONC
Partie du corps où s'accumule l'urine	VESSIE
Partie du cou	GORGE • NUQUE
Partie du fruit	PÉRICARPE
Partie du fuselage d'un avion	CARLINGUE
Partie du harnais d'un cheval	DOSSIÈRE
Partie du lit où l'on pose sa tête	CHEVET
Partie du membre inférieur	CUISSE • JAMBE
Partie du membre supérieur	COUDE
Partie du monde	ASIE • CONTINENT • EUROPE
Partie du pain	CROÛTE • MIE
Partie du pantalon	JAMBE

Partie du pied	PLANTE • TALON
Partie du rivage découverte à marée basse	BATTURE
Partie du rivage que la marée laisse à découvert	BATTURE
Partie du squelette de la main	CARPE
Partie du squelette du pied	TARSE
Partie du tablier qui couvre la poitrine	BAVETTE
Partie du talon d'une flèche	EMPENNE
Partie du tube digestif	ESTOMAC
Partie du vêtement	MANCHE
Partie du vêtement qui recouvre l'épaule	ÉPAULE
Partie en pente d'un quai	CALE
Partie épaisse qui se dépose dans la liqueur	LIE
Partie étroite	COL
Partie externe de l'oreille	PAVILLON
Partie filetée d'une vis	FILETAGE
Partie globuleuse	BULBE
Partie inférieure d'une cuisse de poulet	PILON
Partie inférieure d'une pierre précieuse	CULASSE
Partie inférieure de certains arbres	TRONC
Partie inférieure de l'aloyau	BAVETTE
Partie inférieure ou centrale d'une voûte	REIN
Partie intérieure d'un temple grec	NAOS
Partie interne d'un navire	CALE
Partie la plus grossière de la laine	LANICE
Partie la plus grossière du son	BRAN • BREN
Partie la plus renflée d'un tonneau	BOUGE
Partie latérale d'une construction	AILE
Partie latérale de la tête	TEMPE
Partie latérale du corps	FLANC
Partie latérale du nez	AILE
Partie liquide du fumier	PURIN
Partie liquide du sang	PLASMA
Partie mobile d'une soupape	CLAPET
Partie mobile dans un mécanisme rotatif	ROTOR
Partie mobile de la carrosserie d'une automobile	CAPOT

Partie molle de l'intérieur des os	MOELLE
Partie molle, tendre	TENDRON
Partie nord de la Grande-Bretagne	ÉCOSSE
Partie plate d'un aviron	PALE
Partie plate d'un piolet	PANNE
Partie plate des architraves	FASCE
Partie pleine d'un parapet	MERLON
Partie postérieure d'une arme à feu portative	CROSSE
Partie postérieure du cou	NUQUE
Partie principale de la feuille	LIMBE
Partie relativement plate du corps	MÉPLAT
Partie rembourrée d'une selle	COUSSINET
Partie saillante d'un os	APOPHYSE
Partie saillante du visage	MENTON • NEZ
Partie septentrionale de l'Asie	SIBÉRIE
Partie supérieure de la muraille d'un navire	HANCHE
Partie supérieure de la tête	SINCIPUT
Partie supérieure du corps humain	BUSTE
Partie supérieure du quaternaire	HOLOCÈNE
Partie supérieure du tronc	THORAX
Partie tendre et charnue des fruits	PULPE
Partie terminale d'un fleuve	ESTUAIRE
Partie terminale de l'intestin	RECTUM
Partie terminale de la patte des insectes	TARSE
Partie tournante d'une machine	ROTOR
Partie tranchante d'un couteau	LAME
Parties femelles d'une fleur	PISTIL
Partir	DÉLOGER • DÉMARRER • FUIR
Partir (S')	ENVOLER
Partisan	ADEPTE • ADHÉRENT • PARTIAL
Partisan de	ACQUIS
Partisan de l'arianisme	ARIEN
Partisan de la Révolution	PATRIOTE
Partisan de Wagner	WAGNÉRIEN
Partisan du castrisme	CASTRISTE
Partisan du dirigisme	DIRIGISTE
Partisan du finalisme	FINALISTE
Partisan du nihilisme	NIHILISTE
Partisan du quiétisme	QUIÉTISTE

Partisan du racisme	RACISTE
Partisan enthousiaste	FANATIQUE
Parure	ORNEMENT
Parure féminine	ATOUR
Parution	PUBLICATION
Parvenir	ACCÉDER • ARRIVER • RÉUSSIR
Parvenu	RÉUSSI
Parvenu au terme de sa croissance	ADULTE
Parvis	ESPLANADE
Pas	AUCUN • POINT
Pas beaucoup	PEU
Pas de danse glissé	COULÉ
Pas du tout	NULLEMENT
Pas en vers	PROSE
Pas-de-géant	VINDAS
Pascal	PA
Passable	ACCEPTABLE • POTABLE
Passablement	ASSEZ
Passade	TOQUADE
Passage	AVENTURE • CORRIDOR • PERCÉE
	SILLAGE • TOCADE • VOIE
Passage à l'eau de ce qui a été lavé	RINÇAGE
Passage compris entre deux retraits	ALINÉA
Passage d'un état à un autre	TRANSITION
Passage d'un texte	EXTRAIT
Passage de voyageurs en franchise des droits de douane	TRANSIT
Passage étroit et long	COULOIR
Passage joué en détachant les notes	STACCATO
Passage maritime étroit	CHENAL
Passager	FUGACE • PROVISOIRE
	TEMPORAIRE
Passant	BADAUD • PROMENEUR
Passé	APRÈS
Passé devant notaire	NOTARIÉ
Passe-montagne	CAGOULE
Passe-partout	CLÉ • CLEF
Passe-temps	AMUSEMENT • OCCUPATION
Passéiste	RÉTROGRADE
Passer	CÉDER • REFILER
Passer à tabac	TABASSER

Passer à travers	PÉNÉTRER
Passer au sasseur	SASSER
Passer d'un corps dans un autre	TRANSMIGRER
Passer d'une chaîne de télé à d'autres	ZAPPER
Passer en revue	DÉTAILLER
Passer en transit	TRANSITER
Passer sous silence	OCCULTER • TAIRE
Passer une limite	FRANCHIR
Passerelle	PONT
Passerose	PRIMEROSE
Passeur	BATELIER
Passion	AMBITION • FERVEUR
Passionnant	PALPITANT
Passionné	BRÛLANT • ÉPRIS • EXALTÉ • FÉRU
Passoire	CRIBLE • FILTRE
Pastèque	MELON
Pasteur	BERGER • PÂTRE
Pasteur anglo-saxon	CLERGYMAN
Pasteur luthérien norvégien	EGEDE
Pastiche	PARODIE
Pastoral, rustique	BUCOLIQUE
Pataud	PATTU
Patauger	BARBOTER • PATOUILLER
Pâté	TERRINE
Pâte amincie sous le rouleau	ABAISSE
Pâte de chair de poisson	SURIMI
Pâte de farine	LEVAIN
Pâté de soja	TOFU
Pâte léger et mousseux	MOUSSE
Pâte malléable	MASTIC
Pâte molle et sucrée	GUIMAUVE
Pâté rond garni de fruits	TOURTE
Pâtée	PITANCE
Pâtée pour la volaille	PÂTON
Patelin	BOURG • VILLAGE
Patent	MANIFESTE
Pater	PATERNEL
Pâteux	ÉPAIS
Pathétique	POIGNANT
Patienter	ATTENDRE
Patinoire couverte	ARÉNA

Pâtisserie	CROISSANT • GÂTEAU • STRUDEL
	TARTE • TARTELETTE
Pâtisserie à la meringue	VACHERIN
Pâtisserie allongée	ÉCLAIR
Pâtisserie alsacienne	BRETZEL
Pâtisserie de forme ronde	TOURTE
Pâtisserie en forme de bûche	BÛCHE
Pâtisserie légère	BRIOCHE
Patois	DIALECTE
Patouiller	PATAUGER
Pâtre	BERGER
Patriarche	VIEILLARD
Patriarche biblique	NOÉ
Patrie	PAYS
Patrie d'Abraham	OUR • UR
Patrie de Zénon	ÉLÉE
Patrimoine	HÉRITAGE
Patron	BOSS • GABARIT • MANITOU
	PATTERN • TENANCIER
Patron de café	BISTRO
Patron, sur une gabarre	GABARRIER
Patronage	CAUTION
Patronne d'un café	CAFETIÈRE
Patronner	PARRAINER • PISTONNER
Patte	JAMBE
Patte-de-loup	LYCOPE
Pattern	SCHÉMA
Pâturage	PACAGE • PÂTURE • PRÉ
Pâturage d'altitude moyenne avec bâtiment	MAYEN
Pâturage d'été en montagne	ESTIVE
Pâturage d'été, en haute montagne	ALPAGE
Pâturage dans les montagnes	ALPAGE
Pâturage des Alpes	ALPE
Pâturer	PAÎTRE
Paumée	COLÉE
Pause	ARRÊT • ATTENTE • RÉPIT
	REPOS • STATION • TRÊVE
Pauvre	INDIGENT
Pauvreté	ARIDITÉ • DÉBINE • DÈCHE
	MAIGREUR • MOUISE

Pavage	PAVÉ
Pavé	DALLAGE
Pavillon	BELVÉDÈRE
Pavillon circulaire à dôme et à colonnes	ROTONDE
Pavillon de jardin	KIOSQUE
Pavot sauvage	PONCEAU
Paxon	PACSON
Payable	RÉGLABLE
Payant	PROFITABLE
Payer	ACHETER • RÉMUNÉRER
Payer de nouveau	REPAYER
Payer en supplément	REPAYER
Payer les dépenses de quelqu'un	DÉFRAYER
Payer sa part	PARTICIPER
Payer sa quote-part	COTISER
Payer, dépenser	DÉBOURSER
Pays	CONTRÉE • ÉTAT • PATRIE
Pays chimérique	ELDORADO
Pays d'Europe	SUÈDE
Pays de l'Afrique orientale	UGANDA
Pays des Perses	PERSE
Pays puissant	PUISSANCE
Pays soumis à un khan	KHANAT
Paysage	SITE
Paysage caractéristique de l'ouest de la France	BOCAGE
Paysan	AGRICULTEUR • CAMBROUSARD FERMIER • PLOUC • RURAL • TERRIEN
Paysan de l'Amérique du Sud	PÉON
Paysan, dans les pays arabes	FELLAH
Paysanne	TERRIENNE
Peau	CUIR
Peau d'agneau	TOULOUPE
Peau d'agneau mort-né à laine frisée	ASTRAKAN
Peau d'hermine très fine	ARMELINE
Peau d'un fruit	PELURE
Peau de certains animaux	CUIR
Peau de l'homme	CUIR
Peau de porc grillée	COUENNE
Peau de veau	VÉLIN
Peau de veau mort-né	VELOT

Peau enlevée à un animal	DÉPOUILLE
Peau tannée du crocodile	CROCO
Peaufiner	POLIR
Péché	COULPE • FAUTE
Péché de la chair	LUXURE
Pêche nappée de crème chantilly	MELBA
Pêcher de nouveau	REPÊCHER
Pêcheur de sardines	SARDINIER
Pédagogique	ÉDUCATIF
Pédagogue	ENSEIGNANT
Pédant ridicule	CUISTRE
Pédéraste	PÉDÉ
Pédoncule	SESSILE
Peigner	COIFFER
Peigner des fibres textiles	CARDER
Peignoir léger	KIMONO
Peindre	BROSSER
Peindre à neuf	REPEINDRE
Peindre de nouveau	REPEINDRE
Peindre en posant les couleurs en couche épaisse	EMPÂTER
Peine	DAM • ÉPREUVE • PÉNALITÉ
Peine cruelle	MARTYRE
Peine pécuniaire	AMENDE
Peine profonde	DÉSOLATION
Peine sévère	CHÂTIMENT
Peiner	AFFECTER • AHANER • BESOGNER SUER • TRIMER
Peint à neuf	REPEINT
Peint de nouveau	REPEINT
Peinte à neuf	REPEINTE
Peinte de nouveau	REPEINTE
Peintre	ARTISTE
Peintre allemand	ERNST
Peintre anglais d'origine néerlandaise	LELY
Peintre cubain né en 1902	LAM
Peintre espagnol	DALI
Peintre espagnol né en 1601	CANO
Peintre espagnol prénommé Salvador	DALI
Peintre et dessinateur français né en 1859	SEURAT

Peintre et écrivain français mort en 1943	DENIS
Peintre et graveur belge mort en 1898	ROPS
Peintre et sculpteur espagnol	MIRO
Peintre et sculpteur français	ARP
Peintre et théoricien italien mort en 1966	CARRA
Peintre français	ESTÈVE • LATOUR • MONET UTRILLO • VIEN
Peintre français mort en 1883	MANET
Peintre français mort en 1919	RENOIR
Peintre italien	RENI
Peintre italien né en 1615	ROSA
Peintre néerlandais né en 1613	DOU
Peintre néerlandais né en 1626	STEEN
Peintre sans grand talent	RAPIN
Peintre suisse	LIOTARD
Peinture	TOILE
Peinture à l'eau	GOUACHE
Peinture d'une seule couleur	CAMAÏEU
Peinture exécutée rapidement	POCHADE
Peinture très résistante	LAQUE
Peinturlurer	BARBOUILLER • BARIOLER PEINTURER
Pelage	FOURRURE
Pelage laineux des ovidés	TOISON
Peler le grain	ÉCORCER
Pelisse	MANTEAU
Peller	PELLETER
Pelleterie	FOURRURE
Pellicule	FEUIL • FILM • MEMBRANE
Pellicule formée par la glace	FRASIL
Pellicule transparente	CELLOPHANE
Pelote basque	REBOT
Pelotonné	RAMASSÉ
Pelta	PELTE
Pelte	PELTA
Pelure	ÉCORCE • MANTEAU
Pénalisation	PÉNALITÉ
Pénalité	CHÂTIMENT • PUNITION
Penaud	PÉTEUX

Penaud, dépité	DÉCONFIT
Penchant	PROPENSION • SYMPATHIE
	TENDANCE
Penchant amoureux passager	BÉGUIN
Penchant effréné pour la luxure	LUBRICITÉ
Penché	INCLINÉ
Pencher	COURBER
Pendaison	POTENCE
Pendant	DURANT • TOMBANT
Pendant la durée de	DURANT
Pendant un long moment	LONGTEMPS
Pendoir	CROCHET
Pendre	SUSPENDRE
Pénétrable	ACCESSIBLE • PERMÉABLE
Pénétration d'esprit	SAGACITÉ
Pénétré de froid	TRANSI
Pénétrer	APPROFONDIR
	ENTRER • TRANSPERCER
Pénétrer de nouveau	RENTRER
Pénible	AMER • ARDU • DÉSAGRÉABLE
Péninsule montagneuse d'Égypte	SINAÏ
Pénitence	ABSTINENCE
Pénitencier	BAGNE • PRISON
Pénitent	ASCÈTE • CONTRIT • REPENTANT
Pense-bête	MÉMENTO
Pensée	ESPRIT • RÊVERIE
Pensée vague	SONGERIE
Penser	COGITER • PRÉSUMER
	RÉFLÉCHIR • SONGER
Penser vaguement à des sujets imprécis	RÊVASSER
Pensif	SONGEUR
Pensive	SONGEUSE
Pente	CÔTE • TALUS • VERSANT
Pentose	RIBOSE
Pentu	INCLINÉ
Pénurie	DISETTE • MANQUE • RARETÉ
Pénurie de vivres	DISETTE
Pépé	PAPI • PÉPÈRE
Pépée	FILLE • POUPÉE
Pépère	PÉPÉ
Pépiement d'oiseau	CUICUI

Pépier	PIAILLER
Pépin	HIC
Perçant	PÉNÉTRANT • STRIDENT
Perception	RENTRÉE
Perception des sons	AUDITION
Perception par la vue	VISION
Percer	CREVER • PERFORER
	TRAVERSER • TROUER
Percer d'ouvertures	AJOURER
Percer un trou	FORER
Percer, orner de jours	AJOURER
Perceuse	FOREUSE • PERCE
Percevoir	DISCERNER • DISTINGUER
	RECEVOIR • SENTIR • VOIR
Percevoir le son	ENTENDRE
Percevoir, toucher	EMPOCHER
Perche noire	ACHIGAN
Percher	NICHER
Perchiste	SAUTEUR
Perco	PERCOLATEUR
Percolateur	CAFETIÈRE
Perçu	VU
Percussion	CHOC
Perdant	LOSER • VAINCU
Perdre	ÉGARER
Perdre de nouveau	REPERDRE
Perdre de sa valeur	DÉPRÉCIER
Perdre de son actualité	VIEILLIR
Perdre du poids	MAIGRIR
Perdre du poids (S')	AMAIGRIR
Perdre lentement ses forces	LANGUIR
Perdre momentanément	ÉGARER
Perdre sa force	
par manque d'habitude (Se)	ROUILLER
Perdre sa forme	GAUCHIR
Perdre sa fraîcheur	DÉCATIR
Perdre ses illusions	DÉCHANTER
Perdre son éclat	FANER • PÂLIR
Perdre son rang, sa réputation	DÉCHOIR
Perdre son temps à des riens	LAMBINER • MUSARDER • NIAISER
Perdu	ADIRÉ • ÉGARÉ • FICHU

Perdu, égaré	PAUMÉ
Père	DAB • DABE • MOINE
	PAPA • PATERNEL
Père des aïeuls	BISAÏEUL
Père des Néréides	NÉRÉE
Péremptoire	CASSANT
Perfectionné	AVANCÉ
Perfectionnement	AMÉLIORATION
Perfide	FOURBE
Perfidie	NOIRCEUR • TRAHISON
Perfidie, hypocrisie	FOURBERIE
Perforatrice	FOREUSE
Perforer	FORER • PERCER • TROUER
Performance	EXPLOIT
Péricarpe de divers fruits	BROU
Péril	DANGER
Périlleux	DANGEREUX • RISQUÉ
Périmé	CADUC • DÉSUET
	OBSOLÈTE • VÉTUSTE
Période	CYCLE • DURÉE • ÉPOQUE
	ÉTAPE • LAPS • PHASE
	SESSION • STADE • TEMPS
Période d'abstinence	CARÊME
Période d'activité d'une assemblée	SESSION
Période d'activité sexuelle des mammifères	RUT
Période de 18 ans et 11 jours	SAROS
Période de 6585 jours qui règle le retour des éclipses	SAROS
Période de cent ans	SIÈCLE
Période de dix ans	DÉCENNIE
Période de dix jours	DÉCADE
Période de formation dans une entreprise	STAGE
Période de grande chaleur	CANICULE
Période de jeûne des musulmans	RAMADAN
Période de l'allaitement chez les animaux	LACTATION
Période de l'ère tertiaire	ÉOCÈNE
Période de l'histoire où ont régné les tsars	TSARISME

Période de la vie	ENFANCE
Période de lassitude	DÉPRIME
Période de quatre semaines qui précède Noël	AVENT
Période de quinze jours	QUINZAINE
Période de temps	SAISON
Période de travail intensif pour terminer à temps un projet urgent	CHARRETTE
Période des chaleurs	ÉTÉ
Période du tertiaire	NÉOGÈNE
Période historique	ÈRE
Période mesurable pendant laquelle a lieu une action	DURÉE
Période pendant laquelle persiste un même vent	NUAISON
Période très longue	SIÈCLE
Périodique	FEUILLE
Périodique de petit format	TABLOÏDE
Péripétie	INCIDENT
Périple	CIRCUIT • VOYAGE
Périr	MOURIR
Permanent	DURABLE • STABLE
Perméable	POREUSE • POREUX
Permet de repérer la position d'un avion	RADAR
Permettre	TOLÉRER
Permis	AUTORISATION • LICITE
Permis par la loi	LICITE
Permission	AUTORISATION • DISPENSE • LOISIR
Permission de partir	CONGÉ
Permission de sortir	EXÉAT
Pernicieuse	NOCIVE
Pernicieux	MALFAISANT
Pérorer	DISCOURIR
Perpétrer	COMMETTRE
Perpétuation	CONTINUITÉ
Perpétuel	CONTINUEL • ÉTERNEL
Perpétuelle	CONTINUELLE
Perpétuer	ÉTERNISER
Perquisition	DESCENTE
Perquisitionner	FOUILLER

Perroquet	ARA
Perroquet au plumage brillant	ARA
Perroquet d'Australie	LORI
Perruquier	COIFFEUR
Persan	FARSI
Persévérance	CONSTANCE • PATIENCE • TÉNACITÉ
Persévérant	CONSTANT • OBSTINÉ OPINIÂTRE • PATIENT
Persévérer	CONTINUER • PERSISTER
Persienne	JALOUSIE • VOLET
Persiflage	RAILLERIE
Persister	PERSÉVÉRER • RESTER • SUBSISTER
Personnage allégorique féminin	DÉESSE
Personnage biblique, épouse d'Abraham	SARA • SARAH
Personnage biblique, épouse de Booz	RUTH
Personnage biblique, neveu d'Abraham	LOTH
Personnage bizarre	OLIBRIUS
Personnage bouffon de la comédie italienne	ARLEQUIN
Personnage d'Alfred Jarry, écrivain français	UBU
Personnage énigmatique	SPHINX
Personnage fastueux et riche	NABAB
Personnage grotesque qui fait des tours d'adresse	CLOWN
Personnage guidé par une étoile	MAGE
Personnage hypocrite	ESCOBAR
Personnage imaginaire de taille minuscule	NAIN
Personnage important	PERSONNALITÉ
Personnage important d'une région	NOTABLE
Personnage important dans un domaine quelconque	PONTE
Personnage représenté en prière	ORANT
Personnage vaniteux	FAT
Personnalité influente	MAGNAT
Personne	AUCUN • CRÉATURE • ÊTRE
Personne à cheval	CAVALIER
Personne à la fois hétérosexuelle et homosexuelle	BISEXUEL

Personne à marier	PARTI
Personne à qui l'on impute une infraction	ACCUSÉ
Personne âgée	ANCÊTRE
Personne anonyme	UNTEL
Personne asservie	ILOTE
Personne attachée à une terre et dépendant du seigneur	SERF
Personne atteinte de pyromanie	PYROMANE
Personne atteinte de voyeurisme	VOYEUR
Personne atteinte du sida	SIDÉEN
Personne autoritaire	GENDARME
Personne aux idées démodées	FOSSILE
Personne avare	RAT
Personne bavarde	PIE • PIPELET
Personne bavarde, qui colporte les cancans	COMMÈRE
Personne bien musclée	ATHLÈTE
Personne bizarre	HURLUBERLU • PHÉNOMÈNE
Personne chargée d'assurer les liaisons par télex	TÉLEXISTE
Personne chargée de former des professionnels	FORMATEUR
Personne chargée de l'administration matérielle	ÉCONOME
Personne chargée de l'entretien d'un immeuble	CONCIERGE
Personne chargée de traire	TRAYEUR
Personne chargée de vérifier des pesées	PESEUR
Personne chargée des échos	ÉCHOTIER
Personne chargée des semailles	SEMEUR • SEMEUSE
Personne chargée des soins esthétiques des mains	MANUCURE
Personne chargée du maniement de la caméra	CADREUR
Personne chétive	MAUVIETTE • MICROBE
Personne coupable de recel	RECELEUR
Personne courageuse	LION
Personne curieuse et bavarde	COMMÈRE
Personne d'un violence excessive	BRUTE
Personne d'une laideur effrayante	MONSTRE

Personne d'une puissance extraordinaire	TITAN
Personne de caractère bas	REPTILE
Personne de goût vulgaire	PHILISTIN
Personne de grand mérite	PERLE
Personne de premier plan	VEDETTE
Personne de race noire	NÈGRE • NÉGRO
Personne dépendant d'un seigneur	SERF
Personne difficile à comprendre	ÉNIGME
Personne disposée à acheter	PRENEUR
Personne dont la profession est la danse	DANSEUR
Personne dont le métier est de conduire	CHAUFFEUR
Personne dont le métier est de déguster les vins	DÉGUSTATEUR
Personne dont le métier est de goûter	GOÛTEUR
Personne dont le métier est de jongler	JONGLEUR
Personne dont le métier est de laver	LAVEUR
Personne du sexe féminin	NANA
Personne dure et rapace	VAUTOUR
Personne en fuite	FUGITIF
Personne en vacances	VACANCIER
Personne extrêmement habile	VIRTUOSE
Personne extrêmement peureuse	TREMBLEUR
Personne fouineuse	FURET
Personne fruste	PLOUC
Personne gaie, insouciante	LURON
Personne grossière	BRUTE
Personne habile à gouverner	POLITIQUE
Personne habile dans les lancers	LANCEUR
Personne habilitée à effectuer des massages	MASSEUR
Personne incapable	TOCARD
Personne inconsistante	PANTIN
Personne influente	PUISSANT
Personne instruite	CLERC
Personne insupportable	POISON
Personne interrogée lors d'un sondage d'opinion	SONDÉ
Personne jeune qui prend des airs d'importance	MORVEUX
Personne lâche	LOPE • LOPETTE

Personne laide	LAIDERON
Personne lente dans son travail	TRAÎNARD
Personne malingre	CREVARD
Personne malpropre	SOUILLON
Personne malveillante	VIPÈRE
Personne méchante ou acariâtre	CHAMEAU
Personne méchante, dure	ROSSE
Personne méchante, sans pitié	VACHE
Personne médisante	ROSSARD
Personne méprisable	VERMINE
Personne mise au ban d'une société	PARIA
Personne née dans les Antilles	CRÉOLE
Personne nuisible	PESTE
Personne originaire d'Asie	ASIATE
Personne originale	NUMÉRO
Personne parfaite	ANGE
Personne participant à des régates	RÉGATIER
Personne payée à la pige	PIGISTE
Personne perfide et méchante	SERPENT
Personne pingre	RAT
Personne pleine d'expérience	VÉTÉRAN
Personne préposée à la garde d'un immeuble	CONCIERGE
Personne privée	PARTICULIER
Personne qu'on utilise pour marchander	OTAGE
Personne qualifiée dans son métier	PRO
Personne que l'on peut tromper aisément	DUPE
Personne quelconque	INDIVIDU
Personne qui a coutume de mâcher	MÂCHEUR
Personne qui a l'habitude de boire	BUVEUR
Personne qui a l'habitude de nier	NÉGATEUR
Personne qui a la garde d'un immeuble	CONCIERGE
Personne qui a la vue courte	MYOPE
Personne qui a le droit de vote	ÉLECTEUR
Personne qui a remporté un prix	LAURÉAT
Personne qui a un air absent, amorphe	ZOMBIE
Personne qui a une parfaite ressemblance à une autre	SOSIE

Personne qui abuse de la générosité d'autrui	PROFITEUR
Personne qui agit comme une machine	AUTOMATE
Personne qui aime à parader	PARADEUR
Personne qui aime bâfrer	BÂFREUR
Personne qui aime faire la noce	NOCEUR
Personne qui aime fouiller dans les marchés d'occasion	CHINEUR
Personne qui aime le genre humain	PHILANTHROPE
Personne qui aime peloter	PELOTEUR
Personne qui arrive	ARRIVANT
Personne qui arrive quelque part	ARRIVANT
Personne qui bâfre	BÂFREUR
Personne qui bâille	BÂILLEUR
Personne qui boit	BUVEUR
Personne qui boit beaucoup	BUVEUR
Personne qui brade	BRADEUR
Personne qui brade le territoire national	BRADEUR
Personne qui brise quelque chose	BRISEUR
Personne qui casse	CASSEUR
Personne qui change aisément d'avis	GIROUETTE
Personne qui change sans cesse d'opinions	PROTÉE
Personne qui chante en duo	DUETTISTE
Personne qui cherche à égaler quelqu'un	ÉMULE
Personne qui chine	CHINEUR
Personne qui chipote	CHIPOTEUR
Personne qui commet un vol à main armée	BRAQUEUR
Personne qui conduit un bateau	NAUTONIER
Personne qui conduit une opération d'affinage	AFFINEUR
Personne qui contrôle les actions d'autrui	CENSEUR
Personne qui coud des vêtements	COUTURIER
Personne qui croit tout ce qu'on lui dit	GOBEUR
Personne qui cultive les jardins	JARDINIER
Personne qui danse	DANSEUR
Personne qui danse la valse	VALSEUR

Personne qui débute	DÉBUTANT
Personne qui découvre des sources	SOURCIER
Personne qui dépendait d'un seigneur	VASSAL
Personne qui dirige une maison de couture	COUTURIER
Personne qui distrait	AMUSEUR
Personne qui divertit	AMUSEUR
Personne qui doit	DÉBITEUR
Personne qui donne à bail	BAILLEUR • LOCATEUR
Personne qui donne des conseils	MONITEUR
Personne qui dresse des animaux	DRESSEUR
Personne qui échoue en général	LOSER
Personne qui écoute	AUDITEUR
Personne qui effectue une attaque à main armée	BRAQUEUR
Personne qui élague	ÉLAGUEUR
Personne qui ennuie	RASEUR
Personne qui enseigne des connaissances	PROF
Personne qui est dans le secret	INITIÉ
Personne qui étampe	ÉTAMPEUR
Personne qui évoque la beauté, la séduction	FLEUR
Personne qui excite à une émeute	ÉMEUTIER
Personne qui exécute des exercices d'équilibre	ACROBATE
Personne qui exerce une censure	CENSEUR
Personne qui exerce une domination	MAÎTRE
Personne qui exploite un moulin à céréales	MEUNIER
Personne qui exploite un navire	ARMATEUR
Personne qui fabrique des filets pour la pêche	LACEUR
Personne qui fabrique des gaines	GAINIER
Personne qui fabrique des gilets	GILETIER
Personne qui fabrique des joyaux	JOAILLIER
Personne qui fabrique des sabots	SABOTIER
Personne qui fabrique et répare des charrettes	CHARRON
Personne qui fabrique et vend des chaussures sur mesure	BOTTIER

Personne qui fabrique et vend des lunettes	OPTICIEN
Personne qui fabrique et vend des poteries	POTIER
Personne qui fabrique ou vend des chapeaux d'homme	CHAPELIER
Personne qui fait des paquets	PAQUETEUR
Personne qui fait des tours d'acrobatie	BATELEUR
Personne qui fait du tissage	TISSEUR
Personne qui fait le commerce d'articles en solde	SOLDEUR
Personne qui fait métier de donner en location	LOUEUR
Personne qui fait ou vend des chapeaux	CHAPELIER
Personne qui fait ou vend des corsets	CORSETIER
Personne qui fait une cure thermale	CURISTE
Personne qui fane l'herbe	FANEUR
Personne qui fixe une taxe	TAXATEUR
Personne qui fomente une émeute	ÉMEUTIER
Personne qui fouille	FOUILLEUR
Personne qui fraude	FRAUDEUR
Personne qui fuit le monde	OURS
Personne qui fume	FUMEUR
Personne qui gage	GAGEUR
Personne qui garde les moutons	BERGER
Personne qui gaspille	GÂCHEUR
Personne qui gave les volailles	GAVEUR
Personne qui glane	GLANEUR
Personne qui goûte la bonne cuisine en connaisseur	GOURMET
Personne qui habite l'Angleterre	ANGLAIS
Personne qui invente	INVENTEUR
Personne qui joue au ping-pong	PONGISTE
Personne qui joue aux quilles	QUILLEUR
Personne qui joue un premier rôle dans une affaire	PROTAGONISTE
Personne qui joue une partie dans un duo	DUETTISTE
Personne qui jouit d'une bourse d'études	BOURSIER
Personne qui lie des bottes de foin	LIEUR

Personne qui lit	LECTRICE
Personne qui livre les journaux à domicile	CAMELOT
Personne qui manoeuvre un ascenseur	LIFTIER
Personne qui maraude	MARAUDEUR
Personne qui mène grand train	SATRAPE
Personne qui mène une vie austère	ASCÈTE
Personne qui mène une vie de plaisirs	VIVEUR
Personne qui méprise	CONTEMPTEUR
Personne qui met de l'argent de côté	ÉPARGNANT
Personne qui n'a pas réussi	RATÉ
Personne qui ne cherche aucun profit	PHILANTHROPE
Personne qui néglige ses amis	LÂCHEUR
Personne qui nettoie	NETTOYEUR
Personne qui pagaie	PAGAYEUR
Personne qui participe à une conjuration	CONJURÉ
Personne qui participe à une émeute	ÉMEUTIER
Personne qui patine	PATINEUR • PATINEUSE
Personne qui polémique	POLÉMISTE
Personne qui possède un terrain sur la rive	RIVERAIN
Personne qui pratique l'épéisme	ÉPÉISTE
Personne qui pratique la boxe	BOXEUR
Personne qui pratique le sport du canoë	CANOÉISTE
Personne qui pratique le yoga	YOGI
Personne qui pratique un sport	ATHLÈTE • SPORTIF
Personne qui préside	PRÉSIDENT
Personne qui prête à intérêt excessif	USURIER
Personne qui procède à l'ajustage	AJUSTEUR
Personne qui professe des opinions extrêmes	ULTRA
Personne qui propage	APÔTRE • SEMEUR
Personne qui raconte bien	CONTEUR
Personne qui ramasse	RAMASSEUR
Personne qui ravaude	RAVAUDEUR
Personne qui recherche certaines choses	AMATEUR
Personne qui reçoit des biens en héritage	HÉRITIER

Personne qui rit	RIEUR
Personne qui ronfle	RONFLEUR
Personne qui s'empare d'un pouvoir sans droit	USURPATEUR
Personne qui s'occupe de botanique	BOTANISTE
Personne qui s'occupe un peu de tout	FACTOTUM
Personne qui sait valser	VALSEUR
Personne qui se baigne	BAIGNEUR
Personne qui se confesse	PÉNITENT
Personne qui se déplace pour son plaisir	TOURISTE
Personne qui se livre à l'exploitation commerciale d'un navire	ARMATEUR
Personne qui se sert d'une arme à feu	TIREUR
Personne qui subit la haine	VICTIME
Personne qui suborne un témoin	SUBORNEUR
Personne qui suscite des querelles	BOUTEFEU
Personne qui témoigne	TÉMOIN
Personne qui tenait un four à pain	FOURNIER
Personne qui tient	TENEUR
Personne qui tient la batterie dans un groupe musical	BATTEUR
Personne qui tient les comptes	COMPTABLE
Personne qui tient une droguerie	DROGUISTE
Personne qui tient une épicerie	ÉPICIER
Personne qui tient une galerie d'art	GALERISTE
Personne qui tient une gargote	GARGOTIER
Personne qui tient une papeterie	PAPETIER
Personne qui tire	TIREUR
Personne qui trahit sa patrie	RENÉGAT
Personne qui transporte les clubs des joueurs de golf	CADDIE
Personne qui travaille à façon	FAÇONNIER
Personne qui travaille le chanvre	CHANVRIER
Personne qui utilise un canoë	CANOÉISTE
Personne qui utilise un service public	USAGER
Personne qui va à pied	PIÉTON
Personne qui valse	VALSEUR
Personne qui vend des appareils ménagers	MÉNAGISTE

Personne qui vend des instruments d'optique	OPTICIEN
Personne qui vend du lait	LAITIER
Personne qui vit aux dépens d'autrui	SANGSUE
Personne qui vit de ses rentes	RENTIER
Personne qui vit retirée	ERMITE
Personne qui voyage par agrément	TOURISTE
Personne récemment baptisée	NÉOPHYTE
Personne réduite au dernier degré de la misère	ILOTE
Personne remarquable	CHAMPION
Personne salariée dans une entreprise	EMPLOYÉ
Personne sans éducation	MALOTRU
Personne sans énergie	LARVE • LAVETTE
Personne sans envergure	MINUS
Personne semblable à une autre	CONGÉNÈRE
Personne sotte	OIE
Personne soupçonnée d'une infraction	PRÉVENU
Personne spécialisée dans l'élagage des arbres	ÉLAGUEUR
Personne spécialisée dans la comptabilité	COMPTABLE
Personne stupide	PATATE
Personne stupide et d'un esprit lourd	BÛCHE
Personne très crédule	OISON
Personne très laide	MACAQUE
Personne très lente	TORTUE
Personne volage	COUREUR
Personne vorace	OGRE
Personne, institution archaïque	DINOSAURE
Personnel	PARTICULIER • PRIVÉ • PROPRE
Personnel d'un ministre	CABINET
Personnes ayant des caractères communs	FAMILLE
Perspective	HORIZON • OPTIQUE
Perspicace	PÉNÉTRANT • SAGACE SUBTIL • VIVACE
Perspicacité	SAGACITÉ
Persuadé	CONVAINCU
Persuader	CONVAINCRE
Persuasion	CONVICTION

Perte	DÉCHET
Perte de la mémoire	AMNÉSIE
Perte de la voix	APHONIE
Perte de réputation	DÉCRI
Perte de substance de la peau	ULCÈRE
Perte du sens de l'ouïe	SURDITÉ
Perte en vies humaines	SAIGNÉE
Pertes financières	SAIGNÉE
Pertinent	ADÉQUAT • CONGRU • JUDICIEUX
Perturbation	DÉSORDRE
Perturbation atmosphérique	ORAGE • TORNADE
Perturber	BOULEVERSER • TROUBLER
Pervers	DÉPRAVÉ
Perverse	VICIEUSE
Perversion sexuelle	SADISME
Perverti	CORROMPU • DÉPRAVÉ
Pesamment	LOURDEMENT
Pesant	ÉPAIS • LOURD
Pesante	LOURDE
Pesanteur	LOURDEUR
Pèse-personne	BALANCE
Pesée	PESAGE
Peser l'emballage d'une marchandise	TARER
Peser un emballage	TARER
Pessimiste	ALARMISTE
Peste	POISON
Pester	MAUGRÉER • ROGNER • TEMPÊTER
Pesticide	HERBICIDE
Pet	VESSE
Pétale supérieur de la corolle des orchidées	LABELLE
Pétant	SONNANT
Pétarade	BRUIT
Péter	CREVER • ÉCLATER EXPLOSER • VESSER
Pétiller	CRÉPITER
Petit	FISTON • MENU • NAIN • PETIOT
Petit agneau	AGNELET
Petit aigle	ALERION
Petit amas de poussière	CHATON
Petit âne	ÂNON

Petit animal arthropode	CLOPORTE
Petit animal du genre des martres	FOUINE
Petit animal invertébré	INSECTE
Petit animal marin	SALPE
Petit anneau en cordage	ERSEAU
Petit aqueduc en maçonnerie	DALOT
Petit arbre	ARBUSTE
Petit arbre d'Asie	MÉLIA
Petit arbre des régions tropicales	XIMÉNIE
Petit avion de reconnaissance	DRONE
Petit avion télécommandé	DRONE
Petit bac	BACHOT
Petit baiser	BÉCOT
Petit baiser affectueux	BAISE
Petit balai pour l'époussetage	PLUMEAU
Petit bardeau servant à recouvrir les toits	TAVILLON
Petit baril	BARILLET
Petit bassin utilisé en chirurgie	HARICOT
Petit bateau	BARQUE • BATELET
Petit bateau à rames	NACELLE
Petit bateau ponté ou non	BARQUE
Petit bâtiment de guerre rapide	AVISO
Petit bâtiment rapide qui portait le courrier	AVISO
Petit bâtiment rural	MAZOT
Petit bec d'un réchaud	VEILLEUSE
Petit biscuit sec feuilleté	GAUFRETTE
Petit bois	BOCAGE • BOSQUET
Petit bonnet rond	CALOTTE
Petit bouclier en forme de croissant	PELTA • PELTE
Petit bouclier en usage au Moyen Âge	TARGE
Petit bras de levier	CLENCHE
Petit café	TAVERNE
Petit café à clientèle populaire	CABOULOT
Petit cageot	CAGETTE
Petit caillou formant le gravillon	GRAVILLON
Petit canal	ÉTIER
Petit canapé à deux places	CAUSEUSE
Petit capital économisé peu à peu	PÉCULE
Petit carré de pâte farcie	RAVIOLI

Petit carreau de terre cuite	TOMETTE
Petit carton qui sert à marquer une page	SIGNET
Petit carton rectangulaire	CARTE
Petit casque fermé	ARMET
Petit cerf d'Asie à bois courts	AXIS
Petit champ	LOPIN
Petit chandelier sans pied	BOUGEOIR
Petit chapeau de femme	BIBI
Petit charançon qui s'attaque aux fruits	APION
Petit chardonneret jaune, vert et noir	TARIN
Petit chariot métallique	CADDIE
Petit chariot roulant le long d'un câble	TROLLEY
Petit chat	MINOU
Petit château	CASTEL • MANOIR
Petit cheval de selle	BIDET
Petit chevron	GUILLEMET
Petit chien à poil ras	CARLIN
Petit chien d'agrément à poil ras	CHIHUAHUA
Petit chien d'appartement	BICHON • LOULOU
Petit chien qui jappe sans arrêt	ROQUET
Petit cigare	NINAS
Petit cigare analogue aux ninas	SEÑORITA
Petit cigare de la Régie française	SEÑORITA
Petit ciseau à l'usage des orfèvres	CISELET
Petit ciseau servant aux graveurs	CISELET
Petit clocher	CLOCHETON
Petit cloporte	ASELLE
Petit clou à grosse tête qu'on enfonce avec le pouce	PUNAISE
Petit coffre	CASSETTE
Petit colombier	FUIE
Petit concombre conservé dans du vinaigre	CORNICHON
Petit concombre cueilli avant maturité	CORNICHON
Petit coquillage de mer comestible	BIGORNEAU
Petit cor	CORNET
Petit cordage de deux fils	LUSIN
Petit coulant mobile où passe une chaîne	GLISSOIR
Petit cours d'eau peu large	RUISSEAU

Petit coussin	COUSSINET
Petit couteau destiné aux opérations chirurgicales	SCALPEL
Petit creux	FOSSETTE
Petit crochet métallique	HAMEÇON
Petit crustacé	BALANE
Petit crustacé d'eau douce	CYCLOPE
Petit crustacé marin	CREVETTE
Petit cube	DÉ
Petit cube constituant l'élément d'une mosaïque	ABACULE
Petit cube de carton	FUSETTE
Petit cylindre à rebords	BOBINE
Petit d'une vipère	VIPEREAU
Petit de l'âne	ÂNON
Petit de l'oie	OISON
Petit de la brebis	AGNEAU
Petit de la chèvre	CABRI
Petit de la cigogne	CIGOGNEAU
Petit démon	LUTIN
Petit détachement	BRIGADE
Petit domaine féodal	MANSE
Petit drame lyrique espagnol	ZARZUELA
Petit drapeau	FANION
Petit du canard	CANETON
Petit du cerf	FAON
Petit du cheval	POULAIN
Petit du corbeau	CORBILLAT
Petit du daim	FAON
Petit du lapin	LAPEREAU
Petit du lièvre	LEVRAUT
Petit du lion et de la lionne	LIONCEAU
Petit du sanglier	MARCASSIN
Petit duo	DUETTO
Petit écran	TÉLÉ
Petit écriteau d'identification	ÉTIQUETTE
Petit écureuil	TAMIA
Petit emballage à anse	FLEIN
Petit enfant	MARMOT • MINOT • MÔME
Petit enfant, môme	MOUFLET
Petit ennui qui retarde	ANICROCHE

Petit escalier extérieur	PERRON
Petit escalier portatif	ESCABEAU
Petit espace vide	INTERSTICE
Petit étui contenant un nécessaire à couture	COUSETTE
Petit fagot	FAGOTIN
Petit fagot de bois	COTRET
Petit fagot de bûchettes	LIGOT
Petit fagot pour allumer le feu	FAGOTIN
Petit fait curieux	ANECDOTE
Petit faucon au vol rapide	ÉMERILLON
Petit filet à écrevisses	PÊCHETTE
Petit filet en forme de poche	TRUBLE
Petit fort	FORTIN
Petit fragment	MIETTE
Petit frère	FRÉROT
Petit froid vif et piquant	FRISQUET
Petit fromage de chèvre	CROTTIN
Petit fruit charnu	CERISE
Petit furoncle	ORGELET
Petit garçon	MARMOT • MOUTARD
Petit gâteau	MUFFIN
Petit gâteau feuilleté fourré à la frangipane	DARIOLE
Petit gâteau sec à pâte sablée	SABLÉ
Petit groupe fermé	CLAN
Petit insecte	BRÛLOT • FOURMI
Petit insecte à corps aplati	PUNAISE
Petit insecte dont la larve s'attaque aux céréales	AGRIOTE
Petit insecte parasite des plantes	PUCERON
Petit insecte volant	MOUCHE
Petit instrument à pendule	MÉTRONOME
Petit instrument à vent	OCARINA
Petit instrument avec lequel on siffle	SIFFLET
Petit instrument pour les petites incisions	LANCETTE
Petit intermède	INTERLUDE
Petit jardin public	SQUARE
Petit kyste blanc	MILLET
Petit lac d'eau salée	LAGON

Petit lac des Pyrénées	OÔ
Petit levier d'un billard mécanique	FLIPPER
Petit linge de table	NAPPERON
Petit livre	OPUSCULE
Petit livre pour apprendre l'alphabet	ABC
Petit livre scientifique	OPUSCULE
Petit lobe	LOBULE
Petit local	CABINE
Petit loir gris	LÉROT
Petit luth	MANDORE
Petit maillet à manche flexible	MAIL
Petit mammifère	VISON
Petit mammifère au pelage gris	LOIR
Petit mammifère carnassier	BELETTE • COATI
Petit mammifère carnivore	LOUTRE • PUTOIS
Petit mammifère édenté	TATOU
Petit mammifère familier	CHAT
Petit mammifère fouisseur	HAMSTER • TAUPE
Petit mammifère proche de la belette	MANGOUSTE
Petit mammifère rongeur	COBAYE • LAPIN • LÉROT MULOT • SOURIS
Petit mammifère rongeur à la queue en panache	ÉCUREUIL
Petit manteau	MANTELET
Petit marais tourbeux	FAGNE
Petit massif volcanique d'Allemagne	RHON
Petit meuble pour ranger les accessoires de couture	TRAVAILLEUSE
Petit meuble servant à présenter des marchandises	PRÉSENTOIR
Petit meuble servant à présenter des objets à vendre	PRÉSENTOIR
Petit meuble vitré	VITRINE
Petit miroir fixé sur un véhicule	RÉTRO
Petit morceau cubique	DÉ
Petit morceau de lard	LARDON
Petit morceau de pain frit	CROÛTON
Petit morceau de pain sec	CROÛTON
Petit morceau de terrain	LOPIN
Petit mot invariable	PARTICULE

Petit mouchoir	POCHETTE
Petit mulet	BARDOT
Petit mur	MURET
Petit navire	COTRE
Petit navire à mât vertical	SLOOP
Petit navire arabe	BOUTRE
Petit navire de la Méditerranée	TARTANE
Petit navire portugais	CARAVELLE
Petit nom	PRÉNOM
Petit objet décoratif	BIBELOT
Petit objet précieux	BIJOU
Petit oiseau	BRUANT • MÉSANGE OISELET • OISILLON
Petit oiseau à chair très estimée	ORTOLAN
Petit oiseau à plumage gris ou brunâtre	ALOUETTE
Petit oiseau au chant agréable	FAUVETTE
Petit oiseau de basse-cour	POULET
Petit oiseau des champs	ALOUETTE
Petit oiseau marin	STERNE
Petit oiseau migrateur	CAILLE
Petit oiseau passereau	PINSON
Petit oiseau siffleur	LINOTTE
Petit oiseau trapu	SITTELLE
Petit opéra-comique	OPÉRETTE
Petit orme	ORMEAU
Petit os	OSSELET
Petit os à l'extrémité de l'os sacrum	COCCYX
Petit os plat du genou	ROTULE
Petit os situé à l'extrémité de la colonne vertébrale	COCCYX
Petit outil de graveur en médailles	ONGLETTE
Petit ouvrage littéraire	BLUETTE
Petit pain	MICHE
Petit pain d'épice rond	NONNETTE
Petit pain long et mince	LONGUET
Petit pain rond cuit	MUFFIN
Petit panier	FLEIN
Petit panneau	PANONCEAU
Petit papillon	TEIGNE
Petit papillon blanchâtre de la famille des teignes	MITE

Petit passereau	PIPIT • SERIN
Petit pâté impérial	NEM
Petit perroquet d'Océanie	LORI
Petit pied	PETON
Petit pieu	PIQUET
Petit pieu pointu	PALIS
Petit pilon de pharmacien	MOLETTE
Petit piment d'origine mexicaine	CHILE • CHILI
Petit plat à hors-d'oeuvre	RAVIER
Petit plat creux	RAVIER
Petit plomb de chasse	DRAGÉE
Petit poème champêtre	ÉGLOGUE
Petit poème de forme régulière	BALLADE
Petit poème pastoral	ÉGLOGUE
Petit poisson	GIRELLE • LOCHE • SARDINE
Petit poisson allongé	LIPARIS
Petit poisson de mer	ANCHOIS
Petit poisson de mer, qu'on consomme surtout mariné et salé	ANCHOIS
Petit poisson marin	SPRAT
Petit poisson vivant dans les eaux courantes	VAIRON
Petit pont d'une seule travée	PONCEAU
Petit primate à longue queue	OUISTITI
Petit projecteur	SPOT
Petit projectile métallique	BALLE
Petit puma de l'Amérique du Sud	EYRA
Petit racloir	RACLETTE
Petit réchaud suspendu	PHARILLON
Petit récipient	TASSE
Petit récipient percé d'une fente	TIRELIRE
Petit récit satirique en vers	FABLIAU
Petit renard du Sahara	FENNEC
Petit renflement	NODULE
Petit repas	DÎNETTE
Petit reptile saurien	LÉZARD
Petit ressort	SPIRAL
Petit rongeur	GERBILLE • HAMSTER
Petit rongeur appelé rat palmiste	XÉRUS
Petit rongeur d'Afrique et d'Asie	GERBOISE • XÉRUS
Petit rongeur d'Europe	LOIR

Petit rongeur des savanes	GERBILLE
Petit rouleau de tabac	CIGARETTE
Petit ruisseau	RU • RUISSELET
Petit ruminant à robe fauve et ventre blanc	CHEVREUIL
Petit sac	SACHET
Petit sac à main	RÉTICULE
Petit sac arrondi	BOURSE
Petit salon de dame	BOUDOIR
Petit salon élégant	BOUDOIR
Petit sanctuaire domestique	LARAIRE
Petit saumon de printemps	SMOLT
Petit sentier	SENTE
Petit siège	SELLETTE
Petit siège de bois	SELLETTE
Petit siège de cuir	SELLE
Petit signe en forme de C retourné	CÉDILLE
Petit sillon cutané	RIDE
Petit singe	SAÏ
Petit socle	TEE
Petit terrain d'atterrissage en haute montagne	ALTIPORT
Petit toit en saillie	AUVENT
Petit tour de graveur	TOURET
Petit traîneau	LUGE
Petit trait	TIRET
Petit treuil à main	WINCH
Petit tuyau souple ou rigide	CANULE
Petit tyran	TYRANNEAU
Petit vaisseau	PINASSE
Petit vase	LÉCYTHE
Petit vase à encens	NAVETTE
Petit vase destiné à contenir de l'huile et du vinaigre	BURETTE
Petit vase pour manger des oeufs à la coque	COQUETIER
Petit vautour au plumage noir	URUBU
Petit véhicule à moteur à trois roues	TRICYCLE
Petit véhicule à une seule roue	BROUETTE
Petit voilier	FINN
Petit voilier arabe	BOUTRE

Petit vol	LARCIN
Petit yacht	CRUISER
Petit, mesquin	RIQUIQUI
Petit-bourgeois aux idées étroites	BEAUF
Petit-lait	SÉRUM
Petite	BRÈVE
Petite affiche	PANONCEAU
Petite annotation à un texte	NOTULE
Petite antilope d'Europe	SAÏGA
Petite antilope très rapide	GAZELLE
Petite araignée aux couleurs vives	THÉRIDION
Petite assiette	SOUCOUPE
Petite auge pour oiseaux	AUGET
Petite automobile de course	RACER
Petite baie	ANSE • CRIQUE
Petite balance pour les monnaies	PESETTE
Petite balle	ÉTEUF
Petite bande de papier	ONGLET
Petite bannière en forme de flamme	BANDEROLE
Petite barque	NACELLE
Petite barque à fond plat	BACHOT
Petite barre	BARREAU • BARRETTE
Petite barrique	BARIL
Petite bête	BESTIOLE
Petite bobine	FUSEAU
Petite boîte métallique	CANETTE
Petite boîte munie d'une fente	TIRELIRE
Petite boîte où l'on met du tabac	TABATIÈRE
Petite boîte pour le tabac	TABATIÈRE
Petite boucle de cheveux frisés	FRISETTE
Petite boule	BILLE
Petite boule de minerai de fer	PELLET
Petite boule de viande hachée, de pâte	BOULETTE
Petite boule façonnée à la main	BOULETTE
Petite boule percée d'un trou	PERLE
Petite bouteille	FLACON
Petite bouteille longue et étroite	TOPETTE
Petite branche d'arbre	BROUTILLE • RAMEAU
Petite brique de carrelage	TOMETTE
Petite brosse en soies de porc	SAIE
Petite butte funéraire	TOMBELLE

Petite cabane de jardin	CABANON
Petite caisse	CAISSETTE
Petite cane	CANETTE
Petite carafe	CARAFON
Petite cavité glandulaire	ACINUS
Petite cerise sauvage	MERISE
Petite chambre à bord d'un navire	CABINE
Petite chauve-souris	PIPISTRELLE
Petite cheville de bois	ÉPITE
Petite cheville métallique	CLAVETTE
Petite cheville plate	CLAVETTE
Petite claie d'osier	CLISSE
Petite colonne composant une balustrade	BALUSTRE
Petite comédie bouffonne	SAYNÈTE
Petite construction de jardin	PERGOLA
Petite construction édifiée sur la voie publique	ÉDICULE
Petite construction élevée sur le pont d'un navire	ROUF
Petite corbeille	MOÏSE
Petite corde	CORDON
Petite coupe dans laquelle on mange l'oeuf à la coque	COQUETIER
Petite coupe pour baigner l'oeil	OEILLÈRE
Petite cruche pour les boissons	PICHET
Petite dépendance d'un édifice religieux	ÉDICULE
Petite élévation	COLLINE
Petite embarcation légère	ESQUIF
Petite enclume à deux cornes	BIGORNE
Petite entaille	BRÈCHE • ENCOCHE
Petite entrée	TAMBOUR
Petite épicerie	DÉPANNEUR
Petite erse	ERSEAU
Petite étincelle	BLUETTE
Petite étoffe mince	ÉTAMINE
Petite excroissance de la peau	VERRUE
Petite faux en forme de croissant	FAUCILLE
Petite fenêtre	LUCARNE
Petite feuille de propagande	TRACT

Petite ficelle attachée à une ligne de fond	CORDÉE
Petite fille	FILLETTE
Petite flotte	FLOTTILLE
Petite flûte	FIFRE • OCTAVIN • PIPEAU
Petite flûte en ré	PICOLO
Petite flûte traversière	PICOLO
Petite formation de jazz	COMBO
Petite gaufre	GAUFRETTE
Petite girouette pour indiquer la direction du vent	PENON
Petite glande du cerveau	ÉPIPHYSE
Petite grenouille	RAINETTE
Petite grenouille arboricole	RAINETTE
Petite grive	MAUVIS
Petite habitation misérable	MASURE
Petite hache	HACHETTE
Petite herse	NIVELEUR
Petite heure de l'office qui se récite après tierce	SEXTE
Petite horloge	MONTRE
Petite houppe	POMPON
Petite huître	PERLOT
Petite huître des côtes de la Manche	PERLON
Petite inflammation purulente	ORGELET
Petite lame	LAMELLE
Petite lampe	LOUPIOTE
Petite lampe éclairant peu	VEILLEUSE
Petite languette d'un végétal	LIGULE
Petite libellule	AGRION
Petite linotte commune	SIZERIN
Petite lope	LOPETTE
Petite main	MENOTTE
Petite maison couverte de chaume	CHAUMIÈRE
Petite masse	TAMPON
Petite masse d'or	PÉPITE
Petite masse de liquide caillé	CAILLOT
Petite masse de neige	FLOCON
Petite massue	MIL
Petite mèche qui frise	FRISON
Petite mesure	DOIGT

Petite meule de foin	MEULON
Petite nappe d'eau peu profonde	MARE
Petite nappe individuelle	NAPPERON
Petite nodosité	NODULE
Petite offrande	OBOLE
Petite ouverture laissant passer le jour	AJOUR
Petite parcelle	MIETTE
Petite pendule à sonnerie	RÉVEIL
Petite pièce de bois collée	SILLET
Petite pièce de monnaie	PIÉCETTE
Petite pièce de vers	ÉPIGRAMME
Petite pièce du jeu d'échecs	PION
Petite pièce instrumentale	ARIETTE
Petite pièce pour deux voix	DUETTO
Petite pièce vocale de caractère mélodique	ARIETTE
Petite pince	PINCETTE
Petite pipe en forme d'entonnoir	SHILOM
Petite place d'une ville	PLACETTE
Petite plaie insignifiante	BOBO
Petite planche	AISSEAU
Petite plante buissonnante ornementale	AGERATUM
Petite plante d'eau douce	ÉLODÉE
Petite plante du printemps	FICAIRE
Petite plante herbacée	VIOLETTE
Petite pluie fine	BRUINE
Petite pluie fine et pénétrante	CRACHIN
Petite pomme	API
Petite pompe utilisée en médecine	SERINGUE
Petite porte	PORTILLON
Petite prune	PRUNELLE
Petite quantité d'air	BULLE
Petite réunion dansante	SAUTERIE
Petite roue qui sert à lever des fardeaux	POULIE
Petite rue	RUELLE
Petite rue étroite	VENELLE
Petite salière individuelle	SALERON
Petite serpe	SERPETTE
Petite serpe pour faire des fagots	FAUCHETTE
Petite serrure mobile	CADENAS
Petite sole allongée	CÉTEAU

Petite solive	SOLIVEAU
Petite soupape	CLAPET
Petite stèle funéraire	CIPPE
Petite table de toilette	COIFFEUSE
Petite tache cutanée	ÉPHÉLIDE • LENTIGO
Petite tache cutanée rouge	PÉTÉCHIE
Petite tape	TAPETTE
Petite tarte individuelle	TARTELETTE
Petite tétine	SUCETTE
Petite tige de métal	CLOU • ÉPINGLE
Petite touffe de cheveux	TOUPET
Petite touffe de laine	FLOCON
Petite toupie	TOTON
Petite tour	TOURELLE
Petite trompe	CORNET
Petite tumeur	COR
Petite ulcération	APHTE
Petite valise	MALLETTE
Petite valise pour le voyage, le travail	MALLETTE
Petite vallée	VALLON
Petite vallée à versants raides	RAVIN
Petite valve d'une conduite d'eau	VANNELLE
Petite vanne d'écluse	VANNELLE
Petite verge	VERGETTE
Petite veste de femme	BOLÉRO
Petite ville	LOCALITÉ
Pétoche	FROUSSE
Pétrifier	MÉDUSER • TERRORISER
Pétrin	MAIE
Pétrissage	MASSAGE
Pétrole	ESSENCE
Pétrole lampant	KÉROSÈNE
Pétrolier	PROPANIER
Pétrolière	ESSO
Pétulant	FRINGANT • SÉMILLANT
Peu accommodant	REVÊCHE
Peu clair	BRUMEUX
Peu communicatif	TACITURNE
Peu fréquent	RARE
Peu important	MINIME
Peu naturel	APPRÊTÉ

Peu souvent	RAREMENT
Peuhl	PEUL
Peuple	NATION
Peuple d'Amérique centrale	NAHUA
Peuple de Chine	DONG • MIAO
Peuple de l'île de Hainan	LI
Peuple de l'Inde méridionale	TAMIL • TAMOUL
Peuple de la Côte d'Ivoire	AGNI • BAOULÉ • GOURO
Peuple de la Sierra Leone	TEMNE • TIMNE
Peuple des Philippines	IGOROT • MORO • TAGAL
Peuple du Bénin	ÉWÉ
Peuple du Burkina	MOSSI
Peuple du Cameroun	MOUM
Peuple du Congo	TÉKÉ
Peuple du Ghana	AGNI • ÉOUÉ • ÉWÉ • FANTI
Peuple du Kenya	MASAI
Peuple du Laos	MOÏ
Peuple du Ruanda	TUTSI
Peuple du Soudan	NUER
Peuple du Soudan et du Zaïre	ZANDÉ
Peuple du sud du Bénin	FON
Peuple du sud-est du Nigeria	TIV
Peuple du Zaïre	LUBA
Peuple, populace	POPULO
Peupler d'alevins	ALEVINER
Peupler de colons	COLONISER
Peuplier à écorce lisse	TREMBLE
Peuplier franc	LIARD
Peur	ANGOISSE • ANXIÉTÉ CAUCHEMAR • COUARDISE CRAINTE • FROUSSE • TRAC
Peur (pop.)	VENETTE
Peur instinctive	PHOBIE
Peureuse	CRAINTIVE
Peureux	CRAINTIF • LÂCHE
Peureux, froussard	PÉTEUX
Phallocrate	MACHO
Phare	PROJECTEUR
Phare utilisé pour attirer le poisson	LAMPARO
Pharmacien	POTARD
Pharmacologue allemand né en 1873	LOEWI

Phase	PALIER • PÉRIODE • STADE
Phénomène	AS • MIRACLE • SPÉCIMEN
Phénomène de diffusion	OSMOSE
Phénomène extraordinaire	PRODIGE
Philosophe	PENSEUR
Philosophe américain contemporain	SEARLE
Philosophe et économiste britannique	MILL
Philosophe et écrivain français mort en 1980	SARTRE
Philosophe et historien français mort en 1954	BERR
Philosophe et sociologue britannique	SPENCER
Philosophe français né en 1900	EY
Philosopher	RAISONNER
Philosophie	PHILO
Philosophie de Kant	KANTISME
Phonation	PHONIE
Phosphate hydraté naturel d'uranium	URANITE
Phot	PH
Photographe américain mort en 1958	WESTON
Photographe français	ATGET
Physicien allemand	LENARD
Physicien allemand mort en 1928	WIEN
Physicien allemand mort en 1960	LAUE
Physicien allemand né en 1789	OHM
Physicien américain d'origine serbe	PUPIN
Physicien autrichien mort en 1916	MACH
Physicien britannique	ASTON
Physicien français	BIOT • NÉEL
Physicien pakistanais, prix Nobel en 1979	SALAM
Physicienne française d'origine polonaise	CURIE
Physionomie	APPARENCE • FACE • FACIÈS
Piaillard	PIAILLEUR
Piailler	COUINER • CRIAILLER • PIAULER
Piaillerie	CAQUET
Pianiste français né en 1890	NAT
Pianoter	TAPER • TAPOTER
Piastre	DOLLAR
Piaule	CHAMBRE • TAULE

Pic-vert	PIVERT
Piccolo	FLÛTE
Pichet	BROC • CRUCHE
Picoler	PINTER
Pièce	SALLE
Pièce centrale d'une roue	MOYEU
Pièce cylindrique	MANCHON
Pièce cylindrique d'une pompe	PISTON
Pièce cylindrique servant d'axe	TOURILLON
Pièce d'armure	PLASTRON
Pièce d'armure couvrant la tête du cheval	TÊTIÈRE
Pièce d'artillerie	CANON
Pièce d'eau artificielle	BASSIN
Pièce d'eau servant d'ornement	BASSIN
Pièce d'entrée	VESTIBULE
Pièce d'étoffe	FICHU • VOILE
Pièce d'étoffe drapée	SARONG
Pièce d'horlogerie	MARTEAU
Pièce d'identité officielle	PASSEPORT
Pièce d'un mécanisme	RESSORT
Pièce dans laquelle peut tourner un axe	COUSSINET
Pièce de bois	CHEVRON • ESPAR
Pièce de bois cintrée constituant l'armature d'une selle	ARÇON
Pièce de bois en forme de bouteille	QUILLE
Pièce de bois qui fait avancer la chaloupe	RAME
Pièce de bois qui supporte la quille d'un navire	TIN
Pièce de bois servant d'appui	SOLE
Pièce de charpente	ARÊTIER • ÉTAI • LONGERON POTEAU • SOLIVE
Pièce de charpente horizontale	SOLIVE
Pièce de charpente oblique	LIERNE
Pièce de charpente placée dans le sens de la longueur	LONGRINE
Pièce de charrue	SOC
Pièce de fer coudée en équerre	GOND
Pièce de fer sur laquelle tourne une penture	GOND

Pièce de forte toile imperméabilisée	BÂCHE
Pièce de gaze hydrophile	COMPRESSE
Pièce de harnais	LICOU
Pièce de la charrue	SEP
Pièce de la serrure	PÊNE
Pièce de linge	LINGE • SERVIETTE
Pièce de literie	MATELAS • OREILLER
Pièce de métal	CRAMPON
Pièce de métal en forme d'angle	ÉQUERRE
Pièce de métal recourbée	CROCHET
Pièce de métal, de bois, percée d'un trou	ÉCROU
Pièce de musique	SONATE
Pièce de poésie	SONNET
Pièce de réception	SALON
Pièce de tissu	DRAP
Pièce de tissu léger dont on garnit un lit	DRAP
Pièce de tissu placée sous le drap	ALAISE • ALÈSE
Pièce de vaisselle	ASSIETTE • BOL
Pièce de vaisselle dans laquelle on sert le potage	SOUPIÈRE
Pièce de vers qui se chante	CHANSON
Pièce de viande	RÔTI
Pièce destinée à faire rire	COMÉDIE
Pièce du harnais	BRIDE • MORS
Pièce du jeu d'échecs	CAVALIER • DAME • REINE • TOUR
Pièce du loquet d'une porte	CLENCHE
Pièce du train d'une voiture à cheval	ARMON
Pièce en forme d'équerre	ESCARRE
Pièce en sous-sol d'un bâtiment	CAVE
Pièce entrant dans le goulot des bouteilles	BOUCHON
Pièce fixée parallèlement au mur	LINÇOIR
Pièce formant la proue d'un navire	ÉTRAVE
Pièce honorable de l'écu	PAL
Pièce honorable en forme de V	CHEVRON
Pièce horizontale de métal qui soutient la maçonnerie	LINTEAU
Pièce inférieure de l'appareil buccal	LABIUM
Pièce instrumentale de composition libre	RHAPSODIE

Pièce littéraire, faite de morceaux empruntés	CENTON
Pièce maîtresse de charpente	FAÎTAGE
Pièce maîtresse de la charrue	AGE
Pièce métallique faisant contact	PLOT
Pièce mobile d'une serrure	PÊNE
Pièce où l'on dort	CHAMBRE
Pièce où l'on entrepose le vin	CELLIER
Pièce où l'on fait les salaisons	SALOIR
Pièce plate servant d'appui	SEMELLE
Pièce porteuse d'un cintre	VAU
Pièce servant à produire une empreinte	ESTAMPE
Pièce servant à raccommoder les vêtements	TACON
Pièce servant de couvercle	OPERCULE
Pièce située à l'entrée	VESTIBULE
Pièce tragique de théâtre	DRAME
Pièce verticale du corps du gouvernail	SAFRAN
Pièce verticale sur le pont d'un navire	BITTE
Pièce vocale	MÉLODIE
Pièces de monnaie	SOUS
Pied de la plante	SOUCHE
Pied de vigne	CEP
Pied des champignons	STIPE
Pied menu	PETON
Pied-de-loup	LYCOPE
Piédestal	SOCLE
Piège	ATTRAPE • EMBÛCHE • FILET • GUÊPIER HAMEÇON • LACS • TRAPPE
Pierre	MARGELLE • ROC • ROCHE
Pierre calcaire dure	LIAIS
Pierre d'aigle	AÉTITE
Pierre d'un bleu intense	LAPIS
Pierre dure, pour la construction des murs	CAILLASSE
Pierre fine	AMÉTHYSTE • CAMAÏEU CAMÉE • OPALE
Pierre fine d'un bleu azur	LAPIS
Pierre plate utilisée comme dalle	LAUSE
Pierre précieuse	DIAMANT • RUBIS
Pierre précieuse de teinte bleue	SAPHIR

Pierre qui ressemble au diamant	ZIRCON
Pierre semi-précieuse	OPALE
Pierre semi-précieuse de couleur vert clair	PÉRIDOT
Pierre tendre et feuilletée	ARDOISE
Pierreux	PÉTRÉ
Piétinement	RETARD
Piétiner	FOULER
Piètre	MÉDIOCRE • PITEUX
Piètre avocat	AVOCAILLON
Pieu aiguisé à une extrémité	PAL
Pieuse	RELIGIEUSE
Pieuvre	POULPE
Pieux	CROYANT • DÉVOT • RELIGIEUX
Pièze	PZ
Pif	NASE • NAZE • NEZ
Pifer	BLAIRER
Pigeon	DUPE
Pigeon sauvage de couleur bise	BISET
Pigeonnier	COLOMBIER
Pigeonnier en forme de tour	COLOMBIER
Pigment brun foncé	MÉLANINE
Pigment jaune présent dans le jaune d'oeuf	LUTÉINE
Pignocher	CHIPOTER
Pilastre	COLONNE
Pilastre cornier	ANTE
Pilier	COLONNE • POTEAU PYLÔNE • SUPPORT
Pilier carré dans une construction	PILASTRE
Pilier d'encoignure	ANTE
Pillage	RAVAGE • SAC
Piller	DÉVALISER • ÉCUMER • PLAGIER
Pilleur	PILLARD
Pilote d'un traversier	PASSEUR
Piloter	GOUVERNER • MENER
Piment doux	POIVRON
Piment doux de Hongrie	PAPRIKA
Piment fort	CHILE • CHILI
Pimenté	ÉPICÉ
Pimenter	ÉPICER

Pin cembro	AROL • AROLE
Pin montagnard	AROLE
Pinacle	APOGÉE
Pince à deux branches	CLAMP
Pince à longs bras	DAVIER
Pinceau pour savonner la barbe	BLAIREAU
Pincement	SERREMENT
Pincer	APPRÉHENDER • CUEILLIR • ÉPINGLER
Pinces de verrier	MORAILLES
Pinède	PINERAIE
Pingre	AVARE • RAPIAT
Pingrerie	AVARICE • RADINERIE
Pinne marine	NACRE
Pioche	PIC
Pioche à large fer	SAPE
Piocheur	TRAVAILLEUR
Piolet	PIC
Pionnier	COLON • PRÉCURSEUR
Pioupiou	TROUFION
Pipe	CALUMET
Pipe à haschisch	SHILOM
Pipe à long tuyau	CALUMET
Pipe orientale	NARGUILÉ
Pipeline	OLÉODUC • TUYAU
Pipi	URINE
Piquant	PÉNÉTRANT • VINAIGRE
Piquant au goût	ACIDE • ÂCRE
Piquant de certains végétaux	ÉPINE
Piqué par les vers	VERMOULU
Pique-assiette	PARASITE
Piquer	CHAPARDER • FAUCHER
Piquer à plusieurs reprises	LARDER
Piquer avec son bec pour se nourrir	BECQUETER
Piquer avec un dard	DARDER
Piquer d'ail	AILLER
Piquet	PIEU
Pirate, flibustier	FORBAN
Pirogue	CANOË
Pirouette	CABRIOLE
Pis	MAMELLE • PIRE • TÉTINE
Piste	CHEMIN • FOULÉE • TRACE

Piste de patinage	PATINOIRE
Pister	ÉPIER • FILER
Pistolet	COLT • REVOLVER
Pistolet automatique de 9 mm	LUGER
Piteux	PIÈTRE
Pitié	APITOIEMENT • BONTÉ
	COMPASSION • MERCI
Piton de roches dures	NECK
Pitonner	ZAPPER
Pitoyable	MÉDIOCRE • MINABLE • MISÉRABLE
Pitre de cirque	PAILLASSE
Pitrerie	SINGERIE
Pivot	AXE
Pivoter	TOURNER
Placard	ANNONCE • PENDERIE • PANCARTE
Place	POSTE • SQUARE
Placé	DISPOSÉ • MIS • SITUÉ
Place abritée, peu exposée	PLANQUE
Placé au-dessus du rein	SURRÉNAL
Place bordée d'édifices publics	AGORA
Placé dans une position oblique	INCLINÉ
Placé en tête	LIMINAIRE
Place forte	FERTÉ
Place publique	FORUM
Place située devant l'entrée d'une église	PARVIS
Placée	SISE
Placement	MISE
Placer	ARRANGER • CASER • DÉPOSER
	METTRE • SITUER
Placer dans un endroit déterminé pour surveiller	POSTER
Placer des jalons pour construire	BORNOYER
Placer un dièse devant une note	DIÉSER
Placide	PAISIBLE
Placidité	FLEGME
Plafond à caissons	SOFFITE
Plafonner	CULMINER
Plage	LITTORAL
Plagiaire	COPISTE
Plagiat	COPIE
Plaider	INTERCÉDER

Plaideur	AVOCAT
Plaie	LÉSION • ULCÈRE
Plaie faite par une arme blanche	SÉTON
Plaie sociale	CHANCRE
Plaine	STEPPE
Plaine de l'est de la Corse	ALÉRIA
Plaine du Bas-Rhône	CRAU
Plaine du N.-O. du Maroc	RHARB
Plainte	ACCUSATION • JÉRÉMIADE
Plaintif	DOLENT
Plaintif et niais	BÊLANT
Plaire	AGRÉER • SOURIRE
Plaisant	AMUSANT • AVENANT • SOURIANT
Plaisanter	BADINER • BLAGUER • CHINER
Plaisanterie	BADINAGE • BOUTADE • FARCE
	GALÉJADE • JOYEUSETÉ • PITRERIE
Plaisanterie burlesque	FACÉTIE
Plaisanterie désobligeante	VANNE
Plaisanterie moqueuse	LAZZI
Plaisantin	BLAGUEUR • FARCEUR
	FUMISTE • LOUSTIC
Plaisir	DÉLICE • RÉGAL
Plaisir physique intense	JOUISSANCE
Plaisir sexuel	VOLUPTÉ
Plaisirs	RIS
Plan	PROJET • STRATÉGIE
Plan incliné d'un toit	VERSANT
Plan incliné mobile	PASSERELLE
Planche	LATTE
Planche de bois	LATTE
Planche de labour	SILLON
Planche élastique sur laquelle on saute	TREMPLIN
Planche fine utilisée dans la construction	FRISETTE
Planche posée horizontalement	TABLETTE
Planche qu'on ajoute à une autre pour élargir un panneau	ALÈSE
Planche très épaisse	MADRIER
Planche, solive de sapin	SAPINE
Plancher	PARQUET • PARTERRE • SOL
Plancher de charpente	PLATELAGE

Plancher élevé	ESTRADE
Plancher en béton armé	DALLE
Planchette à repasser	JEANNETTE
Planchette de bois	AIS
Planer	VOLER
Planète	JUPITER • LUNE • MARS MERCURE • NEPTUNE • PLUTON
Planète du système solaire	JUPITER • NEPTUNE • PLUTON SATURNE • URANUS • VÉNUS
Planquer	CACHER
Plant de vigne	CÉPAGE
Plantain d'eau aux tissus remplis d'air	ALISMA • ALISME
Plantation	PLANT
Plantation d'arbres forestiers	BOISEMENT
Plantation d'orangers	ORANGERAIE
Plantation de pommiers	POMMERAIE
Plantation de riz	RIZIÈRE
Plantation de sapins	SAPINIÈRE
Plante	ARBRE • VÉGÉTAL
Plante à bulbe	CROCUS
Plante à chair jaune	RUTABAGA
Plante à feuilles découpées	ACHE
Plante à feuilles dentées	ALOÈS
Plante à feuilles palmées	CHANVRE • LUPIN
Plante à feuilles triangulaires	ARROCHE
Plante à fleurs blanchâtres	RÉSÉDA
Plante à fleurs disposées sur un spadice	ARUM
Plante à fleurs jaunes	COLZA • LAITERON
Plante à fleurs ornementales	DAHLIA
Plante à fleurs pourpres	NIELLE
Plante à fleurs purpurines	BARDANE
Plante à fleurs velues	VELVOTE
Plante à grandes feuilles palmées	RICIN
Plante à grandes fleurs bleues dont on fait des tisanes	BOURRACHE
Plante à larges feuilles dont les tiges sont comestibles	RHUBARBE
Plante à nombreuses variétés	LAITUE
Plante à odeur forte	NÉPÈTE
Plante à petites fleurs en étoile	MORELLE
Plante à rhizome très développé	RÉGLISSE

Plante à tubercules comestibles	CROSNE
Plante alimentaire	CÉLERI
Plante âpre et toxique	ÉTHUSE
Plante aquatique	ACORE • MACRE • NÉLOMBO
Plante aquatique à larges feuilles	NÉNUPHAR
Plante aquatique de haute taille	ROSEAU
Plante aquatique originaire d'Amérique	ÉLODÉE
Plante aromatique	ANETH • CERFEUIL • CUMIN
	LAURIER • LAVANDE
	ORIGAN • ROMARIN
Plante aromatique du genre du thym	SERPOLET
Plante aromatique voisine de la menthe	ORIGAN
Plante au liquide irritant	ORTIE
Plante aux feuilles comestibles	OSEILLE
Plante aux fleurs décoratives	ASTER
Plante aux tiges traînantes	COURGE
Plante bulbeuse	AIL • LIS • NARCISSE
Plante bulbeuse à saveur piquante	AIL
Plante carnivore d'Amérique	DIONÉE
Plante carnivore des tourbières	DROSÉRA
Plante charnue	ORPIN • SEDUM
Plante commune dans les décombres	BARDANE
Plante considérée comme ancêtre mythique	TOTEM
Plante contenant du latex	LAITERON
Plante cryptogame	PRÊLE
Plante cultivée	CÉRÉALE • POIS
Plante cultivée pour ses fleurs décoratives	ASTER
Plante cultivée pour ses fleurs ornementales	PAVOT
Plante cultivée pour ses racines odorantes	VÉTIVER
Plante cultivée pour ses tubercules comestibles	TARO
Plante cultivée pour son feuillage décoratif	BÉGONIA
Plante cultivée surtout pour ses racines	RADIS
Plante d'Amérique tropicale	BÉGONIA
Plante d'appartement d'origine tropicale	FICUS

Plante d'origine mexicaine	AGAVE
Plante de goût acide	SURELLE
Plante de l'Asie tropicale	RAMIE
Plante de la famille des graminacées	GRAMINÉE
Plante de la famille des orchidacées	ORCHIDÉE
Plante de la famille des rosacées	SPIRÉE
Plante de montagne	ARNICA
Plante des bois et des haies	VIOLETTE
Plante des bois humides	PIROLE
Plante des bords de l'eau	CAREX
Plante des herbages humides	CARDAMINE
Plante des lieux humides	AUNÉE • PRÊLE
Plante des marais	ACORE
Plante des marais, à baies rouges	CALLA
Plante des prairies	CARVI
Plante des prés humides	CARDAMINE
Plante des prés vivace	RUE
Plante des régions chaudes	DRACENA
Plante des régions désertiques	ALOÈS
Plante des régions tempérées	OROBE
Plante des régions tropicales	MANIOC
Plante dicotylédone	ANIS
Plante dicotylédone herbacée	LYCOPE
Plante dont l'une des variétés est le fenouil	ANETH
Plante dont la racine est comestible	PANAIS
Plante dont la racine produit une teinture rouge	GARANCE
Plante dont la racine sert à fabriquer une confiserie	RÉGLISSE
Plante dont les fleurs se tournent vers le soleil	TOURNESOL
Plante dont les grains servent à l'alimentation	CÉRÉALE
Plante dont on fait des infusions	VERVEINE
Plante dont on nourrit les oiseaux	PLANTAIN
Plante dont on utilise la fibre comme textile	LIN
Plante du bord des étangs	ROSEAU
Plante du littoral africain	LOTUS
Plante fourragère	LUZERNE

Plante fourragère herbacée	CRÉTELLE
Plante graminée	AVOINE
Plante grasse à rameaux épineux	OPONCE
Plante grasse de l'Amérique tropicale	CIERGE
Plante grimpante	GESSE • HOUBLON • LIANE
Plante grimpante à grandes fleurs bleues	COBÉE
Plante grimpante aux baies rutilantes	TAMIER
Plante grimpante cultivée pour ses graines	POIS
Plante herbacée	ALFA • ANCOLIE • ARUM • ASPERGE BLÉ • BROME • CAREX • CRESSON CROCUS • DRAVE • ÉPIAIRE FENOUIL • FÉRULE • GESSE GINGEMBRE • LENTILLE • LIN LINAIRE • LUPIN • MAUVE MOUTARDE • ORGE • ORTIE PANIC • PAVOT • PISSENLIT SPIRÉE • TRÈFLE • VESCE
Plante herbacée à feuilles vertes	PIROLE
Plante herbacée à fleurs blanches	SAGINE • SAMOLE
Plante herbacée à fleurs en épis	MOLÈNE
Plante herbacée à fleurs jaunes	ANÉMONE
Plante herbacée à fleurs roses	GÉRANIUM • VALÉRIANE
Plante herbacée à fleurs sans corolle	ANÉMONE
Plante herbacée à fleurs violettes	GLAÏEUL • LUZERNE
Plante herbacée à grandes fleurs décoratives	GLAÏEUL
Plante herbacée à racine bulbeuse	TULIPE
Plante herbacée à tige volubile	LISERON
Plante herbacée à variétés ornementales	SILÈNE
Plante herbacée annuelle	ERS • LAITUE
Plante herbacée annuelle ou vivace	OEILLET
Plante herbacée appelée aussi oeillet	TAGÈTE
Plante herbacée aromatique	ARMOISE
Plante herbacée aux feuilles cendrées	CINÉRAIRE
Plante herbacée des pays tropicaux	SORGHO
Plante herbacée des régions chaudes	SANICLE
Plante herbacée exotique	NARD
Plante herbacée odorante	MENTHE

Plante herbacée ornementale	PÉTUNIA
Plante herbacée rampante	CONCOMBRE
Plante herbacée rudérale	MÉLILOT
Plante herbacée très aromatique	MENTHE
Plante herbacée tropicale	TACCA
Plante herbacée vivace	ELLÉBORE • LIS • LYS
Plante indienne dont l'odeur éloigne les insectes	VÉTIVER
Plante insectivore	DROSÉRA
Plante légumineuse annuelle	FÈVE
Plante légumineuse d'origine exotique	SOJA
Plante ligneuse aromatique	THYM
Plante malodorante	ACTÉE
Plante médicinale	BOURRACHE
Plante nuisible aux cultures	CHIENDENT
Plante odorante des régions méditerranéennes	FÉRULE
Plante odoriférante et amère	ABSINTHE
Plante oléagineuse	SÉSAME
Plante oléagineuse grimpante	SOJA
Plante ombellifère, herbacée	ACHE
Plante originaire de l'Inde	SÉSAME
Plante originaire du Moyen-Orient	CUMIN
Plante ornementale	DAHLIA • JASMIN • TAGÈTE
Plante ornementale à belles fleurs	HIBISCUS
Plante potagère	AGÉRATE • ARTICHAUT • CÉLERI CHOU • COURGE • OIGNON • PERSIL PIMENT • RADIS • RAIPONCE
Plante potagère à odeur forte	AIL
Plante potagère à racines comestibles	NAVET
Plante potagère annuelle	TOMATE
Plante potagère aux feuilles vertes	ÉPINARD
Plante potagère cucurbitacée	CONCOMBRE
Plante potagère cultivée pour ses fruits allongés	CONCOMBRE
Plante potagère dont on mange le pied	POIREAU
Plante potagère feuillue	SALADE
Plante potagère que l'on mange crue	VERDURE
Plante potagère tropicale	GOMBO
Plante potagère vivace	ARTICHAUT

Plante qui contient un alcaloïde toxique	TABAC
Plante qui croît dans les marais	SAMOLE • SCIRPE
Plante qui s'apparente au navet	RUTABAGA
Plante sauvage	CARVI
Plante sauvage herbacée, appelée aussi petite bardane	LAMPOURDE
Plante sauvage très commune	GÉRANIUM
Plante submergée dans les eaux stagnantes	LENTICULE
Plante textile	CHANVRE
Plante tropicale	TARO
Plante utilisée comme condiment	RAIFORT
Plante vénéneuse	ACONIT
Plante vénéneuse des régions montagneuses	ACONIT
Plante vivace	ASPERGE
Plante vivace à feuilles en éventail	ELLÉBORE
Plante vivace à rhizome épais	PHORMION
Plante vivace à tige volubile	HOUBLON
Plante vivace des bois	ACTÉE
Plante vivace des montagnes	ARNICA
Plante vivace rampante	THYM
Plante voisine de la betterave	BETTE
Plante voisine de la gesse	OROBE
Plante voisine du chou	COLZA
Plante voisine du navet	RAVE
Plante volubile	LISERON
Planter	ENFONCER • FICHER • POSER
Plantureux	OPULENT
Plaque blasonnée servant d'enseigne	ÉCUSSON
Plaque de bois	ÉCLISSE
Plaque de neige isolée	NÉVÉ
Plaque de terre cuite	TUILE
Plaque destinée au pavement du sol	DALLE
Plaque mobile à charnière	MORAILLON
Plaque portante	PLATINE
Plaquer	LÂCHER
Plasma	SÉRUM
Plastronner	PARADER
Plat	METS • PLATEAU

Plat basque composé d'oeufs battus	PIPERADE
Plat d'origine italienne	RAVIOLI
Plat d'origine suisse	FONDUE
Plat de légumes bouillis	PISTOU
Plat de viande, de légumes	RAGOÛT
Plat dressé sous de la gelée moulée	ASPIC
Plat espagnol	PAELLA
Plat fait de morceaux de viande	TAGINE
Plat hongrois	GOULACHE
Plat servi avant la viande	ENTRÉE
Plat valaisan au fromage	RACLETTE
Plat, uni	PLAN
Plateau	PLAT • SCÈNE
Plateau formé par les restes d'une coulée volcanique	MÉSA
Plateau herbeux en Afrique du Sud	VELD
Plateau pour découper la viande	TAILLOIR
Plateforme	PERRON • PLATEAU SOCLE • TERRASSE
Plateforme dans un escalier	PALIER
Platine	PT
Platitude	FADEUR
Plausible	ADMISSIBLE
Plèbe	POPULACE • RACAILLE
Plébéien	PROLÉTAIRE • ROTURIER
Plein	BONDÉ • FARCI • PÉTRI
Plein d'attentions, vigilant	ATTENTIF
Plein d'esprit d'invention	INGÉNIEUX
Plein d'un enthousiasme de poète	LYRIQUE
Plein de fange	FANGEUX
Plein de prévenance	EMPRESSÉ
Plein de vie	VIVANT
Plein de violence	VIRULENT
Pleur	LARME
Pleurard	PLEUREUR
Pleurer	REGRETTER
Pleurer, se plaindre	CHIALER
Pleurnichard	GEIGNARD • GNANGNAN
Pleurnicher	PLEURER
Pleurnicheur	GEIGNARD • PLEUREUR
Pleuvoir	FLOTTER

Pleuvoir à verse	ROILLER
Pleuvoir à verse, en Belgique	DRACHER
Pli de la peau provoqué par le vieillissement	RIDE
Pli, aux cartes	LEVÉE
Pliage	PLIURE
Plier	COUDER • FLÉCHIR • PLOYER
Plioir à lignes de pêche	DÉVIDOIR
Plisser	FRONCER • RIDER
Ploc	PLOUF
Plomb	PB • SATURNE
Plongé dans une profonde tristesse	CONTRISTÉ
Plongeoir	TREMPLIN
Plonger dans un liquide très chaud	POCHER
Plongeur	LAVEUR
Plouf	FLOC • PLOC
Ployer	FLÉCHIR
Pluie	AVERSE
Pluie battante, averse	DRACHE
Pluie fine et persistante	CRACHIN
Pluie fine et serrée	CRACHIN
Pluie soudaine	GIBOULÉE • ONDÉE
Plumard	LIT
Plus	DAVANTAGE • ENCORE
Plus bas, ci-dessous	INFRA
Plus d'un	PLUSIEURS
Plus doué que la moyenne	SURDOUÉ
Plus grand	ACCRU
Plus grand, plus considérable	MAJEUR
Plus loin que	DELÀ
Plus mal	PIS
Plus mauvais	PIRE • PIS
Plus nuisible	PIRE
Plus petit en dimension	MOINDRE
Plus tard	DEMAIN • ENSUITE
Plutonium	PU
Pneumatique	PNEU
Pochard	POIVROT
Poche	SAC
Poche pour ranger un ensemble d'objets	TROUSSE

Podium	ESTRADE
Poème	SONNET
Poème à forme fixe du Moyen Âge	RONDEAU
Poème court	POÉSIE
Poème de douze vers	DOUZAIN
Poème destiné à être chanté	ODE
Poème lyrique	ÉLÉGIE • LAI • ODE
Poème lyrique religieux	STANCE
Poème mis en musique	CANTATE
Poème moral ou satirique	SIRVENTÈS
Poème narratif	LAI
Poème pastoral	BUCOLIQUE
Poésie	MUSE
Poète allemand né en 1751	VOSS
Poète américain mort en 1963	FROST
Poète autrichien	LENAU
Poète canadien d'expression française né en 1889	MORIN
Poète épique et récitant	AÈDE
Poète français mort en 1951	CADOU
Poète français mort en 1959	PÉRET
Poète français prénommé Jean	RACINE
Poète grec de l'époque primitive	AÈDE
Poète hongrois	ADY
Poète italien	MARINO
Poète italien mort en 1535	BERNI
Poète italien né en 1883	SABA
Poète lyrique de langue d'oïl	TROUVÈRE
Poète lyrique grec	ALCÉE • ARION
Poète médiéval	TROUVÈRE
Poète persan	ATTAR
Poète sans inspiration	RIMEUR
Poétesse française morte en 1967	NOËL
Poétique	LYRIQUE
Pognon	FRIC
Poids	AUTORITÉ • LEST LOURDEUR • PESANTEUR
Poids et monnaie usités dans l'Orient ancien	SICLE
Poids supplémentaire excessif	SURCHARGE
Poignant	DÉCHIRANT • TOUCHANT

Poignard	COUTEAU • SURIN
Poignard à lame sinueuse	CRISS
Poignard turc	KANDJAR
Poigne	AUTORITÉ
Poignée	ANSE
Poil	BARBE • CIL • PELAGE
Poil de la chèvre angora	MOHAIR
Poil long et rude	CRIN
Poil rude du porc	SOIE
Poils au-dessus de l'orbite	SOURCIL
Poils qui suivent l'arcade sourcilière	SOURCIL
Poilu	VELU
Poinçon	ALÈNE • ÉTAMPE • TIMBRE
Poinçon pour écarter les torons	ÉPISSOIR
Poinçon servant à percer le cuir	ALÈNE
Poinçonner	PERCER
Poindre	PARAÎTRE
Point	PAS • SUJET
Point cardinal	EST • NORD • OUEST • SUD
Point culminant	ACMÉ • ZÉNITH
Point culminant des Pyrénées	ANETO
Point culminant du Canada	LOGAN
Point culminant du globe	EVEREST
Point culminant du Jura	NEIGE
Point de croyance	DOCTRINE
Point de la sphère céleste	NADIR
Point de vue	OPTIQUE
Point noir au centre d'une cible	MOUCHE
Pointage	CONTRÔLE • SCORE
Pointé	PARU
Pointe de terre	CAP
Pointe extrême d'une digue	MUSOIR
Pointe recourbée du tarse	ERGOT
Pointer	BRANDIR • PARAÎTRE
	POUSSER • VISER
Pointilleuse	TATILLONNE
Pointilleux	TATILLON
Pointillisme	TACHISME
Pointu	AIGU • PIQUANT
Poire à deux valves	ÉNÉMA
Poire à la peau rougeâtre	ROUSSELET

Poire utilisée pour le lavage du conduit auditif	ÉNÉMA
Poison végétal	UPAS
Poisse	DÉVEINE
Poisseux	VISQUEUX
Poisson	SOLE • THON • TRUITE
Poisson à long barbillon	ROUGET
Poisson à reflets dorés	DAURADE
Poisson à ventre argenté	HARENG
Poisson abondant dans la Manche	SPRAT
Poisson apprécié pour sa chair délicate	TANCHE
Poisson au corps effilé	LANÇON
Poisson au corps long et plat	BRÈME
Poisson aux nageoires en forme d'ailes	PÉGASE
Poisson aux nageoires épineuses	VIVE
Poisson carnivore d'eau douce	BROCHET
Poisson comestible	GARDON • GRONDIN • LABRE • SAR
Poisson cuit dans un court-bouillon	BLAFF
Poisson cyprinidé	TANCHE
Poisson d'eau douce	BLENNIE • BRÈME • BROCHET GARDON • HOTU • IDE LOTE • LOTTE • TÉTRA
Poisson d'eau douce voisin du saumon	OMBLE
Poisson de fonds rocheux	MURÈNE
Poisson de grande taille	THON
Poisson de la Méditerranée	GIRELLE • SÉBASTE
Poisson de mer	CONGRE • ÉGLEFIN • HARENG MERLU • PAGRE
Poisson de mer appelé aussi lieu noir	COLIN
Poisson de mer plat	BARBUE
Poisson de petite taille	BLENNIE • TACAUD
Poisson de rivière	BARBOTE
Poisson de roche	ROCHIER
Poisson des côtes d'Europe occidentale	MERLAN
Poisson des fleuves de l'Inde	CLARIAS
Poisson des lacs alpins	FÉRA
Poisson des mers chaudes	MÔLE
Poisson des mers froides	LUMP
Poisson des récifs coralliens	SCARE
Poisson des régions chaudes	TARPON
Poisson du genre corégone	BONDELLE

Poisson du genre labre	TOURD
Poisson du lac Léman	FÉRA
Poisson exotique d'eau douce	TÉTRA
Poisson féroce	REQUIN
Poisson fusiforme	MAQUEREAU
Poisson gluant	LOTE • LOTTE
Poisson long et mince	MURÈNE
Poisson marin	ALOSE • CONGRE • ÉPERLAN GRONDIN • LABRE • TURBOT
Poisson marin à chair estimée	BARBUE
Poisson marin comestible	DAURADE • DORADE
Poisson marin vorace	BAR
Poisson migrateur à chair estimée	SAUMON
Poisson osseux	LUMP • MÉROU
Poisson osseux aussi appelé gardon rouge	ROTENGLE
Poisson osseux comme la morue	MERLAN • MERLU
Poisson osseux de l'Atlantique	SCIÈNE
Poisson osseux des mers tropicales	SCARE
Poisson plat	FLET • PLIE • RAIE • SOLE
Poisson plat à chair très estimée	TURBOT
Poisson plat à la chair peu estimée	FLET
Poisson plat des fonds marins	RAIE
Poisson plat des mers froides	FLÉTAN
Poisson portant des épines	ÉPINOCHE
Poisson pouvant respirer hors de l'eau	CLARIAS
Poisson proche de la morue	ÉGLEFIN
Poisson salmonidé	OMBLE
Poisson sélacien	REQUIN
Poisson téléostéen de petite taille	LORICAIRE
Poisson voisin de la dorade	PAGRE
Poisson voisin de la perche	SANDRE
Poisson voisin de la raie	TORPILLE
Poisson voisin de la sardine	ALOSE
Poisson voisin du hareng	SARDINE
Poisson voisin du saumon	ÉPERLAN • OMBRE • TRUITE
Poisson voisin du thon	PÉLAMIDE
Poitrail	POITRINE
Poitrine	SEIN • TORSE
Poitrine d'une femme	GORGE
Poitrine des femmes	BUSTE

Poitrine humaine	POITRAIL
Poivrier grimpant originaire de Malaisie	BÉTEL
Poivrier qui pousse en Polynésie	KAVA
Poivron	PIMENT
Poivrot	POCHARD
Polémique	CONTROVERSE • DÉBAT • DIFFÉREND
Poli	AFFABLE • LISSE • LUISANT
Police	ROUSSE
Police militaire de l'Allemagne nazie	SS
Policier	BOURRE • FLIC • POULET
Policier corrompu	RIPOU
Polir	LIMER • PONCER
Polir à la molette	MOLETER
Polir avec la ripe	RIPER
Polir avec un abrasif pulvérulent	ÉGRISER
Polir par frottement	ÉGRISER
Politesse	AFFABILITÉ • BIENSÉANCE ÉDUCATION • URBANITÉ
Politesse exagérée	COURBETTE
Polluer	SOUILLER • VICIER
Polochon	TRAVERSIN
Poltron	CAPON • COUARD • LÂCHE PEUREUX • PLEUTRE
Poltronnerie	COUARDISE • LÂCHETÉ
Polychlorure de vinyle	PVC
Polyèdre à cinq faces	PENTAÈDRE
Polyèdre à quatre faces triangulaires	TÉTRAÈDRE
Polyester	ESTER
Polygone à six côtés et six angles	HEXAGONE
Polygone à trois côtés	TRIANGLE
Polype	TUMEUR
Polypier à support calcaire	CORAIL
Polytechnicien	CARVA • PIPO
Polytonal	BITONAL
Pommade	ONGUENT
Pomme	API • REINETTE
Pomme de pin	PIGNE
Pomme de terre	PATATE
Pomme de terre à peau rose	ROSEVAL
Pomme de terre allongée	RATTE

Pommes de terre frites	CHIPS
Pompe	SOLENNITÉ
Pompette	ÉMÉCHÉ
Pompeux	AMPOULÉ • RONFLANT
Pompier	SAPEUR
Ponceau	PONT
Poncer	POLIR
Ponctualité	ASSIDUITÉ • RÉGULARITÉ
Ponctuel	ASSIDU
Ponctuellement	ASSIDÛMENT • RECTA
Ponctuer	SCANDER
Pondéré	MODÉRÉ
Pondéré, réfléchi	RASSIS
Pondérer	MODÉRER
Pont	VIADUC
Pont étroit réservé aux piétons	PASSERELLE
Pont flottant	PONTON
Pont supérieur d'un navire	TILLAC
Ponte	BONZE
Ponte des oeufs par la femelle des poissons	FRAI
Pontife	BONZE • PAPE
Pontifier	PÉRORER
Popote	CANTINE • MESS
Populace	PLÈBE
Populace misérable	RACAILLE
Populacier	VULGAIRE
Popularité	VOGUE
Population	NATION • PEUPLE
Populo	POPULACE
Porc	POURCEAU
Porc mâle qui sert à la reproduction	VERRAT
Porc sauvage	SANGLIER
Pore	ORIFICE
Poreux	PERMÉABLE
Porridge	BOUILLIE
Port d'Allemagne	EMDEM
Port d'Égypte	SUEZ
Port d'Espagne	HUELVA • VIGO
Port d'Indonésie	MANADO
Port d'Irlande	CORK

Port d'Italie	ANZIO • BARI • CEFALU • GAETE GELA • TARENTE • TRIESTE
Port d'Ukraine	ODESSA
Port de Finlande	OULU • PORI • VAASA
Port de Grande-Bretagne	BRISTOL
Port de l'Inde	SURAT
Port de l'Indonésie	MEDAN
Port de l'Iran	ABADAN
Port de la Corée du Nord	NAMPO
Port de la Corée du Sud	PUSAN • ULSAN
Port de la Guinée équatoriale	BATA
Port de Sicile	MARSALA
Port de Tanzanie	TANGA
Port de Tunisie	GABES • SOUSSE
Port des Baléares	MAHON
Port des États-Unis	ÉRIÉ • TAMPA
Port du Brésil	NATAL • SANTOS
Port du Chili septentrional	ARICA
Port du Costa Rica	LIMON
Port du Danemark	ODENSE
Port du Ghana	TEMA
Port du Japon	AOMORI • BEPPU • KOBE NAGOYA • OTARU • UBE
Port du Maroc	AGADIR • SAFI • TANGER
Port du nord du Liban	TRIPOLI
Port du Portugal	FARO • PORTO
Port du Yémen	ADEN
Port et banlieue industrielle d'Athènes	PIRÉE
Port et centre industriel du Japon	CHIBA
Port et ville de Grèce	VOLOS
Port fluvial de l'Uruguay	SALTO
Port, station balnéaire de Bulgarie	VARNA
Portage	TRANSPORT
Portail	PORTE
Portatif	PORTABLE
Porte	HUIS • LOURDE
Porté	ENCLIN
Porte à battant	PORTILLON
Porté à la licence dans ses manières	POLISSON
Porte arrière d'un véhicule	HAYON

Porte d'un train	PORTIÈRE
Porte d'une maison	HUIS
Porte d'une voiture	PORTIÈRE
Porte de panneau arrière d'une automobile	HAYON
Porte le numéro atomique 100	FERMIUM
Porte monumentale	PORTAIL
Porté naturellement à	ENCLIN
Porte principale de grande largeur	PORTAIL
Porte-bonheur	AMULETTE • FÉTICHE MASCOTTE • TALISMAN
Porte-monnaie	BOURSE • RÉTICULE
Porte-voix de marin	GUEULARD
Portée	ACCEPTION
Portée d'une poutre de plancher	TRAVÉE
Portefeuille diversifié de valeurs immobilières	SICAV
Portemanteau	PATÈRE
Porter	APPORTER
Porter à son maximum	MAXIMISER
Porter assistance à	SECOURIR
Porter d'un lieu à un autre	TRANSPORTER
Porter envie à	JALOUSER
Porter l'estocade au taureau	ESTOQUER
Porter un coup	ASSENER
Porter vers le haut	ÉLEVER
Porteur	MESSAGER
Porteur en Extrême-Orient	COOLIE
Porteur, dans les expéditions himalayennes	SHERPA
Portion	DOSE • FRACTION • LOT • PART PARTIE • RATION • SEGMENT
Portion d'intérêt	DIVIDENDE
Portion d'un cours d'eau entre deux chutes	BIEF
Portion d'un espace	COIN
Portion d'une chose	QUARTIER
Portion de l'axe d'une courbe	ABSCISSE
Portion du gros intestin	CÔLON
Portion du littoral	ESTRAN
Portion moyenne du gros intestin	CÔLON

Portique ornemental des temples au Japon	TORII
Portrait	EFFIGIE • PEINTURE
Poser	METTRE
Poser de nouveau	REPOSER
Poser des questions	QUESTIONNER
Positif	FORMEL
Positif, réel	EXISTANT
Position	DEGRÉ • LIEU • PLACE • POSE POSTE • POSTURE • RANG
Position politique des unionistes	UNIONISME
Posologie	DOSE
Posséder	AVOIR • DÉTENIR • ROULER • TENIR
Possesseur	DÉTENTEUR • PROPRIÉTAIRE
Possessif	LEUR • MON • NOTRE • SIEN SIENNE • SON • TIEN • TON • VOTRE
Possession	PROPRIÉTÉ
Possibilité	VIRTUALITÉ
Possibilité d'être partout à la fois	UBIQUITÉ
Possible	FACILE • POTENTIEL POTENTIELLE • VIRTUEL
Post-scriptum	P-S
Poste	FONCTION
Posté	CAMPÉ
Poste d'observation et de guet	MIRADOR
Poste de pilotage d'un avion	HABITACLE
Poste de surveillance	MIRADOR
Poste de télévision	TÉLÉ
Poste récepteur	RADIO
Postérieur	BABA • CUL • DERRIÈRE • ULTÉRIEUR
Postérité	DESCENDANCE
Postulant	CANDIDAT • PRÉTENDANT
Postuler	SOLLICITER
Posture	POSITION
Posture de yoga	ASANA
Pot à bière	BOCK
Pot de terre	TÊT
Pot destiné aux salaisons	SALOIR
Pot-au-feu	BOUILLI
Pot-pourri	CENTON
Potable	PASSABLE

Potage	SOUPE
Potage à l'ail	TOURIN
Potage d'origine espagnol	GASPACHO
Potage espagnol	GASPACHO
Potage provençal	PISTOU
Potager	PLANTATION
Pote	AMI • COPAIN
Poteau	COLONNE • PIEU
Poteau où étaient exposés certains délinquants	PILORI
Poteau où était exposé le condamné	PILORI
Poteau servant à porter quelque chose	MÂT
Potée	BOUILLI
Potée de viandes et de légumes	OILLE
Potelé	CHARNU • DODU • RONDELET
Potelée	RONDELETTE
Potence	GIBET
Potentialité	POSSIBILITÉ • VIRTUALITÉ
Potentiel	VIRTUEL
Potentielle	VIRTUELLE
Poterie de terre	FAÏENCE
Potion	BREUVAGE
Pou	TOTO
Pouah	FI
Pouding	PUDDING
Poudre	TALC
Poudre de toilette	VELOUTINE
Poudre fine	POUSSIÈRE
Poudre produite par les étamines des plantes à fleurs	POLLEN
Pouffiasse	PÉTASSE
Poule d'une race américaine	WYANDOTTE
Poule, dans le langage enfantin	COCOTTE
Poulette	COCOTTE
Poulie dont le pourtour présente une gorge	RÉA
Pouls	PULSATION
Poupée	PÉPÉE
Poupée de celluloïd figurant un bébé	BAIGNEUR
Poupon	BÉBÉ
Pouponnière	CRÈCHE

Pour encourager dans les corridas	OLÉ
Pour injecter des liquides	SERINGUE
Pour la quatrième fois	QUATER
Pour la troisième fois	TER
Pour le moment	ACTUELLEMENT
Pourcentage	TAUX
Pourlécher	LÉCHER
Pourpré	PURPURIN
Pourri	AVARIÉ
Pourrir	CROUPIR • DÉCOMPOSER
Poursuite	ACCUSATION
	CHASSE • CONTINUATION
Poursuivi	SUIVI
Poursuivre	CONTINUER • POUSSER
	PROLONGER • SUIVRE
Poursuivre à coups de pierres	LAPIDER
Poursuivre à la course	COURSER
Poursuivre avec acharnement	POURCHASSER
Poursuivre de près	TALONNER
Poursuivre en justice	ACTIONNER • ESTER
Poursuivre, harceler	TRAQUER
Pourtour	BORD • CIRCUIT
Pourvoir	ALIMENTER • DOUER • FOURNIR
	NANTIR • PROCURER • SUBVENIR
Pourvoir d'un brevet	BREVETER
Pourvoir de créneaux	CRÉNELER
Pourvu d'ailes	AILÉ • ALIFÈRE
Pourvu d'albumen	ALBUMINÉ
Pourvu d'ergots	ERGOTÉ
Pourvu de crénelures	CRÉNELÉ
Pourvu de dents	DENTÉ
Poussé	FOUILLÉ
Pousse caractéristique des graminées	TALLE
Pousse des taillis au printemps	BROUT
Poussée	BOURRADE • CROISSANCE
	ÉLAN • IMPULSION
Pousser	ACCULER • CROÎTRE
Pousser à bout	OUTRER
Pousser à faire le mal	PERVERTIR
Pousser de petits cris	COUINER
Pousser de petits cris brefs et aigus	PÉPIER

Pousser des cris terribles	RUGIR
Pousser des drageons, en parlant d'une plante	BOUTURER
Pousser des soupirs	SOUPIRER
Pousser en avant	AVANCER
Pousser son cri, en parlant de l'âne	BRAIRE
Pousser son cri, en parlant de l'éléphant	BARRIR
Pousser son cri, en parlant de la caille	MARGOTER
Pousser son cri, en parlant de la cigogne	CLAQUETER
Pousser son cri, en parlant du canard	NASILLER
Pousser son cri, en parlant du chameau	BLATÉRER
Pousser son cri, en parlant du hibou	ULULER
Pousser son cri, en parlant du rhinocéros	BARRIR
Pousser un barrissement	BARRIR
Pousser un cri rauque	RUGIR
Pousser un navire sur un danger	DROSSER
Poussière d'une matière qu'on scie	SCIURE
Poussière détrempée dans les rues	BOUE
Poussière résineuse jaunâtre	LUPULIN
Poutre	BAU • MADRIER
Poutre fixée le long d'un mur	LAMBOURDE
Poutre mobile horizontale	TANGON
Poutre transversale sur un navire	BITTE
Poutrelle transversale	BARROT
Pouvoir	MANDAT • POSSIBILITÉ • RÉGIME
Pouvoir absolu	DICTATURE • RÈGNE
Pouvoir de commander	AUTORITÉ
Pouvoir de séduire	SÉDUCTION
Pouvoir des fées	FÉERIE
Pouvoir exécutif	EXÉCUTIF
Pouvoir royal	ROYAUTÉ
Prairie	PRÉ • STEPPE
Prairie de la Suisse	RUTLI
Praséodyme	PR
Pratiquant	DÉVOT
Pratique	COMMODE • UTILITAIRE
Pratiquer un curetage	CURETER
Pratiquer une engravure	ENGRAVER
Pratiquer une feuillure	FEUILLER

Préalablement	AVANT
Préambule	PRÉFACE
Précautionneux	CIRCONSPECT
Précédent	ANTÉCÉDENT • ANTÉRIEUR
Précéder	DEVANCER
Précepte	PRESCRIPTION
Précepte sanskrit	SOUTRA
Prêche	PRÉDICATION • SERMON
Prêcher	MORALISER
Précieux	CHER • RARE
Précipité	HÂTIF
Précipité et imprévu	BRUSQUE
Précipiter	ACCÉLÉRER
Précis	DÉFINI • EXPLICITE • SONNANT
Précisement, par coïncidence	JUSTEMENT
Préciser	SPÉCIFIER • STIPULER
Précision	JUSTESSE • MENTION
	MINUTIE • NETTETÉ
Précoce	PRÉMATURÉ
Précocement	TÔT
Précompte	RETENUE
Préconiser	PRÔNER
Précurseur	ANCÊTRE
Prédestiner	DESTINER
Prédicateur	APÔTRE • ORATEUR • PRÊCHEUR
Prédicatrice	ORATRICE
Prédiction	PROPHÉTIE
Prédiction de l'avenir	HOROSCOPE
Prédilection	PRÉFÉRENCE
Prédisposer	PRÉDESTINER
Prédisposition	PENCHANT
Prédominer	PRÉVALOIR • RÉGNER
Prééminence	AVANTAGE • PRIMAUTÉ
Préf. du Gard	NÎMES
Préface	PRÉSENTATION • PROLOGUE
Préférable	MIEUX
Préféré	CHÉRI • FAVORI
Préférée	FAVORITE
Préférence complaisante	TENDRESSE
Préférence injuste	PARTIALITÉ
Préférer	ADOPTER • CHÉRIR

Préfixe qui multiplie par un million	MÉGA
Préhistorien français né en 1877	BREUIL
Préjudice	DOMMAGE • MAL • TORT
Préjudice, châtiment	DAM
Préjudice, tort	DÉTRIMENT
Préjudicier	NUIRE
Préjugé	PRÉVENTION
Prélat chargé de représenter le pape	NONCE
Prélat et homme d'État français	RICHELIEU
Prélèvement	BIOPSIE
Prélèvement d'un tissu	BIOPSIE
Prélever	RETENIR
Prélever des impôts à l'excès	PRESSURER
Prématuré	HÂTIF • PRÉCOCE
Premier	INITIAL • ORIGINEL • PRIMITIF
Premier contact	BAPTÊME
Premier jour de la semaine	LUNDI
Premier magistrat municipal	MAIRE
Premier ministre du Québec de 1960 à 1966	LESAGE
Premier morceau coupé	ENTAME
Premier rang de pierres dans un mur	ASSISE
Premier roi des Hébreux	SAÜL
Premier sillon ouvert par la charrue	ENRAYURE
Première	ORIGINELLE • PRIMITIVE
Première capitale de l'Assyrie	ASSOUR
Première épouse de Jacob	LÉA • LIA
Première femme	ÈVE
Première journée d'école	RENTRÉE
Première lettre de l'alphabet grec	ALPHA
Première lettre de l'alphabet hébraïque	ALEPH
Première page	UNE
Première page d'un feuillet	RECTO
Première vertèbre cervicale	ATLAS
Premièrement	PRIMO
Premiers principes d'un art	ABC
Prémisse	AXIOME
Prenant	ATTIRANT
Prendre	ACQUÉRIR • ATTRAPER • BOIRE EMPRUNTER • OCCUPER • SAISIR • TENIR
Prendre à son compte	ASSUMER

Prendre au piège	PIÉGER
Prendre connaissance d'un texte	LIRE
Prendre contact avec	CONTACTER
Prendre dans une masse liquide	PUISER
Prendre de l'âge	VIEILLIR
Prendre des manières affectées pour plaire	MINAUDER
Prendre en pitié	PLAINDRE
Prendre le repas du soir	SOUPER
Prendre légalement	ADOPTER
Prendre part à	PARTICIPER
Prendre part à un banquet	BANQUETER
Prendre son dîner	DÎNER
Prendre son temps	LAMBINER
Prendre un oiseau à la glu	ENGLUER
Prendre une autre orientation	BIFURQUER
Prendre une teinte jaune	JAUNIR
Prendre vivement	AGRIPPER
Prendre, arrêter	GAULER
Preneur	ACHETEUR
Prénom féminin	ADÈLE • ANNE • ANNIE • ÉLISE ÉVA • ÈVE • IRMA • JULIE LÉA • LINE • RITA
Prénom féminin russe	OLGA
Prénom masculin	ALAIN • ÉRIC • JEAN • LÉO LÉON • OVIDE • PAUL • RÉMI
Préoccupation	SOIN • SOUCI
Préoccupé	SONGEUR
Préoccupée	SONGEUSE
Préparation à base d'amandes	PRALIN
Préparation à base de farine délayée	PÂTE
Préparation culinaire	PURÉE • TIMBALE
Préparation culinaire à base d'oeufs de poisson	TARAMA
Préparation de charcuterie	BOUDIN
Préparation de viande	SAUCISSE
Préparation donnée au cuir	CORROI
Préparation faite d'une pâte	TARTE
Préparation liquide	SAUCE
Préparation médicamenteuse	POTION
Préparation médicamenteuse liquide	SOLUTÉ

Préparation médicinale	CATAPLASME
Préparation mystérieuse, réservée aux adeptes	ARCANE
Préparation onctueuse	SAUCE
Préparation pharmaceutique	SUPPOSITOIRE
Préparé à la façon du damas	DAMASSÉ
Préparer	APPRÊTER • FAÇONNER MÉNAGER • PRÉDISPOSER
Préparer à la manière des pralines	PRALINER
Préparer avec soin	FOURBIR
Préparer minutieusement	PEAUFINER
Préparer par chamoisage	CHAMOISER
Préparer par un complot	COMPLOTER
Préparer secrètement	COMPLOTER
Préparer, mettre en état	APPRÊTER
Prépondérance d'un État	HÉGÉMONIE
Prépondérant	SUPÉRIEUR
Préposé à l'ascenseur	LIFTIER
Préposition	AVEC • CHEZ • DANS • DE • EN • ÈS PAR • SANS • SOUS • VOICI • VOILÀ
Préposition de lieu	DELÀ
Préposition signifiant à côté de	LEZ
Près	AUPRÈS
Présage	ANNONCE • AUGURE • SYMPTÔME
Présager	AUGURER
Prescription	ORDONNANCE
Prescription d'ordre moral	IMPÉRATIF
Prescription légale	RÈGLEMENT
Prescrire	DICTER • ENJOINDRE • ORDONNER
Prescrire d'une manière absolue	ÉDICTER
Présélection	TRI
Présence	COMPAGNIE
Présence continuelle	ASSIDUITÉ
Présence d'une maladie dans une région déterminée	ENDÉMIE
Présence de glucose dans le sang	GLYCÉMIE
Présent	ACTUEL • CADEAU
Présent à l'occasion du premier jour de l'année	ÉTRENNE
Présente	ACTUELLE
Présentement	ACTUELLEMENT

Présenter	ADRESSER • EXHIBER • MONTRER
	OFFRIR • PROPOSER • SERVIR
Préservatif	CAPOTE • CONDOM
Préservatif mécanique pour la femme	PESSAIRE
Préserver	PROTÉGER
Président des États-Unis	
de 1977 à 1981	CARTER
Président des États-Unis	
de 1989 à 1993	BUSH
Presqu'île du Mexique	YUCATAN
Presque	PRÈS • QUASI
Pressant	URGENT
Pressé	HÂTIF • URGENT
Presse dont la forme imprimante	
est cylindrique	ROTATIVE
Pressenti	AUGURÉ • PRÉVU
Pressentiment	INTUITION
Pressentir	AUGURER • FLAIRER
	PRÉVOIR • SENTIR
Presser	ACCÉLÉRER • ACTIVER
	BOUSCULER • COMPRIMER
	PRESSURER • URGER
Presser fortement	PINCER
Pression	CONTRAINTE • STRESS
Prestation d'un homme politique	SHOW
Preste	ALLÈGRE
Prestement	VITE • VIVEMENT
Prestidigitateur	MAGICIEN
Prestidigitatrice	MAGICIENNE
Prestige	AURÉOLE
Presto	VITE
Présumé	CENSÉ • PRÉTENDU • SUPPOSÉ
Présumer	CROIRE • SUPPOSER
Prêt	DISPOSÉ
Prêt à manger	MÛR
Prétendant	ÉPOUSEUR • POSTULANT
Prétendre	ALLÉGUER
Prétendre (Se)	VANTER
Prétendu	SUPPOSÉ
Prétentieux	AMPOULÉ • FAT • FENDANT
	PÉDANT • POSEUR • SUFFISANT

Prétention	FATUITÉ
Prêter son attention	ÉCOUTER
Prêteur	USURIER
Prétexte	OCCASION
Prétexter	ALLÉGUER • OBJECTER
Prétoire	TRIBUNAL
Prêtre	PASTEUR • VICAIRE
Prêtre adjoint au curé	VICAIRE
Prêtre attaché au service d'une divinité	FLAMINE
Prêtre catholique	CURÉ
Prêtre d'Alexandrie	ARIUS
Prêtre de l'Église orthodoxe	POPE
Prêtre de la religion bouddhique	BONZE
Prêtre français né en 1608	OLIER
Prêtre gaulois	OVATE
Prêtre gaulois ou celtique	DRUIDE
Prêtre qui dirige un diocèse	ÉVÊQUE
Prêtre romain qui préparait les banquets sacrés	ÉPULON
Prêtre, curé	CURETON
Prêtresse de Vesta	VESTALE
Prêtrise	SACERDOCE
Preuve	ARGUMENT
Prévaloir	PRÉDOMINER
Prévenance	ATTENTION
Prévenant, attentif	EMPRESSÉ
Prévenir	ALERTER • AVERTIR • AVISER ÉVITER • OBVIER
Prévention	PRÉCAUTION
Préventorium	AÉRIUM • SANA
Prévision	CALCUL • PRONOSTIC
Prévoir	FLAIRER • PROGRAMMER PRESSENTIR
Prévoyance	PRUDENCE
Prévoyant	PRUDENT
Prie-Dieu	AGENOUILLOIR
Prier	CONVIER • DEMANDER
Prier avec insistance	SOLLICITER
Prière	ANGÉLUS • OBSÉCRATION • ORAISON ORÉMUS • PATER • REQUÊTE

Prière à la Sainte Vierge	AVE
Prière catholique commençant par ce mot	CONFITEOR
Prière de dévotion	ANGELUS
Prière de la liturgie catholique	CONFITEOR
Prière liturgique	LITANIE
Prière mise en musique	REQUIEM
Prière musulmane	SALAT
Prière pour les morts	REQUIEM
Prière qui suit la consécration	ANAMNÈSE
Primaire	PREMIER
Primate de l'Inde	LORIS
Primate nocturne d'Asie du Sud	LORIS
Prime	BONUS
Primer	PRÉDOMINER
Primeur	NOUVEAUTÉ
Primitif	BARBARE • INITIAL • PREMIER
Primordial	MAJEUR • PRINCIPAL
Prince de certains pays musulmans	SULTAN
Prince de la maison d'Autriche	ARCHIDUC
Prince des démons	SATAN
Prince légendaire troyen	ÉNÉE
Prince musulman	ÉMIR
Prince troyen	ÉNÉE
Princesse athénienne	ARICIE
Princesse juive, fille d'Hérodiade	SALOMÉ
Principal	CAPITAL • CARDINAL • CENTRAL
Principal personnage féminin	HÉROÏNE
Principalement	SURTOUT
Principauté	DUCHÉ • PRINCIPAT
Principauté du golfe Persique	ÉMIRAT
Principe	AUTEUR • NORME • PRÉCEPTE
Principe actif des graines de persil	APIOL
Principe de mouvement	MOTEUR
Principe de vie	ÂME
Principe fondamental de la philosophie taoïste	YIN
Principe moral de contagion	VIRUS
Principes	MŒURS
Priorité d'âge entre enfants d'une même famille	AÎNESSE

Priorité d'âge entre frères et soeurs	AÎNESSE
Pris	OCCUPÉ
Prisé	POPULAIRE
Prise	BUTIN • CAPTURE • PROIE
Priser	APPRÉCIER
Priser un stupéfiant	SNIFFER
Prison	PÉNITENCIER • TAULE • TÔLE • TROU
Prisonnier	CAPTIF • DÉTENU • TAULARD
Prisonnière	CAPTIVE
Privation	ABSTINENCE • PERTE
Privation volontaire	SACRIFICE
Privé	PERSONNEL • RÉSERVÉ
Privé de	DÉPOURVU
Privé de ses rameaux	ÉCOTÉ
Privée	PERSONNELLE
Priver	SEVRER
Priver d'air	ÉTOUFFER
Priver d'ampleur	ÉTRIQUER
Priver d'héritage	DÉSHÉRITER
Priver de lumière	OBSCURCIR
Priver de nourriture	AFFAMER
Priver de saveur	AFFADIR
Priver de ses cornes	DÉCORNER
Priver quelqu'un d'un bien	FRUSTRER
Privilège	AVANTAGE • FACULTÉ • HONNEUR IMMUNITÉ • PRÉROGATIVE
Privilégier	FAVORISER
Prix	COÛT • RANÇON • VALEUR
Prix du louage des choses	LOYER
Prix du transport d'une lettre	PORT
Prix élevé	CHERTÉ
Prix fixé d'une manière autoritaire	TAXE
Prix fixé par une convention	TAUX
Prix usuel d'un service	TARIF
Pro	PROFESSIONNEL
Probabilité	CONJECTURE
Probable	APPARENT
Probité	HONNÊTETÉ • INTÉGRITÉ
Problème	COLLE • HIC • OS
Problème difficile à résoudre	ÉNIGME
Procédé	FORMULE • MÉTHODE

Procédé d'écriture	STÉNO
Procédé de peinture murale	FRESQUE
Procédé habile destiné à tromper	ARTIFICE
Procédé qui tient du dessin et de la peinture	LAVIS
Procédé thérapeutique consistant à verser de l'eau sur une partie du corps	AFFUSION
Procéder	OPÉRER
Procéder au clonage	CLONER
Procéder au cylindrage	CYLINDRER
Procéder au dégazage	DÉGAZER
Procéder au mixage	MIXER
Procéder sans méthode	TÂTONNER
Procédure	FORMALITÉ • POURSUITE
Procédure de contrôle de la comptabilité	AUDIT
Procès-verbal	CONSTAT
Procès-verbal de conventions entre deux puissances	RECÈS
Procession	DÉFILÉ • PARADE
Processus	PROCÈS
Prochain	AUTRUI • FUTUR
Prochainement	BIENTÔT
Proche	ADJACENT • PARENT • PRÈS • VOISIN
Proclamation	DÉCLARATION • MANIFESTE
Proclamation officielle	BAN
Proclamation solennelle d'un futur mariage	BANS
Proclamer	AFFIRMER • DÉCLARER • PROCLAMER PROFESSER • PUBLIER
Procuration	MANDAT
Procurer le salut éternel	SAUVER
Procurer réparation d'une offense	VENGER
Procurer un nouveau logement à	RELOGER
Prodige	PROUESSE
Prodigieux	SURNATUREL
Prodiguer	DISTRIBUER
Productif	FERTILE
Production colorée de certains végétaux	FLEUR

Production d'une substance par une glande	SÉCRÉTION
Production d'une vigne	CUVÉE
Production filiforme de l'épiderme	POIL
Production pathologique liquide	PUS
Produire	ACCOUCHER • APPORTER CAUSER • ENTRAÎNER • EXHIBER
Produire de la graine	GRAINER
Produire de la mousse	MOUSSER
Produire de la salive	SALIVER
Produire des bénéfices	FRUCTIFIER
Produire des rots	ÉRUCTER
Produire du pus	SUPPURER
Produire du sel	SAUNER
Produire généreusement	ÉPANCHER
Produire un bruit aigu, grinçant	CRISSER
Produire un bruit sec	CRAQUER
Produire un bruit sourd, continu	RONFLER
Produire un cliquetis	CLIQUETER
Produire un murmure confus	BRUIRE
Produire un ronflement vibrant	VROMBIR
Produire un son analogue à celui de la flûte	FLÛTER
Produire un vrombissement	VROMBIR
Produire une stridulation	STRIDULER
Produire, créer	ENFANTER
Produit	FRUIT • RENDEMENT
Produit à base d'amidon	EMPOIS
Produit alimentaire de forme aplatie	TABLETTE
Produit collant et visqueux	RÉSINE
Produit comestible de la ponte de certains animaux	OEUF
Produit congelé	CONGELÉ
Produit de charcuterie traité au sel	SALAISON
Produit de dégradation des acides aminés de l'organisme	URÉE
Produit de l'abeille	MIEL
Produit de la conception	FOETUS
Produit des femelles ovipares	OEUF
Produit du cotonnier	COTON
Produit par la magie	MAGIQUE

Produit qui détruit les rats	RATICIDE
Produit qui fait lever le pain	LEVAIN
Produit servant au décapage	DÉCAPANT
Produit utilisé pour alimenter un moteur	CARBURANT
Produit utilisé pour le lavage	SAVON
Proéminence	RELIEF
Proéminent	SAILLANT
Prof	PROFESSEUR
Profanation	VIOL • VIOLATION
Profanation du sacré	SACRILÈGE
Profane	MONDAIN
Profaner	VIOLER
Professer	ENSEIGNER
Professeur	ENSEIGNANT • MAÎTRE • PROF
Professeur de lettres français né en 1857	LANSON
Profession	CARRIÈRE • MÉTIER
Profession de médecin	MÉDECINE
Profession de styliste	STYLISME
Professionnel	PRO
Professionnel chargé de l'affinage	AFFINEUR
Professionnel de l'actuariat	ACTUAIRE
Professionnel de la gymnastique	GYMNASTE
Professionnel des industries graphiques	GRAPHISTE
Professionnel qui opère en Bourse	BOURSIER
Professionnel qui perce les trous de mine	FOREUR
Profil	LIGNE
Profiler	GALBER
Profit	BÉNÉFICE • BIEN PRODUIT • RÉCOLTE
Profit plus ou moins licite	LUCRE
Profitable	SALUTAIRE • UTILE
Profiter de l'existence	VIVRE
Profond estuaire de rivière en Bretagne	ABER
Profonde tristesse	NAVREMENT
Profusion	ABONDANCE EXCÈS • SURABONDANCE
Progéniture	DESCENDANCE
Progestérone	LUTÉINE

Programme	CALENDRIER • TIMING
Programmer	ORGANISER
Progrès	AMÉLIORATION • ASCENSION
	CIVILISATION
Progresser	AVANCER • ÉVOLUER
Progressif	GRADUÉ
Progression	ASCENSION • GRADATION
Prohibé	DÉFENDU • INTERDIT
Prohiber	DÉFENDRE • INTERDIRE
Prohibitif	RUINEUX
Prohibitive	RUINEUSE
Proie	CAPTURE • PRISE • VICTIME
Projecteur lumineux	PHARE
Projecteur placé en avant d'une voiture	PHARE
Projectile	BOMBE • BOULET
	OBUS • PRUNEAU
Projectile lancé par canon	OBUS
Projectile propulsé	FUSÉE
Projection	LANCEMENT
Projet	DESSEIN • ENTREPRISE • VUES
Projet de loi du Parlement anglais	BILL
Projeter	ÉJECTER • LANCER
	MÉDITER • PRÉMÉDITER
Projeter de la salive	CRACHER
Prolétaire	PROLO
Proliférer	PULLULER
Prolifique	FÉCOND
Prologue	PRÉLUDE
Prolongateur électrique	RALLONGE
Prolongation	CONTINUATION • DÉLAI
Prolongement constant de la cellule nerveuse	AXONE
Prolonger	ALLONGER • PROROGER
	RECONDUIRE
Promenade	BALADE • MARCHE
	RANDONNÉE • SORTIE
Promenade publique	MAIL
Promenade rapide	VIRÉE
Promener sans but précis	BALADER
Promeneur	BADAUD • FLÂNEUR • PASSANT
Promesse solennelle	SERMENT

Promettre	DESTINER
Promis	FIANCÉ
Promontoire	CAP
Promontoire d'une île des côtes de la Norvège	NORD
Promotion	AVANCEMENT
Prompt	DILIGENT
Prompt à se mettre en colère	IRRITABLE
Prompt et agile	PRESTE
Promptement	VITE
Promptitude	CÉLÉRITÉ • PRESTESSE
Promulgation	PUBLICATION
Promulguer	ÉDICTER
Prôner	PRÉCONISER • PRÊCHER
Pronom	TOUT
Pronom démonstratif	ÇA • CE • CECI • CELA • CELLE CELUI • CEUX • CI
Pronom indéfini	ON • TOUS • TOUT • TOUTES UN • UNE • UNES
Pronom interrogatif	QUI
Pronom personnel	ELLE • EUX • IL • JE • LEUR • LUI ME • MOI • NOUS • SE • SOI TE • TOI • TU • VOUS
Pronom possessif	LEUR • MIEN • NÔTRE SIEN • TIEN • VÔTRE
Pronom relatif	DONT • LEQUEL • QUE • QUI • QUOI
Prononcé	ÉMIS • MARQUÉ
Prononcer	DIRE
Prononcer à voix basse	CHUCHOTER
Prononcer avec violence	PROFÉRER
Prononciation	ARTICULATION
Pronostic	PRÉVISION
Pronostiquer	PRÉVOIR
Propagandiste	ZÉLATEUR
Propagateur	ZÉLATEUR
Propagation	CONTAGION
Propagé	TRANSMIS
Propager	COLPORTER • DIFFUSER
Propension aux rapprochements sexuels	SALACITÉ
Prophète	DEVIN • ÉLIE

Prophète biblique avant Jésus-Christ	AMOS
Prophète hébreu	ISAÏE • NABI
Prophète inspiré par Dieu	NABI
Prophète juif	ISAÏE • NAHUM
Prophétie	ORACLE • PRÉDICTION
Prophétiser	PRÉDIRE
Proportion	SYMÉTRIE
Proportion de sel d'un liquide	SALINITÉ
Proportionnel	RELATIF
Proportionnelle	RELATIVE
Proportionner	CALIBRER • DOSER
Propos	THÈME
Propos du hâbleur	HÂBLERIE
Propos frivole	FARIBOLE
Propos méchant	BAVE
Propos mensonger	BOBARD
Propos rapporté par quelqu'un	ÉCHO
Propos, action qui amuse	JOYEUSETÉ
Proposer	AVANCER • SUGGÉRER
Proposer au choix	SOUMETTRE
Proposition	AFFIRMATION • CONSEIL
	OFFRE • SUGGESTION
Proposition impérative	ULTIMATUM
Proposition mathématique	LEMME
Propre	FRAIS • NET • NETTE
Propre à faire rire	RISIBLE
Propre à guérir	CURATIF
Propre à inspirer	INSPIRANT
Propre à l'ablation	ABLATIF
Propre à l'homme	VIRIL
Propre à l'idéalisme	IDÉALISTE
Propre à la banque	BANCAIRE
Propre à la guérison	CURATIF
Propre à la jeunesse	JUVÉNILE
Propre à la langue anglaise	ANGLAIS
Propre à la langue française	FRANÇAIS
Propre à la vieillesse	SÉNILE
Propre au lion	LÉONIN
Propre au miel	MIELLÉ
Propre au racisme	RACISTE
Propre aux Alpes	ALPESTRE

Propre aux écoles	SCOLAIRE
Propre aux esclaves	SERVILE
Propre aux glaciers	GLACIAIRE
Propre aux larves	LARVAIRE
Propre aux tropiques	TROPICAL
Propre, spécifique	EXCLUSIF
Propriétaire	DÉTENTEUR • LOCATEUR
	POSSESSEUR • PROPRIO
Propriétaire d'un immeuble loué	PROPRIO
Propriétaire d'un manoir, en Écosse	LAIRD
Propriété	ATTRIBUT • DOMAINE • POSSESSION
Propriété de réfléchir le son	RÉSONANCE
Propriété de reprendre	
sa position première	RESSORT
Propriété foncière	DOMAINE
Proprio	PROPRIÉTAIRE
Propulseur à réaction	RÉACTEUR
Proroger	AJOURNER
Proscrire	BANNIR • EXCLURE • INTERDIRE
Proscrit	BANNI • EXILÉ
Proscrit, exilé de sa patrie	BANNI
Prospecter	EXPLORER
Prospection	SONDAGE
Prospectus	DÉPLIANT
Prospère	FLORISSANT
Prospérité	OPULENCE • RICHESSE
Prosternation	PROSTRATION
Prostituée	CATIN • PÉTASSE • PUTAIN
	PUTE • RACOLEUSE • ROULURE
Prostration	ABATTEMENT
Prostré	ABATTU
Protecteur	AVOCAT • BIENFAITEUR
	MÉCÈNE • PROVIDENCE
Protecteur du citoyen	OMBUDSMAN
Protecteur du foyer	LARE
Protection	ARMURE • BOUCLIER
	ÉGIDE • PRÉCAUTION
Protection d'un saint	PATRONAGE
Protection vigilante	TUTELLE
Protégé	DÉFENDU
Protège le matelas	ALAISE

Protéger	CONSERVER • IMMUNISER
	PATRONNER • PRÉSERVER
	SECOURIR
Protéger comme par une cuirasse	CUIRASSER
Protéger contre quelqu'un	PRÉMUNIR
Protéger par un blindage	BLINDER
Protéger par un brevet	BREVETER
Protéine ayant l'aspect d'une gelée	GÉLATINE
Protéine présente	
dans les organismes animaux	ALBUMINE
Protestation collective	PÉTITION • TOLLÉ
Protester	MOUFTER • PIAILLER
	RÉCRIMINER • REGIMBER
Protester avec mauvaise humeur	RENAUDER
Prothèse amovible	DENTIER
Protocole	ÉTIQUETTE
Prototype	ÉCHANTILLON
Protozoaire d'eau douce	STENTOR
Protozoaire pourvu d'un noyau	AMIBE
Protubérance	ASPERITÉ
Protubérance arrondie	MAMELON
Prouesse	EXPLOIT
Prouvé	AUTHENTIQUE
Prouver	DÉMONTRER • ÉTABLIR
Provenir	ÉMANER • RÉSULTER
Proverbe	MAXIME
Providence	PROTECTEUR
Province	RÉGION
Province basque d'Espagne	ALAVA
Province de France	ANJOU
Province de l'ancienne Irlande	ULSTER
Province de l'Éthiopie	CHOA
Province de Logrono	RIOJA
Province du Canada	ALBERTA • MANITOBA • ONTARIO
	QUÉBEC • SASKATCHEWAN
Province du sud de la Belgique	NAMUR
Province, en Autriche	LANÇON • LAND
Provision	ACOMPTE • RÉSERVE
Provisoire	PASSAGER • TEMPORAIRE
	TRANSITOIRE
Provocant	AGRESSIF • AGUICHANT • OSÉ

Provocante	AGRESSIVE
Provocateur	FAUTEUR
Provocation	BRAVADE • DÉFI
Provoqué par le soleil	SOLAIRE
Provoquer	AGRESSER • AGUICHER • BARBER
	BRAVER • DÉCHAÎNER • DÉCLENCHER
	DÉFIER • NARGUER • SUSCITER
Provoquer la gangrène d'un tissu	GANGRENER
Provoquer la sclérose	SCLÉROSER
Proxénète	MAC • SOUTENEUR
Proximité	IMMINENCE • VOISINAGE
Prude	PUDIBOND
Prude, rigoriste	BÉGUEULE
Prudent	AVISÉ • CIRCONSPECT
Pruderie	PUDEUR
Prune	ENTE
Prune séchée	PRUNEAU
Pruneau	BALLE
Psaume	MISERERE
Psitt	PST
Pst	PSITT
Psychique	MENTAL
Psychologique	PSY
Psychologue	PSY
Psychologue français né en 1881	PIÉRON
Psychothérapie	THÉRAPIE
Puant	PESTILENTIEL
Pub	PUBLICITÉ
Public	ASSISTANCE
Publication	ANNONCE • ÉCRIT
	ÉDITION • PARUTION
Publication périodique	ORGANE
Publication qui fournit des renseignements spécialisés	ARGUS
Publication qui paraît chaque mois	MENSUEL
Publicité	PUB • RÉCLAME
Publicité bruyante	BATTAGE
Publicité énorme	TAPAGE
Publicité tapageuse	BATTAGE
Publié	PARU
Publier	ÉDITER • IMPRIMER • PROMULGUER

Pudding	POUDING
Pudeur	DÉCENCE
Pudibond	CHASTE • PRUDE
Pudique	CHASTE
Puer	EMPESTER
Puer, empester	CHLINGUER • COCOTER
Puérilité	BALIVERNE
Pugiliste	BOXEUR
Puîné	JUNIOR
Puis	ENSUITE
Puiser	POMPER
Puisque	COMME
Puissance	FORCE • INTENSITÉ • POUVOIR
Puissance d'action	DYNAMISME
Puissance des fées	FÉERIE
Puissance sexuelle chez l'homme	VIRILITÉ
Puissances éternelles émanées de l'être suprême	ÉON
Puissant	EFFICACE • FORT • INFLUENT
Puissant appareil sonore	SIRÈNE
Puissant explosif	TNT
Pull-over	PULL
Pulluler	ABONDER • FOISONNER • PLEUVOIR
Pulsion de mort, chez Freud	THANATOS
Pulvériser	ATOMISER
Puma	COUGUAR
Punaise vivant sur l'eau	VÉLIE
Punch	PEP • TONUS
Punir	CHÂTIER • SANCTIONNER • SÉVIR
Punir sévèrement	SALER
Punissable	COUPABLE
Punition	CHÂTIMENT • PENSUM
Punition identique à l'offense	TALION
Pupitre	LUTRIN
Pur	CHASTE • NATUREL • VIRGINAL
Pure	NATURELLE
Pureté	CANDEUR • LIMPIDITÉ TRANSPARENCE • VIRGINITÉ
Purgation	PURGE
Purger	ÉPURER • SUBIR
Purification	ÉPURATION

Purification religieuse	ABLUTION
Purifier	AFFINER • BLANCHIR • CLARIFIER
	ÉPURER • FILTRER • PURGER
Purin	FUMIER • LISIER
Puritain	AUSTÈRE • PRUDE
Pusillanime	FRILEUX
Pustule	BOUTON
Putain	PUTE
Pute	PUTAIN • SALOPE
Putréfaction	CORRUPTION • POURRITURE
Putréfier	CORROMPRE
Putrescent	PUTRIDE
Putride	PURULENT
Pyramide de pierres élevée par des alpinistes	CAIRN
Python	BOA

Qu'on a fait bouillir	BOUILLI
Qu'on ne peut résoudre	INSOLUBLE
Qu'on peut enlever ou remettre à volonté	AMOVIBLE
Qu'on peut régler	RÉGLABLE
Qu'on peut réparer	RÉPARABLE
Quadrilatère	CARRÉ
Quadrupède ruminant à une ou deux bosses dorsales	CHAMEAU
Qualificatif	ADJECTIF
Qualifié	CAPABLE • COMPÉTENT PROFESSIONNEL
Qualifier	AUTORISER
Qualité d'une viande tendre	TENDRETÉ
Qualité de ce qui est clair, transparent	CLARTÉ
Qualité de ce qui n'est pas réel	IRRÉALITÉ
Qualité de voyant	VOYANCE
Qualité des sons agréables à entendre	EUPHONIE
Qualité du papier	ÉPAIR
Quantième	DATE
Quantité approximative de vingt	VINGTAINE
Quantité chiffrée	NOMBRE
Quantité d'or	CARAT
Quantité de bois	STÈRE
Quantité de boisson servie à ras bords	RASADE
Quantité de vin qui se fait dans une cuve	CUVÉE
Quantité déterminée	QUANTUM
Quantité immense	MYRIADE
Quantité infime	BRIN
Quantité qui dépasse un nombre fixé	SURNOMBRE
Quantité qui excède un nombre déterminé	SURNOMBRE
Quartier du centre de Londres	SOHO
Quartz jaune	CITRIN • CITRINE
Quasi	PRESQUE
Quasiment	QUASI
Quatre plus un	CINQ

Quatre-vingt-dix	NONANTE
Quatre-vingts	OCTANTE
Quatrième jour de la semaine	JEUDI
Quatrième lettre de l'alphabet grec	DELTA
Quatrième mois du calendrier républicain	NIVOSE
Quatrième partie d'un tout	QUART
Quatrième partie du jour	NONE
Quatrièmement	QUARTO • QUATER
Que l'on a obtenu	ACQUIS
Que l'on cache	FURTIF
Que l'on n'a pas mérité	IMMÉRITÉ
Que l'on peut joindre	JOIGNABLE
Quelqu'un	ON • UNTEL
Quelque	ENVIRON
Quelquefois	PARFOIS
Quelques	PLUSIEURS
Quémander	QUÊTER
Querelle	ALGARADE • COMBAT • CONFLIT DISCUSSION • DISPUTE ESCLANDRE • NOISE
Querelleur	AGRESSIF • PROVOCANT
Question	AFFAIRE • COLLE • SUJET
Question à résoudre	PROBLÈME
Questionner	CONSULTER • INTERROGER
Quête	COLLECTE
Queue	FILE • TRAÎNE
Qui a abandonné l'ordre ecclésiastique	DÉFROQUÉ
Qui a atteint l'âge de la puberté	PUBÈRE
Qui a beaucoup de branches	BRANCHU
Qui a beaucoup de noeuds	NOUEUSE • NOUEUX
Qui a cessé d'être en usage	SURANNÉ
Qui a de gros os	OSSU
Qui a de grosses fesses	FESSU
Qui a de grosses joues	MAFFLU
Qui a de grosses lèvres	LIPPU
Qui a de grosses pattes	PATTU
Qui a de l'entrain	ALLANT
Qui a de la barbe	BARBU
Qui a de la chance	VERNI
Qui a de la laitance	LAITÉ

Qui a des cornes	CORNU • ENCORNÉ
Qui a des formes lourdes	MASTOC
Qui a des galons d'ancienneté	CHEVRONNÉ
Qui a des sentiments de loyalisme	LOYALISTE
Qui a des valeurs conservatrices	BOURGEOIS
Qui a deux côtés	BILATÉRAL
Qui a deux mains à pouces opposables	BIMANE
Qui a deux moteurs	BIMOTEUR
Qui a deux pieds	BIPÈDE
Qui a deux places	BIPLACE
Qui a deux pôles	BIPOLAIRE
Qui a du courage	COURAGEUX
Qui a du duvet	DUVETEUX
Qui a du sex-appeal	SEXY
Qui a été dépoli	MAT
Qui a été mené à bien	ABOUTI
Qui a l'apparence de l'ivoire	ÉBURNÉEN
Qui a l'apparence du duvet	DUVETEUX
Qui a l'aspect d'une feuille	FOLIACÉ
Qui a l'aspect de la soie de porc	SÉTACÉ
Qui a l'éducation pour but	ÉDUCATIF
Qui a l'habitude de japper	JAPPEUR
Qui a l'odeur du musc	MUSQUÉ
Qui a la blancheur de l'ivoire	ÉBURNÉ
Qui a la blancheur du lis	LILIAL
Qui a la consistance de l'huile	OLÉIFORME
Qui a la faculté de penser	PENSANT
Qui a la forme d'un melon	MELONNÉ
Qui a la forme d'un oeuf	OVALE • OVOÏDE
Qui a la forme d'une courbe	SPIRAL
Qui a la forme d'une roue	ROTACÉ
Qui a la nature de l'ulcère	ULCÉREUX
Qui a la passion du jeu	JOUEUR
Qui a la pureté du lis	LILIAL
Qui a la vertu de créer	CRÉATIF
Qui a le nez court et plat	CAMUS
Qui a le nez plat et comme écrasé	CAMARD
Qui a les cheveux et le teint noirs	NOIRAUD
Qui a les jambes croches et la démarche irrégulière	BANCROCHE
Qui a les jambes tordues	BANCAL

Qui a les qualités nécessaires	APTE
Qui a les traits d'une poupée	POUPIN
Qui a lieu la nuit	NOCTURNE
Qui a lieu le jour	DIURNE
Qui a lieu tous les mois	MENSUEL
Qui a perdu la raison	SONNÉ
Qui a perdu les qualités de sa race	DÉGÉNÉRÉ
Qui a perdu sa couleur originale	DÉLAVÉ
Qui a perdu sa destination première	DÉSAFFECTÉ
Qui a perdu ses dents	ÉDENTÉ
Qui a perdu ses poils	PELÉ
Qui a perdu son éclat	ÉTEINT
Qui a plus de largeur que d'épaisseur	MÉPLAT
Qui a plusieurs branches	BRANCHU
Qui a pour base le nombre huit	OCTAL
Qui a pour but de prévenir	PRÉVENTIF
Qui a prêté serment	JURÉ
Qui a pris l'aspect du cuir	TANNÉ
Qui a pris l'odeur du vin	ENVINÉ
Qui a rapport à Bacchus	BACHIQUE
Qui a rapport à l'Orient	ORIENTAL
Qui a rapport à l'urètre	URÉTRAL
Qui a rapport à l'urine	URINAIRE
Qui a rapport à l'usine	USINIER
Qui a rapport à la base de quelque chose	BASAL
Qui a rapport à la bile	BILIAIRE
Qui a rapport à la cuisine	CULINAIRE
Qui a rapport à la cuisse	FÉMORAL
Qui a rapport à la joue	MALAIRE
Qui a rapport à la luette	UVULAIRE
Qui a rapport à la menstruation	MENSTRUEL
Qui a rapport au beurre	BEURRIER
Qui a rapport au labourage	ARATOIRE
Qui a rapport au lait	LACTÉ
Qui a rapport aux astres	SIDÉRAL
Qui a rapport aux fleuves	FLUVIAL
Qui a rapport aux lignes	LINÉAL
Qui a rapport aux marchés	FORAIN
Qui a reçu la bénédiction du prêtre	BÉNIT
Qui a subi une impaludation	IMPALUDÉ

Qui a trait à la digestion	PEPTIQUE
Qui a trait au cubitus	ULNAIRE
Qui a trop bu de vin	AVINÉ
Qui a un air propre	CLEAN
Qui a un nez écrasé	CAMARD
Qui a un ongle à chaque doigt	ONGUICULÉ
Qui a un rythme alterné	OSCILLANT
Qui a un sexe	SEXUÉ
Qui a un squelette	VERTÉBRÉ
Qui a une action sur les nerfs	NERVIN
Qui a une certaine laideur morale	TURPIDE
Qui a une mauvaise réputation (Mal ...)	FAMÉ
Qui a une réalité	EXISTANT
Qui a valeur d'indice	INDICIEL
Qui accouche pour la première fois	PRIMIPARE
Qui adore les idoles	IDOLÂTRE
Qui agit malgré le danger ou la peur	COURAGEUX
Qui aime à jacasser	JACASSEUR
Qui aime à plaisanter	FOLÂTRE
Qui aime à rire	BADIN
Qui aime blaguer	BLAGUEUR
Qui aime l'autorité	AUTORITAIRE
Qui aime les étrangers	XÉNOPHILE
Qui aime sa patrie	PATRIOTE
Qui appartient à l'Élysée	ÉLYSÉEN
Qui appartient à l'expérience de la vie	VÉCU
Qui appartient à l'Occident	OCCIDENTAL
Qui appartient à la bourgeoisie	BOURGEOIS
Qui appartient à la cuisse	CRURAL
Qui appartient à la face	FACIAL
Qui appartient à la fièvre jaune	AMARIL
Qui appartient à la gorge	JUGULAIRE
Qui appartient à la même espèce	CONGÉNÈRE
Qui appartient à la peau	CUTANÉ
Qui appartient à la vessie	VÉSICAL
Qui appartient à un empereur	IMPÉRIAL
Qui appartient à un ensemble de peuples du Proche-Orient	SÉMITE
Qui appartient à un fief	FÉODAL
Qui appartient à un port	PORTUAIRE
Qui appartient au centre, en politique	CENTRISTE

Qui appartient au dos	DORSAL
Qui appartient au faîte	FAÎTIÈRE
Qui appartient au fascisme	FASCISTE
Qui appartient au gosier	GUTTURAL
Qui appartient au mari	MARITAL
Qui appartient au sommet	APICAL
Qui appartient aux artères	ARTÉRIEL
Qui appartient aux côtes	COSTAL
Qui appartient aux doigts	DIGITAL
Qui apporte le calme et la sérénité	APAISANT
Qui apprécie la musique	MÉLOMANE
Qui arrive à propos	BIENVENU
Qui aspire	ASPIRANT
Qui assure un déplacement rapide	EXPRESS
Qui atteint une grande hauteur	ÉLEVÉ
Qui bégaie	BÈGUE
Qui bêle	BÊLANT
Qui bénit	BÉNISSEUR
Qui boude fréquemment	BOUDEUR
Qui braille	BRAILLARD
Qui brille d'un vif éclat	CORUSCANT
Qui brise de fatigue	ÉREINTANT
Qui casse par maladresse	CASSEUR
Qui cause la mort	LÉTAL
Qui cesse son mandat	SORTANT
Qui cherche à plaire	COMPLAISANT
Qui chipote	CHIPOTEUR
Qui combat	MILITANT
Qui combat la fièvre	FÉBRIFUGE
Qui comporte des risques mortels	SUICIDE
Qui comporte deux axes optiques	BIAXE
Qui comporte deux couleurs	BICOLORE
Qui comporte deux sons	BITONAL
Qui comporte deux unités	DUAL
Qui concerne l'enregistrement des sons	AUDIO
Qui concerne l'État	ÉTATIQUE
Qui concerne l'univers	UNIVERSEL
Qui concerne la reproduction	GÉNITAL
Qui concerne la sexualité	SEXUEL
Qui concerne le cosmos	UNIVERSEL

Qui concerne le foyer d'un instrument d'optique	FOCAL
Qui concerne le père	PATERNEL • PATERNELLE
Qui concerne le travail de la terre	ARATOIRE
Qui concerne le vin	VINAIRE
Qui concerne les brebis	OVIN
Qui concerne les deux sexes	BISEXUEL
Qui concerne les gestes	GESTUEL
Qui concerne les navires	NAVAL
Qui concerne une inauguration	INAUGURAL
Qui concerne une nation en particulier	NATIONAL
Qui concilie des intérêts opposés	AMIABLE
Qui connaît trois langues	TRILINGUE
Qui constitue la base de quelque chose	BASAL
Qui consume, détruit	DÉVORANT
Qui contient de l'eau	AQUEUX
Qui contient de l'opium	OPIACÉ
Qui contient de la craie	CRÉTACÉ
Qui contient de la soude	SODÉ
Qui contient des vitamines	VITAMINÉ
Qui contient du cacao	CACAOTÉ
Qui contient du miel	MIELLÉ
Qui contient du pus	PURULENT
Qui contient du sodium	SODÉ • SODIQUE
Qui contient un albumen	ALBUMINÉ
Qui contient une allusion	ALLUSIF
Qui contient une base	ALCALIN
Qui contient une éloge	LAUDATIF
Qui contraste violemment	HEURTÉ
Qui convient	CONFORME
Qui coule	FLUENT
Qui coule ou tend à couler	LIQUIDE
Qui croît dans les ruisseaux	RIVULAIRE
Qui croît sur les murs	MURAL
Qui date de longtemps	ANCIEN
Qui débute	DÉBUTANT
Qui déchire le coeur	DÉCHIRANT
Qui demeure caché	LATENT
Qui dénote la mauvaise humeur	RAGEUR
Qui dénote la richesse	COSSU

Qui dépeint les aspects vulgaires du réel	RÉALISTE
Qui dépose des sédiments	FÉCULENT
Qui dépose une lie	FÉCULENT
Qui dérobe	VOLEUR
Qui désigne un nombre	NUMÉRAL
Qui détourne facilement	ÉLUSIF
Qui détourne habilement	ÉLUSIF
Qui détruit les mauvaises herbes	HERBICIDE
Qui devient acide	ACESCENT
Qui dévore	VORACE
Qui diminue le sens d'un mot	DIMINUTIF
Qui donne facilement	LIBÉRAL
Qui donne lieu à un choix	OPTIONNEL
Qui donne une série	SÉRIEL
Qui dure deux ans	BIENNAL
Qui dure longtemps	LONG
Qui dure peu de temps	ÉPHÉMÈRE
Qui dure trente ans	TRICENNAL
Qui dure trois mois	TRIMESTRIEL
Qui dure un an	ANNAL • ANNUEL • ANNUELLE
Qui émet la lumière	LUMINEUX
Qui encourt une peine	PASSIBLE
Qui engage les deux parties	BILATÉRAL
Qui engendre le mouvement	MOTRICE
Qui enivre	ENIVRANT
Qui entoure	AMBIANT
Qui entoure le milieu dans lequel on vit	AMBIANT
Qui éprouve de la contrariété	CONTRARIÉ
Qui est à l'état naturel	ÉCRU
Qui est à l'ouest	OCCIDENTAL
Qui est à ras de terre	RASANT
Qui est au bord de la mer	MARITIME
Qui est au nord	BORÉAL
Qui est au sud du globe terrestre	AUSTRAL
Qui est bien pourvu	NANTI
Qui est bordé de petites dents arrondies	ENGRELÉ
Qui est consacré à Bacchus	BACHIQUE
Qui est constitué par deux fils	BIFILAIRE
Qui est couvert de neige	NEIGEUX
Qui est d'une acidité désagréable	AIGRE

Qui est d'une audace extrême	TÉMÉRAIRE
Qui est d'une nuance sombre	FONCÉ
Qui est dans la lune	LUNATIQUE
Qui est de la nature de l'eau	AQUEUX
Qui est de la nature du duvet	DUVETEUX
Qui est de la nature du fait	FACTUEL
Qui est dépourvu d'ailes	APTÈRE
Qui est devenu blanc de vieillesse	CHENU
Qui est disposée à vendre	VENDEUSE
Qui est doué d'un bon équilibre psychique	SAIN
Qui est doux et calme	PLACIDE
Qui est dû à un sérum	SÉRIQUE
Qui est du côté est	ORIENTAL
Qui est du domaine du temps	TEMPOREL
Qui est en âge d'être marié	NUBILE
Qui est en fonds	ARGENTÉ
Qui est étranger au domaine de la moralité	AMORAL
Qui est fendu en deux parties	BIFIDE
Qui est heureux en Dieu	BÉAT
Qui est miné par les vers	VERMOULU
Qui est mû par le vent	ÉOLIEN
Qui est nommé par élection	ÉLECTIF
Qui est passionné pour qqch.	ACCRO
Qui est plein de difficultés	ÉPINEUX
Qui est plus habile de la main gauche	GAUCHER
Qui est plus long que large	OBLONG
Qui est porté à tout critiquer	NÉGATEUR
Qui est propre à l'homme	MASCULIN
Qui est propre à la musique	MUSICAL
Qui est propre au père	PATERNELLE
Qui est propre aux os	OSSEUX
Qui est relatif à la civilisation dans ses aspects intellectuels	CULTUREL
Qui est relatif aux dents	DENTAL
Qui est sans barbe	IMBERBE
Qui est sujet à tomber	LABILE
Qui est systématiquement hostile à tout ce qu'on lui propose	ANTITOUT
Qui est toujours prêt à boire	SOIFFARD

Qui est très amaigri	ÉMACIÉ
Qui est très arriéré	FOSSILE
Qui est très courte, en parlant d'une jupe	MINI
Qui est visible	APPARENT
Qui éveille les soupçons	SUSPECT
Qui évoque la sensualité	LASCIF
Qui évoque le bêlement	BÊLANT
Qui évoque le lion	LÉONIN
Qui évoque une ligne droite	LINÉAIRE
Qui excite le désir	SEXY
Qui exclut toute affectation	NATUREL
Qui exerce un attrait	ATTIRANT
Qui exerce une domination excessive	DESPOTE
Qui exige beaucoup	EXIGEANT
Qui fait avorter	ABORTIF
Qui fait crier d'indignation	CRIANT
Qui fait naître un désir	TENTANT
Qui fait peur	ÉPEURANT
Qui fait preuve d'urbanité	URBAIN
Qui fait preuve de fermeté	CONSTANT
Qui fait preuve de snobisme	SNOB
Qui fait trop de cérémonies	FAÇONNIER
Qui fait, rapporte des cancans	CANCANIER
Qui fatigue beaucoup	ÉPUISANT
Qui fatigue en ennuyant	LASSANT
Qui fleurit dans la neige	NIVÉAL
Qui forme	FORMATEUR
Qui forme un axe	AXILE
Qui forme un reste	RÉSIDUEL
Qui forme une unité	UNITAIRE
Qui fournit la nourriture	NOURRICIER
Qui galope	GALOPEUR
Qui gâte les enfants	GÂTEAU
Qui grise en exaltant	GRISANT
Qui habite au bord d'un cours d'eau	RIVERAIN
Qui ignore les règles de la morale	AMORAL
Qui inquiète à tort	ALARMISTE
Qui intéresse l'ensemble d'un pays	NATIONAL
Qui louche	BIGLE
Qui lutte contre les tentations	MILITANT

Qui manifeste de l'orgueil	ALTIER
Qui manifeste une pudibonderie exagérée	BÉGUEULE
Qui manque à sa parole	PERFIDE
Qui manque d'ardeur	NONCHALANT
Qui manque d'énergie	MOLLASSE
Qui manque de finesse	OBTUS
Qui manque de liaison	DÉCOUSU
Qui manque de perspicacité	MYOPE
Qui manque de pudeur	IMMODESTE
Qui manque de rigueur, d'équilibre	BANCAL
Qui manque de stabilité	BRANLANT
Qui marche sur deux pieds	BIPÈDE
Qui marque la bouderie	BOUDEUR
Qui mène une vie exemplaire	SAINT
Qui mérite une réprobation	DAMNABLE
Qui migre	MIGRATEUR
Qui montre sa prétention de façon déplaisante	FAT
Qui n'a pas de corolle	APÉTALE
Qui n'a pas de queue	ANOURE
Qui n'a pas de sexe	ASEXUÉ
Qui n'a pas encore de barbe	IMBERBE
Qui n'a pas été expié	INEXPIÉ
Qui n'a pas servi	NEUF
Qui n'a pas subi de transformations	BRUT
Qui n'a peur de rien	DUR
Qui n'a plus de voix	APHONE
Qui n'a plus ou presque plus de cheveux	CHAUVE
Qui n'a qu'une étamine	MONANDRE
Qui n'a qu'une feuille	UNIFOLIÉ
Qui n'appartient pas au clergé	LAÏC
Qui n'engage qu'une seule partie	UNILATÉRAL
Qui n'est pas adapté à la vie sociale	ASOCIAL
Qui n'est pas de race pure	BÂTARD
Qui n'est pas droit	COURBE
Qui n'est pas égalé	INÉGALÉ
Qui n'est pas exercé	INEXERCÉ
Qui n'est pas franchement bleu	BLEUÂTRE
Qui n'est pas né noble	ROTURIER

Qui n'est pas sain	VÉREUX
Qui n'est plus frais	RASSIS
Qui n'est plus visible	DISPARU
Qui n'offre pas d'aspérités	LISSE
Qui nasille	NASILLARD
Qui ne cesse de voyager	ERRANT
Qui ne dure qu'un an	ANNAL
Qui ne fait aucun progrès	STAGNANT
Qui ne peut être contenu	EXPANSIF
Qui ne peut plus couler	TARI
Qui ne possède pas de dents	ANODONTE
Qui ne possède qu'un ovule	UNIOVULÉ
Qui ne répond pas aux attentes	DÉCEVANT
Qui ne s'accorde pas	DIVERGENT
Qui ne s'intéresse plus à rien	BLASÉ
Qui ne s'organise pas selon le système tonal	ATONAL
Qui ne sert à rien, vain	OISEUX
Qui ne varie pas	UNIFORME
Qui nettoie en dissolvant les impuretés	DÉTERSIF
Qui obsède	OBSÉDANT
Qui parle par allusions	ALLUSIF
Qui parle volontiers, communicatif	CAUSANT
Qui participe à une coalition	COALISÉ
Qui pend	TOMBANT
Qui peut être déplacé	AMOVIBLE
Qui peut être élu	ÉLIGIBLE
Qui peut être joué	JOUABLE
Qui peut être opéré	OPÉRABLE
Qui peut être utilisé sur terre et dans l'eau	AMPHIBIE
Qui peut faire encourir la damnation	DAMNABLE
Qui peut prendre deux formes différentes	DIMORPHE
Qui peut s'effacer	DÉLÉBILE
Qui porte à la vertu	ÉDIFIANT
Qui porte la barbe	BARBU
Qui porte un germe	PROLIGÈRE
Qui possède naturellement	DOUÉ
Qui possède un sexe	SEXUÉ
Qui pratique la bisexualité	BISEXUEL

Qui précède, dans le temps	ANTÉRIEUR
Qui prend plaisir à faire souffrir	SADIQUE
Qui présente des aspérités	ÂPRE
Qui présente des cals	CALLEUX
Qui présente des cannelures	CANNELÉ
Qui présente des fleurs	FLORAL
Qui présente des nodosités	NOUEUSE • NOUEUX
Qui présente des varices	VARIQUEUX
Qui présente des veines bleues	VEINÉ
Qui présente des zones d'aspects différents	ZONÉ
Qui présente deux couleurs	BICOLORE
Qui présente trois dents	TRIDENTÉ
Qui présente une fêlure	FÊLÉ
Qui présente une surface en creux	CONCAVE
Qui prête attention	ATTENTIF
Qui prête volontiers ce qu'elle possède	PRÊTEUSE
Qui prête volontiers ce qu'il possède	PRÊTEUR
Qui procède par huit	OCTAL
Qui procède par induction	INDUCTIF
Qui prodigue des approbations	BÉNISSEUR
Qui produit des perles	PERLIER
Qui produit du sel	SALANT
Qui produit du sucre	SUCRIER
Qui produit l'érosion	ÉROSIF
Qui produit la voix	VOCAL
Qui produit un goût désagréable	AMER
Qui produit un sifflement	SIBILANT
Qui protège du soleil	SOLAIRE
Qui provient d'une carence	CARENTIEL
Qui provient de l'action du vent	ÉOLIEN
Qui provient de la laine	LANICE
Qui provoque des envies de vomir	NAUSÉEUX
Qui provoque des nausées	NAUSÉEUSE
Qui provoque la mort	LÉTAL
Qui provoque le sommeil	DORMITIF
Qui provoque un avortement	ABORTIF
Qui que ce soit	QUICONQUE
Qui raffole des cancans	CANCANIER
Qui ramasse	RAMASSEUR
Qui rappelle les vacances	VACANCIER

Qui reçoit	RÉCEPTEUR
Qui recourt à l'intrigue	INTRIGANT
Qui refuse d'entendre	SOURD
Qui relève	RELEVEUR
Qui relève du mari	MARITAL
Qui remplit les conditions pour être élu	ÉLIGIBLE
Qui rend service	UTILE
Qui renferme des perles	PERLIER
Qui renferme les cendres d'un mort	CINÉRAIRE
Qui représente un état primitif	BRUT
Qui représente un nombre arithmétique	NUMÉRAL
Qui respire la gaîté	RIANT
Qui ressemble à la poudre	POUDREUX
Qui ressemble à une rose	ROSACÉ
Qui ressemble au chat	FÉLIN
Qui ressent une grande fureur	FURIBOND
Qui reste sans résultat	NUL
Qui retient les substances grasses	LIPOPHILE
Qui réunit en collant	AGGLUTINANT
Qui revient chaque année	ANNUEL • ANNUELLE
Qui revient quatre fois par année	TRIMESTRIEL
Qui ricane	RICANEUR • RICANEUSE
Qui rit à demi, de façon sarcastique	RICANEUR
Qui s'accomplit en un jour	DIURNE
Qui s'aigrit, devient acide	ACESCENT
Qui s'applique à plusieurs personnes	COMMUN
Qui s'éloigne rapidement	FUYANT
Qui s'enroule vers la gauche	SENESTRE
Qui s'érode facilement	ÉROSIF
Qui s'évapore facilement	VOLATIL
Qui s'impose à l'esprit	CRIANT
Qui s'oppose à tout	ANTITOUT
Qui se consacre à un travail	OCCUPÉ
Qui se déplace sur le sol	TERRESTRE
Qui se développe dans un milieu stérile	AXÈNE
Qui se fâche facilement	QUINTEUX
Qui se fait avec les mains	MANUEL
Qui se fait dans l'esprit seulement	MENTAL
Qui se fait de vive voix	VERBAL
Qui se fait difficilement	LABORIEUX

Qui se fait par mer	MARITIME
Qui se laisse façonner	MALLÉABLE
Qui se lamente à tout propos	GEIGNARD
Qui se lève	LEVANT
Qui se lie facilement avec autrui	LIANT
Qui se montre le jour	DIURNE
Qui se nourrit de bois	XYLOPHAGE
Qui se nourrit de peu	FRUGAL
Qui se rapporte à l'impôt	FISCAL
Qui se rapporte à l'oreille	AURICULAIRE
Qui se rapporte à un virus	VIRAL
Qui se rapporte au boeuf	BOVIN
Qui se rapporte au chanvre	CHANVRIER
Qui se rapporte au fisc	FISCAL
Qui se rapporte au sapin	ABIÉTIN
Qui se rapporte au ventre	ALVIN
Qui se transmet par la parole	ORAL
Qui se trouve dans l'air	AÉRIEN
Qui séduit	FASCINANT
Qui semble venir des profondeurs d'une caverne	CAVERNEUX
Qui sent le bois	BOISÉ
Qui sert au rinçage	RINCEUR
Qui sort beaucoup	MONDAIN
Qui souffle du nord, en Méditerranée orientale	ÉTÉSIEN
Qui souffre de malnutrition	DÉNUTRI
Qui souffre de nausées	NAUSÉEUSE • NAUSÉEUX
Qui soutient une hérésie	HÉRÉTIQUE
Qui stimule l'organisme	EXCITANT
Qui stresse	STRESSANT
Qui suit une cure	CURISTE
Qui supprime les vieilles habitudes	DÉCAPANT
Qui survit à d'autres	SURVIVANT
Qui suscite la dérision	DÉRISOIRE
Qui t'appartient	TIEN
Qui témoigne d'une pruderie excessive	BÉGUEULE
Qui tient de la féerie	FÉERIQUE
Qui tient du chat	FÉLIN
Qui tient une teinturerie	TEINTURIER
Qui tire sur le bleu	BLEUÂTRE

Qui tire sur le jaune	JAUNÂTRE
Qui tire sur le noir	NOIRÂTRE
Qui tire sur le roux	ROUSSÂTRE
Qui tire sur le vert olive	OLIVÂTRE
Qui touche à un autre	CONTIGU
Qui traite quelqu'un de haut	SNOB
Qui travaille beaucoup	LABORIEUX
Qui tue les germes microbiens	GERMICIDE
Qui utilise des combines	COMBINARD
Qui va en s'élargissant	ÉVASÉ
Qui vaut sept fois autant	SEPTUPLE
Qui vaut sept fois la quantité désignée	SEPTUPLE
Qui vaut six fois autant	SEXTUPLE
Qui vient de la tonture du drap	TONTISSE
Qui vient du nez	NASILLARD
Qui vient en premier	UNIÈME
Qui vise à développer la culture	CULTUREL
Qui vit dans la vase	LIMICOLE
Qui vit dans le célibat	CÉLIBATAIRE
Qui vit dans les montagnes	MONTICOLE
Qui vit du vol	VOLEUR
Qui vit isolé du monde	RECLUS
Qui vit sur terre et dans l'eau	AMPHIBIE
Quignon	CROÛTON
Quiproquo	MÉPRISE
Quittance	ACQUIT • REÇU
Quitté	DÉLAISSÉ
Quitter	DÉLAISSER • DÉSERTER ÉVACUER • LAISSER
Quitter l'état religieux	DÉFROQUER
Quitter la ruche en essaim	ESSAIMER
Quitter le port	APPAREILLER
Quitter son pays	ÉMIGRER
Quitter soudainement	PLAQUER
Quitter un lieu	SORTIR
Quote-part	CONTRIBUTION • COTISATION
Quote-part de chacun dans un repas	ÉCOT
Quotidien	JOURNALIER
Quotidien de demi-format	TABLOÏDE
Quotient intellectuel	QI

R

Rab	RABIOT
Rabâchage	RADOTAGE • RÉPÉTITION
Rabâcher	REDIRE • RÉPÉTER
Rabais	DIMINUTION • RÉDUCTION
	REMISE • RISTOURNE • SOLDE
Rabaisser	DIMINUER • HUMILIER • RAPETISSER
Rabaisser dans sa réputation	DÉCRIER
Rabane	RAPHIA
Rabattage	RABAT
Rabattre	APLATIR • BAISSER • PLIER
Rabiot	RAB
Rabot de menuiserie	BOUVET
Rabougri	RATATINÉ
Rabougrir	ÉTIOLER
Rabrouer	REMETTRE
Racaille	LIE • VERMINE
Raccommoder	COUDRE • RAPIÉCER
	RÉCONCILIER • REPRISER
Raccommoder à l'aiguille	RAVAUDER
Raccommodeur	RAVAUDEUR
Raccommodeur de souliers	SAVETIER
Raccompagner	RAMENER • RECONDUIRE
Raccorder	BRANCHER
Raccorder avec du plâtre	RUILER
Raccourci	ABRÉGÉ • COURT
Raccourcir	ABRÉGER • ÉCOURTER
	RAPETISSER • SABRER
Raccourcir en coupant le bout	ÉBOUTER
Raccrocher	RESSAISIR
Race	ESPÈCE • GENT
Race anglaise de chiens de chasse	SPRINGER
Race de chats	ANGORA • PERSAN
Race de lapins	ANGORA
Racheter, sauver	RÉDIMER
Racine	BASE
Racine d'une plante du genre panax	GINSENG
Raclée	VOLÉE
Râcler	GRATTER

Raclette	CURETTE
Raclette plate	GRATTE
Racloir	CURETTE • GRATTOIR • RACLE
Racloir pour frictionner le corps	STRIGILE
Racolage	PROSTITUTION • TAPIN
Raconter	DIRE • NARRER • RELATER
Raconter des boniments	BARATINER
Rad	RD
Radeau servant à la réparation d'un bâtiment	RAS
Radian	RAD
Radié	EXCLU
Radier	ANNIHILER
Radiesthésiste	SOURCIER
Radieux	ÉPANOUI
Radin	RAPIAT
Radinerie	AVARICE • LÉSINERIE
Radio portative	TRANSISTOR
Radiodiffusion	RADIO
Radium	RA
Radjah	RAJAH
Radon	RN
Radotage	RABÂCHAGE
Radoub	RÉPARATION
Rafale	RISÉE
Raffermir	CIMENTER • CONSOLIDER • TONIFIER
Raffermir dans une opinion	CONFORTER
Raffiné	DÉLICAT • SUBTIL
Raffinement	DÉLICATESSE • SUBTILITÉ
Raffiner	AFFINER
Raffinerie de sucre	SUCRERIE
Raffut	RAMDAM
Rafiot	BATEAU
Rafistolage	RÉPARATION
Rafistoler	RABIBOCHER
Rafraîchi dans la glace	FRAPPÉ
Rafraîchir	DÉSALTÉRER • ÉVENTER
	FRAÎCHIR • RAJEUNIR
Rafting	RAFT
Ragaillardir	RÉCONFORTER
Rage	COLÈRE • FUREUR • FURIE • IRE

Rageant	RÂLANT
Rager	ENRAGER
Rager, râler	BISQUER
Ragot	CANCAN
Ragoût	FRICASSÉE • FRICOT
Ragoût cuit avec du vin	CIVET
Ragoût de boeuf à la manière hongroise	GOULACHE
Ragoût de lièvre	CIVET
Ragoût de mouton	NAVARIN • TAJINE
Raid	ATTAQUE • DESCENTE
Raide	ABRUPT • ARDU • DROIT EMPESÉ • RIGIDE • ROIDE
Raideur	RIGIDITÉ
Raidir	ROIDIR • TENDRE • TIRER
Raie	HACHURE
Raie formée par les cheveux	PLI
Raie sur une surface	ZÉBRURE
Railler	BLAGUER • BLASONNER • CHINER DAUBER • IRONISER • MOQUER
Railler par des brocards	BROCARDER
Railler quelqu'un	BROCARDER
Railler, faire des brocards	BROCARDER
Raillerie	BROCARD • DÉRISION IRONIE • MALICE
Raillerie insultante	SARCASME
Raillerie malveillante	QUOLIBET
Railleur	GOUAILLEUR • IRONISTE FRONDEUR
Rainure	CANNELURE
Rainure à la surface d'un os	GOUTTIÈRE
Rainurer	RAINER
Raire	BRAMER • RALLER • RÉER
Raison	ARGUMENT • CAUSE • EXCUSE MOTIF • SAGESSE
Raisonnable	PONDÉRÉ • RATIONNEL • SENSÉ
Raisonnablement	SAINEMENT
Raisonnement	PENSÉE
Raisonnement de mauvaise foi	SOPHISME
Raisonnement faux	SOPHISME
Raisonner	PENSER

Rajah	RADJAH
Rajeunir	RAFRAÎCHIR • RÉNOVER
Ralentir	DÉCÉLÉRER • FREINER
Ralentissement de la circulation d'un liquide organique	STASE
Ralentissement important de la digestion	APEPSIE
Râler	ENRAGER
Raller	RAIRE • RÂLER • RÉER
Ralliement	ATTROUPEMENT
Rallier	CONVERTIR • RASSEMBLER REJOINDRE
Rallumer	RANIMER
Ramage	BABIL • CHANT
Ramassage	COLLECTE
Ramasser	CUEILLIR • RÉCOLTER
Ramasser au hasard	GRAPPILLER
Ramasser avec un râteau	RÂTELER
Ramasser dans les champs	GLANER
Ramassis	AMAS • RAMAS • TAS
Rame	AVIRON • PAGAIE
Rameau	SARMENT
Rameau imparfaitement élagué	ÉCOT
Ramener	RECONDUIRE
Ramener à la raison	RAISONNER
Ramener à la règle	CORRIGER
Ramener en arrière	REPLIER
Ramer	CANOTER • NAGER
Rameur du dernier rang d'une galère	ESPALIER
Ramification de l'arbre	BRANCHE
Ramollir	AVACHIR
Ramollo	FLAGADA
Rampant	SERVILE
Rampe métallique	RAMBARDE
Rampement	REPTATION
Rancard	RENCARD
Rancho	RANCH
Rancoeur	ANIMOSITÉ • RANCUNE RESSENTIMENT
Rançon	PRIX
Rancune	RANCOEUR

Randonnée	BALADE
Rang	DEGRÉ • NIVEAU
	POSITION • RANGÉE
Rang dans une hiérarchie	PLACE
Rang de colonnes	PÉRISTYLE
Rang de pieux fichés en terre	
pour former une digue	PALÉE
Rangée	ENFILADE
Rangée de bancs	TRAVÉE
Ranger	ALIGNER • ARRANGER • CASER
	GARER • REPLACER
Ranger la cargaison	
dans la cale d'un navire	ARRIMER
Ranger sur une ligne droite	ALIGNER
Ranimer	RALLUMER • RAVIGOTER • RAVIVER
	RÉACTIVER • RÉANIMER
Rapace	CUPIDE
Rapace de grande taille	VAUTOUR
Rapace diurne	AIGLE
Rapace nocturne	EFFRAIE • HIBOU
Rapacité	CUPIDITÉ
Râpé	ÉLIMÉ • LIMÉ • PELÉ • USÉ
Râper	RACLER • USER
Rapetissé et déformé	RATATINÉ
Rapetisser	DÉCROÎTRE • RÉTRÉCIR
Rapide	VITE
Rapide comme l'éclair	FULGURANT
Rapidement	VIVEMENT
Rapidité	AGILITÉ • VITESSE
Rapière	ÉPÉE
Rapin	PEINTRE
Raplapla	FLAGADA
Rappel	BIS • ÉVOCATION • RELANCE
Rappeler	ACCLAMER • BISSER • RESSEMBLER
Rappeler à l'ordre	CHAPITRER
Rappeler à la mémoire	ÉVOQUER
Rappeler au souvenir	RETRACER
Rapport	ANALOGIE • EXPOSÉ • LIEN
	PROPORTION • RELATION
Rapport de deux grandeurs	RATIO
Rapporté	POSTICHE

Rapporter	COLPORTER • FRUCTIFIER • REMETTRE
Rapporter ce qu'on sait	TÉMOIGNER
Rapproché	VOISIN
Rapprochement	ASSOCIATION • MARIAGE
	PARALLÈLE • RELATION
Rapprocher	ASSIMILER • ASSOCIER • COMPARER
	GROUPER • RESSERRER
Rare	CLAIRSEMÉ • INUSITÉ • INUSUEL
Rarement	GUÈRE
Rareté	CURIOSITÉ • PÉNURIE
Ras	COURT
Rasant	BARBANT
Rasé	TONDU
Raser	DÉMOLIR • DÉTRUIRE
	FRÔLER • TONDRE
Raseur	IMPORTUN
Rasoir	RASEUR
Rassasié	REPU • SOÛL
Rassasié, repu	SAOUL
Rassasier	ASSOUVIR • BLASER
	SAOULER • SOÛLER
Rassemblement	ASSEMBLÉE • ATTROUPEMENT
	MEETING
Rassembler	ACCUMULER • CENTRALISER
	MASSER • RALLIER
	RAMASSER • RÉUNIR
Rassurant	APAISANT
Rassurer	RASSÉRÉNER • SÉCURISER
Rastafari	RASTA
Rat	RADIN
Ratatiné	RABOUGRI
Ratatiner	RACORNIR
Râteau droit ou oblique	FAUCHET
Râtelier	DENTIER
Rater	ÉCHOUER • FOIRER
	LOUPER • MANQUER
Ratification	CONFIRMATION • SANCTION
Ratifier	APPROUVER • ENTÉRINER
	SANCTIONNER • VALIDER
Rationaliser	NORMALISER
Rationnel	RAISONNÉ • SENSÉ

Rationnement	RATION
Ratisser	RÂTELER
Rattachement	RACCORD
Rattacher	ANNEXER
Rattacher à une société mère	AFFILIER
Rattraper	DÉPISTER • RACHETER
	REJOINDRE • RESSAISIR
Rature	BIFFURE • RAYURE
Raturer	BIFFER • RAYER
Rauque	ÂPRE • ENROUÉ • ÉRAILLÉ
Rauquement	FEULEMENT
Rauquer	FEULER
Ravage	DÉGÂT • SACCAGE
Ravager	DÉVASTER • PILLER
Ravageur	VANDALE
Ravaler	RENGAINER
Ravauder	REPRISER
Ravin	PRÉCIPICE
Ravir	ARRACHER • EMBALLER • KIDNAPPER
Ravissant	ADORABLE • BEAU • JOLI
Ravissement	ADMIRATION • BÉATITUDE
	BONHEUR • EXTASE • JOIE
Ravitailler	ALIMENTER • NOURRIR
Raviver	RAFRAÎCHIR
Raya	RAÏA
Rayé	STRIÉ • VERGETÉ • ZÉBRÉ
Rayer	BARRER • BIFFER • ÉRAILLER
	LIGNER • RADIER • RATURER • STRIER
Rayon	CERCLE • RAI
Rayon des fruits d'un supermarché	FRUITERIE
Rayonnant	FLORISSANT
Rayonnant de bonheur	RADIEUX
Rayonnante de bonheur	RADIEUSE
Rayonner	IRRADIER
Rayure	HACHURE • RATURE
Rayure du pelage d'un animal	ZÉBRURE
Razzia	INCURSION • PILLAGE • RAFLE
Réaction	RÉFLEXE • RÉTROACTION
Réaction affective intense	ÉMOTION
Réactionnaire	RÉAC • RÉTROGRADE
Réactionnaire extrémiste	ULTRA

Réactiver	RÉGÉNÉRER
Réalisable	POSSIBLE
Réalisateur de films en vidéo	VIDÉASTE
Réalisation	CONFECTION
Réaliser	ACCOMPLIR • EFFECTUER
	EXÉCUTER • FAIRE • OPÉRER
Réaliser l'assolement	ASSOLER
Réaliser quelque chose	FABRIQUER
Réaliser un duplexage	DUPLEXER
Réalisme	RÉALITÉ
Réalité	ÉVIDENCE • VÉRITÉ
Réaménager	RÉORGANISER
Réanimer	RANIMER
Réapparaître	RENAÎTRE • REVIVRE
Réappris	RAPPRIS
Rébarbatif	REVÊCHE
Rebâtir	RÉÉDIFIER
Rebelle	DISSIDENT • INDOCILE
	INSURGÉ • MUTIN • RÉTIF
Rébellion	MUTINERIE
Rebond	BOND • RICOCHET
Rebondi	POTELÉ
Rebondi, rond	POUPIN
Rebondir	RICOCHER
Rebondissement	REBOND
Rebuffade	REFUS • VEXATION
Rebut	DÉTRITUS • RÉSIDU
Rebutant	DÉGOÛTANT
Récalcitrant	RÉTIF
Récapituler	RÉSUMER
Recaser	REPLACER
Receleur	DÉTENTEUR
Récemment	NAGUÈRE
Récemment diplômé	ÉMOULU
Recenser	ÉNUMÉRER
Récent	FRAIS • MODERNE • NOUVEAU
Récépissé	REÇU
Réceptacle en forme de pyramide renversée	TRÉMIE
Récepteur de modulation de fréquence	TUNER
Réception	ADMISSION • CÉRÉMONIE • GALA

Récession	CRISE • DÉPRESSION
Recette	PRODUIT
Recevable	ACCEPTABLE • VALABLE
Recevoir	ENCAISSER • HÉRITER
Recevoir bien ou mal	ACCUEILLIR
Recevoir chez soi	HÉBERGER
Recevoir le sacrement de l'eucharistie	COMMUNIER
Recevoir par voie de succession	HÉRITER
Recevoir un coup	ÉCOPER
Réchappé	RESCAPÉ
Réchaud	FOURNEAU
Réchauffer légèrement	TIÉDIR
Recherche	AMBITION • QUÊTE
Recherché	COURU • RAFFINÉ
Recherche d'aventures galantes	DRAGUE
Recherche du plaisir	LIBIDO
Recherche excessive de la pureté du langage	PURISME
Recherche incessante	POURSUITE
Recherché, distingué	CHOISI
Recherché, prétentieux	POMPEUX
Rechercher avec ardeur	BRIGUER
Rechercher des profits dérisoires	MÉGOTER
Rechigner	RENÂCLER
Rechuter	RETOMBER
Récidiviste	RELAPS
Récif	BRISANT • ÉCUEIL
Récipient	BOCAL • CRUCHE • GOURDE MARMITE • PANIER • PINTE POT • SEAU • THÉIÈRE • VASE
Récipient à bec	SAUCIÈRE
Récipient à boire	GOBELET
Récipient à col étroit	CORNUE
Récipient à large ouverture	BOCAL
Récipient à long col	MATRAS
Récipient conique	BATÉE
Récipient cylindrique	CHOPE • SEAU
Récipient dans lequel on sert les sauces	SAUCIÈRE
Récipient de bois pour le vin	FUTAILLE
Récipient de fonte	BRAISIÈRE
Récipient de terre	TERRINE

Récipient de terre cuite	TIAN
Récipient de verre	CARAFE
Récipient destiné aux liquides	BOUTEILLE
Récipient destiné aux ordures ménagères	POUBELLE
Récipient en bois	TONNEAU
Récipient en grès	TOURIE
Récipient en matière dure et résistante	MORTIER
Récipient en terre réfractaire	TÊT
Récipient formé d'une double timbale	SHAKER
Récipient formé par une calebasse vidée et séchée	CALEBASSE
Récipient hémisphérique	BOL
Récipient isolant	THERMOS
Récipient métallique	GAMELLE
Récipient muni d'une anse	CHOPE
Récipient où l'on dépose le beurre	BEURRIER
Récipient où l'on met le sucre	SUCRIER
Récipient peu profond	BATÉE
Récipient portatif pour les liquides	BIDON
Récipient portatif servant à l'arrosage des plantes	ARROSOIR
Récipient pour égoutter le fromage	FAISSELLE
Récipient pour faire bouillir de l'eau	BOUILLOIRE
Récipient pour l'infusion du thé	THÉIÈRE
Récipient pour la boisson	PICHET
Récipient pour servir la soupe	SOUPIÈRE
Récipient profond	BROC
Récipient renfermant du sel de table	SALIÈRE
Récipient rond	JATTE
Récipient servant à fondre des métaux	CREUSET
Récipient souvent de forme rectangulaire	BAC
Réciprocité	ÉCHANGE
Réciproque	MUTUEL • MUTUELLE
Récit	CONTE • HISTOIRE • HISTORIETTE
Récit allégorique des livres saints	PARABOLE
Récit d'un fait curieux	ANECDOTE
Récit détaillé	NARRATION
Récit fabuleux	MYTHE

Réciter	DÉCLAMER
Réclame tapageuse	BOOM
Réclamer	EXIGER • REQUÉRIR
Reclus	SOLITAIRE
Réclusion	CAPTIVITÉ
Réclusionnaire	DÉTENU
Récolte	CUEILLETTE • MOISSON
Récolte des foins	FENAISON
Récolter	BUTINER • CUEILLIR • RECUEILLIR
Récolter la résine	RÉSINER
Récolter les raisins	VENDANGER
Recommander	CONSEILLER • PATRONNER
	PISTONNER • PRÉCONISER
	PRESCRIRE
Recommander vivement	PRÔNER
Recommencer	REFAIRE • RÉITÉRER • REPRENDRE
Recommencer, reprendre	RENTAMER
Récompense	POURBOIRE • PRIX
Récompense cinématographique	
française	CÉSAR
Récompenser	COURONNER
Recomposer	RÉÉCRIRE
Réconcilier	ACCORDER
Reconduire	ACCOMPAGNER • RAMENER
Reconduire à son lieu de départ	REMMENER
Réconfort	SECOURS
Réconforter	CONSOLER • FORTIFIER
	RAGAILLARDIR • REMONTER
Reconnaissance	CONFESSION • GRATITUDE
Reconnaissance écrite d'un paiement	ACQUIT
Reconnaître	ADMETTRE • AVOUER
	CONCÉDER • CONFESSER
	DISTINGUER • IDENTIFIER
Reconnaître la valeur de quelqu'un	ESTIMER
Reconnu	NOTOIRE • OFFICIEL
Reconnu vrai	AVÉRÉ
Reconnue	OFFICIELLE
Reconsidérer	REVOIR
Reconstituant	REMONTANT
Reconstituer	REFORMER • RÉTABLIR
Reconstituer ses forces armées	RÉARMER

Reconstitution artificielle des bruits naturels	BRUITAGE
Reconstruire	REBÂTIR • RÉÉDIFIER • RELEVER
Record	EXPLOIT
Recoudre	SUTURER
Recourbé	AQUILIN • CROCHU
Recourbé du dehors en dedans	INFLÉCHI
Recourber	PLIER
Recourir à	RÉFÉRER
Recours	POURVOI • RESSOURCE
Recouvert	VÊTU
Recouvert d'un blindage	BLINDÉ
Recouvert d'une mince couche d'or	DORÉ
Recouvert de cendre	CENDRÉ
Recouvert de mousse	MOUSSU
Recouvert de neige	ENNEIGÉ
Recouvrement	PERCEPTION
Recouvrer	PERCEVOIR • REGAGNER REPRENDRE • RETROUVER
Recouvrir	COUVRIR • REVÊTIR
Recouvrir d'aluminium	ALUMINER
Recouvrir d'un cachet	OBLITÉRER
Recouvrir d'une couche	ENROBER
Recouvrir d'une couche d'étain	ÉTAMER
Recouvrir d'une couche de sauce	NAPPER
Recouvrir d'une mince couche d'aluminium	ALUMINER
Recouvrir d'une sauce	NAPPER
Recouvrir de beurre	BEURRER
Recouvrir de gravier	ENGRAVER
Recouvrir de peinture	PEINDRE
Recouvrir de soufre	SULFURER
Recouvrir de tain	ÉTAMER
Recouvrir de tenture	TAPISSER
Recouvrir de vernis	VERNIR
Recouvrir une surface	ENDUIRE
Récréation	AMUSEMENT • REPOS
Récréer	DIVERTIR
Recréer l'unité d'un groupe	RÉUNIFIER
Récrimination	DOLÉANCE
Recroquevillé	RAMASSÉ

Recrudescence	ACCROISSEMENT
Recruter	ENRÔLER • MOBILISER
Recruteur peu scrupuleux	RACOLEUR
Rectification	CORRECTION
Rectifier	RETOUCHER
Rectiligne	DIRECT
Recueil d'archéologie	THÉSAURUS
Recueil d'illustrations	ALBUM
Recueil d'oeuvres variées	VARIA
Recueil de bons mots	ANA
Recueil de cartes géographiques	ATLAS
Recueil de fables sur les animaux	BESTIAIRE
Recueil de livres sacrés	BIBLE
Recueil de moralités sur les bêtes	BESTIAIRE
Recueil de pensées	ANA
Recueil de poèmes épiques espagnols	ROMANCERO
Recueil de psaumes	PSAUTIER
Recueil de règles	PROTOCOLE
Recueil de renseignements	ANNUAIRE
Recueil de textes sacrés	BIBLE
Recueil des lois	CODE
Recueilli	PERÇU
Recueillir	ASSEMBLER • BUTINER • GRAPPILLER
	HÉRITER • RAMASSER • RÉCOLTER
Recueillir des extraits de livres	COLLIGER
Recueillir une énergie	CAPTER
Recul	RÉGRESSION • REPLI • RETRAITE
Reculé	DISTANT • ISOLÉ • LOINTAIN
Reculer	CULER • DÉCALER
	REPLIER • SURSEOIR
Reculer devant le danger	CANER
Récupérer	RATTRAPER • REGAGNER
	RÉTABLIR • RETROUVER
Récurer	CURER • LAVER • NETTOYER
Récurer avec du sablon	SABLONNER
Rédacteur payé à la pige	PIGISTE
Rédaction	COMPOSITION
Reddition	CAPITULATION
Rédempteur	SAUVEUR
Rédemption	RACHAT
Redescendre	RETOMBER

Redevable de	PASSIBLE
Redevance équivalant à une année de revenu	ANNATE
Redevance qui se payait par foyer	FOUAGE
Redevenir jeune	RAJEUNIR
Rediffusion	REPRISE
Rédige des actes notariés	NOTAIRE
Rédiger	LIBELLER
Rédiger de nouveau	RÉÉCRIRE
Redire	RÉPÉTER
Redistribution	TRANSFERT
Redite	RADOTAGE
Redondance	PLÉONASME • RÉPÉTITION
Redoutable	MENAÇANT • TERRIBLE
Redouter	APPRÉHENDER • CRAINDRE
Redresser	CORRIGER • DRESSER • RECTIFIER
Redresser ce qui a été corné	DÉCORNER
Réduction	DIMINUTION • DISCOUNT RABAIS • REMISE
Réduction d'un compte	DÉCOMPTE
Réduire	ACCULER • AMOINDRIR ATTÉNUER • DIMINUER • LAMINER RALENTIR • RAPETISSER
Réduire de volume en compressant	COMPACTER
Réduire en grains	GRAINER • GRUGER
Réduire en granules	GRANULER
Réduire en menus morceaux	HACHER
Réduire en petits grains	GRENER
Réduire en poudre	PILER • TRITURER
Réduire en poudre grossière	RÂPER
Réduire en poussière	EFFRITER
Réduire la taille en déformant	RATATINER
Réduire la taxe sur	DÉTAXER
Réduire les dimensions	ÉLÉGIR
Réduire peu à peu en fragments	EFFRITER
Réduire sa vitesse	DÉCÉLÉRER
Réduit	CAMBUSE
Réduit aménagé sous un escalier	SOUPENTE
Réduit, placard	CAGIBI
Réédifier	REBÂTIR
Réel	FACTUEL • VÉCU • VRAI

Réel et de fait	EFFECTIF
Réélire	RENOMMER
Réelle	FACTUELLE • POSITIVE
Réer	RAIRE
Réessayer	RESSAYER
Réévaluer	REVOIR
Refaire	RÉÉDITER • REFONDRE • RÉPARER
Référence	CRITÈRE • MODÈLE • REPÈRE
Refiler	REPASSER
Réfléchi	AVISÉ • PHILOSOPHE • PONDÉRÉ
	PRUDENT • RAISONNÉ • SAGE
Réfléchir	CALCULER • COGITER
	MÉDITER • MÛRIR • PENSER
	RAISONNER • REFLÉTER
Réfléchir sur une question	SPÉCULER
Refléter	MIRER • RÉFLÉCHIR
Réflexe	RÉACTION
Réflexion	RÉPERCUSSION
Réflexion critique	REMARQUE
Réformer	AMENDER • REFONDRE
Refouler	RÉPRIMER
Réfractaire au feu	APYRE
Refréner	ENDIGUER • REFOULER
Réfrigérant	GLACIAL
Réfrigérateur	FRIGO
Réfrigérer	GELER • REFROIDIR
Refroidir	GLACER
Refuge	ABRI • ASILE • CACHETTE
	OASIS • REPAIRE
Refuge sûr et tranquille	HAVRE
Refus	NON • REBUFFADE • REJET
Refus de parler	MUTISME
Refus formel	VETO
Refusé	EXCLU
Refuser	DÉCLINER • ÉCONDUIRE • RÉCUSER
Refuser à un examen	RECALER
Refuser d'obéir	REGIMBER
Refuser de reconnaître qqch.	DÉNIER
Réfuter	CONTREDIRE
Regagner	RÉINTÉGRER
Regain	REVIF

Regain subit	SURSAUT
Régaler	DÉLECTER • NIVELER
Regard	OEIL • VUE
Regard de connivence	OEILLADE
Regarder	ZYEUTER
Regarder à la dérobée	GUIGNER
Regarder avec attention	MIRER
Regarder avec défi	TOISER
Regarder d'un oeil	BORNOYER
Regarder de côté	LORGNER
Regarder du coin de l'oeil	BIGLER
Régénérer	RÉACTIVER
Régenter	COMMANDER • GOUVERNER
Régie	GESTION
Regimber	RUER
Régime	DIÈTE
Régime autocratique des tsars	TSARISME
Régime monarchique	ROYAUTÉ
Régime politique dirigé par un empereur	EMPIRE
Régime totalitaire	FASCISME
Région	CONTRÉE • DISTRICT • ZONE
Région à l'est de Montréal	ESTRIE
Région autonome de l'ouest de la Chine	TIBET
Région aux confins de la Grèce et de l'Albanie	ÉPIRE
Région centrale du Viêt Nam	ANNAM
Région comprise entre les deux sourcils	GLABELLE
Région d'Angleterre, au sud de Londres	SUSSEX
Région d'Italie, au sud du Pô	ÉMILIE
Région de l'Allemagne reconnue pour sa porcelaine	SAXE
Région de l'est de la France	ALSACE
Région de l'Italie centrale	LATIUM
Région de l'ouest de la France	RETZ
Région de la Champagne	DER
Région de la Grèce, au nord du golfe de Corinthe	ÉTOLIE
Région de Normandie	AUGE
Région de Roumanie	OLTÉNIE

Région du Japon	KANTO
Région du Québec	LANAUDIÈRE • LAURENTIDES MONTÉRÉGIE • OUTAOUAIS
Région du Sahara	ERG
Région du Sahara nigérien	TÉNÉRÉ
Région du sud-est de la France	SAVOIE
Région du thorax	MÉDIA • MÉDIASTIN
Région habitée jadis par les Édomites	ÉDOM
Région lombaire du boeuf	ALOYAU
Région orientale d'un pays	EST
Région rurale	TERROIR
Région viticole du Bordelais	MÉDOC
Régional	LOCAL
Régir	GÉRER
Registre	DIAPASON • LIVRE • RÉPERTOIRE
Registre d'une voix	MÉDIUM
Règle	EXEMPLE • NORME • RÈGLEMENT
Réglé comme par un rite	RITUEL
Règle de conduite	MAXIME
Règle de dessinateur	TÉ
Règle graduée en millimètres et mesurant deux décimètres	DÉCIMÈTRE
Règle verticale graduée	TOISE
Réglée comme par un rite	RITUELLE
Règlement	CODE • CONSIGNE • DÉCISION LOI • STATUT
Règlement fait par un magistrat	ÉDIT
Réglementaire	LÉGAL • RÉGULIER • VALIDE
Réglementer	LÉGIFÉRER
Régler	AJUSTER • CONCLURE • DÉCIDER LIQUIDER • PAYER
Régler selon un plan	PLANIFIER
Règles de la femme	MENSTRUES
Règne d'un empereur romain	PRINCIPAT
Régner	DOMINER • TRÔNER
Régresser	RECULER
Regret	CONTRITION • REMORDS
Regretter	DÉPLORER
Regretter (Se)	REPENTIR
Regretter vivement quelque chose	DÉPLORER
Regrouper	RAMASSER

Régularité	CONSTANCE • LÉGALITÉ PONCTUALITÉ
Régulier	ASSIDU • PONCTUEL • UNIFORME
Régulier, correct	RÉGLO
Régulière	PONCTUELLE
Régurgiter	VOMIR
Rehausser	ASSAISONNER • ILLUSTRER
Rein d'un animal, destiné à la cuisine	ROGNON
Rein de certains animaux	ROGNON
Réincarnation	RENAISSANCE
Reine des Belges morte en 1935	ASTRID
Réintégrer	REGAGNER • RENTRER
Réintroduire	RÉINSÉRER
Réitérer	RÉPÉTER
Reître	SOUDARD
Rejeter	DÉCLINER • DÉDAIGNER ÉVACUER • RÉCUSER • RENDRE REPOUSSER • RÉPUDIER
Rejeton produit par les racines	ACCRU
Rejoindre	RATTRAPER
Réjouir	DÉLECTER • DÉRIDER • ÉGAYER
Réjouissance	ALLÉGRESSE • FÊTE • JUBILATION
Relâche	DÉTENTE • ESCALE • FÊTE RÉPIT • REPOS • TRÊVE
Relâché	MITIGÉ
Relâcher	LIBÉRER • RELAXER
Relâcher ce qui est tendu	DÉTENDRE
Relâcher ce qui était serré	DESSERRER
Relater	CONTER • NARRER • RETRACER
Relatif à Bacchus, à son culte	BACHIQUE
Relatif à Icare	ICARIEN
Relatif à l'anémie	ANÉMIQUE
Relatif à l'anus	ANAL
Relatif à l'aorte	AORTIQUE
Relatif à l'apex	APICAL
Relatif à l'argent	FINANCIER
Relatif à l'attitude	POSTURAL
Relatif à l'aviation	AÉRIEN
Relatif à l'aviculture	AVICOLE
Relatif à l'éducation	ÉDUCATIF
Relatif à l'ensemble des citoyens	CIVIL

Relatif à l'espace	SPATIAL
Relatif à l'État	ÉTATIQUE
Relatif à l'hiver	HIÉMAL
Relatif à l'homosexualité	GAY
Relatif à l'horticulture	HORTICOLE
Relatif à l'hygiène	SANITAIRE
Relatif à l'Ibérie	IBÈRE
Relatif à l'Icarie	ICARIEN
Relatif à l'iléon	ILÉAL
Relatif à l'image	ICONIQUE
Relatif à l'indice d'écoute	INDICIEL
Relatif à l'intestin	INTESTINAL
Relatif à l'odorat	OLFACTIF
Relatif à l'oeil	OCULAIRE
Relatif à l'ongle	UNGUÉAL
Relatif à l'ovule	OVULAIRE
Relatif à l'urètre	URÉTRAL
Relatif à l'urine	URINAIRE
Relatif à l'utérus	UTÉRIN
Relatif à la banque	BANCAIRE
Relatif à la bile	BILIAIRE
Relatif à la Bourse	BOURSIER
Relatif à la brebis	OVIN
Relatif à la chèvre	CAPRIN
Relatif à la colonne vertébrale	SPINAL
Relatif à la comptabilité	COMPTABLE
Relatif à la cuisine	CULINAIRE
Relatif à la culture des jardins	HORTICOLE
Relatif à la Doride	DORIEN
Relatif à la dualité	DUEL
Relatif à la fièvre jaune	AMARIL
Relatif à la fixation	FIXATIF
Relatif à la glie	GLIAL
Relatif à la guerre	MARTIAL
Relatif à la joue	JUGAL • MALAIRE
Relatif à la larve	LARVAIRE
Relatif à la libido	LIBIDINAL
Relatif à la marine militaire	NAVAL
Relatif à la médecine	MÉDICAL
Relatif à la mise en oeuvre des lois	EXÉCUTIF
Relatif à la moelle épinière	SPINAL

Relatif à la naissance	NATAL
Relatif à la neige	NIVAL
Relatif à la nuque	NUCAL
Relatif à la nutrition	NUTRITIF
Relatif à la poste	POSTAL
Relatif à la queue	CAUDAL
Relatif à la race	RACIAL
Relatif à la résine	RÉSINIER
Relatif à la santé	SANITAIRE
Relatif à la soude	SODIQUE • SOUDIER
Relatif à la sylviculture	SYLVICOLE
Relatif à la tribu	TRIBAL
Relatif à la vessie	VÉSICAL
Relatif à la vie des bergers	BUCOLIQUE
Relatif à la vie mondaine	SOCIAL
Relatif à la voix	VOCAL
Relatif à la volonté	VOLITIF
Relatif à un collège	COLLÉGIAL
Relatif à un disque	DISCAL
Relatif à un secteur	SECTORIEL
Relatif à un segment	SEGMENTAL
Relatif à un ton	TONAL
Relatif à une carence	CARENTIEL
Relatif à une île	INSULAIRE
Relatif à une période de l'histoire égyptienne	SAÏTE
Relatif à une série	SÉRIEL
Relatif au bas-ventre	ALVIN
Relatif au bassin	PELVIEN
Relatif au boeuf	BOVIN
Relatif au bord de la mer	BALNÉAIRE
Relatif au bouc	HIRCIN
Relatif au castrisme	CASTRISTE
Relatif au chérif	CHÉRIFIEN
Relatif au cheval	ÉQUIN
Relatif au ciel	CÉLESTE
Relatif au Danemark	DANOIS
Relatif au décès	OBITUAIRE
Relatif au firmament	CÉLESTE
Relatif au foetus	FOETAL
Relatif au fromage	FROMAGER

Relatif au gaz	GAZEUX
Relatif au geste	GESTUEL
Relatif au goût	GUSTATIF
Relatif au gouvernement d'un État	POLITIQUE
Relatif au lait	LACTÉ • LAITIER
Relatif au lesbianisme	LESBIEN
Relatif au lin	LINIER
Relatif au manichéisme	MANICHÉEN
Relatif au mouton	OVIN
Relatif au Moyen Âge	MÉDIÉVAL
Relatif au nerf vague	VAGAL
Relatif au nombril	OMBILICAL
Relatif au nouveau-né	NÉONATAL
Relatif au noyau de l'atome	NUCLÉAIRE
Relatif au noyau de la cellule	NUCLÉAIRE
Relatif au pape Grégoire Ier	GRÉGORIEN
Relatif au pétrole	PÉTROLIER
Relatif au porc	PORCIN
Relatif au Portugal et à l'Espagne	IBÉRIQUE
Relatif au quiétisme	QUIÉTISTE
Relatif au raisin	UVAL
Relatif au rectum	RECTAL
Relatif au rein	RÉNAL
Relatif au Rhin	RHÉNAN
Relatif au sang	HÉMATIQUE • SANGUIN
Relatif au sérum	SÉRIQUE
Relatif au sexe	SEXUEL
Relatif au système nerveux	NEURAL
Relatif au taoïsme	TAOÏSTE
Relatif au tarse	TARSIEN
Relatif au taureau	TAURIN
Relatif au toucher	TACTILE
Relatif au vaudou	VAUDOU
Relatif au ventre	VENTRAL
Relatif au virus	VIRAL
Relatif aux alcalis	ALCALIN
Relatif aux Alpes	ALPIN
Relatif aux bains de mer	BALNÉAIRE
Relatif aux chevaux	HIPPIQUE
Relatif aux côtes	COSTAL
Relatif aux écoles	SCOLAIRE

Relatif aux fesses	FESSIER
Relatif aux flancs	ILIAQUE
Relatif aux fleurs	FLORAL
Relatif aux Hébreux	HÉBREU
Relatif aux huîtres	HUÎTRIER
Relatif aux Incas	INCA
Relatif aux infractions	PÉNAL
Relatif aux ions	IONIQUE
Relatif aux lignes	LINÉAIRE
Relatif aux marais	PALUDÉEN
Relatif aux modes des verbes	MODAL
Relatif aux moines	MONACAL
Relatif aux Noirs	NÉGRO
Relatif aux oasis	OASIEN
Relatif aux oreillons	OURLIEN
Relatif aux peines	PÉNAL
Relatif aux pôles terrestres	POLAIRE
Relatif aux populations polynésiennes de la Nouvelle-Zélande	MAORI
Relatif aux ports	PORTUAIRE
Relatif aux récifs	RÉCIFAL
Relatif aux régimes politiques de dictature militaire	CÉSARIEN
Relatif aux rivières	FLUVIAL
Relatif aux sibylles	SIBYLLIN
Relatif aux suffixes	SUFFIXAL
Relatif aux travaux de Galilée	GALILÉEN
Relatif aux uretères	URÉTÉRAL
Relatif aux varices	VARIQUEUX
Relation	CONNAISSANCE • CONTACT LIAISON • LIEN • RAPPORT
Relation conditionnelle entre deux quantités	ÉQUATION
Relation sexuelle entre trois personnes	TRIOLISME
Relation sexuelle interdite entre gens de parenté	INCESTE
Relations entre copains	COPINERIE
Relative à l'utérus	UTÉRINE
Relative au tarse	TARSIENNE
Relative au temps	TEMPORELLE

Relative aux oasis	OASIENNE
Relax	COOL
Relaxer	RELÂCHER
Relaxer (Se)	REPOSER
Reléguer	INTERNER
Relevé	ÉPICÉ • PIMENTÉ
Relevé d'Identité Bancaire	RIB
Relevé, épicé	CORSÉ
Relever	ÉPICER • PIMENTER
	REDRESSER • REHAUSSER
	REMARQUER • REMONTER
Relever de	APPARTENIR • RESSORTIR
Relever le goût	ASSAISONNER
Relever un vêtement qui pend	TROUSSER
Relever vers le haut	RETROUSSER
Relever, épicer	CORSER
Relief	ACCIDENT
Relief naturel du crâne humain	BOSSE
Relief sur une pièce d'argenterie	BOSSELURE
Relier	ASSEMBLER • JOINDRE
	RATTACHER • RÉUNIR
Relier en vue d'une synthèse	COLLIGER
Relier entre eux	COUPLER
Relier un livre	BROCHER
Religieuse	NONNE • PIEUSE • RITUELLE • SOEUR
Religieuse de Belgique	
soumise à la vie conventuelle	BÉGUINE
Religieuse de l'ordre de Ste-Ursule	URSULINE
Religieuse de l'ordre du Carmel	CARMÉLITE
Religieuse de l'ordre du Mont-Carmel	CARMÉLITE
Religieuse indienne	
gagnante d'un prix Nobel	TERESA
Religieuse qui vit en clôture	MONIALE
Religieux	CROYANT • FRÈRE • MOINE • OBLAT
	PIEUX • RITUEL • SPIRITUEL
Religieux bouddhiste	BONZE
Religieux de certaines congrégations	OBLAT
Religieux de l'ordre de saint François	CAPUCIN
Religieux non prêtre	LAI
Religieux qui vivait en communauté	CÉNOBITE
Religion	CULTE • ÉGLISE

Religion d'Extrême-Orient	TAOÏSME
Religion de l'Iran ancien	MAZDÉISME
Religion des Juifs	JUDAÏSME
Religion fondée sur le Coran	ISLAM
Religion hindoue	JAÏNISME
Religion japonaise	SHINTO
Religion populaire de la Chine	TAOÏSME
Religion prêchée par Mahomet	ISLAM
Religion zoroastre	MAZDÉISME
Reliquat	RESTE
Reliure volante	GRÉBICHE
Reluquer	LORGNER • ZIEUTER
Remâcher	RUMINER
Remâcher, ruminer	RESSASSER
Remanier	MODIFIER • REFONDRE • RETOUCHER
Remanier profondément en dénaturant	CHARCUTER
Remarquable	BRILLANT • ÉCLATANT • INSIGNE MAGISTRAL • NOTABLE
Remarquable dans son genre	RÉUSSI
Remarquable, insigne	SIGNALÉ
Remarque	COMMENTAIRE
Remarque désobligeante	VANNE
Remarquer	CONSTATER
Remblayer	COMBLER
Rembourrage	CAPITON
Rembourrer	BOURRER
Remboursement	PAIEMENT
Rembourser	AMORTIR • PAYER • RENDRE
Remède	ANTIDOTE
Remède analgésique	ASPIRINE
Remède oral	MÉDECINE
Remède qui calme	CALMANT
Remède spécifique du paludisme	QUININE
Remédiable	RÉPARABLE
Remédier	GUÉRIR • OBVIER
Remémorer	ÉVOQUER • RAPPELER • REPASSER
Remerciement	GRÂCE
Remercier	LICENCIER
Remettre	DÉCERNER • REMBOURSER REPLACER

Remettre à plus tard	DIFFÉRER • REPORTER
Remettre aux soins d'un tiers	CONFIER
Remettre d'accord	RÉCONCILIER
Remettre dans le fourreau	RENGAINER
Remettre dans sa poche	REMPOCHER
Remettre debout	RELEVER
Remettre en état	RÉHABILITER
Remettre en place	REPOSER
Remettre la peine	GRACIER
Réminiscence	SOUVENIR
Remise	DÉPÔT • GARAGE • HANGAR
	RABAIS • RISTOURNE • SURSIS
Remise au fond du jardin	CABANON
Remise de peine	AMNISTIE
Remise en état de fonctionnement	RECHARGE
Remiser	SERRER
Rémission	ABSOLUTION • PARDON
Remontant	CORDIAL • STIMULANT • TONIQUE
Remontée mécanique	TÉLÉSIÈGE
Remonter	RETAPER • RETROUSSER
Remontrance	RÉPRIMANDE • SERMON
Remords	CONTRITION • REGRET • REPENTIR
Remorquage d'un navire	TOUAGE
Remorque	ROULOTTE
Remorquer	HALER • TOUER
Remorqueur	TOUEUR
Rempart	BASTION • BOUCLIER • ENCEINTE
	MUR • MURAILLE
Remplaçant	SUBSTITUT
Remplacement	INTÉRIM • SUBSTITUTION
	SUCCÉDANÉ
Remplacer	CHANGER • DÉTRÔNER
	REPRÉSENTER • SUCCÉDER • SUPPLÉER
Rempli	IMBU • PLEIN • SATURÉ
Rempli complètement	COMBLE
Rempli de louanges	ÉLOGIEUX
Remplir	CHARGER • EMPLIR • GARNIR
Remplir à l'excès	SATURER
Remplir avec du plâtre	RUILER
Remplir d'effroi	HORRIFIER
Remplir d'une garniture	FOURRER

Remplir de bonheur	ENSOLEILLER
Remplir de sable	ENSABLER
Remplir de tristesse	ENDEUILLER
Remplir jusqu'à gonfler	GORGER
Remplir un tonneau de vin à mesure que le niveau baisse	OUILLER
Remplir une fonction	OCCUPER
Remporter	OBTENIR
Remporter la victoire	TRIOMPHER
Remué fortement	PÉTRI
Remue-ménage	DÉRANGEMENT
Remuer	ATTENDRIR • BOUGER • BRANDIR BRASSER • GROUILLER • HOCHER MOUVOIR • TORTILLER • TOUILLER
Remuer à la pelle	PELLETER
Remuer en mêlant	BRASSER
Remuer ensemble	MALAXER
Remuer la braise	TISONNER
Rémunérateur	LUCRATIF • PAYANT
Rémunération	PAIE • PAYE • SALAIRE
Rémunération perçue par une banque	AGIO
Rémunératrice	LUCRATIVE
Rémunérer	PAYER • RÉTRIBUER
Renard	GOUPIL
Renard bleu	ISATIS
Renard polaire	ISATIS
Renchérir	AMPLIFIER
Rencontre	COMBAT • CONFLUENT CONJONCTION • ENTREVUE • VISITE
Rencontre de deux voyelles	HIATUS
Rencontre sportive entre équipes voisines	DERBY
Rencontrer	AFFRONTER • CROISER
Rendez-vous	RENCARD
Rendre	RAPPORTER • REDONNER
Rendre acharné	ACHARNER
Rendre bête	ABÊTIR
Rendre bleu	BLEUIR
Rendre borgne	ÉBORGNER
Rendre brillant par le frottement	LUSTRER
Rendre calme	PACIFIER

Rendre certain	CONFIRMER
Rendre chatoyant	MOIRER
Rendre coriace	RACORNIR
Rendre courbe	INCURVER • RECOURBER
Rendre craintif	APEURER
Rendre doux en diminuant l'acidité	DULCIFIER
Rendre du jus	JUTER
Rendre dur	DURCIR • INDURER
Rendre édenté	ÉDENTER
Rendre évident	MANIFESTER
Rendre facile	FACILITER
Rendre familier	HABITUER
Rendre flexible	ASSOUPLIR
Rendre gauche, déformer	GAUCHIR
Rendre glissant	LUBRIFIER
Rendre habile	HABILITER
Rendre heureux	RÉJOUIR
Rendre hommage	SALUER
Rendre humide	HUMECTER
Rendre ininflammable	IGNIFUGER
Rendre insipide	AFFADIR
Rendre languissant	ALANGUIR
Rendre légitime juridiquement	LÉGITIMER
Rendre lisse	LISSER • POLIR
Rendre maigre	AMAIGRIR • ÉMACIER
Rendre mat	AMATIR • MATIR
Rendre mauvais	CORROMPRE
Rendre mécanique	MÉCANISER
Rendre meilleur	ABONNIR • BONIFIER
Rendre meilleur, d'un meilleur produit	BONIFIER
Rendre méprisable	AVILIR
Rendre moins beau	DÉPARER
Rendre moins bruyant	ASSOURDIR
Rendre moins coupant	ÉMOUSSER
Rendre moins dense	AÉRER • RARÉFIER
Rendre moins difficile	FACILITER
Rendre moins épais	AMINCIR
Rendre moins lourd	ALLÉGER
Rendre moins massif	AÉRER
Rendre moins net	ESTOMPER

Rendre moins niais	DÉNIAISER
Rendre moins rude	ADOUCIR
Rendre moins salé	DESSALER
Rendre moins sauvage	APPRIVOISER
Rendre moins sévère	ASSOUPLIR
Rendre moins tendu	LÂCHER
Rendre moins touffu	AÉRER
Rendre moins vif	ÉMOUSSER
Rendre moite	MOITIR
Rendre mou	ALANGUIR • AMOLLIR • AVACHIR
Rendre navigable	CANALISER
Rendre opaque	OPACIFIER
Rendre païen	PAGANISER
Rendre plat	APLANIR • APLATIR
Rendre plus compact	COMPACTER
Rendre plus faible	RAMOLLIR
Rendre plus fin	AFFINER
Rendre plus fort	MUSCLER
Rendre plus grand	AGRANDIR
Rendre plus malléable	ASSOUPLIR
Rendre plus mince	AMENUISER
Rendre plus pénible	AGGRAVER
Rendre plus sociable	APPRIVOISER
Rendre plus spacieux en augmentant les dimensions	AGRANDIR
Rendre plus vif	RAVIVER
Rendre public	ÉBRUITER
Rendre quelqu'un créancier d'une certaine somme	CRÉDITER
Rendre rauque	ÉRAILLER
Rendre réfractaire à une maladie	IMMUNISER
Rendre rond	ARRONDIR
Rendre rose	ROSER • ROSIR
Rendre rouge	ROUGIR
Rendre roux	ROUSSIR
Rendre russe	RUSSIFIER
Rendre sage	ASSAGIR
Rendre sain	ASSAINIR
Rendre semblable à une chose	CHOSIFIER
Rendre solide, inattaquable	BÉTONNER
Rendre son humidité	RESSUER

Rendre terne	TERNIR
Rendre triste	CHAGRINER
Rendre trop étroit	ÉTRIQUER
Rendre un peu ivre	GRISER
Rendre une surface inégale par des bosses	BOSSUER
Rendre uniforme	UNIFORMISER
Rendre vertical	DRESSER
Rendre veule, sans volonté	AVEULIR
Rendre vigoureux	FORTIFIER
Rendre vil	AVILIR
Rendre violacé	VIOLACER
Rendre violet	VIOLACER
Rendre visite	VISITER
Rendu bleu	BLEUI
Rendu frais	RAFRAÎCHI
Rendu maigre	AMAIGRI
Rendu plus pur	ÉPURÉ
Rendu stupide	HÉBÉTÉ
Renfermé et isolé	RECLUS
Renfermer	CONTENIR
Renfermer, contenir	RECELER
Renflé	BOMBÉ • PANSU
Renforcé de métal	ARMÉ
Renforcement corné du sabot, chez les équidés	GLOME
Renforcement momentané du vent	RISÉE
Renforcer	ACCENTUER • AFFERMIR • ARMER CORROBORER • MUSCLER RAFFERMIR • RESSERRER
Renforcer, raffermir	CONFORTER
Renfrogné	MOROSE
Rengaine	REFRAIN • SÉRÉNADE
Reniement	APOSTASIE
Renier	ABJURER • RÉPUDIER
Renifler	SNIFFER
Renifler bruyamment	RENÂCLER
Reniflette	CHNOUF
Renom	CÉLÉBRITÉ • NOTORIÉTÉ RÉPUTATION
Renommé	FAMEUX • RÉPUTÉ

Renommée	CÉLÉBRITÉ • NOTORIÉTÉ • RENOM
Renoncement	ABNÉGATION • CONCESSION
Renoncer	ABJURER
Renoncer à un droit (Se)	DÉSISTER
Renonciation	ABDICATION • DÉMISSION
Renouer	RATTACHER
Renouveau	REGAIN • RENAISSANCE
Renouveler	RÉGÉNÉRER • RÉITÉRER
Renouveler l'air	VENTILER
Renouveler une obligation	NOVER
Renseigné	AVERTI
Renseignement	INDICATION • RENCARD
Renseignement confidentiel	TUYAU
Renseigner	AVERTIR • ÉCLAIRER
Renseigner secrètement	RANCARDER
Rentable	LUCRATIF • LUCRATIVE PAYANT • PRODUCTIF
Rentrée d'argent	RECETTE
Rentrer dans le bois	REMBUCHER
Renversant	STUPÉFIANT
Renverser	ABATTRE • COUCHER • CULBUTER DÉMONTER • INVERSER
Renverser de cheval	DÉSARÇONNER
Renverser quelqu'un	TERRASSER
Renvoi	CONGÉ • DÉPART • RÉFÉRENCE REPORT • RETOUR
Renvoyer	REJETER • RETOURNER LICENCIER • CONGÉDIER
Renvoyer à une date ultérieure	PROROGER
Repaire	NID • TANIÈRE
Répandre	DÉVERSER • DIFFUSER • DISPERSER DISTILLER • EXHALER • PARSEMER PROPAGER • VERSER
Répandre à l'étranger	EXPORTER
Répandre la civilisation chinoise	SINISER
Répandre une bonne odeur	FLEURER
Répandu	POPULAIRE
Réparateur	DÉPANNEUR
Réparation provisoire	BRICOLAGE
Réparer	REFAIRE
Réparer d'une manière provisoire	RABIBOCHER

Réparer en subissant une peine imposée	EXPIER
Réparer sommairement	BRICOLER • PATENTER
Réparer un péché par la pénitence	EXPIER
Reparler	RECAUSER
Repartie	BOUTADE
Répartir	DISTRIBUER • ÉCHELONNER
Répartir en lots	ALLOTIR
Répartir par lots	LOTIR
Répartir selon des critères	TRIER
Répartition	PARTAGE
Répartition d'un territoire en zones	ZONAGE
Répartition des heures	HORAIRE
Répartition en zones	ZONAGE
Repas	AGAPE • BOUFFE • DÉJEUNER • DÎNER
Repas de fête	FESTIN
Repas du nourrisson au sein	TÉTÉE
Repas du soir	SOUPER
Repas en commun	AGAPE
Repas entre amis	AGAPES
Repas léger	DÎNETTE • ENCAS • LUNCH
Repas, nourriture	LIPPÉE
Repasser	REVENIR
Repasser dans son esprit	RUMINER
Repentance	REPENTIR
Repentir	CONTRITION • PÉNITENCE REGRET • REMORDS
Répercussion	CONTRECOUP
Repère	RÉFÉRENCE
Répertoire	CATALOGUE • REGISTRE
Répertoire de tarifs	BARÈME
Répertorier	LISTER
Répété	REPRODUIT
Répétée	REPRODUITE
Répéter	BISSER • REDIRE
Répéter à la demande du public	BISSER
Répéter continuellement	SERINER
Répétitif	ITÉRATIF
Répétition	REDITE
Répétition constante	REFRAIN
Répétition d'un morceau	REPRISE

Répétition d'un son	ÉCHO
Répétition d'un sujet déjà traité	RESUCÉE
Répétition fréquente d'une chose	FRÉQUENCE
Répétition inutile de mots qui ont le même sens	PLÉONASME
Répétitions lassantes	RABÂCHAGE
Répit	DÉLAI • DÉTENTE RÉMISSION • TRÊVE
Replacer	REMETTRE
Replacer verticalement	REDRESSER
Replet	DODU • GRAS
Réplétion	SATIÉTÉ
Repli	RECUL
Repli d'étoffe	OURLET
Repli pathologique sur soi	AUTISME
Repli sur soi-même	RETRAIT
Replier	REPLOYER
Réplique	OBJECTION • REPARTIE RÉPONSE • RIPOSTE
Réplique d'une personne, pareil	JUMEAU
Répliquer	RÉPONDRE • RÉTORQUER
Répliquer promptement	REPARTIR
Répondant	CAUTION • OTAGE
Répondre	CAUTIONNER • RÉAGIR
Répondre vivement	RÉTORQUER
Réponse juste et rapide	REPARTIE
Réponse négative	NON
Réponse positive	OUI
Réponse vive	RÉPLIQUE • RIPOSTE
Reporter	AJOURNER • REVERSER
Reporter au pouvoir	RÉÉLIRE
Repos	DÉLASSEMENT • DÉTENTE
Repos hebdomadaire des Juifs	SABBAT
Repos pris après le dîner	SIESTE
Reposant	APAISANT
Reposer	BASER
Repoussant	AFFREUX • REBUTANT
Repousser	CHASSER • ÉCONDUIRE ÉLOIGNER • RÉCUSER • REFOULER REFUSER • RÉFUTER • RETARDER
Repousser quelqu'un	CHASSER

Répréhensible	BLÂMABLE
Reprendre	CORRIGER • RÉCAPITULER
	REMPORTER • RESSAISIR • RETIRER
Reprendre du poids	REGROSSIR
Représailles	VENGEANCE
Représentant	AGENT • COURTIER
	DÉLÉGUÉ • DÉPUTÉ
Représentation	CONCEPT • PORTRAIT • SPECTACLE
Représentation affaiblie	REFLET
Représentation d'une chose	TABLEAU
Représentation d'une divinité	IDOLE
Représentation d'une personne	EFFIGIE
Représentation de choses obscènes	PORNOGRAPHIE
Représentation du Christ enfant	JÉSUS
Représentation du serpent naja dressé	URAEUS
Représentation graphique	DIAGRAMME
Représentation graphique	
d'une marque commerciale	LOGO
Représentation imprimée	
d'un sujet quelconque	IMAGE
Représenter	FIGURER • PEINDRE
Représenter dans son ensemble	DÉCRIRE
Réprimande	BLÂME • GRONDERIE • MORALE
	REPROCHE • SEMONCE
Réprimande faite de façon bienveillante	GRONDERIE
Réprimander	ADMONESTER • DOUCHER
	HOUSPILLER • MORALISER
	SAVONNER • SEMONCER • TANCER
Réprimander sévèrement	CHAPITRER
Réprimer	CHÂTIER • REFOULER
Reprise	RÉPÉTITION
Reprise d'un combat de boxe	ROUND
Reprise de l'activité économique	DÉGEL
Repriser	RAPIÉCER • RAVAUDER
Réprobation	CONDAMNATION
Reproche	ACCUSATION • BLÂME • CRITIQUE
Reprocher	BLÂMER
Reproducteur	GÉNITEUR
Reproduction	COPIE • IMITATION • IMPRESSION
	MOULAGE • RÉPLIQUE
Reproduction asexuée	AGAMIE

Reproduction d'un individu à partir d'une de ses cellules	CLONAGE
Reproduction photographique	PHOTO
Reproduire	RÉÉDITER
Reproduire inexactement	DÉFORMER
Reproduire le comportement de quelqu'un	IMITER
Reproduire par boutures	BOUTURER
Reproduire sans payer de droits	PIRATER
Réprouvé	DAMNÉ • MAUDIT
Réprouver	CENSURER • CONDAMNER DÉSAPPROUVER • DÉSAVOUER DÉTESTER • MAUDIRE
Reptation	RAMPEMENT
Reptile	SERPENT
Reptile à marche lente	TORTUE
Reptile à quatre pattes courtes	TORTUE
Reptile aquatique	EUNECTE
Reptile aquatique à museau large et court	CAÏMAN
Reptile au corps allongé	LÉZARD
Reptile ayant l'aspect du lézard	IGUANE
Reptile crocodilien	GAVIAL
Reptile dinosaurien bipède	IGUANODON
Reptile fossile préhistorique	DINOSAURE
Reptile piscivore au long museau	GAVIAL
Reptile saurien	IGUANE • ORVET • VARAN
République de l'Atlantique Nord	ISLANDE
République fédérale d'Allemagne	RFA
République française	RF
Répudier	REJETER
Répugnance	ANTIPATHIE • DÉGOÛT
Répugnant	HIDEUX • IMMONDE • INFECT LAID • SORDIDE
Répugnante	HIDEUSE
Répugné	DÉGOÛTÉ
Répugner	DÉGOÛTER • RÉVULSER
Répulsion	ABOMINATION • DÉGOÛT • HAINE
Réputation	GLOIRE
Réputé	RENOMMÉ
Requérir	NÉCESSITER • SOLLICITER

Requête	MÉMOIRE • POURVOI • PRIÈRE
Requin de grande taille	LAMIE
Requin de la Méditerranée	PERLON
Requin des côtes de France	ROCHIER
Requin gris aux flancs blancs	GRISET
Requis par les circonstances	VOULU
Rescapé	SAUF • SAUVÉ • SURVIVANT
Rescousse	DÉFENSE
Réseau	FILIÈRE
Réseau de conduites	CANALISATION
Réseau de fils entrelacés	LACIS
Réseau de télévision américain	NBC
Réseau des Sports	RDS
Réseau téléphonique	TÉLÉPHONE
Réserve	ÉCONOMIE • ÉCONOMIES MODESTIE • PONDÉRATION PROVISION • RÉTICENCE • STOCK
Réservé	DÉCENT • DÉVOLU DISCRET • DISTANT • MODESTE RETENU • RÉTICENT • SOBRE
Réservé aux piétons	PIÉTON
Réserve de gibier	GARENNE
Réservoir	CITERNE
Réservoir de plongée d'un sous-marin	BALLAST
Réservoir où l'on filtre l'eau	PURGEOIR
Résidant	HABITANT
Résidence	FOYER • MAISON • SÉJOUR
Résidence d'un vicaire	VICARIAT
Résidence des rois maures à Grenade	ALHAMBRA
Résidence du souverain	COUR
Résider	HABITER
Résidu	DÉCHET • LIE • MARC
Résidu de la distillation du pétrole	MAZOUT
Résidu des matières brûlées	CENDRE
Résidu des tiges de canne à sucre	BAGASSE
Résidu du chanvre	ÉTOUPE
Résidu éteint	BRAISE
Résidu liquide de la fabrication du beurre	BABEURRE
Résidu pâteux de la houille	BRAI

Résidu sirupeux de la cristallisation du sucre	MÉLASSE
Résiliation d'un bail	RENON
Résine aromatique	ENCENS • MYRRHE
Résine extraite de la férule	ASE
Résine fossile provenant de conifères	AMBRE
Résine fournie par des arbres tropicaux	COPAL
Résine jaunâtre	MASTIC
Résine malodorante	ASE
Résine provenant de la distillation de la térébenthine	ARCANSON
Résine synthétique	BAKÉLITE
Résine synthétique employée comme succédané de l'ambre	BAKÉLITE
Résistance	REFUS • SOLIDITÉ
Résistant	CORIACE • DUR • ROBUSTE
Résistant d'un maquis	MAQUISARD
Résistant palestinien	FEDAYIN
Résister	LUTTER • RÉAGIR
Résolu	DÉCIDÉ
Résoluble	SOLUBLE
Résolution	PROPOS • VOLONTÉ
Résonance	SONORITÉ
Résonner	CARILLONNER • RETENTIR • TINTER
Résoudre	CONCLURE • DÉCIDER • DÉNOUER
Respect	DÉFÉRENCE • ÉGARD
Respect de soi-même	DIGNITÉ
Respect profond	RÉVÉRENCE
Respect que l'on rend aux anges	DULIE
Respectable	AUGUSTE • HONORABLE VÉNÉRABLE
Respecter	OBSERVER
Respecter profondément	RÉVÉRER
Respectif	RELATIF
Respective	RELATIVE
Respiration	HALEINE
Respiration bruyante	SOUPIR
Respirer avec gêne	HALETER
Respirer avec peine	PANTELER
Respirer péniblement	ANHÉLER
Responsabilité	DEVOIR

Responsable	GARANT • PRÉPOSÉ • SOLIDAIRE
Responsable ecclésiastique	DOYEN
Resquillage	RESQUILLE
Resquiller	FRAUDER
Ressemblance	ANALOGIE • SOSIE
Ressemblant	ANALOGUE
Ressentiment	AIGREUR • ANIMOSITÉ
	ANTIPATHIE • DÉPIT • RANCUNE
Ressentiment tenace	RANCOEUR
Ressentir	ÉPROUVER
Resserrer	ÉTRÉCIR • RAPPROCHER • RÉTRÉCIR
Resservir	REVERSER
Ressortir	RÉSULTER
Ressource	RECOURS
Ressusciter	DÉTERRER • RANIMER • RÉVEILLER
Restaurant	AUBERGE • RESTO
Restaurant à bon marché	GARGOTE
Restaurant modeste	BISTRO • BISTROT
Restaurant où l'on sert un repas léger	MÂCHON
Restaurant spécialisé dans les grillades	GRILL
Restaurateur qui se fait une spécialité des huîtres et des fruits de mer	ÉCAILLER
Restauration	RÉFECTION
Restaurer	AMÉLIORER • RÉPARER
Reste	COMPLÉMENT • VESTIGE
Reste d'une pièce d'étoffe	COUPON
Reste de bûches	TISON
Rester	DEMEURER
Rester à jeun	JEÛNER
Rester à la même place	STATIONNER
Rester à la surface	SURNAGER
Rester absent une nuit entière	DÉCOUCHER
Rester la bouche ouverte	BAYER
Rester oisif	BULLER
Rester sur ses gardes (Se)	MÉFIER
Restes	OS • POUSSIÈRE
Restituer	RAPPORTER • REDONNER
	RENDRE • RÉTABLIR
Restreindre	LIMITER
Restreint	ÉTROIT • EXIGU • LIMITÉ
Restriction	LIMITATION

Restructurer	RÉORGANISER
Résultat	EFFET • FRUIT • ISSUE
	SCORE • SOLUTION
Résultat global	BILAN
Résultat heureux	SUCCÈS
Résultat optimal	PERFORMANCE
Résultat supérieur	RECORD
Résumé	ABRÉGÉ • SOMMAIRE
Résumé écrit	RELEVÉ
Résumé par écrit	NOTICE
Résumer	ABRÉGER • RÉCAPITULER
Resurgir	REPARAÎTRE
Résurrection	RÉVEIL
Rétabli d'un mal physique	GUÉRI
Rétablir	REFAIRE • RÉINTÉGRER • RESTAURER
Rétablir des liens brisés	RENOUER
Rétablissement	GUÉRISON
Retaper	RAFISTOLER • RÉPARER
Retardataire	ATTARDÉ
Retarder	RALENTIR
Retenir	ACCROCHER • ARRÊTER • CLOUER
	ENCHAÎNER • FREINER
	PRÉLEVER • RÉSERVER
Retenir au moyen d'une digue	ENDIGUER
Retenir, réprimer	ENDIGUER
Retentir	RÉSONNER
Retentissant	ÉCLATANT • RÉSONNANT
	TONNANT
Retenu	DISCRET
Retenue salariale	PRÉCOMPTE
Rétif	RÊCHE
Retiré	ISOLÉ
Retirer	EXTRAIRE • ÔTER
Retirer d'une broche	DÉBROCHER
Retirer de la bourbe	DÉBOURBER
Retirer la bonde d'un tonneau	DÉBONDER
Retirer la queue d'un fruit	ÉQUEUTER
Retirer sa candidature (Se)	DÉSISTER
Retirer, enlever ce qui gêne	DÉBLAYER
Retombé dans l'hérésie	RELAPS
Retomber sur quelqu'un	INCOMBER

Rétorquer	OBJECTER • RIPOSTER
Retors	MADRÉ • TORTU • TORTUEUX
Retoucher	RECOUPER • REMANIER
Retoucheur de cliché	SIMILISTE
Retour	RÉVEIL
Retour du même son	RIME
Retour violent des vagues	RESSAC
Retourner	RENDRE • REVENIR
Retourner la terre avec la charrue	LABOURER
Retracer	RACONTER
Rétractation	DÉDIT
Rétracter	ABJURER
Rétraction	DÉSAVEU • RETRAIT
Retrait dans un texte	ALINÉA
Retraite	CACHETTE • RECUL • REFUGE
Retrancher	DÉCOMPTER • DÉDUIRE • ENLEVER ÔTER • ROGNER • SUPPRIMER
Retransmetteur	RELAIS
Rétrécir	ÉTRÉCIR
Rétribuer	RÉCOMPENSER • RÉMUNÉRER
Rétribuer par un salaire	SALARIER
Rétribution	GAIN • HONORAIRES
Retriever	LABRADOR
Rétrograde	ATTARDÉ
Rétrograder	DÉCHOIR • LIMOGER
Retrousser	RELEVER • REPLIER
Rétroviseur	RÉTRO
Réuni en collège	COLLÉGIAL
Réunion	ASSEMBLÉE • CONJONCTION FUSION • JONCTION
Réunion d'animaux dans un même repaire	LITÉE
Réunion d'animaux domestiques	TROUPEAU
Réunion d'évêques	SYNODE
Réunion d'hommes	COLONIE
Réunion de brins	CORDE
Réunion de chanteurs	CHOEUR
Réunion de deux choses	PAIRE
Réunion de deux principes qui se complètent	DYADE
Réunion de fils tordus ensemble	TORON

Réunion de gens méprisables	RAMAS
Réunion de gens qu'on invite à boire	RASTEL
Réunion de neuf choses semblables	ENNÉADE
Réunion de personnes	COMITÉ
Réunion de personnes soutenant ensemble leurs intérêts	COTERIE
Réunion de tentes abritant la famille	SMALA
Réunion de trois pieds métriques	TRIPODIE
Réunion diplomatique	CONGRÈS
Réunion mondaine	RAOUT • RÉCEPTION
Réunion où l'on danse	BAL
Réunion où l'on débat un sujet	FORUM
Réunion où l'on sert du thé, des gâteaux	THÉ
Réunion plénière d'une assemblée	PLÉNUM
Réunion, à l'aide de fils	SUTURE
Réunir	ACCUMULER • ASSEMBLER CENTRALISER • CONCENTRER ENGLOBER • FUSIONNER • GROUPER JOINDRE • JUMELER • RALLIER RASSEMBLER • RELIER • UNIR
Réunir bout à bout	RABOUTER
Réunir en recueil	COLLIGER
Réunir en syndicat	SYNDIQUER
Réunir en un tout	AGRÉGER • ENGLOBER
Réunir plusieurs cordages avec un filin	BRIDER
Réussi	ABOUTI
Réussir	ABOUTIR • OBTENIR PARVENIR • PROSPÉRER
Réussite	PATIENCE • RÉSULTAT • SUCCÈS
Rêvasser	BAYER
Rêve	ASPIRATION • SONGE
Revêche	BOURRU
Réveil	ÉVEIL • PENDULE
Réveiller	ÉVEILLER • RALLUMER
Révélation	AVEU • DÉCOUVERTE
Révéler	AVOUER • DÉCELER INITIER • TÉMOIGNER
Revenant	SPECTRE
Revendeur de drogues	DEALER

Revendication	DOLÉANCE
Revendiquer	PRÉTENDRE
Revenir	REPASSER • RETOURNER
Revenir à la vie	REVIVRE
Revenir dans un lieu	RÉINTÉGRER
Revenir sur	RESSASSER
Revenu	BÉNÉFICE
Revenu ecclésiastique	MENSE
Revenu périodique d'un bien	RENTE
Rêver, rêvasser	BÉER
Réverbération	ÉCHO
Réverbère	LAMPADAIRE • LANTERNE
Révérence	RESPECT
Révérences exagérées	SALAMALECS
Révérend Père	RP
Révérer	HONORER • VÉNÉRER
Rêverie	SONGERIE • UTOPIE
Revers	ACCIDENT • DÉFAITE
Revers d'un vêtement	PAREMENT
Revêtement	DALLAGE • ENDUIT
Revêtement de menuiserie	LAMBRIS
Revêtement de sol	LINOLÉUM • PARQUET • PRÉLART
Revêtement de sol imperméable	LINO
Revêtement de très faible épaisseur	FEUIL
Revêtement des voies de circulation	ASPHALTE
Revêtement en pierres sèches	PERRÉ
Revêtement extérieur du corps de l'homme	PEAU
Revêtement qui recouvre l'ivoire de la racine des dents	CÉMENT
Revêtir	ENDOSSER
Revêtir d'or	DORER
Revêtir d'un caractère païen	PAGANISER
Revêtir d'un caractère viril	VIRILISER
Revêtir d'une chose	COUVRIR
Revêtir d'une cuirasse	CUIRASSER
Revêtir de dalles	DALLER
Revêtir de maçonnerie	MAÇONNER
Revêtir de vêtements	HABILLER
Revêtir un mot d'une forme latine	LATINISER
Revêtu d'un déguisement	TRAVESTI

Rêveur	DISTRAIT • PENSIF
	SONGEUR • UTOPISTE
Rêveuse	PENSIVE • SONGEUSE
Revigorant	REMONTANT
Revigorer	RAGAILLARDIR • RAVIGOTER
Revirement	CONVERSION
Réviser	AMENDER • REPENSER • REVOIR
Révision	AMENDEMENT
Revivre	RENAÎTRE
Révocation	ABROGATION
	ANNULATION • DÉDIT
Révolte	ÉMEUTE • MUTINERIE
	RÉBELLION • SÉDITION
Révolté	DISSIDENT • OUTRÉ
Révolter	CABRER
Révolutionnaire argentin	GUEVARA
Révolutionnaire canadien	RIEL
Revolver	COLT
Révoquer	ANNULER
Revue	JOURNAL
Rhénium	RE
Rhésus	RH
Rhinite	RHUME
Rhodium	RH
Rhumatisme	ARTHRITE
Ribambelle	KYRIELLE
Ricaner	GLOUSSER • RIRE
Ricaneur	RIEUR
Ricaneuse	RIEUSE
Riche	ARGENTÉ • COSSU • FERTILE
	NANTI • OPULENT • RUPIN
Riche en grains	GRENU
Riche industriel	MAGNAT
Riche maison	VILLA
Riche paysan propriétaire, en Russie	KOULAK
Richesse	ABONDANCE • ARGENT
	FORTUNE • OPULENCE • OR
Ricochet	CONTRECOUP
Ride	PLI
Rideau	DRAPERIE • STORE • VOILE
Rideau léger	VOILAGE

Rideau qui s'enroule ou se replie	STORE
Ridelle d'une charrette	BER
Rider	FRIPER
Rider en contractant	FRONCER
Ridicule	DÉRISOIRE • RISIBLE
Ridiculiser	BAFOUER • MOQUER • RAILLER
Ridule	RIDE
Rien	BAGATELLE • NÉANT • NIB • VÉTILLE
Rieur	RIANT • RIGOLEUR
Rif	RIFFE
Riffe	RIF
Rigaudon	RIGODON
Rigide	DUR • RAIDE
Rigidité	DURETÉ • FERMETÉ • RAIDEUR
Rigolard	HILARE • RIGOLEUR
Rigole d'irrigation, au Sahara	SEGUIA
Rigoler	RIRE
Rigolo	MARRANT • RIGOLEUR
Rigorisme	AUSTÉRITÉ
Rigoriste	RIGOUREUX
Rigoureux	AUSTÈRE • PRÉCIS • RUDE
Rigueur	DURETÉ • RAIDEUR
	RECTITUDE • SÉVÉRITÉ
Rimailler	RIMER
Rime	VERS
Rinçure	LAVURE
Ripaille	BANQUET • ORGIE
Ripailler	FESTOYER
Riposte	REPARTIE • RÉPONSE
Riposter	RÉPONDRE
Ripou	POURRI
Rire	POUFFER • RICANER • RIGOLADE
	RIGOLER • SOURIRE
Rire de façon sarcastique	RICANER
Rire un peu	RIOTER
Risée	DÉRISION • RAFALE
Risible	TORDANT
Risqué	GLISSANT
Risque	DANGER • PÉRIL
Risque d'entraîner la mort	LÉTALITÉ
Risquer	HASARDER • JOUER • OSER

Rissolé dans du sucre	PRALINÉ
Rissoler	DORER
Ristourne	REMISE
Rital	ITALIEN
Rite qui consiste à baiser ce qui est sacré	BAISEMENT
Rite qui consiste à oindre une personne	ONCTION
Ritournelle	REFRAIN • RENGAINE
Rituel	ROUTINIER
Rivage	BERGE • GRÈVE • LITTORAL PLAGE • RIVE
Rival	ANTAGONISTE • COMPÉTITEUR ENNEMI
Rivalité	CONCURRENCE
Rive	BERGE • LITTORAL
River	RIVETER • SOUDER
Riveter	RIVER
Riveteuse	RIVOIR
Rivière alpestre de l'Europe centrale	INN
Rivière creusée par l'homme	CANAL
Rivière d'Afrique	VAAL
Rivière d'Afrique du Nord	OUED
Rivière d'Allemagne	LEINE • MAIN • RUHR • SAALE • SPREE
Rivière d'Allemagne et d'Autriche	LECH
Rivière d'Alsace	ILL
Rivière d'Aquitaine	SAVE
Rivière d'Argentine	SALADO
Rivière d'Auvergne	CÈRE • DORE • SIOULE
Rivière d'Espagne	SÈGRE
Rivière d'Italie	ADDA • MINCIO • OGLIO
Rivière de Belgique	DYLE • RUPEL • SENNE
Rivière de Bolivie	BENI
Rivière de Bourgogne	CURE
Rivière de Bretagne, affluent de la Vilaine	OUST
Rivière de Bulgarie	ISKAR
Rivière de Champagne	VESLE
Rivière de Colombie	CAUCA
Rivière de France	AA • AIN • AISNE • SARRE • VERDON
Rivière de France, affluent de la Sarthe	LOIR
Rivière de France, affluent du Doubs	LOUE

Rivière de France, affluent du Rhône	DRÔME
Rivière de France, affluent du Tarn	AGOUT
Rivière de Gascogne	BAISE
Rivière de l'Amérique du Sud	NEGRO
Rivière de l'Aquitaine	MIDOU
Rivière de l'Asie	ILI
Rivière de l'Aube	MORGE
Rivière de l'est de la France	SAÔNE
Rivière de l'Éthiopie	OMO
Rivière de l'Europe centrale	OHRE
Rivière de l'ouest de la France	ISLE
Rivière de la Guyane française	ININI
Rivière de Roumanie	OLT • RISLE • SIRET • SOMES
Rivière de Russie	KAMA • OKA • TOBOL • VITIM
Rivière de Sibérie	ANGARA
Rivière de Slovaquie, affluent du Danube	VAH
Rivière de Suisse	AAR • AARE • INN • REUSS • SARINE
Rivière des Alpes	ARC • ARVE
Rivière des Alpes autrichiennes	ENNS
Rivière des Alpes du Nord	ISÈRE
Rivière des Pyrénées-Atlantiques	NIVE
Rivière du Bassin aquitain	GERS
Rivière du Bassin parisien	ORNAIN
Rivière du centre de l'Angleterre	TRENT
Rivière du Jura suisse	ORBE
Rivière du Massif central	ALLIER
Rivière du nord de la France	DEULE • OISE
Rivière du Pérou	PURUS
Rivière du Québec	MANICOUAGAN • MISTASSINI MOISIE • OUTAOUAIS • OUTARDES RICHELIEU • SAGUENAY
Rivière du S.-O. de l'Allemagne	ISAR
Rivière du sud de la France	TARN
Rivière du Venezuela	CARONI
Rivière née dans le Perche	EURE
Rob	ROBRE
Robe d'apparat portée dans les pays musulmans	CAFTAN
Robe de cérémonie	TOGE
Robe de chambre	PEIGNOIR

Robe de magistrat	TOGE
Robe très ajustée	FOURREAU
Robinet mélangeur à une seule manette	MITIGEUR
Robot	AUTOMATE • MACHINE
Robre	ROB
Robuste	COSTAUD • SOLIDE RÉSISTANT • VIGOUREUX
Robustesse	VIGUEUR
Roc	ROCHE
Rocailleux	PIERREUX
Roche	CAILLOU • ROCHER
Roche abrasive	ÉMERI
Roche aux faces cristallines	SPATH
Roche calcaire	MARBRE
Roche constituée de coridon	ÉMERI
Roche constituée de silice	SILEX
Roche éruptive	BASALTE
Roche magnétique	GRANIT
Roche magnétique poreuse	PONCE
Roche métamorphique	GNEISS
Roche plutonique grenue	SYÉNITE
Roche poreuse légère	TUF
Roche sédimentaire	FALUN • GRÈS • GYPSE
Roche sédimentaire argileuse	MARNE
Roche sédimentaire formée de quartz	JASPE
Roche silicieuse	AGATE • JASPE • SILEX
Roche silicieuse compacte	QUARTZITE
Roche terreuse	ARGILE
Roche volcanique	ANDÉSITE
Roche volcanique basique	BASALTE
Rocher	ÉCUEIL • ROC • ROCHE
Rocher sur lequel la mer se brise et déferle	BRISANT
Rocheux	PÉTRÉ
Rococo	BAROQUE
Röntgen Equivalent Man	REM
Roesti	RÖSTI
Rogne	COLÈRE • IRE
Rogner	GRUGER
Rogué	OEUVÉ

Roi	PRINCE
Roi d'Arabie saoudite né en 1923	FAHD
Roi d'Israël	ACHAB
Roi d'un petit pays	ROITELET
Roi de Bavière né en 1848	OTTON
Roi de Hongrie	ABA
Roi de Juda	ASA
Roi de Suède de 994 à 1022	OLOF
Roi des Bretons	ARTUS
Roi des Lapithes	IXION
Roi hébreu, il succéda à Saül	DAVID
Roi légendaire d'Athènes	THÉSÉE
Roi légendaire de Mycènes	ÉGISTHE
Roi légendaire de Pylos	NESTOR
Roi, dans les pays hindous	RADJAH • RAJAH
Rôle de vieillard ridicule	GRIME
Romain	LATIN
Roman policier	POLAR
Romance	CHANSON • COMPLAINTE
Romance chantée	LIED
Romancière britannique	AUSTEN
Romancière canadienne	MAILLET
Romanichel	ROMANO • TSIGANE • TZIGANE
Rompre	BRISER • CASSER • FORCER
Rompu	AGUERRI • BRISÉ • DISSOUS • ÉREINTÉ
Ronchonner	BOUGONNER • MAUGRÉER
	ROGNONNER
Rond	BEURRÉ
Rondelet	CHARNU • REPLET
Rondeur	ROTONDITÉ
Rondeur, courbure saillante d'un corps	CONVEXITÉ
Rondier	RÔNIER
Rondouillard	RONDELET
Ronflement sourd du chat	RONRON
Ronger	CORRODER • ÉRODER
	MINER • TRACASSER
Rongeur	RAT • TAMIA
Rongeur au pelage fourni	MARMOTTE
Rongeur des forêts humides	AGOUTI
Rongeur voisin de l'écureuil	XÉRUS
Rosé	ROSI

Rose trémière	PRIMEROSE
Roseau taillé dont les Anciens se servaient pour écrire	CALAME
Roseau taillé utilisé dans l'Antiquité pour écrire	CALAME
Rosée	AIGUAIL
Rosée sur les feuilles	AIGUAIL
Roser	ROSIR
Rosier sauvage	ÉGLANTIER
Rosir	ROSER
Rossée	CORRECTION • RACLÉE • VOLÉE
Rosser	BATTRE
Rotatif	ROTATOIRE
Rotation	ALTERNANCE • GIRATION
Rotation du personnel	TURNOVER
Roter	ÉRUCTER
Rôti	CUIT • RÔT
Rôtie	TOAST
Rôtir	CUIRE • RISSOLER
Rôtir, griller	ROUSTIR
Rôtissoire	TOURNEBROCHE
Rotondité	RONDEUR
Roué	ROUBLARD
Roue à gorge	RÉA
Roue dont le pourtour présente une gorge	RÉA
Rouer	RUSER
Rouer de coups	ROSSER • TABASSER
Rouerie	ASTUCE
Rouflaquettes	FAVORIS
Rouge	SANGUIN
Rouge foncé tirant sur le violet	BORDEAUX
Rouge vif	ÉCARLATE
Rougeaud	RUBICOND • SANGUIN
Rougir	ENLUMINER
Roulé-boulé	ROULADE
Rouleau de feuilles de tabac à fumer	CIGARE
Roulement	ROTATION
Roulement de tambour	BAN • RA
Rouler	CIRCULER • DÉVALER PIGEONNER • TOURNER

Rouler à bicyclette	PÉDALER
Rouler comme une boule	DÉBOULER
Rouler sa bosse	VOYAGER
Rouler sur soi-même	BOULER
Rouler un cordage en cercles superposés	LOVER
Roupiller	DORMIR
Roupillon	SOMMEIL
Rouquin	ROUX
Rouquine	ROUSSE
Rouspéter	PROTESTER • RÂLER • RENAUDER
Rouspéteur	RÂLEUR
Roussir	CRAMER
Route	RTE • VOIE
Route rurale	RR
Roux clair	CARAMEL
Royal	RÉAL
Royaume de l'Asie Mineure	LYDIE
Ru	RUISSELET
Ruban	GALON
Ruban adhésif transparent	SCOTCH
Ruban dont on borde un vêtement	LISÉRÉ
Ruban gradué	MÈTRE
Ruban s'insérant entre les pages	SIGNET
Rubicond	ROUGE
Rubidium	RB
Rubrique offerte au public par un média	TRIBUNE
Ruche	COLONIE
Rude	ÂPRE • ARDU • BOURRU FRUSTE • GROSSIER
Rude au toucher	RÊCHE
Rude et violent	BRUSQUE
Rudement	CRÛMENT
Rudesse	BARBARIE • RUGOSITÉ
Rudesse de la voix	RAUCITÉ
Rudesse désagréable	ÂPRETÉ
Rudiment	NOTION
Rudimentaire	BRUT • SOMMAIRE
Rudoyer	MALTRAITER • MOLESTER
Rue	ARTÈRE

Ruelle	VENELLE
Rugueux	RÊCHE
Ruine	SABOTAGE
Ruiner	DÉVASTER • RAVAGER
Ruisselet	RU
Rumeur	RACONTAR
Ruminant à longue toison qui vit au Tibet	YACK • YAK
Ruminant voisin du lama	ALPAGA
Ruminer	RÉFLÉCHIR
Rupture	BROUILLE • CASSURE CLASH • FRACTURE
Rupture d'un engagement	DÉNONCIATION
Rural	TERRIEN
Rurale	PAYSANNE • TERRIENNE
Ruse	ASTUCE • FINESSE • ROUERIE
Rusé	ADROIT • FINAUD • FUTÉ MALIN • RETORS • ROUÉ
Ruse, attrape	FEINTE
Rusé, finaud	MATOIS
Rusée	MALIGNE • TORTUEUSE
Ruser	FINASSER
Rustaud	BALOURD • LOURD
Rustique	AGRESTE
Rustre	BUTOR • GOUJAT LOURDAUD • MALOTRU
Ruthénium	RU
Rutilant	ÉCLATANT
Rutilement	RUTILANCE
Rythme	CADENCE • SWING
Rythme du travail	CADENCE
Rythmer	CADENCER

S

S'abaisser	RAMPER
S'abandonner à des fantasmes	FANTASMER
S'abandonner à la rêverie	RÊVASSER
S'abîmer	SOMBRER
S'accoupler	COÏTER • COPULER
S'accrocher à	AGRIPPER
S'acharner	PERSÉVÉRER
S'adapter exactement à une forme	ÉPOUSER
S'adresser à quelqu'un en employant le pronom vous	VOUSSOYER
S'affaiblir	DÉPÉRIR
S'affaisser	CROULER
S'agiter	BOUGER
S'agiter pour se débarrasser de l'eau (S')	ÉBROUER
S'ajuster	MOULER
S'amuser	BADINER • JOUER • PLAISANTER
S'anémier	DÉPÉRIR
S'apitoyer	COMPATIR
S'approcher	ACCOSTER
S'approprier indûment	USURPER
S'approprier par ruse	USURPER
S'appuyer (S')	ACCOTER
S'arranger	TRANSIGER
S'arrêter, en parlant d'un moteur	CALER
S'associer	PACTISER
S'avachir (Se)	VAUTRER
S'ébattre	JOUER
S'échapper (S')	ÉVADER
S'écrire	CORRESPONDRE
S'écrouler	CHOIR • CROULER
S'effondrer	AGONISER • CROULER
S'élancer	BONDIR • COURIR
S'élever au-dessus du sol	LÉVITER
S'élever en fine poussière	POUDROYER
S'emballer	GALOPER
S'embourber	BARBOTER
S'emparer	USURPER
S'empâter	ÉPAISSIR

S'empêtrer	BARBOTER • PATOUILLER
S'emploie pour exprimer l'allégresse	YOUP
S'emporter	BOUILLIR • FULMINER
S'en aller	DÉCOLLER
S'en aller rapidement	TRISSER
S'encroûter	VÉGÉTER
S'enfuir du milieu familial	FUGUER
S'enfuir rapidement, courir	DROPER
S'engager à faire quelque chose	PROMETTRE
S'engager par contrat	CONTRACTER
S'ennuyer (Se)	MORFONDRE
S'enrouler sur soi-même (Se)	LOVER
S'entretenir familièrement	DEVISER
S'envoler	DÉCOLLER
S'épanouir	FLEURIR
S'esclaffer	POUFFER
S'éteindre	AGONISER
S'éterniser	DURER
S'expatrier	ÉMIGRER
S'exposer à	ENCOURIR
S'extasier (Se)	PÂMER
S'impatienter	BOUILLIR
S'indigner	PROTESTER
S'obstiner (S')	ENTÊTER
S'occuper assidûment d'un bébé	POUPONNER
S'opposer à	RÉFUTER
S'opposer à l'action de quelqu'un	CONTRER
Sa capitale est La Havane	CUBA
Sa capitale est Lima	PÉROU
Sa Sainteté	SS
Sable	SABLON
Sable à grains fins	SABLON
Sable calcaire des rivages	MAERL • MERL
Sable calcaire qu'on retrouve en Bretagne	MERL
Sable d'origine fluviale	JAR • JARD
Sable de bord de mer	LISE
Sable mouvant	LISE
Sable très fin	SILT
Sablonneux	ARÉNACÉ
Sablonnière	SABLIÈRE

Sabot à dessus de cuir	GALOCHE
Saboter	GÂCHER
Sabre à lame courbe	BANCAL
Sac à provisions souple	CABAS
Sac de cuir	SACOCHE
Sac de toile	MUSETTE • SACOCHE
Sac en peau pour conserver les liquides	OUTRE
Sac long à deux poches	BESACE
Sac, contenant	POCHE
Saccade répétée à un rythme rapide	VIBRATION
Saccager	PILLER
Saccageur	PILLARD
Saccharose	SUCRE
Sachet	SAC
Sacraliser	SANCTIFIER
Sacre	JURON
Sacré	BÉNI • RELIGIEUX • SAINT
Sacre mâle	SACRET
Sacrée	RELIGIEUSE
Sacrement	CONFIRMATION
Sacrement qui rend chrétien celui qui le reçoit	BAPTÊME
Sacrer	BÉNIR • COURONNER
Sacrifice	ABNÉGATION • EFFORT
Sacrifier	IMMOLER
Sacrilège	IMPIÉTÉ
Sadique	CRUEL
Sadisme	CRUAUTÉ
Safran des prés	COLCHIQUE
Sagace	PERSPICACE • SUBTIL
Sage	AVERTI • DOCILE • ÉCLAIRÉ PENSEUR • PHILOSOPHE PRUDENT • SENSÉ
Sage, sensé	JUDICIEUX
Sage-femme	MATRONE
Sagesse	RAISON • SENS
Sagum	SAIE
Saie	SAGUM
Saignant	SANGLANT
Saigner	ÉGORGER
Saillant	PROÉMINENT

Saillie	ASPÉRITÉ • BOUTADE • RELIEF
Saillie charnue	LUETTE
Saillie d'une corniche	LARMIER
Saillie du pubis	PÉNIL
Saillie osseuse de la cheville	MALLÉOLE
Saillie placée à la partie antérieure du cou	POMME
Saïmiri	SAJOU
Sain	SALUBRE
Sain et sauf	INDEMNE
Saint	SACRÉ • ST
Saint-pierre	ZÉE
Sainte	STE
Saisi	SURPRIS
Saisie	CAPTURE • MAINMISE
Saisir	AGRIPPER • COMPRENDRE
	HAPPER • PIGER • TRANSIR
Saisir avidement	GRIPPER
Saisir brutalement	HARPONNER
Saisir par les sens	PERCEVOIR
Saisissant	FRAPPANT • PALPITANT
Saison	AUTOMNE • ÉTÉ
	HIVER • PRINTEMPS
Saison de la ponte des oiseaux	PONDAISON
Saison où l'on coupe les foins	FENAISON
Saison pendant laquelle le sanglier est le plus gras	PORCHAISON
Salaire	GAGES • PAIE • PAYE
Salamalecs	COURBETTE
Salarié	EMPLOYÉ
Salarier	RÉTRIBUER
Salaud	ENFOIRÉ • ORDURE
	SALOP • SALOPARD
Salé	CORSÉ • GRIVOIS
Sale	IMMONDE • MALPROPRE
Saleron	SALIÈRE
Saleté	CRASSE • IMPURETÉ • ORDURE
	SALOPERIE • VILENIE
Saleté, tache	SOUILLURE
Salir	ENTACHER • MACULER
	SALOPER • TACHER

Salir avec une matière collante	POISSER
Salir de noir	MÂCHURER
Salissure	TACHE
Salive	BAVE • CRACHAT
Salle	HALL
Salle aménagée en demi-cercle	HÉMICYCLE
Salle centrale du temple	NAOS
Salle commune où dorment les membres d'une communauté	DORTOIR
Salle de conversation	EXÈDRE
Salle où les officiers prennent leurs repas	MESS
Salopard	SALAUD
Saloper	BÂCLER • GÂCHER • SALIR
Saloperie	SALETÉ • VACHERIE
Salpêtre	NITRE
Saltimbanque	BATELEUR
Salubre	SAIN
Saluer	ACCLAMER
Salut	BONJOUR • COURBETTE • TCHAO
Salut cérémonieux	RÉVÉRENCE
Salut solennel	SALUTATION
Salutaire	BÉNÉFIQUE • PROFITABLE • UTILE
Salutation	BONJOUR • BONSOIR
Salutation angélique	AVE
Salutations excessives	SALAMALECS
Samarium	SM
Samouraï	SAMURAI
Sanatorium	SANA
Sanction	ADOPTION • CHÂTIMENT CONDAMNATION • PÉNALITÉ
Sanction monétaire	AMENDE
Sanctionner	ADOPTER • CONSACRER ENTÉRINER • LÉGALISER
Sandale de plage	TONG
Sang purulent	ICHOR
Sangle que l'on passe sous le ventre d'un animal	VENTRIÈRE
Sangle servant à amarrer	RABAN
Sangloter	PLEURER
Sanglots	PLEURS

Sanguinolent	SANGLANT
Sans ailes	APTÈRE
Sans arrêt	CONSTAMMENT
Sans cesse	ASSIDÛMENT
	CONSTAMMENT • TOUJOURS
Sans charpente, sans rigidité	DÉSOSSÉ
Sans connaissance	ÉVANOUI
Sans couleur	INCOLORE
Sans crochets	INERME
Sans déguisement	NÛMENT
Sans détour	CARRÉMENT
Sans difficulté	AISÉMENT
Sans difficulté (Sans coup ...)	FÉRIR
Sans dommage	INDEMNE
Sans éclat, morne	GRIS
Sans éducation	MALPOLI
Sans égal	UNIQUE
Sans égard à	NONOBSTANT
Sans engrais ni pesticides	BIO
Sans feuilles en hiver	CHAUVE
Sans force, fatigué	FLAGADA
Sans frais de transport	FRANCO
Sans gêne	CAVALIER
Sans gravité	VÉNIEL
Sans importance	ANODIN
Sans inégalités	UNI
Sans instruction	IGNARE
Sans mélange	PUR
Sans mouvement	ÉTALE
Sans nom	INNOMMÉ
Sans pareil	INÉGALÉ
Sans poils, sans duvet	GLABRE
Sans réaction	INERTE
Sans relâche	ASSIDÛMENT
Sans ressort, sans force	ANÉMIQUE
Sans retenue	DÉBRIDÉ
Sans se faire connaître	INCOGNITO
Sans tête	ACÉPHALE
Sans tête, sans chef	ACÉPHALE
Sans tige apparente	ACAULE
Sans tonicité	ATONE

Sans une tache	IMMACULÉ
Sans valeur	INSIPIDE
Sans variété	UNI
Sans végétation, dénudé	CHAUVE
Sans-gêne	DÉSINVOLTURE
Sanve	SÉNEVÉ
Sapajou	SAÏMIRI • SAJOU
Saper	MINER
Sarcasme	IRONIE • RAILLERIE
Sarcastique	IRONIQUE • RAILLEUR
Sarcelle	CANARD
Sarcler	BINER
Sarcloir	GRATTE
Sarcophage	CERCUEIL
Sarment de vigne	ARÇON • PROVIN
Sarment de vigne que l'on courbe pour le faire fructifier	ARÇON
Sas	TAMIS
Sasser	TAMISER
Satané	DAMNÉ • MAUDIT
Satellite de la Terre	LUNE
Satisfaction	CONTENTEMENT • JOIE • PLAISIR
Satisfaire	ASSOUVIR • CONTENTER EXAUCER • RASSASIER
Satisfaisant	BON • HONNÊTE PASSABLE • SUFFISANT
Satisfait	CONTENT
Sauce à base de jus de viande	FUMET
Sauce à base de tomates	KETCHUP
Sauce au vin accompagnant le poisson	MEURETTE
Sauce vinaigrette à l'ail	AILLADE
Saucée	AVERSE
Saucisson	SALAMI
Sauf	EXCEPTÉ • HORMIS • INTACT RESCAPÉ • SAUVÉ • SINON
Sauf-conduit	PASSEPORT • PERMIS
Sauge	ORVALE
Saugrenu	ABRACADABRANT
Saule à rameaux flexibles	OSIER
Saule de petite taille	OSIER
Saule qui pousse au bord des marais	MARSAULT

Saumon au museau allongé	BÉCARD
Saumure de harengs	SAURIS
Saupoudrer	PARSEMER
Saupoudrer d'une substance imitant le givre	GIVRER
Saupoudrer de farine	FARINER
Saur	SAURET
Saurer	FUMER
Saut	BOND
Saut fait par soi-même	CULBUTE
Saut lancé par une seule jambe	JETÉ
Sauter	BONDIR • ÉCLATER EXPLOSER • SURSAUTER
Sauterelle verte	LOCUSTE
Sauteur à la perche	PERCHISTE
Sautillement	SAUT
Sautiller	GAMBADER • SAUTER
Sauvage	BARBARE • BESTIAL
Sauvagerie	FÉROCITÉ
Sauvé	SAUF
Sauve-qui-peut	DÉBANDADE
Sauvegarde	DÉFENSE • SALUT
Sauvegarder	PROTÉGER • SAUVER
Sauver	CONSERVER • REPÊCHER
Sauveur	BIENFAITEUR
Savant	CLERC • DOCTE • ÉRUDIT
Savant spécialiste de la Chine	SINOLOGUE
Saveur	GOÛT
Saveur acide	ACIDITÉ
Savoir	CONNAISSANCE CONNAÎTRE • SCIENCE
Savoir approfondi	ÉRUDITION
Savoir-faire	ART • ENTREGENT • URBANITÉ
Savoir-faire, habileté	DOIGTÉ
Savoir-vivre	BIENSÉANCE • CONVENANCES ÉDUCATION • POLITESSE
Savonneux	GLISSANT
Savourer	DÉGUSTER • GOÛTER • JOUIR
Savoureux	SUCCULENT
Sax	SAXOPHONE
Saxo	SAXOPHONE

Saxophone	SAX • SAXO
Saxophoniste	SAXO
Sbire	TUEUR
Scandale	ESCLANDRE
Scandaleux	ÉHONTÉ • INDÉCENT
Scandalisé	CHOQUÉ
Scandaliser	HORRIFIER
Scander	DÉCLAMER • MARTELER
Scandium	SC
Scanographe	SCANNER
Scaphandrier	PLONGEUR
Scarabée coprophage	BOUSIER
Scarifier	LABOURER
Sceau	CACHET
Sceau accompagné d'une signature	VISA
Scellé avec des plombs	PLOMBÉ
Sceller	CIMENTER
Scénario d'un film	SCRIPT
Scène	ALGARADE • TABLEAU
Scène rapide d'un film	FLASH
Scénique	THÉÂTRAL
Sceptique	INCRÉDULE
Schéma	CANEVAS • DESSIN • PATTERN
Scie	ÉGOÏNE
Scie à lame rigide	ÉGOÏNE
Scie à lame très étroite	SAUTEUSE
Scie à main	SCIOTTE
Scie à main des tailleurs de pierre	SCIOTTE
Scie mécanique	SCIEUSE
Science de la fabrication des vins	OENOLOGIE
Science de la forme et des dimensions de la Terre	GÉODÉSIE
Science des figures de l'espace physique	GÉOMÉTRIE
Science des nombres	ARITHMÉTIQUE
Science des vins	OENOLOGIE
Science mathématique	GÉOMÉTRIE
Science secrète du Moyen Âge	ALCHIMIE
Scientifique	SAVANT
Scier	COUPER
Scinder	DIVISER

Scintillement	ÉCLAT
Scintiller	BRILLER • ÉTINCELER • MIROITER
Scion	GREFFE
Sciotte	SCIE
Scission	SCHISME • SÉPARATION
Scolarité	ÉTUDE
Scoop	NOUVELLE
Scories résultant de la combustion du charbon	MÂCHEFER
Scrapeur	SCRAPER
Scribe	COPISTE
Scrupuleux	EXACT
Scruter	FOUILLER • SONDER
Scrutin	SUFFRAGE
Sculpter	CISELER
Sculpteur	ARTISTE
Sculpteur britannique né en 1924	CARO
Sculpteur de statues	STATUAIRE
Sculpteur et graveur britannique mort en 1986	MOORE
Sculpteur néerlandais	SLUTER
Sculpture représentant une personne	STATUE
Se bagarrer	BATAILLER
Se balancer doucement	DODELINER
Se balancer gauchement (Se)	DANDINER
Se battre	BATAILLER
Se battre contre	COMBATTRE
Se blottir (Se)	RÉFUGIER
Se bomber sous l'effet de l'humidité	GONDOLER
Se boursoufler	CLOQUER
Se charger de	ENDOSSER
Se communiquer	ÉCHANGER
Se complaire (Se)	VAUTRER
Se consacrer entièrement à (Se)	DÉVOUER
Se courber	GONDOLER
Se courber, en parlant d'une pièce de métal (S')	ENVOILER
Se couvrir de rouille	ROUILLER
Se décider	OPTER
Se décourager	DÉCROCHER
Se dédire (Se)	RAVISER

Se dégager	ÉMERGER
Se dégrader	EMPIRER
Se délasser (Se)	REPOSER
Se délecter	GOÛTER
Se délecter (Se)	REPAÎTRE
Se demander	DOUTER • HÉSITER
Se dépêcher (Se)	GROUILLER
Se déplacer	COULER
Se déplacer dans l'eau	NAGER
Se déployer avec force	DÉFERLER
Se dépouilller (Se)	DÉNUER
Se dérider (S')	ÉPANOUIR
Se dérober (S')	ÉCHAPPER
Se détendre	RELAXER
Se détendre (Se)	REPOSER
Se détériorer	DÉPÉRIR • EMPIRER
Se développer	FRUCTIFIER • GRANDIR • PROSPÉRER
Se déverser (S')	ÉCOULER
Se diffuser	IRRADIER
Se diffuser par rayonnement	RAYONNER
Se disperser	ESSAIMER
Se dissiper	DISPARAÎTRE
Se distinguer	ÉMERGER
Se distraire (S')	ÉVADER
Se dit d'un animal qui évite la lumière	LUCIFUGE
Se dit d'un animal qui se reproduit par des oeufs	OVIPARE
Se dit d'un cheval dont la robe n'a aucun poil blanc	ZAIN
Se dit d'un cheval dont le dos se creuse	ENSELLÉ
Se dit d'un ecclésiastique qui a été suspendu de ses fonctions	SUSPENS
Se dit d'un insecte qui subit une métamorphose	MÉTABOLE
Se dit d'un lieu qui a mauvaise réputation (Mal ...)	FAMÉ
Se dit d'un mur sans fenêtre, ni porte	ORBE
Se dit d'un pays qui dépend d'un autre	VASSAL
Se dit d'un poisson femelle contenant des oeufs	OEUVÉ

Se dit d'un produit susceptible de polir par frottement	ABRASIF
Se dit d'un propos grossier	ORDURIER
Se dit d'un regard oblique et menaçant	TORVE
Se dit d'un spectacle enregistré en public	LIVE
Se dit d'une coupe de cheveux	AFRO
Se dit d'une écriture composée de lettres capitales	ONCIAL
Se dit d'une foule manifestant une joie débordante	LIESSE
Se dit d'une langue bantoue	SWAHILI
Se dit d'une médaille sans revers	INCUSE
Se dit d'une peau dont le côté chair est à l'extérieur	SUÉDÉ
Se dit de cheveux naturellement frisés	CRÉPU
Se dit de couleurs fluorescentes	FLUO
Se dit de langues de l'Asie du Sud-Est	THAÏ
Se dit de mots presque homonymes	PARONYME
Se dit de préparations où il entre des roses	ROSAT
Se dit des régimes politiques non démocratiques	TOTALITAIRE
Se dit du groupe le plus ancien des terrains tertiaires	ÉOCÈNE
Se dit du hareng quand il est vide de laitance et d'oeufs	GUAI
Se dit du jazz joué avec force	HOT
Se dit du poisson prêt à frayer	MATURE
Se dit du ver à soie atteint de la flacherie	FLAT
Se dit pour avertir de faire silence	CHUT
Se donner la mort (Se)	SUICIDER
Se dresser	REBIQUER
Se dresser contre (Se)	CABRER
Se dresser sur les pattes de derrière (Se)	CABRER
Se faire attendre	TARDER
Se faire remarquer	CABOTINER
Se faire une idée de	CONNAÎTRE
Se faufiler	ENTRER
Se flatter (Se)	TARGUER

Se former	GERMER
Se garantir (Se)	PRÉMUNIR
Se garnir de feuilles	FEUILLER
Se gonfler	BOUFFER
Se laisser aller à des fantasmes	FANTASMER
Se laisser séduire	FAUTER
Se lamenter	DÉPLORER • GÉMIR
Se lamenter (Se)	PLAINDRE
Se livrer à	PRATIQUER
Se maintenir	SURNAGER
Se manifester avec exubérance	DÉBORDER
Se marier	CONVOLER
Se méfier	DOUTER
Se met entre parenthèses à la suite d'une expression	SIC
Se mettre à l'abri (Se)	TERRER
Se mettre à présenter des cloques	CLOQUER
Se montrer (S')	AVÉRER
Se moquer	DAUBER • IRONISER
Se mouvoir	BOUGER
Se mouvoir d'une manière rythmée	DANSER
Se multiplier en abondance	PROLIFÉRER
Se nourrir	BOUFFER
Se nourrir (Se)	SUSTENTER
Se pavaner	PARADER
Se percher (Se)	JUCHER
Se perdre en discussions	GLOSER
Se permettre	OSER
Se perpétuer	PERDURER
Se plaindre	GEINDRE
Se plaindre entre les dents	GROMMELER
Se plaindre sur un ton niais	BÊLER
Se plaindre, maugréer	CHIALER
Se poser à la surface de l'eau	AMERRIR
Se poser sur la Lune	ALUNIR
Se poser sur la mer	AMERRIR
Se précipiter	BONDIR
Se précipiter (S')	ÉLANCER
Se précipiter (Se)	RUER
Se préparer soudainement	FERMENTER
Se priver (Se)	DÉNUER

Se priver volontairement	JEÛNER
Se procurer	ACQUÉRIR
Se prolonger	DURER
Se promener (Se)	BALADER
Se promener en canot	CANOTER
Se promener lentement çà et là	DÉAMBULER
Se promener sans hâte	FLÂNER
Se prononcer en faveur de quelque chose	CONSENTIR
Se propager	IRRADIER
Se prostituer en racolant sur le trottoir : faire le ...	TAPIN
Se racler la gorge	TOUSSER
Se rapporter à	RÉFÉRER
Se rebeller	DÉSOBÉIR
Se rebiffer	REGIMBER
Se réconcilier	RENOUER
Se redresser	BOMBER
Se réfugier (Se)	TERRER
Se réjouir	BICHER • EXULTER JUBILER • PAVOISER
Se réjouir de	APPLAUDIR
Se remettre	GUÉRIR
Se remplacer	ALTERNER
Se rendre	ALLER • VENIR
Se rendre coupable de braconnage	BRACONNER
Se renouveler	REVIVRE
Se renverser	BASCULER
Se répandre (S')	ÉCOULER
Se répandre en fondant	FUSER
Se répandre par-dessus bord	DÉBORDER
Se répandre, en parlant de l'eau	FLUER
Se répercuter	RETENTIR
Se répéter (Se)	REPRODUIRE
Se replier sur soi-même (Se)	REFERMER
Se reproduire par spores	SPORULER
Se rétablir	GUÉRIR
Se retirer définitivement	ABANDONNER
Se retrousser	REBIQUER
Se réunir	FUSIONNER
Se révéler (S')	AVÉRER
Se ruer (S')	ÉLANCER

Se sentir bien (S')	ÉPANOUIR
Se soustraire à (Se)	DÉROBER
Se succéder	ALTERNER
Se supprimer (Se)	SUICIDER
Se tordre	RIRE
Se transformer en abcès	ABCÉDER
Se trouver	RÉSIDER
Se vanter (Se)	TARGUER
Séance au cours de laquelle le tribunal interroge les parties	AUDIENCE
Séance de musique	CONCERT
Séant	CONVENABLE
Seau en bois ou en toile	SEILLE
Seau servant aux vendangeurs	JALE
Sec	ARIDE
Sec, en parlant du champagne	DRY
Sécateur	CISEAU
Sécessionniste	SÉRARATISTE
Sèche-linge	SÉCHEUSE
Sécher	ESSUYER • FLÉTRIR
Sécheresse	ARIDITÉ
Second	DEUXIÈME
Second calife des musulmans	UMAR
Second ordre du peuple romain	PLÈBE
Secondaire	ACCESSOIRE • ANNEXE
Seconde lecture	RELECTURE
Seconder	AIDER
Secouer	AGITER • BOULEVERSER BRANLER • BRASSER • CAHOTER ÉBRANLER • SABOULER
Secouer de droite à gauche	BRIMBALER
Secouer la tête de gauche à droite	HOCHER
Secourable	CHARITABLE
Secourant	AIDANT
Secourir	AIDER • DÉFENDRE • PROTÉGER
Secours	AIDE • ASSISTANCE • DÉFENSE ENTRAIDE • PROTECTION RECOURS • SOUTIEN • UTILITÉ
Secours de dernière minute	BOUÉE
Secours divin	PROVIDENCE
Secousse	CAHOT

Secousse brusque	SACCADE
Secousse musculaire brève et involontaire	CLONIE
Secousse violente	COMMOTION
Secret	CONFIDENCE • INTIME • LATENT MYSTÈRE • OCCULTE
Secrétaire	BUREAU
Secrétariat de rédaction	DESK
Sécréter	DISTILLER
Sécrétion d'une muqueuse	GLAIRE
Sécrétion des muqueuses du nez	MORVE
Sécrétion et excrétion du lait chez la femme	LACTATION
Sécrétion excessive de sébum	SÉBORRHÉE
Sécrétion grasse produite par les glandes sébacées	SÉBUM
Sécrétion visqueuse	MUCUS
Secte bouddhique du Japon	ZEN
Secteur	LIEU • ZONE
Sécurisant	RASSURANT
Sécuriser	RASSURER
Sécurité	CONFIANCE
Sédiment organique	MAERL • MERL
Sédition	SUBVERSION
Séducteur	GALANT • SUBORNEUR
Séducteur pervers et cynique	LOVELACE
Séduction	ATTRAIT • PRESTIGE • TENTATION
Séduire	ALLÉCHER • CAPTIVER • CHARMER ENJÔLER • FASCINER • PLAIRE
Séduisant	AFFRIOLANT • ATTIRANT ENGAGEANT • TENTANT
Séduisant, agréable	EXCITANT
Sédum	ORPIN
Segment	FRACTION
Segment supérieur de l'os iliaque	ILION
Segmenter	SECTIONNER
Ségrégation à l'encontre des personnes du fait de leur âge	ÂGISME
Seigneur	CHRIST • DIEU • MAÎTRE
Seigneurie	DUCHÉ
Sein	LOLO • MAMELLE • NÉNÉ • TÉTON

Seine	SENNE
Seins de femme	POITRINE
Séjour des âmes des justes	LIMBES
Séjour obligatoire dans un lieu	RÉSIDENCE
Séjour plein de charme	ÉDEN
Sel	PIQUANT
Sel cristallin blanc	BORAX
Sel de l'acide borique	BORATE
Sel de l'acide carbonique	CARBONATE
Sel de l'acide iodhydrique	IODURE
Sel de l'acide nitreux	NITRITE
Sel de l'acide nitrique	NITRATE
Sel de l'acide sélénique	SÉLÉNIATE
Sel de l'acide uranique	URANATE
Sel de l'acide urique	URATE
Sel ou ester	OLÉATE
Sel ou ester de l'acide stéarique	STÉARATE
Sélectif	ÉLECTIF
Sélection	TRIAGE
Sélectionner	CHOISIR • TRIER
Sélénium	SE
Self-service	SELF
Selle	FÈCES
Selon	SUIVANT
Semailles	SEMIS
Semblable	ANALOGUE • ÉGAL
	IDENTIQUE • MÊME • TEL
Semblant, apparence trompeuse	FRIME
Semence	GERME • SPERME
Semer	PLANTER
Semer de nouveau	RESSEMER
Sémillant	ALLÈGRE
Sémitique	SÉMITE
Semonce	RÉPRIMANDE
Semoule de sarrasin	KACHA • KACHE
Sempiternel	CONTINUEL
Sempiternelle	CONTINUELLE
Séneçon au feuillage cendré	CINÉRAIRE
Sénevé	SANVE
Senior	SR
Senne	SEINE • TRAÎNE

Sens	ACCEPTION • ODORAT
Sens civique	CIVISME
Sens contraire	REBOURS
Sens inverse	CONTRESENS
Sens qui permet de percevoir les sons	OUÏE
Sensa	SENSAS
Sensas	SENSA • SENSASS
Sensation	PERCEPTION • SOIF
Sensation de chaleur intense	BRÛLURE
Sensation de forte chaleur, d'irritation	BRÛLURE
Sensation provoquée conjointement par le goût et l'odeur d'un aliment	FLAVEUR
Sensationnel	ÉPATANT • ÉTOURDISSANT EXTRA • GÉNIAL • SENSA SENSAS • SENSASS • SUPER
Sensé	ÉCLAIRÉ • RAISONNABLE
Sensée	RATIONNELLE
Senseur	CAPTEUR
Sensibilité	ESTHÉSIE
Sensible	ÉMOTIF • VIBRANT
Sensualité	ÉROTISME
Sensuel	CHARNEL • LASCIF • SALACE
Sensuelle	CHARNELLE
Sente	SENTIER
Sentence	DICTON • JUGEMENT MAXIME • VERDICT
Sentence populaire	ADAGE
Sentencieuse	SOLENNELLE
Senteur	ARÔME • ODEUR
Sentier	CHEMIN • SENTE
Sentiment	ÉMOTION • PASSION
Sentiment d'appartenance	SOLIDARITÉ
Sentiment d'être en mauvaise santé	DYSPHORIE
Sentiment de bien-être intense	EUPHORIE
Sentiment de tendresse	AMOUR
Sentiment diffus de l'individu	SELF
Sentiment durable d'hostilité	INIMITIÉ
Sentiment très intense	AMOUR
Sentimental	TENDRE
Sentinelle	VEILLEUR

Sentir	BLAIRER • FLAIRER • PERCEVOIR PRESSENTIR • RESSENTIR
Sentir mauvais	CHLINGUER • COCOTER • PUER
Sentir, supporter	PIFFER
Seoir	CONVENIR
Séparation	CLOISON • DIVORCE • SCISSION
Séparation chirurgicale de tissus sans perte de substance	DIÉRÈSE
Séparation de deux éléments d'un mot	TMÈSE
Séparation de parties contiguës	DIÉRÈSE
Séparer	DÉSUNIR • DISSOCIER DIVISER • ÉCARTER • ISOLER
Séparer les parties d'un tout	DISLOQUER
Séparer un minéral par couches	CLIVER
Sept	VII
Septième art	CINÉMA
Septième jour de la semaine	DIMANCHE
Septième lettre de l'alphabet grec	ÊTA
Sépulcral	CAVERNEUX
Sépulture	TOMBE
Séquestrée	CAPTIVE
Séquestrer	RENFERMER
Serein	DÉTENDU
Sérénité	PLACIDITÉ
Serge de laine	ESCOT
Sergent de ville	CONSTABLE
Série	ÉCHELLE • SUCCESSION • SUITE
Série de coups de baguettes	RA
Série de divisions sur un instrument de mesure	ÉCHELLE
Série de quatre cartes de la même couleur	QUARTE
Série de zigzags	LACET
Sérieusement	VRAIMENT
Sérieux	GRAVE
Serin	CANARI
Serin de couleur jaune verdâtre	CANARI
Serment	PAROLE • PROMESSE
Serment fait en justice de se représenter	JURATOIRE
Sermon	HOMÉLIE • PRÉDICATION • PRÔNE

Sermonner	ADMONESTER • HARANGUER MORALISER • PRÊCHER
Serpe	FAUCILLE
Serpe pour élaguer	ÉLAGUEUR
Serpe pour tailler des arbustes	FAUCHETTE
Serpent constricteur	PYTHON
Serpent du genre couleuvre	CORONELLE
Serpent inoffensif, voisin de la couleuvre	CORONELLE
Serpent venimeux	CÉRASTE • VIPÈRE
Serpenter	SINUER
Serré	COMPACT • DENSE • DRU ÉTROIT • NOUÉ
Serre-tête	BANDEAU
Serrer	COINCER • COMPRIMER • PRESSER
Serrer avec une ligature	LIGATURER
Serrer avec une sangle	SANGLER
Serrer contre soi	ENLACER
Serrer de près	TALONNER • TRAQUER
Serrer en tournant	VISSER
Serrer entre ses doigts	PINCER
Serrer fortement la taille	SANGLER
Serrure	VERROU
Serrure portative	CADENAS
Sert à appeler	HOLÀ
Sert à attacher	LIEN
Sert à éclairer	LAMPE
Sert à écrire sur un tableau	CRAIE
Sert à lier	ET
Sert à ouvrir une serrure	CLÉ
Sert à tenir enfermés des animaux	CAGE
Serveur	GARÇON
Serveur d'un bar	BARMAN
Serveur d'un bar qui sert au comptoir les boissons qu'il prépare	BARMAN
Serveur dans un restaurant	GARÇON
Serveuse d'un bar	BARMAID
Serviable	DÉVOUÉ • OBLIGEANT
Service	DESSERTE
Service du Travail Obligatoire	STO
Service militaire	MILICE
Service religieux	OBIT

Service télégraphique	TÉLEX
Servile, soumis	RAMPANT
Servir	FOURNIR
Servir d'aide à quelqu'un	SECONDER
Servir de guide à quelqu'un	CORNAQUER
Servir de lien	RACCORDER
Serviteur	SUPPÔT
Servitude	CAPTIVITÉ
Session	SÉANCE
Seul	ISOLÉ • SEULET • SOLO • UNIQUE
Seul, unique	MONO
Sève	SUC
Sévère	AUSTÈRE • STRICT
Sévère à l'excès	PURITAIN
Sévère, inflexible	RIGOUREUX
Sévérité	AUSTÉRITÉ • RIGIDITÉ • RIGUEUR
Sevrer	PRIVER
Sex-appeal	APPAS
Sexe de l'homme	PÉNIS
Sexe, dans le langage enfantin	ZIZI
Sexualité	SEXE
Sexuel	GÉNITAL
Sidatique	SIDÉEN
Sidéral	ASTRAL • STELLAIRE
Sidérer	ABASOURDIR
Siège	BANC • SELLE
Siège à dossier	CHAISE
Siège à dossier et à bras	FAUTEUIL
Siège à dossier sans bras	CHAISE
Siège à pieds	CHAISE
Siège bas	POUF
Siège bas d'une voiture de sport	BAQUET
Siège d'ivoire réservé au premier magistrat de Rome	CURULE
Siège d'une voiture de course	BAQUET
Siège de cérémonie	TRÔNE
Siège de la conception	SEIN
Siège de la pensée	CERVEAU
Siège de la voix	GOSIER
Siège de souverains	TRÔNE
Sieste	SOMME

Sifflant	STRIDENT
Sifflement	SIFFLET
Siffler	HUER
Sigle d'une ancienne formation politique québécoise	RIN
Signal	ALARME • TOCSIN
Signal bref et répété émis par un appareil	BIP
Signal fixe	MIRE
Signal indiquant que la partie est interrompue	TILT
Signal sonore	TOP
Signaler	DÉSIGNER • MARQUER • SOULIGNER
Signature	NOM • SEING
Signature abrégée	PARAFE • PARAPHE
Signature authentifiant qqch.	GRIFFE
Signe	ANNONCE • PRÉSAGE • SYMPTÔME
Signe astrologique	BALANCE • BÉLIER • CANCER CAPRICORNE • GÉMEAUX • LION POISSONS • SAGITTAIRE • SCORPION TAUREAU • VERSEAU • VIERGE
Signe d'altération qui baisse d'un demi-ton	BÉMOL
Signe d'autorité suprême	SCEPTRE
Signe distinctif des grades dans l'armée	GALON
Signe formé de deux points que l'on met sur les voyelles	TRÉMA
Signe graphique	LETTRE
Signe graphique placé sur les voyelles	ACCENT
Signe graphique sous le C	CÉDILLE
Signe qui permet de distinguer une chose	CRITÈRE
Signe typographique	GUILLEMET
Signe utilisé en transcription phonétique	TILDE
Signer d'un parafe	PARAFER
Signer de ses initiales	PARAFER • PARAPHER
Signification	ACCEPTION • SENS
Signifier	SOMMER
Signifier légalement	INTIMER
Silence	CHUT

Silence d'un instrument	TACET
Silence d'une voix	TACET
Silence, en musique	SOUPIR
Silencieuse	COITE
Silencieux	COI • MUET • RÉTICENT
Silhouette	OMBRE • PROFIL
Silicate naturel d'aluminium à l'éclat laiteux	JADE
Silicate naturel de fer	PÉRIDOT
Silicate naturel de magnésium	TALC
Silicate naturel de thorium	THORITE
Silicium	SI
Sillon	RAINURE • STRIE
Sillon peu profond	RAYON
Sillon, trait gravé	GRAVURE
Simagrée	GRIMACE
Similaire	ÉGAL • PAREIL
Similicuir	SKAÏ
Similitude	ANALOGIE • COMPARAISON CONCORDANCE • IDENTITÉ
Simple	FACILE • FAMILIER • FRUGAL INGÉNU • NAÏF • UNITAIRE
Simple soldat	GRIVETON • TROUFION
Simplement	SEULEMENT
Simplicité	BONHOMIE • FACILITÉ • MODESTIE
Simplification excessive	SIMPLISME
Simpliste	PRIMAIRE
Simulacre	CARICATURE • SEMBLANT
Simulé	ARTIFICIEL • FEINT
Simuler	FEINDRE
Sincère	CANDIDE • FRANC • SENTI SPONTANÉ • VÉRACE • VÉRITABLE
Sincérité	AUTHENTICITÉ • CANDEUR DROITURE • FRANCHISE • VÉRITÉ
Singe	ATÈLE • GORILLE • OUISTITI
Singe à épaisse fourrure	SAKI
Singe appelé aussi saï	CAPUCIN
Singe d'Afrique	BABOUIN • DRILL
Singe d'Amérique	ATÈLE
Singe d'Amérique à longue barbe	CAPUCIN
Singe d'Asie à museau proéminent	MACAQUE

Singe d'Asie, sans queue et à longs bras	GIBBON
Singe de grande taille	BABOUIN
Singe de petite taille	SAÏMIRI • TAMARIN
Singe des forêts d'Afrique tropicale	MANDRILL
Singe dont les cris s'entendent très loin	HURLEUR
Singe du genre macaque	MAGOT • RHÉSUS
Singe du genre sajou	SAÏ
Singe hurleur d'Amérique centrale	ALOUATE
Singe sans queue	GIBBON
Singe voisin du ouistiti	TAMARIN
Singe-araignée	ATÈLE
Singer	IMITER • MIMER • PARODIER
Singerie	GRIMACE • SIMAGRÉE
Singularité	CHINOISERIE • ORIGINALITÉ
Singulier	ÉTRANGE • PARTICULIER • SPÉCIAL
Sinistre	MACABRE
Sinistré	INONDÉ
Sinon	OU
Sinuer	SERPENTER
Sinueuse	TORTUEUSE
Sinueux	TORTUEUX
Sinuosité	DÉTOUR
Sinuosité d'un cours d'eau	MÉANDRE
Sinuosité d'un fleuve	MÉANDRE
Sioux	INDIEN
Siphon	POMPE
Siphonné	BARJO
Sirène	ALERTE
Sirop	ORGEAT
Sirop de couleur rouge	GRENADINE
Sirop fait de jus de grenade	GRENADINE
Sirop préparé avec une émulsion d'amandes douces et amères	ORGEAT
Sirupeux	SUCRÉ
Sis	SITUÉ
Site archéologique du Mexique	ELTAJIN
Site archéologique du sud du Viêt Nam	OC-ÈO
Site souterrain de lancement des missiles stratégiques	SILO
Situation	ÉTAT • ORIENTATION
Situation compliquée	INTRIGUE

Situation confuse	GÂCHIS
Situation d'attente angoissée	SUSPENSE
Situation d'un organe hors de sa place habituelle	ECTOPIE
Situation d'une personne	POSTURE
Situation de fait	STATUT
Situation de tout repos	SINÉCURE
Situation embarrassante	PÉTRIN
Situation embrouillée	IMBROGLIO
Situation engendrant un effet comique	GAG
Situation obscure	NÉANT
Situation sans issue	IMPASSE
Situation sociale	CONDITION
Situation stagnante et mauvaise	MARASME
Situation suspecte et embrouillée	MICMAC
Situé	SIS
Situé au centre	CENTRAL
Situé au-dessus du rein	SURRÉNAL
Situé dans le temps	TEMPOREL
Situé plus bas	INFÉRIEUR
Situé près d'un pôle	POLAIRE
Située	SISE
Située dans le temps	TEMPORELLE
Six	VI
Sixième jour de la semaine	SAMEDI
Sketch	SAYNÈTE
Skif	SKIFF
Skiff	SKIF
Slalomer	ZIGZAGUER
Slip très petit	STRING
Snif	SNIFF
Snifer	PRISER
Sniff	SNIF
Snob	POSEUR
Sobre	CLASSIQUE • DISCRET FRUGAL • TEMPÉRANT
Sobriquet	SURNOM
Sociable	AFFABLE • SOCIAL
Social	CIVIL
Sociétaire	MEMBRE
Société	COMPAGNIE • PEUPLE

Société américaine d'équipements téléphoniques	ITT
Société américaine de réseau téléphonique	ATT
Société de transport de Laval	STL
Société française d'études et de conseil	IPSOS
Société Protectrice des Animaux	SPA
Sociologue allemand mort en 1990	ELIAS
Sociologue américain né en 1866	ROSS
Sociologue italien né en 1848	PARETO
Socle	PIÉDESTAL
Sodium	NA
Sofa	DIVAN
Soi-disant	PRÉTENDU
Soie grossière qui entoure le cocon	BOURRETTE
Soif de connaître	CURIOSITÉ
Soignable	CURABLE
Soigné	ÉLÉGANT • LITTÉRAIRE • TENU
Soigner	CULTIVER • TRAITER
Soigner à l'excès	PEIGNER
Soigneux	VIGILANT
Soin	ATTENTION • SERVICE
Soins	MÉDICATION
Soir	SOIRÉE
Soirée	SOIR • VEILLÉE
Soixante-dix	SEPTANTE
Sol	TERRAIN
Sol apte à la culture d'un vin	TERROIR
Sol caillouteux	GROIE
Sol cultivé par les serfs	GLÈBE
Sol pavé	PAVEMENT
Soldat	GUERRIER • HUSSARD • POILU
Soldat allemand	FRITZ
Soldat américain	GI
Soldat anglais	TOMMY
Soldat appartenant à certains corps	ZOUAVE
Soldat armé de l'arc	ARCHER
Soldat chargé du service d'une pièce de canon	CANONNIER
Soldat d'infanterie légèrement armé	VÉLITE
Soldat de cavalerie légère	CARABIN

Soldat de l'armée américaine	GI
Soldat de l'armée du génie	SAPEUR
Soldat de la vieille garde de Napoléon	GROGNARD
Soldat de service auprès d'un officier	PLANTON
Soldat muni d'un fusil	FUSILIER
Soldat qui assure la garde	SENTINELLE
Soldat vagabond	DRILLE
Soldatesque	MILITAIRE
Solde	DETTE • RESTE
Solder	RÉGLER • VENDRE
Solder à bas prix	SACRIFIER
Soleil ardent	CAGNARD
Soleil brûlant	CAGNARD
Solennel	AUGUSTE • GRANDIOSE
Solenniser	FÊTER
Solennité	APPARAT • DIGNITÉ
Solennité, réjouissance	FESTIVAL
Solidarité	COHÉSION • ENTRAIDE • FRATERNITÉ
Solide	DURABLE • FERME
	INCASSABLE • ROBUSTE
Solide à base circulaire	CÔNE
Solide à six faces	CUBE
Solide ceinture de l'uniforme militaire	CEINTURON
Solidifier	CONGELER
Solidité	FERMETÉ • FORCE
Solitaire	ERMITE • SEUL
Solitude	ISOLEMENT
Solive	POUTRE
Sollicitation	COLLECTE • DEMANDE • INSTANCE
Solliciter	BRIGUER • CONVIER • DEMANDER
	POSTULER • PRIER • RACOLER
	RÉCLAMER • REQUÉRIR
Solliciter de nouveau	RELANCER
Solliciter humblement	MENDIER
Solution	CLÉ • CLEF • CONCLUSION
	FORMULE • ISSUE • REMÈDE
Solution ammoniacale	ALCALI
Solution aqueuse de sel	SAUMURE
Solution d'une substance médicamenteuse	SOLUTÉ
Solution de sucre dans de l'eau	SIROP

Solution désagréable	GALÈRE
Solution huileuse d'essences végétales	OLÉOLAT
Solution résineuse	VERNIS
Solution type d'un exercice	CORRIGÉ
Sombre	FONCÉ • MORNE • MOROSE
	NOIRÂTRE • OBSCUR
	TACITURNE • TRISTE
Sommaire	ABRÉGÉ • SUCCINCT
Sommation	CITATION • ULTIMATUM
Somme	MONTANT • TOTAL
Somme d'argent allouée	
à titre d'encouragement	PRIME
Somme d'argent amassée	MAGOT
Somme d'argent exigée	
pour la délivrance de quelqu'un	RANÇON
Somme d'argent risquée au jeu	ENJEU
Somme déterminée	QUANTUM
Somme économisée	PÉCULE
Somme empruntée	EMPRUNT
Somme payée	PAIEMENT
Somme payée aux prêteurs de titres	DÉPORT
Somme payée en plus	SUPPLÉMENT
Sommeil	DODO
Sommeil provoqué par suggestion	HYPNOSE
Sommeiller	DORMIR • SOMNOLER
Sommer	ADDITIONNER • ENJOINDRE
Sommet	APOGÉE • CIME • FAÎTE • PINACLE
Sommet arrondi d'une colline	MAMELON
Sommet de la tête	SINCIPUT
Sommet des Alpes bernoises	EIGER
Sommet des Alpes suisses	TODI
Sommet frangé	CRÊTE
Sommet le plus élevé des Alpes	BLANC
Sommet volcanique de la Martinique	PELÉE
Sommet, point culminant	ACMÉ
Somnoler	DORMIR
Somptueux	SPLENDIDE • SUPERBE
Somptuosité	SPLENDEUR
Son	BRUIT
Son d'une langue	PHONÈME
Son de fréquence très élevée	ULTRASON

Son émis accidentellement par un tuyau d'orgue mal obturé	CORNEMENT
Son émis par un téléphone	TONALITÉ
Son faux et discordant	COUAC
Son musical	NOTE
Son perçant	CRI
Sonar	ASDIC
Sondage	ENQUÊTE
Sonder	APPROFONDIR • SCRUTER
Songe	RÊVE
Songer	MÉDITER
Songerie	RÊVERIE
Songeur	PENSIF • RÊVEUR
Songeuse	PENSIVE • RÊVEUSE
Sonnaille pour le bétail	CAMPANE
Sonner	CARILLONNER • RÉSONNER • TINTER
Sonner du cor pour rappeler les chiens	GRAILLER
Sonnerie	SONNETTE
Sonnerie d'une clochette d'alarme	TOCSIN
Sonnerie de clairon	DIANE
Sonnerie de cloches	GLAS
Sonnette	CARILLON • GRELOT • TIMBRE
Sonore	RÉSONNANT
Sonorisation	SONO
Sonorité	RÉSONANCE
Soporifique	DORMITIF • SOMNIFÈRE
Sorbier cultivé	CORMIER
Sorbier domestique	CORMIER
Sorcellerie	MAGIE
Sorcier	DEVIN
Sordide	ABJECT • IGNOBLE • MESQUIN
Sornette	BALIVERNE • CONTE
Sort jeté	SORTILÈGE
Sorte	ACABIT • GENRE • GUISE • VARIÉTÉ
Sorte d'algue brune	VARECH
Sorte d'assiette large et creuse	ÉCUELLE
Sorte d'étendard employé comme ornement	BANDEROLE
Sorte d'oie sauvage	BERNACHE
Sorte d'orchidée sans chlorophylle	NÉOTTIE
Sorte d'ortie	RAMIE

Sorte d'outil à foret	DRILLE
Sorte de cabriolet	CAB
Sorte de cabriolet où le cocher est placé derrière	CAB
Sorte de conifère	CÈDRE
Sorte de couverture	HOUSSE
Sorte de flan compact	FAR
Sorte de guitare ronde	BANJO
Sorte de halo	AURA
Sorte de javelot à pointe barbelée	ANGON
Sorte de loquet	TAQUET
Sorte de luth	BANJO
Sorte de luth à deux manches	THÉORBE
Sorte de rabot pour racler les os	RUGINE
Sorte de table creusée en bassin	ÉVIER
Sorte de tissu	RATINE
Sorti	ISSU
Sorti depuis peu d'une école	ÉMOULU
Sorti du droit chemin	DÉVOYÉ
Sortie	ÉQUIPÉE • EXIT • ISSUE PARUTION • PUBLICATION
Sortie d'un organe hors de sa cavité	HERNIE
Sortie d'un personnage	EXIT
Sortilège	DIABLERIE • ÉVOCATION • MALÉFICE
Sortir	DÉPÊTRER • ÉMERGER • POINDRE
Sortir comme la sueur	EXSUDER
Sortir de l'oeuf	ÉCLORE
Sortir de la jante	DÉJANTER
Sortir de sa colère	DÉRAGER
Sortir en un jet subit et puissant	JAILLIR
Sortir et étaler	DÉBALLER
Sot	BENÊT • BÊTA • BÊTE • DADAIS IDIOT • INEPTE • NIAIS NIAISEUX • NIGAUD • STUPIDE
Sotte	BÊTASSE • NIAISEUSE
Sottise	BÊTISE • FADAISE INSANITÉ • NIAISERIE
Sou	CENT
Soubresaut	SACCADE
Souche	ORIGINE
Souci	ARIA • ENNUI • SOIN

Souci de conformité totale à un type idéal	PURISME
Soucieux	INQUIET
Soudain	SUBIT
Soudain, imprévu	BRUSQUE
Souder	ADHÉRER • UNIR
Souder de nouveau	RESSOUDER
Soudoyer	CORROMPRE
Soudure	ADHÉRENCE
Souffle	HALEINE
Souffle d'air	BOUFFÉE
Souffler	ÉTEINDRE • EXPIRER • GONFLER HALETER • RESPIRER
Souffler bruyamment en secouant la tête (S')	ÉBROUER
Soufflet	GIFLE
Souffleter	GIFLER
Souffrance	PEINE
Souffrance physique ou morale	DOULEUR • TOURMENT
Souffrant	INDISPOSÉ • MALADE
Souffreteux	MALADIF
Souffrir	ENDURER • GÉMIR • PÂTIR • RÉSISTER
Souhait	ASPIRATION • DEMANDE DÉSIR • VOEU
Souhaitable, tentant	ENVIABLE
Souhaiter	ESPÉRER • RÊVER
Souillé	MALPROPRE • SALE
Souillé de terre	TERREUX
Souillée de terre	TERREUSE
Souiller	BARBOUILLER • CONTAMINER CROTTER • ENTACHER • INFECTER MACULER • PROFANER SALIR • TACHER
Souiller à nouveau	RESALIR
Souiller par d'indignes paroles	BAVER
Souillure	CORRUPTION • IMPURETÉ
Soûl	IVRE • ROND
Soulager	CALMER • ÔTER • REMÉDIER
Soûlard	SOÛLOT
Soûlaud	SOÛLOT
Soûler	ENIVRER • GRISER • SATURER

Soulevé	LEVÉ
Soulèvement	PUTSCH
Soulèvement inflammatoire de l'épiderme	PUSTULE
Soulèvement populaire	ÉMEUTE
Soulever	DÉCHAÎNER • LEVER
Soulier	GODASSE • TATANE
Soulier élégant	ESCARPIN
Souligner	ACCENTUER • INSISTER PRÉCISER • SIGNALER
Soumettre	ASSERVIR • PROPOSER
Soumettre à l'établissement du cadastre	CADASTRER
Soumettre à un apprêt	APPRÊTER
Soumettre à un compactage	COMPACTER
Soumettre à un recyclage	RECYCLER
Soumettre à un test	TESTER
Soumettre à une lotion	LOTIONNER
Soumis	APPRIVOISÉ • CONQUIS OBÉISSANT • RÉSIGNÉ
Soumis à une température très élevée	CALCINÉ
Soumis, comme un vassal	INFÉODÉ
Soumission	DOCILITÉ • HUMILITÉ
Soupape de chaudière à vapeur	RENIFLARD
Soupape en forme de couvercle à charnière	CLAPET
Soupçon	POINTE
Soupçonneux	INCRÉDULE • MÉFIANT
Soupe	POTAGE
Soupe à l'oignon	TOURIN
Soupe fade parce que trop étendue d'eau	LAVASSE
Soupe faite de pain	PANADE
Soupe grossière	PÂTÉE
Soupirant	AMANT • PRÉTENDANT
Souple	AGILE • AISÉ • LESTE MALLÉABLE • MANIABLE
Souplesse	AGILITÉ
Source	FONTAINE • PRINCIPE
Source d'eau chaude jaillissant par intermittence	GEYSER

Source d'eaux thermales	EAUX
Source de lumière	LAMPE
Source de lumière électrique	LAMPE
Source de profits	FILON
Sourire	RIRE • RISETTE
Sourire de commande	RISETTE
Sourire grimaçant	RICTUS
Sournois	FOURBE • INSIDIEUX
Sous	DESSOUS
Sous-classe d'amphibiens	URODÈLES
Sous-classe d'oiseaux coureurs	RATITES
Sous-entendu	ALLUSION
Sous-entendu dans l'expression de la pensée	ELLIPSE
Sous-estime	DÉPRISE
Sous-fifre	SUBORDONNÉ
Sous-jacent	SUBJACENT
Sous-marin porteur de missiles	LANCEUR
Sous-officier	SERGENT
Sous-ordre	SUBALTERNE
Sous-préf. du Vaucluse	APT
Sous-tasse	SOUCOUPE
Sous-vêtement	CORSET • GAINE
Sous-vêtement féminin	BODY • BUSTIER
Sous-vêtement féminin couvrant le buste	CARACO
Sous-vêtement masculin	CALEÇON
Souscription	COLLECTE
Souscrire	CONTRIBUER
Soustraire	DÉCOMPTER • DÉDUIRE
Soutane d'intérieur	SIMARRE
Soute	CALE
Souteneur	JULES • MAC • MARLOU • RUFFIAN
Soutenu	LITTÉRAIRE
Souterrain	OUBLIETTE • OUBLIETTES
Soutien	ALLIÉ • APPUI • ASSISTANCE BASTION • PILIER • RENFORT SUPPORT • TUTEUR
Soutien apporté par un mécène	MÉCÉNAT
Souvenance	SOUVENIR
Souvenir	RAPPEL

Souverain	DUC • POTENTAT • PRINCE ROI • ROYAL • TSAR • TZAR
Souverain brahmanique, en Inde	RADJAH • RAJAH
Souverain de l'Égypte ancienne	PHARAON
Souverain de l'empire ottoman	SULTAN
Souverain de l'Iran	SCHAH
Souverain de la Perse	SCHAH
Souverain du royaume d'Israël	OMRI
Souverain musulman	CALIFE
Souverain serbe	TSAR
Souverain vassal du sultan	BEY
Souveraine	REINE
Spacieux	GRAND • VASTE
Sparadrap	DIACHYLON
Sparte	SPART
Spatule pour servir le poisson	TRUELLE
Spécialement	SURTOUT
Spécialiste dans le traitement des aliénés	ALIÉNISTE
Spécialiste de droit romain	ROMANISTE
Spécialiste de l'actuariat	ACTUAIRE
Spécialiste de l'étude des sols	PÉDOLOGUE
Spécialiste de l'exploration sous-marine	OCÉANAUTE
Spécialiste de l'histoire du Moyen Âge	MÉDIÉVISTE
Spécialiste de la botanique	BOTANISTE
Spécialiste de la coiffure	COIFFEUSE
Spécialiste de la confection de chaussures	BOTTIER
Spécialiste de la gestion des finances	FINANCIER
Spécialiste de la gymnastique	GYMNASTE
Spécialiste de la physique	PHYSICIEN
Spécialiste de la science des vins	OENOLOGUE
Spécialiste de la sinologie	SINOLOGUE
Spécialiste de la volée au tennis	VOLLEYEUR
Spécialiste des arts graphistes	GRAPHISTE
Spécialiste des courses de vitesse	SPRINTER
Spécialiste des cultures en serres	SERRISTE
Spécialiste des langues romanes	ROMANISTE
Spécialiste des lois	LÉGISTE
Spécialiste des maladies infantiles	PÉDIATRE

Spécialiste des troubles de la vision	OCULISTE
Spécialiste des vins	OENOLOGUE
Spécialiste du droit canon	CANONISTE
Spécialiste du droit féodal	FEUDISTE
Spécialiste éminent	SOMMITÉ
Spécialiste en linguistique	LINGUISTE
Spécialiste en similigravure	SIMILISTE
Spécialiste extrêmement adroit, virtuose	ACROBATE
Spécialité	BRANCHE
Spécialité hongroise	GOULACHE
Spécialité médicale qui étudie les affections du sein	SÉNOLOGIE
Spécialité médicale qui traite des virus	VIROLOGIE
Spécifier	PRÉCISER • STIPULER
Spectacle	PRÉSENTATION • SHOW • THÉÂTRE
Spectacle chorégraphique	BALLET
Spectacle qui a lieu l'après-midi	MATINÉE
Spectacle tauromachique	CORRIDA
Spectaculaire	THÉÂTRAL
Spectateur	TÉMOIN
Spectre	FANTÔME
Spectre d'un mort	LÉMURE
Sperme de poisson	LAITE
Sphère	BOULE
Sphéroïdal	SPHÉRIQUE
Sphinx à buste de femme	SPHINGE
Sphinx femelle	SPHINGE
Spinmaker	SPI
Spirale	VOLUTE
Spirée	ULMAIRE
Spirituel	MORAL
Spiritueux	LIQUEUR
Spleen	CAFARD • ENNUI
Splendeur	BEAUTÉ • FASTE
Splendide	ADMIRABLE • SUPERBE
Spongieuse	POREUSE
Spongieux	POREUX
Sporadique	INTERMITTENT
Spore à un seul noyau de certains champignons	SPERMATIE

Sport	FOOT • GOLF • KARATÉ • POLO RUGBY • SKI • SPORTIF SQUASH • TENNIS
Sport collectif	POLO
Sport d'équipe	HOCKEY • SOCCER
Sport d'origine japonaise	JUDO
Sport de combat	BOXE • JUDO
Sport de combat japonais	KARATÉ
Sport de glisse	SKI
Sport dérivé du cricket	BASEBALL
Sport nautique	SURF
Sportif	SPORT
Sportif pratiquant le yachting	YACHTSMAN
Sportif qui tire au but	TIREUR
Sprint	RUSH
Squame	ÉCAILLE
Square	CARRÉ
Squelette	OS
Squelette d'un être vivant	CHARPENTE
Squelettique	ÉMACIÉ • MAIGRE
Stabiliser	CONSOLIDER
Stabilité	APLOMB
Stable	DURABLE • ÉTABLI PERMANENT • SOLIDE
Stade	PHASE
Stagiaire	APPRENTI
Stagnation	CALME
Stagner	PIÉTINER • SÉJOURNER
Stalle	ÉCURIE
Stalle d'écurie	BOX
Standardiser	NORMALISER
Star	ÉTOILE • VEDETTE
Station	ATTENTE
Station balnéaire d'Israël	EILAT
Station balnéaire de la Rome antique	OSTIE
Station de métro	GARE
Station de sports d'hiver d'Autriche	IGLS
Station-service	GARAGE
Stationnaire	IMMOBILE
Stationnement	PARCAGE
Stationner	GARER

Statue	SCULPTURE
Statue de jeune fille, typique de l'art grec archaïque	KORÊ
Statue de l'art grec	CORÉ
Statuer	JUGER • ORDONNER
Statut	LOI
Stèle	CIPPE
Stellaire	ASTRAL
Stem	STEMM • VIRAGE
Stemm	STEM
Sténographie	STÉNO
Steppe de l'Afrique du Sud	VELD
Steppe de la zone arctique	TOUNDRA
Stéréophonie	STÉRÉO
Stéréophonique	STÉRÉO
Stérile	ARIDE • INCULTE • SEC
Stériliser	ASEPTISER
Stérilité	ARIDITÉ • INUTILITÉ
Sternutation	ÉTERNUEMENT
Stibium	SB
Stigmate	CICATRICE
Stigmatiser	FUSTIGER
Stimulant	ACTIVANT • ADJUVANT • DOPANT
Stimulation des ventes	PROMOTION
Stimuler	ACTIVER • ANIMER • DOPER ENHARDIR • ÉROTISER ÉVEILLER • RÉCONFORTER
Stipulation	DISPOSITION
Stoïque	IMPASSIBLE
Stopper	CESSER • JUGULER
Stoupa	STUPA
Strabisme	LOUCHERIE
Stratagème	TRUC
Stratège	TACTICIEN
Stratégie	TACTIQUE
Stressé	TENDU
Strict	SÉVÈRE
Strident	AIGU • PERÇANT
Strie	CANNELURE
String	SLIP
Strontium	SR

Strophe	COUPLET • STANCE
Strophe de huit vers	HUITAIN
Strophe de trois vers	TERCET
Structure	CONSTITUTION • SCHÈME
Structuré	ORGANISÉ
Structure allongée reliant deux organes	PÉDONCULE
Structure d'un réseau	TRAME
Structure du corps humain	CHARPENTE
Structure du vers moderne	MÈTRE
Structurer	ORGANISER
Studieux	APPLIQUÉ
Studio, petit appartement	FLAT
Stupéfaction	STUPEUR • SURPRISE
Stupéfait	BABA • ÉBAUBI • ÉBERLUÉ ÉTONNÉ • PANTOIS • SURPRIS
Stupéfiant	AHURISSANT • COCAÏNE DROGUE • ÉTONNANT
Stupéfiant extrait d'un pavot	OPIUM
Stupéfiant très toxique	HÉROÏNE
Stupéfié	ÉBAHI • STUPÉFAIT
Stupéfier	ABASOURDIR • CONFONDRE ÉBAHIR • ÉPATER MÉDUSER • SIDÉRER
Stupeur	SURPRISE
Stupide	BÊTE • CRÉTIN • IDIOT • SOT
Stupidité	BÊTISE • IDIOTIE • SOTTISE
Style d'improvisation vocale	SCAT
Style de jazz	BE-BOP
Style de jazz, né à New York	BOP
Style de musique disco	RAP
Style vocal propre au jazz	SCAT
Stylo à bille	BIC
Stylo à encre grasse	FEUTRE
Suaire	LINCEUL
Suave	AGRÉABLE • DOUCE • ODORANT
Subalterne	INFÉRIEUR • MOINDRE SUBORDONNÉ
Subdivision d'un ensemble	SECTION
Subdivision d'un lobe	LOBULE
Subdivision de la police	BRIGADE

Subir	ACCEPTER • ENDURER
	ÉPROUVER • ESSUYER
Subir le rouissage	ROUIR
Subir les inégalités de la route	TRESSAUTER
Subir une nouvelle cuisson	RECUIRE
Subit	SOUDAIN
Sublime	ADORABLE • DIVIN
Submerger	INONDER • NOYER
Subordonné	SUBALTERNE
Suborner	CORROMPRE
Subséquemment	ENSUITE
Subside	SUBVENTION
Subsidiaire	ACCESSOIRE
Subsister	DURER • PERSISTER • SURNAGER
Substance	CHOSE • DENRÉE
	ESSENCE • MATIÈRE
Substance alimentaire grasse	BEURRE
Substance brune très odorante	MUSC
Substance chimique propre à doper	DOPANT
Substance dont l'injection provoque la synthèse d'anticorps spécifiques	ANTIGÈNE
Substance dont on enduit la semelle des skis	FART
Substance employée dans la préparation des cuirs	TANNIN
Substance étalée sur une surface	COUCHE
Substance étrangère à l'organisme capable d'entraîner la production d'anticorps	ANTIGÈNE
Substance extraite d'algues marines	GÉLOSE
Substance extraite de l'opium	CODÉINE
Substance farineuse composée d'amidon	FÉCULE
Substance filiforme	SOIE
Substance friable dans l'eau	SEL
Substance grasse comestible	MARGARINE
Substance grasse de couleur jaune	CIRE
Substance indispensable à l'organisme	VITAMINE
Substance ligneuse odorante	SANTAL
Substance métallique sulfureuse	MATTE
Substance minérale à l'épreuve du feu	AMIANTE

Substance minérale fibreuse	ASBESTE
Substance moelleuse renfermée dans la cavité du crâne	CERVEAU
Substance molle	MOELLE
Substance molle du corps de l'homme	CHAIR
Substance mucilagineuse transparente	GOMME
Substance noire	SUIE
Substance odoriférante	AROMATE
Substance onctueuse liquide	HUILE
Substance organique d'origine végétale	TANIN
Substance organique soluble	ENZYME
Substance poreuse	ÉPONGE
Substance propre à teindre	TEINTURE
Substance protéinique	ENZYME
Substance qui constitue le cerveau	CERVELLE
Substance qui constitue les défenses d'éléphant	IVOIRE
Substance qui endort	SOMNIFÈRE
Substance riche en calcaire	NACRE
Substance sirupeuse et sucrée	MIEL
Substance soluble dans l'eau	SEL
Substance toxique des piquants de certaines plantes	VENIN
Substance utilisée comme succédané du sucre	SACCHARINE
Substance végétale odoriférante	AROMATE
Substance vitreuse dont on fait des vases	OPALINE
Substance vitreuse fondue à chaud	ÉMAIL
Substance, teneur	CONTENU
Substantif verbal	SUPIN
Substituer	REMPLACER
Substitut	SUCCÉDANÉ
Subterfuge	ARTIFICE
Subtil	FIN • RAFFINÉ
Subtiliser	DÉROBER • ESCAMOTER
Subtilité	FINESSE • PERSPICACITÉ
Subvenir	POURVOIR
Subvention	ALLOCATION • PRIME
Subventionner	SUBVENIR
Suc de certains fruits	EAU

Suc des capsules d'un pavot	OPIUM
Succédané	SUBSTITUT
Succédané de crabe	SURIMI
Succédané du sucre	SACCHARINE
Succéder à	REMPLACER
Succès	GAIN • PERFORMANCE
	PROSPÉRITÉ • RÉUSSITE • VICTOIRE
Successeur	HÉRITIER
Successeur, imitateur	ÉPIGONE
Succession	ALTERNANCE • LEGS • RELÈVE • SÉRIE
Succession de souverains	
de la même famille	DYNASTIE
Succession rapide	CARROUSEL
Succinct	SOMMAIRE
Succulent	DÉLECTABLE
Succursale	ANNEXE
Sucer	POMPER
Sucer avec délectation	TÉTER
Suceur de sang	VAMPIRE
Suçon	SUCETTE
Suçoter	TÉTER
Sucre qui n'a été raffiné qu'une fois	CASSONADE
Sucre roux	CASSONADE
Sucrée	DOUCE
Sucrer	ÉDULCORER
Sucrerie	FRIANDISE
Sud-est	SUET
Sudation	SUEUR
Suée	SUEUR
Suer	BESOGNER • SUINTER • TRANSPIRER
Suer à nouveau	RESSUER
Sueur	SUÉE
Suffisamment	ASSEZ
Suffisance	FATUITÉ
Suffisant	ASSEZ • FIER • PÉDANT
Suffoquer	ÉTOUFFER
Suffrage	SCRUTIN
Suffrage, dans une élection	VOTE
Suggérer	CONSEILLER • INSINUER
	INSPIRER • PROPOSER
Suggestif	INSPIRANT

Suicide par incision du ventre	SEPPUKU
Suicide rituel, au Japon	SEPPUKU
Suinter	EXSUDER • PERLER • SUER
Suinter de nouveau	RESSUER
Suisse	TAMIA
Suite	CONTRECOUP • ENFILADE
	ÉQUIPAGE • SÉRIE • TRAIN
Suite complexe de transformations	ALCHIMIE
Suite d'anneaux entrelacés	CHAÎNE
Suite d'arbres fruitiers	ESPALIER
Suite d'aventures	ÉPOPÉE
Suite d'éléments	TISSU
Suite de bruits violents	PÉTARADE
Suite de cinq cartes de même couleur	QUINTE
Suite de détonations	PÉTARADE
Suite de détours d'un cours d'eau	MÉANDRE
Suite de mots	LISTE
Suite de personnes	CORTÈGE • ÉQUIPAGE
Suite de sons modulés émis par la voix	CHANT
Suite de souverains d'une même lignée	DYNASTIE
Suite interminable	KYRIELLE
Suite musicale accompagnant un ballet	BALLET
Suite ordonnée d'éléments	SÉQUENCE
Suivant	SELON
Suivre	FILER • OBÉIR • PISTER • SUCCÉDER
Sujet	THÈME
Sujet à des accès de mauvaise humeur	QUINTEUX
Sujet à oublier	OUBLIEUX
Sujet d'étude	QUESTION
Sujet de contrariété	DÉSAGRÉMENT
Sujet non musulman de l'Empire ottoman	RAÏA
Sujétion	CAPTIVITÉ
Sujette à des changements imprévus	CAPRICIEUSE
Sulfate	VITRIOL
Sulfate double	ALUN
Sulfate double de potassium et d'aluminium	ALUN
Sulfate naturel de zinc	BLENDE
Sulfure jaune d'arsenic utilisé en peinture	ORPIMENT

Sulfure naturel de plomb	GALÈNE
Summum	APOGÉE • COMBLE • PERFECTION
Super	GÉNIAL
Superbe	ADMIRABLE • RAVISSANT
Supercherie	DUPERIE
Superficie	AIRE • SURFACE
Superficiel	FUTILE
Superfin	SURFIN
Superflu	INUTILE
Supérieur	ÉLEVÉ • MEILLEUR • PRIEUR
Supérieur d'une abbaye	ABBÉ
Supérieur de certaines communautés religieuses	PRIEUR
Supérieur par le rang	MAJOR
Supérieure d'un couvent	ABBESSE
Supérieure d'une abbaye	ABBESSE
Supérieure d'une communauté religieuse	MÈRE
Supériorité	SUPRÉMATIE
Superlatif	SUPRÊME
Superposer	ÉTAGER
Superposer par lits	LITER
Supplanter	DÉTRÔNER • ÉLIMINER
Supplément	COMPLÉMENT • EXTRA • PLUS • RAB RALLONGE • SURCROÎT • SURPLUS
Supplément dans une distribution	RABIOT
Supplication	OBSÉCRATION • PRIÈRE
Supplice	TORTURE
Supplice du feu	AUTODAFÉ
Supplice, grande souffrance	MARTYRE
Supplicier	TORTURER
Supplier	ADJURER • CONJURER DEMANDER • PRIER
Supplique	REQUÊTE
Support	APPUI • PILIER • SOUTIEN
Support à trois pieds	TRÉPIED
Support allongé et grêle	PÉDICULE
Support d'information	DISQUE
Support d'une ampoule électrique	DOUILLE
Support d'une dent artificielle	PIVOT
Support formé d'une barre horizontale	TRÉTEAU

Supportable	TENABLE
Supporte la tête	COU
Supporter	ACCEPTER • ASSUMER • RÉSISTER SOUTENIR • SUBIR • TOLÉRER
Supposé	CENSÉ • PRÉSUMÉ • PRÉTENDU
Supposer	ADMETTRE • PRÉSUMER
Supposer, parier	GAGER
Supposition	CONJECTURE • HYPOTHÈSE PRÉSOMPTION
Suppôt	FAUTEUR
Suppression	ABOLITION • RADIATION • RATURE
Suppression de toutes marques distinctives	BANALISATION
Supprimer	ABOLIR • ABROGER • ANNIHILER ÔTER • TUER
Supprimer la taxe	DÉTAXER
Supputer	CALCULER
Suprématie d'un peuple	HÉGÉMONIE
Suprématie de fait	PRIMAUTÉ
Suprême	EXTRÊME
Sur	DESSUS • SURI
Sûr	AVÉRÉ • CERTAIN • CONFIANT EFFICACE • OFFICIEL • POSITIF • VRAI
Sur la Drôme	CREST
Sur la Marne	AY
Sur la Vesle, en Champagne	REIMS
Sur ses gardes (Aux ...)	AGUETS
Sur ses pieds	DEBOUT
Sur-le-champ	ILLICO
Surabondant	SUPERFLU
Suranné	ANTIQUE • ARRIÉRÉ • VIEILLOT
Surcharge	FARDEAU
Surchargé	AFFAIRÉ
Surcharger	GREVER
Surclasser	SURPASSER
Sûre	OFFICIELLE
Surélever	HAUSSER • REHAUSSER
Surenchérir	RELANCER
Surestimé	SURFAIT
Surestimer	EXAGÉRER • SURFAIRE
Suret	ACIDULÉ

Sûreté du Québec	SQ
Surévalué	SURFAIT
Surexcité	EXALTÉ
Surface	AIRE • ÉTENDUE
Surface couverte de gazon	PELOUSE
Surface couverte de plantes herbacées	PRAIRIE
Surface d'érosion, en pente	GLACIS
Surface de terre	SOL
Surface décorative pyramidée	GABLE
Surface divisée et graduée de certains appareils	CADRAN
Surface extérieure d'un volume	PÉRIPHÉRIE
Surface latérale d'un piston	JUPE
Surface très glissante	PATINOIRE
Surfilage	SURFIL
Surfin	SUPERFIN
Surgeler	GELER
Surgir	APPARAÎTRE • JAILLIR • SOURDRE
Surin	COUTEAU
Surmonter	VAINCRE
Surnager	FLOTTER
Surnom	NOM • SOBRIQUET
Surnom des Normands	BIGOT
Surnom familier	SOBRIQUET
Surnommé	DIT
Surnommer	BAPTISER
Surpasser	ÉCLIPSER
Surplomber	CULMINER
Surplus	SUPPLÉMENT
Surprenant	DÉCONCERTANT
Surprendre	ATTRAPER • ÉTONNER • PINCER
Surprendre, déranger	DÉCOIFFER
Surprise-partie	BOUM • SAUTERIE
Surprotéger	COUVER
Surseoir	AJOURNER • SUSPENDRE
Sursis	DÉLAI • RÉPIT • REPORT
Surveillance	GUET
Surveillance attentive	VIGILANCE
Surveillance collective de jeunes enfants	GARDERIE
Surveillance exercée de nuit par la police	GUET

Surveillant	GEÔLIER • VIGILE
Surveillant vigilant, espion	ARGUS
Surveiller	ÉPIER • ESPIONNER • GARDER
	GUETTER • INSPECTER
Surveiller quelqu'un	VEILLER
Survenir	ADVENIR • APPARAÎTRE • ARRIVER
Survivant	RESCAPÉ
Survivre	SUBSISTER
Survoler	PLANER
Susceptible d'érection	ÉRECTILE
Susceptible de fondre	FUSIBLE
Susceptible de provoquer une excitation sexuelle	ÉROGÈNE
Susceptible de subir l'ablation	ABLATIF
Susciter	ÉVEILLER
Susciter l'indignation	SCANDALISER
Susciter un sentiment néfaste	FOMENTER
Susmentionné	SUSDIT
Suspect	LOUCHE
Suspendre	ACCROCHER • CESSER • PENDRE
Suspendre son travail	CHÔMER
Suspendu	IRRÉSOLU • PENDU
Suspens	SUSPENSE
Suspense	SUSPENS
Suspension	MORATOIRE • PAUSE
Suspicion	DOUTE • SOUPÇON
Sustenter	ALIMENTER
Survêtement à larges manches	CASAQUE
Svelte	MINCE
Symbole	ATTRIBUT • EMBLÈME
Symbole des apôtres	CREDO
Symbole du désir	ÉROS
Symbole formé d'un ensemble de signes graphiques	LOGO
Symbole graphique	ICÔNE
Symbole graphique représentant un nombre entier	DIGIT
Symbolique	FIGURATIF
Symétrie	RÉGULARITÉ
Sympathie	CORDIALITÉ
Sympathie pour les étrangers	XÉNOPHILIE

Sympathique	AMICAL • CORDIAL
Symposium	SÉMINAIRE
Symptomatique du rhume	ENRHUMÉ
Symptôme	INDICE
Synagogue	TEMPLE
Synode	CONCILE
Système	MÉTHODE • RÉGIME
Système de détection	RADAR
Système de fermeture	VERROU
Système de fossés d'effondrement	RIFT
Système de glisseurs	TORSEUR
Système de télécopie	FAX
Système de télévision en couleurs	SECAM
Système linguistique mixte limité à quelques règles	SABIR
Système optique	OBJECTIF
Système pileux	PILOSITÉ
Système, enseignement	DOCTRINE

Tabac à fumer	CAPORAL
Tabasser	BATTRE • ROUER
Tablard	TABLAR
Table	BUREAU
Table creusée en bassin	ÉVIER
Table d'opération	BILLARD
Table de pressoir	MAIE
Table de toilette	LAVABO
Table de travail de boucher	ÉTAL
Table de travail des menuisiers	ÉTABLI
Table des tarifs	BARÈME
Table où l'on célèbre la messe	AUTEL
Table où sont servis les mets dans une réception	BUFFET
Table ronde munie d'un seul pied central	GUÉRIDON
Tableau	DESCRIPTION • TABLE • TOILE
Tabletier	ÉBÉNISTE
Tablette	ÉTAGÈRE
Tablette à calculer	ABAQUE
Tablette de métaldéhyde	MÉTA
Tablette de rangement	RAYON
Tablette ou jeton	TESSÈRE
Tablette sur laquelle on écrit ou dessine	ARDOISE
Tabou	INTERDIT
Tâche	BESOGNE • DEVOIR
Tache (angl.)	SPOT
Tache blanchâtre sur la cornée	LEUCOME
Tache blanche de la cornée	ALBUGO
Tache blanche située à la base de l'ongle	LUNULE
Tache congénitale sur la peau	NAEVUS
Tache d'humidité sur du papier	PIQÛRE
Tache dans le bois	MAILLURE
Tache de ce qui est tavelé	TAVELURE
Taché de graisse	GRAISSEUX
Tâche ennuyeuse	PENSUM
Tache lumineuse	SPOT

Tache opaque de la cornée	TAIE
Taché par endroits	TAPÉ
Tache qui se forme sur la prunelle de l'oeil	MAILLE
Tache ronde sur l'aile d'un insecte	OCELLE
Tache rouge sur la peau	ROUGEUR
Tache roussâtre	ROUSSEUR
Tache violacée de la peau	VIBICE
Taché, en parlant d'un fruit	TALÉ
Tacher	BARBOUILLER • MACULER • SALIR
Taches congénitales sur la peau	NAEVI
Tacheté	MOUCHETÉ • ZÉBRÉ
Taciturne	MORNE • MUET • SOMBRE
Tact	DÉLICATESSE
Tactique	STRATÉGIE
Taffetas léger de soie	PONGE
Taillade	PLAIE
Taillader	BALAFRER
Taille	CALIBRE • GROSSEUR POINTURE • STATURE
Taillé comme un écot	ÉCOTÉ
Tailler	DÉCOUPER • ÉLAGUER • TRANCHER
Tailler à l'aide de ciseaux	CISELER
Tailler de nouveau	RETAILLER
Tailler en biseau	BISEAUTER • ÉBISELER
Tailler un arbre près du sol	RECÉPER
Tailleur	GILETIER
Taillis	FOURRÉ
Taire	CELER • OMETTRE
Talé	TAPÉ
Talent brillant	BRIO
Taler	MEURTRIR
Talisman	AMULETTE • FÉTICHE
Talisman porte-bonheur	GRIGRI
Talonné	SUIVI
Talonner	SUIVRE
Talus de terre au-dessus du fossé	ESCARPE
Talus destiné à protéger les plantes	ADOS
Tambour	TAMTAM
Tambour allongé	CONGA
Tamis	CRIBLE • SAS

Tamis grossier	TAMISEUR
Tamiser	FILTRER • SASSER
Tamiser de la farine pour la séparer du son	BLUTER
Tamiseur	SASSEUR
Tampon	TAPON
Tamponnement	COUP
Tamponner	PERCUTER • TÉLESCOPER
Tan	ÉCORCE
Tangage	HOULE
Tangible	EFFECTIF • PALPABLE • SENSIBLE
Tanière	REPAIRE • TERRIER
Tank	CHAR
Tanné	BASANÉ
Tanner	BOUCANER
Tanner une peau à l'alun	MÉGIR
Tant	AUTANT
Tantale	TA
Tante	TANTINE • TATA
Tantine	TANTE
Tantôt	BIENTÔT
Tapage	PET • TINTAMARRE • VACARME
Tapage nocturne	RAMDAM
Tapant	SONNANT
Tape	TALOCHE
Tape-à-l'oeil	TAPAGEUR
Taper	COGNER • FRAPPER
Taper contre quelque chose	TOSSER
Taper sur une caisse enregistreuse	TIPER
Tapis couvrant le sol de certains locaux	TATAMI
Tapis d'Orient tissé	KILIM
Tapis dont la trame est constituée de lanières de tissu usagé	LIRETTE
Tapisser	COLLER
Tapisserie	TENTURE
Tapocher sur quelque chose	PIANOTER
Tapoter	TAPER
Taquin	MALICIEUX
Taquiner	CHINER • LUTINER
Taquinerie plutôt agréable	AGACERIE
Tarabiscoté	CONTOURNÉ

Tarabuster	HARCELER
Tarder	TRAÎNER
Taré	DÉGÉNÉRÉ
Tarif	PRIX
Tarin	BLAIR • BLASE
Tartelette au fromage	DARIOLE
Tartine de beurre	BEURRÉE
Tartufe	BIGOT
Tas	AMAS • MONCEAU
	MONTICULE • PILE
Tas de sel	MULON
Tas non attaché	LIASSE
Tassé	SERRÉ
Tasser	COMPRIMER • PRESSER
Tasser le sol	DAMER
Tâter	TOUCHER
Tatie	TATA
Taudis	CAMBUSE • GOURBI
Taure	GÉNISSE
Taureau	BOEUF
Taux	TARIF
Taux de glucose dans le sang	GLYCÉMIE
Taux de potassium dans le sang	KALIÉMIE
Taxe	IMPÔT
Taxe Provinciale	TP
Taxe supplémentaire	SURTAXE
Taxe sur certains produits de consommation	EXCISE
Taxe sur Produits et Services	TPS
Taxer	IMPOSER
Tchao	CIAO
Tchin-tchin	SANTÉ
Té	ÉQUERRE
Technétium	TC
Technique artisanale de décoration de la soie	BATIK
Technique de descente à skis	GODILLE
Technique hindoue	YOGA
Teenager	ADO
Teigne	PELADE
Teigne du cuir chevelu	FAVUS

Teigne qui ronge les étoffes	GERCE
Teiller	TILLER
Teindre	COLORER
Teindre de nouveau	RETEINDRE
Teindre en ocre	OCRER
Teint de nouveau	RETEINT
Teinte	COULEUR • TON
Teinte plate appliquée de façon uniforme	APLAT
Teinter	COLORER • TEINDRE
Teinture d'un rouge vif	GARANCE
Teinture tirée de la garance	GARANCE
Télé	TÉLÉVISION
Télécopie	FAX
Télégraphie Sans Fil	TSF
Téléphone à haut-parleur	INTERPHONE
Téléphonie	PHONIE
Télescoper	PERCUTER
Téléviseur	TÉLÉVISION
Télévision	TÉLÉ
Tellement	AUTANT • SI • TANT
Tellure	TE
Témérité	PRÉSOMPTION
Témoignage	CITATION • PREUVE
Témoignage d'estime	HOMMAGE
Témoignage d'opposition	PROTESTATION
Témoignage d'un triomphe	TROPHÉE
Témoigner	ATTESTER • PROUVER
Témoin	PRÉSENT
Témoin d'un huissier	RECORS
Témoin lumineux	VOYANT
Témoin oculaire	SPECTATEUR
Tempe du cheval	LARMIER
Tempérament	CARACTÈRE
Tempérance	ABSTINENCE • SOBRIÉTÉ
Tempérant	SOBRE
Température élevée	CHALEUR
Tempérer	ASSAGIR • MITIGER • MODÉRER
Tempête	CYCLONE
Tempête violente et courte	TOURMENTE
Temple	ÉGLISE • SANCTUAIRE

Temple consacré à tous les dieux	PANTHÉON
Temple d'Égypte creusé dans le roc	SPÉOS
Temple des Muses	MUSÉE
Temple des pays d'Extrême-Orient	PAGODE
Tempo	RYTHME
Temporaire	PASSAGER
Temporel	MORTEL • SÉCULIER
Temps	DURÉE
Temps de la vie	JEUNESSE
Temps de repos	RÉCRÉATION • VACANCES
Temps de révolution de la Terre autour du Soleil	ANNÉE
Temps de sommeil	SIESTE
Temps du noviciat	PROBATION
Temps libre	LOISIR
Temps que l'on passe sans travailler	CHÔMAGE
Tenace	CORIACE • PERSÉVÉRANT PERSISTANT • VIVACE
Tenacement	MORDICUS
Ténacité	OBSTINATION
Tenaille	ÉTAU • PINCE
Tenaille utilisée par le vétérinaire	MORAILLE
Tenailler	ÉTREINDRE • TORTURER • TRACASSER
Tenancière	PATRONNE
Tenant	AVOCAT
Tendance	APPÉTIT • ORIENTATION
Tendance innée et puissante	INSTINCT
Tendance naturelle	PROPENSION
Tendeur	TENSEUR
Tendon	NERF
Tendre	BANDER • CÂLIN • MOL MOU • RAIDIR
Tendre au même résultat	CONVERGER
Tendre avec effort	BANDER
Tendre des pièges aux oiseaux	OISELER
Tendre un piège	PIÉGER
Tendre vers un seul et même point	CONVERGER
Tendre, tirer	DISTENDRE
Ténébreux	NOIR
Teneur du sang en glucose	GLYCÉMIE
Teneur en boues d'un cours d'eau	TURBIDITÉ

Teneur en sel d'un milieu	SALINITÉ
Tenir	APPUYER
Tenir bon	PERSÉVÉRER
Tenir caché, secret	RECELER
Tenir séance	SIÉGER
Tenir secret	CELER
Tension	PRESSION
Tentant	SÉDUISANT
Tentation	INCITATION
Tente de peau des nomades de l'Asie centrale	IOURTE
Tente des Améridiens	WIGWAM
Tente des Indiens d'Amérique du Nord	TIPI
Tente en feutre, chez les Mongols	YOURTE
Tenter	ALLÉCHER • OSER • TÂCHER
Tenter de nouveau	RESSAYER • RETENTER
Tenture	DRAPERIE
Tenue	TOILETTE
Tenue obligatoire	UNIFORME
Tenue ridicule	ACCOUTREMENT
Terbium	TB
Tercer	TIERCER
Tergiversation	ATERMOIEMENT
Tergiverser	ERGOTER
Terme	BORNE • BOUT • BUT ÉCHÉANCE • FIN • VOCABLE
Terme affectueux donné à un père	PAPA
Terme d'affection concernant un enfant	TROGNON
Terme de bridge	ROB • ROBRE
Terme de cuisine japonaise	SUSHI
Terme de photographie	ISO
Terme de ping-pong	LET
Terme de poker	FLUSH • FULL
Terme de tennis	ACE • LET • OUT
Terme de tennis de table	LET
Terme grossier	JURON
Terme injurieux désignant un homme de rien	BÉLÎTRE
Terme utilisé principalement par les taoïstes	TAO
Terme, au football	TACLE

Terme, aux échecs	MAT
Terminaison	EXTRÉMITÉ
Terminal	AÉROPORT • FINAL
Terminé en tête arrondie	CAPITÉ
Terminer	ACCOMPLIR • ACHEVER
	COMPLÉTER • CONSOMMER • FINIR
Terne	EFFACÉ • FADE • FALOT
	MAT • TERNI
Terrain	CHAMP • TERRE
Terrain de golf	LINKS
Terrain en pente	TALUS
Terrain marécageux	SAVANE
Terrain non cultivé et abandonné	FRICHE
Terrain où l'on cultive des végétaux	JARDIN
Terrain où se disputent les courses de chevaux	TURF
Terrain planté d'arbres	PLANTATION
Terrain planté d'arbres fruitiers	OUCHE • VERGER
Terrain planté d'orangers	ORANGERAIE
Terrain qui n'est pas encore essouché	ABATIS
Terrains que la mer laisse à découvert	LAIS
Terrassé	VAINCU
Terrasse	BELVÉDÈRE • ESPLANADE
Terrasser	ACCABLER
Terre	ARGILE • UNIVERS
Terré	TAPI
Terre ammoniacale	TERRAMARE
Terre d'alluvions au fond des vallées	PALUS
Terre détrempée	BOUE • GADOUE
Terre entourée d'eau	ÎLE
Terre imperméable et stérile	GÂTINE
Terre inculte où l'on fait paître le bétail	PÂTIS
Terre labourée	LABOUR
Terre labourée et non ensemencée	GUÉRET
Terre légère	ERBUE
Terre libre exempte de toute redevance	ALLEU
Terre maigre	ERBUE
Terre marécageuse	GÂTINE
Terre non cultivée	FRICHE
Terre tenue d'un seigneur	TÈNEMENT
Terre très argileuse	GLAISE

Terreau	HUMUS
Terrestre	TEMPOREL
Terreur	AFFOLEMENT • EFFROI
Terrien	AGRICULTEUR
Terrier	TANIÈRE
Terrifier	AFFOLER • TERRORISER
Terrine	PÂTÉ
Territoire	POSSESSION • SOL
Territoire d'un vicaire	VICARIAT
Territoire portugais sur la côte de la Chine	MACAO
Terroriser	INTIMIDER • TERRIFIER
Terser	TIERCER
Tertre	ÉMINENCE
Test	ESSAI
Tester	ESSAYER
Testicule	COUILLE
Tête	BILLE • BINETTE • BOUILLE CABOCHE • CIGARE • CRÂNE NÉNETTE • TRONCHE
Tête d'ail	GOUSSE
Tête d'une bague	CHATON
Tête de rocher	ÉTOC
Tête du cochon	HURE
Tête du lit	CHEVET
Tête du sanglier	HURE
Tête-à-tête	ENTRETIEN
Téter	SUCER
Tétine	TÉTIN
Têtu	BUTÉ • ENTÊTÉ • OBSTINÉ • TENACE
Texte en prose	POÈME
Texte entouré d'un filet qui le met en valeur	ENCADRÉ
Texte introductif	PROLOGUE
Texte lyrique et épique relativement bref	CANTILÈNE
Texte mis en valeur par un filet	ENCADRÉ
Texte préliminaire	PRÉAMBULE
Textile artificiel à fibres courtes	FIBRANNE
Textuel	LITTÉRAL
Thaïlandais	SIAMOIS

Thallium	TL
Théâtre	DRAME
Théâtre du Nouveau Monde	TNM
Théâtre National Populaire	TNP
Théiste	DÉISTE
Thème	SUJET
Théologien et écrivain espagnol	LULLE
Théologien musulman	ULÉMA
Théoricien de la tactique	TACTICIEN
Théorie de la pensée	NOÉTIQUE
Théorie particulière	THÈSE
Thérapeute	MÉDECIN
Thérapeutique	CURATIF • THÉRAPIE
Thermie	TH
Thèse	THÉORIE
Thiamine	ANEURINE
Thon blanc	GERMON
Thon de la Méditerranée	BONITE
Thorium	TH
Thrombose	EMBOLIE
Thulium	TM
Thune	TUNE
Thymus du veau	RIS
Ticket	BILLET
Tiède	TEMPÉRÉ
Tiédeur	DOUCEUR
Tiercer	TERCER • TERSER
Tige au collet d'une plante	TALLE
Tige cylindrique	VIS
Tige d'acier ou de métal	AIGUILLE
Tige de fer pour soutenir des ouvrages de plâtre	FENTON
Tige de graminée	PAILLE
Tige de la vigne	SARMENT
Tige de métal pointue	POINÇON
Tige de roseau	GLUI
Tige des céréales	CHAUME • PAILLE
Tige droite	FLÈCHE
Tige droite de certaines plantes	CANNE
Tige fixée dans le plat-bord d'une barque	TOLET

Tige fixée dans le sol pour soutenir des plantes	TUTEUR
Tige ligneuse de plantes arborescentes	STIPE
Tige métallique	CLOU • GOUJON
Tige pour attiser le feu	TISONNIER
Tige provenant d'un bourgeon axillaire	STOLON
Tige terminée en pointe	AIGUILLE
Tigré	MOUCHETÉ • TACHETÉ
Timbré	TOQUÉ
Timbrer	AFFRANCHIR
Timide	PUDIBOND • TIMORÉ
Timoré	FRILEUX
Timorée	PEUREUSE
Tintamarre	CACOPHONIE TINTOUIN • VACARME
Tintement d'une cloche d'église	GLAS
Tinter	CARILLONNER • SONNER
Tipi	TENTE
Tique	IXODE
Tirailler	BALLOTTER • ÉCARTELER
Tirailleur algérien	TURCO
Tirant sur le bleu	BLEUÂTRE
Tire-au-flanc	PARESSEUX
Tirer	CANARDER • PUISER • TRAÎNER
Tirer comme conséquence d'un fait	INFÉRER
Tirer d'un mauvais pas	DÉBOURBER
Tirer de l'ivresse	DESSOÛLER
Tirer de son fourreau	DÉGAINER
Tirer de son portefeuille	DÉBOURSER
Tirer le lait du pis	TRAIRE
Tirer plaisir	JOUIR
Tirer sur une cigarette sans vraiment fumer	CRAPOTER
Tireur	FUSILIER
Tireur à l'arc	ARCHER
Tissage artisanal	LIRETTE
Tissé comme le damas	DAMASSÉ
Tisser	ENTRELACER
Tisser de nouveau	RETISSER
Tisserand	TISSEUR

Tissu	CACHEMIRE • ÉTOFFE
	GABARDINE • POPELINE
Tissu à armure façonnée	PELUCHE
Tissu à chaîne de soie	POPELINE
Tissu à mailles lâches	CELLULAR
Tissu à mailles rondes	TULLE
Tissu à poils longs	PELUCHE
Tissu adipeux sous-cutané du porc	LARD
Tissu composé de fibres d'amiante	AMIANTE
Tissu couvrant le corps d'un animal	TÉGUMENT
Tissu d'armure croisée	COUTIL
Tissu d'armure sergé en laine	SERGE
Tissu damassé	BASIN
Tissu de coton	DENIM
Tissu de coton gratté pour avoir un aspect velouté	VELOUTINE
Tissu de coton pelucheux	PILOU
Tissu de coton, fin et serré	PERCALE
Tissu de crêpe épais	CRÊPON
Tissu de joncs entrelacés	NATTE
Tissu de laine	DRAP • FLANELLE
Tissu de laine à côtes très fines	GABARDINE
Tissu de laine cardée	TWEED
Tissu de laine épais	RATINE
Tissu de laine imperméable	LODEN
Tissu de laine ou de coton	MOLLETON
Tissu de soie	SOIERIE • TAFFETAS
Tissu de soie ou de laine	DAMAS
Tissu écossais de laine ou de coton	TARTAN
Tissu en armure toile	LINON
Tissu en fibres de raphia	RABANE
Tissu fait de fils de lin, de coton, etc.	TOILE
Tissu formé avec des aiguilles	TRICOT
Tissu léger	TULLE
Tissu léger de laine	SERGE
Tissu léger en coton	FLANELLE
Tissu léger et transparent	GAZE
Tissu peu serré de crin	ÉTAMINE
Tissu pour emmailloter un bébé	LANGE
Tissu qui produit une sécrétion sucrée	NECTAIRE
Tissu sergé	DENIM

Tissu serré de soie	CRÊPE
Tissu souple de coton	CELLULAR
Tissu spongieux	DIPLOÉ
Tissu synthétique	LYCRA
Tissu très ajouré	DENTELLE
Tissu végétal	LIBER
Tissu végétal épais	LIÈGE
Titan	GÉANT
Titane	TI
Titanesque	SURHUMAIN
Titi	GAVROCHE
Titiller	CHATOUILLER
Titre	COMTE • GRADE • IMAM • SIRE
Titre d'honneur	ALTESSE
Titre d'honneur anglais	SIR
Titre d'honneur chez les Anglais	SIR
Titre d'un alliage	ALOI
Titre d'un article	RUBRIQUE
Titre d'un magazine	GÉO
Titre de certains ouvrages de liturgie	RATIONAL
Titre de courtoisie espagnol	DON
Titre de noblesse	BARON • COMTE • LORD • MARQUIS
Titre des princes de l'ancienne maison d'Autriche	ARCHIDUC
Titre des princes et des princesses	ALTESSE
Titre donné à certains religieux	DOM
Titre donné à un prêtre séculier	ABBÉ
Titre donné aux bourgeoises	MADAME
Titre donné aux nobles espagnols	DOM
Titre donné aux princesses indiennes	BÉGUM
Titre et dignité de pair	PAIRIE
Titre féodal donné à certains seigneurs	SIRE
Titre honorifique dans l'Empire ottoman	PACHA
Titre indiquant la matière d'un article	RUBRIQUE
Titre légal d'une monnaie	ALOI
Titre porté par des souverains du Moyen-Orient	CHAH • SHAH
Titre porté par les souverains éthiopiens	NÉGUS
Titre pris par Mussolini	DUCE
Titre seigneurial	MARQUIS

Titrer	INTITULER
Tituber dans sa marche	TANGUER
Titulaire d'une charge militaire	OFFICIER
Toast	RÔTIE
Toc	CAMELOTE • PACOTILLE
Tocade	LUBIE • PASSADE
Toge	ROBE
Toge de pourpre	TRABÉE
Tohu-bohu	CHAOS • DÉSORDRE
Toi	TU
Toile croisée et serrée	COUTIL
Toile d'un parachute	VOILURE
Toile de chanvre très résistante	TREILLIS
Toile de coton lustrée	PERCALINE
Toile de lin fine	LINON
Toilette	ATOUR • BAIN • PARURE
Toilette purificatrice rituelle	ABLUTION
Toilettes	VÉCÉS • WC
Toison	FOURRURE • PELAGE
Toit	DOMICILE
Toiture	FAÎTAGE
Tolérable	ADMISSIBLE • TENABLE
Tolérance	LARGEUR
Tolérant	LIBÉRAL
Tolérer	SOUFFRIR • SUPPORTER
Tollé	CRI • HUÉE
Tombe	TOMBEAU
Tombeau	SÉPULCRE • TOMBE
Tombeau vide élevé à la mémoire d'un mort	CÉNOTAPHE
Tombée de la nuit	BRUNANTE • BRUNE
Tombée du jour	BRUNANTE
Tomber	CHOIR • CHUTER DÉVALER • PLEUVOIR
Tomber dans les pommes (S')	ÉVANOUIR
Tomber en ruine	PÉRIR
Tomber malade de nouveau	RECHUTER
Tomber par morceaux	ÉBOULER
Tomber sur	RENCONTRER
Tomber, en parlant de la neige	NEIGER
Tombeur	SÉDUCTEUR

Ton	COULEUR • TEINTE • TONALITÉ
Ton pathétique excessif	PATHOS
Tonalité	NUANCE • SONORITÉ
Tondaison	TONTE
Tondre	RASER
Tondu	RAS
Tong	SANDALE
Tonifier	VIVIFIER
Tonique	RÉCONFORTANT • SAIN • SALUBRE
Tonique, cordial	REMONTANT
Tonitruant	TONNANT
Tonitruer	TONNER
Tonnant	TONITRUANT
Tonneau	BARIL
Tonneau pour mettre le vin	FÛT
Tonnelle	PERGOLA
Tonnelle couverte d'une vigne grimpante	PAMPRE
Tonnerre	FOUDRE
Tonton	ONCLE
Tonus	PEP
Toqué	MORDU
Toque ronde et plate	BÉRET
Tordant	BIDONNANT
Tordre	CORDER • COURBER • MAILLER
Tordre à plusieurs tours	TORTILLER
Tordre plusieurs fils pour former un câble	CÂBLER
Tordu	RETORS • TORS • TORTU
Torero	MATADOR
Torero chargé de la mise à mort	ESPADA • MATADOR
Tornade	CYCLONE • OURAGAN
Torpeur	ABATTEMENT • APATHIE
Torrent	DÉLUGE
Torrent des Alpes du Sud	UBAYE
Torrent des Pyrénées françaises	GAVE
Torride	BRÛLANT • TROPICAL
Tors	TORDU
Torse	THORAX
Torsion	CONTORSION
Tort	MAL • PRÉJUDICE

Tortiller	CORDER
Tortiller en cordon	CORDONNER
Tortueuse	SINUEUSE
Tortueux	SINUEUX • TORTU
Torture	ATROCITÉ
Torture, supplice	MARTYRE
Torturer	INFLIGER • TENAILLER
Total	ABSOLU • ENTIER • MONTANT
	PLÉNIER • RÉSULTAT
Total des sommes d'argent reçues	RECETTE
Total, quantité	SOMME
Totalement déraisonnable	DÉLIRANT
Totaliser	ADDITIONNER
Totalitaire	ABSOLU
Totalitarisme	FASCISME
Totalité	ENTIÈRETÉ • PLÉNITUDE • TOUT
Toubib	DOCTEUR • MÉDECIN
Touchant	ÉMOUVANT
Touché	ÉMU
Toucher	ABORDER • ACCOSTER
	ATTENDRIR • ATTOUCHEMENT
	CONCERNER • TÂTER
Toucher la rive	ARRIVER
Toucher légèrement	FRÔLER
Toucher une somme d'argent	EMPOCHER
Touer	HALER • TIRER
Touffe d'arbrisseaux	BUISSON
Touffe de cheveux	HOUPPE • MÈCHE
Touffe de crins	
derrière le boulet du cheval	FANON
Touffe de jeunes tiges de bois	CÉPÉE
Touffe de plumes	
que portent certains oiseaux	HUPPE
Touffe de poils	BARBE
Touffe de rejets de bois	CÉPÉE
Touffe de ronces	RONCIER
Touffu	DENSE • DRU • FEUILLU • FOURNI
Toujours	CONSTAMMENT
Toujours divisible par deux	PAIR
Toundra	STEPPE
Toupet	CULOT

Tour	BELVÉDÈRE • TR • TRUC
Tour célèbre	EIFFEL
Tour complet	BOUCLE
Tour complet d'une spirale	SPIRE
Tour complet, pirouette	VOLTE
Tour d'adresse et de passe-passe	JONGLERIE
Tour d'une ville	BEFFROI
Tour de reins	LUMBAGO
Tour malicieux	NICHE
Tour municipale d'où l'on faisait le guet	BEFFROI
Tour principale d'un château fort	DONJON
Tour sur soi-même	PIROUETTE
Tourbe de qualité inférieure	BOUSIN
Tourbillonner	TOURNER
Tourelle	BELVÉDÈRE
Tourillon	PIVOT
Touriste	VISITEUR
Tourment	ANGOISSE • ANXIÉTÉ
	CAUCHEMAR • SOUCI • SUPPLICE
Tourmente	OURAGAN • TEMPÊTE
Tourmenté	AGITÉ • SOUCIEUX
Tourmentée	SOUCIEUSE
Tourmenter	DAMNER • GÊNER • PERSÉCUTER
	PRÉOCCUPER • RONGER
	TENAILLER • TORTURER
Tourmenter moralement	TARAUDER
Tournant	DÉTOUR • VIRAGE
Tournée	CIRCUIT • VISITE
Tourner	ROUER • VIRER
Tourner comme une toupie	TOUPINER
Tourner en dérision	BAFOUER
Tourner en faisant plusieurs tours	TOURNOYER
Tourner en ridicule	MOQUER
Tourner en sens contraire	DÉVIRER
Tourner en spirale	TOURNOYER
Tourner le dos à	DÉDAIGNER
Tourner sur soi	TOURNOYER
Tourner sur soi-même	PIVOTER
Tourner sur un pivot	PIVOTER
Tournoi	CONCOURS • MATCH
Toussailler	TOUSSER

Tousser d'une petite toux peu bruyante	TOUSSOTER
Tousser légèrement et souvent	TOUSSOTER
Toussotement	TOUX
Toussoter	TOUSSER
Tout à coup	SOUDAIN
Tout aliment apprêté	METS
Tout appareil de navigation aérienne qui n'est pas un aérostat	AÉRODYNE
Tout appareil volant plus lourd que l'air	AÉRODYNE
Tout autour	ALENTOUR
Tout ce qui entre dans la composition d'un lit	LITERIE
Tout ce qui sert à transmettre	VÉHICULE
Tout composé organique dérivant de l'ammoniac	AMIDE
Tout gonflement pathologique	TUMEUR
Tout le temps	CONSTAMMENT
Tout liquide organique	HUMEUR
Tout moyen de transport	VÉHICULE
Tout petit	INFIME • PETIOT
Tout seul	SEULET
Tout son soûl (À)	SATIÉTÉ
Tout-petit	BÉBÉ
Toute cérémonie du culte	OFFICE
Toute chose exquise	NANAN
Toutefois	CEPENDANT • NÉANMOINS POURTANT
Toutou	CHIEN
Toxicité	NOCIVITÉ
Toxicomane	INTOXIQUÉ
Toxicomanie de ceux qui abusent de tabac	TABAGISME
Toxicomanie due à l'usage de l'opium	OPIOMANIE
Traçage	TRACEMENT
Tracas	ARIA • DÉSAGRÉMENT • ENNUI
Tracasser	OBSÉDER • PRÉOCCUPER TOURMENTER • TURLUPINER
Trace	CICATRICE • PISTE • SILLAGE TACHE • VESTIGE
Tracé	TRAJET
Trace creusée dans le sol	ORNIÈRE

Trace d'encre	BAVURE
Trace d'une bête	FOULÉE
Trace de coup à l'oeil	COQUARD
Trace de lumière	RAYON
Tracé géométrique sommaire	DIAGRAMME
Tracé par une main tremblante	TREMBLÉ
Trace, reste	RELENT
Tracer	DESSINER
Tracer une laie	LAYER
Traceret	TRAÇOIR
Tract	PAMPHLET
Traction	TIRAGE
Tradition	COUTUME
Traditionnel	CLASSIQUE
Traditions	US
Traducteur	INTERPRÈTE
Traduction	VERSION
Traduction littérale	CALQUE
Traduction, transcription	DÉCODAGE
Traduire	TRANSPOSER
Traduire une grande joie	RAYONNER
Trafic malhonnête	FRICOTAGE
Trafiquer	BRICOLER • FALSIFIER
Tragédien	ACTEUR
Tragédienne	COMÉDIENNE
Tragicomédie de Corneille	CID
Trahir	DÉNONCER
Trahison	DÉLATION • DÉSERTION
	PERFIDIE • TRAÎTRISE
Trahison, hypocrisie	FOURBERIE
Train	RAME
Train-train	ROUTINE
Traînard	LAMBIN • TRAÎNEUR
Traînasse	TRAÎNEUR
Traînasser	FLÂNER • PARESSER
Traîneau à patins	LUGE
Traîner	MUSER
Traîner partout avec soi	TRIMBALER
Trait	LIGNE • RAIE • TIRET
Trait d'esprit	BOUTADE
Trait d'esprit brillant	SAILLIE

Trait d'union	TIRET
Trait essentiel	CARACTÈRE
Trait par lequel on biffe	BIFFURE
Trait qui divise	DIVISION
Traitable	ACCOMMODANT
	CONCILIANT • SOCIABLE
Traite d'un animal domestique femelle	MULSION
Traité de botanique	HERBIER
Traitement	ACCUEIL • CURE • REMÈDE
	REVENU • SALAIRE
Traitement de mépris de haut	SNOBISME
Traitement des cuirs, des étoffes	APPRÊT
Traitement médical	THÉRAPIE
Traiter	SOIGNER
Traiter à l'ozone pour purifier	OZONISER
Traiter avec le plus grand mépris	FOULER
Traiter avec mépris	VILIPENDER
Traiter avec rudesse	RABROUER
Traiter comme une chose	CHOSIFIER
Traiter de haut	SNOBER
Traiter ensemble d'une affaire	CONFÉRER
Traiter gentiment	MIGNOTER
Traiter quelqu'un avec mépris	SNOBER
Traiter une plante de manière à l'empêcher de grandir	NANISER
Traître	DÉLATEUR • FÉLON • INFIDÈLE
	JUDAS • PERFIDE • RENÉGAT
	TRANSFUGE • VENDU
Traîtrise	TRAHISON
Trajectoire d'un corps céleste	ORBITE
Trajet	ITINÉRAIRE • PARCOURS
Tramer	CONSPIRER • MACHINER
	OURDIR • TISSER
Trampoline	TREMPLIN
Tramway	TRAM
Tranchant	ACÉRÉ • CASSANT
	COUPANT • INCISIF
Tranchante	INCISIVE
Tranche	MORCEAU
Tranché	COUPÉ • NET
Tranche de gros poisson	DARNE

Tranche de pain de mie grillée au four	BISCOTTE
Tranche de pain grillée	RÔTIE • TOAST
Tranche de pain recouverte de confiture	TARTINE
Tranche de pain séchée au four	BISCOTTE
Tranche de viande roulée et farcie	PAUPIETTE
Tranche mince de poisson	ESCALOPE
Tranche mince de viande	ESCALOPE
Tranche ronde de filet de boeuf	TOURNEDOS
Tranchée	FOSSE
Tranchefile de relieur	COMÈTE
Trancher	ARBITRER • DÉCIDER
Tranquille	PAISIBLE • QUIET • SAGE
Tranquille, sans risques	PEINARD
Tranquillisant	SÉDATIF
Tranquilliser	RASSÉRÉNER • RASSURER
Tranquillité	PAIX
Tranquillité d'esprit	SÉRÉNITÉ
Transaction malhonnête	TRIPOTAGE
Transcrire	COPIER • RECOPIER
Transféré	TRANSMIS
Transfert de fonds d'un compte à un autre	VIREMENT
Transformation du fer en acier	ACIÉRAGE
Transformation profonde et durable	MUTATION
Transformation radicale	MÉTAMORPHOSE
Transformé en carbonate	CARBONATE
Transformer	ALTÉRER • CONVERTIR • RÉNOVER
Transformer en chose	RÉIFIER
Transformer en ions	IONISER
Transformer en ozone	OZONISER
Transformer en peroxyde	PEROXYDER • SUROXYDER
Transformer en robot	ROBOTISER
Transformer en satellite	SATELLISER
Transformer en savon	SAPONIFIER
Transformer en star	STARISER
Transformer en vedette	STARISER
Transfuser	INFUSER
Transgresser	DÉROGER • VIOLER
Transgression	VIOLATION
Transi	GELÉ

Transiger	PACTISER
Transistor à effet de champ	MOS
Transitoire	PROVISOIRE
Translucide	LUCIDE
Transmettre	CÉDER • ENVOYER
	LÉGUER • VÉHICULER
Transmettre en duplex	DUPLEXER
Transmettre par câble	CÂBLER
Transmettre par télévision	TÉLÉVISER
Transmettre une maladie contagieuse	CONTAMINER
Transmis	ÉMIS
Transmission	CESSION • DIFFUSION • ÉMISSION
Transmission d'un message sur écran	TÉLEX
Transmission d'une maladie	CONTAGION
Transmission de coutumes	TRADITION
Transparence	LIMPIDITÉ
Transparent	LIMPIDE
Transpercer	TRAVERSER
Transpercer à plusieurs reprises	LARDER
Transpiration	MOITEUR • SUDATION
	SUÉE • SUEUR
Transpirer	SUER • SUINTER
Transplantation	GREFFE
Transplanter	DÉPOTER • GREFFER
Transport	LOCOMOTION
Transport en voiture	VOITURAGE
Transport par voiture attelée	VOITURAGE
Transportation	EXIL
Transporter	CHARRIER • EMMENER • TRIMBALER
	VÉHICULER • VOITURER
Transporter au loin	EMMENER
Transporter du bois	
hors du lieu de la coupe	DÉBARDER
Transporter la pierre hors de la carrière	DÉBARDER
Transporter le bois par flottage	DRAVER
Transvaser	DÉPOTER • VERSER
Transvider	VIDER
Trappe	PIÈGE
Traquenard	EMBÛCHE • PIÈGE
Travail	BESOGNE • BOULOT • EFFORT
	LABEUR • OUVRAGE

Travail à jour exécuté en fils tressés et noués	MACRAMÉ
Travail à la muleta, dans une corrida	FAENA
Travail à la pioche	PIOCHAGE
Travail acharné	PIOCHAGE
Travail d'amateur, peu soigné	BRICOLAGE
Travail de l'esprit	ÉTUDE
Travail de labourage	LABOUR
Travail de menuiserie	BOISERIE
Travail du fer forgé	SERRURERIE
Travail du fileur	FILAGE
Travail facile et bien rémunéré	SINÉCURE
Travail fourni	RENDEMENT
Travail pénible	CORVÉE
Travail rémunéré	JOB
Travail sollicité	CORVÉE
Travaillé	OUVRAGÉ
Travailler	BOSSER • OEUVRER
Travailler à la molette	MOLETER
Travailler avec acharnement	PIOCHER
Travailler avec effort	TRIMER
Travailler beaucoup ou durement	BOULONNER
Travailler en surface un terrain après la moisson	DÉCHAUMER
Travailler fort	BÛCHER • GRATTER
Travailler la terre	CULTIVER
Travailler un métal	FORGER
Travailler une peau de manière à la rendre grenue	CHAGRINER
Travailleur	OUVRIER
Travailleur manuel	OUVRIER
Travailleur, porteur chinois ou hindou	COOLIE
Travailleuse	STUDIEUSE
Travelo	TRAVESTI
Traverse	PASSE
Traverser	CROISER • PASSER • PÉNÉTRER SILLONNER • TRANSPERCER
Traversier	FERRY
Traversin	POLOCHON
Travesti	TRAVELO
Travestir	MASQUER

Travestisme	ÉONISME
Trébuchement	CHUTE
Trébucher	ACHOPPER • BRONCHER • BUTER
Tréfiler	ÉTIRER
Treillage	GRILLAGE
Treillage en bois ou en fer	CLAIE
Treillis couvert de verdure	TONNELLE
Treillis d'osier	CLAIE
Treillis métallique	GRILLAGE
Tremblant	VACILLANT
Tremblement	FRISSON • SECOUSSE
Tremblement de terre	SÉISME
Trembler	TRÉMULER • VACILLER • VIBRER
Trembler de fatigue	FLAGEOLER
Trembloter	GRELOTTER
Trempe	CARACTÈRE
Trempé	MOUILLÉ
Tremper	ASPERGER • BAIGNER • MOUILLER PLONGER • SAUCER
Tremplin très flexible, en usage dans les cirques	BATOUDE
Trépas	DÉCÈS
Trépassé	DÉCÉDÉ
Trépasser	MOURIR
Trépider	VIBRER
Trépigner	PIÉTINER
Très	ASSAI • ÉNORMÉMENT • MOULT
Très abattu, accablé	PROSTRÉ
Très abondant, copieux	PLANTUREUX
Très agréable	DÉLICIEUX
Très amaigri	ÉMACIÉ
Très amusant	BIDONNANT
Très aplati	ÉCRASÉ
Très beau, très agréable	BATH
Très chaud	BOUILLANT
Très content, ravi	ENCHANTÉ
Très court	RAS
Très difficile à supporter	INVIVABLE
Très drôle	BIDONNANT
Très émouvant	BOULEVERSANT
Très étonné	ÉBERLUÉ

Très exactement	RECTA
Très fade	FADASSE
Très fatigué	RENDU
Très fin	TÉNU
Très fluctuant	VOLATIL
Très grand	GÉANT
Très grand courage	HÉROÏSME
Très grand nombre	MULTITUDE • MYRIADE
Très grande quantité	FOISON
Très Grande Vitesse	TGV
Très grave maladie	SIDA
Très gros	ÉNORME
Très gros repas	BOMBANCE
Très important	CRUCIAL
Très inquiétant, effrayant	AFFOLANT
Très jeune fille	TENDRON
Très libre	DÉBRIDÉ
Très médiocre	PIÈTRE
Très mince	TÉNU
Très orné	FLEURI
Très petit	MINIME
Très petit chien originaire du Mexique	CHIHUAHUA
Très petite île	ÎLOT
Très petite quantité	LARME • ZESTE
Très rigoureux	SIBÉRIEN
Très rouge	RUBICOND
Très sale	CRADO
Trésor	FORTUNE
Trésor public	FISC
Tressaillement	FRISSON
Tressauter	SURSAUTER
Tresse	NATTE
Tresse de fils de coton	MÈCHE
Tresse servant à fixer	RABAN
Tresser	CORDONNER ENTRELACER • NATTER
Treuil	CRIC
Treuil à axe horizontal	GUINDEAU
Treuil pour enrouler un câble	DÉVIDOIR
Treuil vertical	VINDAS

Trêve	ARMISTICE • RELÂCHE SUSPENSION
Tri	TRIAGE
Triage	TRI
Tribu	PEUPLADE
Tribu errante	HORDE
Tribu israélite établie en haute Galilée	ASER
Tribulations	ADVERSITÉ
Tribunal	COUR
Tribunal ordinaire du Saint-Siège	ROTE
Tribune	FORUM • JUBÉ
Tribut	IMPÔT
Tricher	FRAUDER
Tricherie	TROMPERIE
Tricheur	FILOU • PIPEUR
Tricot à manches longues	GILET
Tricot avec ou sans manches	PULL
Tricot fin en poil de chèvre	CACHEMIRE
Tricot orné de dessins géométriques	JACQUARD
Trier	SÉLECTIONNER
Trimarder	CHEMINER
Trimardeur, vagabond	CHEMINEAU
Trimbaler	TRANSPORTER
Trimballer	TRAÎNER
Trimer	BESOGNER • TRAVAILLER
Tringle	BARRE • TIGE
Tringle de bois fixée à un mur	LITEAU
Trinité	TRIADE
Trinitrotoluène	TNT
Triomphateur	VAINQUEUR
Triomphe	RÉUSSITE • VICTOIRE
Triompher	GAGNER
Triompher de	SURMONTER
Tripatouiller	TRIPOTER
Triplet de nucléotides	CODON
Tripotage	FRICOTAGE
Tripoter	PATOUILLER • PELOTER
Trirème	TRIÈRE
Tristan et ...	ISEUT
Triste	AMER • CHAGRIN • ÉPLORÉ MAUSSADE • MORNE • MOROSE

Tristesse	AMERTUME • CAFARD • CHAGRIN DEUIL • PEINE
Tristesse mélancolique	NOSTALGIE
Tristesse vague	MÉLANCOLIE
Triturer	MALAXER
Triturer avec les dents	MASTIQUER
Trivial	VULGAIRE
Trivialité	VULGARITÉ
Troc	ÉCHANGE
Trois fois	TER
Troisième âge	VIEILLESSE
Troisième couplet d'un choeur lyrique	ÉPODE
Troisième doigt de la main	MÉDIUS
Troisième fils de Jacob	LÉVI
Troisième glaciation de l'ère quaternaire	RISS
Troisième jour de la décade	TRIDI
Troisième jour de la semaine	MERCREDI
Troisième lettre de l'alphabet grec	GAMMA
Troisième partie de l'intestin grêle	ILÉON
Troisième personne	TIERS
Troisième poche digestive des oiseaux	GÉSIER
Troisième roi des Hébreux	SALOMON
Troisièmement	TERTIO
Trolleybus	TROLLEY
Trompé	COCU
Trompe d'un insecte suceur	SUÇOIR
Trompe-l'oeil	FAÇADE
Tromper	ABUSER • BLUFFER • DÉJOUER DUPER • ÉLUDER FEINDRE • LEURRER
Tromper par de fausses apparences	MENTIR
Tromper, berner	JOBARDER
Tromperie	ATTRAPE • BLUFF • DOL • DUPERIE FEINTE • LEURRE • MENSONGE
Tromperie d'un imposteur	IMPOSTURE
Tromperie hypocrite	FOURBERIE
Trompeur	DÉCEVANT • INSIDIEUX • PIPEUR
Trompeuse	MENTEUSE
Tronc	BUSTE

Tronc d'arbre	ÉCOT • FÛT • RONDIN
Tronc d'arbre abattu	GRUME
Tronc, sans tête ni membres	TORSE
Tronçon	PORTION
Tronçon de bois gros et court	BILLOT
Trône	FAUTEUIL • SIÈGE
Tronquer	DÉNATURER
Trop bon	BONASSE
Trop fardé	PEINT
Trop mûr et altéré	BLET
Trop mûre et altérée	BLETTE
Trop uniforme	MONOTONE
Trophée du monde du cinéma	OSCAR
Troquer	ÉCHANGER
Trotter	COURIR
Trottinette	PATINETTE
Trou creusé dans le sol	PUITS
Trou d'un objet évidé	ÉVIDURE
Trou d'une aiguille	CHAS
Trou dans la paroi d'un navire	DALOT
Trou dans un mur	OPE
Trou dans une pièce de fonderie	GRUMELURE
Trou de vidange d'une embarcation	NABLE
Trou fait avec un foret	FORURE
Trou, caverne	CAVE
Trou, conduit central	CHEMINÉE
Troubadour	POÈTE
Trouble	ANARCHIE • DÉSARROI
Troublé	BROUILLÉ • CONFUS • HAGARD
Trouble de l'appétit	DYSOREXIE
Trouble de l'écriture	DYSLOGIE
Trouble de la vision binoculaire	STRABISME
Trouble de la vue	STRABISME
Trouble du langage	DYSLOGIE
Trouble du sujet qui ne peut se tenir debout	ASTASIE
Troublé mentalement	ATTEINT
Troubler	AFFOLER • AVEUGLER • BOULEVERSER DÉRÉGLER • ENIVRER • PERTURBER
Troué par les mites	MITÉ
Trouée	BRÈCHE

Trouer	PERCER • PERFORER
Trouillard	PÉTEUX • POLTRON
Trouille	FROUSSE • PEUR
Troupe	ARMÉE • BANDE
	COHORTE • FOULE
Troupe à cheval	CAVALERIE
Troupe de chiens	MEUTE
Troupe de soldats au combat	BATAILLON
Troupe passive de personnes	TROUPEAU
Troupeau	BÉTAIL
Troupeau de bêtes sauvages	HARDE
Troupeau de ruminants sauvages	HARDE
Trousse	ÉTUI
Trousseau à l'usage d'un nouveau-né	LAYETTE
Trouvaille	DÉCOUVERTE
Trouver	DÉGOTER • DÉGOTTER
Truand	BRIGAND • CRAPULE • MALFRAT
Truander	TRICHER
Truc	BIDULE • MACHIN • RUSE • TOUR
Truc, machin	TRUCMUCHE
Truchement	ENTREMISE
Truffé	BOURRÉ
Truqué	FAUX
Truquer	PIPER
Tsar	TZAR
Tsigane	TZIGANE • ZINGARO
Tuant	PÉNIBLE
Tuant, usant	ÉPUISANT
Tuba contrebasse	HÉLICON
Tube	SONDE • TUYAU
Tube à deux électrodes	DIODE
Tube à trois électrodes	TRIODE
Tube contenant la poudre d'une cartouche	DOUILLE
Tube creux servant à lancer de petits projectiles	SARBACANE
Tube destiné à favoriser l'écoulement	DRAIN
Tube fluorescent	NÉON
Tube gradué	BURETTE
Tube pour enrouler du fil à coudre	FUSETTE
Tube recourbé	SIPHON

Tube respiratoire des nageurs sous-marins	TUBA
Tubercule	NODULE
Tue-chien	COLCHIQUE
Tuer	ABATTRE • ÉGORGER IMMOLER • OCCIRE
Tuer à coups de pierre	LAPIDER
Tuer avec une arme à feu	BUTER
Tuer en sacrifice	IMMOLER
Tuer par asphyxie dans un liquide	NOYER
Tuer un animal par égorgement	SAIGNER
Tuerie	BOUCHERIE • CARNAGE
Tueur	ASSASSIN • NERVI
Tueur à gages	SICAIRE • SPADASSIN
Tuile, ennui	PÉPIN
Tuméfaction de l'oeil	COQUARD
Tuméfié	ENFLÉ
Tumeur	BOUTON • CANCER
Tumeur à l'aspect d'un champignon	FONGUS
Tumeur au coude du cheval	ÉPONGE
Tumeur au jarret du cheval	JARDE • JARDON
Tumeur avec perforation, sur la peau des bovins	VARON
Tumeur bénigne	LIPOME
Tumeur bénigne de l'os	OSTÉOME
Tumeur bénigne qui se développe dans une glande	ADÉNOME
Tumeur conjonctive bénigne	FIBROME
Tumeur d'une glande	ADÉNOME
Tumeur de la gencive	ÉPULIS
Tumeur du tissu musculaire	MYOME
Tumeur formée par des tissus fibreux	FIBROME
Tumeur osseuse du canon du cheval	SUROS
Tumeur qui se développe aux dépens d'une glande	ADÉNOME
Tumeur sur la peau des bovins	VARON
Tumulte	CLAMEUR
Tumultueuse	ORAGEUSE
Tumultueux	ORAGEUX • TURBULENT
Tune	THUNE
Tunique	COTTE • ROBE

Tunique de l'oeil	CORNÉE • RÉTINE
Tunique moyenne de l'oeil	UVÉE
Tunique sans manches	GANDOURA
Tunnel	SOUTERRAIN
Turban	BANDEAU
Turbulence	AGITATION • REMOUS
Turbulent	ESPIÈGLE • PÉTULANT • REMUANT
Turlupiner	TRACASSER
Turpitude	INDIGNITÉ
Tuteurer	RAMER
Tuthie	TUTIE
Tuyau	PIPE
Tuyau en caoutchouc	DURIT
Tuyau pour diriger la flamme sur les objets qu'on veut souder	CHALUMEAU
Tuyauter	RANCARDER • RENSEIGNER
Tuyauterie	CANALISATION
Type	ÊTRE • GARS • GENRE • MEC
Type d'écriture à la main	SCRIPT
Type d'intégration économique	UNIONISME
Type de boeuf possédant une bosse sur le dos	ZÉBU
Type de carrosserie automobile en forme de fourgonnette	BREAK
Type de femme fatale	VAMP
Type de peuplier	TREMBLE
Type de pistolet automatique	MAUSER
Tyran	DESPOTE • DICTATEUR • POTENTAT
Tyran subalterne	TYRANNEAU
Tyrannie	DICTATURE • OPPRESSION
Tyrannique	AUTORITAIRE
Tyranniser	ASSERVIR • OPPRIMER
Tzigane	TSIGANE
Tzigane d'Espagne	GITAN
Tzigane nomade	ROMANO

U

Ulcération superficielle	APHTE
Ulcération vénérienne	CHANCRE
Ulcère qui ronge les chairs	CHANCRE
Ultérieur	FUTUR • POSTÉRIEUR
Ultérieurement	APRÈS
Ultime	DERNIER • EXTRÊME • FINAL
Ultra	MIEUX
Ultraviolets	UV
Ululer	HULULER
Un certain nombre	PLUSIEURS
Un des cantons suisses de langue française	VAUD
Un des douze apôtres	JUDAS
Un des États unis d'Amérique	IDAHO • LOUISIANE • MISSOURI MONTANA • OHIO • OREGON TENNESSEE • TEXAS • UTAH VERMONT • VIRGINIE
Un des fils de Sem	ARAM
Un des jeux de l'orgue	RÉGALE
Un homme à la voix forte	STENTOR
Un litre de vin rouge	KIL
Un milliard de milliards	TRILLION
Un millier de milliards	BILLION
Un million de billions	TRILLION
Un million de hertz	MÉGAHERTZ
Un million de millions	BILLION
Un peu acide	SURET
Un peu bizarre	FARFELU • TOQUÉ
Un peu folle	FOFOLLE
Un peu fou	FADA • FÊLÉ • FOLLET • FOUFOU
Un peu fou, givré	FONDU
Un peu ivre	ÉMÉCHÉ • POMPETTE
Un peu jaune	JAUNET
Un peu maigre	MAIGRIOT
Un peu niais	BÉBÊTE
Un peu pâle	PÂLICHON • PÂLOT
Un peu ridicule	CUCUL
Un peu simple d'esprit	SIMPLET

Un peu sur	SURET
Un peu sure	SURETTE
Un peu trop jeune	JEUNET
Un peu trop long	LONGUET
Un peu trop simple	SIMPLET
Un quart de pinte	DEMIARD
Un signe de moquerie	NIQUE
Un temps fort long	ÉTERNITÉ
Une année en contient quatre	SAISON
Une des cyclades	NIO
Une des langues officielles en Afghanistan	DARI
Une des trois parties égales	TIERS
Uni	CONNEXE
Uni par traité	ALLIÉ
Unifier	FUSIONNER
Uniforme	HOMOGÈNE
Uniformiser	UNIFIER
Uniformité	RÉGULARITÉ • UNITÉ
Uniformité ennuyeuse	MONOTONIE
Union	ADHÉRENCE • ADHÉSION ASSOCIATION • CONJONCTION FUSION • LIGUE • SYNDICAT
Union des Démocrates pour la République	UDR
Union des Républiques Socialistes Soviétiques	URSS
Union entre proches parents	INCESTE
Union étroite des divers éléments d'un corps	COHÉRENCE
Union légitime	MARIAGE
Union pour la Démocratie Française	UDF
Unique	SINGULIER
Uniquement	SEULEMENT
Unir	ACCOLER • ACCOUPLER ADJOINDRE • ASSORTIR CIMENTER • CONJUGUER LIER • MARIER • MÊLER
Unir par syncope	SYNCOPER
Unité	COHÉSION • ÉLÉMENT • ITEM
Unité d'équivalent de dose	REM

Unité d'intensité des courants électriques	AMPÈRE
Unité d'intensité du son	DÉCIBEL
Unité de finesse d'une fibre textile	TEX
Unité de force électromotrice	VOLT
Unité de fréquence des ondes	KILOHERTZ
Unité de longueur	MÈTRE
Unité de masse	GRAMME
Unité de mesure	GON • VERGE
Unité de mesure agraire	ARE
Unité de mesure calorifique	BTU
Unité de mesure d'angle plan	RADIAN
Unité de mesure d'éclairement	LUX
Unité de mesure d'énergie	JOULE
Unité de mesure d'intensité	AMPÈRE
Unité de mesure de capacité	LITRE
Unité de mesure de capacité électrique	FARAD
Unité de mesure de densité de flux magnétique	TESLA
Unité de mesure de dose	GRAY
Unité de mesure de flux d'induction magnétique	WEBER
Unité de mesure de flux lumineux	LUMEN
Unité de mesure de fréquence	HERTZ
Unité de mesure de masse	GRAMME • KILO • TONNE
Unité de mesure de pression	TORR
Unité de mesure de puissance	WATT
Unité de mesure de résistance électrique	OHM
Unité de mesure de superficie	HECTARE
Unité de mesure de travail	ERG • JOULE
Unité de mesure de vitesse angulaire	RADIAN
Unité de mesure en joaillerie	CARAT
Unité de mesure pour les bois de charpente	STÈRE
Unité de mesure thermique	TEC
Unité de puissance réactive	VAR
Unité de quantité de chaleur	THERMIE
Unité de quantité de matière	MOLE
Unité de temps	HEURE
Unité de viscosité dynamique	POISE

Unité du discours	PHRASE
Unité du lexique	LEXIE
Unité égale au dixième du bel	DÉCIBEL
Unité mécanique de contrainte	PASCAL
Unité militaire de plusieurs compagnies	BATAILLON
Unité monétaire	DOLLAR
Unité monétaire allemande	MARK
Unité monétaire bulgare	LEV
Unité monétaire de l'Afrique du Sud	RAND
Unité monétaire de l'Algérie	DINAR
Unité monétaire de l'Autriche	SCHILLING
Unité monétaire de l'Inde	ROUPIE
Unité monétaire de l'Iran	RIAL
Unité monétaire de la C.É.I.	ROUBLE
Unité monétaire de la Corée	WON
Unité monétaire de la Hongrie	FILLER
Unité monétaire de la Jordanie	DINAR
Unité monétaire de la Namibie	RAND
Unité monétaire de la Pologne	ZLOTY
Unité monétaire de la Suède	ORE
Unité monétaire des Pays-Bas	FLORIN
Unité monétaire du Cambodge	RIEL
Unité monétaire du Danemark	ORE
Unité monétaire du Japon	YEN
Unité monétaire du Maroc	DIRHAM
Unité monétaire du Pérou	SOL
Unité monétaire du Venezuela	BOLIVAR
Unité monétaire espagnole	PESETA
Unité monétaire hongroise	FORINT
Unité monétaire israélienne	SHEKEL
Unité monétaire italienne	LIRE
Unité monétaire japonaise	SEN
Unité monétaire portugaise	ESCUDO
Unité monétaire principale de l'Albanie	LEK
Unité monétaire principale de l'Éthiopie	BIRR
Unité monétaire principale de la Hongrie	FORINT
Unité monétaire principale du Ghana	CÉDI
Unité monétaire principale du Portugal	ESCUDO
Unité monétaire roumaine	LEU
Unité monétaire roumaine (pl.)	LEI

Univers	MONDE
Universal Tranverse Mercator	UTM
Universalité	TOTALITÉ
Universel	MONDIAL
Université	FAC
Université de Montréal	UM
Urbain	CITADIN
Urbanité	AFFABILITÉ
Ure	URUS
Urgent	PRESSÉ
Urine	PIPI
Uriner	PISSER
Urne	VASE
Urus	BISON • URE
Usage	EMPLOI • HABITUDE • RÈGLE
Usage excessif	ABUS
Usager	UTILISATEUR
Usages	US
Usant	TUANT
Usé	AFFAIBLI • DÉCRÉPIT • DÉTÉRIORÉ ÉCULÉ • ÉLIMÉ
User de	CONSOMMER • UTILISER
User de ruse	FINASSER
User jusqu'à la corde	RÂPER
User par abrasion	ABRASER
User par abrasion, par frottement	ABRASER
User par frottement	ABRASER • ÉRODER
User par le frottement	ÉLIMER
User un relief jusqu'à disparition	ARASER
Usine où est fabriqué le fil	FILATURE
Usine où l'on fabrique de l'acier	ACIÉRIE
Usine où l'on traite le riz	RIZERIE
Usine où le bois est débité en sciages	SCIERIE
Usine qui produit du courant électrique	CENTRALE
Usine, atelier de torréfaction	BRÛLERIE
Ustensible de cuisine	FRITEUSE
Ustensile	CUILLER
Ustensile à deux branches pour attiser le feu	PINCETTE
Ustensile à long manche	BALAI
Ustensile creux	RÉCIPIENT

Ustensile de cuisine	ÉCUMOIRE • GRIL • POÊLE
Ustensile de cuisine pour délayer	MOUSSOIR
Ustensile de ménage	PLUMEAU
Ustensile de nettoyage	BROSSE
Ustensile destiné à arroser les plantes	ARROSOIR
Ustensile pour dénoyauter les fruits	VIDELLE
Ustensile servant à faire cuire sur le charbon	GRIL
Ustensile servant à garder les plats chauds	RÉCHAUD
Usuel	COUTUMIER • HABITUEL • USITÉ
Usuelle	HABITUELLE
Usure	CADUCITÉ
Usure des monnaies en circulation	FRAI
Usurier	PRÊTEUR
Usurpateur	INTRUS
Usurpation	ACCAPAREMENT
Usurper	ACCAPARER • ENVAHIR
Ut	DO
Utérus	MATRICE
Utile	PROFITABLE
Utilisateur	USAGER
Utilisation	EMPLOI
Utilisation d'un mot d'une autre langue	EMPRUNT
Utiliser	USER
Utiliser la technique d'émulation	ÉMULER
Utiliser pour la première fois	ÉTRENNER
Utopiste	IDÉALISTE • RÊVEUR
Uvule	LUETTE

V

Va-et-vient	BALANCEMENT
Vacant	INHABITÉ • VIDE
Vacarme	BOUCAN • CLAMEUR • FRACAS
	SARABANDE • TAPAGE • TUMULTE
Vaccin contre la typhoïde	TAB
Vaccin contre le venin de serpent	ANAVENIN
Vachement	RUDEMENT
Vacherie	ÉTABLE • ROSSERIE
Vacillant	BRANLANT
Vaciller	TANGUER
Vaciller sur ses jambes	TITUBER
Vadrouiller	ERRER
Vagabond	ERRANT • NOMADE
Vagabond qui parcourt les chemins	CHEMINEAU
Vagabondage	ERRANCE
Vagabonder	ERRER • VAGUER
Vague	ÉVASIF • FLOU • OBSCURITÉ
Vague à l'âme	MÉLANCOLIE
Vaillance	BRAVOURE • HARDIESSE
Vaillant	BRAVE • PREUX • VALEUREUX
Vaincre	BATTRE • ÉLIMINER
	GAGNER • SURMONTER
Vaine	CREUSE • OISEUSE
Vaine gloire	GLORIOLE
Vaine imagination	CHIMÈRE
Vainqueur	GAGNANT • LAURÉAT
Vaisseau	VEINE
Vaisseau qui porte le sang du coeur aux organes	ARTÈRE
Vaisseau spatial	ASTRONEF • SPATIONEF
Val	VALLÉE
Valable	ACCEPTABLE • VALIDE
Valet	ESCLAVE
Valeur	ACCEPTION • CAPITAL • MÉRITE
	PORTÉE • PRIX • QUALITÉ
Valeur en caisse	ENCAISSE
Valeur la plus petite	MINIMUM
Valeur morale	MORALITÉ

Valeureux	VAILLANT
Valide	VALABLE
Valise	MALLE
Vallée	VAL • VALLON
Vallée de l'Argolide	NÉMÉE
Vallée des Pyrénées centrales	AURE
Vallée des Pyrénées espagnoles	ARAN
Vallée des Pyrénées-Atlantiques	ASPE
Vallée étroite et profonde aux parois verticales	CANYON
Vallée fluviale noyée par la mer	RIA
Vallée sauvage	RAVIN
Vallée très large	VAL
Vallon	VALLÉE
Valoir	COÛTER • MÉRITER
Valse lente	BOSTON
Valve	DIODE
Vampire, sangsue	SUCEUR
Vandaliser	SACCAGER
Vandalisme	BARBARIE
Vanesse	VULCAIN
Vanité	FATUITÉ • FIERTÉ • FUTILITÉ • INANITÉ OSTENTATION • PRÉTENTION
Vanité tirée de petites choses	GLORIOLE
Vaniteux	INFATUÉ
Vannerie simple en paille	LACERIE
Vantard	TARTARIN
Vantardise	BLUFF
Vanter	GLORIFIER • MOUSSER • PRÔNER
Vanter exagérément	SURFAIRE
Vapeur	BRUME • BUÉE
Vapeur d'eau	BUÉE • ROSÉE
Vapeur exhalée par un liquide chaud	FUMÉE
Vapeur invisible	GAZ
Vapeur qui se condense	ROSÉE
Vaporeux	FLOU • TRANSPARENT
Vaporisateur	ATOMISEUR • SPRAY
Vaporiser	ARROSER • ATOMISER • PULVÉRISER
Varech	GOÉMON
Vareuse	CABAN
Variable	CHANGEANT • INSTABLE

Variante d'un film	VERSION
Variation	ALTERNANCE
Varié	BARIOLÉ • DIVERS
Varier	ALTERNER • CHANGER
Variété	ASSORTIMENT
Variété d'ail bisannuelle	POIREAU
Variété d'armoise	ABSINTHE
Variété d'euphorbe	ÉPURGE
Variété d'opale employée en joaillerie	GIRASOL
Variété d'orge commune	PAUMELLE
Variété de bananier	PLANTAIN
Variété de bruant commune en France	ZIZI
Variété de café	MOKA • ROBUSTA
Variété de calcédoine	AGATE
Variété de corindon	RUBIS
Variété de coton produit en Égypte	JUMEL
Variété de daphné	GAROU
Variété de feldspath	ANDÉSITE
Variété de fève à petit grain	FÉVEROLE
Variété de haricot africain	NIÉBÉ
Variété de hibou	DUC
Variété de jade	NÉPHRITE
Variété de laitue	BATAVIA • ROMAINE
Variété de laitue, à feuilles ondulées et croquantes	BATAVIA
Variété de lignite d'un noir luisant	JAIS
Variété de luzerne à fleurs jaunes	LUPULINE
Variété de mésange	NONNETTE
Variété de navet fourrager	TURNEPS
Variété de parmesan	GRANA
Variété de pâtes	GNOCCHI
Variété de pêche	PAVIE
Variété de perche	ACHIGAN
Variété de petite olive	PICHOLINE
Variété de peuplier	LIARD
Variété de piment	PAPRIKA
Variété de poivrier grimpant	BÉTEL
Variété de pomme	REINETTE
Variété de prune de couleur violet foncé	QUETSCHE

Variété de réséda	GAUDE
Variété de roche volcanique	PONCE
Variété de sauge	ORVALE
Variété de sorbier	ALISIER
Variété de thon	BONITE
Variété de thym	SERPOLET
Variété de verre limpide	CRISTAL
Variété de vignes	CÉPAGE
Variété de vignes à raisins oblongs	OLIVETTE
Variété petite du lévrier d'Italie	LEVRETTE
Variété régionale d'une langue	DIALECTE
Variété transparente d'opale	HYALITE
Variole	VÉROLE
Varlope	RABOT
Varloper	RABOTER
Vase	BOURBE • POT • URNE
Vase à boire	CALICE
Vase à boire en métal	HANAP
Vase à deux anses symétriques	AMPHORE
Vase à eau bénite	BÉNITIER
Vase à flancs arrondis	URNE
Vase à long col	MATRAS
Vase antique	CRATÈRE
Vase antique à deux anses	AMPHORE
Vase en forme de cruche	BUIRE
Vase grec à anse	LÉCYTHE
Vase permettant de faire uriner les hommes alités	URINAL
Vase sacré	CALICE • CIBOIRE • PATÈNE
Vase sacré, à couvercle	CIBOIRE
Vaseux	VASARD
Vasouiller	MERDOYER
Vaste	AMPLE • GRAND • IMMENSE SPACIEUSE • SPACIEUX
Vaste bassin	GOLFE
Vaste étendue	MER
Vaste étendue couverte de dunes dans les déserts de sable	ERG
Vaste étendue d'eau salée	MER • OCÉAN
Vaste étendue plane	NAPPE
Vaste local	SALLE

Vaste pâturage	PRAIRIE
Vaste paysage	PANORAMA
Vaste peinture murale	FRESQUE
Vaste péninsule de l'extrémité S.-O. de l'Asie	ARABIE
Vaste plaine d'Amérique du Sud	PAMPA
Vaste résidence d'un chef d'État	PALAIS
Vaurien	CANAILLE • GOUAPE SACRIPANT • VOYOU
Vaut 1/100 d'un forint	FILLER
Vautour de petite taille	URUBU
Vautour fauve	GRIFFON
Veau mort-né	VELOT
Vécés	W-C
Vedette	ÉTOILE • STAR
Vedette admirée du public	IDOLE
Végétal	PLANTE
Végétal aquatique	ALGUE
Végétal ligneux	ARBRE
Végétal sans racines	ALGUE
Végétation	VERDURE
Végétation arctique de mousses et de lichens	TOUNDRA
Végétation d'arbrisseaux	BROUSSE
Végéter	VIVOTER • VIVRE
Véhémence	VIRULENCE
Véhicule à deux roues	MOTO
Véhicule à deux roues de diamètres différents	BICYCLE
Véhicule à moteur à deux roues	SCOOTER
Véhicule à une ou deux roues	BROUETTE
Véhicule aménagé en bibliothèque	BIBLIOBUS
Véhicule d'entraînement	MULET
Véhicule ferroviaire	FOURGON
Véhicule qui tient lieu de bibliothèque	BIBLIOBUS
Véhicule rapide	BOLIDE
Véhicule sans moteur destiné à être tiré	REMORQUE
Véhicule servant aux travaux agricoles	TRACTEUR
Véhicule spatial	ASTRONEF • NAVETTE
Véhicule sur rails	WAGON

Véhiculer	VOITURER
Veille	HIER
Veille de certaines fêtes religieuses	VIGILE
Veille du 1er novembre	HALLOWEEN
Veillée	SOIRÉE
Veilleur de nuit	VIGILE
Veinard	HEUREUX • VERNI
Veine	CHANCE • FILON • VAISSEAU
Vélo	BÉCANE
Vélo à trois roues	TRICYCLE
Vélo tout terrain	BICROSS
Vélocipède à deux roues de taille inégale	BICYCLE
Vélocité	CÉLÉRITÉ • RAPIDITÉ • VITESSE
Velours de coton	VELVET
Velouté	DOUX • ONCTUEUX
Veloutée	ONCTUEUSE
Velu	POILU
Venant	ISSANT
Vendeur	COMMIS
Vendeur de drogues	DEALER
Vendre	TRAHIR
Vendre au détail	DÉBITER • REVENDRE
Vendre ce qu'on a acheté	REVENDRE
Vendre hors d'un pays	EXPORTER
Vendre par licitation	LICITER
Venelle	RUELLE
Vénérable	AUGUSTE • SACRÉ • SAINT
Vénération	ADORATION • RÉVÉRENCE
Vénérer	HONORER • RESPECTER • RÉVÉRER
Venimeuse	HAINEUSE
Venimeux	HAINEUX
Venin	POISON
Venir au monde	NAÎTRE
Venir avec	ACCOMPAGNER
Venir en abondance	PLEUVOIR
Venir en courant	ACCOURIR
Venir en hâte	ACCOURIR
Venir en se pressant	ACCOURIR
Vent	ALIZÉ • BRISE • PET
Vent chaud des Alpes	FOEHN • FÖHN

Vent chaud et sec des montagnes Rocheuses	CHINOOK
Vent d'est originaire du Sahara	HARMATTAN
Vent d'ouest dans le bas Languedoc	CERS
Vent des Rocheuses	CHINOOK
Vent doux et agréable	ZÉPHYR
Vent du nord-est	BORA • NORDET
Vent du nord-ouest	NOROÎT
Vent du sud, en Suisse	FÖHN
Vent du sud-ouest	SUROÎT
Vent saisonnier	MOUSSON
Vent sec	BISE
Vent tropical	MOUSSON
Vent violent	MISTRAL
Venté	VENTEUX
Vente aux enchères	ENCAN
Vente publique aux enchères	CRIÉE
Vente publique de soldes	BRADERIE
Vente rapide	DÉBIT
Venteux	VENTÉ
Ventilateur	AÉRATEUR
Ventilation	AÉRAGE
Ventiler	AÉRER
Ventouse ambulacraire des échinodermes	PODION
Ventre	ABDOMEN • BEDON BIDE • BRIOCHE BEDAINE • BRIOCHE
Ventre rebondi	VENTRU
Ventripotent	CORPULENT • PANSU VENTRIPOTENT
Ventru	
Venu	ISSU
Venu à l'état liquide	FONDU
Venu en courant	ACCOURU
Venu en hâte	ACCOURU
Venu très rapidement à un lieu donné	ACCOURU
Venue	ACCESSION • APPARITION APPROCHE • AVÈNEMENT
Venue à l'état liquide	FONDUE
Venue au monde	NAISSANCE
Venue inopinée	SURVENUE

Ver blanc	MAN
Ver de terre	LOMBRIC
Ver long et fin	FILAIRE
Ver luisant	CICINDÈLE
Ver marin	NÉRÉIS
Ver marin vivant dans la vase	NÉRÉIDE
Ver parasite	FILAIRE
Ver parasite de l'intestin des mammifères	TÉNIA
Ver plat d'eau douce carnivore	PLANAIRE
Ver plat et segmenté	TÉNIA
Ver plat parasite	DOUVE
Ver qui suce le sang des vertébrés	SANGSUE
Véracité	AUTHENTICITÉ
Véranda	GALERIE • TERRASSE
Verbal	ORAL
Verbiage	BAVARDAGE • PAPOTAGE
Verdâtre	GLAUQUE • OLIVÂTRE
Verdeur	VIGUEUR
Verdict	RÉPONSE • SENTENCE
Verdure	HERBE
Verge	PÉNIS
Verger	PLANTATION
Verger d'orangers	ORANGERAIE
Vergeture	VIBICE
Verglas	FRIMAS
Vergue longue et mince des voiles latines	ANTENNE
Véridicité	VÉRACITÉ
Véridique	VÉRACE
Vérification	CONTRÔLE • RÉVISION • TEST
Vérification d'un texte d'après les manuscrits	RECENSION
Vérifier	CONTRÔLER • ESSAYER • TESTER
Véritable	RÉEL • SINCÈRE • VRAI
Vérité	AUTHENTICITÉ • RÉALITÉ
Vermouth	MARTINI
Vernir la poterie	VERNISSER
Vernis	ÉMAIL • ENDUIT
Vernis à ongles non transparent	LAQUE
Verrat	PORC

Verre	COUPE • LENTILLE
Verre à bière	BOCK
Verre à pied, haut et étroit	FLÛTE
Verre coloré en bleu par l'oxyde de cobalt	AZUR
Verre d'une boisson	GLASS
Verre de bière	DEMI
Verre de sécurité	PLEXIGLAS
Verre épais d'un blanc laiteux	OPALINE
Verre fabriqué en Bohême	BOHÈME
Verre feuilleté de sécurité	TRIPLEX
Verre optique	MONOCLE
Verre poli	MIROIR
Verre très résistant	PYREX
Verrue des bovins	FIC
Versant d'une montagne exposé au nord	UBAC
Versant exposé au soleil	ADRET
Versatile	CAPRICIEUX
Versé	CAPABLE • CONNAISSEUR
Versement	DÉPÔT
Verser	DÉVERSER • ÉPANDRE • SERVIR
Verser de l'argent, dépenser	DÉBOURSER
Verser, répandre	ÉPANCHER
Verset chanté avant et après un psaume	ANTIENNE
Verset chanté avant un psaume	ANTIENNE
Version	TRADUCTION
Verso	ENVERS
Verso d'une lettre	DOS
Versus	CONTRE • VS
Vert-de-gris utilisé en teinture	VERDET
Verte réprimande	SAVON
Vertébré couvert de plumes et muni d'ailes	OISEAU
Vertébré inférieur, vivant dans l'eau	POISSON
Vertébré ovipare	OISEAU
Vertébré rampant	REPTILE
Verticalement	DEBOUT
Vertu	MÉRITE • QUALITÉ
Vespasienne	URINOIR
Vesse	PET

Vessie de caoutchouc gonflée d'air	BALLON
Veste	REDINGOTE • VESTON
Veste chaude à capuchon	ANORAK
Veste courte et ample, serrée à la taille	BLOUSON
Veste d'un complet masculin	VESTON
Veste de jockey	CASAQUE
Veste de sport	ANORAK • VAREUSE
Veste de sport en flanelle	BLAZER
Veste en peau de mouton	TOULOUPE
Veste en tissu bleu marine	BLAZER
Veste rayée aux couleurs d'un collège anglais	BLAZER
Veste resserrée aux hanches	BLOUSON
Vestibule	ENTRÉE • HALL
Vestige	ÉPAVE • RUINE • SILLAGE
Vêtement	COSTUME • CULOTTE • HABIT NIPPE • PALETOT • ROBE SAPE • VESTE
Vêtement à capuchon	COULE
Vêtement ample	SIMARRE
Vêtement court	CAMISOLE
Vêtement court sans manches	GILET
Vêtement d'apparat des Romains	TOGE
Vêtement d'homme	REDINGOTE
Vêtement de bain	MAILLOT
Vêtement de bébé fermé dans le dos	BRASSIÈRE
Vêtement de certaines peuplades d'Afrique	PAGNE
Vêtement de choeur	CAPPA
Vêtement de dessus	CAPE
Vêtement de nuit	PYJAMA
Vêtement de nuit ou d'intérieur	PYJAMA
Vêtement de travail	BLOUSE • SALOPETTE • SARRAU
Vêtement ecclésiastique	AUBE
Vêtement en laine	LAINAGE
Vêtement en lambeaux	GUENILLE
Vêtement féminin	CORSAGE
Vêtement féminin très collant	BODY
Vêtement imperméable	CIRÉ
Vêtement japonais	KIMONO
Vêtement liturgique	CAPPA • ÉTOLE • SURPLIS

Vêtement long	SOUTANE
Vêtement masculin	PARDESSUS
Vêtement oriental ample et long	CAFTAN
Vêtement oriental très ample	CAFTAN
Vêtement porté sur la toge	ÉPITOGE
Vêtement qui couvre le torse	CHEMISE
Vêtement souple qui moule le corps	MAILLOT
Vêtements très abîmés	LOQUES
Vêtements très usés	HARDES
Vêtements usagés	NIPPES
Vétille	BAGATELLE • BROUTILLE • RIEN
Vêtir	COSTUMER • HABILLER • NIPPER
Veto	REFUS
Vêtu	HABILLÉ • MIS
Vêtu de loques	LOQUETEUX
Veuvage	VIDUITÉ
Veuve qui s'immolait sur le bûcher funéraire de son mari, en Inde	SATI
Vexation	AVANIE • BRIMADE
Vexer	FROISSER • HUMILIER
Via	PAR
Viaduc	PONT
Viande bouillie	BOUILLI
Viande cuite longuement dans sa graisse	RILLETTES
Viande de mauvaise qualité	CARNE
Viande du gibier	GIBIER
Viande dure	CARNE
Viande fricassée	FRICASSÉE
Viande frigorifiée	FRIGO
Viande fumée	BOUCAN
Viande grillée	GRILLADE
Viande que l'on mange crue	TARTARE
Viande vendue en boucherie	VEAU
Vibration sonore	ULTRASON
Vibrer	FRÉMIR • PALPITER • TREMBLER
Vibreur	RONFLEUR
Vice	CORRUPTION
Vicié	IMPUR
Vicier	DÉNATURER • POURRIR
Vicieux	DÉPRAVÉ • PERVERS • VIOC

Victime	PROIE
Victoire	GAIN • RÉUSSITE
Victoire de Napoléon	IÉNA
Victorieux	VAINQUEUR
Victuailles	VIVRES
Vidanger	PURGER • VIDER
Vide	CAVITÉ • CREUX • DÉSERT
	VACUUM • VAIN
Vide de sens	CREUX
Vide ou incomplètement chargé	LÈGE
Vider	DÉGARNIR • ÉPUISER • ÉTRIPER
Vider l'eau d'un bateau	ÉCOPER
Vie en commun d'un couple	MÉNAGE
Vie humaine dans sa durée	ÂGE
Vieillard	BIRBE • VIEUX
Vieillard crédule	GÉRONTE
Vieille	ANCIENNE
Vieille chaussure	SAVATE
Vieille femme méchante	SORCIÈRE
Vieille voiture	GUIMBARDE
Vieille voiture automobile	TACOT
Vieillesse	CADUCITÉ • DÉCLIN
Vieillesse extrême	DÉCRÉPITUDE
Vieilli	VIEIL
Vieillissement	SCLÉROSE
Vieillissement très précoce	SÉNILISME
Vieillot	DÉMODÉ
Vient après l'aîné	CADET
Vierge	MADONE
Vieux	ÂGÉ • ANCIEN • ANTIQUE • VIEIL
Vieux bateau	RAFIOT
Vieux bouc	BOUQUIN
Vieux cheval	CARNE
Vieux lambeau d'étoffe	HAILLON
Vieux livre	BOUQUIN
Vieux registre du Parlement de Paris	OLIM
Vieux vêtement	FRIPE
Vieux, affaibli par l'âge	DÉCRÉPIT
Vif	AGILE • ANIMÉ • CUISANT
	ÉVEILLÉ • PÉTILLANT
	PÉTULANT • VIVANT

Vif et enjoué	SÉMILLANT
Vif et pénétrant	PERÇANT
Vif plaisir des sens	VOLUPTÉ
Vifs reproches	FOUDRES
Vigie	SENTINELLE
Vigne cultivée en hauteur	HAUTIN
Vigoureusement	FORT
Vigoureux	FORT
Vigoureux malgré son âge avancé	VERT
Vigueur	ARDEUR • FORCE • NERF
	VERDEUR • VIE • VITALITÉ
Vigueur nouvelle	REGAIN
Vigueur, ressort	TONUS
Vilain	DÉTESTABLE • MÉCHANT
Vilenie	BASSESSE • INDIGNITÉ
Vilipender	BASSESSE • VITUPÉRER
Village	BOURG • LOCALITÉ
Village chez les Hottentots	KRAAL
Village éloigné	BLED
Village fortifié	BASTIDE
Village fortifié de l'Afrique du Nord	KSAR
Ville à l'est du lac Saint-Jean	ALMA
Ville à l'ouest de Montréal	LACHINE
Ville au sud-ouest de Montréal	DORVAL
Ville au sud-ouest de Québec	SILLERY
Ville d'Afghanistan	HARAT • HERAT
Ville d'Algérie	ALGER • BATNA • ORAN
	SAIDA • SÉTIF
Ville d'Algérie orientale	STIF
Ville d'Allemagne	AACHEN • BONN • BRÊME
	CELLE • ESSEN • FULDA • GERA
	HAGEN • HALLE • HANAU • HERNE
	HOF • IÉNA • LINDAU • LUNEN
	MARL • NEUSS • SIEGEN
	SPIRE • ULM
Ville d'Angleterre	HOVE
Ville d'Arabie saoudite	MÉDINE
Ville d'Argentine	SALTA
Ville d'Australie, sur l'océan Indien	ADÉLAÏDE
Ville d'Autriche	LINZ • VIENNE • WELS
Ville d'Écosse	PERTH

Ville d'Espagne	ALCOY • AVILA • CADIX • CUENCA ELCHE • IRUN • JAEN • LEON LÉRIDA • LORCA • LUGO • MADRID MÉRIDA • ORENSE • OVIEDO • REUS SORIA • TARRASA TOLÈDE • VALENCE
Ville d'Éthiopie	ASMARA • HARAR
Ville d'Indonésie	BOGOR
Ville d'Irak	ARBIL • ERBIL • HILLA
Ville d'Israël	LOD
Ville d'Italie	ANDRIA • ASTI • AOSTE • BAIES BOLOGNE • BRESCIA • CESENA CÔME • CUNEO • ÉLÉE • ENNA ERICE • ESTE • FLORENCE • FORLI GÊNES • IMOLA • IVRÉE • LATINA LECCE • LECCO • LODI • MASSA MENTANA • MILAN • MOLA MONZA • NAPOLI • ORVIETO PARME • PAVIE
Ville d'Oklahoma	TULSA
Ville d'Ukraine	ROVNO • TOREZ • YALTA
Ville de Belgique	AALST • ANVERS • ATH • BRUGES DIEST • DINANT • EEKLO • GAND HUY • IEPER • LÉAU • LIÈGE • MENEN MONS • NAMUR • NINOVE THUIN • TIELT • WAVRE
Ville de Birmanie	PEGU • PROME
Ville de Bolivie	ORURO
Ville de Bulgarie	RUSE • SOFIA
Ville de Californie	ANAHEIM
Ville de Colombie	ARMENIA • CALI • NEIVA
Ville de Colombie méridionale	PASTO
Ville de Croatie	PULA
Ville de Finlande	ESBO • ESPOO • LAHTI • VANTAA
Ville de Floride	MIAMI
Ville de France	ELNE • PARIS • ROUEN
Ville de Galilée	CANA
Ville de Grande-Bretagne	BATH • BOLTON • ELY • EPSOM ETON • LUTON • RUGBY • WELLS
Ville de Grèce	ARGOS • ARTA • LAMIA • LARISSA
Ville de Guinée	FRIA • LABÉ

Ville de Haute-Égypte	EDFOU
Ville de Hongrie	EGER • PECS
Ville de l'Écosse	NAIRN
Ville de l'Égypte ancienne	TANIS
Ville de l'Égypte méridionale	ASSOUAN
Ville de l'île de Taïwan	ILAN
Ville de l'Inde	AGRA • AKOLA • DELHI • ELLORE ELURU • GAYA • INDORE • MEERUT PATNA • PUNE • SALEM • SIMLA
Ville de l'Iran	ARAK • QOM • QUM
Ville de l'Italie méridionale	OTRANTE
Ville de l'Ohio	TOLEDO
Ville de l'Ontario	TORONTO
Ville de l'ouest de la Roumanie	RESITA
Ville de l'Outaouais	VANIER
Ville de la banlieue de Montréal	LASALLE • OUTREMONT • VERDUN
Ville de la C.É.I.	EREVAN • ERIVAN • OREL
Ville de la Corée du Sud	TAEGU
Ville de la Côte d'Azur	NICE
Ville de la Côte d'Ivoire	MAN
Ville de la Floride	TAMPA
Ville de la Jordanie	IRBID
Ville de la Montérégie	LONGUEUIL • PINCOURT TRACY • VARENNES
Ville de la Palestine	GAZA
Ville de la région de l'Outaouais	HULL
Ville de la République tchèque	BRNO • MOST • OPAVA
Ville de la Suède méridionale	LUND
Ville de la Tunisie méridionale	GAFSA
Ville de Lanaudière	LACHENAIE • MASCOUCHE TERREBONNE
Ville de Malaisie	IPOH
Ville de Mésopotamie	ÉDESSE
Ville de Moldavie	BALTI
Ville de Norvège	OSLO
Ville de Pologne	OPOLE • SOPOT • TORUN
Ville de Roumanie	BACAU • BRAILA • BRASOV IASI • SIBIU
Ville de Russie	MOSCOU • OUFA • PENZA • TOULA
Ville de Slovaquie	NITRA
Ville de Suède	BORAS • MOTALA • STOCKHOLM

Ville de Suisse	AARAU • AIGLE • ARBON • AROSA BADEN • BERNE • BÂLE • LUCERNE LUGANO • MORAT • OLTEN • SION
Ville de Syrie	ÉMÈSE • HOMS
Ville de Tunisie	NABEUL • TUNIS
Ville de Turquie	NICÉE • URFA
Ville de Yougoslavie	BOR • NIS
Ville des basses Laurentides	ROSEMÈRE
Ville des Cantons-de-l'Est	MAGOG
Ville des États-Unis	ATLANTA
Ville des Laurentides	LACHUTE • MIRABEL
Ville des Pays-Bas	ASSEN • BREDA • EDE • EDAM EMMEN • VENLO • ZEIST
Ville du Bas-Saint-Laurent	MATANE • RIMOUSKI
Ville du Brésil	CAMPOS
Ville du Cameroun	ÉDÉA
Ville du Chili	SANTIAGO • TALCA
Ville du Chili central	TALCA
Ville du Chili méridional	OSORNO
Ville du Ghana	ACCRA • TAMALE
Ville du Japon	AKITA • FUJI • ITAMI • KOFU MITO • NAGANO • NARA • OITA OMIYA • OMUTA • OSAKA • OTSU SAGA • SAKAI • SUITA • TOYAMA TOYOTA • TSU • UJI • YAO
Ville du Liban	SAIDA
Ville du Luxembourg méridional	SANEM
Ville du Mali	GAO • MOPTI • SÉGOU
Ville du Maroc	FÈS • TAZA
Ville du Maroc septentrional	NADOR
Ville du Mexique	MÉRIDA • MEXICO
Ville du Mexique central	LEON
Ville du Mexique occidental	TEPIC
Ville du Michigan	DETROIT
Ville du Népal	PATAN
Ville du Nevada	RENO
Ville du Nigeria	ILA • ILESHA • ILORIN JOS • KANO • ZARIA
Ville du Nigeria oriental	ENUGU
Ville du nord de l'Angleterre	LEEDS
Ville du nord de la Syrie	HAMA

Ville du nord de la Tunisie	BÉJA
Ville du nord du Pérou	PIURA
Ville du nord-est de la Bulgarie	SUMEN
Ville du nord-est du Brésil	OLINDA
Ville du nord-ouest de la Bulgarie	VRACA
Ville du nord-ouest de la Syrie	ALEP
Ville du Pakistan	LAHORE
Ville du Pérou	ICA • LIMA
Ville du Portugal	BRAGA • ÉVORA • FATIMA LISBONNE • TOMAR
Ville du Québec	ALMA • AMOS • ANJOU • ARVIDA LACHENAIE • LACHINE • LACHUTE LASALLE • LONGUEUIL • MAGOG MASCOUCHE • MATANE • MIRABEL MONTRÉAL • OUTREMONT PINCOURT • RIMOUSKI ROBERVAL • ROSEMÈRE SILLERY • TERREBONNE • TRACY VANIER • VARENNES • VERDUN
Ville du Québec, dans l'Estrie	MAGOG
Ville du Québec, sur le Saint-Laurent	SOREL
Ville du Saguenay-Lac-Saint-Jean	ARVIDA • ROBERVAL
Ville du Sénégal	THIÈS
Ville du Soudan	MÉROÉ
Ville du sud de l'Inde	ERODE • MAHE
Ville du sud-est du Nigeria	ABA
Ville du sud-ouest du Nigeria	EDE • IFE • OYO
Ville du Tchad méridional	SARH
Ville du Texas	AUSTIN • DALLAS
Ville du Venezuela	VALENCIA
Ville du Viêt Nam	HUÊ
Ville en Estrie	EASTMAN
Ville ensevelie par le Vésuve	POMPÉI
Ville éternelle	ROME
Ville importante	CITÉ
Ville principale	MÉTROPOLE
Vin	RIESLING • XÉRÈS
Vin blanc	ASTI
Vin blanc de Chablis	CHABLIS
Vin blanc de Chablis, en Bourgogne	CHABLIS
Vin blanc liquoreux de Sauternes	SAUTERNES

Vin blanc mousseux du Midi	CLAIRETTE
Vin blanc sec	XÉRÈS
Vin blanc sec récolté à Chablis	CHABLIS
Vin blanc très fruité	SAUTERNES
Vin d'un cru renommé du Beaujolais	JULIENAS
Vin de Bordeaux	BORDEAUX
Vin de liqueur	MUSCAT • PORTO
Vin de liqueur charentais	PINEAU
Vin de qualité ordinaire	PINARD
Vin doux et sucré	MUSCAT
Vin du Mâconnais	MÂCON
Vin liquoreux	MALAGA
Vin médiocre	PIQUETTE • VINASSE
Vin produit en Sicile	MARSALA
Vin récolté aux environs de Tavel	TAVEL
Vin renommé de Bourgogne	CORTON
Vin rosé	TAVEL
Vin rouge	MÉDOC
Vin rouge de Bourgogne	POMMARD
Vin rouge ordinaire	PINARD
Vin rouge suisse du Valais	DÔLE
Vingtième lettre de l'alphabet grec	UPSILON
Violacé	VIOLET
Violation	INFRACTION
Violation de la loi	CRIME
Violation de serment	PARJURE
Violence	ÂPRETÉ • VIRULENCE
Violence impétueuse	FURIE • VOLCAN
Violent	AGRESSIF • ÂPRE • IMPULSIF
	OFFENSIF • TORRENTIEL
	TORTIONNAIRE
Violente	AGRESSIVE
Violente dispute accompagnée de coups	BAGARRE
Violente douleur abdominale	COLIQUE
Violente perturbation atmosphérique	TEMPÊTE
Violer	DÉROGER
Violer son serment (Se)	PARJURER
Violer une chose sacrée	PROFANER
Violon d'Ingres	HOBBY
Violoniste de village	MÉNÉTRIER • VIOLONEUX

Violoniste populaire	VIOLONEUX
Violoniste russe naturalisé américain né en 1920	STERN
Vipère d'Afrique	CÉRASTE
Vipère des montagnes, vivant en Europe	ASPIC
Virage, en ski	STEM • STEMM
Virée	RANDONNÉE • TOURNÉE
Viril	MÂLE
Virtuel	POSSIBLE • POTENTIEL
Virtuelle	POTENTIELLE
Virtuosité	BRIO
Virulence	VIOLENCE
Virulent	ACERBE
Virulicide	VIROCIDE
Virus du sida	LAV
Vis	PITON • SPIRALE
Vis-à-vis	DEVANT
Visage	BINETTE • FACE • FIGURE GUEULE • MUSEAU
Visage d'enfant	FRIMOUSSE
Viscère pair qui sécrète l'urine	REIN
Viscères	ABATS
Visé plus haut	SUSVISÉ
Viser avec une arme à feu	MIRER
Visible	APPARENT • DISTINCT
Vision	APPARITION • FANTÔME REVENANT • VUE
Vision globale	SYNTHÈSE
Visionnaire	DEVIN • HALLUCINÉ • ILLUMINÉ
Visité par des fantômes	HANTÉ
Visiter	VOISINER
Visqueux	GLUANT
Visuel	OCULAIRE
Vital	ESSENTIEL • PRIMORDIAL
Vitalité	ARDEUR • VIE
Vite	RAPIDE
Vitesse	VÉLOCITÉ
Vitesse acquise d'un navire	ERRE
Vitesse d'exécution d'une oeuvre	TEMPO
Vitrail de grande dimension	VERRIÈRE
Vitre	GLACE • VERRE

Vitre arrière d'une automobile	LUNETTE
Vitrerie	VERRERIE
Vitrine	ÉTALAGE • MONTRE • VITRE
Vitupérer	CRITIQUER
Vivacité	ALACRITÉ • MORDANT • VERVE
Vivacité gaie, entraînante	ALACRITÉ
Vivacité turbulente	PÉTULANCE
Vivant	ANIMÉ • VIF
Vivat	ACCLAMATION
Vive	SPIRITUELLE
Vive agitation	FIÈVRE
Vive compétition, lutte	BAGARRE
Vive démangeaison	PRURIT
Vive discussion	ALTERCATION
Vive inquiétude	ALARME
Vivoter	VÉGÉTER • VIVRE
Vivre	EXISTER • MUNITION
Vivre au ralenti	VIVOTER
Vivre en nomade	NOMADISER
Vivres	MUNITIONS
Vocabulaire	LEXIQUE
Vocabulaire populaire	ARGOT
Vocaliser	CHANTER
Vocation	DESTINÉE • RÔLE • SACERDOCE
Vociférer	GUEULER • HURLER
Voeu	DÉSIR • SOUHAIT
Vogue	POPULARITÉ
Voici	VOILÀ
Voie	CHEMIN • PISTE • ROUTE
Voie aérienne	VIADUC
Voie bordée d'arbres	ALLÉE
Voie d'accès	AVENUE
Voie urbaine	RUE
Voies de fait	SÉVICES
Voilage	RIDEAU
Voilé	ENROUÉ
Voile basse du mât de l'avant	MISAINE
Voile d'avant sur les voiliers modernes	SPI
Voile noir des femmes musulmanes	TCHADOR
Voilé par des vapeurs	VAPOREUX
Voile porté par les musulmanes chiites	TCHADOR

Voile transparent	GAZE
Voile triangulaire d'un navire	FOC
Voiler	AVEUGLER • ÉCLIPSER • EMBUER
	ENROUER • ESTOMPER
Voilier à balancier utilisé en Malaisie	PRAO
Voilier à trois coques	TRIMARAN
Voilier à un seul mât	COTRE
Voilier marchand gréé en brick	SENAU
Voisin	CONNEXE • PRÈS
Voisin de l'ail	OIGNON
Voisin, contigu	PROCHE
Voisin, pareil	AFFIN
Voisinage	ALENTOURS • PARAGES
Voisinage désagréable	PROMISCUITÉ
Voiture	AUTO
Voiture à cheval	FIACRE
Voiture à deux roues	CHARRETTE
Voiture à moteur	MOTRICE
Voiture à quatre portes	BERLINE
Voiture à quatre roues	LANDAU
Voiture automobile	TAXI
Voiture d'enfant	LANDAU
Voiture de charge	TOMBEREAU
Voiture de dépannage	DÉPANNEUSE
Voiture de location	
munie d'un taximètre	TAXI
Voiture en forme de fourgonnette	BREAK
Voiture fermée de transport	OMNIBUS
Voiture hippomobile	FIACRE
Voiture publique peu confortable	PATACHE
Voiture publique transportant	
des voyageurs dans une ville	OMNIBUS
Voiture rapide	BOLIDE
Voiture rurale	CHAR
Voiture se déplaçant sur un seul rail	MONORAIL
Voiture spacieuse à quatre portes	
et six glaces latérales	LIMOUSINE
Voiture très légère	SULKY
Voiture-lit dans un train	SLEEPING
Voix au-dessus du baryton	TÉNOR
Voix d'homme	BASSE • TÉNOR

Voix d'un chanteur	ORGANE
Voix de femme	ALTO
Vol	FAUCHE • LARCIN • PILLAGE
Volage	COUREUR • FRIVOLE • INFIDÈLE
Volaille	VOLATILE
Volcan actif de la Sicile	ETNA
Volcan actif du Japon	ASO
Volcan constitué par des émissions de boue	SALSE
Volcan de la Sicile	ETNA
Volcan des Andes de Colombie	RUIZ
Volcan des Philippines	APO
Volcan du Japon	ASO
Volcan du Pérou	MISTI
Volcan sous-marin	GUYOT
Volée de coups	DÉGELÉE • PÂTÉE • RACLÉE
Volée de coups, bataille	TABAC
Volée de coups, raclée	TREMPE
Voler	DÉPOUILLER • DÉROBER
	DÉTOURNER • DÉTROUSSER
	FAUCHER • FRAUDER
	PLANER • RAFLER • SPOLIER
Voler au-dessus	SURVOLER
Voler dans les jardins	MARAUDER
Voler de nouveau	REVOLER
Voler en battant des ailes	VOLTIGER
Voler en trompant	ENTÔLER
Voler un client, en parlant d'une prostituée	ENTÔLER
Voleter	VOLTIGER
Voleur	BANDIT • FILOU • LARRON • PILLARD
Voleur adroit	FRIPON
Volière	CAGE
Volontaire	BÉNÉVOLE • DÉCIDÉ • VOULU
Volonté	DESSEIN • ÉNERGIE
	INTENTION • VOULOIR
Volonté de commettre une infraction	TENTATIVE
Volonté de Dieu	ORACLE
Volonté faible	VELLÉITÉ
Volt-Ampère-Réactif	VAR
Voltampère	VA

Volte-face	CONVERSION • PIROUETTE • VIRAGE
Voltige	CABRIOLE
Voltiger	FLOTTER
Volubilité	BAGOUT
Volume	CAPACITÉ • LIVRE • TOME
Volupté	JOUISSANCE
Voluptueux	SENSUEL
Vomir	DÉGUEULER
Vorace	AVIDE • GOINFRE
	GOURMAND • RAPACE
Votant	ÉLECTEUR
Votation	SCRUTIN
Vote	CONSULTATION • ÉLECTION
Vote au moyen de bulletins	SCRUTIN
Voter une nouvelle fois	REVOTER
Vouer au malheur	MAUDIRE
Vouer au mépris public	HONNIR
Vouloir	DÉSIRER
Voulu	VOLONTAIRE
Voûte	DÔME
Voûte céleste	FIRMAMENT
Voûte en forme d'arc	ARCHE
Voûte sphérique	CALOTTE
Voûter	COURBER
Vouvoyer	VOUSSOYER
Voyage	LOCOMOTION
Voyage de tourisme par mer	CROISIÈRE
Voyage en plusieurs endroits	TOURNÉE
Voyage rapide	VIRÉE
Voyager en transit	TRANSITER
Voyageur de commerce	VENDEUR
Voyant	DISEUR • TAPAGEUR
Voyant et sans valeur	CLINQUANT
Voyante	DISEUSE
Voyeur	SATYRE
Voyou	ARSOUILLE • GOUAPE • LASCAR
Vrai	AUTHENTIQUE • RÉEL • VÉCU
Vraisemblable	PLAUSIBLE
Vrille	FORET • TARIÈRE
Vrillette	ANOBIE
Vrombir	VIBRER

Vue	ASPECT • IDÉE
Vue circulaire	PANORAMA
Vue d'ensemble d'un site	PAYSAGE
Vue d'ensemble, souvent sommaire	APERÇU
Vue étendue d'un paysage	PANORAMA
Vulgairement	VULGO

W

Wagonnet de mine	BERLINE
Weber	WB
Whisky à base de maïs, fabriqué aux États-Unis	BOURBON
Whisky américain	BOURBON
Whisky canadien	RYE
Whisky de seigle	RYE
Whisky écossais	SCOTCH
Whisky irlandais	WHISKEY
Wigwam	HUTTE

X

Xénon	XE
Xérès	SHERRY

Y

Yack	YAK
Yak	YACK
Yaourt	YOGOURT
Yeux	CHASSES • REGARD
Yodler	IODLER • IOULER • JODLER
Yogourt	YAOURT
Yourte	IOURTE
Ytterbium	YB

Z

Zani	ZANNI
Zébré	TIGRÉ
Zélé	DILIGENT
Zèle	APPLICATION • ENTHOUSIASME
Zèle, dévouement pour son pays	CIVISME
Zeppelin	DIRIGEABLE
Zéro	NULLITÉ
Zest	ZESTE
Zeste	ZEST
Zézayer	BLÉSER
Zig	ZIGOTO
Zigoto	ZIG • ZIGUE
Zinc	ZN
Zinzin	CINGLÉ
Zirconium	ZR
Zone	RÉGION • TERRITOIRE
Zone d'exploitation contrôlée	ZEC
Zone d'ombre	PÉNOMBRE
Zone du globe terrestre	SIMA
Zone externe du globe terrestre	SIAL
Zone occupée par un animal	TERRITOIRE
Zone qui s'étend autour d'un point	PÉRIMÈTRE
Zone réservée pour les rassemblements de troupes	CAMP
Zone semi-aride du Brésil	SERTAO
Zone, surface quelconque	PÉRIMÈTRE

Tableaux annexes

Index

Aliments dont le nom est tiré d'un nom de lieu

Bavarois (dessert)	Bavière (Allemagne)
Bordeaux (vin)	Bordeaux (France)
Bourbon (whisky)	Bourbon (États-Unis)
Bourgogne (vin)	Bourgogne (France)
Brie (fromage)	Brie (France)
Camembert (fromage)	Camembert (France)
Cantaloup	Cantalupe (Italie)
Champagne	Champagne (France)
Chartreuse (liqueur)	Chartreuse (France)
Cheddar (fromage)	Cheddar (Angleterre)
Chianti (vin)	Chianti (Italie)
Crème chantilly	Chantilly (France)
Génoise (gâteau)	Gênes (Italie)
Hamburger	Hambourg (Allemagne)
Macédoine (salade)	Macédoine (Balkans)
Madère (vin)	Madère (Portugal)
Mayonnaise	Port-Mahon (Espagne)
Moka (café)	Moka (Yémen)
Oka (fromage)	Oka (Québec)
Parmesan (fromage)	Parme (Italie)
Pêche	Perse (Iran)
Poivre de Cayenne	Cayenne (Guyane française)
Porto (vin)	Porto (Portugal)
Raisin de Corinthe	Corinthe (Grèce)
Roquefort (fromage)	Roquefort (France)
Salade niçoise	Nice (France)
Salade romaine	Rome (Italie)
Saint-paulin (fromage)	Saint-Paulin (France)
Sardine	Sardaigne (Italie)
Sauce Worcestershire	Worcestershire (Angleterre)
Saucisse de Francfort	Francfort (Allemagne)
Spaghetti à la bolonaise	Bologne (Italie)
Tabasco (piment)	Tabasco (Mexique)

Allemagne •
Divisions administratives

ÉTAT (LAND)	CAPITALE
Bade-Wurtemberg	Stuttgart
Bavière	Munich
Berlin	Berlin
Brandebourg	Potsdam
Brême	Brême
Hambourg	Hambourg
Hesse	Wiesbaden
Mecklembourg-Poméranie-Occidentale	Schwerin
Rhénanie-du-Nord-Westphalie	Düsseldorf
Rhénanie-Palatinat	Mayence
Sarre	Sarrebruck
Saxe	Dresde
Saxe (Basse-)	Hanovre
Saxe-Anhalt	Magdeburg
Schleswig-Holstein	Kiel
Thuringe	Erfurt

Alphabet grec

Alpha	Iota	Rhô
Bêta	Kappa	Sigma
Gamma	Lambda	Tau
Delta	Mu	Upsilon
Epsilon	Nu	Phi
Dzêta ou zêta	Ksi ou xi	Khi
Êta	Omicron	Psi
Thêta	Pi	Oméga

Anniversaires de mariage

	TRADITIONNEL	MODERNE
1 an	Papier	Horloges
2 ans	Coton	Porcelaine
3 ans	Cuir	Cristal, verrerie
4 ans	Fruits, fleurs	Accessoires ménagers
5 ans	Bois	Argenterie
6 ans	Fer	Bois
7 ans	Laine, cuivre	Parures de bureau
8 ans	Bronze, poterie	Toile, dentelle
9 ans	Poterie, osier	Cuir
10 ans	Fer-blanc, aluminium	Bijoux avec diamant
11 ans	Acier	Bijoux modernes
12 ans	Soie, toile	Perles
13 ans	Dentelle	Tissu, fourrures
14 ans	Ivoire	Bijoux en or
15 ans	Cristal	Montres
20 ans	Porcelaine	Platine
25 ans	Argent	Argent
30 ans	Perle	Diamant
35 ans	Corail	Jade
40 ans	Rubis	Rubis
45 ans	Saphir	Saphir
50 ans	Or	Or
55 ans	Émeraude	Émeraude
60 ans	Diamant	Diamant
75 ans	Diamant	Diamant

Apôtres de Jésus-Christ

André
Barnabé
Barthélemy dit Nathanaël
Jacques dit le Majeur
Jean l'Évangéliste
Judas Iscariote

Jude ou Thaddée
Matthias ou Mathias
Philippe
Pierre
Simon dit le Zélote
Thomas dit le Didyme

Astrologie chinoise

Rat	1912, 1924, 1936, 1948, 1960, 1972, 1984, 1996
Boeuf	1913, 1925, 1937, 1949, 1961, 1973, 1985, 1997
Tigre	1914, 1926, 1938, 1950, 1962, 1974, 1986, 1998
Chat	1915, 1927, 1939, 1951, 1963, 1975, 1987, 1999
Dragon	1916, 1928, 1940, 1952, 1964, 1976, 1988, 2000
Serpent	1917, 1929, 1941, 1953, 1965, 1977, 1989, 2001
Cheval	1918, 1930, 1942, 1954, 1966, 1978, 1990, 2002
Chèvre	1919, 1931, 1943, 1955, 1967, 1979, 1991, 2003
Singe	1920, 1932, 1944, 1956, 1968, 1980, 1992, 2004
Coq	1921, 1933, 1945, 1957, 1969, 1981, 1993, 2005
Chien	1922, 1934, 1946, 1958, 1970, 1982, 1994, 2006
Cochon	1923, 1935, 1947, 1959, 1971, 1983, 1995, 2007

Automobile • Constructeurs

Alfa Romeo
Aston-Martin
Audi
Bentley
BMW
Bugati
Citroën
Daewoo
Daihatsu
Daimler-Chrysler
De Tomaso
Donkerwoort
Ferrari
Fiat
Ford
Fuji
General Motors

Honda
Hyundai
Isuzu
Jaguar
Jeep
Kia
Lada
Lamborghini
Lancia
Land Rover
Lotus
Maserati
Mazda
Mercedes-Benz
Mitsubishi
Morgan
Nissan

Opel
Peugeot
Porsche
Renault
Rolls-Royce
Rover
Saab
Seat
Skoda
Ssang Yong
Subaru
Suzuki
Toyota
Vauxhall
Volkswagen
Volvo

Banques

BANQUE	CHIFFRE D'AFFAIRES (EN MILLIARDS DE $)
Crédit Suisse (Suisse)	48,2
Deutsche Bank (Allemagne)	40,8
Hongkong and Shanghai Bank (G.-B.)	37,4
Tokyo-Mitsubishi Bank (Japon)	34,8
Citicorp (É.-U.)	34,7
Crédit agricole (France)	34,0
Chase Manhattan (É.-U.)	30,4
ABN-Amro (Pays-Bas)	28,9
Gan (France)	28,9
Société générale (France)	28,7
Industrial Bank of Japan (Japon)	26,9
BNP (France)	24,3
Bankamerica (É.-U.)	23,6
Fuji Bank (Japon)	22,9
Sanwa Bank (Japon)	22,8
Crédit Lyonnais (France)	22,4
Lloyds TSB (G.-B.)	22,3
Westdeutsche Landesbank (Allemagne)	21,9
Nationsbank (É.-U.)	21,7
Dresdnerbank (Allemagne)	21,5
Sakura Bank (Japon)	21,3
National Westminster Bank (G.-B.)	21,2
Barclays Bank (G.-B.)	21,1
Sumitomo Bank (Japon)	21,0
Bank of China (Chine)	20,9
Banco Do Brasil (Brésil)	20,3
Halifax PLC (Canada)	12,8
Royal Bank of Canada (Canada)	12,8
CIBC (Canada)	12,3

Bateaux

Allège
Aviso
Bac
Bachot
Balancelle
Baleinier
Baleinière
Bananier
Barge
Bateau-citerne
Bateau-feu
Bateau-mouche
Bateau-phare
Bateau-pilote
Birème
Boutre
Brick
Brigantin
Brise-glace
Butanier
Caboteur
Caïque
Canoë
Canonnière
Canot
Caravelle
Cargo
Catamaran
Céréalier
Chaland
Chaloupe
Chalutier
Charbonnier
Chasse-marée
Chébec
Clipper
Contre-torpilleur
Corsaire

Corvette
Cotre
Crevettier
Croiseur
Cuirassé
Dériveur
Destroyer
Dinghy
Doris
Dragueur
Drakkar
Dundee
Éclaireur
Escorteur
Felouque
Ferry-boat
Flûte
Frégate
Gabarre
Galéasse
Galère
Galion
Galiote
Garde-côte
Garde-pêche
Goélette
Hanrenguier
Hors-bord
Hourque
Hovercraft
Hydrofoil
Hydroglisseur
Jonque
Kayak
Ketch
Langoustier
Mahonne
Méthanier

Monocoque
Morutier
Nacelle
Naviplane
Navire-école
Navire-hôpital
Navire-usine
Paquebot
Patrouilleur
Péniche
Périssoire
Pétrolier
Pinardier
Pirate
Pirogue
Ponton
Porte-avions
Prame
Prao
Propanier
Quadrirème
Quatre-mâts
Raft
Ravitailleur
Remorqueur
Runabout
Sampan
Sardinier
Schooner
Skiff
Sloop
Sous-marin
Steamer
Submersible
Tanker
Tartane
Terre-neuvas
Terre-neuvier

▶▶

Thonier
Torpilleur
Toueur
Transatlantique
Transbordeur
Traversier

Trimaran
Trirème
Trois-mâts
Trois-ponts
Vapeur
Vedette

Voilier
Vraquier
Yacht
Yole
Youyou
Zodiaque

Belgique •
Divisions administratives

PROVINCE	CHEF-LIEU	PROVINCE	CHEF-LIEU
Anvers	Anvers	Hainaut	Mons
Brabant	Bruxelles	Liège	Liège
Flandre-Occidentale	Bruges	Limbourg	Hasselt
Flandre-Orientale	Gand	Luxembourg	Arlon
		Namur	Namur

Bijoux

Aigrette
Alliance
Anneau
Bague
Boucle d'oreille
Bracelet
Breloque
Broche
Chaîne
Chevalière

Clip
Collier
Couronne
Croix
Diadème
Dormeuse
Épingle
Épinglette
Ferronnière

Fronteau
Gourmette
Jaseran
Jonc
Médaillon
Pendant
Pendeloque
Pendentif
Sautoir

Canada • Capitales

Charlottetown	Île-du-Prince-Édouard
Edmonton	Alberta
Fredericton	Nouveau-Brunswick
Halifax	Nouvelle-Écosse
Québec	Québec
Regina	Saskatchewan
Saint John's	Terre-Neuve
Toronto	Ontario
Victoria	Colombie-Britannique
Whitehorse	Yukon
Winnipeg	Manitoba
Yellowknife	Territoires du Nord-Ouest

Canada • Emblèmes floraux

Alberta	Rose aciculaire
Colombie-Britannique	Cornouiller du Pacifique
Île-du-Prince-Édouard	Sabot de la vierge
Manitoba	Pulsatile
Nouveau-Brunswick	Violette cuculée
Nouvelle-Écosse	Fleur de mai
Ontario	Trille grandiflore
Québec	Lis blanc de jardin
Saskatchewan	Lis de prairie
Terre-Neuve	Sarracénie pourpre
Territoires du Nord-Ouest	Dryade des montagnes
Yukon	Épilobe à feuille verte

Canada • Gouverneurs généraux

1861-1868	Le vicomte Monck
1868-1872	Lord Lisgar
1872-1878	Le comte de Dufferin
1878-1883	Le marquis de Lorne
1883-1888	Le marquis de Lansdowne
1888-1893	Lord Stanley
1893-1898	Le comte d'Aberdeen
1898-1904	Le comte de Minto
1904-1911	Le comte Grey
1911-1916	S.A.R. le duc de Connaught
1916-1921	Le duc de Devonshire
1921-1926	Lord Byng
1926-1931	Le vicomte Willingdon
1931-1935	Le comte de Bessborough
1935-1940	Lord Tweedsmuir
1940-1946	Le comte d'Athlone
1946-1952	Le vicomte Alexander
1952-1959	Vincent Massey
1959-1967	Georges-P. Vanier
1967-1974	Roland Michener
1974-1979	Jules Léger
1979-1984	Edward Schreyer
1984-1990	Jeanne Sauvé
1990-1995	Ramon John Hnatyshyn
1995-1999	Roméo LeBlanc
1999-	Adrienne Clarkson

Canada • Premiers ministres

1867-1873	John A. Macdonald
1873-1878	Alexander Mackenzie
1878-1891	John A. Macdonald
1891-1892	John J. C. Abbott
1892-1894	John S. D. Thompson
1894-1896	Mackenzie Bowell
1896-1896	Charles Tupper
1896-1911	Wilfrid Laurier
1911-1920	Robert L. Borden
1920-1921	Arthur Meighen
1921-1926	W. L. Mackenzie King
1926-1926	Arthur Meighen
1926-1930	W. L. Mackenzie King
1930-1935	Richard B. Bennett
1935-1948	W. L. Mackenzie King
1948-1957	Louis S. Saint-Laurent
1957-1963	John G. Diefenbaker
1963-1968	Lester B. Pearson
1968-1979	Pierre Elliott Trudeau
1979-1980	C. Joseph Clark
1980-1984	Pierre Elliott Trudeau
1984-1984	John N. Turner
1984-1993	M. Brian Mulroney
1993-1993	Kim Campbell
1993-	Jean Chrétien

Canada • Provinces et territoires

Alberta
Colombie-Britannique
Île-du-Prince-Édouard
Manitoba
Nouveau-Brunswick
Nouvelle-Écosse

Ontario
Québec
Saskatchewan
Terre-Neuve
Territoires du Nord-Ouest
Yukon (territoire)

Chats

Abyssin
Américain à poil court
Américain à poil dur
Angora
Balinais
Birman
Bleu anglais
Bleu russe
Bobtail japonais
Bombay

Burmese
Chartreux
Colorpoint
Européen
Exotic shorthair
Havana brown
Hymalayen
Korat
Lavender
Manx

Mau égyptien
Ocicat
Persan
Ragdoll
Rex
Scottish folds
Siamois
Somali
Sphinx
Tonkinois

Chiens

Affenpinscher	Bull-mastiff	Limier
Airedale	Bull-terrier	Loulou
Australian terrier	Cairn terrier	Malinois
Barbet	Caniche	Pékinois
Barzoï	Carlin	Pinscher moyen
Basset	Chihuahua	Pinscher nain
Beagle	Chow chow	Pitbull
Bedlington terrier	Cocker	Pointer
Berger allemand	Colley	Rottweiller
Berger belge	Dalmatien	Saint-bernard
Berger de Beauce	Danois	Saint-hubert
Berger de Brie	Doberman	Schipperke
Berger d'Écosse	Dogue	Schnauzer
Berger des Pyrénées	Épagneul	Scotch-terrier
Bichon	Eurasier	Setter
Billy	Fox-terrier	Shar pei
Bobtail	Griffon	Shih-tsu
Boston terrier	Hovawart	Siberian husky
Bouledogue	Kerry blue	Spitz
Bouvier bernois	King-charles	Teckel
Bouvier des Flandres	Labrador	Terre-neuve
Boxer	Leonberg	Toy-terrier
Braque	Levrette	Welsh corgi
Briard	Lévrier	Whippet
Briquet	Lhassa apso	Yorkshire-terrier

Chiffres romains

I	1	VI	6	L	50
II	2	VII	7	C	100
III	3	VIII	8	D	500
IV	4	IX	9	M	1000
V	5	X	10		

Cinéma • Césars de la meilleure actrice

2002	Emmanuelle Devos	1988	Anémone
2001	Dominique Blanc	1987	Sabine Azéma
2000	Karin Viard	1986	Sandrine Bonnaire
1999	Élodie Bouchez	1985	Sabine Azéma
1998	Ariane Ascaride	1984	Isabelle Adjani
1997	Fanny Ardant	1983	Nathalie Baye
1996	Isabelle Huppert	1982	Isabelle Adjani
1995	Isabelle Adjani	1981	Catherine Deneuve
1994	Juliette Binoche	1980	Miou-Miou
1993	Catherine Deneuve	1979	Romy Schneider
1992	Jeanne Moreau	1978	Simone Signoret
1991	Anne Parillaud	1977	Annie Girardot
1990	Carole Bouquet	1976	Romy Schneider
1989	Isabelle Adjani		

Cinéma • Césars du meilleur acteur

2002	Michel Bouquet	1988	Richard Bohringer
2001	Sergi Lopez	1987	Daniel Auteuil
2000	Daniel Auteuil	1986	Christophe Lambert
1999	Jacques Villeret	1985	Alain Delon
1998	André Dussolier	1984	Coluche
1997	Philippe Torreton	1983	Philippe Léotard
1996	Michel Serrault	1982	Michel Serrault
1995	Gérard Lanvin	1981	Gérard Depardieu
1994	Pierre Arditi	1980	Claude Brasseur
1993	Claude Rich	1979	Michel Serrault
1992	Jacques Dutronc	1978	Jean Rochefort
1991	Gérard Depardieu	1977	Michel Galabru
1990	Philippe Noiret	1976	Philippe Noiret
1989	Jean-Paul Belmondo		

Cinéma • Césars du meilleur film

2002	Le fabuleux destin d'Amélie Poulin
2001	Le goût des autres
2000	Vénus Beauté Institut
1999	La Vie rêvée des anges
1998	On connaît la chanson
1997	Ridicule
1996	La Haine
1995	Les Roseaux sauvages
1994	Smoking/No Smoking
1993	Les Nuits fauves
1992	Tous les matins du monde
1991	Cyrano de Bergerac
1990	Trop belle pour toi
1989	Camille Claudel
1988	Au revoir les enfants
1987	Thérèse
1986	Trois hommes et un couffin
1985	Les Ripoux
1984	À nos amours, Le Bal
1983	La Balance
1982	La Guerre du feu
1981	Le Dernier Métro
1980	Tess
1979	L'Argent des autres
1978	Providence
1977	Monsieur Klein
1976	Le Vieux Fusil

Cinéma • Césars du meilleur film étranger

2002	Mulholland drive
2001	In the Mood for Love
2000	Tout sur ma mère
1999	La vie est belle
1998	Les Virtuoses
1997	Breaking the Waves
1996	Land and Freedom
1995	Quatre Mariages et un enterrement
1994	La Leçon de piano
1993	Talons aiguilles
1992	Toto le héros
1991	Le Cercle des poètes disparus
1990	Les Liaisons dangereuses
1989	Bagdad Café
1988	Le Dernier Empereur
1987	Le Nom de la rose
1986	La Rose pourpre du Caire
1985	Amadeus
1984	Fanny et Alexandre
1983	Victor Victoria
1982	Elephant Man
1981	Kagemusha
1980	Manhattan
1979	L'Arbre aux sabots
1978	Une journée particulière
1977	Nous nous sommes tant aimés
1976	Parfum de femme

Cinéma • Chefs-d'oeuvre

RÉALISATEUR	PAYS	TITRE
Aldrich, Robert	États-Unis	En quatrième vitesse (1955)
Allen, Woody	États-Unis	Manhattan (1979)
Altman, Robert	États-Unis	Nashville (1975)
Anderson, Lindsay	Grande-Bretagne	Le Prix d'un homme (1963)
Antonioni, Michelangelo	Italie	L'Avventura (1960)
Autant-Lara, Claude	France	Le Diable au corps (1947)
Bardem, Juan Antonio	Espagne	Mort d'un cycliste (1955)
Barnet, Boris	U.R.S.S.	Okraina (1933)
Becker, Jacques	France	Casque d'or (1952)
Bergman, Ingmar	Suède	Le Septième Sceau (1957) Cris et Chuchotements (1972)
Bertolucci, Bernardo	Italie	La Stratégie de l'araignée (1970)
Boorman, John	Grande-Bretagne	Délivrance (1972)
Borzage, Frank	États-Unis	Ceux de la zone (1933)
Bresson, Robert	France	Un condamné à mort s'est échappé (1956)
Bunuel, Luis	Mexique	L'Âge d'or (1930) Viridiana (1961)
Capra, Frank	États-Unis	New York-Miami (1934)
Carné, Marcel	France	Le jour se lève (1939) Les Enfants du paradis (1945)
Cassavetes, John	États-Unis	Une femme sous influence (1974)
Chabrol, Claude	France	Le Boucher (1970)
Chaplin, Charlie	États-Unis	La Ruée vers l'or (1925) Les Temps modernes (1936)
Clair, René	France	Un chapeau de paille d'Italie (1928) Le Million (1931)
Clément, René	France	La Bataille du rail (1946)
Clouzot, Henri Georges	France	Le Corbeau (1943)
Cocteau, Jean	France	La Belle et la Bête (1946) Orphée (1950)

▶▶

Cooper, Merian C.	États-Unis	King Kong (1933)
Coppola, Francis Ford	États-Unis	Apocalypse Now (1979)
Cukor, George D.	États-Unis	Une étoile est née (1954)
Curtiz, Michael	États-Unis	Casablanca (1943)
De Mille, Cecil B.	États-Unis	Forfaiture (1915)
Demy, Jacques	France	Les Parapluies de Cherbourg (1964)
De Sica, Vittorio	Italie	Le Voleur de bicyclette (1948)
Disney, Walt	États-Unis	Blanche-Neige et les sept nains (1937)
Donen, Stanley	États-Unis	Chantons sous la pluie (1952)
Donskoï, Mark	U.R.S.S.	L'Enfance de Gorki (1938) En gagnant mon pain (1939) Mes universités (1940)
Dovjenko, Aleksandr	U.R.S.S.	La Terre (1930)
Dreyer, Carl Theodor	Danemark	La Passion de Jeanne d'Arc (1928)
Eisenstein, Sergueï	U.R.S.S.	Le Cuirassé Potemkine (1925) Alexandre Nevski (1938)
Eustache, Jean	France	La Maman et la Putain (1973)
Fassbinder, Rainer Werner	R.F.A.	Le Mariage de Maria Braun (1979)
Fellini, Federico	Italie	La Strada (1954) La Dolce Vita (1960 Huit et demi (1963)
Ferreri, Marco	Italie	Dillinger est mort (1969)
Feuillade, Louis	France	Fantômas (1913-14) Les Vampires (1915-16)
Feyder, Jacques	France	La Kermesse héroïque (1935)
Flaherty, Robert	États-Unis	Nanouk l'Esquimau (1922)
Fleming, Victor	États-Unis	Autant en emporte le vent (1939)
Ford, John	États-Unis	La Chevauchée fantastique (1939)

Forman, Milos	États-Unis	L'As de pique (1963)
		Vol au-dessus d'un nid de coucou (1975)
Gance, Abel	France	Napoléon (1927)
Godard, Jean-Luc	France	À bout de souffle (1960)
		Le Mépris (1963)
Grémillon, Jean	France	Le ciel est à vous (1944)
Griffith, David W.	États-Unis	Naissance d'une nation (1915)
		Intolérance (1916)
Hathaway, Henry	États-Unis	Peter Ibbetson (1935)
Hawks, Howard	États-Unis	Scarface (1932)
		Rio Bravo (1959)
Herzog, Werner	R.F.A.	Aguirre, la Colère de Dieu (1972)
Hitchcock, Alfred	Grande-Bretagne	Une femme disparaît (1938)
		La mort aux trousses (1959)
Hopper, Dennis	États-Unis	Easy Rider (1969)
Huston, John	États-Unis	Le Faucon maltais (1941)
		Les Désaxés (1961)
Jancso, Miklos	Hongrie	Les Sans-Espoir (1966)
Kazan, Elia	États-Unis	America, America (1963)
Keaton, Buster	États-Unis	Le Mécano de la «General» (1926)
Kubrick, Stanley	États-Unis	2001 : l'Odyssée de l'espace (1968)
Kurosawa Akira	Japon	Les Sept Samouraïs (1959)
Laughton, Charles	États-Unis	La Nuit du chasseur (1955)
Lean, David	Grande-Bretagne	Le Pont de la rivière Kwai (1957)
Leone, Sergio	Italie	Il était une fois dans l'Ouest (1968)
Lewis, Jerry	États-Unis	Docteur Jerry et Mister Love (1963)
L'Herbier, Marcel	France	Eldorado (1921)
Losey, Joseph	États-Unis	The Servant (1963)
Lubitsch, Ernst	États-Unis	Jeux dangereux (1942)
Lumière, Louis	France	Le Jardinier (1895)
		L'Arrivée d'un train en gare de La Ciotat (1895)
McCarey, Leo	États-Unis	La Soupe au canard (1933)
Malle, Louis	France	Zazie dans le métro (1960)

▶▶

Mankiewicz, Joseph L.	États-Unis	La Comtesse aux pieds nus (1954)
Méliès, Georges	France	Le Voyage dans la Lune (1902)
Melville, Jean-Pierre	France	Le Samouraï (1967)
Minnelli, Vincente	États-Unis	Tous en scène (1953)
Mizoguchi Kenji	Japon	Les Contes de la lune vague après la pluie (1953)
Murnau, Friedrich Wilhelm	Allemagne	Nosferatu le Vampire (1922)
Olmi, Ermanno	Italie	L'Arbre aux sabots (1978)
Ophuls, Marcel	France	Le Chagrin et la Pitié (1969)
Ophuls, Max	France	Lola Montes (1955)
Oshima Nagisa	Japon	L'Empire des sens (1976)
Ozu Yasujiro	Japon	Voyage à Tokyo (1953)
Pabst, Georg Wilhelm	Autriche	Loulou (1929)
Pagnol, Marcel	France	La Femme du boulanger (1938)
Paradjanov, Sergueï	U.R.S.S.	Les Chevaux de feu (1965)
Passolini, Pier Paolo	Italie	Théorème (1968)
Pastrone, Giovanni	Italie	Cabiria (1914)
Penn, Arthur	États-Unis	Le Gaucher (1958)
Polanski, Roman	France	Rosemary's Baby (1968)
Pollack, Sydney	États-Unis	On achève bien les chevaux (1969)
Poudovkine, Vsevolod	U.R.S.S.	La Mère (1926)
Preminger, Otto	États-Unis	Laura (1944)
Ray, Nicholas	États-Unis	La Fureur de vivre (1955)
Ray, Satyajit	Inde	La Complainte du sentier (1955)
Reed, Carol	Grande-Bretagne	Le Troisième Homme (1949)
Reisz, Karel	Grande-Bretagne	Samedi soir, dimanche matin (1960)
Renoir, Jean	France	La Grande Illusion (1937) La Règle du jeu (1939)
Resnais, Alain	France	Hiroshima mon amour (1959)
Rocha, Glauber	Brésil	Le Dieu noir et le Diable blond (1964)
Rohmer, Éric	France	Ma nuit chez Maud (1969)
Rosi, Francesco	Italie	Salvatore Giuliano (1961)

Rossellini, Roberto	Italie	Rome ville ouverte (1945)
		Voyage en Italie (1954)
Rouch, Jean	France	Moi, un Noir (1958)
Saura, Carlos	Espagne	Elisa mon amour (1977)
Schlöndorff, Volker	R.F.A.	Le Tambour (1979)
Scola, Ettore	Italie	Nous nous sommes tant aimés (1974)
Scorsese, Martin	États-Unis	Taxi Driver (1976)
Sembène, Ousmane	Sénégal	Le Mandat (1968)
Sjöström, Victor	Suède	Les Proscrits (1917)
Spielberg, Steven	États-Unis	Rencontres du troisième type (1977)
Sternberg, Josef von	États-Unis	L'Ange bleu (1930)
Stroheim, Erich von	États-Unis	Les Rapaces (1925)
Tanner, Alain	Suisse	La Salamandre (1971)
Tarkovski, Andreï	U.R.S.S.	Andreï Roublev (1966)
Tati, Jacques	France	Les Vacances de monsieur Hulot (1953)
Taviani, Vittorio et Paolo	Italie	Padre Padrone (1977)
Truffaut, François	France	Les Quatre Cents Coups (1959)
Varda, Agnès	France	Cléo de 5 à 7 (1962)
Vertov, Dziga	U.R.S.S.	L'Homme à la caméra (1929)
Vidor, King	États-Unis	La Foule (1928)
		Hallelujah! (1929)
Vigo, Jean	France	L'Atalante (1934)
Visconti, Luchino	Italie	La terre tremble (1948)
		Senso (1954)
Wajda, Andrzej	Pologne	Cendres et Diamant (1958)
Walsh, Raoul	États-Unis	La Grande Évasion (1941)
Wells, Orson	États-Unis	Citizen Kane (1941)
Wenders, Wim	R.F.A.	Alice dans les villes (1973)
Wiene, Robert	Allemagne	Le Cabinet du docteur Caligari (1919)
Wylder, Billy	États-Unis	Boulevard du Crépuscule (1950)
Wise, Robert	États-Unis	West Side Story (1961)
Wyler, William	États-Unis	L'Insoumise (1938)
Zinnemann, Fred	États-Unis	Le train sifflera trois fois (1952)

Cinéma • Oscars
de la meilleure actrice

2002	Halle Berry	1965	Julie Andrews
2001	Julia Roberts	1964	Patricia Neal
2000	Hilary Swank	1963	Anne Bancroft
1999	Gwyneth Paltrow	1962	Sophia Loren
1998	Helen Hunt	1961	Elizabeth Taylor
1997	Frances McDormand	1960	Simone Signoret
1996	Susan Sarandon	1959	Susan Hayward
1995	Jessica Lange	1958	Joanne Woodward
1994	Holly Hunter	1957	Ingrid Bergman
1993	Emma Thompson	1956	Anna Magnani
1992	Jodie Foster	1955	Grace Kelly
1991	Kathy Bates	1954	Audrey Hepburn
1990	Jessica Tandy	1953	Shirley Booth
1989	Jodie Foster	1952	Vivien Leigh
1988	Cher	1951	Judy Holliday
1987	Marlee Matlin	1950	Olivia De Havilland
1986	Geraldine Page	1949	Jane Wyman
1985	Sally Field	1948	Loretta Young
1984	Shirley MacLaine	1947	Olivia De Havilland
1983	Meryl Streep	1946	Joan Crawford
1982	Katharine Hepburn	1945	Ingrid Bergman
1981	Sissy Spacek	1944	Jennifer Jones
1980	Sally Field	1943	Greer Garson
1979	Jane Fonda	1942	Joan Fontaine
1978	Diane Keaton	1941	Ginger Rogers
1977	Faye Dunaway	1940	Vivien Leigh
1976	Louise Fletcher	1939	Bette Davis
1975	Ellen Burstyn	1938	Luise Rainer
1974	Glenda Jackson	1937	Luise Rainer
1973	Liza Minnelli	1936	Bette Davis
1972	Jane Fonda	1935	Claudette Colbert
1971	Glenda Jackson	1934	Katharine Hepburn
1970	Maggie Smith	1933	Helen Hayes
1969	Barbra Streisand	1932	Marie Dressler
	Katharine Hepburn	1931	Norma Shearer
1968	Katharine Hepburn	1930	Mary Pickford
1967	Elizabeth Taylor	1929	Janet Gaynor
1966	Julie Christie		

Cinéma • Oscars du meilleur acteur

2002	Denzel Washington	1964	Sidney Poitier
2001	Russell Crowe	1963	Gregory Peck
2000	Kevin Spacey	1962	Maximilian Schell
1999	Roberto Benigni	1961	Burt Lancaster
1998	Jack Nicholson	1960	Charlton Heston
1997	Geoffrey Rush	1959	David Niven
1996	Nicolas Cage	1958	Alec Guinness
1995	Tom Hanks	1957	Yul Brynner
1994	Tom Hanks	1956	Ernest Borgnine
1993	Al Pacino	1955	Marlon Brando
1992	Anthony Hopkins	1954	William Holden
1991	Jeremy Irons	1953	Gary Cooper
1990	Daniel Day-Lewis	1952	Humphrey Bogart
1989	Dustin Hoffman	1951	José Ferrer
1988	Michael Douglas	1950	Broderick Crawford
1987	Paul Newman	1949	Laurence Olivier
1986	William Hurt	1948	Ronald Colman
1985	F. Murray Abraham	1947	Fredric March
1984	Robert Duvall	1946	Ray Milland
1983	Ben Kingsley	1945	Bing Crosby
1982	Henry Fonda	1944	Paul Lukas
1981	Robert De Niro	1943	James Cagney
1980	Dustin Hoffman	1942	Gary Cooper
1979	Jon Voight	1941	James Stewart
1978	Richard Dreyfuss	1940	Robert Donat
1977	Peter Finch	1939	Spencer Tracy
1976	Jack Nicholson	1938	Spencer Tracy
1975	Art Carney	1937	Paul Muni
1974	Jack Lemmon	1936	Victor McLaglen
1973	Marlon Brando	1935	Clark Gable
1972	Gene Hackman	1934	Charles Laughton
1971	George C. Scott	1933	Wallace Beery
1970	John Wayne		Fredric March
1969	Cliff Robertson	1932	Lionel Barrymore
1968	Rod Steiger	1931	George Arliss
1967	Paul Scofield	1930	Warner Baxter
1966	Lee Marvin	1929	Emil Jannings
1965	Rex Harrison		

Cinéma • Oscars du meilleur film

2002	Un homme d'exception
2001	Gladiateur
2000	Beauté américaine
1999	Shakespeare in Love
1998	Titanic
1997	Le Patient anglais
1996	Braveheart
1995	Forrest Gump
1994	La Liste de Schindler
1993	Impitoyable
1992	Le Silence des agneaux
1991	Il danse avec les loups
1990	Driving Miss Daisy
1989	Rain Man
1988	Le Dernier Empereur
1987	Platoon
1986	Out of Africa
1985	Amadeus
1984	Tendres Passions
1983	Gandhi
1982	Les Chariots de feu
1981	Des gens comme les autres
1980	Kramer contre Kramer
1979	Voyage au bout de l'enfer
1978	Annie Hall
1977	Rocky
1976	Vol au-dessus d'un nid de coucou
1975	Le Parrain II
1974	L'Arnaque
1973	Le Parrain
1972	French Connection
1971	Patton
1970	Macadam Cowboy
1969	Oliver
1968	Dans la chaleur de la nuit
1967	Un homme pour l'éternité
1966	La Mélodie du bonheur
1965	My Fair Lady

1963	Lawrence d'Arabie
1962	West Side Story
1961	La Garçonnière
1960	Ben Hur
1959	Gigi
1958	Le Pont de la rivière Kwai
1957	Le Tour du monde en 80 jours
1956	Marty
1955	Sur les quais
1954	Tant qu'il y aura des hommes
1953	Sous le plus grand chapiteau du monde
1952	Un Américain à Paris
1951	Ève
1950	Les Fous du roi
1949	Hamlet
1948	Le Mur invisible
1947	Les Plus Belles Années de notre vie
1946	Le Poison
1945	La Route semée d'étoiles
1944	Casablanca
1943	Mrs. Miniver
1942	Qu'elle était verte ma vallée
1941	Rebecca
1940	Autant en emporte le vent
1939	Vous ne l'emporterez pas avec vous
1938	La Vie d'Émile Zola
1937	The Great Ziegfeld
1936	Les Révoltés du Bounty
1935	New York-Miami
1934	Cavalcade
1933	Grand Hôtel
1932	Cimarron
1931	À l'ouest rien de nouveau
1930	The Broadway Melody
1929	Les Ailes, L'Aurore

Cinéma • Oscars du meilleur film étranger

2002	No man's land
2001	Crouching Tiger, Hidden Dragon
2000	All About My Mother
1999	Life Is Beautiful
1998	Character
1997	Kolya
1996	Antonia's Line
1995	Burnt by the Sun
1994	Belle Epoque
1993	Indochine
1992	Mediterraneo
1991	Journey of Hope
1990	Cinema Paradiso
1989	Pelle the Conqueror
1988	Babette's Feast
1987	The Assault
1986	The Official Story
1985	Dangerous Moves
1984	Fanny & Alexander
1983	Volver a Empezar (To Begin Again)
1982	Mephisto
1981	Moscow Does Not Believe in Tears
1980	The Tin Drum
1979	Get Out Your Hankerchiefs
1978	Madame Rosa
1977	Black and White in Color
1976	Dersu Uzala
1975	Amarcord
1974	Day for Night
1973	The Discreet Charm of the Bourgeoisie
1972	The Garden of the Finzi Continis
1971	Investigation of a Citizen Above Suspicion
1970	Z
1969	War and Peace
1968	Closely Watched Trains
1967	A Man and a Woman

1965   Yesterday, Today and Tomorrow
1964   Federico Fellini's 8-1/2
1963   Sundays and Cybele
1962   Through a Glass Darkly
1961   The Virgen Spring
1960   Black Orpheus
1959   My Uncle
1958   The Nights of Cabiria
1957   La Strada
1956   Samurai, The Legend of Musashi
1955   Gate of Hell
1953   Forbidden Games
1952   Rashomon
1951   The Walls of Malapega
1950   The Bicycle Thief
1949   Monsieur Vincent

Cinéma • Palmes d'or au Festival de Cannes

2001   La Chambre du fils
2000   Dancer in the Dark
1999   Rosetta
1998   L'Éternité et un jour
1997   L'Anguille, Le Goût de la cerise
1996   Secrets et Mensonges
1995   Underground
1994   Pulp Fiction
1993   Adieu, ma concubine, La Leçon de piano
1992   Les Meilleures Intentions
1991   Barton Fink
1990   Sailor et Lula

▶▶

1989	Sexe, mensonges et vidéo
1988	Pelle le Conquérant
1987	Sous le soleil de Satan
1986	Mission
1985	Papa est en voyage d'affaires
1984	Paris, Texas
1983	La Ballade de Narayama
1982	Missing, Yol
1981	L'Homme de fer
1980	All That Jazz, Kagemusha
1979	Apocalypse Now, Le Tambour
1978	L'Arbre aux sabots
1977	Padre Padrone
1976	Taxi Driver
1975	Chronique des années de braise
1974	La Conversation secrète
1973	La Méprise, L'Épouvantail
1972	L'Affaire Mattei, La classe ouvrière va au paradis
1971	Le Messager
1970	M.A.S.H.
1969	If
1968	Pas de prix (Festival interrompu)
1967	Blow Up
1966	Ces messieurs dames, Un homme et une femme
1965	Le Knack... et comment l'avoir
1964	Les Parapluies de Cherbourg
1963	Le Guépard
1962	La Parole donnée
1961	Une aussi longue absence, Viridiana
1960	La Dolce Vita
1959	Orfeu Negro
1958	Quand passent les cigognes
1957	La Loi du Seigneur
1956	Le Monde du silence
1955	Marty
1954	La Porte de l'enfer
1953	Le Salaire de la peur
1952	Deux sous d'espoir, Othello
1951	Mademoiselle Julie, Miracle à Milan
1950	Pas de festival
1949	Le Troisième Homme

Code phonétique international

Alfa	A		November	N
Bravo	B		Oscar	O
Charlie	C		Papa	P
Delta	D		Québec	Q
Echo	E		Romeo	R
Foxtrot	F		Sierra	S
Golf	G		Tango	T
Hotel	H		Uniform	U
India	I		Victor	V
Juliet	J		Whisky	W
Kilo	K		X-ray	X
Lima	L		Yankee	Y
Mike	M		Zulu	Z

Commonwealth • États membres

Afrique du Sud
Antigua-et-Barbuda
Australie
Bahamas
Bangladesh
Barbade
Belize
Botswana
Brunei
Cameroun
Canada
Chypre
Dominique
Gambie
Ghana
Grenade
Guyana
Inde
Jamaïque

Kenya
Kiribati
Lesotho
Malaisie
Malawi
Maldives (îles)
Malte
Maurice (île)
Mozambique
Namibie
Nauru
Nigeria
Nouvelle-Zélande
Ouganda
Pakistan
Papouasie-
   Nouvelle-Guinée
Royaume-Uni
   de G.-B.

Saint-Kitts-et-Nevis
Sainte-Lucie
Saint-Vincent-
   et-les Grenadines
Salomon (îles)
Samoa
Seychelles
Sierra Leone
Singapour
Sri Lanka
Swaziland
Tanzanie
Tonga
Trinité-et-Tobago
Tuvalu
Vanuatu
Zambie
Zimbabwe

Conjonctions

Ainsi
Aussi
Car
Cependant
Comme
Donc
Et
Lorsque

Mais
Néanmoins
Ni
Or
Ou
Partant
Pourquoi
Pourtant

Puisque
Quand
Que
Quoique
Si
Sinon
Soit
Toutefois

Constellations

HÉMISPHÈRE NORD

Aigle
Andromède
Baleine
Bélier
Bouvier
Cancer
Cassiopée
Céphée
Chevelure de
Bérénice
Chiens de chasse
Cocher
Couronne boréale
Cygne

Dauphin
Dragon
Flèche
Gémeaux
Girafe
Grande Ourse
Hercule
Hydre femelle
Lézard
Licorne
Lion
Lynx
Lyre
Orion

Pégase
Persée
Petit Cheval
Petit Chien
Petit Lion
Petit Renard
Petite Ourse
Poissons
Serpent
Serpentaire
Sextant
Taureau
Triangle
Vierge

HÉMISPHÈRE SUD

Aigle
Autel
Balance
Baleine
Boussole
Burin du graveur
Caméléon
Capricorne
Carène du navire
Centaure
Colombe
Compas
Corbeau
Coupe
Couronne australe
Croix du Sud
Dorade
Écu de Sobieski
Éridan

Fourneau
Grand Chien
Grue
Horloge
Hydre femelle
Hydre mâle
Indien
Licorne
Lièvre
Loup
Machine pneumatique
Miscroscope
Mouche
Octant
Oiseau de paradis
Orion
Paon
Peintre
Phénix

Poisson austral
Poisson volant
Poissons
Poupe du navire
Règle
Réticule
Sagittaire
Scorpion
Sculpteur
Serpentaire
Sextant
Table
Télescope
Toucan
Triangle austral
Verseau
Vierge
Voiles du navire

Devises de pays

Afrique du Sud	L'union fait la force
Algérie	La révolution par le peuple et pour le peuple
Belgique	L'union fait la force
Belize	Les fleurs éclosent à l'ombre
Bénin	Fraternité, justice, travail
Bolivie	Dieu, honneur, patrie
Brésil	Ordre et progrès
Burundi	Unité, travail, progrès
Cambodge	Liberté, égalité, fraternité, progrès, bonheur
Cameroun	Paix, travail, patrie
Canada	A mari usque ad mare
Chili	Convaincre ou faire céder
Colombie	Liberté et ordre
Côte d'Ivoire	Union, discipline, travail
Cuba	La patrie ou la mort, nous vaincrons
Équateur	Dieu, patrie et liberté
Espagne	Une, grande, libre
États-Unis	E pluribus unum
Fidji (îles)	Crains Dieu et honore la reine
France	Liberté, égalité, fraternité
Gabon	Union, travail, justice
Gambie	Progrès, paix, prospérité
Ghana	Liberté et justice
Grenade	La clarté suit les ténèbres
Guyane	Le travail crée la richesse
Honduras	Libre, souveraine, indépendante
Hongrie	Tout le pouvoir est au peuple
Inde	La vérité l'emportera
Indonésie	Unité dans la diversité
Iran	Dieu, roi, patrie
Islande	La nation est construite sur la loi
Israël	Résurrection
Jamaïque	Plusieurs races, un seul peuple
Kenya	En avant, tous ensemble
Laos	Patrie, religion, roi et constitution
Liban	Ma patrie a toujours raison
Libye	Liberté, socialisme, unité
Liechtenstein	Dieu, prince, patrie

Luxembourg	Nous voulons rester ce que nous sommes
Madagascar	Liberté, progrès, patrie
Malaisie	L'unité fait la force
Mali	Un peuple, un but, une foi
Malte	Par le courage et la constance
Maurice (île)	Étoile et clé de l'océan Indien
Mauritanie	Honneur, fraternité, justice
Mexique	Plus haut et plus loin
Monaco	Avec l'aide de Dieu
Nicaragua	Dieu, patrie et honneur
Niger	Fraternité, travail, progrès
Nigeria	Unité et loyauté
Norvège	Tout pour la Norvège
Nouvelle-Zélande	Toujours droit
Ouganda	Pour Dieu et mon pays
Pakistan	Foi, unité, discipline
Panama	Pour le plus grand bien du monde entier
Paraguay	Pays et justice
Pays-Bas	Je maintiendrai
Pérou	Stable et heureux grâce à l'union de tous
Portugal	Le bien de la nation
Québec	Je me souviens
République dominicaine	Dieu, patrie, liberté
Royaume-Uni	Dieu et mon droit
Russie	Prolétaires de tous les pays, unissez-vous
Rwanda	Liberté, coopération, progrès
Salvador	Dieu, union et liberté
Sénégal	Un peuple, un but, une foi
Sierra Leone	Unité, liberté, justice
Singapour	Puisse Singapour prospérer
Soudan	Dieu, peuple, patrie
Suède	Pour la Suède au rythme du temps
Suisse	Un pour tous, tous pour un
Suriname	Justice, piété, foi
Swaziland	Nous sommes une forteresse
Syrie	Unité, liberté, socialisme
Tanzanie	Liberté et unité
Tchad	Unité, travail, progrès
Thaïlande	Patrie, religion, roi
Togo	Travail, liberté, patrie
Trinité-et-Tobago	Même idéal, même ouvrage

▶▶

Tunisie	Liberté, ordre, justice
Turquie	Paix dans le pays, paix hors des frontières
Uruguay	En liberté, je n'offense ni ne crains
Venezuela	Liberté, égalité, fraternité

Éclipses • Prochaines éclipses totales de Soleil

DATE	LIEU D'OBSERVATION	DURÉE
14 décembre 2002	Afrique du Sud, Australie	2 min 4 s
23 novembre 2003	Antarctique	1 min 57 s
29 mars 2006	Nigeria, Libye, Turquie, Russie	4 min 7 s
1er août 2008	Sibérie, Alaska, Groenland	2 min 28 s
22 juillet 2009	Sud de l'Asie, Népal	6 min 40 s

Éléments et symboles chimiques

1	Hydrogène	H	15	Phosphore	P
2	Hélium	He	16	Soufre	S
3	Lithium	Li	17	Chlore	Cl
4	Béryllium	Be	18	Argon	Ar
5	Bore	B	19	Potassium	K
6	Carbone	C	20	Calcium	Ca
7	Azote	N	21	Scandium	Sc
8	Oxygène	O	22	Titane	Ti
9	Fluor	F	23	Vanadium	V
10	Néon	Ne	24	Chromium	Cr
11	Sodium	Na	25	Manganèse	Mn
12	Magnésium	Mg	26	Fer	Fe
13	Aluminium	Al	27	Cobalt	Co
14	Silicium	Si	28	Nickel	Ni

29	Cuivre	Cu		70	Ytterbium	Yb
30	Zinc	Zn		71	Lutécium	Lu
31	Gallium	Ga		72	Hafnium	Hf
32	Germanium	Ge		73	Tantale	Ta
33	Arsenic	As		74	Tungstène	W
34	Sélénium	Se		75	Rhénium	Re
35	Brome	Br		76	Osmium	Os
36	Krypton	Kr		77	Iridium	Ir
37	Rubidium	Rb		78	Platine	Pt
38	Strontium	Sr		79	Or	Au
39	Yttrium	Y		80	Mercure	Hg
40	Zirconium	Zr		81	Thallium	Tl
41	Niobium	Nb		82	Plomb	Pb
42	Molybdène	Mo		83	Bismuth	Bi
43	Technétium	Tc		84	Polonium	Po
44	Ruthénium	Ru		85	Astate	At
45	Rhodium	Rh		86	Radon	Rn
46	Palladium	Pd		87	Francium	Fr
47	Argent	Ag		88	Radium	Ra
48	Cadmium	Cd		89	Actinium	Ac
49	Indium	In		90	Thorium	Th
50	Étain	Sn		91	Protactinium	Pa
51	Antimoine	Sb		92	Uranium	U
52	Tellure	Te		93	Neptunium	Np
53	Iode	I		94	Plutonium	Pu
54	Xénon	Xe		95	Américium	Am
55	Césium	Cs		96	Curium	Cm
56	Baryum	Ba		97	Berkelium	Bk
57	Lanthane	La		98	Californium	Cf
58	Cérium	Ce		99	Einsteinium	Es
59	Praséodyme	Pr		100	Fermium	Fm
60	Néodyme	Nd		101	Mendélévium	Md
61	Prométhéum	Pm		102	Nobelium	No
62	Samarium	Sm		103	Lawrencium	Lr
63	Europium	Eu		104	Unnil-quadium	Unq
64	Gadolinium	Gd		105	Unnil-pentium	Unp
65	Terbium	Tb		106	Unnil-hexium	Unh
66	Dysprosium	Dy		107	Unnil-heptium	Uns
67	Holmium	Ho		108	Unnil-octium	Uno
68	Erbium	Er		109	Unnil-ennium	Une
69	Thulium	Tm				

Empereurs romains

21 av. J.-C.-14 apr. J.-C.	Auguste	268-270	Claude II le Gothique
14-37	Tibère	270-275	Aurélien
37-41	Caligula	275-276	Tacite
41-54	Claude	276-282	Probus
54-68	Néron	282-283	Carus
68-69	Galba	283-284	Numérien
69	Othon	283-285	Carin
69	Vitellius	286-305	Dioclétien
69-79	Vespasien	286-305	Maximien
79-81	Titus	293-306	Constance Chlore
81-96	Domitien	293-310	Galère
96-98	Nerva	305-307	Sévère
98-117	Trajan	305-310	Maximin Daia
117-138	Hadrien	306-337	Constantin Ier
138-161	Antonin le Pieux	307-324	Licinius
161-180	Marc Aurèle	337-340	Constantin II
161-169	Lucius Verus	337-350	Constant
180-192	Commode	337-361	Constance II
193	Pertinax	361-363	Julien l'Apostat
193	Didus Julianus	363-364	Jovien
193-211	Septime Sévère	364-375	Valentinien Ier
211-217	Caracalla	364-378	Valens
211-212	Geta	375-383	Gratien
217-218	Macrin	375-392	Valentinien II
218-222	Elagabal	379-395	Théodose
222-235	Alexandre Sévère	395-423	Honorius
235-238	Maximin Ier	425-455	Valentinien III
238	Gordien Ier	455	Pétrone Maxime
238	Gordien II	455-456	Avitus
238	Balbin et Pupien	457-461	Majorien
238-244	Gordien III	461-465	Sévère
244-249	Philippe l'Arabe	467-472	Anthemius
249-251	Decius	472	Olybrius
251-253	Gallus	473-474	Glycerius
253-260	Valérien	474-475	Népos
260-268	Gallien	475-476	Romulus Augustule

Entreprises • Plus grandes entreprises mondiales

SOCIÉTÉ	CHIFFRE D'AFFAIRES (EN MILLIARDS DE $)
General Motors (É.-U.)	178,2
Ford Motor (É.-U.)	153,5
Mitsui & Co. (Japon)	142,7
Mitsubishi (Japon)	128,9
Royal Dutch-Shell (P.-B./G.-B.)	128,1
Itochu (Japon)	126,6
Exxon (É.-U.)	122,4
Wal-Mart (É.-U.)	119,2
Marubeni (Japon)	111,1
Sumitomo (Japon)	102,4
Toyota Motor (Japon)	95,1
General Electric (É.-U.)	90,8
Nissho Wai (Japon)	81,9
IBM (É.-U.)	78,5
NTT (Japon)	76,9
Axa (France)	76,8
Daewoo (Corée)	71,5
Daimler-Benz (Allemagne)	71,5
Nippon Life (Japon)	71,4
British Petroleum (G.-B.)	71,2

Épices et aromates

Absinthe
Aneth
Angélique
Anis
Armoise
Basilic
Benjoin
Bergamote
Bétel
Camphre
Cannelle
Câpre
Cardamome
Carry
Carvi
Cary
Cayenne
Cerfeuil

Citronnelle
Clou de girofle
Coriandre
Cubèbe
Cumin
Curcuma
Curry
Estragon
Fenouil
Genièvre
Gingembre
Herbes de
  Provence
Hysope
Laurier
Macis
Maniguette
Marjolaine

Mélisse
Menthe
Moutarde
Muscade
Origan
Paprika
Piment
Poivre noir
Raifort
Romarin
Safran
Sarriette
Sauge
Serpolet
Sésame
Thym
Vanille
Verveine

Espagne •
Divisions administratives

COMMUNAUTÉ AUTONOME	CAPITALE
Andalousie	Séville
Aragon	Saragosse
Asturies	Oviedo
Baléares	Palma de Majorque
Basque (Pays)	Vitoria
Canaries	Las Palmas
Cantabrique	Santander
Castille-La Manche	Tolède
Castille-Leon	Valladolid
Catalogne	Barcelone
Estrémadure	Mérida
Galice	Saint-Jacques-de-Compostelle
Madrid	Madrid
Murcie	Murcie
Navarre	Pampelune
Rioja (La)	Logrono
Valence	Valence

États-Unis • États et capitales

Alabama	Montgomery	Minnesota	Saint Paul
Alaska	Juneau	Mississippi	Jackson
Arizona	Phoenix	Missouri	Jefferson
Arkansas	Little Rock	Montana	Helena
Californie	Sacramento	Nebraska	Lincoln
Caroline du Nord	Raleigh	Nevada	Carson
Caroline du Sud	Columbia	New Hampshire	Concord
Colorado	Denver	New Jersey	Trenton
Connecticut	Hartford	New York	Albany
Dakota du Nord	Bismarck	Nouveau-Mexique	Santa Fe
Dakota du Sud	Pierre	Ohio	Columbus
Delaware	Dover	Oklahoma	Oklahoma City
Floride	Tallahassee	Oregon	Salem
Géorgie	Atlanta	Pennsylvanie	Harrisburg
Hawaii	Honolulu	Rhode Island	Providence
Idaho	Boise	Tennessee	Nashville
Illinois	Springfield	Texas	Austin
Indiana	Indianapolis	Utah	Salt Lake City
Iowa	Des Moines	Vermont	Montpelier
Kansas	Topeka	Virginie	Richmond
Kentucky	Frankfort	Virginie-Occidentale	Charleston
Louisiane	Baton Rouge		
Maine	Augusta	Washington	Olympia
Maryland	Annapolis	Wisconsin	Madison
Massachusetts	Boston	Wyoming	Cheyenne
Michigan	Lansing		

États-Unis • Présidents

1789-1797	George Washington
1797-1801	John Adams

1801-1809	Thomas Jefferson
1809-1817	James Madison
1817-1825	James Monroe
1825-1829	John Quincy Adams
1829-1837	Andrew Jackson
1837-1841	Martin Van Buren
1841	William Henry Harrison
1841-1845	John Tyler
1845-1849	James Knox Polk
1849-1850	Zachary Taylor
1850-1853	Millard Fillmore
1853-1857	Franklin Pierce
1857-1861	James Buchanan
1861-1865	Abraham Lincoln
1865-1869	Andrew Johnson
1869-1877	Ulysses Grant
1877-1881	Rutherford Hayes
1881	James Garfield
1881-1885	Chester Arthur
1885-1889	Stephen Grover Cleveland
1889-1893	Benjamin Harrison
1893-1897	Stephen Grover Cleveland
1897-1901	William McKinley
1901-1909	Theodore Roosevelt
1909-1913	William Taft
1913-1921	Thomas Woodrow Wilson
1921-1923	Warren Harding
1923-1929	Calvin Coolidge
1929-1933	Herbert Hoover
1933-1945	Franklin D. Roosevelt
1945-1953	Harry Truman
1953-1961	Dwight Eisenhower
1961-1963	John F. Kennedy
1963-1969	Lyndon B. Johnson
1969-1974	Richard Nixon
1974-1977	Gerald Ford
1977-1981	Jimmy Carter
1981-1989	Ronald Reagan
1989-1993	George Bush
1993-2001	Bill Clinton
2001-	George W. Bush

Étoiles les plus brillantes

Achernar
Acrux
Adhara
Agena
Aldébaran
Alhena
Alioth
Alkaïd
Alnaïr
Alnitam
Alphard
Altaïr
Antarès
Arcturus
Atria
Aviar
Becrux

Bellatrix
Bételgeuse
Canopus
Capella
Castor
Deneb
Diphda
Dubhe
El Nath
Fomalhaut
Gacrux
Hadar
Hamal
Kaus Australis
Menkalinan
Miaplacidus
Mimosa

Mirfak
Mirzam
Mizar
Peacock
Polaris
Pollux
Procyon
Regulus
Rigel
Rigil Kentaurus
Saïph
Sargas
Shaula
Sirius
Spica
Véga
Wezen

Explorateurs

Albuquerque
Alexandre de Humboldt
Amundsen
Auguste de Saint-Hilaire
Bartolomeu Dias
Béring
Cabot
Cameron
Carvalho
Cavelier de La Salle
Christophe Colomb
Cook
Diaz de Solis
Drake
Erik le Rouge
Frobisher
Fuchs
Hillary
Ibn Batouta
Jacques Cartier
La Condamine
La Vérendrye

Livingstone
Mackenzie
Magellan
Marco Polo
Mungo Park
Nansen
Orellana
Pedro Alvarez Cabral
Pierre de Covilham
Ponce de Leon
Richard Burton
Scott
Shackleton
Speke
Stanley
Tasman
Valdivia
Vancouver
Vasco de Gama
Vasco Nunez
Vespucci

Fleurs de naissance

Janvier	Oeillet	Juillet	Pied-d'alouette
Février	Violette	Août	Glaïeul
Mars	Jonquille	Septembre	Reine-marguerite
Avril	Pois de senteur	Octobre	Souci
Mai	Muguet	Novembre	Chrysanthème
Juin	Rose	Décembre	Narcisse

France •
Divisions administratives

DÉPARTEMENTS	CHEF-LIEU	DÉPARTEMENTS	CHEF-LIEU
Ain	Bourg-en-Bresse	Gironde	Bordeaux
Aisne	Laon	Hauts-de-Seine	Nanterre
Allier	Moulins	Hérault	Montpellier
Alpes-de-Haute-Provence	Digne	Ille-et-Vilaine	Rennes
Alpes (Hautes-)	Gap	Indre	Châteauroux
Alpes-Maritimes	Nice	Indre-et-Loire	Tours
Ardèche	Privas	Isère	Grenoble
Ardennes	Charleville-Mézières	Jura	Lons-le-Saunier
Ariège	Foix	Landes	Mont-de-Marsan
Aube	Troyes	Loir-et-Cher	Blois
Aude	Carcassonne	Loire	Saint-Étienne
Aveyron	Rodez	Loire (Haute-)	Le Puy
Belfort	Belfort	Loire-Atlantique	Nantes
Bouches-du-Rhône	Marseille	Loiret	Orléans
Calvados	Caen	Lot	Cahors
Cantal	Auriac	Lot-et-Garonne	Agen
Charente	Angoulême	Lozère	Mende
Charente-Maritime	La Rochelle	Maine-et-Loire	Angers
Cher	Bourges	Manche	Saint-Lô
Corrèze	Tulle	Marne	Châlons-sur-Marne
Corse-du-Sud	Ajaccio	Marne (Haute-)	Chaumont
Corse (Haute-)	Bastia	Mayenne	Laval
Côte-d'Or	Dijon	Meurthe-et-Moselle	Nancy
Côtes-d'Armor	Saint-Brieuc	Meuse	Bar-le-Duc
Creuse	Guéret	Morbian	Vannes
Dordogne	Périgueux	Moselle	Metz
Doubs	Besançon	Nièvre	Nevers
Drôme	Valence	Nord	Lille
Essonne	Évry	Oise	Beauvais
Eure	Évreux	Orne	Alençon
Eure-et-Loir	Chartres	Paris	Paris
Finistère	Quimper	Pas-de-Calais	Arras
Gard	Nîmes	Puy-de-Dôme	Clermont-Ferrand
Garonne (Haute-)	Toulouse	Pyrénées-Atlantiques	Pau
Gers	Auch	Pyrénées (Hautes-)	Tarbes

DÉPARTEMENTS	CHEF-LIEU
Pyrénées-Orientales	Perpignan
Rhin (Bas-)	Strasbourg
Rhin (Haut-)	Colmar
Rhône	Lyon
Saône (Haute-)	Vesoul
Saône-et-Loire	Mâcon
Sarthe	Le Mans
Savoie	Chambéry
Savoie (Haute-)	Annecy
Seine-Maritime	Rouen
Seine-et-Marne	Melun
Seine-Saint-Denis	Bobigny
Sèvres (Deux-)	Niort
Somme	Amiens
Tarn	Albi
Tarn-et-Garonne	Montauban
Val-de-Marne	Créteil
Val-d'Oise	Pontoise
Var	Toulon
Vaucluse	Avignon
Vendée	La Roche-sur-Yon
Vienne	Poitiers
Vienne (Haute-)	Limoges
Vosges	Épinal
Yonne	Auxerre
Yvelines	Versailles

DÉPARTEMENTS DE L'OUTRE-MER

Guadeloupe	Basse-Terre
Martinique	Fort-de-France
Guyane	Cayenne
Réunion	Saint-Denis

TERRITOIRES

Nouvelle-Calédonie	Nouméa
Polynésie française	Papetee
Wallis-et-Futuna	Mata Utu
Terres australes et antarctiques françaises	

COLLECTIVITÉS TERRITORIALES

Mayotte	Dzaoudzi
Saint-Pierre-et-Miquelon	Saint-Pierre

France • Premiers ministres

1959-1962	Michel Debré	1981-1984	Pierre Mauroy
1962-1968	Georges Pompidou	1984-1986	Laurent Fabius
1968-1969	Maurice Couve de Murville	1986-1988	Jacques Chirac
		1988-1991	Michel Rocard
1969-1972	Jacques Chaban-Delmas	1991-1992	Édith Cresson
		1992-1993	Pierre Bérégovoy
1972-1974	Pierre Messmer	1993-1995	Édouard Balladur
1974-1976	Jacques Chirac	1995-1997	Alain Juppé
1976-1981	Raymond Barre	1997-	Lionel Jospin

France • Présidents

1871-1873	Adolphe Thiers	1924-1931	Gaston Doumergue
1873-1879	Edme Patrice de Mac-Mahon	1931-1932	Paul Doumer
		1932-1940	Albert Lebrun
1879-1887	Jules Grévy	1947-1954	Vincent Auriol
1887-1894	Sadi Carnot	1954-1958	René Coty
1894-1895	Jean Casimir-Perier	1958-1969	Charles de Gaulle
1895-1899	Félix Faure	1969-1974	Georges Pompidou
1899-1906	Émile Loubert	1974-1981	Valéry Giscard d'Estaing
1906-1913	Armand Fallières		
1913-1920	Raymond Poincaré	1981-1995	François Mitterrand
1920	Paul Deschanel	1995-	Jacques Chirac
1920-1924	Alexandre Millerand		

France • Régions

RÉGION	CHEF-LIEU	RÉGION	CHEF-LIEU
Alsace	Strasbourg	Limousin	Limoges
Aquitaine	Bordeaux	Loire	Nantes
Auvergne	Clermont-Ferrand	Lorraine	Metz
Bourgogne	Dijon	Midi-Pyrénées	Toulouse
Bretagne	Rennes	Nord-Pas-de-Calais	Lille
Centre	Orléans	Normandie (Basse-)	Caen
Champagne-Ardenne	Châlons-sur-Marne	Normandie (Haute-)	Rouen
Corse	Ajaccio	Picardie	Amiens
Franche-Comté	Besançon	Poitou-Charentes	Poitiers
Île-de-France	Paris	Provence-Alpes-Côte d'Azur	Marseille
Languedoc-Roussillon	Montpellier	Rhône-Alpes	Lyon

Géographie • Grandes chutes du monde

Boyoma (Zaïre)
Churchill (Canada)
Cuquenan (Amérique du Sud)
Gavarnie (France)
George VI (Guyane)
Grande (Uruguay)
Iguaçu (Amérique du Sud)
Inga (Zaïre)
Kaieteur (Guyana)
Kaloba (Zaïre)
Khône (Laos)
Kile (Norvège)
Krimmel (Autriche)
Mongefossen (Norvège)
Niagara (Amérique du Nord)

Patos Maribando (Brésil)
Paulo Alfonso (Brésil)
Ribbon (États-Unis)
Rio Parana (Amérique du Sud)
Salto del Angel (Venezuela)
Staubbach (Suisse)
Takkakaw (Canada)
Trummelbach (Suisse)
Tugela (Afrique du Sud)
Tyssestrengane (Norvège)
Upper Yosemite (États-Unis)
Urubupunga (Brésil)
Utigard (Norvège)
Victoria (Afrique)
Yosemite (États-Unis)

Géographie •
Grandes îles du monde

ÎLE	SUPERFICIE (KM²)
Australie	7 630 000
Groenland	2 186 000
Nouvelle-Guinée	800 000
Bornéo	750 000
Madagascar	587 000
Sumatra	473 600
Terre de Baffin	470 000
Grande-Bretagne	230 000
Honshu	230 000
Île Victoria	212 000
Terre d'Ellesmere	196 000
Célèbes	189 000
Île du Sud (Nouv.-Zélande)	154 000
Java	130 000
Île du Nord (Nouv.-Zélande)	114 600

Géographie •
Grands fleuves du monde

FLEUVE	LONGUEUR (KM)
Amazone	7 000
Nil	6 700
Mississippi-Missouri	6 210
Yangzi Jiang	5 980
Huang He	4 845
Zaïre	4 700
Mackenzie	4 600
Amour	4 440
Ob	4 345
Lena	4 270
Mékong	4 200
Niger	4 200
Volga	3 690
Ienisseï	3 354
Gange	3 090
Rio Grande	3 060
Indus	3 040
Parana	3 000
Brahmapoutre	2 900
Danube	2 850
Rhin	1 320
Loire	1 020
Seine	776
Garonne	650
Saint-Laurent	1200

Géographie •
Lacs et mers intérieures

NOM	SUPERFICIE (KM²)
Caspienne	360 000
Lac Supérieur (Amér. du N.)	82 700
Lac Victoria (Afrique)	68 100
Lac Huron (Amér. du N.)	59 800
Michigan (É.-U.)	58 140
Mer d'Aral (Kazakhstan)	39 000
Lac Tanganyika (Afrique)	31 900
Lac Baïkal (Sibérie)	31 500
Grand lac de l'Ours (Canada)	30 000
Grand lac des Esclaves (Canada)	28 930
Lac Malawi (Afrique)	26 000
Lac Ladoga (Russie)	17 700
Lac Vanern (Suède)	5 585
Lac Balaton (Hongrie)	596
Lac Léman (Suisse)	582

Géographie •
Mers, océans et golfes

Golfe Arabo-Persique
Golfe du Bengale
Golfe du Mexique
Mer Baltique
Mer de Baffin
Mer de Barents
Mer de Beaufort
Mer de Bellingshausen
Mer de Béring
Mer de Chine méridionale
Mer de Corail
Mer de Kara
Mer de Laptev
Mer de Norvège
Mer de Ross
Mer de Tasman
Mer de Weddell
Mer des Antilles
Mer des Philippines
Mer des Tchouktches
Mer d'Okhotsk
Mer d'Oman
Mer du Groenland
Mer du Japon
Mer du Labrador
Mer du Nord
Mer Jaune
Mer Méditerranée
Mer Noire
Mer Rouge
Océan Atlantique
Océan Austral
Océan glacial Arctique
Océan Indien
Océan Pacifique

Grande-Bretagne • Premiers ministres

1830-1834	Charles Grey	1908-1916	Herbert Asquith
1834	William Melbourne	1916-1922	David Lloyd George
1834-1835	Robert Peel	1922-1923	Andrew Bonar Law
1835-1841	William Melbourne	1923	Stanley Baldwin
1841-1846	Robert Peel	1924	James MacDonald
1846-1852	John Russell	1924-1929	Stanley Baldwin
1852	Edward Derby	1929-1935	James MacDonald
1852-1855	George Aberdeen	1935-1937	Stanley Baldwin
1855-1858	Henry Palmerston	1937-1940	Neville Chamberlain
1858-1859	Edward Derby	1940-1945	Winston Churchill
1859-1865	Henry Palmerston	1945-1951	Clement Attlee
1865-1866	John Russell	1951-1955	Winston Churchill
1866-1868	Edward Derby	1955-1957	Anthony Eden
1868	Benjamin Disraeli	1957-1963	Harold Macmillan
1868-1874	William Gladstone	1963-1964	Alexander Douglas-Home
1874-1880	Benjamin Disraeli		
1880-1885	William Gladstone	1964-1970	Harold Wilson
1885-1886	Robert Salisbury	1970-1974	Edward Heath
1886	William Gladstone	1974-1976	Harold Wilson
1886-1892	Robert Salisbury	1976-1979	James Callaghan
1892-1894	William Gladstone	1979-1990	Margaret Thatcher
1894-1895	Archibald Rosebery	1990-1997	John Major
1895-1902	Robert Salisbury	1997-	Tony Blair
1902-1905	Arthur Balfour		
1905-1908	Henry Campbell-Bannerman		

Hockey • Coupe Stanley

1927	Ottawa	1965	Montréal
1928	Rangers de N.Y.	1966	Montréal
1929	Boston	1967	Toronto
1930	Montréal	1968	Montréal
1931	Montréal	1969	Montréal
1932	Toronto	1970	Boston
1933	Rangers de N.Y.	1971	Montréal
1934	Chicago	1972	Boston
1935	Maroons de Montréal	1973	Montréal
1936	Detroit	1974	Philadelphie
1937	Detroit	1975	Philadelphie
1938	Chicago	1976	Montréal
1939	Boston	1977	Montréal
1940	Rangers de N.Y.	1978	Montréal
1941	Boston	1979	Montréal
1942	Toronto	1980	Islanders de N.Y.
1943	Detroit	1981	Islanders de N.Y.
1944	Montréal	1982	Islanders de N.Y.
1945	Toronto	1983	Islanders de N.Y.
1946	Montréal	1984	Edmonton
1947	Toronto	1985	Edmonton
1948	Toronto	1986	Montréal
1949	Toronto	1987	Edmonton
1950	Detroit	1988	Edmonton
1951	Toronto	1989	Calgary
1952	Detroit	1990	Edmonton
1953	Montréal	1991	Pittsburgh
1954	Detroit	1992	Pittsburgh
1955	Detroit	1993	Montréal
1956	Montréal	1994	Rangers de N.Y.
1957	Montréal	1995	New Jersey
1958	Montréal	1996	Colorado
1959	Montréal	1997	Detroit
1960	Montréal	1998	Detroit
1961	Chicago	1999	Dallas
1962	Toronto	2000	New Jersey
1963	Toronto	2001	Colorado
1964	Toronto	2002	Detroit

Inondations •
Grandes inondations

ANNÉE	PAYS	NOMBRE DE MORTS
1949	Guatemala	40 000
1953	Pakistan	10 000
1954	Iran	2 000
1959	Mexique	2 000
1964	Viêt Nam du Sud	7 000
1969	Chine	2 000 000
1974	Bangladesh	2 000
1974	Honduras	9 000
1979	Inde	15 000

Interjections

Adieu
Admettons
Ah
Aïe
Allez
Allô
Areu
Arrière
Attention
Badaboum
Bah
Basta
Berk
Bernique
Beuh
Beurk
Bien
Bigre
Bis

Bof
Bon
Boum
Bravissimo
Bravo
Broum
Brrr
Bye
Çà
Caramba
Chic
Chiche
Chouette
Chut
Ciao
Ciel
Clac
Clic
Comment

Couic
Courage
Crac
Crénom
Cric
Dame
Debout
Dia
Diable
Diantre
Dieu
Dommage
Doucement
Eh
Enfin
Entendu
Euh
Eurêka
Évoé

▶▶

Évohé
Fi
Fichtre
Flac
Floc
Flûte
Foin
Gare
Grâce
Gué
Ha
Halte
Hardi
Hé
Hein
Hélas
Hello
Hem
Hep
Heu
Hi
Hip
Ho
Holà
Hop
Hosanna
Hou
Houp
Hourra
Hue
Hum
Jamais
Jarnibleu
Jarnicoton
Là
Lala
Las
Marche
Mazette
Merci
Merde

Miam
Mince
Minute
Miracle
Miséricorde
Morbleu
Motus
Na
Oh
Ohé
Olé
Ollé
Ouais
Ouf
Ouïe
Ouille
Oup
Oust
Ouste
Paf
Parbleu
Pardi
Parfait
Patatras
Patience
Pechère
Peste
Peuchère
Peuh
Pff
Pfft
Pft
Pfut
Pif
Ploc
Pouah
Pouf
Psitt
Psst
Pst
Rantanplan

Rataplan
Sacrebleu
Sacredieu
Sacristi
Salut
Saperlipopette
Saperlotte
Sapristi
Silence
Snif
Sniff
Stop
Suffit
Sus
Taïaut
Taratata
Tchao
Tchin-tchin
Tiens
Tonnerre
Tope
Tudieu
Turlututu
Va
Ventrebleu
Ventre-saint-gris
Vivat
Vive
Vlan
Voici
Voilà
Voyons
Vroum
Youp
Youpi
Youppie
Zest
Zou
Zut

Inventions • Grandes inventions

Accélérateur de particules	1930
Accumulateur électrique	1859
Acier inoxydable	1916
Acupuncture	2500 av. J.-C.
Additionneuse imprimante à commande par touches	1885
Aéroglisseur	1959
Aérosol	1926
Aérotrain	1965
Aiguille aimantée	1100
Air conditionné	1904
Allumette de sûreté	1852
Allumettes phosphoriques à friction	1831
Alternateur industriel	1882
Ampoule électrique à atmosphère gazeuse	1913
Antenne radioélectrique	1893
Appareil photographique à développement instantané	1948
Araire	3000 av. J.-C.
Ascenseur	1857
Aspirateur	1869
Aspirine	1853
Astrolabe impersonnel	1950
Autobus	1899
Autocommutateur téléphonique électromécanique	1889
Autocuiseur	1948
Autogire	1923
Automobile à moteur à essence	1891
Automobile actionnée par moteur à explosion	1883
Avion	1890
Avion à flèche variable	1965

Avion à réaction	1939
Bakélite	1906
Balai mécanique	1876
Balance à deux fléaux	1670
Balance à deux plateaux	2800 av. J.-C.
Balancier compensé à mercure	1719
Baromètre à cadran	1665
Baromètre anéroïde	1844
Bathyscaphe	1948
Bélinographe	1907
Béton précontraint	1926
Bicyclette	1869
Bloc automatique	1866
Bobine d'induction	1851
Bolomètre	1880
Bombe à hydrogène	1952
Bombe à neutrons	1977
Bombe atomique	1945
Bougie en cire	1300
Bouteille Thermos	1893
Brosse à dents	1492
Brouette	1300
Bulldozer	1923
Cadran solaire	1500 av. J.-C.
Calculateur électronique	1946
Calculatrice scientifique de poche	1972
Caméra électronique	1936
Caméra portative	1924
Canon	1300
Caoutchouc synthétique Néoprène	1931
Carburateur	1893
Carburateur à injection	1940
Carte à mémoire	1974
Célérifère	1790

▶▶

Cellule photoélectrique	1893	Éclairage au néon	1910
Centrale marémotrice	1966	Écriture cunéiforme	3400 av. J.-C.
Centrifugeuse	1878	Écriture pour les aveugles	1835
Chadouf	2500 av. J.-C.	Électroaimant	1825
Chalumeau oxhydrique	1802	Électroscope	1747
Chambre à bulles	1952	Élinvar	1920
Chaudière tubulaire	1827	Engrenage différentiel	IIIe s.
Chaux	6000 av. J.-C.	Épingle de sûreté	1849
Chemin de fer		Étrier	IIIe s. av. J.-C.
à voie étroite	1876	Fardier à vapeur	1770
Chemin de fer souterrain		Fer à friser	1959
(métro)	1862	Fer à repasser électrique	1917
Chronomètre de marine	1736	Ferry-boat	1846
Ciment Portland	1824	Fibre de carbone	1967
Cinématographe	1895	Fibre optique	1972
Clepsydre	1500 av. J.-C.	Fibre textile artificielle	1884
Cloche à plongeur	1721	Film long métrage parlant	1927
Coin	5000 av. J.-C.	Filtre à café	1908
Collier d'épaule		Four à micro-ondes	1945
pour l'attelage	Xe s.	Four électrique	1892
Compact Disc	1979	Fourneau à soufflerie	1340
Compteur Geiger	1913	Frein à air comprimé	1868
Condensateur électrique	1745	Frein à disque	1953
Cordeau Bickford	1831	Frein à disque	
Coronographe	1930	pour automobile	1935
Couteaux en acier		Frein dynamométrique	1821
inoxydable	1921	Fusil automatique	1884
Crayon à mine de graphite	1794	Grenade	XIIIe s.
Cuisinière à gaz	1837	Grille-pain	1910
Cyclomoteur	1869	Gyroscope	1852
Cyclotron	1930	Haut fourneau industriel	
Daguerréotype	1838	à coke	1735
Digue	1000	Hélice pour la propulsion	
Diode tunnel	1957	des navires	1832
Dirigeable à vapeur	1852	Hélicoptère à hélice	
Dirigeable rigide	1900	anticouple	1938
Disque microsillon	1948	Hiéroglyphes	3200 av. J.-C.
Duralumin	1910	Horloge mécanique à poids	1320
Dynamo	1871	Horloge parlante	1932
Dynamomètre	1734	Hyconoscope	1934
Éclairage au gaz	1799	Hydravion	1910

Hydroptère	1919
Jumelles à prisme	1850
Kaléidoscope	1817
Klystron	1839
Lampe à essence minérale	1880
Lampe à incandescence	1878
Lampe de sûreté pour mineurs	1816
Laser	1960
Lave-linge	1850
Lave-linge moderne	1952
Lave-vaisselle électrique	1913
Lentille à échelons pour les phares	1821
Lentille acromatique	1729
Levier	5000 av. J.-C.
Locomotive	1804
Locomotive électrique	1878
Lunettes correctrices	XIIIe s.
Macadam	1800
Machine à calculer	1642
Machine à coudre	1830
Machine à écrire à mémoire	1964
Machine à statistique à cartes perforées	1880
Machine à vapeur	1712
Machine à vapeur à double effet	1785
Machine électrique à induction	1832
Magnétophone à bandes magnétiques	1935
Magnétophone à fil	1898
Magnétron	1938
Manomètre	1705
Manomètre métallique	1849
Marégraphe	1850
Marteau pneumatique	1871
Maser	1954
Mémoire à bulles	1977
Métier à tisser	7000 av. J.-C.

Métier à tisser mécanique	1764
Métier Jacquard	1790
Métronome	1816
Micro-ordinateur	1973
Microphone à charbon	1878
Microprocesseur	1971
Microscope	1618
Microscope électronique	1933
Moissonneuse	1840
Montgolfière	1783
Montre	1458
Mors	IIIe s. av. J.-C.
Moteur à combustion interne à quatre temps	1876
Moteur à piston rotatif	1964
Moteur Diesel	1892
Moteur électrique à champ tournant	1883
Moteur thermique à explosion	1860
Navette spatiale	1981
Navette volante pour tissage mécanique	1733
Nitroglycérine	1846
Niveau à bulle	1666
Numération décimale	3000 av. J.-C.
Nylon	1937
Objectif photographique double	1840
Ophtalmoscope	1851
Oscillographe	1893
Oscillographe cathodique	1897
Papier (fabrication du)	IIIe s. av. J.-C.
Papyrus comme support d'écriture	3200 av. J.-C.
Parachute	1785
Paratonnerre	1752
Parchemin	IIe s. av. J.-C.
Pellicule photographique	1884

▶▶

Pendule balistique	1742	Roue	3500 av. J.-C.
Périscope	1902	Roulement à billes	1869
Phonographe	1877	Satellite artificiel	1957
Phonographe électrique	1896	Scanographe	1973
Photocomposeuse à laser	1978	Scaphandre autonome	1865
Photographie	1816	Selle	IIIe s. av. J.-C.
Photographie sur plaque de verre	1847	Seringue	1841
		Serrure à barillet	1851
Photographie trichrome	1869	Serrure à pompe	1784
Pile atomique	1942	Servomoteur	1868
Pile électrique	1800	Sextant	1731
Pilule abortive	1987	Silicones	1941
Pilule anti-conceptionnelle orale	1955	Sirène	1819
		Sismographe enregistreur	1855
Pistolet automatique	1858	Soudage autogène	1905
Pneumatique	1888	Soupape de sûreté	1679
Poêle Tefal	1956	Sous-marin	1776
Pompe à vide à mercure	1857	Sous-marin à propulsion nucléaire	1954
Pont métallique	1779		
Pont suspendu	1824	Spectroscope	1814
Porcelaine	VIIe s.	Stéréoscope	1838
Portulan	1311	Stimulateur cardiaque	1970
Poteries	8000 av. J.-C.	Stylo à bille	1939
Poudre noire	VIIe s.	Stylo à réservoir	1884
Poulie	IXe s. av. J.-C.	Synchrotron	1946
Poumon d'acier	1928	Système expert	1974
Presse rotative	1845	Télégraphe électrique	1837
Presse rotative recto verso	1865	Télégraphe optique	1793
Prisme Nicol	1828	Télémètre	1795
Pyrex	1916	Téléphone	1876
Radar	1935	Télescope	1671
Radiobalise	1928	Télévision en couleurs	1929
Radiotélescope	1936	Thermomètre	1592
Rail à patin	1831	Tour à fileter	1796
Rasoir électrique	1928	Tramway électrique	1881
Réfrigérateur	1913	Transformateur	1884
Régulateur à boules	1784	Transformateur électrique	1840
Rein artificiel	1944	Transistor	1948
Revolver	1835	T.S.F.	1896
Rhéostat	1841	Tube fluorescent	1937
Robot culinaire	1947	Tupperware	1945

Turbine à vapeur à réaction	1884	Vélocipède	1861
Turbine hydraulique		Ventilateur électrique	1882
à réaction	1849	Vidéocassette	1972
Turboréacteur	1941	Vidéodisque	1972
Typographie	1440	Vitrail	1000
Vaccin antipoliomyélitique	1954	Xérographie	1938
Vaccin antituberculeux	1921	Xylographie	VIIIe s.

Italie • Divisions administratives

RÉGION	CAPITALE	RÉGION	CAPITALE
Abruzzes	L'Aquila	Marches	Ancône
Aoste (Val d')	Aoste	Molise	Campobasso
Basilicate	Potenza	Ombrie	Pérouse
Calabre	Catanzaro	Piémont	Turin
Campani	Naples	Pouille	Bari
Émilie-Romagne	Bologne	Sardaigne	Cagliari
Frioul-Vénétie Julienne	Trieste	Sicile	Palerme
Latium	Rome	Toscane	Florence
Ligurie	Gênes	Trentin-Haut-Adige	Trente
Lombardie	Milan	Vénétie	Venise

Jeux de cartes

Baccara
Bataille
Belote
Bésigue
Black-jack
Bonneteau
Boston
Brelan
Bridge
Canasta
Casino
Chemin de fer
Chien rouge
Cinq-cents

Coeurs
Crapette
Cribbage
Écarté
Fan-tan
Gin-rami
Huit
Impérial
Lansquenet
Manille
Mistigri
Nain jaune
Neuf
Patience

Pharaon
Pinocle
Piquet
Poker
Rami
Réussite
Sept
Tarot
Trente-et-un
Vingt-et-un
Whist
Yass

Jeux olympiques •
Disciplines olympiques d'été

Athlétisme
Aviron
Badminton
Baseball
Basket-ball
Boxe
Canoë-kayak
Cyclisme
Équitation
Escrime
Football

Gymnastique
Gymnastique
   rythmique sportive
Haltérophilie
Handball
Hockey sur gazon
Judo
Lutte
Natation
Natation synchronisée
Pentathlon moderne

Plongeon
Softball
Tennis
Tennis de table
Tir
Tir à l'arc
Voile
Volley-ball
Volley-ball de plage
Water-polo

Jeux olympiques •
Disciplines olympiques d'hiver

Biathlon
Bobsleigh
Combiné nordique
Curling
Hockey sur glace

Luge
Patinage artistique
Patinage de vitesse
Saut à ski
Short track

Ski acrobatique
Ski alpin
Ski de fond
Snowboard

Jeux olympiques • Villes organisatrices des Jeux d'été

1896	Athènes (Grèce)		1960	Rome (Italie)
1900	Paris (France)		1964	Tokyo (Japon)
1904	Saint Louis (É.-U.)		1968	Mexico (Mexique)
1908	Londres (G.-B,)		1972	Munich (R.F.A.)
1912	Stockholm (Suède)		1976	Montréal (Canada)
1920	Anvers (Belgique)		1980	Moscou (U.R.S.S.)
1924	Paris (France)		1984	Los Angeles (É.-U.)
1928	Amsterdam (Pays-Bas)		1988	Séoul (Corée du Sud)
			1992	Barcelone (Espagne)
1932	Los Angeles (É.-U.)		1996	Atlanta (É.-U.)
1936	Berlin (Allemagne)		2000	Sydney (Australie)
1948	Londres (G.-B.)		2004	Athènes (Grèce)
1952	Helsinki (Finlande)		2008	Pékin (Chine)
1956	Melbourne (Australie)			

Jeux olympiques • Villes organisatrices des Jeux d'hiver

1924	Chamonix (France)		1972	Sapporo (Japon)
1928	Saint-Moritz (Suisse)		1976	Innsbruck (Autriche)
1932	Lake Placid (É.-U.)		1980	Lake Placid (É.-U.)
1936	Garmisch-Partenkirchen (Allemagne)		1984	Sarajevo (Yougoslavie)
1948	Saint-Moritz (France)		1988	Calgary (Canada)
1952	Oslo (Norvège)		1992	Albertville (France)
1956	Cortina d'Ampezzo (Italie)		1994	Lillehammer (Norvège)
1960	Squaw Valley (É.-U.)		1998	Nagano (Japon)
1964	Innsbruck (Autriche)		2002	Salt Lake City (É.-U.)
1968	Grenoble (France)		2006	Turin (Italie)

Merveilles •
Les sept merveilles du monde

Les pyramides d'Égypte
Les jardins suspendus de Sémiramis, à Babylone
La statue chryséléphantine de Zeus Olympien par Phidias
Le temple d'Artémis à Éphèse
Le mausolée d'Halicarnasse
Le colosse de Rhodes
Le phare d'Alexandrie

Muses

Uranie	Astronomie
Clio	Histoire
Erato	Poésie lyrique
Euterpe	Musique
Polymnie	Hymnes sacrés
Melpomène	Tragédie
Terpsichore	Danse et Chant choral
Calliope	Poésie épique et Éloquence
Thalie	Comédie

Nymphes

Dryade	Forêt	Napée	Prairies
Écho	Sources	Néréide	Mer
Hamadryade	Bois	Océanide	Mer
Naïade	Eaux	Oréade	Montagnes

Onomatopées

Aïe	Euh	Ploc
Atchoum	Flac	Plouf
Badaboum	Flic-flac	Pouah
Berk	Floc	Pouf
Beurk	Flop	Psitt
Bip	Glouglou	Psst
Bip-bip	Gong	Pst
Blablabla	Han	Rantanplan
Boum	Hem	Rataplan
Broum	Hep	Ronron
Brrr	Hum	Snif
Chut	Kss kss	Sniff
Clac	Miam-miam	Tac
Clic	Miaou	Taratata
Cocorico	Paf	Teuf-teuf
Coin-coin	Pan	Tic
Couic	Patatras	Tic-tac
Crac	Pff	Toc
Cric	Pfft	Toc-toc
Ding	Pft	Vlan
Dong	Pfut	Vroom
Drelin	Pif	Vroum
Dring	Pin-pon	

Papes

1417-1431	Martin V	1644-1655	Innocent X
1431-1447	Eugène IV	1655-1667	Alexandre VII
1447-1455	Nicolas V	1667-1669	Clément IX
1455-1458	Calixte III	1670-1676	Clément X
1458-1464	Pie II	1676-1689	Innocent XI
1464-1471	Paul II	1689-1691	Alexandre VIII
1471-1484	Sixte IV	1691-1700	Innocent XII
1484-1492	Innocent VIII	1700-1721	Clément XI
1492-1503	Alexandre VI	1721-1724	Innocent XIII
1503	Pie III	1724-1730	Benoît XIII
1503-1513	Jules II	1730-1740	Clément XII
1513-1521	Léon X	1740-1758	Benoît XIV
1522-1523	Adrien VI	1758-1769	Clément XIII
1523-1534	Clément VII	1769-1774	Clément XIV
1534-1549	Paul III	1775-1799	Pie VI
1550-1555	Jules III	1800-1823	Pie VII
1555	Marcel II	1823-1829	Léon XII
1555-1559	Paul IV	1829-1830	Pie VIII
1559-1565	Pie IV	1831-1846	Grégoire XVI
1566-1572	Pie V	1846-1878	Pie IX
1572-1585	Grégoire XIII	1878-1903	Léon XIII
1585-1590	Sixte Quint	1903-1914	Pie X
1590	Urbain VII	1914-1922	Benoît XV
1590-1591	Grégoire XIV	1922-1939	Pie XI
1591	Innocent IX	1939-1958	Pie XII
1592-1605	Clément VIII	1958-1963	Jean XXIII
1605	Léon XI	1963-1978	Paul VI
1605-1621	Paul V	1978	Jean-Paul Ier
1621-1623	Grégoire XV	1978-	Jean-Paul II
1623-1644	Urbain VIII		

Pays et capitales

Afghanistan	Kaboul	Chypre	Nicosie
Afrique du Sud	Pretoria	Colombie	Bogota
Albanie	Tirana	Comores	Moroni
Algérie	Alger	Congo (-Brazza)	Brazzaville
Allemagne	Berlin	Congo (-Kinshasa)	Kinshasa
Andorre	Andorre-la-Vieille	Corée du Nord	Pyongyang
Angola	Luanda	Corée du Sud	Séoul
Antigua-et-Barbuda	Saint-Jean	Costa Rica	San José
Arabie saoudite	Riyad	Côte d'Ivoire	Yamoussoukro
Argentine	Buenos Aires	Croatie	Zagreb
Arménie	Erevan	Cuba	La Havane
Australie	Canberra	Danemark	Copenhague
Autriche	Vienne	Djibouti	Djibouti
Azerbaïdjan	Bakou	Dominique	Roseau
Bahamas	Nassau	Égypte	Le Caire
Bahreïn	Manama	Émirats arabes unis	Abu Dhabi
Bangladesh	Dacca	Équateur	Quito
Barbade	Bridgetown	Érythrée	Asmara
Belgique	Bruxelles	Espagne	Madrid
Belize	Belmopan	Estonie	Tallinn
Bénin	Porto-Novo	États-Unis	Washington
Bhoutan	Thimbu	Éthiopie	Addis-Abeba
Biélorussie	Minsk	Fidji (îles)	Suva
Bolivie	La Paz	Finlande	Helsinki
Bosnie-Herzégovine	Sarajevo	France	Paris
Botswana	Gaborone	Gabon	Libreville
Brésil	Brasilia	Gambie	Banjul
Brunei	Bandar Seri Begawan	Géorgie	Tbilissi
		Ghana	Accra
Bulgarie	Sofia	Grande-Bretagne	Londres
Burkina Faso	Ouagadougou	Grèce	Athènes
Burundi	Bujumbura	Grenade	Saint George's
Cambodge	Phnom Penh	Guatemala	Guatemala
Cameroun	Yaoundé	Guinée	Conakry
Canada	Ottawa	Guinée-Bissau	Bissau
Cap-Vert	Praia	Guinée équatoriale	Malabo
Chili	Santiago	Guyana	Georgetown
Chine	Pékin (Beijing)	Haïti	Port-au-Prince

Honduras	Tegucigalpa	Monaco	Monaco
Hongrie	Budapest	Mongolie	Oulan-Bator
Inde	New Delhi	Mozambique	Maputo
Indonésie	Jakarta	Myanmar	Rangoon
Irak	Bagdad	Namibie	Windhoek
Iran	Téhéran	Nauru	Yaren
Irlande	Dublin	Népal	Katmandou
Islande	Reykjavik	Nicaragua	Managua
Israël	Jérusalem	Niger	Niamey
Italie	Rome	Nigeria	Abuja
Jamaïque	Kingston	Norvège	Oslo
Japon	Tokyo	Nouvelle-Zélande	Wellington
Jordanie	Amman	Oman	Mascate
Kazakhstan	Alma-Ata	Ouganda	Kampala
Kenya	Nairobi	Ouzbékistan	Tachkent
Kirghizistan	Bichkek	Pakistan	Islamabad
Kiribati	Tarawa	Panama	Panama
Koweït	Koweït	Papouasie-Nouvelle-Guinée	Port Moresby
Laos	Vientiane		
Lesotho	Maseru	Paraguay	Asuncion
Lettonie	Riga	Pays-Bas	Amsterdam
Liban	Beyrouth	Pérou	Lima
Liberia	Monrovia	Philippines	Manille
Libye	Tripoli	Pologne	Varsovie
Liechtenstein	Vaduz	Portugal	Lisbonne
Lituanie	Vilnius	Qatar	Doha
Luxembourg	Luxembourg	République centrafricaine	Bangui
Macédoine	Skopje		
Madagascar	Antananarivo	République dominicaine	Saint-Domingue
Malaisie	Kuala Lumpur		
Malawi	Lilongwe	République tchèque	Prague
Maldives (îles)	Malé	Roumanie	Bucarest
Mali	Bamako	Russie	Moscou
Malte	La Valette	Rwanda	Kigali
Maroc	Rabat	Saint-Kitts-et-Nevis	Basseterre
Marshall (îles)	Majuro	Saint-Marin	Saint-Marin
Maurice (île)	Port-Louis	Saint-Vincent-et-les Grenadines	Kingstown
Mauritanie	Nouakchott		
Mexique	Mexico	Sainte-Lucie	Castries
Micronésie	Palékir	Salomon (îles)	Honiara
Moldavie	Chisinau	Salvador	San Salvador

Samoa	Apia	Tchad	N'Djamena
Sao Tomé et Principe	Sao Tomé	Thaïlande	Bangkok
Sénégal	Dakar	Togo	Lomé
Seychelles	Victoria	Tonga	Nukualofa
Sierra Leone	Freetown	Trinité-et-Tobago	Port of Spain
Singapour	Singapour	Tunisie	Tunis
Slovaquie	Bratislava	Turkménistan	Achkhabad
Slovénie	Ljubljana	Turquie	Ankara
Somalie	Muqdisho	Tuvalu	Funafuti
Soudan	Khartoum	Ukraine	Kiev
Sri Lanka	Colombo	Uruguay	Montevideo
Suède	Stockholm	Vanuatu	Port-Vila
Suisse	Berne	Venezuela	Caracas
Suriname	Paramaribo	Viêt Nam	Hanoi
Swaziland	Mbabane	Yémen	Sanaa
Syrie	Damas	Yougoslavie	Belgrade
Tadjikistan	Douchanbe	Zambie	Lusaka
Taïwan	Taipei	Zimbabwe	Harare
Tanzanie	Dar es-Salaam		

Pays, monnaies et langues

PAYS	MONNAIES	LANGUES OFFICIELLES
Afghanistan	afghani	dari, pachto
Afrique du Sud	rand	afrikaans, anglais
Albanie	lek	albanais
Algérie	dinar	arabe
Allemagne	mark	allemand
Andorre	franc, peseta	catalan
Angola	kwanza	portugais
Antigua-et-Barbuda	dollar	anglais
Arabie saoudite	riyal	arabe
Argentine	peso	espagnol
Arménie	rouble	arménien
Australie	dollar	anglais
Autriche	schilling	allemand
Azerbaïdjan	rouble	azéri
Bahamas	dollar	anglais
Bahreïn	dinar	arabe
Bangladesh	taka	bengali
Barbade	dollar	anglais
Belgique	franc	français, néerlandais, allemand
Belize	dollar	anglais
Bénin	franc C.F.A.	français
Bhoutan	ngultrum	dzongkha
Biélorussie	rouble	biélorusse
Bolivie	boliviano	espagnol
Bosnie-Herzégovine	mark	serbo-croate
Botswana	pula	anglais
Brésil	cruzeiro	portugais
Brunei	dollar	malais
Bulgarie	lev	bulgare
Burkina Faso	franc C.F.A.	français
Burundi	franc	français, kirundi
Cambodge	riel	khmer
Cameroun	franc C.F.A.	anglais, français
Canada	dollar	anglais, français
Cap-Vert	escudo	portugais
Chili	peso	espagnol

▶▶

Chine	yuan	chinois
Chypre	livre	grec, turc
Colombie	peso	espagnol
Comores	franc	arabe, français
Congo (-Brazza)	franc C.F.A.	français
Congo (-Kinshasa)	franc	français
Corée du Nord	won	coréen
Corée du Sud	won	coréen
Costa Rica	colon	espagnol
Côte d'Ivoire	franc C.F.A.	français
Croatie	dinar	croate
Cuba	peso	espagnol
Danemark	couronne	danois
Djibouti	franc	arabe, français
Dominique	dollar	anglais
Égypte	livre	arabe
Émirats arabes unis	dirham	arabe
Équateur	sucre	espagnol
Érythrée	birr	tigrignia
Espagne	peseta	espagnol
Estonie	couronne	estonien
États-Unis	dollar	anglais
Éthiopie	birr	amharique
Fidji (îles)	dollar	anglais
Finlande	markka	finnois, suédois
France	franc	français
Gabon	franc C.F.A.	français
Gambie	dalasi	anglais
Géorgie	rouble	géorgien
Ghana	sedi	anglais
Grande-Bretagne	livre sterling	anglais
Grèce	drachme	grec
Grenade	dollar	anglais
Guatemala	quetzal	espagnol
Guinée	franc	français
Guinée-Bissau	peso	portugais
Guinée équatoriale	franc C.F.A.	espagnol
Guyana	dollar	anglais
Haïti	gourde	français
Honduras	lempira	espagnol
Hongrie	forint	hongrois

Inde	roupie	anglais, hindi
Indonésie	rupiah	indonésien
Irak	dinar	arabe
Iran	rial	persan
Irlande	livre	anglais, gaélique
Islande	couronne	islandais
Israël	shekel	hébreu
Italie	lire	italien
Jamaïque	dollar	anglais
Japon	yen	japonais
Jordanie	dinar	arabe
Kazakhstan	rouble	kazakh
Kenya	shilling	anglais, swahili
Kirghizistan	rouble	kirghiz
Kiribati	dollar	anglais
Koweït	dinar	arabe
Laos	kip	lao
Lesotho	loti	anglais, sotho
Lettonie	lats	letton
Liban	livre	arabe
Liberia	dollar	anglais
Libye	dinar	arabe
Liechtenstein	franc suisse	allemand
Lituanie	litas	lituanien
Luxembourg	franc	luxembourgeois
Macédoine	denar	macédonien
Madagascar	franc	malgache
Malaisie	ringgit	malais
Malawi	kwacha	anglais
Maldives (îles)	roupie	divehi
Mali	franc C.F.A.	français
Malte	livre	anglais, maltais
Maroc	dirham	arabe
Marshall (îles)	dollar US	anglais
Maurice (île)	roupie	anglais
Mauritanie	ouguiya	arabe
Mexique	peso	espagnol
Micronésie	dollar US	anglais
Moldavie	leu	roumain
Monaco	franc	français
Mongolie	tugrik	khalkha

▶▶

Mozambique	metical	portugais
Myanmar	kyat	birman
Namibie	rand	afrikaans, anglais
Nauru	dollar	nauruan
Népal	roupie	népalais
Nicaragua	cordoba	espagnol
Niger	franc C.F.A	français
Nigeria	naira	anglais
Norvège	couronne	norvégien
Nouvelle-Zélande	dollar	anglais
Oman	riyal	arabe
Ouganda	shilling	anglais
Ouzbékistan	rouble	ouzbek
Pakistan	roupie	urdu
Panama	balboa	espagnol
Papouasie-Nouvelle-Guinée	kina	anglais
Paraguay	guarani	espagnol
Pays-Bas	florin	néerlandais
Pérou	sol	espagnol
Philippines	peso	tagalog
Pologne	zloty	polonais
Portugal	escudo	portugais
Qatar	riyal	arabe
République centrafricaine	franc C.F.A.	français, sango
République dominicaine	peso	espagnol
République tchèque	couronne	tchèque
Roumanie	leu	roumain
Russie	rouble	russe
Rwanda	franc	français, rwanda
Saint-Kitts-et-Nevis	dollar	anglais
Saint-Marin	lire	italien
Saint-Vincent-et-les Grenadines	dollar	anglais
Sainte-Lucie	dollar	anglais
Salomon (îles)	dollar	anglais
Salvador	colon	espagnol
Samoa	tala	anglais, samoan
Sao Tomé et Principe	dobra	portugais

Sénégal	franc C.F.A.	français
Seychelles	roupie	anglais, créole, français
Sierra Leone	leone	anglais
Singapour	dollar	anglais, chinois, malais, tamoul
Slovaquie	couronne	slovaque
Slovénie	tolar	slovène
Somalie	shilling	somali
Soudan	livre	arabe
Sri Lanka	roupie	cinghalais
Suède	couronne	suédois
Suisse	franc	allemand, français, italien, romanche
Suriname	guinée	néerlandais
Swaziland	lilangeni	anglais
Syrie	livre	arabe
Tadjikistan	rouble	tadjik
Taïwan	dollar	chinois
Tanzanie	shilling	anglais, swahili
Tchad	franc C.F.A.	français
Thaïlande	baht	thaï
Togo	franc C.F.A.	français
Tonga	pa'anga	anglais, tongan
Trinité-et-Tobago	dollar	anglais
Tunisie	dinar	arabe
Turkménistan	rouble	turkmène
Turquie	livre	turc
Tuvalu	dollar	anglais
Ukraine	grivna	ukrainien
Uruguay	peso	espagnol
Vanuatu	vatu	anglais, français, bichlamar
Venezuela	bolivar	espagnol
Viêt Nam	dong	vietnamien
Yémen	rial, dinar	arabe
Yougoslavie	dinar	serbo-croate
Zambie	kwacha	anglais
Zimbabwe	dollar	anglais

Pays par continents • Afrique

AFRIQUE MÉDITERRANÉENNE
Algérie
Égypte
Libye
Maroc
Tunisie

AFRIQUE SAHÉLIENNE
Burkina Faso
Cap-Vert
Gambie
Mali
Mauritanie
Niger
Sénégal
Soudan
Tchad

AFRIQUE OCCIDENTALE
Bénin
Côte d'Ivoire
Ghana
Guinée
Guinée-Bissau
Liberia
Nigeria
Sierra Leone
Togo

AFRIQUE CENTRALE
Cameroun
Congo (-Brazza)
Congo (-Kinshasa)
Gabon
Guinée équatoriale
République centrafricaine
Sao Tomé et Principe

AFRIQUE ORIENTALE
Burundi
Djibouti
Érythrée
Éthiopie
Kenya
Ouganda
Rwanda
Somalie
Tanzanie

AFRIQUE AUSTRALE
Afrique du Sud
Angola
Botswana
Comores
Lesotho
Madagascar
Malawi
Maurice (île)
Mozambique
Namibie
Seychelles
Swaziland
Zambie
Zimbabwe

Pays par continents • Amérique

AMÉRIQUE DU NORD
Canada
États-Unis
Mexique

AMÉRIQUE CENTRALE
Belize
Costa Rica
Guatemala
Honduras
Nicaragua
Panama
Salvador

ANTILLES
Antigua-et-Barbuda
Bahamas
Barbade
Cuba
Dominique
Grenade
Haïti
Jamaïque
République dominicaine
Saint-Kitts-et-Nevis
Saint-Vincent-et-les Grenadines
Sainte-Lucie
Trinité-et-Tobago

AMÉRIQUE DU SUD
Argentine
Bolivie
Brésil
Chili
Colombie
Équateur
Guyana
Paraguay
Pérou
Suriname
Uruguay
Venezuela

Pays par continents • Asie

ASIE CENTRALE
Afghanistan
Kazakhstan
Kirghizistan
Ouzbékistan
Tadjikistan
Turkménistan

MOYEN-ORIENT
Arabie saoudite
Bahreïn
Chypre
Émirats arabes unis
Irak
Iran
Israël
Jordanie
Koweït
Liban
Oman
Qatar
Syrie
Turquie
Yémen

ASIE MÉRIDIONALE
Bangladesh
Bhoutan
Inde
Maldives
Népal
Pakistan
Sri Lanka

ASIE DU SUD-EST
Brunei
Cambodge
Indonésie
Laos
Malaisie
Myanmar
Philippines
Singapour
Thaïlande
Viêt Nam

EXTRÊME-ORIENT
Chine
Corée du Nord
Corée du Sud
Japon
Mongolie
Russie
Taïwan

Pays par continents • Europe

EUROPE DU NORD
Danemark
Finlande
Islande
Norvège
Suède

EUROPE DU NORD-OUEST
Belgique
France
Grande-Bretagne
Irlande
Luxembourg
Monaco
Pays-Bas

EUROPE MÉRIDIONALE
Andorre
Espagne
Italie
Malte
Portugal
Saint-Marin

EUROPE BALKANIQUE
Albanie
Bosnie-Herzégovine
Bulgarie
Croatie
Grèce
Macédoine
Yougoslavie

EUROPE CENTRALE
Allemagne
Autriche
Liechtenstein
République tchèque
Slovénie
Suisse

EUROPE ORIENTALE
Biélorussie
Estonie
Hongrie
Lettonie
Lituanie
Moldavie
Pologne
Roumanie
Russie
Slovaquie
Ukraine

CAUCASE
Arménie
Azerbaïdjan
Géorgie

Pays par continents • Océanie

Australie
Fidji
Kiribati
Marshall (îles)
Micronésie
Nauru
Nouvelle-Zélande

Papouasie-Nouvelle-Guinée
Salomon (îles)
Samoa
Tonga
Tuvalu
Vanuatu

Pierres de naissance

Janvier	Grenat	Juillet	Rubis
Février	Améthyste	Août	Péridot
Mars	Aigue-marine	Septembre	Saphir
Avril	Diamant	Octobre	Opale
Mai	Émeraude	Novembre	Topaze
Juin	Perle	Décembre	Turquoise

Pierres précieuses, fines et ornementales

Agate
Aigue-marine
Alabandite
Alexandrite
Amazonite
Améthyste
Aventurine
Béryl
Calcédoine
Célestine
Chrysolithe
Chrysoprase
Corindon
Cornaline
Cristal de roche
Diamant
Émeraude
Escarboucle

Girasol
Grenat
Héliodore
Hématite
Hyacinthe
Jade
Jargon
Jaspe
Labrador
Lapis-lazuli
Malachite
Morganite
Obsidienne
Oeil-de-chat
Onyx
Opale
Outremer
Péridot

Pierre de lune
Pierre de soleil
Quartz
Rhodonite
Rubis
Sanguine
Saphir
Sardoine
Serpentine
Sodalite
Spectrolite
Spinelle
Stéatite
Topaze
Tourmaline
Turquoise
Zircon

Planètes

À PARTIR DU SOLEIL

Mercure
Vénus
Terre
Mars
Jupiter
Saturne
Uranus
Neptune
Pluton

Population
des plus grandes villes

VILLE	POPULATION (EN MILLIONS)
Tokyo (Japon)	29,6
New York (É.-U.)	24,5
Séoul (Corée du Sud)	19,6
Mexico (Mexique)	17,8
Sao Paulo (Brésil)	16,8
Manille (Philippines)	15,6
Bombay (Inde)	15,0
Los Angeles (É.-U.)	15,0
Osaka (Japon)	15,0
Jakarta (Indonésie)	14,3
Delhi (Inde)	12,6
Calcutta (Inde)	12,3
Buenos Aires (Argentine)	12,0
Shanghai (Chine)	11,5
Le Caire (Égypte)	11,1
Karachi (Pakistan)	10,6
Rio de Janeiro (Brésil)	10,4
Moscou (Russie)	10,2
Paris (France)	9,6
Chicago (É.-U.)	9,0
Dacca (Bangladesh)	9,0
Istanbul (Turquie)	8,9
Londres (Royaume-Uni)	8,1
Téhéran (Iran)	8,1
Bangkok (Thaïlande)	7,7
Pékin (Chine)	7,7
Taipeï (Taïwan)	7,7
Hongkong (Chine)	7,3
Lima (Pérou)	6,9
Nagoya (Japon)	6,9

Ports • Grands ports du monde

Anvers	Belgique	Nagoya	Japon
Chiba	Japon	New York	États-Unis
Houston	États-Unis	Osaka	Japon
Kawasaki	Japon	Rotterdam	Pays-Bas
Kita-kyushu	Japon	Shanghai	Chine
Kobe	Japon	Singapour	Singapour
La Nouvelle-Orléans	États-Unis	Yokohama	Japon

Préfixes

Ab	As	Col
Abs	At	Com
Ac	Atto	Con
Ad	Auto	Contra
Aéro	Axa	Contre
Af	Bi	Dactylo
Amphi	Bio	Dé
An	Bis	Déca
Ana	Cata	Déci
Anté	Centi	Des
Anti	Chron	Deutér
Ap	Chrono	Deutéro
Apo	Circum	Di
Ar	Cis	Dia
Archi	Co	Dis

▶▶

Dys	Mes	Phil
Ec	Méso	Philo
Éco	Méta	Phon
Ef	Mi	Phono
Em	Micro	Photo
En	Milli	Pico
Entre	Mono	Poly
Épi	Moto	Post
Es	Mult	Pré
Eu	Multi	Pro
Ex	Myri	Pseudo
Extra	Myria	Ptéro
Femto	Myrio	Quadr
Ferro	Nano	Quadri
Géo	Nécro	Quadru
Giga	Néo	Ras
Hect	Neur	Re
Hecto	Neuro	Rétro
Hémi	Ob	Semi
Hérédo	Oc	Sesqui
Hydr	Oct	Simili
Hydro	Octa	Sous
Hyper	Octi	Sub
Hypo	Octo	Sulf
Il	Op	Sulfo
Im	Ortho	Super
In	Os	Supra
Infra	Paléo	Sus
Inter	Pan	Syn
Intra	Pant	Télé
Intro	Panto	Téra
Ir	Par	Tétra
Iso	Para	Théo
Juxta	Patho	Therm
Kilo	Péd	Thermo
Macr	Pédo	Trans
Macro	Pent	Tri
Mé	Penta	Ultra
Meg	Per	Vice
Méga	Péri	
Mélo	Peta	

Prépositions

Après
Avant
Avec
Chez
Contre
Dans
De
Deçà
Delà
Depuis
Derrière
Dès
Devant
Durant
En

Entre
Envers
Ès
Excepté
Fors
Hormis
Hors
Jusque
Malgré
Moins
Nonobstant
Outre
Par
Parmi
Pendant

Pour
Près
Sans
Sauf
Selon
Sous
Suivant
Sur
Sus
Vers
Versus
Via
Voici
Voilà
Vu

Pronoms

PRONOMS DÉMONSTRATIFS

Ça
Ce
Ceci
Cela
Celle
Celle-ci
Celle-là
Celles
Celles-ci
Celles-là
Celui
Celui-ci
Celui-là
Ceux
Ceux-ci

Ceux-là
Ci
Icelle
Icelles
Icelui
Iceux

PRONOMS PERSONNELS

Elle
Elles
En
Eux
Il
Ils
Je
La

Le
Les
Leur
Leurs
Lui
Me
Moi
Nous
On
Se
Soi
Te
Toi
Tu
Vous
Y

▶▶

PRONOMS POSSESSIFS

Leur
Leurs
Mien
Mienne
Miennes
Miens
Nôtre
Nôtres
Sien
Sienne
Siennes
Siens
Tien
Tienne
Tiennes
Tiens
Vôtre
Vôtres

PRONOMS RELATIFS

Auquel
Auxquelles
Auxquels
Desquelles
Desquels
Dont
Duquel
Laquelle
Lequel
Lesquelles
Lesquels
Où
Que
Qui
Quiconque
Quoi

Québec • Circonscriptions électorales fédérales

Abitibi-Baie-James-Nunavik
Ahuntsic
Anjou-Rivière-des-Prairies
Argenteuil-Papineau
Bas-Richelieu-Nicolet-Bécancour
Beauce
Beauharnois-Salaberry
Beauport-Montmorency-Côte-de-Beaupré-Île d'Orléans
Bellechasse-Etchemins-Montmagny-L'Islet
Berthier-Montcalm
Bonaventure-Gaspé-Îles-de-la-Madeleine-Pabok
Bourassa
Brome-Missisquoi
Brossard-La Prairie
Chambly
Champlain
Charlesbourg
Charlevoix
Châteauguay
Chicoutimi
Compton-Stanstead
Drummond
Frontenac-Mégantic
Gatineau
Hochelaga-Maisonneuve
Hull-Aylmer
Joliette
Jonquière
Kamouraska-Rivière-du-Loup-Témiscouata-Les Basques
Lac-Saint-Jean
Lac-Saint-Louis
LaSalle-Émard
Laurentides
Laurier-Sainte-Marie
Laval-Centre
Laval-Est

Laval-Ouest
Lévis-et-Chutes-de-la-Chaudière
Longueuil
Lotbinière
Louis-Hébert
Manicouagan
Matapédia-Matane
Mercier
Mont-Royal
Notre-Dame-de-Grâce-Lachine
Outremont
Papineau-Saint-Denis
Pierrefonds-Dollard
Pontiac-Gatineau-Labelle
Portneuf
Québec
Québec-Est
Repentigny
Richmond-Arthabaska
Rimouski-Mitis

Rivière-des-Mille-Îles
Roberval
Rosemont
Saint-Bruno-Saint-Hubert
Saint-Hyacinthe-Bagot
Saint-Jean
Saint-Lambert
Saint-Laurent-Cartierville
Saint-Léonard-Saint-Michel
Saint-Maurice
Shefford
Sherbrooke
Témiscamingue
Terrebonne-Blainville
Trois-Rivières
Vaudreuil-Soulanges
Verchères-Les Patriotes
Verdun-Saint-Henri
Westmount-Ville-Marie

Québec • Circonscriptions électorales provinciales par régions administratives

BAS-SAINT-LAURENT (RÉGION 01)
Kamouraska-Témiscouata
Matane
Matapédia
Rimouski
Rivière-du-Loup

SAGUENAY-LAC-SAINT-JEAN (RÉGION 02)
Chicoutimi

Dubuc
Jonquière
Lac-Saint-Jean
Roberval

QUÉBEC (RÉGION 03)
Charlesbourg
Charlevoix
Chauveau
Dubuc
Jean-Talon

La Peltrie
Limoilou
Louis-Hébert
Montmorency
Portneuf
Taschereau
Vanier

MAURICIE (RÉGION 04)

Champlain
Laviolette
Maskinongé
Portneuf
Saint-Maurice
Trois-Rivières

ESTRIE (RÉGION 05)

Beauce
Brome-Missisquoi
Johnson
Mégantic-Compton
Orford
Richmond
Saint-François
Sherbrooke

MONTRÉAL (RÉGION 06)

Acadie
Anjou
Bourassa
Bourget
Crémazie
D'Arcy-McGee
Gouin
Hochelaga-Maisonneuve
Jacques-Cartier
Jeanne-Mance
LaFontaine
Laurier-Dorion
Marguerite-Bourgeoys
Marquette

Mercier
Mont-Royal
Nelligan
Notre-Dame-de-Grâce
Outremont
Pointe-aux-Trembles
Robert-Baldwin
Rosemont
Saint-Henri-Sainte-Anne
Saint-Laurent
Sainte-Marie-Saint-Jacques
Sauvé
Verdun
Viau
Viger
Westmount-Saint-Louis

OUTAOUAIS (RÉGION 07)

Chapleau
Gatineau
Hull
Papineau
Pontiac

ABITIBI-TÉMISCAMINGUE (RÉGION 08)

Abitibi-Est
Abitibi-Ouest
Gatineau
Rouyn-Noranda-Témiscamingue

CÔTE-NORD (RÉGION 09)

Duplessis
Saguenay
Ungava

NORD-DU-QUÉBEC (RÉGION 10)

Abitibi-Ouest
Duplessis
Ungava

GASPÉSIE-ÎLES-DE-LA-MADELEINE (RÉGION 11)

Bonaventure
Gaspé
Îles-de-la-Madeleine
Matane

CHAUDIÈRE-APPALACHES (RÉGION 12)

Beauce-Nord
Beauce-Sud
Bellechasse
Chutes-de-la-Chaudière
Frontenac
Kamouraska-Témiscouata
Lévis
Lotbinière
Montmagny-L'Islet
Richmond

LAVAL (RÉGION 13)

Chomedey
Fabre
Laval-des-Rapides
Mille-Îles
Vimont

LANAUDIÈRE (RÉGION 14)

Berthier
Bertrand
Joliette
L'Assomption
Masson
Rousseau
Terrebonne

LAURENTIDES (RÉGION 15)

Argenteuil
Bertrand
Blainville
Deux-Montagnes
Gatineau
Groulx
Labelle
Papineau
Prévost
Rousseau

MONTÉRÉGIE (RÉGION 16)

Beauharnois-Huntingdon
Borduas
Brome-Missisquoi
Chambly
Châteauguay
Iberville
Johnson
La Pinière
La Prairie
Laporte
Marguerite-D'Youville
Marie-Victorin
Nicolet-Yamaska
Richelieu
Saint-Hyacinthe
Saint-Jean
Salaberry-Soulanges
Shefford
Taillon
Vachon
Vaudreuil
Verchères

CENTRE-DU-QUÉBEC (RÉGION 17)

Arthabaska
Drummond
Frontenac
Johnson
Lotbinière
Nicolet-Yamaska
Richmond

Québec •
Lieutenants-gouverneurs

1867-1873	Belleau, Narcisse-Fortunat
1873-1876	Caron, René-Édouard
1876-1879	Letellier de Saint-Just, Luc
1879-1884	Robitaille, Théodore
1884-1887	Masson, Louis-François-Roderick
1887-1892	Angers, Auguste-Réal
1892-1998	Chapleau, Joseph-Adolphe
1898-1908	Jetté, Louis-Amable
1908-1911	Pelletier, Charles-Alphonse-Pantaléon
1911-1915	Langelier, François
1915-1918	Leblanc, Pierre-Évariste
1918-1923	Fitzpatrick, Charles
1923-1924	Brodeur, Louis-Philippe
1924-1929	Pérodeau, Narcisse
1929-1929	Gouin, Lomer
1929-1934	Carroll, Henry George
1934-1940	Patenaude, Ésioff-Léon
1940-1950	Fiset, Eugène
1950-1958	Fauteux, Gaspard
1958-1961	Gagnon, Onésime
1961-1966	Comtois, Paul
1966-1978	Lapointe, Hugues
1978-1984	Côté, Jean-Pierre
1984-1990	Lamontagne, Gilles
1990-1996	Asselin, Martial
1996-1996	Roux, Jean-Louis
1996-	Thibault, Lise

Québec • Parcs et lieux historiques nationaux du Canada

Centre d'interprétation du Vieux-Fort-de-Québec
Centre d'interprétation et d'observation de Pointe-Noire
Centre d'interprétation et d'observation du Cap-de-Bon-Désir
Lieu historique national Cartier-Brébeuf
Lieu historique national de Coteau-du-Lac
Lieu historique national de Grande-Grave
Lieu historique national de la Bataille-de-la-Châteauguay
Lieu historique national de la Bataille-de-la-Ristigouche
Lieu historique national de la Caserne-de-Carillon
Lieu historique national de la Grosse-Île-et-le-Mémorial-des-Irlandais
Lieu historique national de Louis-S.-St-Laurent
Lieu historique national de Sir-George-Étienne-Cartier
Lieu historique national de Sir-Wilfrid-Laurier
Lieu historique national des Forges-du-Saint-Maurice
Lieu historique national des Fortifications-de-Québec
Lieu historique national du Canal-de-Carillon
Lieu historique national du Canal-de-Chambly
Lieu historique national du Canal-de-Lachine
Lieu historique national du Canal-de-Saint-Ours
Lieu historique national du Canal-de-Sainte-Anne-de-Bellevue
Lieu historique national du Commerce-de-la-Fourrure-à-Lachine
Lieu historique national du Fort-Chambly
Lieu historique national du Fort-Lennox
Lieu historique national du Fort-Numéro-Un-de-la-Pointe-de-Lévy
Lieu historique national du Fort-Témiscamingue
Lieu historique national du Manoir-Papineau
Lieu historique national du Parc-de-l'Artillerie
Lieu historique national du Phare-de-Pointe-au-Père
Parc marin du Saguenay-Saint-Laurent
Parc national de la Mauricie
Parc national Forillon
Réserve de parc national de l'Archipel-de-Mingan

Québec • Premiers ministres

1867-1873	Pierre J.-O. Chauveau
1873-1874	Gédéon Ouimet
1874-1878	Charles-Eugène Boucher de Boucherville
1878-1879	Henri-Gustave Joly de Lotbinière
1879-1882	Joseph-Adolphe Chapleau
1882-1884	Joseph-Alfred Mousseau
1884-1887	John J. Ross
1887-1887	Louis-Olivier Taillon
1887-1891	Honoré Mercier
1891-1892	Charles-Eugène Boucher de Boucherville
1892-1896	Louis-Olivier Taillon
1896-1897	Edmund J. Flynn
1897-1900	Félix-Gabriel Marchand
1900-1905	Simon-Napoléon Parent
1905-1920	Lomer Gouin
1920-1936	Louis-Alexandre Taschereau
1936-1936	Adélard Godbout
1936-1939	Maurice Duplessis
1939-1944	Adélard Godbout
1944-1959	Maurice Duplessis
1959-1960	Paul Sauvé
1960-1960	Antonio Barrette
1960-1966	Jean Lesage
1966-1968	Daniel Johnson
1968-1970	Jean-Jacques Bertrand
1970-1976	Robert Bourassa
1976-1985	René Lévesque
1985-1985	Pierre Marc Johnson
1985-1994	Robert Bourassa
1994-1994	Daniel Johnson
1994-1996	Jacques Parizeau
1996-2001	Lucien Bouchard
2001-	Bernard Landry

Quotidiens

PAYS	TITRE	PAYS	TITRE
Allemagne	Bild Zeitung	États-Unis	New York Times
Allemagne	Die Welt	États-Unis	USA Today
Allemagne	Frankfurter Allgemeine Zeitung	États-Unis	Wall Street Journal
Allemagne	Suddeutsche Zeitung	États-Unis	Washington Post
Belgique	De Standaard	France	France-Soir
Belgique	Het Laatste Nieuws	France	L'Humanité
Belgique	Le Soir	France	La Croix
Belgique	Vers l'Avenir	France	Le Figaro
Canada	Calgary Herald	France	Le Monde
Canada	Edmonton Journal	France	Le Parisien
Canada	Financial Post	France	Libération
Canada	Hamilton Spectator	France	Ouest-France
Canada	La Gazette	Grande-Bretagne	Daily Mail
Canada	La Presse	Grande-Bretagne	Daily Star
Canada	La Tribune	Grande-Bretagne	Financial Times
Canada	La Voix de l'Est	Grande-Bretagne	The Daily Telegraph
Canada	Le Devoir	Grande-Bretagne	The Express
Canada	Le Droit	Grande-Bretagne	The Guardian
Canada	Le Journal de Montréal	Grande-Bretagne	The Independent
Canada	Le Journal de Québec	Grande-Bretagne	The Mirror
Canada	Le Nouvelliste	Grande-Bretagne	The Sun
Canada	Le Quotidien	Grande-Bretagne	The Times
Canada	Le Soleil	Italie	Corriere della Serra
Canada	London Free Press	Italie	La Repubblica
Canada	Ottawa Citizen	Italie	La Stampa
Canada	The Globe and Mail	Japon	Asahi Shimbun
Canada	The Toronto Star	Japon	Mainichi Shimbun
Canada	Toronto Sun	Japon	Yoemiuri Shimbun
Canada	Vancouver Province	Russie	Izvestia
Canada	Vancouver Sun	Russie	Troud
Canada	Winnipeg Free Press	Suisse	Blick
Chine	Le Quotidien du peuple	Suisse	Neue Zurcher Zeitung
Espagne	ABC	Suisse	Tages Anzeiter
Espagne	El Mundo	Suisse	Tribune de Genève
Espagne	El Pais		
États-Unis	Los Angeles Times		

Rois d'Angleterre

1485-1509	Henri VII Tudor	1760-1820	George III
1509-1547	Henri VIII	1820-1830	George IV
1547-1553	Édouard VI	1830-1837	Guillaume IV
1553-1558	Marie Ire	1837-1901	Victoria
1558-1603	Élisabeth Ire	1901-1910	Édouard VII
1603-1625	Jacques Ier Stuart	1910-1936	George V
1625-1649	Charles Ier	1936	Édouard VIII
1660-1685	Charles II	1936-1952	George VI
1685-1688	Jacques II	1952-	Élisabeth II
1689-1694	Marie II Stuart		
1689-1702	Guillaume III d'Orange		
1702-1714	Anne Stuart		
1714-1727	George Ier		
1727-1760	George II		

Rois de France

Hugues Capet	987-996	Jean II le Bon	1350-1364
Robert II le Pieux	996-1031	Charles V le Sage	1364-1380
Henri Ier	1031-1060	Charles VI	1380-1422
Philippe Ier	1060-1108	Charles VII	1422-1461
Louis VI le Gros	1108-1137	Louis XI	1461-1483
Louis VII le Jeune	1137-1180	Charles VIII	1483-1498
Philippe II Auguste	1180-1223	Louis XII	1498-1515
Louis VIII	1223-1226	François Ier	1515-1547
Louis IX (Saint Louis)	1226-1270	Henri II	1547-1559
Philippe III le Hardi	1270-1285	Charles IX	1560-1574
Philippe IV le Bel	1285-1314	Henri III	1574-1589
Louis X le Hutin	1314-1316	Henri IV	1589-1610
Jean Ier le Posthume	1316	Louis XIII	1610-1643
Philippe V le Long	1316-1322	Louis XIV	1643-1715
Charles IV le Bel	1322-1328	Louis XV	1715-1774
Philippe VI	1328-1350	Louis XVI	1774-1792

Serpents

Anaconda
Aspic
Boa
Céraste
Cobra

Coronelle
Couleuvre
Crotale
Eunecte
Hamadryade

Nasique
Péliade
Python
Vipère

Soccer • Gagnants de la Coupe du Monde

1930	Uruguay
1934	Italie
1938	Italie
1950	Uruguay
1954	R.F.A.
1958	Brésil
1962	Brésil
1966	Angleterre
1970	Brésil
1974	R.F.A.
1978	Argentine
1982	Italie
1986	Argentine
1990	R.F.A.
1994	Brésil
1998	France
2002	Brésil

Suisse •
Divisions administratives

CANTON	CHEF-LIEU	CANTON	CHEF-LIEU
Appenzell	Herisau/Appenzell	Schaffhouse	Schaffhouse
Argovie	Aarau	Schwyz	Schwyz
Bâle	Bâle/Liestal	Soleure	Soleure
Berne	Berne	Tessin	Bellinzona
Fribourg	Fribourg	Thurgovie	Frauenfeld
Genève	Genève	Unterwald	Sarnen/Stans
Glaris	Glaris	Uri	Altdorf
Grisons	Coire	Valais	Sion
Jura	Delémont	Vaud	Lausanne
Lucerne	Lucerne	Zoug	Zoug
Neuchâtel	Neuchâtel	Zurich	Zurich
Saint-Gall	Saint-Gall		

Travaux d'Hercule

1. Étouffe le lion de Némée
2. Décapite l'hydre de Lerne
3. Prend vivant le sanglier d'Érymanthe
4. Rejoint à la course la biche de Cérynie
5. Tue à l'arc les oiseaux du lac Stymphale
6. Dompte le taureau de la Crète
7. Tue Diomède
8. Vainc les Amazones
9. Nettoie les écuries d'Augias
10. Tue Géryon
11. Prend les pommes d'or des Hespérides
12. Délivre Thésée

Unités de mesure

Acre
Ampère
Are
Arpent
Aune
Bar
Becquerel
Boisseau
Brasse
Calorie
Carat
Chopine
Coudée
Demiard
Denier
Doigt
Drachme
Erg
Gallon

Grain
Gramme
Hectare
Hertz
Heure
Joule
Kilo
Lieue
Litre
Livre
Lux
Mètre
Mille
Mine
Minute
Muid
Newton
Noeud
Obole

Ohm
Once
Pas
Pascal
Perche
Pied
Pinte
Pouce
Radian
Seconde
Setier
Stère
Talent
Toise
Tonne
Tonneau
Volt
Watt

Zodiaque • Signes du zodiaque

Capricorne	23 décembre - 20 janvier
Verseau	21 janvier - 18 février
Poissons	19 février - 20 mars
Bélier	21 mars - 20 avril
Taureau	21 avril - 20 mai
Gémeaux	21 mai - 21 juin
Cancer	22 juin - 22 juillet
Lion	23 juillet - 23 août
Vierge	24 août - 23 septembre
Balance	24 septembre - 23 octobre
Scorpion	24 octobre - 22 novembre
Sagittaire	23 novembre - 22 décembre

Notes

Notes